U0904071

本书获得2023年度国家出版基金项目资助

数字法学原理

PRINCIPLES OF DIGITAL LAW

主　编　姜　伟　龙卫球
副主编　周学峰　张吉豫

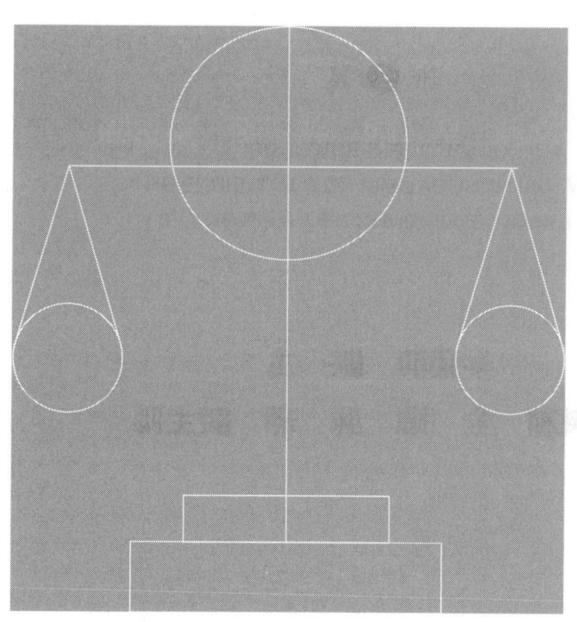

人民法院出版社

图书在版编目（CIP）数据

数字法学原理 / 姜伟，龙卫球主编. -- 北京 : 人民法院出版社，2023.7
ISBN 978-7-5109-3688-3

Ⅰ. ①数… Ⅱ. ①姜… ②龙… Ⅲ. ①科技法学一研究 Ⅳ. ①D912.17

中国版本图书馆CIP数据核字(2022)第255288号

数字法学原理

主　编　姜　伟　龙卫球
副主编　周学峰　张吉豫

策划编辑　陈建德　兰丽专
责任编辑　李　倩　黄晓云　郭　粹　张　艺
出版发行　人民法院出版社
地　　址　北京市东城区东交民巷27号（100745）
电　　话　（010）67550672（责任编辑）　67550558（发行部查询）
　　　　　65223677（读者服务部）
客服QQ　2092078039
网　　址　http://www.courtbook.com.cn
E－mail　courtpress@sohu.com
印　　刷　三河市国英印务有限公司
经　　销　新华书店

开　　本　787毫米×1092毫米　1/16
字　　数　748千字
印　　张　36.25
版　　次　2023年7月第1版　2023年7月第1次印刷
书　　号　ISBN 978-7-5109-3688-3
定　　价　128.00元

撰 稿 人

（按撰写章节排序）

姜　伟　中国法学会副会长、中国法学会网络与信息法学研究会会长
周学峰　北京航空航天大学法学院教授
裴　炜　北京航空航天大学法学院教授
龙卫球　北京航空航天大学法学院教授、中国法学会网络与信息法学研究会副会长
魏露露　北京航空航天大学法学院助理教授
赵精武　北京航空航天大学法学院副教授
王天凡　北京航空航天大学法学院副教授
李　游　北京航空航天大学法学院助理教授
彭小龙　中国人民大学法学院副教授
张文亮　中国人民大学法学院副教授
徐　实　北京航空航天大学法学院助理教授
丁晓东　中国人民大学法学院教授
张　健　华东政法大学中国法治战略研究院助理研究员
翟志勇　北京航空航天大学法学院教授
张吉豫　中国人民大学法学院副教授
张凌寒　中国政法大学数据法治研究院教授
朱芸阳　中央民族大学法学院副教授
王　莹　中国人民大学法学院副教授
刘炫麟　中国政法大学法律硕士学院副教授
钟　维　中国人民大学法学院副教授

序

人类社会已经步入数字时代。数字技术是颠覆性的通用技术，数字技术发展速度之快、辐射范围之广、影响程度之深前所未有，给人类社会的生产方式、生活方式、治理方式带来全方位、深层次的变革。2022年岁末，美国人工智能研究公司OpenAI开发的聊天机器人ChatGPT的横空出世，引爆新一轮人工智能竞争的风口，数字技术的新应用、新业态、新场景必将风起云涌，给国家治理现代化，特别是为数字法治创造了机遇，也提出了挑战。数字技术改变了我们的生活，改变了我们的思维，也改变了我们的法治观念和法治方式。数字中国建设的国家战略和竞争激烈的国际形势，亟须我们加强数字法治建设和数字法学研究，为数字时代推进中国式现代化、在法治轨道上全面建设社会主义现代化国家保驾护航。

人类社会法治文明的每一次重大发展，都离不开理论变革和思想先导。习近平总书记指出："没有正确的法治理论引领，就不可能有正确的法治实践。"[①] 以"数字化、网络化、智能化"为特征的数字经济、数字政府和数字社会正稳步向前迈进。在数字时代，法律主体的身份、行为乃至社会关系都已经数字化，这给传统法治带来了诸多挑战，必然重塑人类的行为规则和社会的法治体系。习近平总书记指出："数字技术正以新理念、新业态、新模式全面融入人类经济、政治、文化、社会、生态文明建设各领域和全过程，给人类生产生活带来广泛而深刻的影响。"[②] 党中央高度重视数字化转型，提出了建设网络强国、数字中国、智慧社会的战略决策，密集出台了一系列重磅文件，如《中共中

① 《习近平在中国政法大学考察》，载《人民日报》2017年5月4日。

② 《习近平向2021年世界互联网大会乌镇峰会致贺信》，载《人民日报》2021年9月27日。

央、国务院关于构建数据基础制度更好发挥数据要素作用的意见》《数字中国建设整体布局规划》，中共中央办公厅对数字中国建设、数字经济发展、数字治理生态作出全面部署，提出了到2025年“数字治理体系更加完善”的建设目标，并明确要求“建设公平规范的数字治理生态”。中共中央、国务院印发的《法治政府建设实施纲要（2021—2025年）》确定了“全面建设数字法治政府”的目标任务；《法治中国建设规划（2020—2025年）》提出了“全面建设‘智慧法治’，推进法治中国建设的数据化、网络化、智能化”的工作要求。

数字法治必然催生数字法学学科。数字法学是关于数字法律的科学，以数字技术应用所产生的法律现象为研究内容。数字法学主要有两大研究范畴：一是数字空间的法律治理，即数字法治化，以法治思维和法治方式治理数字领域、保障数字权利，在法治轨道上推进数字经济发展、数字社会建设；二是法治领域的数字模式，即法治数字化，以数字思维和数字技术提高法治效率、赋能法治效果，用数字技术推动法治方式变革、塑造数字正义形态。数字法治不仅便捷了正义的实现途径，而且增强了正义的实践成效。数字法治的法理表达就是数字正义，当正义以数字化的形态实现，可以呈现实体正义与程序正义的有机统一。不同时代塑造不同的正义理念，具有不同的价值取向。农业文明时代产生实体正义观，工业文明时代产生程序正义观，信息文明时代产生数字正义观。每个时代正义形态的变革都不是简单的替代，而是承继之后的转型升级。实践反复证明，没有效率的公正和没有公正的效率，都不是法治意义上的正义。传统法治一个饱受诟病的问题是，效率与公正的负相关关系。数字法治不仅可以借助数字技术具有的全程留痕、不可修改、不能撤销等特征，更好地查明、还原事实真相，为伸张正义奠定基础，而且可以通过网络执法、司法，以较低的诉讼成本定分止争、解决诉求，让执法、司法变得更高效、更公正，使人民群众以更便捷的方式参与诉讼、接触法治、感受正义。数字化转型不仅是技术创新，而且推动制度变革，改善实现正义的方式，促进程序正义和实体正义的双重实现，能够创造更高水平的公平正义。可见，数字正义是更加便捷的正义、更加精准的正义、更加普遍的正义、更加接近本质的正义。数字正义是正义的数字形态，体现着数字环境下公平正义的价值内涵和实现模式。数字法学就是数字正义的法理阐释，应当适应数字时代社会关系、权利义务、交往方式、秩序形态等方面的新变化，把丰富的数字法治实践经验提炼为实现数字正义的法律规则体系，构建数字时代由民主、人权、自由、平等、效率、安全等因素构成的正义价值体系，塑造实现数字正义的治理方式、运行机制和秩序形态。

我是法科出身，一直研究刑事法律，且长期从事刑事司法工作，接触数字法治领域较晚，属于“老同志遇到新问题”，需要更新知识结构。我与数字法治交集，缘于几个机遇。一是赴香港演讲。2017年年底，我转岗到最高人民法院工作不久，陪同时任最高人民法院院长周强同志会见时任全国政协副主席、香港特区首任行政长官董建华先生。会谈期间，董建华副主席建议请最高人民法院一位领导赴香港宣介内地公正司法情况和司法改革成效。经研究，周强院长指派我赴香港演讲。我系统梳理了我国司法工作的特色和亮点，认为智慧法院是中国司法的靓丽名片。我将演讲主题定为《中国特色的司法文明——公正司法的现代化路径》，于2018年3月在香港演讲，全面介绍了智慧法院建设的成效和经验。据香港媒体反映，听众特别是青年学子最感兴趣的是内地司法信息化、网络化、智能化的发展情况。2020年8月，应董建华副主席的邀请，我又以《司法为民、公正司法的中国实践》为题，再次向香港市民进行视频演讲，重点介绍了智慧法院建设的最新成果。二是司法实务大讲堂讲座。2019年9月，中央政法委组织政法实务大讲堂，我讲座的选题是《智慧法院的跨越发展》，于2020年12月在北京大学作专题讲座。备课期间，基于先前的研究成果，我对数字司法的研究更为系统、深入。我国积极探索互联网司法新模式，在世界上率先建立互联网法院，创新运用智能手机实现“微法院”功能，最早出台《人民法院在线诉讼规则》《人民法院在线调解规则》《人民法院在线运行规则》等配套制度规范，形成了“理念—科技—机制—规范”的实践创新体系。三是参加人工智能专题调研。2020年，我作为全国政协委员参加由政协领导挂帅的“人工智能发展中的科技伦理与法律问题”专题调研组，赴各地走访数字企业、参加专题座谈、收集有关资料，全面接触了数字技术应用领域，并参加了全国政协“人工智能发展中的科技伦理与法律问题”双周协商座谈会，很受启发：既看到了数字技术广泛的应用场景，也深感数字技术带来的潜在风险，认识到必须加强数字法治，为数字经济发展、数字中国建设保驾护航。四是出任中国法学会网络与信息法学研究会会长。2021 年，因机缘巧合，中国法学会领导推荐我担任该研究会的会长，为胜任这一职务，我开始系统浏览数字法治方面的知识。

北京航空航天大学龙卫球教授是数字法治领域的著名学者，著述颇丰且影响很大。近几年，我曾与其多次交流数字法治问题。我们一致认为，时代赋予数字法学创立、发展的重大机遇，构建数字法学学科体系非常必要、意义重大。作为法律人，时不我待、责无旁贷。2021 年岁末，我们商定组织一些志同道合的中青年学者编写《数字法学原理》一书。对于数字法学研究，我是"老兵新传"，参与编写这部书稿，对我而言是一个学习的过程。

在法学领域，尽管数字法学正逐渐成为显学，但是，仍处于初创时期，也有一些隐忧。数字法学是一个热题，其实也是一个难题。因为数字法学作为新兴学科，且属于综合学科，法律学者对数字化的发展规律和治理规律皆需要一个认识过程，数字法学相对独立的研究领域、研究范式尚未定型。如何构建系统科学的数字法学学科体系是法学界的一个重大课题，也是我们撰写这部《数字法学原理》的初衷。数字法治实践发展的不充分和数字法学理论研究的不成熟，导致数字法学的一些基本问题，如数字法学的概念、属性、体系和结构等范畴，学者们见仁见智，尚无共识。对于这些基本问题，我也有一些观察和思考。

关于"数字法学"的学科称谓。数字法学是信息化发展到一定阶段的产物，也是法学界对于数字领域法治现象的认识逐步深化的结果。信息技术在社会各领域的广泛应用引发了一系列法治问题。一些睿智的学者敏锐地观察到新的法学研究领域，计算法学、信息法学、网络法学、数据法学、人工智能法学、网络与信息法学等学科称谓相继提出。这些称谓关注不同技术领域的法治问题，也反映了数字技术发展变化的过程。但是，这些称谓都无法全面覆盖数字时代的法治新领域，不能完全适应法律与数字技术深度融合的需求。目前，因数字法学具有的统领性和涵盖性，其在法学界成为最为推崇的学科称谓。使用"数字法学"的称谓可以实现"三个统一"：一是用"数字"这一范畴可以涵括互联网、大数据、云计算、区块链、人工智能、元宇宙等数字技术及应用场景，以数字技术和数字空间的新视野、新思维研究数字法治领域的基础性、普遍性、根本性问题。二是用“数字法学”可以总括目前相对分散且呈碎片化的数字领域法学研究，如网络法学、数据法学、信息法学、计算法学、人工智能法学等，整合各类数字科技的法律研究成果，统筹推进数字技术研发、应用中的法律、伦理问题研究。三是用“数字法学”可以体现党中央提出的一系列“数字+”的战略决策和工作部署，与数字中国、数字经济、数字政府、数字社会、数字治理、数字法治、数字正义等概念相衔接，为在法治轨道上推进数字中国建设提供理论支撑。2023年2月，中共中央办公厅、国务院办公厅印发《关于加强新时代法学教育和法学理论研究的意见》，在“优化法学学科体系”要求中，明确提出加快发展数字法学等新兴学科建设，为这一学科的称谓“一锤定音”，可谓众望所归。

关于数字法学的学科属性。数字法学是否属于独立的法学学科，学界尚无共识。法学学科的确立目前有三个视角：一是法律的维度，即部门法学，主要是以国家法律体系中的基本法作为研究领域界定研究学科，这是比较传统的学科分类。二是教育的维度，即专业法学，以国家学位主管部门在法学一级学科之下设立的法学二级学科目录确定研究学科，一般由理论法学和部门法学构成。三是研究的维度，即领域法学，将经济社会特定领域的法治问题作为研究对象，确立相应的研究学科，这是比较灵活的学科分类。数字法学的研究对象主要是数字法律及数字技术应用所产生的法治问题，所以，数字法学是领域法学，属于相对独立的学科，为绝大多数专家学者所认可。其实，新兴的法学学科一般都通过创设领域法学，经过一定时期的研究积累，待其学科体系相对定型，在学界形成共识，由国家学位主管部门认可后被增设为专业法学学科。经济法学、环境与资源保护法学、军事法学莫不如是。目前，欧美国家关于数字立法的步伐明显加快，特别是欧盟的数字法律规则体系已初步形成。我国关于数字方面的立法也有一定数量，已相继出台了《网络安全法》《电子商务法》《数据安全法》《个人信息保护法》等数字领域的法律，以及《互联网信息服务算法推荐管理规定》等一系列行政规章。以网络法为例，目前我国已经制定出台网络领域法律法规140余部，基本形成了以宪法为根本，以法律、行政法规、部门规章和地方性法规、地方政府规章为依托；以传统立法为基础，以网络内容建设与管理、网络安全和信息化等网络专门立法为主干的网络法律体系。[①] 相信近期为促进数字经济发展，国家还将密集出台一批数字治理的法律法规。日前，国务院办公厅发布《国务院2023年度立法工作计划》，立法项目包括“预备提请全国人大常委会审议人工智能法草案”。早在2017年，国务院印发的《新一代人工智能发展规划》就提出法律法规政策伦理规范的“三步走”战略目标：第一步，到2020年“部分领域的人工智能伦理规范和政策法规初步建立”；第二步，到2025年“初步建立人工智能法律法规、伦理规范和政策体系”；第三步，到2030年“建成更加完善的人工智能法律法规、伦理规范和政策体系”。可见，数字法很可能成为一个相对独立的法律部门。所以，以数字法为研究对象的数字法学也可以视为部门法学。我赞同将数字法学作为独立学科，并期待教育主管部门在不久的将来将其纳入法学二级学科目录，成为专业法学。

关于数字法学的学科特点。数字法学与相关法学学科的区别与联系，是学科建设无法回避的理论问题。其一，数字法学是具有横断性的综合学科。数字法学打破了传统部门法学学科划分的研究领域。面对无处不在的数字治理问题，必然综合运用法理学、宪法学、民法学、刑法学、行政法学、诉讼法学等诸学科的价值观念、基本原则、研究方法，为数字法学提供新概念、新命题、新论断、新体系，提炼数字法学的基本范畴、基本原理、基本方法。其二，数字法学是具有穿透性的交叉学科。数字法学跨越自然科学和社会科学的研究壁垒，颠覆了传统的法学知识结构。“懂技术的不懂法律，懂法律的不懂技术”，是数字法学研究面临的最大问题。数字法学涉及数字技术的应用场景、数字思维的研究范式，充分体现了法律治理、法学研究与数字科技的深度融合，需要开展贯通法科、文科、理科、工科的“穿透式”研究。其三，数字法学是具有动态性的前沿学科。数字法学重点研究数字技术驱动的法治变革理论。基于数字技术迭代升级和广泛应用的特殊属性，数字法学应当持续研判数字技术的发展态势，关注数字化新技术、新模式、新业态的应用场景对法治提出的新问题、新挑战，始终保持研究的前瞻性，始终站在

① 参见2023年3月16日国务院新闻办公室发布的《新时代的中国网络法治建设》白皮书。

技术的前沿、产业的前沿、治理的前沿、国际的前沿，持续推动实践创新、理论创新、制度创新，构建法治新思维的价值理念、规则体系，形成法治新样态的运作机制和正义模式。其四，数字法学是具有计算性的实证法学。传统法学的研究方法，偏重于法教义学或者法律解释学，多用定性分析方法。新一代数字技术引发了社会治理模式和法学研究范式的变革，给法律治理和法学研究带来了新的方法论——计算思维和数字思维。数字技术的本质是计算。在普适计算的背景下，借助计算技术可以代替传统法学的经验性判断，通过司法数据和计算分析，可以弥补法学实证研究抽样调查的局限性，实现“无数据不研究”的学术范式，增强数字法学研究的精确性、时效性和科学性。将数学、统计学、机器学习、计算技术等基本方法融入法律的实证研究，将成为数字法学的一大优势。其五，数字法学是具有实践性的理论学科。在数字时代，基于法律数据与规范理论的深度融合，数字经济的法律科技、国家治理的数字法治、理论研究的数字法学成为相互依存、彼此促进的关联领域。数字法学必须坚持理论联系实际，建立理论学者、实务专家、研发机构、数字企业各方参与的合作模式，打造产学研用一体化的协同创新机制，以问题为导向，加强针对性、实效性研究，研究真问题，真研究问题，既注重学术研究，也注重法治科技推广，还注重执法、司法实践应用。其六，数字法学是具有国际性的涉外学科。在法学学科领域，数字法学的国际视野和国际通识特点比较明显。数字化转型对各国经济社会发展、全球治理体系的影响深远。数字科技和数字法治成为影响各国国际竞争力的关键要素，规则和标准的竞争是当前数字领域国际竞争的制高点，数字治理的国际格局进入崭新发展阶段，数字领域的规则体系和话语体系的竞争愈加激烈。数字法学容易形成国际社会普遍认可的理论术语、法治规则、研究范式。数字法治领域，是中国与欧美发达国家竞争的重要高地，也是中国法治理论超越西方的最佳赛道。如果说在现代法治方面，我国曾是西方的追赶者，那么，在数字法治领域，我国与欧美国家处于并驾齐驱的第一方阵，我们可以与西方发达国家法学界平等对话。我国是数字大国，对国际数字治理格局构建将发挥重要作用，将在与欧美相互竞争与彼此依赖中，塑造国际数字治理格局的现状与未来。在国际数字经济和科技产业竞争的主战场，我国既面对欧美“卡脖子”的技术，也面对欧美“卡脖子”的规则，迫切需要提升中国在数字法治领域的影响力和话语权。

关于数字法学的研究板块。学科体系化的基本构建方式是由“概念—类型—体系”组成“四梁八柱”的框架结构。数字法学的研究对象是数字法，是由大量法律规范形成的数字法律规则体系。在法学理论上，为了更好地理解和适用这些分散的法律规范，需要采用类型化的研究方法，即将研究领域分成若干板块，研究其具体的法律制度。在数字法学体系框架内，除基本概念、基本原理、基本制度构成的“总论”部分外，数字法学的“分论”包括哪些领域的具体制度？这涉及如何构建数字法学学科的体系结构。对此，在讨论书稿框架时编写者曾经交流过。一种观点认为，可以按照国家关于数字中国的战略部署，分为数字经济法治、数字法治政府、数字法治社会等研究板块，以此确定编章结构。但多数人认为，应当针对数字技术及应用场景的特点和风险确定编章结构，按照数字法调整的主导技术领域，划分为网络法、数据法、人工智能法三大研究板块。我曾向数字技术专家请教此问题，据技术专家介绍，互联网、大数据、人工智能是目前数字化的主导技术，随着数字技术的迭级换代，若干年后可能会被新技术取代。为保持学科体系的稳定性，技术专家建议，根据信息生成数字空间的主要环节确定数字法律治理领域。数字法学的研究板块可以考虑分为信息采集法、信息传输（主要是互联网）法、信息处理（借助大数据、人工智能）法、信息应用（如数字经济、数字社会、数字政府）法。应该讲，前述三种分类方法都是数字法学研究类型化的产物，是对数字技术发展、法治建设规律的主观认识，均有一定道理。比较而言，基于当下的研究状况，我个人倾向于将数字法学分成网络法、数据法、人工智能法三大板块。一是从数字法的调整对象看，《网络安全法》《数据安全法》等法律法规指向明确，网络、数据、人工智能作为当下数字化的主导集成技术，可以广泛适用于不同领域的应用场景，渗透到人类社会生产生活的各个方面，既产生新型权利，又衍生安全风险，是法律规范的重点领域，应该成为数字法学的研究板块。二是这种研究分类在法学界已有广泛共识，一些高校开设了相应研究专业，三大研究领域的称谓，即网络法学、数据法学、人工智能法学已经约定俗成。三是阐释网络、数据、人工智能领域的法治理论，必然体现建设数字中国的国家战略，联系数字经济法治、数字法治政府、数字法治社会的相关问题解读国家的法律政策。四是若采用数字经济法治、数字法治政府、数字法治社会的研究板块，每个板块可能均要涉及互联网、大数据、智能算法的应用和治理问题，难免出现重复表述，会有相关部分雷同之嫌。五是从数字技术的发展趋势看，技术专家提出的建议言之成理。但是，从目前相关数字法的调整对象看，立法者的本意似乎并不是针对信息生成应用的主要环节提出规范要求。而且，这种全新的研究分类能否被法学界接受尚有疑问。数字法学是新兴学科，其学科体系应该是开放的。未来的数字技术尚不可知，我们只能将目前的主导技术领域作为数字法律的治理对象和数字法学的研究对象，这体现了现阶段我们对数字法学研究领域的认识程度，也反映了人类认识的时代局限性。数字法学学科体系在初创时期不可能完全定型，需要与时俱进地发展完善，未来的数字法学学科体系将经历一个逐渐健全的过程。

新时代是中国法治建设的最好时期。数字中国建设为我国数字法治发展和数字法学研究带来了独特的历史机遇。我们充满信心：数字法学必将成为发展前景广阔的朝阳学科，我们有能力创造更高水平的中国特色社会主义法治文明，以法治化规范数字化，以数字化赋能法治化，更好地发挥法治“固根本、稳预期、利长远”的保障作用，在法治轨道上加快建设数字中国，确保中国式现代化建设行稳致远。

感谢龙卫球教授、周学峰教授、张吉豫副教授和各位执笔撰稿的专家学者，仰仗各位同仁一年的努力，这部书稿付印在即。龙卫球教授推荐周学峰教授协助我们承担本书的编写组织工作，书稿先由周学峰教授、张吉豫副教授按照分工分别统稿，再由我和龙卫球教授审改定稿。本书是学界第一部构建数字法学学科体系的探索性著作，难免存在疏漏、不当之处，权当抛砖引玉，敬请各位同仁批评指正！

在书稿付梓出版之际，记述一些关于数字法学的个人思考，是为序。

姜　伟

2023 年 6 月 26 日于林萃公寓

目录

第一编 数字法学基础理论

第二编　网络法

第三编　数据法

第四编　人工智能法

第一编
数字法学基础理论

第一章　数字法学概述

第一节　数字法学的概念与定位

一、数字法学的概念与研究对象

法学是以法律现象为研究对象的社会科学。[①] 数字法学，作为现代法学的一个重要分支，它是以基于数字技术应用而产生的法律现象为研究对象的新兴法学学科，并以数字化、网络化、智能化驱动的新兴法治问题为主要研究议题。

广义的数字法学，其研究范畴包括两方面：一是从方法论的角度出发，研究如何运用数字思维和数字技术的方法研究法律现象，利用数字技术推动法治进步，通过法治的数字化实现数字正义；二是从本体论的角度出发，将基于数字技术应用而产生的法律现象本身作为研究对象，侧重对于具体法律问题和法律制度的分析。本书主要是从本体论的角度出发，对数字法学进行阐释。

数字法学的研究对象是基于数字技术应用而产生的法律现象。所谓数字技术，是指通过一定的硬件设备和软件程序将文字、图片、声音、图像等信息转化为电子计算机能识别的二进制的数字形式，然后对其进行存储、传输、计算、加工、分析、还原等处理活动的技术。简而言之，数字技术是以数字化为基础的现代信息处理技术，其具体的技术形态随着技术的发展而不断丰富、拓展和演变，包括但不限于计算机、互联网、云计算、大数据和人工智能等。所谓法律现象，它是社会现象的一种，其以法律问题和法律制度为核心，但不限于法律问题或法律制度本身，亦包括法与其他社会现象之间的关系。因此，数字法学的研究对象不仅包括数字法律制度的现状，也包括数字法律制度产生、发展的历史与制度演进的规律；既包括数字法律制度的内在逻辑，也包括数字法律制度与其他法律制度之间的关系，以及数字法律制度与数字技术、数字治理之间的关系；不仅包括基于数字技术应用所产生的法律问题以及对现有法律制度的挑战，也包括数字法律制度的回应及其对数字技术发展的影响。

数字法学具有典型的学科交叉属性，其涉及数字技术与法律之间的交叉互

① 参见张文显主编:《法理学》，高等教育出版社2011年版，第3页。

动，但并不是所有的与数字技术和法律交叉互动的问题均属于数字法学的研究范围，换言之，不能将数字法学简单地等同于“数字技术与法学”，亦不能将研究对象与研究方法相混淆。数字法学作为法学的分支，其主要是从法学的视角来对数字技术与法律之间的交叉互动关系来进行研究的，并从中捕捉法律问题进行细致的分析。诚如学者所言：“无论人们如何定义法学，法不在场的学问不是法学。”[①] 虽然数字技术本身并不是数字法学的研究对象，但是，可以将其作为数字法学的一种重要研究手段。

二、构建数字法学的意义

构建数字法学是为了回应数字化社会转型的需要。法学理论需要回应现实社会生活的需要，当前全球都在经历数字化转型，我国更是明确提出加快建设数字中国的战略，以数字化转型整体驱动生产方式、生活方式和治理方式变革。经济基础决定上层建筑。正如同人类社会从农业时代向工业时代转型时法律制度发生了重大变革一样，当人类社会从工业时代转向数字时代时，其所处的社会环境和面临的法律问题都发生了许多重要变化，从而需要新的与之相适应的法律制度体系。法律制度的转型并不会自动地完成，而是需要立法界、司法界和法学理论界的共同努力。构建数字法学学科，有助于推动法律制度的转型、法治理论的创新，有助于我国顺利实现数字化社会转型。

构建数字法学是整合数字法律制度、创建数字法制度体系的需要。面对数字化时代所产生的法律问题，自20世纪90年代以来，我国已通过修订《刑法》《著作权法》《民事诉讼法》等法律，编纂《民法典》，制定《网络安全法》《电子商务法》《数据安全法》《个人信息保护法》《电信条例》《互联网信息服务管理办法》《关键信息基础设施安全保护条例》等法律、行政法规，颁布《人民法院在线诉讼规则》《人民法院在线调解规则》《人民法院在线运行规则》等司法文件，发布《互联网域名管理办法》《儿童个人信息网络保护规定》《网络信息内容生态治理规定》《互联网信息服务算法推荐管理规定》等部门规章，作出了许多法律上的回应。然而，上述法律回应是零散的、碎片化的。如何从上述分散的法律制度中寻找其内在的一致的逻辑，从而构建统一的数字法制度体系是我国当前数字法治所面临的问题。构建数字法学，加强数字法学基础理论研究，形成统一的数字法理论体系，可以为构建统一的数字法制度体系提供理论支撑。

构建数字法学是数字化时代法学理论研究创新和法治人才培养的需要。在当今数字化转型时代，需要加快新文科、新法学的建设，实现法学研究范式的革新，改革法治人才培养的模式。新文科建设的一项重要内容为积极推动人工智能、大数据等现代信息技术与文科专业深入融合，这就需要加强新法学的建

① 郑永流：《重识法学：学科矩阵的建构》，载《清华法学》2014年第6期。

设，创建具有前沿交叉性质的数字法学，以适应时代的要求。①

目前，传统法学学科设置已经难以适应数字化时代法学研究和人才培养的需求。第一，在学科划分方面，传统部门法的学科分类与数字法治的领域需求错位。当前法学一级学科下设多个二级学科，在实践中形成了较为稳固的部门法格局。而数字时代的法律问题涉及宪法、民法、行政法、刑法、诉讼法、国际法等多个二级学科，传统学科分类无法有效应对数字法治跨部门法的理论研究和人才培养需求。构建数字法学这一新型的独立学科，有助于整合现有的碎片化的数字法律问题研究，形成统一的研究范式、理论体系和学科体系。第二，在研究方法方面，传统法学的研究思路与数字法治的创新研究需求错位。传统法学理论主要注重物理时空下人与人之间的权益安排、制度设计。如今，随着大数据、云计算、区块链、人工智能、5G 等数字技术的应用，以及数字经济新业态活动的大量增加，生产关系、生活方式和社会治理方式都在发生变化，出现了网络犯罪、网络纠纷、虚拟社区、数据鸿沟、数字货币、算法歧视等很多新问题。数字法治不仅意味着规制对象的转变，同时也意味着以数字技术赋能和创新法学研究方法。通过将大数据、人工智能等新型技术引入法学研究，有助于促进传统法学向新法学的转型，整体提升法学研究和教学的时代性、前沿性、创新性。② 第三，在人才培养方面，传统法学学科的划分难以满足数字法治教育对学科交叉融合的需要。数字法治不仅涉及传统法学领域，也涉及计算机科学、网络安全、人工智能、统计学、数学等其他的学科，无论是在学生来源还是培养方向上，均需要系统性的思维和跨部门、跨学科的理论指引和知识储备，对此，难以通过改革传统法学学科来完成，而创建数字法学这一新学科，有助于培养具备法律与科技交叉融合素养的人才。

2023 年 2 月，中共中央办公厅、国务院办公厅印发了《关于加强新时代法学教育和法学理论研究的意见》，提出加快构建中国特色法学学科体系、学术体系、话语体系的要求，并在优化法学学科体系部分，明确提出“加快发展社会治理法学、科技法学、数字法学、气候法学、海洋法学等新兴学科”，从而正式认可数字法学作为一门法学新兴学科的重要地位，也为进一步发展数字法学指明了方向。

构建数字法学是我国参与全球数字规则制定、重塑国际话语权的需要。数字技术的广泛应用和数字经济的蓬勃发展，深刻重塑了世界经济和政治格局，引起了全球价值链、供应链、产品链、服务链的重构。数字经济、数字贸易国际竞争的制高点是规则和标准。世界上许多国家纷纷从各自利益出发，出台了

---

① 关于新文科的建设，参见教育部新文科建设工作组主办的新文科建设工作会议于 2020 年 11 月发布的《新文科建设宣言》；关于学者们对新法学的理解，可参见杨学科：《数字时代的“新法学”建设研究》，载《法学教育研究》2021 年第 2 期。

② 参见姜伟、裴炜：《数字治理亟待构建数字法学学科》，载《民主与法制》2021 年第 43 期。

许多规范数字贸易的法律法规，抢占国际数字贸易规则和标准的话语权和主导权。特别是在人工智能治理领域，许多国家都在加紧研究人工智能相关法律规范，在机器人的法律地位、人工智能产品致人损害的法律责任、人工智能与隐私保护、算法透明以及数字经济等问题上，都已有立法动议或者已准备启动立法程序。数字规则领域既是各国数字竞争的重点，也是国际双边多边贸易谈判的重点议题。中国高度重视数字经济国际合作和国际规则的制定。深入开展数字法学研究，有助于总结中国在数字法治领域的经验，提出数字治理规则“中国方案”，为国际规则的制定和人类命运共同体的构建作出贡献。

三、确立数字法学学科名称的意义

在构建一个新的学科时，确立一个恰当的学科名称具有重要意义。一个适当的学科名称不仅能够揭示该学科的本质特征，还能够对外显示该学科的研究对象、范围、研究方法、研究范式等信息。目前，在与数字技术相关的法学研究中，已有信息法学、网络法学、网络与信息法学、电子商务法学、数据法学、人工智能法学和计算法学等多种概念表述。笔者认为，采用数字法学这一学科名称最为适当。

第一，采用数字法学这一学科名称，可以简洁、清晰地揭示其研究对象。数字法学可以同时关联数字技术与法律两个概念，并可对外清晰地传达该学科的研究对象，即数字技术的应用所产生的法律现象，从而可以让读者快速、准确地了解该学科的核心内容。

第二，采用数字法学这一学科名称，不仅可以涵盖现有的相关学科，还可以为未来发展预留足够的空间。无论是互联网、云计算、大数据、人工智能，还是区块链、元宇宙，都可以用数字技术一词予以涵盖。现有的信息法学、网络法学、网络与信息法、数据法学、人工智能法学等概念往往是以特定的数字技术类型作为研究对象或研究方法，或是具有一定的时间阶段性，其缺点在于其内涵较窄且受到限定。当前人类社会刚开始迈入数字社会，数字技术在未来将会有无穷尽的类型，其未来呈现的样态是当前所难以预见的，如果每出现一种新的数字技术样态都要为之构建一个新法律学科，这种做法是不可取的。采用数字法学这一概念，不仅可以在一定程度上涵盖信息法学、网络法学、网络与信息法学、数据法学、人工智能法学和计算法学的大部分内容，而且，还可以在一定时期涵盖与未来出现的数字技术类型相关的法律现象。

第三，采用数字法学这一学科名称，有利于将法学研究与服务数字中国建设紧密衔接。党的十九大、党的二十大作出建设网络强国、数字中国的重大战略部署，以“数字化、网络化、智能化”为特征的数字经济、数字政府、数字文化、数字社会、数字生态文明建设正稳步向前迈进。数字法学可以更好地与党中央和国家提出的数字中国建设等一系列“数字 +”的重大命题、重要思想相契合，服务国家数字法治建设工作。

第四，采用数字法学这一学科名称，有助于学术共同体的形成。学术共同体的形成是一个学科走向成熟的标志，而一个学术共同体应该具有一个能够被学术共同成员认同的学科名称。近年来，国内越来越多的学者倡导数字法学；许多大学纷纷设立以数字法学为名的研究机构。[①] 通过确立数字法学这一名称可以整合国内现有的研究团队，加快形成数字法学的学术共同体。

第五，采用数字法学这一学科名称，有利于与国际学术界交流，融入国际话语体系，构建数字法学领域的国际学术共同体。当前，不仅中国政府和社会在倡导数字社会、数字经济、数字政府、数字公民、数字人权等概念，世界上许多国家也都在使用以“数字”为核心的相关概念，数字政府、数字市场、数字信任、数字主权、数字权利、数字正义等已成为全球性概念。联合国秘书长于 2020 年 6 月 11 日在“数字合作高级别专家组”的建议基础之上发布了《数字合作路线图》，[②] 并提出制定“全球数字契约”的计划。[③] 在新冠疫情期间，联合国于 2020 年发布了《应对新冠疫情的数字政府倡议纲要》。[④] 联合国开发计划署（UNDP）于 2019 年制定《UNDP 数字战略》[⑤]，并提出数字化转型（digital transformation）项目 [⑥]。欧盟提出了“数字主权”的概念，并颁布《数字服务法》《数字市场法》等法案。美国于 2012 年就已经制定了综合性的《数字政府战略》，从用户接入、数据开放和共享平台等多维度致力于数字政府的建设；[⑦] 英国早在 2010 年就颁布了《数字经济法》，并于 2017 年出台《英国数字战略》，提出从数字基础设施建设、数字技能提升、数字产业发展、网络安全、数字政府服务和释放数据价值等多方面入手促进数字经济的发展；[⑧] 澳大利亚于

---

① 例如，北京航空航天大学法学院成立了“数字发展法治研究院”，中国人民大学法学院设立了“数字法学教研中心”，浙江大学成立了“数字法治研究院”，华东政法大学成立了“数字法治研究院”。

② The Secretary-General's Roadmap for Digital Cooperation, at https://www.un.org/techenvoy/content/roadmap-digital-cooperation (Last Visited on Jun.6,2022).

③ Global Digital Compact: Background Note (version 9 May 2022), at https://www.un.org/techenvoy/zh/global-digital-compact (Last Visited on Jun.6,2022).

④ UN/DESA Policy Brief #61: COVID-19: Embracing digital government during the pandemic and beyond, at https://www.un.org/development/desa/dpad/publication/un-desa-policy-brief-61-covid-19-embracing-digital-government-during-the-pandemic-and-beyond (Last Visited on Jun.6,2022).

⑤ Digital Strategy 2022-2025, at https://digitalstrategy.undp.org (Last Visited on Jun.6,2022).

⑥ UNEP Digital Transformation (DT) subprogramme, at https://www.unep.org/explore-topics/technology/what-we-do/digital-transformation (Last Visited on Jun.6,2022).

⑦ Digital Government: Building a 21st Century Platform to Better Serve the American People, at https://obamawhitehouse.archives.gov/sites/default/files/omb/egov/digital-government/digital-government.html (Last Visited on Jun.6,2022).

⑧ UK Digital Strategy, at https://www.gov.uk/government/publications/uk-digital-strategy (Last Visited on Jun.6,2022).

2018 年出台《2025 数字转型战略》[①]，提出为所有澳大利亚民众提供世界领先的数字服务，后来又陆续发布《数字政府战略》[②] 和《数字经济战略 2030》[③] 等；加拿大于 2021 年发布《数字运行战略计划（2021—2024）》[④]，持续推进数字政府建设；等等。

其实，数字法（Digital Law）早在 1995 年便已在美国提出，现已成为国际社会广泛使用的概念，例如荷兰莱顿大学设立了“法与数字科技”（Law and Digital Technologies）硕士项目、[⑤] 澳大利亚墨尔本大学设立“数字法与科技创新”（Digital Law and Technological Innovation）硕士项目 [⑥] 等。采用数字法学这一概念，可以更好地与国际学术界开展学术交流、话语沟通，也有助于国际学术共同体的形成。

四、数字法学的定位

数字法学作为一门新兴的法学学科，必须要在法学领域中找到其应有的位置，才能获得长远的发展。对于数字法学的定位，当前学术界存在不同观点。[⑦] 笔者认为，数字法学既不同于传统的部门法学，亦不宜概括地等同于传统法律制度的数字化转型，而应当将其视为一门领域法学。

所谓学科，是对知识的一种分类，它是人类认识世界的一种方式。就客观世界本身而言，其是一体的，而学科分类是人类认知的主观产物。人类在面对复杂的研究对象时，往往会选择不同维度、不同层次对其进行剖析、分解，从而自觉或不自觉地形成各种研究分工，进而在长期分工研究的基础之上逐渐形成各自较为稳定的研究对象、研究方法、研究范式和话语体系，其成熟到一定

---

① 2025 Digital Transformation Strategy, at https://www.dta.gov.au/sites/default/files/files/digital-transformation-strategy/digital-transformation-strategy.pdf (Last Visited on Jun.6,2022).

② Digital Government Strategy, at https://www.dta.gov.au/digital-government-strategy (Last Visited on Jun.6,2022).

③ Digital Economy Strategy 2030, at https://digitaleconomy.pmc.gov.au/strategy/foreword (Last Visited on Jun.6,2022).

④ Digital Operations Strategic Plan: 2021–2024, at https://www.canada.ca/en/government/system/digital-government/government-canada-digital-operations-strategic-plans/digital-operations-strategic-plan-2021-2024.html (Last Visited on Jun.6,2022).

⑤ See Law and Digital Technologies (Advanced LL.M.) at Leiden University, at https://www.universiteitleiden.nl/en/education/study-programmes/master/law-and-digital-technologies (Last Visited on Jul.20,2022).

⑥ Digital Law and Technological Innovation at the University of Melbourne, at https://law.unimelb.edu.au/study/masters/specialist-legal-areas/digital-law-and-technological-innovation (Last Visited on Jun.20,2022).

⑦ 参见马长山：《数字法学的理论表达》，载《中国法学》2022 年第 3 期；胡铭：《数字法学：定位、范畴与方法——兼论面向数智未来的法学教育》，载《政法论坛》2022 年第 3 期；彭诚信：《数字法学的前提性命题与核心范式》，载《中国法学》2023 年第 1 期。

程度便可形成独立的学科。学科的形成与逐渐细化有利于研究的深刻化和精细化，但是，当其细化到一定程度之后，诸如“一叶障目，不见森林”之类的弊端便开始显现，诚如学者所言，学科分化“在消解人类认知一种盲区的同时，也创造了另一种可能的盲区，因为社会问题不会按某个单一学科的逻辑和意图呈现自己”[①]。自20世纪后半叶以来，随着现代科学技术的迅猛发展，人们开始发现，对于许多前沿科技问题，单纯依靠某一学科研究往往难以得到解决，而是需要跨学科合作研究，于是，学科交叉融合开始受到学术界的重视，并逐渐形成一种趋势。

目前，在我国的学科分类体系中，在法学一级学科之下，划分为理论法学、法律史学、部门法学、国际法学和法学其他学科，而部门法学又被划分为宪法学、行政法学、民法学、经济法学、民事诉讼法学、行政诉讼法学、刑事诉讼法学、刑法学等。[②] 其中，部门法学的学科分类对于我国法学研究和法学教育有着重要的影响。将法学知识体系划分为若干部门法学，是受德国法学与苏联法学影响，并沿用至今。[③] 客观地说，部门法学在历史上曾经一度促进了我国法学研究，功不可没，但是，其人为地切割法学知识和造成知识壁垒的弊端也非常明显。在法律实践中，无论是律师在给客户提供法律服务，还是法官审理具体的案件或行政机关在处理行政管理事务，其所遇到的具体的法律问题，都不是一定按照部门法理论呈现出来的，而有时会涉及多个部门法，既有实体法问题，亦有程序法问题，既不可能单纯依赖某一部门法知识来解决，也不可能将一个法律问题分割成若干部门法问题交由不同部门法学学科的人分别予以解决。随着以互联网、大数据、人工智能为代表的现代数字技术的兴起和广泛应用，原有的部门法格局的法学学科分类的弊端显现得更加明显，时代呼唤能够区分部门法的同时，也呼唤跨部门法的多学科交叉融合、协同合作的新学科。

近年来，我国法学界有识之士提出领域法学的概念，即以问题为导向，以特定经济社会领域全部与法律有关的现象为研究对象，融多种研究范式于一体的交叉性、开放性、应用性和整合性的新型法学学科体系、学术体系和话语体系。[④] 领域法学倡导对特定领域的法律问题进行整合性、一体化的研究，但不是所有针对某一特定领域的法学研究均可构成一门独立的领域法学学科，只有当作为领域法学研究对象的领域法达到了一定的丰富程度和社会影响力，并且领域法学研究成熟到形成自己的研究范式和话语体系时，才能称之为一门学科。从目前的情况来看，几乎所有倡导领域法学的学者们都认为网络法学属于领域

① 刘剑文：《论领域法学：一种立足新兴交叉领域的法学研究范式》，载《政法论丛》2016年第5期。

② 参见《中华人民共和国国家标准：学科分类与代码》（GB/T 13745—2008）。

③ 参见梁文永：《一场静悄悄的革命：从部门法学到领域法学》，载《政法论丛》2017年第1期。

④ 参见刘剑文：《论领域法学：一种立足新兴交叉领域的法学研究范式》，载《政法论丛》2016年第5期。

法学，[1] 而网络法学恰恰是数字法学的重要组成部分。

数字法学具备领域法学的特征和成熟度的要求。从作为数字法学研究对象的数字法律制度来看，近年来，我国颁布了多部数字法领域的法律、法规、规章、规范性文件、标准、司法解释和司法文件，我国近期加入的《区域全面经济伙伴关系协定》（Regional Comprehensive Economic Partnership，RCEP）和正在申请加入的《数字经济伙伴关系协定》（Digital Economy Partnership Agreement，DEPA）等国际公约中亦含有数字法的内容，北京、杭州和广州互联网法院等司法机构审理了大量涉及数字法律纠纷的司法案件，因此，作为数字法学研究对象的法律素材已经十分丰富。仅就我国目前数字领域的立法本身来看，其亦具有领域法的色彩。例如，我国 2021 年颁布的《个人信息保护法》就融合了多个部门法的内容。《个人信息保护法》第 1 条就宣称："为了保护个人信息权益，规范个人信息处理活动，促进个人信息合理利用，根据宪法，制定本法。"从而将《个人信息保护法》与宪法相关联。从宪法的角度看待个人信息权益保护的性质，需要借助宪法学的视角。《个人信息保护法》和《民法典》都规定了个人信息权益，其显然具有民事权益的性质。《个人信息保护法》不仅列举了多项个人在个人信息处理活动中的权利，而且还在第 66 条规定了个人信息权益遭受损害时的损害赔偿责任制度，该制度的适用还需要配合《民法典》中的相关规定，因此，需要从民法学的角度对相关法律规范进行解释。《个人信息保护法》第 70 条还规定了保护个人信息权益的公益诉讼，相关诉讼机制的安排还涉及民事诉讼法。《个人信息保护法》中的许多条款还具有典型的行政法性质，其不仅规定了国家机关处理个人信息应遵守的规定，而且也详细规定了有关行政部门的个人信息保护职责，对此宜从行政法学的角度进行研究。另外，我国《个人信息保护法》中的许多规定与《刑法》中关于侵害个人信息犯罪的法律规定存在密切的关联，从而为刑法学的引入留下接口。除此以外，《个人信息保护法》所规定的"个人信息跨境提供的规则"涉及相关国际条约、国际司法合作等国际法制度。由此可以看出，《个人信息保护法》实际上是"诸法合一"，仅从某一部门法进行研究，只能触及其局部，而无法达其全身，然而，如果对其进行人为切割，交由各部门法学分别进行研究，又会切断《个人信息保护法》各条款之间的有机联系，无法从《个人信息保护法》的规范体系出发进行解释和适用，因此，只有从领域法学的角度出发，综合运用各部门法学的知识，进行协同研究，才能准确理解《个人信息保护法》的内在逻辑体系。

需要说明的是，将数字法学定位于领域法学，并不意味着以此来完全替代各部门法学，也不意味着放弃各部门法学的研究方法，而是为了更好地利用各

---

① 参见龙卫球：《个人信息保护法的基本法定位与保护功能》，载《现代法学》2021 年第 5 期；何邦武：《数字法学视野下的网络空间治理》，载《中国法学》2022 年第 4 期。

部门法学的知识进行交叉融合与协同研究，因此，领域法学与部门法学是相辅相成、交织融合、同构互补的关系。[①]

第二节　数字法学的特点与研究方法

一、数字法学的特点

数字法学作为一门新兴学科，正处于发展之中，就目前而言，其已展现出以下特点。

（一）独立性

数字法学虽然具有法律与科技交叉的特点，但是，在学科归属上，其仍然是一门相对独立的法学学科，而不是数字技术学科，亦不是法学与数字技术科学的简单相加。作为一门独立的法学学科，其应具有相对完整的学科体系和内在的逻辑体系，拥有本学科的研究对象、研究方法、研究范式和话语体系，并在此基础之上形成本学科的学术共同体。[②] 数字法学正日益显现出独立性特点，其在法学界逐渐获得越来越多的认同感。

（二）创新性

数字法学是一门新兴的学科，是随着互联网、云计算、大数据、人工智能等现代数字技术创新发展和广泛应用而产生的。数字技术是当代前沿技术的代表，其对人类未来社会所产生的影响是史无前例的，其所产生的许多法律问题也是前所未有的，例如，网络平台的法律地位、数据的法律性质、对算法应用的规制、人工智能的规制与法律责任等，对此很难套用原有的概念体系和研究范式进行研究，因此，需要创新的法学思维和研究范式的转换，需要法学理论的创新。数字科技是新兴前沿科技的代表，其具有“创造性破坏”[③] 的特点，数字法学有可能引发法学领域的革命，将成为“新法学”的代表，[④] 创新性将成为数字法学的突出特点。

---

① 参见熊伟：《问题导向、规范集成与领域法学之精神》，载《政法论丛》2016 年第 6 期。

② 关于学科、研究范式和学术共同体的关系，参见［美］库恩：《科学革命的结构》（第四版），金吾伦、胡新和译，北京大学出版社 2012 年版，第 147~149 页。

③ 关于“创造性破坏”的观点，参见［法］菲利普·阿吉翁等：《创造性破坏的力量》，余江、赵建航译，中信出版社 2021 年版。

④ 参见杨学科：《数字时代的“新法学”建设研究》，载《法学教育研究》2021 年第 2 期。

（三）交叉性

与其他法学学科相比，数字法学的显著特征之一在于其具有交叉性。首先，数字法学具有法律与科技交叉的特性。数字法学是现代数字技术广泛应用于社会的产物。对于数字法领域的法律问题的理解，必须置于数字技术与法律的背景之下，若欠缺数字技术的知识背景，将很难了解许多法律问题的来龙去脉。对于数字技术作用于社会而引发的法律问题，在探寻解决方案时，不能仅从法学的思维和逻辑出发，而是应对法律解决方案与技术解决方案进行通盘考虑，要充分考虑法律规制与代码规制之间的契合性。其次，数字法学作为领域法学，具有横断性，其在法学研究方法的运用方面，并不限于某一部门法学，而是强调综合运用多个部门法学的研究方法于同一研究对象，以实现整体性、协同性研究，这亦是数字法学的交叉特性的表现。

（四）动态性

数字法学是一门面向未来的学科，是正在持续发展中的学科，其研究范围和研究方法都具有动态革新的特点。从数字法学的产生来看，它是由数字技术创新发展驱动的，每当有新一代的数字技术的产生或新的应用模式的出现，都会对生产方式、生活方式和社会治理模式产生重要影响，会对原有的法律制度带来挑战，亟须法律的创新改革与及时回应。更为重要的是，这一进程目前仍然在持续中，而且，数字技术的迭代更新与商业模式的推陈出新的速度在不断加快，新的法律问题层出不穷，尽管世界各国都在试图通过加快数字领域的立法来对新问题及时作出回应，但仍显应接不暇，从长远来看，数字时代的法律制度应当建立起动态调整的机制才能应对数字技术的迅速发展，这也迫使数字法学具有动态性，不断拓展研究范围、调整研究对象，为数字法律制度的不断完善提供理论基础和研究支撑。

（五）开放性

数字法学的创新性、交叉性和动态性，决定了其必然具有开放性的特点。现代数字技术的迭代创新一次又一次地突破了人类认知的前沿边界，不断拓展人类活动的新领域，也将数字法学带到了法学的最前沿。只有保持法学边界的开放性，才能不断拓展法学的新疆域。在数字技术尚处于蓬勃发展、商业应用模式层出不穷、新业态和新问题不断涌现的情况下，若为数字法学划定固定的边界，无异于画地为牢，因此，保持数字法学的开放性是必要的、合理的。数字法学的开放性除了破除前沿边界的限制以外，还表现为打破各学科之间的边界壁垒，实现学科的融合。从法学本身的发展趋势来看，其日益呈现出从学科分立到知识融合的趋势。[①] 这一点，在数字法学上体现得更为明显，其不仅体现在法学内部各部门法学之间的知识融合，也体现在法学与哲学、经济学、管理学和国际关系学等学科之间的融合，还体现在法学与数字技术科学之间的融合。

（六）国际性

数字法学具有国际性的特点。首先，数字化转型是全球趋势，如何处理数字技术的应用所带来的问题，如何使用数字技术促进人类的福利，避免数字技术的滥用，消除数字技术应用的各种弊端，是世界各国共同面临的问题，诚如联合国秘书长古特雷斯所言，“面向未来，两大巨变将塑造 21 世纪：气候危机和数字化转型”[②]。近些年，中国、欧盟等国家和地区都先后出台了多部法律、法规，用来规制数字技术的应用，并且，可以从中发现其存在相互影响的现象。其次，基于数字技术而建立起来的网络空间并不像物理空间那样存在清晰的国际边界，而是具有全球互联互通的特性，自互联网产生之初，支撑互联网赖以运作的技术协议和标准，如 TP/ICP 协议，都是全球通用的，它使得全球用户进行信息交流成为可能，与此同时，也使得一国政府所采取的管理措施、网络平台所提供的服务和用户实施的网络行为产生域外影响，与之相关的数字法律制度往往亦具有涉外性。在这种情况下，如何划定一国在网络空间的管辖权范围，如何协调各国之间的管辖权冲突，如何确定适用跨国网络行为的法律，便成为亟待解决的问题。而诸如跨国网络犯罪、在海外设服务器从事侵害知识产权等违法行为之类的问题，都需要国际合作。最后，建立在数字技术基础之上的网络空间是全人类共同享有的空间，与物理空间一样，网络空间和数字技术应用的秩序亦是建立在国际法和国际关系的基本准则的基础之上。跨境电子商务、数据跨境传输、网络安全和打击网络犯罪等问题，都需要世界各国共同努力，通过构建网络空间和数字技术应用的国际法规则来解决。

二、数字法学的研究方法

数字法学具有开放性的特点，其作为法学的分支学科，对传统法学的研究方法既有继承，亦有所发展。除传统法学研究方法以外，数字法学还具有一些特有的研究方法，如计算法学的研究方法。总体来说，常用的数字法学的研究方法主要包括以下几种。

---

① 参见王利明、常鹏翱：《从学科分立到知识融合——我国法学学科 30 年回顾与展望》，载《法学》2008 年第 12 期。

② 联合国秘书长于 2021 年 9 月发布了《我们的共同议程》报告，将在联合国组织的“未来峰会”上就全球数字契约达成一致。See Global Digital Compact：Background Note（version 9 May 2022），at https：//www.un.org/techenvoy/zh/global-digital-compact (Last Visited on Jun.6,2022).

第一，规范分析的研究方法。规范分析是法学研究中常用的研究方法，其关注的是一国实在法的规范效力、规范的含义以及法院裁判的方法。[①] 其从法律条文出发，分析其逻辑结构、规范效力，经由法律解释和漏洞补充的方法，将其适用于特定的案件事实，从而得出司法裁判的结论。规范分析方法并不是孤立地对法律条文或法律规范进行研究，而是注重体系化的研究方法，从法律概念体系、规范体系和原则体系出发，进行系统化的思维、推理和漏洞填补。目前，在数字法领域，立法机关已颁布了多部法律、行政法规、地方性法规和部门规章，同时，在许多部门法中也散落着大量的涉及数字法的法律规定，从整体上看，数字法律制度存在零散颁布的状态，如何从分散的法律规定出发，构建具有内在逻辑一致的数字法律规范体系，是当代数字法学的重要任务。

第二，社会学的研究方法。与规范分析的方法不同，社会学的研究方法，关注的不是纸面上的法律，而是现实中的法律，其通过对社会现象的分析揭示在现实中实际发挥效力的真实的规则。通过社会学的研究方法，可以发现法律在实施过程中的实际效果与法律本文含义是否一致、是否存在相背离的现象。社会学的研究方法对于数字法学具有重要意义。近年来，各级立法机关制定了大量的数字领域的法律、法规和规章，立法速度非常快，立法所涉领域非常新，但是，对于立法的实际实施效果却缺乏足够的研究，这需要通过社会学的分析方法来完成。同时，运用社会学的研究方法，可以帮助人们理解用户在网络空间的行为特点、信息传播的规律，对于研究制定防范网络犯罪、虚假信息传播等违法行为的法律制度具有重要意义。

第三，比较法的研究方法。数字技术的应用对现有法律秩序的冲击和所产生的法律问题，是世界各国所共同面临的问题，各国都在努力通过对数字技术的规制来使其造福于社会并遏制其滥用的风险，但是，由于法律体系、文化观念和技术发展程度等因素的差异，使得各国在选取规制手段、规制力度方面有所差异，而开展比较法的研究，有助于发现各国对数字技术规制的共同点和差异之处，吸收借鉴国外的有益经验，进一步完善本国的数字法律制度。

第四，计算法学的研究方法。对于数字法学而言，不仅其研究对象具有法律与科技相结合的元素，在研究方法方面亦强调法律与科技的结合，其可以表现为多个方面、多种手段，而计算法学是其中比较突出的一种研究方法。通过计算法学的研究方法，可以将法律现象转化为计算机可以识别、处理的数据形式，进而运用大数据、人工智能等现代数字技术对其进行存储、分析、加工、

---

① 参见［德］拉伦茨：《法学方法论》，黄家镇译，商务印书馆2020年版，第253页。

传输、处理。[1] 借助计算法学的研究方法，可以对上百万份司法裁判和法学研究文献进行处理，自动提取文书信息，不仅可以大幅提升法学研究的效率，更重要的是，可以从中揭示传统人工研究难以发现的规律，对于促进法学研究质量的提升具有重要意义。

① 关于计算法学的研究方法可参见邓矜婷：《计算法学方法初阶》，法律出版社2021年版。

第二章　数字法的概念与体系

第一节　数字法的概念与调整对象

一、数字法的概念

数字法，是指调整数字法律关系的法律规范的总称。对于数字法的概念，可以从形式意义上的法与实质意义上的法两个角度来进行理解。形式意义上的数字法，是指那些从名称上可以显示出其属于数字法领域的法律，其通常为立法机关制定的专用于调整某种类型的数字法律关系的法律，例如《网络安全法》《电子商务法》《数据安全法》《个人信息保护法》等。实质意义上的数字法的内容则不限于形式意义上的法，还包括其他法律中所包含的数字法规范，例如，我国《民法典》中关于数据、网络虚拟财产、电子合同、个人信息权益保护和网络侵权的规定，我国《刑法》中关于侵犯公民个人信息罪、危害计算机信息系统安全罪，以及拒不履行信息网络安全管理义务、非法利用信息网络和帮助信息网络犯罪活动的犯罪等相关规定。

二、数字法的调整对象

数字法的调整对象为数字法律关系。所谓数字法律关系，是指因数字技术的应用而产生的法律关系，包括数字技术使用者在提供相关商品或服务过程中与相对人和第三人发生的法律关系，行政主体使用数字技术实施行政行为而产生的法律关系，行政管理部门对数字技术的应用行使监督管理职能时所发生的法律关系，以及司法机关应用数字技术而产生的相关诉讼法律关系，等等。鉴于数字法在性质上属于新兴的领域法，而非传统意义上的部门法，因此，在对数字法律关系进行理解时，不宜从部门法的角度将其简单地切割为民事法律关系、刑事法律关系、行政法律关系和诉讼法律关系等部门法意义上的法律关系，而应当从数字领域的自身特点和规律出发对数字法律关系进行整体理解。为了准确地理解数字法律关系，可以从主体、客体和内容三个方面进行分析。

（一）数字法律关系的主体

数字法律关系的主体，是指在数字法律关系中享有权利和承担义务的人。从传统的法律关系主体类型划分来看，数字法律关系的主体既包括各类民事主体，如自然人、法人和非法人组织，也包括各类公法上的主体，如行政主体、行政相对人，等等。如果从数字法律关系自身的特点来看，聚焦于数字技术应用的两端，则应当重点关注数据技术应用服务商与用户、消费者之间的法律关系，在该组法律关系中，双方主体从形式上看似平等，但基于数字技术应用特点和商业模式，双方往往存在实质上的不平等。例如，在网络平台与平台上的用户之间，网络平台往往处于技术和商业上的优势地位，而平台上的用户对于网络平台存在一定的依赖性，并在技术上受制于网络平台；又如，在使用数字技术提供产品或服务的经营者与消费者之间，前者可以凭借对数字技术的运用从消费者处获得大量的个人信息并对其采取个性化的营销手段，而后者则处于被动的弱势地位。正是由于在双方主体之间存在技术上的和信息上的不对称，所以，立法在对数字技术应用进行规制时会有所倾斜，意图在于校正当事人之间的权益失衡状态。

另外，值得注意的是，国家在数字法律关系中的特殊地位，一方面，国家作为行政管理者，对于数据技术的应用负有监管职责；另一方面，国家本身在履行公共管理职责的过程中，也可能使用数字技术，其本身亦有可能为数字技术应用者，其数字技术应用活动亦受到法律的约束。例如，我国《个人信息保护法》旨在重点调整个人信息处理者与个人信息主体之间的法律关系，而个人信息处理者除了包括从事个人信息处理的企业以外，还包括国家机关，并且，以专门一节规定了“国家机关处理个人信息的特别规定”，同时该法还以专章规定了“履行个人信息保护职责的部门”及相关的个人信息保护和监督管理职责。因此，在《个人信息保护法》中，国家身兼两个角色，一个是个人信息处理者，另一个则是负有个人信息保护和监督管理职责的机构。

（二）数字法律关系的客体

数字法律关系的客体，除了包括物、行为、智力成果等传统法律关系的客体以外，还包括一些新型的权利义务客体，例如，数据。数据与数据载体不同。存储数据的计算机硬盘、移动存储设备、服务器和各类终端设备，均属于数据载体。此类数据载体是有形的，其属于民法上的物，可适用物权法，权属界定通常比较清晰。与数据存储设备不同，数据本身并不是民法意义上的物，且具有易复制、易传输、易被破坏的特性，数据的转移并不必然伴有数据载体的转移。网络环境下，在数据的物理载体的占有和所有均未发生变化、未受到任何物理损害的情况下，亦有出现其所存储的数据被他人复制、传输、篡改或删除的可能，并且，同一数据可以分别存储在多个不同所有者的存储硬件设备中。[①] 承认数据作为一种新的权利客体具有重要意义，其对于与数据相关的权利义务的构建，对于数字时代权利体系的现代化革新，都具有重要影响。

在数字时代，算法的重要性日益显现出来，并作为一种新的客体，正成为越来越多的法律规制对象。算法是人工智能技术的核心要素，承认算法的法律地位，对于人们理解基于算法的法律行为性质，以及构建以算法为中心的人工智能规制体系，都具有重要意义。

行为亦是法律关系的客体，但是，在数字时代，基于数字技术的行为具有特殊性。以竞争行为为例，网络平台的交易行为与竞争行为与传统的市场竞争行为具有明显的差异，因此，如果继续沿用传统的竞争法规则来规制网络平台的交易行为往往难以达到理想的效果。例如，网络平台作为双边市场，所采取的定价模式与传统企业的定价模式有着显著的不同。在传统经济模式下，企业向交易相对方收取低于市场水平的费用，有可能构成不正当竞争，而收取过高的价格，则有垄断定价的嫌疑。在双边市场下，平台有可能向一方收取非常低的价格，甚至无偿提供服务，但这未必构成不正当竞争，因为，其有可能同时向另一方收取较高的价格，从而存在交叉补贴的效应。又如，依照传统的反垄断法规则，在认定经营者是否具有市场支配地位时，主要考虑市场结构等因素，然而，对于数字经济时代的大型网络平台而言，对于数据的占有和控制是一个重要因素。

（三）数字法律关系的内容

法律关系的内容，主要是指权利义务关系。数字时代的权利更加丰富，其不仅包括传统的权利类型，还包括数字时代新出现的权利类型。我国《民法典》总则编第五章“民事权利”在规定了人格权、物权、债权、知识产权等各种具体的民事权利类型之后，在第126条中规定：“民事主体享有法律规定的其他民事权利和利益。”在第127条中又规定：“法律对数据、网络虚拟财产的保护有规定的，依照其规定。”由此可以看出，立法者认为数据权益是一种不同于传统民事权利类型的一种新型民事权益，尽管对该种权益的具体内容在《民法典》中未作具体规定，而是留待特别法去规定。对于数据权益的性质及其构造，在学术界尚存在一定争议，亟须数字法学深入研究并予以澄清。

数字技术的发展，不仅丰富了民事权益的内容，创设了新的民事权益类型，而且还对公法和法理学有着重要的影响。《欧盟基本权利宪章》和《欧盟运行条约》都将个人数据权利作为基本权利来对待；而在我国，有学者提出“数字人

① 参见周学峰：《网络平台对用户生成数据的权益性质》，载《北京航空航天大学学报（社会科学版）》2021年第4期。

权”系新一代人权，并提出“无数字，不人权”的主张。[①] 在国际治理层面，欧盟提出了“数字主权”的概念，而中国则提出“网络主权”的概念。

数字经济的发展，特别是网络平台的崛起，使得私权力的概念日益受到关注。在传统法学领域，法律被划分为公法和私法。权力一词通常被用于公法领域，只有国家机关和法律法规授权的具有公共管理职能的组织才享有公权力，权力的运行所反映的是公权力主体与相对人之间的不平等关系，公法规范是围绕着权力而展开的；而在私法领域，民事主体之间是平等的，彼此之间是权利与义务关系，私法制度是围绕着权利而展开的。然而，如果从法社会学的角度来观察和理解，正如马克斯·韦伯所言，“所谓权力，就是指将自己的意志强加给他人行为的可能性”[②]。如果某个主体能够运用其拥有的资源，对他人发生强制性的影响力、控制力，促使或强迫对方按权力者的意志和价值标准作为或不作为，我们就可以说其拥有某种权力。[③] 大型网络平台则属于此类主体，其本身属于民事主体，并不享有公权力，但是，其可以凭借平台的技术架构、商业模式和法律制度安排而事实上拥有对于平台内的产品、服务提供者的影响力和控制力，因而其所拥有的权力又被学者称为“私权力”。[④] 随着网络平台私权力的兴起，有可能导致传统法律领域中的“公权力—私权利”格局逐步演变为“公权力—私权力—私权利”的格局，其对于法律秩序的塑造将产生重要影响。

第二节　数字法的渊源

法律渊源是指被承认具有法的效力、法的权威性或具有法律意义并作为法官审理案件之依据的规范或准则来源，既包括具有明文规定的法律效力且可以直接作为司法裁判依据的正式的法律渊源，也包括不具有明文规定的法律效力但具有法律意义上的非正式的法律渊源。[⑤] 区别于传统部门法，数字法作为一门领域法，其法律渊源广泛分布于各个部门法之中，存在一系列正式的法律渊源。同时，数字法学是数字技术与法学理论深度融合的交叉领域，司法裁判、技术标准、行业规范等在引导和规范数字法律行为和法律关系中也发挥着重要作用。

---

① 参见张文显：《无数字，不人权》，载《网络信息法学研究》2020 年第 1 期。

② ［德］马克斯·韦伯：《经济与社会》(下)，林荣远译，商务印书馆 1997 年版，第 264 页。

③ 参见郭道晖：《权力的特性及其要义》，载《山东科技大学学报（社会科学版）》2006 年第 2 期。

④ 参见周辉：《技术、平台与信息：网络空间中私权力的崛起》，载《网络信息法学研究》2017 年第 2 期。

⑤ 参见舒国滢：《法理学导论》，北京大学出版社 2019 年版，第 66~67 页。

一、宪法

宪法是国家的根本法，具有最高的法律效力，是数字法的重要渊源。首先，宪法规定的公民基本权利是数字法律权利义务关系的基础；其次，宪法对于国家机关职权的规定划定了数字公权力的运行逻辑和边界。

就公民的基本权利而言，宪法构建的权利体系不仅为法律关系适应数字环境奠定了基石，同时也为新型数字权利的创设铺设了土壤。我国《宪法》第 33 条第 3 款规定："国家尊重和保障人权。"第 38 条规定："中华人民共和国公民的人格尊严不受侵犯。禁止用任何方法对公民进行侮辱、诽谤和诬告陷害。"第 40 条规定："中华人民共和国公民的通信自由和通信秘密受法律的保护……"这些规定是公民权利数字化转型和新型数字权益建构的基本法律依据，也是限制公权力干预公民数字权益的依据。例如，个人信息相关权益的创设与保障，其基础就源于《宪法》中的上述基本权利规定，因此《个人信息保护法》第 1 条即强调"根据宪法、制定本法"。[①] 同时，《宪法》第 13 条对财产权的规定和第 35 条对言论、出版等自由的规定，是数字产权界定和保护、数字环境下公民言论等自由保护的重要依据。此外，《宪法》第 51 条规定："中华人民共和国公民在行使自由和权利的时候，不得损害国家的、社会的、集体的利益和其他公民的合法的自由和权利。"该规定是对公民行使个人权利边界的原则性规定，是建立公民民事、行政、刑事数字法律责任的基础。

就国家机关职权而言，宪法对于国家权力机关的职权范围、方式等事项进行了基础性规定，这些规定构成了数字社会治理的公权力框架。我国《宪法》第 14 条第 1 款规定："国家通过提高劳动者的积极性和技术水平，推广先进的科学技术，完善经济管理体制和企业经营管理制度，实行各种形式的社会主义责任制，改进劳动组织，以不断提高劳动生产率和经济效益，发展社会生产力。"该规定是国家推进数字技术发展和应用、提升社会和社会治理数字化水平、发展数字经济的原则性依据。《宪法》第 19 条第 1 款规定："国家发展社会主义的教育事业，提高全国人民的科学文化水平。"第 20 条规定："国家发展自然科学和社会科学事业，普及科学和技术知识，奖励科学研究成果和技术发明创造。"这些规定为数字法学这一新兴学科建设提供了国家积极义务的基础。此外，宪法也就国家权力干预公民基本权利的界限作出了规定，例如，针对公民的通信权，《宪法》第 40 条明确规定："……除因国家安全或者追查刑事犯罪的需要，由公安机关或者检察机关依照法律规定的程序对通信进行检查外，任何组织或者个人不得以任何理由侵犯公民的通信自由和通信秘密。"

---

① 参见《全国人民代表大会宪法和法律委员会关于〈中华人民共和国个人信息保护法（草案）〉审议结果的报告》。

二、法律

全国人民代表大会和全国人大常委会制定的法律是数字法的重要法律渊源。目前，我国数字法领域的专门立法主要包括全国人大常委会制定的《网络安全法》《数据安全法》《个人信息保护法》《电子签名法》《电子商务法》《密码法》等法律，以及2000年制定并于2009年修正的《全国人民代表大会常务委员会关于维护互联网安全的决定》、2012年制定的《全国人民代表大会常务委员会关于加强网络信息保护的决定》等有关数字法治重大问题的决定。

除上述数字法领域的专门立法外，其他法律也会涉及数字法的相关内容，主要涉及以下三方面事项：一是公民基本权益保障；二是网络与数据安全；三是信息网络犯罪。

（一）公民基本权益保障

针对公民基本权益保障，最为重要的法律是《民法典》，其中有大量条文直接涉及数字权益保障。针对个人信息保护，《民法典》在总则编中的第111条和人格权编第六章确立了一般性规则，并在第1226条规定了医疗机构的个人信息保护义务。针对数字财产，《民法典》第127条对数据和虚拟财产的概括性规定为解决数字财产纠纷提供了依据，例如2021年最高人民法院发布的互联网十大典型案例之“俞彬华诉广州华多网络科技有限公司网络服务合同纠纷案”就以该条文为基础进行裁判。针对数据电文与电子合同的法律效力，《民法典》在总则编中的第137条第2款，合同编第二章中的第469条第3款、第491条第1款、第492条第2款以及第四章中的第512条等予以了确认和规范。同时，《民法典》第1194条至第1197条规定了网络用户和网络服务提供者的侵权责任，等等。

除《民法典》以外，其他法律中也包含数字权益保障的专门性条款，例如《消费者权益保护法》第25条规定了采用网络等方式销售商品的退货规则，第28条规定了网络服务经营者的信息披露义务，第44条规定了网络交易平台消费者的权益保障和网络交易平台的追责方式等；《未成年人保护法》设置了“网络保护”专章，旨在加强未成年人网络素养宣传教育，培养和提高未成年人的网络素养，增强未成年人科学、文明、安全、合理使用网络的意识和能力，保障未成年人在网络空间的合法权益；《反不正当竞争法》第12条列举了经营者利用网络从事生产经营活动的不正当竞争行为；《刑法修正案（五）》增设窃取、收买、非法提供信用卡信息罪，《刑法修正案（七）》对个人信息犯罪作出规定，《刑法修正案（九）》在整合以往涉及公民个人信息的各项罪名的基础上，正式设立侵犯公民个人信息罪；等等。这些规则共同构成了数字法的基础法律渊源，并且进一步衍生出各部门法项下的下位数字法律规范。

（二）网络与数据安全

针对网络与数据安全，《网络安全法》和《数据安全法》的基本出发点是国家和社会公共安全，《国家安全法》《反恐怖主义法》《国家情报法》《密码法》等相关法律规定构成数字法在网络与数据安全领域的重要法律渊源，并且部分法律中也有直接涉及数字法的具体条款。《国家安全法》第25条明确要求国家建设网络与信息安全保障体系，第59条要求建立网络信息技术产品和服务的安全审查和监管制度和机制；《反恐怖主义法》一方面要求电信业务经营者和互联网服务提供者履行反恐义务（第19条第1款）并设置罚则（第84条、第86条），另一方面要求网信、电信、公安、国安等部门分工负责打击网络恐怖主义活动（第19条第2款）；《密码法》的立法目的之一即“保障网络与信息安全”（第1条），并在第26条规定了商用密码列入网络关键设备和网络安全专用产品目录的条件与规则，第27条规定了商用密码在关键信息基础设施中的应用规则，以及第37条规定了关键信息基础设施未按要求使用商用密码的罚则；《保守国家秘密法》规定了涉密系统管理和网络信息交换制度（第24条、第26条），以及互联网及其他公共信息网络运营商、服务商配合泄密案件调查义务（第28条）；《反有组织犯罪法》强调了电信业务经营者和互联网服务提供者的网络信息安全管理义务（第16条）及相关罚则（第72条）；等等。

（三）信息网络犯罪

针对社会数字化转型中出现的信息网络犯罪，近年来《刑法》也补充和调整了相关罪名，形成数字法在犯罪领域的重要法律渊源。根据最高人民法院、最高人民检察院、公安部（以下简称“两高一部”）于2022年联合发布的《关于办理信息网络犯罪案件适用刑事诉讼程序若干问题的意见》，信息网络犯罪主要包括以下三种类型。

第一类是危害计算机信息系统安全的犯罪，主要包括《刑法》中的非法侵入计算机信息系统罪（第285条第1款），非法获取计算机信息系统数据、非法控制计算机信息系统罪（第285条第2款），提供侵入、非法控制计算机信息系统程序、工具罪（第285条第3款），破坏计算机信息系统罪（第286条）。

第二类是破坏网络业务活动、妨害网络秩序的犯罪，主要包括《刑法》中的拒不履行信息网络安全管理义务罪（第286条之一）、非法利用信息网络罪（第287条之一）、帮助信息网络犯罪活动罪（第287条之二）。

第三类是利用信息网络实施的传统犯罪，指向的主要是通过信息网络实施的诈骗、赌博、侵犯公民个人信息等犯罪案件。此类犯罪的出现和增多反映出信息网络技术与犯罪的全面深入融合，也成为近年来数字立法关注的重点，例如2022年制定的《反电信网络诈骗法》，专门针对的是通过电信网络实施的诈骗犯罪活动。

三、行政法规

行政法规是作为国家最高行政机关的国务院根据宪法和法律，或者根据国家立法机关的授权决定，依法制定的规范性文件。数字法领域的行政法规主要涉及四个方面的事项：一是数字行业管理；二是数字权益保障；三是数字要素治理；四是数字政务建设。

数字行业管理是行政法规的规制重点，核心目标在于促进数字产业健康、稳定、良性发展，相关行政法规主要包括2022年修订的《外商投资电信企业管理规定》《互联网上网服务营业场所管理条例》、2011年修订的《互联网信息服务管理办法》、2016年修订的《电信条例》、2016年印发的《国务院办公厅关于促进和规范健康医疗大数据应用发展的指导意见》、2015年印发的《国务院办公厅关于运用大数据加强对市场主体服务和监管的若干意见》等。

数字权益保障面向的是公民基本权益的数字化转型，既涉及对传统权益在数字环境中的具体保障，也涉及对个人信息等新兴数字权益的保障，例如2013年《信息网络传播权保护条例》针对的是网络空间的知识产权保护。

数字要素治理关注的主要是数字技术及相关基础设施的建设与保护，鼓励数字技术进步，例如，2021年《关键信息基础设施安全保护条例》、2013年《计算机软件保护条例》、2011年修订的《计算机信息系统安全保护条例》《计算机信息网络国际联网安全保护管理办法》等。

数字政务建设的核心是通过数字技术赋能国家机关以提升治理能力和治理水平，例如国务院于2019年发布的《关于在线政务服务的若干规定》，旨在通过数字技术全面提升政务服务规范化、便利化水平，为企业和群众提供高效、便捷的政务服务，优化营商环境。

四、地方性法规、自治条例和单行条例

地方性法规是指省、自治区、直辖市以及设区的市的地方人民代表大会和地方人大常委会根据本行政区的具体情况和实际需要，在不与宪法、法律和行政法规相抵触的前提下制定的普遍性法律规范。自治条例是民族自治地方制定的有关实现地方自治的综合性法律文件；单行条例是民族自治地方根据自治权制定的调整某一方面事项的规范性法律文件。近年来，数字法领域的地方性法律规定主要集中在地方性法规方面，涉及以下四方面事项。

一是网络与数据安全，例如，2021年湖南省《网络安全和信息化条例》、2019年贵州省《大数据安全保障条例》、2017年新疆维吾尔自治区《网络安全管理条例》、2008年杭州市《计算机信息网络安全保护管理条例》等。

二是数字行业促进与规范，例如，2021 年浙江省人大常委会《关于网络虚假信息治理的决定》、2020 年天津市《网络虚假信息治理若干规定》、2016 年新疆维吾尔自治区《防范和惩治网络传播虚假信息条例》、2005 年吉林市《网络新闻监督管理条例》等。

三是地方数字政务与社会治理建设，例如，2020 年山西省《政务数据管理与应用办法》、2020 年贵州省《政府数据共享开放条例》、2017 年安徽省《互联网政务服务办法》、2012 年西藏自治区《互联网用户真实身份登记管理暂行办法》等。

四是数据权属与开发利用，例如，2022 年陕西省《大数据条例》、辽宁省《大数据发展条例》、黑龙江省《促进大数据发展应用条例》、重庆市《数据条例》、浙江省《公共数据条例》、福建省《大数据发展条例》、2021 年上海市《数据条例》、山东省《大数据发展促进条例》、深圳经济特区《数据条例》、安徽省《大数据发展条例》，2020 年吉林省《促进大数据发展应用条例》，山西省《大数据发展应用促进条例》，2019 年海南省《大数据开发应用条例》，2018 年天津市《促进大数据发展应用条例》，2016 年贵州省《大数据发展应用促进条例》等。

五、规章

规章是法定的国家行政机关依法制定的事关行政管理的规范性文件的总称。我国的规章分为部门规章和地方政府规章两种。部门规章是国务院所属部委根据法律和国务院行政法规、决定、命令，在本部门权限内依法发布的各种行政性的规范性文件；地方政府规章是有权的地方人民政府根据法律、行政法规制定的规范性文件。

我国数字法领域的规章以部门规章为主，涉及的事项多与数字行业联系紧密，分别由相关国务院部门予以规定，其中又以工信部和公安部为主要制定主体。同时，网信执法是我国数字治理的重要特色。2014 年国务院发布《关于授权国家互联网信息办公室负责互联网信息内容管理工作的通知》，依此建立的国家互联网信息办公室（以下简称国家网信办）承担互联网信息内容管理、监督管理执法、统筹网络治理各部门分工等职能。① 由国家网信办牵头形成了参与部门多元且体系复杂的法律规范体系。部门规章等规范性文件尽管效力位阶较低，但构成了当前数字法律渊源中体量最大的一种类型。我国当前数字法领域的部门规章体系基于其规制对象可以划分为三大类：第一类是针对数字社会基础设施和技术要素；第二类是针对平台服务和内容管理；第三类是针对传统行业的数字化转型。

① 参见刘品新：《网络法：原理、案例与规则》，中国人民大学出版社 2021 年版，第 16~17 页。

（一）基础设施和技术要素保障

数字社会基础设施及技术要素管理针对的是网络和数字化建设的物理或虚拟的基础要素规范、安全与保障，例如，2021年《网络安全审查办法》、2020年《涉密信息系统集成资质管理办法》、2019年《区块链信息服务管理规定》、2018年《公安机关互联网安全监督检查规定》、2017年《互联网域名管理办法》、2015年《通信短信息服务管理规定》、2010年《通信网络安全防护管理办法》、2006年《互联网安全保护技术措施规定》、2005年《互联网IP地址备案管理办法》《非经营性互联网信息服务备案管理办法》《个人信用信息基础数据库管理暂行办法》、2002年《国际通信设施建设管理规定》、2000年《计算机病毒防治管理办法》、1999年《设置卫星网络空间电台管理规定》《全国人事系统远程通信网络管理暂行规定》《铁路计算机信息网络国际联网保密管理暂行规定》《计算机信息系统国际联网保密管理规定》、1998年《国家统计信息网络管理暂行规定》、1996年《计算机信息网络国际联网出入口信道管理办法》等。

（二）平台服务及内容管理

平台服务及内容管理主要针对的是网络信息业者提供服务、用户权益保护和第三方发布内容的管理义务，例如，2022年《互联网用户账号信息管理规定》、2021年《互联网信息服务算法推荐管理规定》《互联网宗教信息服务管理办法》、2019年《网络信息内容生态治理规定》《儿童个人信息网络保护规定》、2017年《互联网新闻信息服务管理规定》《互联网信息内容管理行政执法程序规定》、2013年《电信和互联网用户个人信息保护规定》、2011年《规范互联网信息服务市场秩序若干规定》、2009年《外国机构在中国境内提供金融信息服务管理规定》、2006年《互联网电子邮件服务管理办法》、2005年《互联网著作权行政保护办法》等。

（三）传统行业数字化转型

针对传统行业的数字化转型的规章主要由传统行业的管理部门独自或与其他网信部门联合发布，例如，国家市场监督管理总局发布的2021年《网络食品安全违法行为查处办法》《网络交易监督管理办法》、2020年《网络餐饮服务食品安全监督管理办法》《网络购买商品七日无理由退货暂行办法》，中国气象局发布的2020年《气象信息服务管理办法》，人力资源和社会保障部发布的2020年《网络招聘服务管理规定》，由原中国银保监会牵头发布的2020年《互联网保险业务监管办法》、2016年《网络借贷信息中介机构业务活动管理暂行办法》、2007年《商业银行信息披露办法》，中国证券监督管理委员会2021年修订的《证券基金经营机构信息技术管理办法》，文化和旅游部等发布的2020年《在线旅游经营服务管理暂行规定》、2017年《互联网文化管理暂行规定》、2009年《关于加强网络游戏虚拟货币管理工作的通知》，交通运输部等发布的2022年《公共交通企业信息公开规定》、2021年《汽车数据安全管理若干规定（试行）》、2022年修正的《网络预约出租汽车经营服务管理暂行办法》，原国家食品药品监督管理总局发布的2017年《医疗器械网络销售监督管理办法》《互联网药品信息服务管理办法》，原工商行政管理总局发布的2016年《互联网广告管理暂行办法》、原国家新闻出版广电总局、工业和信息化部发布的2016年《网络出版服务管理规定》，商务部发布的2014年《网络零售第三方平台交易规则制定程序规定（试行）》，中国人民银行等发布的2021年《关于进一步防范和处置虚拟货币交易炒作风险的通知》等。

六、国际条约

国际条约是指两个或两个以上国家或国际组织间缔结的确定其权利和义务的各种协议。网络空间的全球联通使得国际间的互动空前活跃，促使网络空间国际治理规则的不断发展更新，国际条约在构建网络空间命运共同体中的地位和作用日益突出。

在数字法领域，较为典型的国际条约是2012年由中国、日本、韩国、澳大利亚、新西兰和东盟十国共15方成员制定的《区域全面经济伙伴关系协定》（RCEP），其中第八章附件二专门规定了电信服务相关活动，在“东盟‘10+1’自由贸易协定”电信服务附件基础上，还包括了监管方法，国际海底电缆系统，网络元素非捆绑，电杆、管线和管网的接入，国际移动漫游，技术选择的灵活性等条款。第十二章规定了电子商务的应用与合作，列出了鼓励缔约方通过电子方式改善贸易管理与程序的条款；要求缔约方为电子商务创造有利环境，保护电子商务用户的个人信息，为在线消费者提供保护，并针对非应邀商业电子信息加强监管和合作；对计算机设施位置、通过电子方式跨境传输信息提出相关措施方向，并设立了监管政策空间。缔约方还同意根据世界贸易组织（WTO）部长级会议的决定，维持当前不对电子商务征收关税的做法。[①]

此外，我国也在积极参与和推进其他领域网络空间国际新条约的制定，例如，在中国等国的共同推动下，2019年联合国大会通过第74/247号决议，决定针对为犯罪目的使用信息和通信技术的行为开展新的国际公约的起草工作，正式启动联合国框架下网络犯罪治理国际公约的起草进程。这一决议宣告网络犯罪国际治理框架建设新阶段的到来。

---

① 参见《区域全面经济伙伴关系协定》（RCEP）各章内容概览，载中央人民政府网，http：//www.gov.cn/xinwen/2020-11/17/content_5562000.htm，2022年10月14日访问。

七、法律解释

法律解释是指有关国家机关依法对宪法、法律、行政法规等已有规范作出的解释性规范，包括立法解释、司法解释、行政解释、地方解释等。目前，我国在数字法领域的相关法律解释主要集中于三个领域：第一是新型数字权益保障；第二是网络犯罪治理；第三是数字司法建设。

（一）新型数字权益保障

在新型数字权益保障方面，相关法律解释文件主要涉及个人信息等人身权益、网络知识产权、网络消费者权益等事项。

就个人信息等人身权益保护而言，比较典型的是2021年最高人民法院《关于审理使用人脸识别技术处理个人信息相关民事案件适用法律若干问题的规定》、2020年最高人民法院《关于审理利用信息网络侵害人身权益民事纠纷案件适用法律若干问题的规定》、2018年最高人民检察院《检察机关办理侵犯公民个人信息案件指引》、2017年最高人民法院、最高人民检察院（以下简称“两高”）《关于办理侵犯公民个人信息刑事案件适用法律若干问题的解释》、2013年“两高一部”《关于依法惩处侵害公民个人信息犯罪活动的通知》、“两高”《关于办理利用信息网络实施诽谤等刑事案件适用法律若干问题的解释》等。就消费者权益保障而言，例如2022年最高人民法院《关于审理网络消费纠纷案件适用法律若干问题的规定（一）》。就网络知识产权保护而言，例如2020年最高人民法院《关于审理侵害信息网络传播权民事纠纷案件适用法律若干问题的规定》《关于审理涉及计算机网络域名民事纠纷案件适用法律若干问题的解释》《关于涉网络知识产权侵权纠纷几个法律适用问题的批复》等。

（二）网络犯罪治理

在网络犯罪治理方面，相关法律解释文件一方面针对的是典型意义上的网络犯罪，另一方面针对的是传统犯罪的数字化、网络化，较为典型的文件例如2022年“两高一部”《关于办理信息网络犯罪案件适用刑事诉讼程序若干问题的意见》、2021年“两高一部”《关于办理电信网络诈骗等刑事案件适用法律若干问题的意见（二）》、最高人民检察院《人民检察院办理网络犯罪案件规定》、2019年最高人民法院、最高人民检察院、公安部、司法部《关于办理利用信息网络实施黑恶势力犯罪刑事案件若干问题的意见》、“两高”《关于办理非法利用信息网络、帮助信息网络犯罪活动等刑事案件适用法律若干问题的解释》、2018年最高人民检察院《检察机关办理电信网络诈骗案件指引》、2017年“两高”《关于利用网络云盘制作、复制、贩卖、传播淫秽电子信息牟利行为定罪量刑问题的批复》、2016 年“两高一部”《关于办理电信网络诈骗等刑事案件适用法律若干问题的意见》、2013 年“两高”《关于办理利用信息网络实施诽谤等刑事案件适用法律若干问题的解释》、2010 年“两高一部”《关于办理网络赌博犯罪案件适用法律若干问题的意见》。

（三）数字司法建设

在数字司法建设方面，我国近年来大力推进司法的数字化转型，不仅建设了互联网法院，也逐渐发展出数字司法的规则体系。由于仍然处于探索阶段，这些规则主要以解释性文件的形式出现，主要涉及以下三方面。

一是建立数字司法机制规则，最高人民法院在 2018 年发布《关于互联网法院审理案件若干问题的规定》的基础上，分别于 2021 年和 2022 年连续发布《人民法院在线运行规则》《人民法院在线诉讼规则》和《人民法院在线调解规则》，基本建立起线上司法的法律框架。针对司法公开，最高人民法院陆续制定了《关于推进司法公开三大平台建设的若干意见》《关于人民法院通过互联网公开审判流程信息的规定》《关于人民法院在互联网公布裁判文书的规定》等文件；针对数字关键技术在智慧司法领域的深度应用，最高人民法院在 2022 年发布了《关于加强区块链司法应用的意见》等文件。

二是建立网络执行联动机制，对此最高人民法院一方面制定相关规则，例如，最高人民法院 2016 年制定的《关于人民法院网络司法拍卖若干问题的规定》、2013 年《关于网络查询、冻结被执行人存款的规定》；另一方面与相关部门联合推进执行查控工作，例如，2016 年与原中国银行业监督管理委员会联合印发《关于进一步推进网络执行查控工作的通知》、与原国土资源部联合印发《关于推进信息共享和网络执行查询机制建设的意见》、与公安部联合发布《关于建立快速查询信息共享及网络执行查控协作工作机制的意见》等。

三是建立电子证据规则，主要包括 2016 年“两高一部”印发的《关于办理刑事案件收集提取和审查判断电子数据若干问题的规定》以及 2019 年公安部《公安机关办理刑事案件电子数据取证规则》。

八、非正式的法律渊源

除上述正式的法律渊源之外，在数字法领域还有一些非正式的法律渊源，对于规范数字法律关系具有重要影响。这些非正式的法律渊源主要涉及以下三种类型：一是规范性文件；二是指导性案例；三是技术与行业标准。

（一）规范性文件

数字法领域的规范性文件主要由国家网信办发布，是指有关行政机关在开展数字领域监管中制定的行政规则，主要包括以下两类。

第一类是普遍适用的规范性文件，例如，针对互联网信息服务的《关于进一步规范网络直播营利行为促进行业健康发展的意见》(2022年)、《移动互联网应用程序信息服务管理规定》(2022年修正)、《互联网跟帖评论服务管理规定》(2022年修订)、《互联网弹窗信息推送服务管理规定》(2022年)、《网络直播营销管理办法（试行）》(2021年)、《互联网用户公众账号信息服务管理规定》(2021年)、《网络音视频信息服务管理规定》(2019年)、《微博客信息服务管理规定》(2018年)、《具有舆论属性或社会动员能力的互联网信息服务安全评估规定》(2018年)、《互联网群组信息服务管理规定》(2017年)、《互联网论坛社区服务管理规定》(2017年)、《互联网直播服务管理规定》(2016年)、《互联网信息搜索服务管理规定》(2016年)、《互联网危险物品信息发布管理规定》(2015年)、《互联网用户账号名称管理规定》(2015年）等；针对网络与数据安全的《云计算服务安全评估办法》(2019年）等；针对网络新闻业务的《互联网新闻信息服务单位内容管理从业人员管理办法》(2017年)、《互联网新闻信息服务许可管理实施细则》(2017年)、《互联网新闻信息服务新技术新应用安全评估管理规定》(2017年)、《互联网新闻信息服务单位约谈工作规定》(2015年）等。

第二类是专项治理行动中形成的具体规则。例如，针对移动互联网应用程序（App)，国家网信办、工信部、公安部、市场监督管理总局等开展了一系列专项治理活动并形成了相应的政策性文件，于2019年发布《关于开展App违法违规收集使用个人信息专项治理的公告》，并在当年发布《App违法违规收集使用个人信息行为认定方法》《移动互联网应用程序（App）安全认证实施规则》等文件，于2021年发布《常见类型移动互联网应用程序必要个人信息范围规定》等；针对算法治理，国家网信办于2021年牵头发布《关于加强互联网信息服务算法综合治理的指导意见》；针对网络未成年人保护，教育部等六部门于2020年印发《关于开展未成年人网络环境专项治理行动的通知》，通过整治影响未成年人健康成长的不良网络社交行为、低俗有害信息和沉迷网络游戏等问题，为未成年人成长营造健康的网络环境。

（二）指导性案例

最高人民法院和最高人民检察院围绕数字法治持续发布典型案例，为明确数字法律中的相关问题、指引司法裁判、促进数字法规则建设提供借鉴。

以典型案例为例，其中直接涉及数字法领域的典型案例主要包括以下三类事项。第一类是网络犯罪治理，例如，最高人民法院先后发布了“互联网十大典型案例”(2021年)、“电信网络诈骗犯罪典型案例”(2016年、2019年)、“非法利用信息网络罪、帮助信息网络犯罪活动罪典型案例”(2019年)、“侵犯公民个人信息犯罪典型案例”(2017年)；最高人民检察院先后发布了“检察机关打击治理电信网络诈骗及关联犯罪典型案例”（2022年）、“惩治电信诈骗犯罪典型案例”（2016年）；“两高”联合发布了“侵犯公民个人信息犯罪典型案例”（2017年）。第二类是个人权益保护，例如，最高人民法院先后发布了“利用互联网侵害未成年人权益典型案例”（2018年）、“利用信息网络侵害人身权益典型案例”（2014年）；最高人民检察院发布了“个人信息保护公益诉讼典型案例”（2021年）等。第三类是网络空间综合治理，例如，最高人民法院先后发布了“互联网十大典型案例”（2021年）、“涉互联网典型案例”（2018年）、“利用互联网侵害未成年人权益典型案例”（2018年）；最高人民检察院发布了“充分发挥检察职能推进网络空间治理典型案例”（2021年）等。

除上述针对数字法治的专题典型案例以外，“两高”还在指导性案例中持续性发布特定主题下与数字治理相关的代表性案例。在最高人民法院发布的指导案例中，主要涉及第27号（电信网络诈骗）、第45号（网络服务不正当竞争）、第48号（计算机软件著作权）、第49号（计算机软件著作权）、第78号（滥用市场支配地位）、第102号（破坏计算机信息系统）、第103号（破坏计算机信息系统）、第104号（破坏计算机信息系统）、第105号（网络赌博）、第106号（网络赌博）、第145号（非法控制计算机信息系统）等。在最高人民检察院发布的指导性案例中，主要涉及第33号（破坏计算机信息系统）、第34号（破坏计算机信息系统）、第35号（破坏计算机信息系统）、第36号（非法获取计算机信息系统数据）、第37号（网络域名盗窃）、第40号（网络集资诈骗）、第41号（网络传销）、第43号（网络猥亵儿童）、第64号（网络借贷）、第67号（跨境电信网络诈骗）、第68号（侵入计算机信息系统、非法获取计算机信息系统数据）、第69号（破坏计算机信息系统）、第100号（网络侵犯视听作品著作权）、第137号（网络诽谤）、第138号（网络侮辱）、第140号（侵犯公民个人信息）、第141号（网络运营者儿童保护义务）等。

（三）技术与行业标准

数字法治领域存在大量的国家、地方、行业、团体等标准，其中既包括强制性标准，也包括推荐性标准。这些标准一定程度上承担着明确和细化规范性法律文件内容的功能。以国家标准为例，在“信息安全技术”项下形成了涉及不同信息类型、不同场景、不同技术应用的信息安全标准，例如针对个人信息保护制定了《信息安全技术 个人信息安全规范》（GB/T 35273—2020）、《信息安全技术 个人信息安全影响评估指南》（GB/T 39335—2020）、《信息安全技术 个人信息去标识化指南》（GB/T 37964—2019）、《信息安全技术 移动智能终端个人信息保护技术要求》（GB/T 34978—2017）、《信息安全技术 公共及商用服务信息系统个人信息保护指南》（GB/Z 28828—2012）等系列具体标准；针对网络及数据安全制定了《信息安全技术 网络安全等级保护定级指南》

（GB/T 22240—2020）、《信息安全技术 网络产品和服务安全通用要求》（GB/T 39276—2020）、《信息安全技术 网络安全等级保护实施指南》（GB/T 25058—2019）、《信息安全技术 网络安全等级保护基本要求》（GB/T 22239—2019）、《信息安全技术 网络存储安全技术要求》（GB/T 37939—2019）等一系列具体标准，为数字实践和管理提供了重要参照系。

第三节 数字法的体系

数字法是由众多的数字法律规范构成的，既包括专门用于调整数字法律关系的法律规范，也包括分布于各部门法中的涉及数字法律关系的相关法律规范，如何从这些看似分散的大量法律规范中寻找彼此之间的关联性、规律性，以及单个法律规范与规则体之间的逻辑关系，从而进行体系化的构建是数字法学迫切需要完成的任务。传统部门法在进行体系化构建时，通常借助概念、类型和法律原则等工具来实现法律规范的体系化，而数字法作为一门新兴的领域法，其在进行体系化构建时，宜从领域法自身的特点和数字法的内在规律、价值取向出发，寻找数字法律规范之间的相关性和逻辑关系，从而构建起数字法的体系。

数字法调整的对象是数字技术的应用而产生的法律关系。基于此，我们可以对数字法律规范进行类型化，对此有多种路径可以选择。第一种路径是从数字技术应用的自身特点出发，将其分解为网络、数据和人工智能三项基本要素，进而再对数字法律规范进行分类。第二种路径则是从数字技术应用的社会现象出发，将其分解为数字经济、数字政府、数字文化、数字社会、数字生态文明等类型，然后再对相关数字法律规范进行分类。笔者认为，相比较而言，第一种路径更为适当，其一方面更有利于揭示数字技术应用法律规范的内在技术特点，另一方面也便于进行法律规范的类型化处理。

从数字应用的特点来看，数字技术应用的基础架构是网络，其一方面指向物理维度的基础设施，另一方面也指向虚拟维度的技术要素。数据从静态、无意义的符号转变为具有价值的资源进而形成社会治理要素，依托于网络空间的支撑；而网络特有的扁平化结构也引导、塑造着数据资源的组织模式、传输路径、运用逻辑，并进而转变社会和社会治理关系。数字技术应用的核心生产要素是数据，在此基础上虚拟世界得以平行于物理世界而产生，形成“万物数字化的全新数字生态”，数据作为一种资源重构着社会关系，以及社会关系中国家权力与公民权利的互动方式。人工智能是数字技术应用的高级阶段，其不仅意味着物理世界数字镜像的完成状态，同时也形成了人机深层融合的新的社会形态。网络、数据和人工智能构成了数字技术应用的核心三要素，与之对应的网络法、数据法和人工智能法也构成了数字法体系的三个核心组成部分。

一、网络法

网络是数字技术的基础和底层架构，是数据运行的环境，同时也是各类主体开展数字活动并形成相应社会关系的整体生态。围绕这一生态所形成的数字法分支是网络法。总体而言，网络法是规制网络空间中各类参与主体基于网络行为而产生的各种社会关系的法律规范，其兼具领域法和社会法的属性。网络空间形成了区别于现实物理空间的新型场域，其不仅对传统治理规则形成挑战，而且在三个方面深刻影响个体的行为模式和社会关系的运行逻辑：一是网络空间的弱地域性对传统物理场域地域边界的挑战；二是网络基础设施与空间安全对传统国家安全保障体系的挑战；三是网络空间行为的强隐匿性、高传播性、高分散性对传统行为治理模式的挑战。网络法主要包括三部分内容：第一部分是指网络基础法律制度，包括对互联网基础架构的规制、区块链法律制度、网络安全法律制度、网络信息传播法律制度和网络平台法律制度等；第二部分是指关于互联网在各个社会领域的具体应用的法律制度，例如，电子商务、互联网金融、互联网司法与在线纠纷解决机制、互联网医疗、互联网交通法律制度等；第三部分主要是指网络空间国际治理和网络空间国际法制度。以上三部分内容共同组成网络法体系，从而有效应对网络空间治理提出的时代挑战。

二、数据法

数据是数字革命的关键基石，是大数据、云计算、人工智能、区块链、物联网等新兴技术的前提，是国家的新型和基础性战略资源，是数字政府、数字社会、数字市场建设的基本生产要素。数据法是规制数据生命周期各阶段各类主体的数据处理活动及相关社会关系的法律规范，是数字法的重要组成部分。数据一方面具有流通性和经济性，通过其汇集、融合、开发、利用，推动社会数字化转型和深化；另一方面具有资源性，直接关乎数字时代的国家安全、社会稳定与人民生活安宁。上述两方面特征共同构成了数据法的规制重点，即在保障数据资源全生命周期安全的前提下，充分发挥数据的基础资源作用和创新引擎作用。这就需要在数据分类分级的框架下，明确数据权属、规范数据处理活动、创新数据资源开发利用机制、促进数据安全有序流动、激活数据要素潜能，有效维护各类社会主体的数字权益，科学合理地确定数据各主体的权利义务关系，规范数据使用、交易、收益等基本问题。数据法主要包括数据分级分类管理制度、数据安全法律制度、个人信息保护法律制度、公共数据法律制度、企业数据法律制度和数据要素市场法律制度。

三、人工智能法

人工智能是数字时代新兴技术运用的未来图景，是在数据和网络基础上推进国家治理体系和治理能力现代化的重要驱动力量。[①] 人工智能法是规制各类主体在人工智能技术开发与应用过程中所形成的社会关系的法律规范。人工智能的核心要素是数据、算法和算力，其中数据要素属于数据法学的研究对象，算力核心取决于底层架构和整体生态建设，属于网络法学研究范畴。人工智能法在前两者的基础上，以保障人工智能安全、可靠、可控为目标，核心关注的是三方面的事项：一是人工智能算法规制；二是人工智能应用规制；三是人工智能归责机制。通过构建相应的法律制度，人工智能法旨在预测和防范潜在的技术风险，促进人工智能技术开发及其在不同场景应用中的健康发展，增进国家、社会和人民福祉。人工智能法主要包括人工智能基础法律制度和人工智能在各社会领域应用的法律规制，前者包括人工智能开发和应用中的数据收集、算法规制和应用风险评估、知识产权保护等制度，后者包括信息传播领域的人工智能应用风险规制、劳动场景下的人工智能应用风险规制、无人驾驶机动车责任制度、医疗人工智能制度、智能投顾制度和司法人工智能制度等。

第四节　数字法与相关法律部门的关系

数字法作为一门领域法，其与多个部门法具有交叉关系。数字法与各相关部门法不是相互替代的关系，而是相辅相成、相互促进的关系。

一、数字法与宪法的关系

宪法是国家的根本法，在一国法律体系中居最高地位，具有最高法律效力。宪法对于立法机关的立法权具有约束作用，所有法律的制定均应当以宪法为依据，且不得与宪法相抵触，与宪法相抵触的法律是无效的。[②] 宪法对于法律的解释与适用具有控制作用，法院在对法律进行解释时，应当遵循“合宪性”要求，确保法律解释的结果符合宪法所宣示的基本价值，如果个别法律的解释结果不符合宪法规定，那么，该解释便是违宪的，应该无效。[③] 数字法与宪法的关系亦应当遵循上述原则。我国宪法学者也一直在关注数字技术的发展对宪法的影响，并提出科技发展的宪法界限问题，即科技的发展应当遵循宪法所确认的价值，尊重人的尊严与人的主体性，避免科技发展导致人的工具化、客体化。[④] 如何从宪法的高度来审视我国有关数字领域的立法、执法和法律适用，处理好规范与

① 参见习近平：《关于〈中共中央关于坚持和完善中国特色社会主义制度 推进国家治理体系和治理能力现代化若干重大问题的决定〉的说明》，载中央人民政府网，http：//www.gov.cn/xinwen/2019-11/05/content_5449035.htm，2021 年 10 月 19 日访问。

② 参见《宪法学》编写组：《宪法学》，高等教育出版社 2011 年版，第 47 页。

③ 参见黄茂荣：《法学方法与现代民法》，中国政法大学出版社 2001 年版，第 286~287 页。

④ 参见韩大元：《当代科技发展的宪法界限》，载《法治现代化研究》2018 年第 5 期。

发展之间关系，是一个值得重视的问题。只有解决了该问题，才能保障我国数字化发展行稳致远。

从另一角度看，数字技术的发展也推动了宪法的进步与发展。首先，随着互联网、云计算、大数据、人工智能和区块链等数字技术的发展和广泛应用，特别是数字社会、数字经济和数字政府的建设，人的生活方式、经济发展方式和社会组织方式都发生了巨大的变化，宪法上的人权与公民基本权利等传统概念也在与时俱进，其内涵不断丰富。例如，个人数据权和隐私权在有些国家已被纳入基本权利的保护范围，而我国《个人信息保护法》第1条开宗明义地规定“根据宪法，制定本法”，从而将个人信息权益保护与宪法上的基本权利保护联系在一起，尽管我国现行《宪法》并未明确规定个人信息权益，但是，这并不妨碍学者们从宪法学理论出发论证个人信息权系属宪法上的基本权利。[①] 其次，在数字化时代，人的一言一行，人使用的生产、生活设施，甚至人所处的自然和社会环境，都可以转化为数据而被收集、传输、分析，在这种情况下，如何保障人格的独立、自由发展，捍卫宪法上的人格尊严价值，这对当代宪法提出了挑战，也刺激了宪法理论的发展。

数字法与宪法的结合是具体的而不是抽象的。当一项新型数字权利被确认为属于宪法上的基本权利范畴时，其意味着国家对此负有保护义务。一方面，其体现为公民个人对国家的主观防御权，从而抵制国家对个人数字基本权利空间的入侵；另一方面，则体现为国家对公民个人的积极保护义务，即国家有义务采取积极的措施保障公民的数字基本权利的实现和不受第三人的侵害。[②]

二、数字法与民商法的关系

数字法兼具私法与公法的属性，就其私法属性而言，民商法为平等主体之间的数字法律关系提供了规范框架，同时，数字法的发展也丰富了民商法的内容，使传统民商法走向现代化。第一，在数字时代，会有许多新型权利得到民事法律的确认，例如，数据权利和数字虚拟财产权等。第二，普通用户与数字技术服务提供商之间存在合同关系，当事人之间的权利义务应适用合同法，随着数字技术服务合同的发展，合同法规则变得越来越丰富。第三，当事人的数字权益遭受侵害时，有关损害赔偿若无特别法的规定，则应适用民事侵权法的一般规则。随着数字法的发展，有关数字领域的特殊侵权规则逐步建立了起来，从而推动民事侵权法不断发展。第四，数字技术服务提供商作为市场主体从事商事活动，应当进行商事登记，并遵守商事法律的一般规定。在数字化时代，

---

① 参见张翔：《个人信息权的宪法（学）证成——基于对区分保护论和支配权论的反思》，载《环球法律评论》2022年第1期。

② 参见王锡锌：《个人信息国家保护义务及展开》，载《中国法学》2021年第1期。

不仅制造商与服务商之间的边界在消失，消费者与商人之间的边界也变得越来越模糊，这对传统商法制度构成了挑战。

三、数字法与行政法的关系

数字法中包含大量的行政法规范，数字法与行政法具有交叉性。现代数字技术的发展和应用在造福人类社会的同时也蕴含着许多风险，对于公共安全和国家安全都有着重要影响，如何对这些风险进行识别、评估、预防和处置，是当代行政法面临的重要课题。在我国立法机关已颁布的多部数字法领域的法律中，行政法规范占据了重要地位。例如，《网络安全法》具有明显的行政法的色彩。在我国《民法典》已就个人信息权益作出规定的情况下，立法机关仍制定了《个人信息保护法》，其立法目的之一在于确立个人信息保护的行政法框架，为个人信息主体提供行政救济。在我国的《电子商务法》中亦包含有大量的对电子商务经营者进行监管的行政法规范。

与此同时，大量的数字技术也被应用于行政主体的各类行政行为中，例如，许多行政机关在发现、识别或判定行政违法行为时有可能使用大数据和人工智能技术，如何对此类新出现的“监管科技”进行规制，以确保数字技术在行政领域的应用符合行政法的各项原则和法律规定，亦是数字时代行政法的重要内容。

四、数字法与刑法的关系

数字技术的发展和应用是“双刃剑”，在赋能社会治理的同时也会引发危害国家主权、领土完整和安全，分裂国家、颠覆人民民主专政的政权和推翻社会主义制度，破坏社会秩序和经济秩序，侵犯国有财产或者劳动群众集体所有的财产，侵犯公民私人所有的财产，侵犯公民的人身权利、民主权利和其他权利等危害社会的情形。对此，刑法为打击上述危害行为，维护国家、社会公共安全和人民生命财产安全提供底线性的保障。

数字法与刑法的交叉关系较为集中地体现在网络犯罪体系建构之上。一方面，针对典型意义上的网络犯罪，我国刑法经历了由计算机犯罪向网络犯罪转变的罪名设定演变，通过《刑法修正案（七）》至《刑法修正案（九）》等直接确立了具体的网络犯罪罪名，主要包括非法侵入计算机信息系统罪、非法获取计算机信息系统数据罪、非法控制计算机信息系统罪、提供侵入或非法控制计算机信息系统程序或工具罪、破坏计算机信息系统罪、拒不履行信息网络安全管理义务罪、非法利用信息网络罪、帮助信息网络犯罪活动罪、扰乱无线电通讯管理秩序罪、侵犯公民个人信息罪等；另一方面，数字技术与社会生活的深度融合也导致传统犯罪普遍触网，网络犯罪这一概念除上述核心罪名之外，也呈现出不断泛化和扩张的趋势。在2021年最高人民检察院制定的《人民检察院办理网络犯罪案件规定》中，就将“网络犯罪”定义为“针对信息网络实施的犯罪，利用信息网络实施的犯罪，以及其他上下游关联犯罪”。

五、数字法与诉讼法的关系

数字时代对于诉讼制度提出了许多新挑战。诉讼制度需要以数字正义推动实现更高水平的公平正义，诉讼法的数字化转型构成了数字法体系的重要组成部分，同时数字技术发展与应用过程中产生的民事、行政、刑事案件需要在诉讼法的法律框架下予以解决。具体而言，二者间的互动关系主要体现在以下四方面：一是围绕司法运行与行政管理机制数字化转型形成的法律制度，例如最高人民法院围绕司法信息系统、司法公开三大平台、互联网法院建设等发布的规范性法律文件。二是针对诉讼程序与司法决策数字化转型所形成的法律制度，例如最高人民法院制定的《人民法院在线诉讼规则》，“两高一部”围绕网络犯罪单独或联合发布的刑事诉讼程序相关规定等。三是针对证据规则的数字化转型所形成的证据法律制度，其中又以电子数据这种新型证据种类为主要规制对象，例如，“两高一部”于2016年制定的《关于办理刑事案件收集提取和审查判断电子数据若干问题的规定》、公安部于2019年制定的《公安机关办理刑事案件电子数据取证规则》等规范性文件。四是通过诉讼制度落实相应的数字产业政策，例如，当前刑事诉讼领域探索的企业合规不起诉制度，对于引导企业遵守数字法并建设内部合规体系具有重要的引导意义。

六、数字法与国际法的关系

建立在数字技术基础之上的网络空间天生具有国际性，因此，数字法与国际法具有密切的关联。网络空间国际法是数字法的重要组成部分，其既包括国际法一般规则在网络空间领域的适用，也包括专门适用于网络空间的国际法规则；既包括国际条约，也包括国际习惯法。网络空间概念的出现至今不过几十年的时间，因此，专门适用于网络空间的国际条约尚非常少见，相关的国际习惯法规则亦处于形成过程中，因此，在目前阶段，网络空间国际法主要是指国际法一般规则在网络空间的适用。尽管世界上多数国家都认同国际法一般规则可适用于网络空间，然而，对于如何适用于具体问题仍存在许多分歧，例如，如何界定网络主权的内涵，以及在网络环境下，如何界定哪些行为构成国际法上禁止的干涉行为、使用武力，以及国际人道主义法在网络战背景下如何适用。就网络空间国际治理中特定领域的国际法规则而言，目前最受国际社会关注的问题包括网络安全、数字经济、数据跨境流动和网络犯罪。从目前形势来看，就网络安全问题而言，有可能形成不具有法律约束力的自愿性的国家行为准则；在数字经济和数据跨境流动方面，已出现一些双边、多边或区域性的国际规则，如我国近期加入的《区域全面经济伙伴关系协定》（RCEP）和正在申请加入的《数字经济伙伴关系协定》；在网络犯罪全球治理领域，联合国主导的全球性国际公约“打击为犯罪目的使用信通技术公约”的谈判已经开启。

现代数字技术的发展与应用对全球人类的影响是空前的，其一直受到国际社会的关注，范围已不限于网络空间国际治理，而是扩展至人类的政治、军事、经济和生活的方方面面。例如，人工智能技术应用于军事领域而有可能产生的“致命性自主武器系统”（LAWS），不仅关涉国际战争法和国际人道主义法的适用，还关乎人类未来的命运，目前，联合国已组织有关政府专家组对此进行研究，希望能够制定出相关国际法规则。

第三章　数字法的沿革

数字法的发展与数字革命的兴起密切相关，其背后是以数字技术为核心的生产力变革。数字革命的基础技术至少可以追溯至20世纪40年代，贝尔实验室的数学家克劳德·香农于1948年发表的文章《通信的数学原理》[①] 被认为是数字化的奠基之作。在此基础上，20世纪50年代涌现出了一系列关于分散网络、排队论、分组交换等计算机联通通信的基础性研究。到了20世纪60年代，美国国防部高级研究计划局（ARPA）研究开发出世界上首个数据包交换网络，即“阿帕网”（ARPANET），也是现今全球互联网的雏形。1974年，被誉为“互联网之父”的罗伯特·卡恩（Robert E. Kahn）和文顿·瑟夫（Vinton G. Cerf）联合开发了互联网核心通信TCP/IP协议，全球互联网自此诞生，于20世纪80年代在世界范围内快速扩展并在90年代全面商业化，标志性的事件是1989年蒂姆·伯纳斯—李（Tim Berners-Lee）创建的万维网（World Wide Web，即“www”）。同时，在80年代也开始出现智慧设备和物联网的概念。1995年约翰·巴洛（John P. Barlow）发表《网络独立宣言》（A Declaration of the Independence of Cyberspace），开始将技术变革与社会治理规则联系在一起，关于网络信息技术的立法探索与理论探讨也逐步兴起。

进入21世纪，互联互通和智能自动化进一步促进数字革命的深入发展，移动通信技术进化至5G时代，以虚实整合系统（CPS）、物联网、云计算、区块链、认知计算、人工智能、元宇宙等为代表的技术创新与应用将社会数字化转型提升到一个全新的高度。2019年新冠疫情的暴发客观上使得全球数字化转型提速，同时也为数字法治建设提出了更为紧迫的时代要求。

中国社会自20世纪80年代起开始接触计算机信息系统和互联网技术，1986年中国科学院高能物理研究所通过卫星链接向日内瓦发出第一封电子邮件，被视为是中国使用互联网的开端。1994年中国全功能接入国际互联网，在此后近30年的时间里经历了社会数字化、网络化的高速发展，数字法治建设也随之逐步开展起来，其发展过程大致可以划分为以下三个阶段：第一阶段是1980年至2000年的初步建设时期；第二阶段是2000年至2012年的分散立法

① See C.E. Shannon, *A Mathematical Theory of Communication*, The Bell System Technical Journal, Vol.1948(27), pp.379-423, 623-656.

时期；第三阶段是 2012 年至今的宏观立法时期。

第一节 我国数字法的初创期

一、宏观政策与监管体制的初步成形

我国数字法的发展历程可以追溯至 1980 年，当年，第五届全国人大第三次会议在《关于 1980、1981 年国民经济计划安排》《1979 年国家决算、1980 年国家预算和 1981 年国家概算的决议》中专门提出“把集成电路和电子计算机，特别是中小型计算机和微处理机等新技术，逐步推广应用到工农业生产和人民生活用品方面去”。1982 年全国人大制定《国民经济和社会发展第六个五年计划（1981—1985）》，对包括电子元器件、计算机、广播电视和其他民用电子工业的发展和科学技术研究工作作出了系统规划。

在宏观政策的指导下，1982 年国务院成立计算机与大规模集成电路领导小组，该小组于 1984 年改革为国务院电子振兴领导小组，统筹支持应用电子信息技术改造传统产业。该领导小组于 1986 年制定《关于搞好我国计算机推广应用工作的汇报提纲》，一方面总结“六五”期间中国计算机应用工作经验，另一方面也规划了“七五”期间计算机应用工作的发展目标及相应重点，以应用计算机改造传统产业为核心，并在十一个领域有重点地开展大型信息和业务系统建设。[①] 同年，为统一领导国家经济信息系统建设、加强经济信息系统管理，国务院发布《关于建立国家经济信息自动化管理系统若干问题的批复》，并成立国家经济信息管理领导小组，由其统筹建设国家经济信息系统。1987 年国家经济信息中心成立，1988 年该中心更名为国家信息中心，统筹建设国家电子政务公共服务平台建设。在此基础上，国务院于 1993 年批准成立国家经济信息化联席会议，统一领导和组织协调政府经济领域信息化建设工作。1996 年，国务院成立信息化工作领导小组以负责全国信息化工作的议事协调工作，在其承担的六项主要职责之中，首要的一项即“研究制定国家信息化工作的方针、政策，组织

① 该十一个领域为：邮电通信系统、国家经济信息系统、银行业务管理系统、电网监控系统、京沪圈铁路运营系统、天气预报系统、民航旅客服务计算机系统、科技情报信息系统、公安信息系统、军事指挥系统、航天实时测控与数据处理系统。

协调有关法规、规章的起草工作"①，这一方面反映出信息化建设从经济领域向全社会领域的拓展，另一方面也体现出数字法治建设开始进入国家信息化发展总体规划的视野之中。1997 年中国互联网络信息中心（CNNIC）成立，承担中国网络信息社会基础设施建设者、运行者和管理者的角色。

二、数字法律体系的初步探索

伴随宏观政策和监管机制的建设，数字法律体系也开始跟随实践应用而逐步发展起来。1990 年我国颁布《著作权法》，其中明确将"计算机软件"列为该法保护的"作品"（第 3 条），是我国较早对计算机软件进行规定的法律。基于该条文，国务院于 1991 年制定了《计算机软件保护条例》，进一步明确了计算机软件开发、传播、使用中的利益关系和权属问题；1999 年《合同法》明确了出售计算机软件合同中的知识产权归属（第 137 条）。除著作权外，1993 年修正的《会计法》专门增加了"电子计算机会计核算"条款（第 10 条第 2 款）。1995 年制定的《人民警察法》中列举了十四项公安机关人民警察的职责，其中之一是"监督管理计算机信息系统的安全保护工作"（第 6 条）。这一时期，相关立法也开始关注到计算机信息网络的基础设施和标准建设，特别是在 1994 年接入国际互联网之后，国务院出台了一系列相关规范性文件，例如，1994 年《计算机信息系统安全保护条例》、1996 年《计算机信息网络国际联网管理暂行规定》、1997 年《计算机信息网络国际联网安全保护管理办法》等。1997 年中国互联网络信息中心相继发布了《中国互联网络域名注册暂行管理办法》和《中国互联网络域名注册实施细则》，加强了我国对于网络域名的综合管理。

1997 年，全国人大对《刑法》进行了系统修订，针对近年来计算机信息系统发展应用过程中出现的具有严重社会危害性的行为予以入罪，相关罪名大致可以分为两类：第一类是专门针对计算机信息系统的犯罪，也是后来"网络犯罪"概念体系中的核心罪名，例如非法侵入计算机信息系统罪（第 285 条）、破坏计算机信息系统罪（第 286 条）等。第二类是对传统犯罪中涉及计算机信息技术的罪名进行了必要调整，例如增设侵犯著作权罪，并对其中的计算机软件予以保护（第 217 条）；就利用计算机实施的金融诈骗、盗窃、贪污、挪用公款、窃取国家秘密等犯罪设置了提示性条款（第 287 条）。自此，我国针对网络

---

① 这六项职责分别是：（1）研究制订国家信息化工作的方针、政策，组织协调有关法规、规章的起草工作。（2）组织拟订国家信息化的发展战略、总体规划（包括国家信息基础设施、信息技术与信息产业、重大信息工程项目、信息资源开发及信息人才培养等）以及分阶段实施方案。监督、检查规划、方案的实施。（3）组织协调跨部门、跨地区、关系国民经济和社会发展的国家重大信息工程项目的建设，协调、指导重点城市与重点地区的信息化建设工作；在统筹规划下，对重大信息工程项目的立项、可行性研究和开工建设提出意见。（4）协调、解决我国大型计算机信息网络及有关国际联网工作中的重大问题。（5）组织研究国家信息化建设中涉及的关键技术，协调制订有关共性的技术和应用标准。（6）承办国务院交办的其他事项。

犯罪的基本罪名体系开始搭建起来。同时，立法者已经关注到计算机网络对于未成年人的负面影响，在1999年制定的《预防未成年人犯罪法》中特别强调任何单位和个人不得利用通讯、计算机网络等方式提供危害未成年人身心健康的内容及信息（第31条第2款），并就相关行为设置了罚则（第53条）。

三、本阶段数字法的发展特征

这一时期的数字法建设呈现出以下三方面特征：首先，立法的关注点主要在于计算机信息系统的设施建设与工具属性方面，尚未将其作为单独行业予以规制，同时也较少关注新技术运用对传统产业监管的影响。其次，立法的重点与特定领域或事件的联系较为紧密，尚未形成宏观层面的立法规划，例如，针对计算机软件著作权的保障，与这一时期我国参与世界贸易组织谈判工作密切相关；针对计算机信息系统安全保障的规则发展与我国接入世界互联网也有紧密联系。最后，我国数字治理去中心的“九龙治水”模式在这一阶段已初步显现，在《计算机信息网络国际联网管理暂行规定》中建立起了国务院信息化工作领导小组协调、多部委协同管理的机制。

第二节　我国数字法的分散立法时期

一、数字产业的快速发展与监管改革

时间进入21世纪，数字技术与传统产业的融合开始向纵深演进，互联网行业也开始步入独立发展的快车道，数字法治体系建设也随之兴起，我国数字法发展进入第二阶段（2000年至2012年）。[①]2000年前后，新浪、搜狐和网易三大门户网站在美国纳斯达克上市，后来成为中国互联网行业三大头部企业的阿里巴巴、腾讯以及百度（即“BAT”）也在此时起步。2001年中国正式加入世界贸易组织，对中国各项法治建设产生了深远影响：一方面促进了电子商务、移动应用等蓬勃发展，另一方面也促使互联网成为社会信息和舆论传播的重要力量。此后，博客、播客等网络业态纷纷崛起，Web2.0时代正式到来。2005年中国网民首次突破1亿，2008年在奥运之年中国网民数量、宽带接入量、中国CN域名注册量均超过美国，成为世界第一。2009年中国进入3G时代，四年之后，在2013年进入4G时代，这些都形成了社会治理的新情况，对数字法治提出了新要求。

伴随数字经济发展、传统行业转型的是监管机制的同步变化。2001年，中央重新组建国家信息化领导小组，国务院信息化办公室、国家信息化专家咨询

① 参见龙卫球：《网络信息法：基础与前沿问题》，中国法制出版社2022年版，第3~4页。

委员会也相继成立。2003 年，国家信息化领导小组换届后，其下成立了国家网络与信息安全协调小组。2008 年根据国务院大部制改革部署，信息化工作办公室职责划归工业和信息化部。

二、数字法的多领域拓展

这一时期，与中国全行业数字化转型的整体局面相对应的是，数字法治建设也开始在多个领域、多个层级全面拓展。

首先，一些数字领域的基础性法律规定相继出台或修订，较为典型的是 2000 年全国人大常委会出台《关于维护互联网安全的决定》，同年国务院出台了《电信条例》和《互联网信息服务管理办法》。2009 年《刑法修正案（七）》出台，系统修订了危害计算机信息系统安全犯罪的有关规定，实现了网络犯罪的第一次集中扩张。①

其次，针对互联网行业的规则体系开始逐步建立，例如，国务院于 2001 年制定了《互联网上网服务营业场所管理办法》，2002 年该办法上升为条例，系统规定了上网服务营业场所的各项活动；2006 年国务院发布《信息网络传播权保护条例》，旨在进一步强化网络空间著作权的保护。此外，国务院各部委也开始针对特定行业或领域制定相应的具体规范，例如，国务院新闻办公室、原信息产业部于 2000 年发布《互联网站从事登载新闻业务管理暂行规定》，此后于 2005 年牵头制定《互联网新闻信息服务管理规定》；原食品药品监督管理总局先于 2001 年制定《互联网药品信息服务管理暂行规定》，此后又于 2004 年制定《互联网药品信息服务管理办法》；原文化部于 2005 年发布《关于加强网络文化市场管理的通知》，之后又于 2010 年制定《网络游戏管理暂行办法》；2009 年原卫生部制定《互联网医疗保健信息服务管理办法》；等等。2011 年国务院修订《互联网信息服务管理办法》，进一步系统完善互联网信息服务活动的规范体系。

最后，网络信息活动所形成的法律纠纷和犯罪案件开始呈现出高发态势，造成了司法实践中的一系列法律适用与裁判难题，促使一系列司法解释的出台，例如，最高人民法院于 2000 年发布《关于审理涉及计算机网络著作权纠纷案件适用法律若干问题的解释》、2001 年发布《关于审理涉及计算机网络域名民事纠纷案件适用法律若干问题的解释》；“两高”分别于 2004 年和 2010 年制定了《关于办理利用互联网、移动通讯终端、声讯台制作、复制、出版、贩卖、传播淫秽电子信息刑事案件具体应用法律若干问题的解释（一）》和《关于办理利用互联网、移动通讯终端、声讯台制作、复制、出版、贩卖、传播淫秽电子信息刑事案件具体应用法律若干问题的解释（二）》等。

① 参见喻海松：《网络犯罪二十讲》，法律出版社 2018 年版，第 7 页。

三、本阶段数字法的发展特征

总结这一时期的数字法发展历程，可以观察到以下四方面特征：第一，区别于前一时期数字法治建设对于保护计算机信息系统安全的侧重，本时期的立法重点开始转向管理互联网信息服务和内容安全层面。第二，尽管重心有所转移，但整体规范建设的效力层级相对较低，多以特定领域或行业现象、特定热点事件等为规则制定动机，缺少宏观层面的顶层设计。第三，与这一时期数字技术的高速发展相关的是规范性法律文件呈现出频繁变动的特征，立法与修法工作同时进行。第四，围绕数字产业所形成的民事或刑事案件开始增多，对传统司法提出了新的挑战。

第三节　我国数字法的整体推进时期

在经历了21世纪前十年的快速发展之后，数字技术已经与社会生活深度融合，数字经济全球性拓展，国家治理进入数字化转型的高速时期。在此背景下，低层级、碎片化的数字法建设已经难以支撑数字时代的整体需求，数字法治亟待顶层设计与整体推进。

一、中国数字化建设的顶层设计

在此背景下，2012年全国人大常委会发布《关于加强网络信息保护的决定》，强调保护公民信息安全、建立网络身份管理制度，强化有关部门监管。该决定标志着我国数字法治向着网络与数据安全保护方向转变，数字法的立法工作进入新阶段。

2013年11月，党的十八届三中全会通过《中共中央关于全面深化改革若干重大问题的决定》，明确将互联网发展纳入全面深化改革布局，强调加大依法管理网络力度，加快完善互联网管理领导体制，确保国家网络和信息安全。2014年，中央网络安全和信息化领导小组成立，在其第一次会议上形成了“没有网络安全，就没有国家安全；没有信息化，就没有现代化”“建设网络强国的战略部署要与‘两个一百年’奋斗目标同步推进”等重要论断。该领导小组于2018年改为“中国共产党中央网络安全和信息化委员会”。同在2014年，首届世界互联网大会在浙江嘉兴乌镇举办，搭建起网络空间国际治理规则构建的重要对话平台。2015年国务院印发《关于积极推进“互联网+”行动的指导意见》，全面推动产业数字化转型、构筑中国经济社会发展新优势和新动能。2016年，我国正式进入“十三五”时期，《国民经济和社会发展第十三个五年规划纲要》中特别提出要拓展网络经济空间，为之后的法治建设指明了重要方向。

2020年，中共中央和国务院发布《关于构建更加完善的要素市场化配置体制机制的意见》，特别强调从政府数据开放共享、提升社会数据资源价值、加强数据资源整合和安全保护三个方面，加快培育数据要素市场。2021年，《国民经济和社会发展第十四个五年规划和2035年远景目标纲要》明确提出“加快数字化发展、建设数字中国”（第五篇），以适应我国发展新的历史方位。在此基础上，国务院同年印发《“十四五”数字经济发展规划》。2022年，中央全面深化改革委员会通过《关于构建数据基础制度更好发挥数据要素作用的意见》，以统筹推进数据产权、流通交易、收益分配、安全治理，全面构建数据基础制度体系。

二、数字法建设的整体推进

在宏观政策和顶层设计的指引下，数字法治建设步入全新的整体推进阶段，《网络安全法》《电子商务法》《数据安全法》《个人信息保护法》《反电信网络诈骗法》等法律相继出台，在上位法层面构建起数字社会治理的基本框架。

同时，相关部门法或领域法也进行了相应的回应或调整，例如，2013年修正的《消费者权益保护法》就消费者通过网络交易平台购买商品或接受服务中的权益保护进行了专门性规定（第44条）；2015年《刑法修正案（九）》针对网络犯罪表现出的链条化、产业化等特征，以及基于对公民新型数字权益保护的考量，通过八个条文以新增犯罪、扩充罪状、降低门槛、增加单位犯罪主体等方式系统更新了网络犯罪的相关罪名；[①] 同年制定的《反恐怖主义法》特别强调了电信业务经营者、网络服务提供者的网络安全、信息内容监督和安全技术防范义务；同年制定的《国家安全法》强调国家建设网络与信息安全保障体系，提升网络与信息安全保护能力（第25条）；2017年修订的《反不正当竞争法》专门设置了互联网条款（第12条）；2019年制定的《密码法》从密码应用和管理角度构建起网络与信息安全保护的制度体系；2020年出台的《民法典》增设了个人信息保护条款，加大对网络虚拟财产保护，完善电子合同相关规定；同年修订的《未成年人保护法》设置了网络保护专章；等等。

三、本阶段数字法的发展特征

这一时期数字法治领域立法的最突出的特点是，注重从顶层设计出发，采取综合性立法的方式，通过立法机关制定法律的方式，分别确立了网络安全领域、数据安全领域和个人信息保护领域的基本法，立法层次较高，立法技术趋于成熟。从法律规范性质来看，一方面传统部门法不断进行数字化转型，刑事法律规范、民事法律规范和行政法律规范齐头并进，共同致力于数字法治的完善；另一方面，以数字治理为核心的领域法体系逐步建立起来，呈现出多主体

① 参见喻海松：《网络犯罪二十讲》，法律出版社2018年版，第7页。

参与、多部门协作、多学科交叉的发展态势。

第四节 我国数字法的发展特点与趋势

从20世纪80年代开始，我国数字法治建设已经历了四十余年的发展历史，笔者从中总结了一些规律，以探寻未来发展的趋势。

一、发展与安全是贯穿数字法治建设始终的主题

发展与安全始终是我国数字法治建设的两大主题，尽管其在数字化的不同发展阶段有不同的体现方式。在我国数字化发展的早期，注重的是信息化发展和信息安全。最初，信息化发展注重的是计算机的推广和应用，而信息安全最初指的是计算机的安全；后来，随着我国信息系统接入世界互联网，信息安全的重点开始从计算机的单机安全转向联网安全，我国先后制定了一系列关于计算机信息网络国际联网安全、计算机信息系统和信息安全方面的法律、行政法规。伴随着互联网的广泛应用和“互联网+”的兴起，相关的安全问题日益突出和复杂，先后出现了互联网安全、网络安全和网络空间安全等概念，此类概念的变化体现了现代信息技术领域中安全风险的不断扩展，正是在这种背景下，我国制定了《网络安全法》。在互联网应用和发展领域，我国立法机关针对互联网商业应用最为成熟同时也是社会公众最为关注的领域，即电子商务领域，采取了综合性立法的方式，颁布了《电子商务法》，较好地平衡了互联网领域的安全与发展问题。

随着数字技术的发展，万物皆可数字化的时代到来，数据呈现出前所未有的迸发，数据领域的安全与发展成为近十年来最受关注的话题之一。为了保护国家安全、维护公共安全和个人信息安全，我国先后制定了《数据安全法》和《个人信息保护法》。而在与数据相关的发展领域，其法律问题更为复杂，立法难度更大。尽管我国《民法典》肯定了数据作为新型民事权益客体的法律地位，但是，关于数据权益制度的具体内容仍有待未来制定单行法予以明确。2022年12月，中共中央和国务院发布了《关于构建数据基础制度更好发挥数据要素作用的意见》，提出建立数据产权制度、数据要素流通和交易制度、数据要素收益分配制度和数据要素治理制度，为未来的立法指明了方向。

近年来，随着计算力的提高、大数据的出现和深度学习、机器学习、神经网络等算法的发展，人工智能技术开始出现突破性的发展，与之相伴而生的安全与发展问题随之进入政策制定者和立法者的视野。国务院发布的《新一代人工智能发展规划》提出：“加强人工智能相关法律、伦理和社会问题研究，建立保障人工智能健康发展的法律法规和伦理道德框架。”并提出了建立人工智能法律法规、伦理规范和政策体系的时间表。从目前情况来看，我国尚没有关于人

工智能的一般性立法。我国在人工智能立法方面采取的是分领域立法的策略，即针对人工智能的不同应用领域分别采取专门性、针对性的立法，并且立法内容侧重于风险防范。

从互联网、大数据到人工智能，虽然数字技术的形态不断迭代更新，但是，统筹协调发展与安全是数字法治始终坚持的一项基本原则。从法律规范的角度看，以安全为导向的法律更多地表现为公法，而以发展为导向的法律不仅包括行业促进法，更为重要的是会涉及许多复杂的私法规范，尤其是在数字技术的商业应用领域。目前，我国在数字法治领域的专门立法，从整体上看，以公法偏多，例如，《网络安全法》和《数据安全法》具有规制法的特点，[①]《个人信息保护法》虽然含有一些私法规范，但是，从整体上来看，亦具有明显的规制法色彩。因此，从未来展望的角度看，数字私法规范的构建有可能是下一阶段数字立法的重点，在这方面，数据领域和人工智能领域的立法需求尤为明显。

二、法律规范的重点对象呈现不断变化的特点

数字法以数字技术的应用为规范对象，因此，随着数字技术的不断发展和应用场景的拓展与变化，数字法规范的重点对象亦随之变化。我国数字法的发展变化与数字化的进程是密切相关的。如果将互联网看作是由多个不同层级组成的分层架构，自下而上可划分为基础层、逻辑层、应用层、数据与内容层，由此可见，数字法规范的重点对象呈现从底层向上层不断延伸和变化的特点。

在20世纪末和21世纪初，互联网技术刚开始应用的时期，互联网接入和域名等互联网基础资源是法律规范的重点，域名争议一度成为数字法领域最受关注的案件类型。随着互联网应用的普及和用户的不断增多，互联网成为信息传播的重要途径，由于用户在网络空间中的行为以及网络信息传播所引发的法律问题，如网络空间中的名誉权纠纷、隐私权保护、著作权保护，以及对信息内容的管理，成为数字法重点关注的内容。信息在网络空间中的传播是以数据的方式进行的，并受到算法的影响，随着数据处理技术的发展，数据的价值和算法的重要性开始显现，围绕数据和人工智能而展开的法律纠纷和法律风险日渐增多，数据法律制度和人工智能法律制度日渐成为当代数字法的重要内容。

互联网最初采用的是分布式设计构架，用户与用户之间可进行点对点的通信交流，因此，早期数字法重点关注的对象是网络终端用户。然而，随着互联网的进一步发展，形形色色的网络平台开始在网络空间中占据重要地位，其把守着用户获取信息、商品和服务的关口，并汇集了大量的数据，因此，网络平台日益成为当代数字法重点规范的主体。

---

① 参见龙卫球：《我国网络安全管制的基础、架构与限定问题——兼论我国〈网络安全法〉的正当化基础和适用界限》，载《暨南学报（哲学社会科学版）》2017年第5期。

由现代数字技术营造出来的网络空间曾一度被认为是与现实物理空间相区分的平行空间，构建网络空间中的法律秩序曾一度被认为是网络法的主要内容，然而，随着物联网和工业互联网的出现，未来的社会将是一个万物互联的社会，互联网将以泛在的形式存在，网络虚拟空间与现实物理空间日益呈现出“你中有我、我中有你”的高度融合状态，线上法律问题与线下法律问题难以完全分割开来，且网络平台、数据与算法的问题相互交织。在这种背景下，使用数字法较网络法、数据法或人工智能法可以更为准确地表述当代数字化背景下法律规制的对象。

三、法律的应对方式不断调试和演变

从数字法的发展历程可以看出，法律在应对数字化转型时期的问题时所采取的方式是在不断调试和演变的。在互联网应用刚开始出现的时候，网络空间的秩序主要依赖于行业自律以及基于代码的技术规制，以至在20世纪90年代中期有人倡导网络空间不受法律规制的乌托邦思想。①

随着互联网在社会生活中的地位越来越重要，法治开始介入其中。最初，法院和监管机构试图通过对既有法律的解释来规范新出现的网络法律问题，其更多地将互联网看作是一种案件事实背景而不是全新的法律问题，例如，利用传统民法中的侵权法规则来解决发生在网络空间中的名誉权纠纷。

在认识到数字技术环境下法律问题的特殊性之后，立法者试图通过对原有的相关法律进行修改的方式来应对，我们可以将其称为“打补丁”的应对方式，例如，立法机关通过对刑法进行修订的方式，将新型犯罪纳入其中；通过修改著作权法和制定信息网络传播权保护条例的方式，使得著作权法得以适应网络环境下著作权保护的特点。

对于那些只有在数字技术应用环境下才会产生的全新的法律问题，难以通过解释、修改原有的法律来解决，于是，制定新法便成为一项迫切的立法任务。数字领域的新立法，最初多数是针对具体问题或应用领域的分散式立法，且许多立法的层级较低，而后逐渐出现一些系统的且位阶较高的立法，如《网络安全法》《数据安全法》和《个人信息保护法》等。

从数量的角度来看，近年来，我国在数字法治领域先后颁布了多部法律、行政法规、规章和规范性文件，而且，随着立法进程的加快，立法数量还在不断增加。然而，从体系化的角度来看，我国尚缺少一部能够统领众多单行法的数字法治领域的基本法，期待未来我国数字法治体系能够更加完善。

① See John Perry Barlow, *A Declaration of the Independence of Cyberspace*, at https: //www.eff.org/cyberspace-independence(Last Visited on March 15, 2023).

第四章 数字法的基本原则

数字法的基本原则是规范数字技术应用过程中的各项法律活动与法律现象的基础性法律准则，是数字法律规范存在和发展的基础，反映了数字法律规范的价值取向，同时也起到统筹协调各项分散的数字法律规范的作用。数字法是法律与科技深度融合的新兴领域法，数字法的基本原则既需要遵循法律原则的一般规律，同时也需要反映数字技术与应用的内在规律与外在需求。具体而言，数字法的基本原则主要包括以下四项：以人为本原则、发展与安全并重原则、科技向善原则和主权原则。

第一节 以人为本原则

数字时代是人与科技深度融合的时代，数字社会、数字人等概念的提出反映出物理与虚拟场域的二元并存。数字法在面对这一新型社会治理场景时，应当坚持以人为本原则，将人置于社会数字化转型的核心，数字技术的发展与应用应当尊重人格尊严，把人的生存、发展与福祉作为最高的价值目标，保护人的基本权利，确保数字行为以负责任且安全的方式进行，避免技术与人的异化。以人为本原则包含以下三层含义：一是将人作为数字法建设的首要目标，形成数字权利义务意识，完善数字权利义务立法；二是充分尊重和保障人的主体地位，发挥人的积极参与作用；三是构建人与人之间的和谐数字关系。以人为本原则可以从以下四方面进一步理解。

一、尊重和保障人权

社会的数字化转型是为了更好地保障人权，相关立法应当确保数字技术的开发与应用不致偏离人权保障的底线、避免造成人权保障的技术洼地。该要素进一步包含三层要求：一是发展数字权利，积极回应社会数字化转型对权利体系提出的挑战，确保人格权等“人之为人”的基本权利的优先保护；二是就是否选用技术、选用何种技术、如何应用技术等事项为人提供自由选择的空间，避免技术垄断与专断；三是确保数字环境下人权保障机制的有效性。

二、多主体协同参与

多主体协同参与包含两方面含义：一是技术平等，即数字化转型应当在全社会成员中予以平等普及，特别是针对老年人、残障人员、贫困人员以及其他社会弱势群体给予特殊的数字赋能与数字保护，以实现实质平等；二是技术参与，即数字技术特别是涉及公共服务领域的数字技术的开发、应用、评估、审查等应当尽可能地吸纳利益相关者参与其中，以确保技术规制与决策依据的充分性与正当性。

三、技术赋能

无论是多主体的协同参与还是基本人权的保障，均需要以赋能人、促进人的发展为基础。这就意味着数字法应当致力于提升人的数字能力，并建立起相应的配套机制，包括但不限于提升数字技术的可接入性与稳定性、进行数字能力与技能的教育与培训、建设和普及数字技术应用基础设施、提供数字化公共服务等。

四、可持续发展

数字技术的开发与应用是以促进人类自身健康可持续发展为目标，其不仅关涉具体个体，还涉及人类社会整体。社会的数字化转型以及物理与虚拟世界的二元界分不应损及社会的可持续发展，相关数字技术在尽可能降低对生态环境的不利影响的同时，应为提升人与自然的协同共存提供优化的解决方案。

第二节　发展与安全并重原则

发展与安全并重原则，是指在总体国家安全观的指导下，数字法治建设既需要对关键要素进行保护，同时又要积极促进相关要素的充分、合理开发和利用，在二者均衡的基础上发展数字经济、推动数字产业化和产业数字化，实现经济效益、社会效益、国家利益和个人权益的统一。

一、发展与安全并重的理念与底线

发展与安全并重原则的核心理念是促进数据资源、算法等数字要素的充分、合理、有效开发利用，在此基础上提升数字化建设的整体发展质量。安全并非限制发展，而是确保发展的有序、健康、稳定进行，以明确数字权属关系、强化高质量数字要素供给、加快数字要素流通交易、创新数字要素开发利用机制。

发展与安全并重要求数字法治建设具有一定的技术独立性，其核心在于法律不应当涉及具体技术的评价和选择，而是尽可能中立地适用于各类相关技术，包含两层含义：其一是基础性原则对线上技术采取和线下技术相同的规制方式；其二是法律规则不得对特定的技术采取支持或歧视的立场。[①] 在此基础上，数字法治建设应当符合四项要求：第一是非歧视性要求，强调的是相关法律不应当偏好某项技术；第二是可持续性要求，即相关法律应当具有一定的灵活性、持续性，并能够充分适应技术变化；第三是效率要求，即相关法律应当能够进行必要的动态调整，以及时回应技术发展的新状况；第四是应用确保要求，即相关法律应当尽可能地保障基础技术服务的普遍适用。[②]

发展的前提和底线是安全。安全具有多重维度，数字安全与政治安全、国土安全、军事安全、经济安全、文化安全、社会安全等一起，是构成国家总体安全体系的重要环节。数字化建设需要置于总体国家安全观的框架之下，在确保数字要素保密性、完整性、可用性的基础上，实现国内安全与国际安全、数字要素自身安全与利用秩序安全、个体安全与国家及社会公共安全相统一。

二、发展与安全并重的实现方式

发展与安全并重的实现方式是基于数字要素的特征、处理场景、涉及权益、重要程度等标准建立分级分类制度。分类是指根据数据及其处理行为的属性或特征，按照一定的原则和方法进行区分和归类，并建立起相应的分类体系和排序；分级是指对分类后的数据及其处理行为进行定级，并在此基础上匹配对应的开放共享与风险防控要求。分类分级的目的是通过差异化、阶层化和比例化的方式，针对不同数字要素和行为设立动态化、开放化的安全保障策略。

分级分类需要着重从以下四个方面着手：一是基于数字行为主体的分类，尤其需要区分私主体与公主体的数字行为，二者在具体规则设计上应当予以区分，典型的例证是个人信息保护制度中同意规则的适用。二是基于数字行为客体的分类，较为关键的是对数据进行分类，并在此基础上确立合理的数据处理行为边界。三是基于数字行为场景的分类，例如区分是否涉及数字行为跨境。四是基于数字行为后果的分类，对可能影响国家安全或社会公共安全的数字行为予以特殊规制。

发展与安全并重的建设责任需要由政府部门、市场主体和社会公众共同承担。2005 年联合国在信息社会世界高峰会上通过《突尼斯议程》，提出了网络治理中的“多利益攸关方主义”，即政府、私营部门和民间团体通过发挥各自的作用，秉承统一的原则、规范、规则、决策程序和计划，为互联网确定演进和

---

① 参见刘品新：《网络法：原理、案例与规则》，中国人民大学出版社 2021 年版，第 25 页。

② See Ilse M.van der Haar, Technological Neutrality: What does it Entail? TILEC Discussion Paper No. 2007-009, at https://ssrn.com/abstract=985260 (Last Visited on May.15,2023).

使用形式。

在数字法治建设过程中，政府部门需要制定促进、协调、保障数字化建设的各类政策、法规和决策，并实施与此相关的监管活动。市场主体作为数字活动的直接参与人，需要建立起符合发展与安全双重要求的数字合规体系，在安全底线之上开展各项市场活动。社会公众既是数字权益的主要主体，同时又是数字活动的重要参与者，其数字价值观念、意识和行动，决定着国家数字化建设的质量和水平。

第三节 科技向善原则

一、科技向善的基本含义

科技向善原则是指在科技创新活动中合理权衡效率与安全、利益与风险的价值冲突，让人们公平地分享数字红利。[①] 科技向善包含两层含义：第一，"不做坏事"，避免技术作恶，不做危害人类社会发展之事；第二，"要做好事"，实现技术为善。通过对智能技术的研发和应用，使其能更好地服务于人们的物质需要和精神追求。[②] 科技向善原则既要求在认识论上明确数字科技的风险及数字科技的可规范性、可发展性，对治理方式开展研究，也需要在价值论上对数字时代"善"的概念进行进一步研究。[③] 数字时代，"科技向善的基准已不再是以物质分配为核心的'物理'正义，而是以信息分享 / 控制为核心的数字正义"[④]。这要求我们深度研究数字正义，并以此作为科技向善的指导。但无论时代如何发展，以人为本始终应是科技的根本价值追求。

2019 年，中央全面深化改革委员会第九次会议审议通过《国家科技伦理委员会组建方案》，目的就是加强统筹规范和指导协调，推动构建覆盖全面、导向明确、规范有序、协调一致的科技伦理治理体系。2022 年中共中央办公厅和国务院办公厅联合发布的《关于加强科技伦理治理的指导意见（征求意见稿）》确立了五项科技伦理原则，其中"增进人类福祉"作为首要原则，指出"科技活动应坚持以人民为中心的发展思想，有利于促进经济发展、社会进步、民生改善和生态环境保护，不断增强人民获得感、幸福感、安全感，促进人类社会和平发展和可持续发展"。这一原则定位意味着，针对科技伦理，不能仅仅局限

① 参见《学术前沿》编者：《算法治理与科技向善》，载《人民论坛·学术前沿》2022 年第 10 期。

② 参见伏志强、孙伟平：《科技向"善"：人工智能发展的价值遵循》，载《甘肃社会科学》2021 年第 2 期。

③ 参见张吉豫：《数字法理的基础概念与命题》，载《法制与社会发展》2022 年第 5 期。

④ 马长山：《算法治理的正义尺度》，载《人民论坛·学术前沿》2022 年第 10 期。

于“不作恶”，还应该积极地追求科技向善。

二、科技向善的具体要求

数字法治建设过程中应当引导、促进、保障数字技术开发应用秉持良善的技术设计伦理，确保技术尊重和维护人类利益和福祉，具体包含以下三个方面的要求。

第一，坚持安全可控。数字技术开发应用应当客观评估和审慎对待不确定性和技术应用的风险，力求规避、防范可能引发的风险，防止科技成果误用、滥用，避免危及社会安全、公共安全、生物安全和生态安全。

第二，坚持公平公正。数字技术的开发应用应当遵循公平公正、公开透明、科学合理和诚信的原则。公平强调人人平等和机会均等，避免歧视对待。公正带有明显价值取向，强调价值取向的正当性。需将公平公正作为治理算法歧视的价值取向，限定算法的价值偏好，并将其纳入正当合理的规范框架内。[①] 确保尊重民族、种族、身体条件、宗教信仰等差异，包容地对待不同社会群体，避免各类歧视和偏见。

第三，坚持透明可解释。数字技术的开发应用应当在保证安全的前提下尽可能地确保全过程的透明公开，保障技术原理、运行方式和结果等方面的可解释性，从而有效发挥公众监督、行业监督和政府监管的效力，避免技术黑箱下的技术滥用与权益侵害。

第四节　主权原则

一、主权原则的含义

数字主权是国家主权在数字领域的延伸。国家主权是现代国际法的基石性概念，其含义和适用范围随着时代的变化而不断延展。在当今数字化时代，随着数字技术的应用而产生的数字空间，亦属于国家主权原则的适用范围。

国家主权具有国内最高权和对外独立权的特性。就国内最高权而言，体现最为明显的是国家管辖权，其包括立法规制权、行政管理权和司法管辖权。从对外属性来看，国家主权具有平等性、独立性，它是禁止干涉和禁止使用武力或以武力相威胁等国际法规则的基础。基于主权原则，各国对本国境内信息通信基础设施、资源和数据及信息通信活动拥有管辖权，有权保护本国信息系统和重要数据免受威胁、干扰、攻击和破坏；各国有权制定本国互联网公共政策

---

① 参见《学术前沿》编者:《算法治理与科技向善》，载《人民论坛·学术前沿》2022年第10期。

和法律法规，保障公民、企业和社会组织等主体在网络空间的合法权益；各国不得利用信息通信技术干涉他国内政，破坏他国政治、经济和社会稳定，或从事危害他国国家安全和社会公共利益的行为；各国有权平等参与国际互联网基础资源管理和分配，建立多边、民主、透明的国际互联网治理体系。[①]

我国在数字法治领域一直坚持数字主权原则，例如，我国 2016 年制定的《网络安全法》第 1 条明确宣示维护网络空间主权为立法目的之一；2021 年制定的《数据安全法》第 1 条亦规定维护国家主权为立法目的之一；2017 年发布的《网络空间国际合作战略》，将主权原则列为网络空间国际合作的基本原则之一。

坚持主权原则并非封闭或割裂数字空间，而是在国家主权平等的基础上构建公正、合理的数字时代国际秩序，在平等、公正、合作、和平和法治的原则框架下，建立国家间有效的对话与协商机制，推动数字治理的国际合作，携手共建人类命运共同体。

二、主权原则在世界范围内的扩展

从世界范围来看，将主权原则贯彻于数字场域逐渐成为国际共识。2003 年，联合国信息社会世界峰会通过的《日内瓦原则宣言》提出“互联网公共政策的决策权是各国的主权”；2011 年和 2015 年，中国、俄罗斯等国向联合国提交的《信息安全国际行为准则》中，提出“重申与互联网有关的公共政策问题的决策权是各国的主权”。2013 年和 2015 年，联合国信息安全政府专家组在其报告中指出“国家主权和在主权基础上衍生的国际规范及原则适用于国家进行的信息通信技术活动”“国家主权原则是增强国家运用信息通信技术安全性的根基”。还有很多国家如法国、德国、意大利等国在其对外正式公布的国际法适用网络空间的国家立场文件中，亦承认国家主权原则在网络空间中亦应适用。[②]“数据主权”“数字主权”等概念也被逐渐提出。数据主权即强调国家对数据和信息等享有对内最高权和对外独立权。

2020 年 7 月，欧洲议会发布《欧洲的数字主权》(Digital Sovereignty for Europe）报告，指出“技术主权”或“数字主权”概念最近已成为促进欧洲在数字领域的领导地位和战略自主权的理念的一种方式。欧盟对非欧盟的科技公司对欧盟的经济和社会影响抱有强烈的担忧，认为其有可能威胁到欧盟公民对其个人数据的控制，并限制了欧盟的高科技公司的发展以及欧盟成员国和欧盟

---

① 参见中国政府 2022 年向联合国信息安全开放式工作组提交的国家立场文件《中国关于网络空间国际规则的立场》，载 https：//meetings.unoda.org/section/oewg-ict-2021_documents_14473_documents_16363/，2022 年 8 月 20 日访问。

② 参见法国、德国、意大利等国 2022 年向联合国信息安全开放式工作组提交的关于国际法适用于网络空间的国家立场文件，载 https：//meetings.unoda.org/section/oewg-ict-2021_documents_14473_documents_16363/，2022 年 8 月 20 日访问。

规则制定者执行其法律的能力。在这种情况下，“数字主权”是指欧洲在数字世界中独立行动的能力，应该从促进数字创新的保护性机制和防御性工具的角度（包括与非欧盟公司合作）来理解。[①]

① See Digital Sovereignty for Europe, at https://www.europarl.europa.eu/thinktank/en/document/EPRS_BRI(2020)651992(Last Visited on May.15,2023).

第二编
网络法

第五章　网络法律制度概述

第一节　互联网架构与网络空间治理体系

互联网，又称为因特网（internet），是一个全球连接的网络系统，通过一个庞大的私人、公共、商业、学术和政府网络集合，促进世界范围内的通信和数据资源访问。互联网起源于1969年美国国防部高级研究计划局（ARPA）开发的阿帕网（ARPANET），后转交给美国国家科学基金会（NSF）管理，成为政府出资并管理运营的民用网络，最初旨在服务于政府、高校和科研机构之间的信息通信与资源共享等非营利目的，后来，网络的商业化功能日益显现，美国政府开始推动网络运营的私有化。1995年，美国政府正式退出互联网主干网运营服务，完全由市场自主提供运营服务。随着互联网逐步走向世界，世界上越来越多的人将互联网作为通信和交流工具，一些公司开始将商业活动转移至网络上，网络商业化的进程不断加速，互联网在信息传播、信息检索、社交通讯、商业贸易等方面的巨大潜能被充分挖掘，互联网最终成为现代全球数字社会的基础架构，并与大数据和人工智能技术交汇结合，将人类社会带入万物互联的数字文明时代。

目前，以互联网为代表的现代数字技术正在重塑人类经济社会生活的各领域各方面，深刻改变了人们的生产和生活方式，网络空间成为人类活动的新领域，网络空间治理正在成为社会各界普遍关注的问题。欲理解网络空间治理模式，需要首先理解互联网的架构。

一、互联网的分层架构

笔者将网络看作是分层式架构，基于不同目的，从不同视角出发，进行不同的层级架构分析。

（一）信息通信技术视角下的互联网分层架构

从信息通信技术的视角来看，可以将网络看作是由各分层组成的层级架构，每一层都是建立在下一层的基础之上，每一层都在为其上一层提供服务，各相邻层次之间都存在接口，而不同分层相对独立并适用不同的技术协议。

就具体的分层模型而言，国际标准化组织曾提出OSI模型，将网络区分为七层：物理层、数据链路层、网络层、传输层、会话层、表示层和应用层，并分别为各层制定相应的标准；而TCP/IP的参考模型则将网络区分为四层：链路层、网络层、传输层、应用层；世界上也有一些著名的计算机网络教材将网络区分为五层：物理层、数据链路层、网络层、传输层和应用层。[①]

以TCP/IP协议为例，其将互联网技术协议自下而上分为以下四类：第一层为链路层，负责数字信号在物理通道中准确传输。第二层网络层，负责"寻址"，使数据包基于IP地址准确找到对方的设备。IP地址，即互联网协议地址，又称为网际协议地址，是IP协议提供的一种统一的地址格式，为每一个网络、每一台主机分配一个逻辑地址，从而替代物理地址的差异。在数据传输中，网络层把传输层产生的用户数据包封装打包分组再进行传输。为了实现高效传输，网络层的另一个功能是选择数据包传输的合适的路由。第三层为传输层，负责向两台主机之间的通信提供通用的数据传输服务，从而实现应用层的数据交换。传输层主要使用两种协议，包括负责进行可靠传输的TCP（Transmission Control Protocol）协议和负责高效传输的UDP（User Datagram Protocol）协议。第四层为应用层，任务是通过定义应用之间信息交互的规则来实现进程间的交互，从而顺利实现应用程序功能。不同类型的网络应用需要不同的应用层协议，因此，应用层协议非常多样，如支撑万维网运行的HTTP协议，支持电子邮件应用的SMTP协议。

（二）网络空间治理视角下的互联网分层架构

从网络空间治理的视角来看待互联网的分层，其与技术视角不同，其划分层次的目的不在于为其设计不同的技术协议或探究上下层之间的技术支撑关系，而在于识别不同分层所面临的不同的法律规制或治理问题。美国学者Yochai Benkler提出可将互联网区分为三层：物理架构层、逻辑架构层和内容层，该分层理论对后来的学者有深刻影响。[②] 美国著名的网络法学者莱斯格（Lessig）在对网络空间的规制结构进行分析时亦基本上采取了上述分层理论，其将互联网区分为：物理层、代码层、内容层。[③] 以探讨国际法在网络中的适用而闻名的《塔林手册2.0》在论述主权原则在网络空间中的适用时也采取了三层的分层理

---

① 参见Andrew S. Tanenbaum、David J. Wetherall：《计算机网络》，严伟等译，清华大学出版社2012年版，第37页。

② 参见Yochai Benkler, *From Consumers to Users: Shifting the Deep Structures of Regulation*, Federal Communication Law Journal 52(2000): p.561-563。

③ 参见［美］劳伦斯·莱斯格：《思想的未来》，李旭译，中信出版社2004年版，第153~240页。

论："主权原则涉及网络空间的物理层、逻辑层和社会层。"① 近年来，随着互联网的广泛应用和发展，学术界对互联网分层架构的认识也在不断深化。在网络空间治理领域，许多学者提出在传统的三层次分层理论基础之上再增加一个层次，即四层架构理论。有学者认为可将互联网区分为：物理层、逻辑层、应用层、行为层；② 亦有学者认为可区分为：基础架构层、技术协议层、软件应用层、内容层。③2022 年，中国政府向联合国信息安全开放式工作组提交的《中方关于网络主权的立场》文件采纳了中国学者在《网络主权：理论与实践（3.0 版）》中关于互联网分层架构的表述，将网络空间划分为物理层、逻辑层、应用层和社会层。④ 相较三层架构分析，采取四层架构的分析方法更适宜描述目前互联网治理所面临的问题，因此，本书采用中国政府所提出的四层的分析架构。

二、基于互联网分层架构的网络空间治理体系

互联网分层架构对于网络空间治理体系的建构有着重要的影响，对于不同层级而言，其所适用的治理方法和治理模式亦有所不同，具体而言如下。

（一）物理层的治理

物理层位于最底层，既包括计算机、服务器、路由器、各种类型的线缆、网络终端设备等物理基础设施，亦包括为互联网提供通信支持的基础电信服务和相关的电信设施、电信资源。物理层位于互联网架构的最底层，为信息通信提供物理介质和基础服务，因此，物理层的安全对于网络安全而言具有至关重要的意义。对于物理层，各国主要基于电信法对位于本国境内的互联网基础设施进行管理，对电信企业在其境内开展的互联网接入服务等电信服务进行管理，并可依照法定程序和条件对无线电频率等电信资源进行许可和管理。另外，由于许多互联网基础设施具有跨国性，如国际海底电缆；有些电信资源具有稀缺性和易干扰性，需要在全球范围内进行协调，如无线电频率和卫星轨道资源，因此，当一国在对国际互联网基础设施进行管理时，还应当遵循相关国际法

---

① ［美］迈克尔·施密特主编：《网络行动国际法塔林手册 2.0 版》，黄志雄等译，社会科学文献出版社 2017 年版，第 58 页。

② 参见李艳：《网络空间治理机制探索：分析框架与参与路径》，时事出版社 2018 年版，第 112~118 页。

③ 参见［美］Robert J.Domanski：《谁治理互联网》，华信研究院信息化与信息安全研究所译，电子工业出版社 2018 年版，第 52 页。

④ 参见中国政府 2022 年向联合国信息安全开放式工作组提交的《中方关于网络主权的立场》，载 https：//meetings.unoda.org/section/oewg-ict-2021_documents_14473_documents_16363/，2022 年 8 月 20 日访问；中国学者撰写的并在世界互联网大会上发布的《网络主权：理论与实践（3.0 版）》，载 http：//www.wicwuzhen.cn/web21/information/Release/202109/t20210928_23157328.shtml，2022 年 8 月 20 日访问。

规则。

（二）逻辑层的治理

逻辑层位于物理层之上，其主要是指各种技术标准与协议。有些信息通信技术标准是由政府间国际组织制定的，如国际电信联盟（ITU）等，同时，也有许多互联网技术标准与协议是由一些非政府组织、民间技术社群制定的，如互联网名称与数字地址分配机构（ICANN）、互联网协会（ISOC）、互联网工程任务组（IETF）等。就后一类组织而言，其通常采用多利益相关方的治理模式，从而与政府间的国际标准化组织有明显不同。

（三）应用层的治理

应用层主要是指包括操作系统、应用程序在内的各类应用软件，以及用户使用应用软件而产生的数据等。应用层是与网络终端用户最为接近的各类互联网产品与服务，与用户的关系最为密切，也是当前网络空间治理最受关注的重点对象，特别是随着“互联网+”的兴起，各行各业都在与互联网相结合，如电子政务、互联网医疗、网约车等新产品、新服务、新应用层出不穷。应用软件的开发、运营涉及知识产权、市场秩序、消费者权益和公共秩序等法律问题。依托互联网各类应用程序而进行的数据的收集、存储、传输等处理行为亦会涉及公民的个人信息权益、企业商业利益、社会公共利益和国家安全，其治理问题日益受到社会各界的关注，许多国家纷纷出台相关立法予以规制。

（四）社会层的治理

社会层位于最上层，其与上述三个层次不同，社会层本身并不属于互联网技术架构的内在组成部分，其既非硬件，亦非软件，而是各类主体的活动，即处于互联网之上的国家、网络平台、网络用户等各类主体在网络空间中所从事的各类行为，以及由此而产生的各类社会关系。在现实物理空间中，人的行为会受到法律、道德等社会规范规制，在网络空间中亦是如此。世界各国正在通过制定和执行法律的方式塑造着本国的网络空间管理体制和社会秩序。[①]

由此可以看出，在互联网的不同分层中，其所面临的治理问题是不同的，参与治理的主体和所采取的治理方法亦是有所不同的。但是，与技术协议视角下的互联网分层不同，从网络空间治理的视角看，各分层的治理虽有区别但并不是孤立的或完全独立的，而是相互影响的，因此，无法相互隔离开来。对于一些复杂的网络空间治理问题，可能会涉及互联网的多个层次，在有些情况下

---

① 参见周学峰：《管辖权视角下国家主权在网络空间的体现》，载《中国信息安全》2021年第11期。

有可能需要采取综合治理的方式。

三、网络空间治理的原则与规则体系

（一）网络空间治理的原则

网络空间治理应当坚持以下原则。

第一，多方利益主体协同共治原则。网络空间治理涉及多方利益主体，包括政府、技术社群、大型网络平台、中小企业、社团组织、个人用户等。不同的利益主体有着不同的利益需求，如何协调这些利益是网络空间治理的主要问题。坚持多方利益主体协同共治原则，意味着承认多方利益主体的不同利益诉求，在制定和实施网络治理的规则时，给予多方利益主体发表意见的机会，并通过一定的参与或协调机制，使得网络平台的治理规则能够体现出多方利益主体的共同利益。联合国互联网治理工作组在其报告中将“互联网治理”界定为“政府、私营部门和市民社会根据各自的作用制定和实施旨在规范互联网发展和使用的共同原则、准则、规则、决策程序和方案”①，反映了多利益主体协同共治的原则。世界互联网大会发布的《携手构建网络空间命运共同体》概念文件中提出“构建网络空间命运共同体应加强政府、国际组织、互联网企业、技术社群、社会组织、公民个人等各主体的沟通与合作，形成立体协同的治理架构”，亦充分反映了这一原则。在国内网络空间治理领域，《网络信息内容生态治理规定》强调政府、企业、社会、网民等主体共同参与网络信息内容生态治理，亦反映了多方利益主体协同共治的原则。

第二，规则治理、技术治理与市场约束互补原则。规则治理、技术治理和市场约束机制是互联网治理的三种方式。规则治理包括法律治理和私人自律两种方式，前者包括政府通过法律、法规、规章各种规范性文件对网络平台的治理，后者包括网络平台企业和行业协会的各项自律性质的规范。坚持规则治理，首先，应当坚持法治原则。在互联网刚刚兴起之时，曾经存在乌托邦主义的幻想，然而，互联网的现实发展却表明，网络世界是应当被法律所管控的，互联网不是法外之地。其次，应当重视互联网行业和网络平台的自律规则。在互联网领域，新技术应用和新商业模式层出不穷，对于新兴社会矛盾不宜采取匆促立法的形式来进行规制，而宜强化行业自律，然后从中发现行之有效的治理规则。网络空间治理也应当重视技术规制的作用。网络空间是信息技术架构的产物，代码是网络空间的运行规则，技术协议与标准在网络空间治理中发挥着重要作用。法律的规制对象是人的行为，而代码规制的对象是机器的运行，因此，

① Working Group on Internet Governance, *Report from the Working Group on Internet Governance*, Document WSIS-II/PC-3/DOC/5-E, 3 August 2005.

有些情况下，代码规制比单纯的法律规制更为直接、更为有效。[①] 在实践中，网络平台的经营者运用了大量的信息技术手段对平台上的信息内容和用户行为进行自律监管，如何保障技术治理的内容与法律规则的要求相一致是一个值得关注的问题。最后，网络空间治理还应当充分发挥市场机制的激励与约束作用，通过“看不见的手”引导互联网企业进行公平竞争，满足用户的各种需求，提升经济效率。上述各种治理方式之间是相互补充、相互制约的。就规则治理与技术治理的关系而言，技术治理应该在规则治理的框架下进行，技术措施的应用受到法律的限制，立法机构在制定有关规则时，应当考虑其在技术上的可行性；就规则治理与市场机制而言，应当坚持凡是市场和互联网企业自身能够解决的问题，政府机构不宜强行介入，政府的作用在于营造有利于各互联网企业公平竞争的法制环境；就技术治理与市场机制的关系而言，一方面应当禁止互联网企业以技术治理的名义从事不正当竞争，另一方面也应防止具有市场支配地位的企业滥用其市场优势阻碍技术创新。[②]

第三，公开、公平、公正原则。网络空间治理是建立在一系列规则、准则和标准的基础之上的，无论是国家制定的法律、法规，还是网络平台企业制定的平台规则，或有关组织制定的技术标准，都应当公开、公平、公正。在平台治理领域，我国《电子商务法》要求电子商务平台经营者应当遵循公开、公平、公正的原则，制定平台服务协议和交易规则，并要在其首页显著位置持续公示，在其修改平台服务协议和交易规则，或依据平台服务协议和交易规则对平台内经营者进行处罚时亦应当进行公示。依照《个人信息保护法》，互联网服务提供者收集、处理个人信息时，应当遵循公开、透明的原则，公开个人信息处理规则，明示处理的目的、方式和范围，同时，网络平台在制定个人信息保护规则时亦应当遵循公开、公平和公正的原则。随着越来越多的互联网服务提供商在运营网络平台、提供网络服务与商品时越来越多地使用算法，算法的公开、公平与公正问题亦日益受到社会各界的关注，国家网信办发布的《互联网信息服务算法推荐管理规定》对算法透明度提出了明确要求，依照该规定，算法推荐服务提供者应当以显著方式告知用户其提供算法推荐服务的情况，并以适当方式公示算法推荐服务的基本原理、目的意图和主要运行机制等。

第四，安全与发展并重的原则。我国在网络空间治理领域一贯坚持安全与发展并重的原则。例如，在网络安全领域，我国政府一再强调，“网络安全和信息化是一体之两翼、驱动之双轮”[③]，两者相辅相成，安全是发展的前提，发展

① 在英文中，CODE 本身既含有“代码”的含义，也具有“法典”“准则”的含义，美国网络法学者莱斯格在著作中明确提出“代码即法律”的论点。参见［美］劳伦斯·莱斯格：《代码 2.0：网络空间中的法律》，李旭、沈伟伟译，清华大学出版社 2009 年版。

② 参见周学峰、李平主编：《网络平台治理与法律责任》，中国法制出版社 2018 年版，第 40 页。

③ 习近平在 2014 年 2 月 27 日中央网络安全和信息化领导小组第一次会议上的讲话。

是安全的保障。2016年颁布的《网络安全法》明确规定了“国家坚持网络安全与信息发展并重，遵循积极利用、科学发展、依法管理、确保安全的方针”。在电子商务领域，我国于2018年颁布的《电子商务法》从其立法目的和立法内容来看，既强调规范电子商务行为，亦强调促进电子商务持续健康发展。在平台治理和平台经济领域，我国相关政策亦强调“发展和规范并重”。[①]

（二）网络空间治理的规则体系

网络空间治理的规则体系包括法律、标准、互联网行业自律规范、互联网平台的用户协议和平台公约等。

1. 法律

法律是网络空间治理中最重要的治理规则，其包括国际法和国内法两个层面。就网络空间国际法而言，既包括在网络空间中适用的国际法一般规则，也包括专门适用于网络空间的特别法。就目前阶段而言，网络空间国际法主要是指前者，而后者多数处于制定和形成的过程中，现已出现了一些不具有法律约束力的国际“软法”规则，但是，已经生效的专门适用于网络空间的国际特别法非常少。

就国内法而言，是指一国立法机关制定的具有法律约束力的法律、法规、规章等。目前，我国关于网络空间治理领域的特别法主要涉及互联网域名管理、网络安全、网络信息服务、网络数据治理、电子商务、互联网金融、互联网医疗、互联网交通等领域。

2. 标准

互联网运行离不开各种技术协议与标准，并且其具有国际通行性。目前，在互联网领域具有重要影响力的技术标准制定机构包括国际电信联盟（ITU）、国际标准化组织（ISO）、互联网工程任务组（IETF）等。在我国国内互联网治理领域，标准亦发挥着重要作用，例如，在我国《个人信息保护法》颁布之前，《个人信息安全规范》等标准发挥了重要作用。根据我国《标准化法》，标准包括国家标准、行业标准、地方标准和团体标准、企业标准。其中，国家标准分为强制性标准和推荐性标准，行业标准、地方标准是推荐性标准。对于强制性标准，必须执行；对于推荐性标准，国家鼓励采用。

3. 互联网行业的自律规范

互联网行业是一个不断创新的行业，新技术和新商业模式的运用会不断产生新的社会问题，对于此类新问题的规制，立法者往往难以把握准确的尺度，

---

① 参见国家发展改革委、市场监管总局、中央网信办、工业和信息化部、人力资源和社会保障部、农业农村部、商务部、人民银行、税务总局印发的《关于推动平台经济规范健康持续发展的若干意见》（发改高技〔2021〕1872号）。

过于严格将会抑制创新，而过于宽松则不利于保护消费者的利益，因此，由互联网行业通过制定行业自律规范的方式来进行自律管理是网络空间治理的重要体现。

4. 用户协议、平台公约

网络平台在网络空间治理中扮演着重要的角色，而网络平台对平台上的广大用户的管理主要是通过制定和执行用户协议、平台公约来完成的。对于普通的网络用户而言，其所感受到的最直接的行为规范就是平台用户协议和平台公约。因此，用户协议与平台公约亦是网络空间治理中重要的规则来源。我国的《电子商务法》对于网络平台制定平台服务协议和交易规则，《个人信息保护法》对于网络平台制定个人信息保护的平台规则，都作出了具体规定，也肯定了其在网络空间治理中的作用。

四、我国的互联网管理体制

在我国当前的网络空间治理体系中，政府实施的互联网管理体制处于核心地位，其可以区分为中央层面的管理体制与地方层面的管理体制。与其他领域的管理体制不同之处在于，互联网管理体制的重心在中央层面，且涉及多个政府部门，因此，多部门协同治理非常重要。

（一）中央层面的互联网管理体制

目前，在中央层面，我国的互联网管理形成了由国家网信部门统筹协调、国务院多部门协同的互联网管理体制。

2014 年 2 月，中央网络安全和信息化领导小组宣告成立。2018 年 3 月，根据中共中央印发的《深化党和国家机构改革方案》，将中央网络安全和信息化领导小组改为中央网络安全和信息化委员会，其职责为负责网信领域重大工作的顶层设计、总体布局、统筹协调、整体推进、督促落实，其办事机构改为中央网络安全和信息化委员会办公室。

同时，考虑到网络对社会各行各业的数字化和网络化升级催生的综合治理现实，国务院电信、公安、市场监管、金融、商务、交通等有关机关在各自职责范围之内负责网络空间治理和监督管理的工作，形成分行业、领域协同的网络空间治理格局。由国家网信办牵头、多部门联合发文已经成为网络空间治理具体实施规则形成的主要途径。例如，《互联网信息服务算法推荐管理规定》，系由国家网信办审议通过并经过工业和信息化部、公安部、国家市场监督管理总局的同意才予发布的，并由以上机关共同负责实施和解释。2022 年颁布的《网络安全审查办法》是由国家网信办审议通过并经国家发改委、工信部、公安部、国家安全部、财政部、商务部、中国人民银行、国家市场监督管理总局、国家广播电视总局、证监会、国家保密局、国家密码管理局同意而发布，并同以上部门共同负责实施。

在网络安全领域，依据《网络安全法》的规定，在中央层面，国家网信部门负责统筹协调网络安全工作和相关监督管理工作。国务院电信主管部门、公安部门和其他有关机关在各自职责范围内负责网络安全保护和监督管理工作。其中，在关键基础设施保护领域，依据《关键信息基础设施安全保护条例》的规定，在国家网信部门统筹协调下，国务院公安部门负责指导监督关键信息基础设施安全保护工作；国务院电信主管部门和其他有关部门依法在各自职责范围内负责关键信息基础设施安全保护和监督管理工作。

在数据安全领域，依据《数据安全法》的规定，中央国家安全领导机构负责国家数据安全工作的决策和议事协调，研究制定、指导实施国家数据安全战略和有关重大方针政策，统筹协调国家数据安全的重大事项和重要工作，建立国家数据安全工作协调机制。各地区、各部门对本地区、本部门工作中收集和产生的数据及数据安全负责。国家网信部门负责统筹协调网络数据安全和相关监管工作。

在个人信息保护领域，依据《个人信息保护法》的规定，国家网信部门负责统筹协调个人信息保护工作和相关监督管理工作。国务院有关部门依法在各自职责范围内负责个人信息保护和监督管理工作。

在互联网信息内容管理领域，2014 年 8 月，国务院授权重新组建了国家网信办，负责全国互联网信息内容管理工作，并负责监督管理执法。另外，根据《网络信息内容生态治理规定》，国家网信部门负责统筹协调全国网络信息内容生态治理和相关监督管理工作，各有关主管部门依据各自职责做好网络信息内容生态治理工作。

（二）地方层面的互联网管理体制

在地方层面，互联网的管理部门和管理职责需要依照有关法律、法规和国家有关规定来确定。在网络安全领域，依《网络安全法》第 8 条规定，县级以上地方人民政府有关部门的网络安全保护和监督管理职责，按照国家有关规定确定。在关键基础设施保护领域，依据《关键信息基础设施安全保护条例》第 3 条第 2 款的规定，省级人民政府有关部门依据各自职责对关键信息基础设施实施安全保护监督管理。在数据安全领域，依据《数据安全法》第 6 条的规定，各地区、各部门对本地区、本部门工作中收集和产生的数据及数据安全负责。在个人信息保护领域，依据《个人信息保护法》第 60 条的规定，县级以上地方人民政府有关部门的个人信息保护和监督管理职责，按照国家有关规定确定，其相关部门亦属于“履行个人信息保护职责的部门”。在互联网信息内容管理方面，依据《网络信息内容生态治理规定》，地方网信部门负责统筹协调本行政区域内网络信息内容生态治理和相关监督管理工作，地方各有关主管部门依据各自职责做好本行政区域内网络信息内容生态治理工作。2023 年 3 月，国家网信办发布了《网信部门行政执法程序规定》，对网信部门实施行政处罚等行政执法的管辖权和行政执法程序等事项作出了较为具体的规定。

第二节 国内外网络立法情况概述

一、我国的网络立法情况概述

我国的网络立法主要包括以下几个方面。

（一）电信法律制度

为规范电信市场秩序，维护电信用户和电信业务经营者的合法权益，保障电信网络和信息的安全，2000 年国务院出台《电信条例》，并于 2014 年和 2016 年进行了两次修订。根据《电信条例》第 2 条的规定，电信被定义为利用有线、无线的电磁系统或者光电系统，传送、发射或者接收语音、文字、数据、图像以及其他任何形式信息的活动。

《电信条例》从电信市场、电信服务、电信建设、电信安全四个方面对电信与信息市场和服务作出监管规定。在电信市场监管方面，从电信业务许可、电信网间互联、电信资费、电信资源四个维度进行电信市场监管。根据《电信条例》的规定，国家对电信业务经营按照电信业务分类，实行许可制度。电信业务分为基础电信业务和增值电信业务。基础电信业务，是指提供公共网络基础设施、公共数据传送和基本话音通信服务的业务。增值电信业务，是指利用公共网络基础设施提供的电信与信息服务的业务。

为了适应电信业对外开放的需要，国务院还制定了《外商投资电信企业管理规定》，依照该行政法规的规定，经营基础电信业务（无线寻呼业务除外）的外商投资电信企业的外方投资者在企业中的出资比例，最终不得超过 49%。经营增值电信业务（包括基础电信业务中的无线寻呼业务）的外商投资电信企业的外方投资者在企业中的出资比例，最终不得超过 50%。

（二）网络安全法律制度

在 20 世纪 90 年代我国正式接入国际互联网之后，国务院先后颁布了《计算机信息网络国际联网管理暂行规定》和《计算机信息网络国际联网安全保护管理办法》，对中国境内的计算机信息网络进行国际联网和相关网络安全问题作出了规定。

在《网络安全法》颁布之前，我国在网络安全领域主要实行信息安全等级保护制度。1994 年国务院制定了《计算机信息系统安全保护条例》，确立了安全等级保护制度。随后，有关部门颁布了《计算机信息系统安全保护等级划分准则》（GB 17859—1999）。2007年公安部、国家保密局、国家密码管理局和国务院信息工作办公室联合发布了《信息安全等级保护管理办法》（公通字〔2007〕43号），明确了国家信息安全等级保护坚持自主定级、自主保护的基本原则，并确立了定级备案、建设整改、等级测评和监督检查等实施和管理义务。为了进一步推进和指导用户完成信息系统等级保护的工作，2008年至2012年我国陆续发布了信息系统等级保护的一些主要标准，构成了我国信息系统等级保护的标准体系。例如，《信息系统安全等级保护实施指南》（GB/T 25058—2008）、《信息系统安全保护等级定级指南》（GB/T 22240—2008）、《信息系统安全等级保护基本要求》（GB/T 22239—2008）、《信息系统等级保护安全设计要求》（GB/T 25070—2010）、《信息系统安全等级保护测评要求》（GB/T 28448—2012）、《信息系统安全等级保护测评过程指南》（GB/T 28449—2012）。

2016年通过的《网络安全法》标志着我国在网络安全法治领域进入了一个新阶段。该法确立了我国在网络安全领域的基本制度，包括网络安全等级保护制度、关键信息基础设施安全保护制度和网络安全审查制度等。

在网络安全等级保护领域，我国有关部门正在制定《网络安全等级保护条例》。在标准建设方面，围绕网络安全等级保护制度，近年来相关的国家标准密集发布，如《网络安全等级保护实施指南》（GB/T 25058—2020）、《网络安全等级保护定级指南》（GB/T 22240—2020）、《网络安全等级保护基本要求》（GB/T 22239—2019）、《网络安全等级保护设计技术要求》（GB/T 25070—2019）、《网络安全等级保护测评要求》（GB/T 28448—2019）、《网络安全等级保护测评过程指南》（GB/T 28449—2018）。

在关键信息基础设施安全保护领域，国务院于2021年4月颁布了《关键信息基础设施安全保护条例》，对关键信息基础设施的认定、运营者的责任与义务以及关键信息基础设施安全保护的监管体制，作出了全面的规定。

在网络安全审查领域，国家网信办联合多个部门共同发布了《网络安全审查办法》，确立了跨部门的国家网络安全审查工作机制。

此外，我国《刑法》还从刑事保护的角度对破坏网络安全的相关犯罪作出了规定，如非法侵入计算机信息系统罪，非法获取计算机信息系统数据罪，非法控制计算机信息系统罪，提供侵入、非法控制计算机信息系统程序、工具罪，拒不履行信息网络安全管理义务罪，非法利用信息网络罪，帮助信息网络犯罪活动罪等。

（三）网络数据安全与个人信息保护法律制度

2021年通过并实施的《数据安全法》是我国在数据安全领域的基本法，该法明确规定“国家建立数据分类分级保护制度”，区分了一般数据、重要数据和核心数据的保护体系。

网络数据安全是数据安全的重要组成部分，亦是《数据安全法》重点关注的对象。国家网信办于2021年11月对外公布了《网络数据安全管理条例（征求意见稿）》。2022年7月，《网络数据安全管理条例》被纳入《国务院2022年度立法工作计划》中。

个人信息保护制度一直是我国信息安全与数字时代公民隐私与人格保护制度的重要组成部分。我国一直高度重视个人信息的法律保护，在十年间形成了个人信息保护的全面立法格局。2012年12月，全国人民代表大会常务委员会通过并实施了《全国人民代表大会常务委员会关于加强网络信息保护的决定》，这是我国最早的个人信息保护的专门立法。该决定共12条，明确了国家对可识别公民个人身份和涉及公民个人隐私的电子信息的法律保护，确立了市场主体收集、使用公民个人电子信息的“合法、正当、必要”的基本原则，企业主体还应当明示收集、使用目的、方式和范围，并经被收集者同意，不得违反法定或约定，并公开收集、使用信息的规则。可见，该决定最早在法律层面确立了个人信息收集和使用的基本原则和规则，“合法、正当、必要”原则也已成为我国个人信息保护的基本原则。

此后，我国个人信息保护立法进入快车道。2013年，工业和信息化部公布并实施了《电信和互联网用户个人信息保护规定》。同年，我国修改《消费者权益保护法》，增加了保护消费者个人信息的条款（第29条）。

2015年8月，《刑法修正案（九）》修改了2009年的《刑法修正案（七）》新增的“侵犯公民个人信息罪”，扩大了侵犯公民个人信息罪的主体范围，具体区分了一般犯罪主体和特殊犯罪主体。2017年5月，“两高”发布《关于办理侵犯公民个人信息刑事案件适用法律若干问题的解释》，该司法解释全面规定了侵犯公民个人信息罪的定罪量刑标准等具体法律适用问题。

自2017年6月1日开始实施的《网络安全法》第四章专章规定了网络信息安全基本法律制度，该章主体内容包括网络用户个人信息保护制度和用户发布信息内容安全制度。其中个人信息保护制度重申了个人信息处理的“合法、正当、必要”原则和“知情同意”原则，应当公开收集、使用规则，明示收集、使用的目的、方式和范围，并经被收集者同意。同时，也规定了个人针对收集、使用个人信息的网络运营者删除、更正请求权。

自2019年1月1日开始实施的《电子商务法》明确了电子商务经营者收集、使用用户个人信息遵守法律、行政法规的义务（第23条），消费者享有的信息查询、更正、删除以及用户注销的请求权，电子商务经营者应当明示信息查询、更正、删除、用户注销的方式，不得设置不合理的限制条件（第24条）。

2021年1月1日，我国《民法典》正式实施，《民法典》人格权编专章规定了“隐私权和个人信息保护”。该章除了明确了个人信息处理的“合法、正当、必要”原则，自然人的个人信息查阅复制请求权，发现信息错误的，有权提出异议及请求更正，还对个人信息作出定义，并细化了个人信息处理的合法条件（第1035条），以及个人信息处理民事责任的例外情形（第1036条），《民法典》进一步完善细化了个人信息保护的原则和规则体系。

自2021年11月1日开始正式实施的《个人信息保护法》是我国个人信息保护领域的专门立法，标志着我国个人信息保护进入全面立法阶段。

（四）电子商务法律制度

在电子商务领域，我国于2004年8月颁布了《电子签名法》，确立电子签名的法律效力，从而推动了电子商务的发展。2018年8月，我国颁布了《电子商务法》，这是一部关于电子商务活动的综合性立法，其对电子商务合同的订立、履行，以及电子商务平台经营者的义务与责任作出了具体规定。2021年3月15日，国家市场监督管理总局出台《网络交易监督管理办法》，从监管的角度对网络交易和网络交易经营者作出了细致的规定。

（五）互联网金融法律制度

2015年7月，中国人民银行会同有关部门共同发布了《关于促进互联网金融健康发展的指导意见》，其内容涵盖了互联网支付、网络借贷、股权众筹融资、互联网基金销售、互联网保险、互联网信托和互联网消费金融。

在网络支付领域，中国人民银行于2010年6月正式公布了《非金融机构支付服务管理办法》，将网络支付纳入支付业务许可的范围。随后，中国人民银行又于2010年12月发布了《非金融机构支付服务管理办法实施细则》，对于网络支付业务许可和监管作出了详细的规定。

在网络借贷领域，原银监会会同工信部、公安部、国家网信办于2016年8月发布了《网络借贷信息中介机构业务活动管理暂行办法》，对P2P网络借贷行为和网络借贷平台作出了规定。

在互联网保险领域，原银监会于2020年发布的《互联网保险业务监管办法》对互联网保险业务规则作出了具体的规定。

在互联网股权融资方面，证监会于2015年8月发布《关于对通过互联网开展股权融资活动的机构进行专项检查的通知》，对于通过互联网开展股权融资活动进行检查和规范。

（六）互联网市场秩序与消费者权益保护法律制度

如今互联网经济已发展到平台经济阶段，由于网络效应和数据效应，网络平台具备天然的以规模、数据、流量（注意力）取胜的特质，并带来新的平台主体参与利益分配的市场格局，在网络环境下规范网络交易活动、平台反不正当竞争、反垄断、互联互通等网络市场法律秩序建设和消费者权益保护法律制度近年来随着平台经济的崛起而不断完善。

2019 年修正的《反不正当竞争法》新增了互联网条款，该法第 6 条将擅自使用他人有一定影响的域名主体部分、网站名称、网页等行为认定为商业混淆的不正当竞争行为。第 8 条禁止针对商品的“销售状况”“用户评价”的虚假宣传或引人误解的宣传，欺骗、误导消费者，该条对于打击“网络水军”“刷单”等不正当竞争行为具有重要现实意义。

《反不正当竞争法》第 12 条被称为“互联网专条”，该条规定经营者不得利用技术手段、通过影响用户选择或者其他方式，实施下列妨碍、破坏其他经营者合法提供的网络产品或者服务正常运行的行为：（1）未经其他经营者同意，在其合法提供的网络产品或者服务中，插入链接、强制进行目标跳转；（2）误导、欺骗、强迫用户修改、关闭、卸载其他经营者合法提供的网络产品或者服务；（3）恶意对其他经营者合法提供的网络产品或者服务实施不兼容；（4）其他妨碍、破坏其他经营者合法提供的网络产品或者服务正常运行的行为。该条款具体规定了三类互联网不正当竞争行为，一定程度上缓解了互联网反不正当竞争执法中对原则性规定的过度依赖，但是该条款也存在一定的滞后性，如未经授权的爬取其他经营者数据的行为已经是比较常见的互联网不正当竞争类型，该条却并没有体现。

自 2019 年 1 月 1 日开始实施的《电子商务法》系统规定了电子商务经营者的义务体系和责任承担方式，为构造公平的电子商务市场秩序和消费者权益保护提供了全面的法律指引，例如，《电子商务法》第 22 条明确了电子商务经营者不得滥用市场支配地位，排除、限制竞争；第 35 条规定电子商务平台经营者不得利用服务协议、交易规则以及技术手段，对平台内经营者在平台内的交易、交易价格以及与其他经营者的交易等进行不合理限制或者附加不合理条件，或者向平台内经营者收取不合理费用。这些条款将直接规制平台“二选一”等限制竞争、排除消费者选择权等不正当竞争行为。自 2021 年 5 月 1 日开始实施的《网络交易监督管理办法》在界定网络交易平台经营者、平台内经营者等经营主体的基础上，进一步明确了网络交易经营者义务体系、交易监督管理体系，为网络交易市场监管提供了实施细则。

2021 年 2 月，国务院反垄断委员会发布《关于平台经济领域的反垄断指南》，以预防和制止平台经济领域垄断行为，保护市场公平竞争，维护消费者利益和社会公共利益。自 2022 年 8 月 1 日开始正式实施的新修正的《反垄断法》，增加了互联网条款，明确“经营者不得利用数据和算法、技术、资本优势以及平台规则等从事本法禁止的垄断行为”（第 9 条）；“具有市场支配地位的经营者不得利用数据和算法、技术以及平台规则等从事前款规定的滥用市场支配地位的行为”（第 22 条）。

（七）互联网信息服务与内容监管法律制度

关于互联网信息服务与内容监管，2000 年 9 月国务院颁布的《互联网信息服务管理办法》作出了较为全面的规定。2016 年颁布的《网络安全法》则在法律层面对网络信息安全作出了明确规定。随后，国家网信办又在上述法律和行政法规的基础之上制定了《网络信息内容生态治理规定》《互联网用户账号信息管理规定》《互联网信息服务算法推荐管理规定》《区块链信息服务管理规定》《互联网新闻信息管理规定》等部门规章；原文化部制定了《互联网文化管理暂行规定》；原国家广播电影电视总局等部门制定了《互联网视听节目服务管理规定》和《互联网等信息网络传播视听节目管理办法》等。

除此以外，国家网信办等部门还制定了多项规范性文件，如《互联网弹窗信息推送服务管理规定》《互联网用户公众账号信息服务管理规定》《网络音视频信息服务管理规定》《微博客信息服务管理规定》《互联网新闻信息服务新技术新应用安全评估管理规定》《互联网群组信息服务管理规定》《互联网跟帖评论服务管理规定》《互联网论坛社区服务管理规定》《互联网新闻信息服务许可管理实施细则》《互联网直播服务管理规定》《移动互联网应用程序信息服务管理规定》《互联网信息搜索服务管理规定》《互联网用户账号名称管理规定》《即时通信工具公众信息服务发展管理暂行规定》等。

二、欧盟的网络立法情况概述

（一）欧盟网络治理立法政策沿革

1. 欧盟早期的网络治理政策

在互联网发展的早期，欧洲就紧随美国的网络化步伐，迅速开启了欧洲互联网的社会普及之路。在 1996 年就有 890 万欧洲人接入互联网。早期的互联网商业应用在金融服务系统、无证行医和无证法律服务、消费者安全、版权与商标侵权、违法信息传播、网络合约、网络税收、诽谤、色情信息等领域引起欧洲监管者的关注。

欧盟最早的互联网监管可以追溯至 1991 年的《隐私指令》（Privacy Directive），是 1995 年通过的欧盟《个人数据保护指令》（95/46/EC）的前身，《个人数据保护指令》旨在保护存储在计算机数据银行的个人信息的安全，较早地规定了数据收集明确、明示、正当的目的限制和访问个人记录的权利，是欧盟《通用数据保护条例》（GDPR）的前身。

自 1991 年起，欧盟较少通过正式的互联网立法，更多是通过行政与立法机构之间的对话和通讯的方式传达互联网政策，但在初期就定下了欧盟互联网强化监管的政策基调。1994 年，欧盟委员会发布了《信息社会的欧洲路线：行动计划》，该文件倡导欧盟承担规制的角色以及私人主体在网络发展和商业化中的作用，并且描绘了一个包含市场准入、网络竞争、知识产权与数据保护在内的网络监管图景，并以创造一个公平竞争的环境作为欧盟网络治理的动机。

1996 年，欧洲议会表明了开启广泛互联网立法的意愿，以创造一个结构化的平等环境，并表明互联网监管缺失将会使弱者更加被边缘化，因而强调一个有力的监管框架才能实现最大化的公共保护。[①]

1997 年，欧盟委员会发布《欧洲电子商务倡议》，详尽描述了全面规制电子商务的计划，建立电子商务的欧洲统一市场。同年，欧洲网络服务提供者协会（European Internet Services Providers Association，EISPA）成立，代表超过 400 家欧洲互联网服务提供企业，并在欧盟官方的大力支持下，开展互联网产业的行业自治。无独有偶，时任美国总统克林顿在 1997 年 7 月的一份名为《全球电子商务框架》的报告中，提出了构建互联网“自由贸易区”，避免税收歧视和不必要的规制，并倡议行业自律。[②] 美国的互联网治理政策显然倡导私主体自治越多越好。

在美国的政策影响下，欧盟网络监管部门开始逐渐向互联网行业自律倾斜。1997 年 9 月，欧盟电信委员会专员 Martin Bangema 在一次讲话中重申了欧盟对行业自律的支持，并指出任何的国际协议都应当是行业主导的；且除非必要，欧盟官方的角色不在于施加具体的规则。[③]2000 年出台的《电子商务指令》沿袭了美国自由主义的市场导向立法政策，将美国《千禧年数字版权法》中基于“通知—删除”义务的“避风港”规则纳入其中，成为欧洲互联网行业发展与繁荣的制度保障，力图使欧洲互联网企业在与享受监管“绿灯”的美国企业的竞争中处于至少平等的法律环境。

2. 不断收紧的欧盟互联网监管立法

随着超大型平台公司的快速崛起以及人工智能技术在互联网应用中的快速普及，行业自律策略的正当性和有效性受到极大的怀疑，尤其是在欧洲强势的人权话语体系下强调的基本权利和科技创新价值均衡保护理念很难与美国自由至上的市场理念完全调和，具体表现则是欧盟在 2010 年之后针对互联网及其应用的强势监管立法和政策的密集出台。

例如，在司法实践中欧盟法院不断表现出收紧“避风港”责任豁免机制的适用条件，如将扮演主动角色的网络服务提供者排除出“避风港”规则适用范

---

① At https：//www.europarl.europa.eu/doceo/document/A-4-1996-0244_EN.html(Last Visited on Aug. 1, 2022).

② A Framework for Global Electronic Commerce | The IT Law Wiki | Fandom(Last Visited on Aug. 1, 2022).

③ European Official Pushes Global Internet Guidelines, REp. ON ELECTRONIC COM., Sept.23, 1997, at 4, 19.

围，2004 年的《欧盟知识产权执行指令》第 11 条即明确了法院有权向网络中介服务提供者发出禁令，以避免侵权行为的继续，即使平台并不构成任何侵权责任。2019 年的《数字统一市场版权及相关权利指令》第 17 条则是直接将内容分享平台提供给用户上传他人受版权保护内容并被公众可获取的平台服务定义为“向公众传播”，用户未经授权的上传和发布将导致平台构成版权直接侵权。在个人信息保护方面，2016 年通过的《通用数据保护条例》开创了全球个人数据全面、严格保护的立法标杆，全球示范效应明显。2020 年的《促进针对商业用户的中介服务公正与透明的指令》，以及 2020 年下半年欧盟委员会发布、2022 年通过的《数字服务法》《数字市场法》，整合了近年来的分领域平台责任立法，旨在形成针对互联网平台的全面监管体系。

从监管内容上看，欧盟互联网监管主要通过三个纵向领域的监管制度构建而成：电信服务监管、电子商务监管和视听媒体等内容监管。这三个领域的主要监管模式均是以“框架指令”确立指导原则和目标，监管机构设计及其他基本规则，再根据需要出台具体行业领域的指令。例如，上述三个监管领域就分别由一个框架性指令所统领：《欧洲电子通信准则指令》(EECC)、《电子商务指令》(ECD)、《视听媒体服务指令》(AVMSD)。另外，原产国（ country of origin ）原则、事前监管与事后监管并举、软法治理等监管理念也是欧盟互联网治理的特点。例如，欧盟数字治理中大量使用的推荐（ recommendations ）、指南（ guidelines ）以及议程（ agendas ）等规范性文件是软法治理的一大体现。

（二）欧盟网络治理的主要领域概述

1. 电信服务监管

互联网治理中电信治理属于对信号传输的物理层的治理。电信治理的重要性主要体现在不同技术的融合，即电信、信息技术与媒体在同一个电子设备上实现融合；在治理层面，则体现为在原则上所有的电子通信网络和服务应当受到统一的一部欧盟指令所规定的行为准则约束。此外，区分电子通信网络规制与内容规制是欧盟电信治理的另一个原则，即电信治理框架不包括互联网内容的治理，后者包括使用电信网络提供的广播内容、金融服务以及信息社会服务，二者互不影响。但同时欧盟立法者也强调，规制领域的分离并不影响对网络层和内容层规制关联性的考量，尤其为了保障媒体多元、文化多样性和消费者保护等价值。

2018 年 11 月，欧盟出台了《欧洲电子通信准则指令》，该指令整合了欧盟电信政策，实现了欧盟层面的单一的电信监管框架，但同时指令并没有设立一个欧盟级别的统一的执法部门，而是将监管权限赋予各成员国。该指令旨在简化规则以促进电信投资以及解决欧洲电信领域的系统性问题，欧盟统一电信框架的核心内容包括一般规则（指令第一部分）、市场准入规则（指令第二部分）、竞争规则、服务获取与互联规则和普遍服务规则（指令第三部分）。值得注意的是在电信市场竞争规则中，欧盟采取了基于竞争法的市场界定方法，同时采用了事前介入的方式允许成员国监管机构向具有重大市场力量的电信业务经营者（第 63 条）施加事前义务（第 68 条），以维护特定市场的开放竞争状态，保障竞争者和消费者权益，形成了欧盟电信市场监管中的事前监管模式。

2009 年，欧盟依据 Regulation（EC）No 1211/2009 成立了欧盟电信监管者机构（以下简称 BEREC），该机构旨在为欧盟委员会在欧洲统一电信市场的建立方面给出建议和协助，而非实权部门，性质与欧盟数据保护委员会（EDPB）、欧盟网络安全专门机构（ENISA）类似，同时 BEREC 还承担欧盟委员会与成员国监管机构之间的沟通桥梁。

2. 电子商务监管

电子商务是互联网的重要应用。欧盟在电子商务领域的监管框架主要由《电子商务指令》所构建，另外，欧盟领域性的电子商务法还包括：2019 年《货物销售合同指令》（Directive on Certain Aspects concerning Contracts for the Sale of Goods）、《数字内容与数字服务合同指令》，2018 年的《地域阻断条例》（Geo-Blocking Regulation），2011 年的《消费者权利指令》等。正如前文所提到的，受到美国互联网治理宽容政策的影响，也为了与美国竞争，欧盟在电子商务领域也采取了“hands-off”的宽松监管路径。指令明确其规制目标是基于构建欧盟统一内部市场，促进信息社会服务提供者在成员国间的自由流动。为了实现这一规制目标和最低限度的政策统一，该指令主要规制电子商务的四个重要领域：服务提供者的成立、商业通信、电子合同、中介责任以及庭外纠纷解决机制。该指令前言中的第 17 段借用《技术标准指令》的定义，将信息社会服务定义为“以营利为目的，并基于服务接收方的个人请求，远距离的，通过使用电子设备的方式处理（包括电子压缩）和存储数据”。显然，对信息社会服务的这一广义的定义会导致《电子商务指令》的适用范围扩大，将及于所有的信息社会服务提供者，而不仅仅限于线上商品或服务的提供。

在信息社会服务提供者责任方面，指令参照美国《千禧年数字版权法》，规定了提供单纯传输、缓存、存储服务的三类信息服务提供者针对用户提供内容侵权的责任豁免机制（第 12 条至第 14 条）。指令第 15 条同时禁止成员国向信息服务提供者施加一般性的内容审核义务。这些责任机制构成了欧盟自 20 世纪 90 年代中期以来规制信息社会服务提供者的宽容政策的基本法律框架。而在视听服务、仇恨言论、儿童色情信息、恐怖主义信息等具体领域规制方面，欧盟则采取领域立法的方式进行具体监管，继续保持欧盟“框架监管 + 领域监管”的基本模式。

值得注意的是，该指令同时适用于 B2B（Business-to-Business）电子商务和 B2C（Business-to-Consumer）电子商务，但是消费者权益保护并不是该指令的核心关注点。指令虽然明确了消费者将从电子商务以及更多选择和更低价格中获益，消费者权益保护仍然需要专门的消费者权益保护框架予以补充，主要是欧盟2011年的《消费者权利指令》(Consumer Rights Directive)。

此外，我们也应该认识到随着大型数字平台的崛起，欧盟近年的互联网规制重心发生了从“信息社会服务提供者”向“平台”的转向，2022年通过的《数字服务法》和《数字市场法》修改了2000年的《电子商务指令》，两部法律在延续对信息中介服务的监管政策之外，均确立了“平台”“守门人”作为监管对象，加强了二者的义务与责任。

3. 视听媒体等内容监管

欧盟《视听媒体服务指令》是欧盟互联网治理的三大框架性指令之一。视听媒体服务主要指进行内容编辑控制的媒体，传统上仅适用于电视、广播等线性媒体服务，但是指令将其适用对象扩展至非线性(基于个人请求)的服务和用户生成内容服务，从而扩展其适用于互联网媒体。但是需要注意，该指令不适用于仅提供内容传输服务的网络服务提供者，而仅适用于承担编辑责任的线上媒体，除非有特别规定。正如上文所提到的，由于《电子商务指令》定义了非常广义的“信息社会服务”，因此，《视听媒体服务指令》中所涉及的传输、缓存、存储等信息，社会服务提供者的责任豁免机制在内容监管领域依然适用。

在内容监管责任方面，指令向具有编辑责任的视听媒体服务提供者施加了一些公法义务，如《视听媒体服务指令》第6条禁止视听媒体服务包含基于种族、性别、宗教或国籍的仇恨煽动性内容，禁止公开煽动恐怖主义活动，应当采取必要措施限制未成年人接触有害其身心健康发展的内容；最具伤害性的内容，如无端暴力和色情，应当采取最严格的措施；未成年人的个人数据应当被禁止出于商业目的的处理，包括直接推广、个人画像和个性化广告。《视听媒体服务指令》第9条规范视听商业通信，禁止商业推广内容使用“阈下意识”技术，且商业通信应当尊重人格尊严；禁止基于性别、民族、种族、国籍、宗教信仰、残疾、年龄或性取向的歧视；禁止鼓励有害健康、安全和环境保护的行为。各种类型的烟草广告均被禁止，酒类广告禁止直接面向未成年人；禁止处方类药品的商业推广；商业推广必须避免引起对未成年人的身心损伤。

依据欧盟互联网规制的原产国原则，指令规定视听媒体服务提供者将适用其本国法(指令第2条)。这意味着视听服务提供者在一个成员国设立机构，将仅适用该本国法，从而能够避免其提供服务的其他成员国的限制性法律的适用。

4. 个人数据保护与隐私

隐私保护一直是欧盟立法的重要价值，无论是成员国宪法还是欧盟层面的宪法性文件均赋予公民隐私权。《欧盟人权公约》(ECHR)第8条规定，人人享有其私生活和家庭生活、住宅和通信受到尊重的权利。《欧盟基本权利公约》第8条则规定了个人享有个人数据受保护的权利，个人数据处理必须基于个人同意，被公正地处理，并受具体目的限制，或具有法律规定的其他合法基础。个人享有被收集的个人数据的获取和更正的权利。《欧盟运作条约》第 16 条规定个人享有其个人数据受保护的权利；欧盟议会和理事会应当依法制定个人数据处理中的个人保护的规则，以及有关个人数据自由流动的规则。

在具体规则方面，作为 1981 年起草的《自动化处理的个人数据保护的 108 号公约》的后继者，1995 年《个人数据保护指令》构成了欧盟个人数据保护的基础。2002 年，《电子隐私指令》(E-Privacy Directive)，作为电信规制框架的一部分，旨在保护电信领域的用户隐私，解决新数字技术带来的隐私问题。2010 年，由于认识到个人数据保护和隐私保护所面临的广泛的技术挑战，欧盟委员会在一份《个人数据保护的全面路径的通讯》中重新评估了以上个人数据保护机制，并起草了《通用数据保护条例》(GDPR)和《刑事司法正义指令》，经过广泛深入的讨论和修改之后，这两份个人数据保护领域的重要欧盟立法均在 2016 年获得通过。

《通用数据保护条例》更是成为各国个人信息保护全面立法的范本，奠定了欧盟在数据保护领域的规则话语权。该条例的最终版本实际是通过多方游说和妥协而达成的，同时也吸收了欧盟法院的判例（如被遗忘权）。条例共分为 11 章，分别规定了一般规则，原则，数据主体的权利，数据控制者与处理者的义务，向第三国的数据传输，监管机构，合作，救济、责任和惩罚，特殊处理规则，授权行为，以及最后条款。条例的规制目的有两个，首先是促进个人数据的自由流动，其次是保护自然人的基本权利和自由，尤其是个人的数据隐私。就此而言，公司等机构的数据保护要么归属其他欧盟法规制，要么是成员国法律的规制范围。

5. 网络安全监管

欧盟委员会在 2013 年发布了《网络安全战略》，该战略于 2015 年由欧盟《2015—2020 安全议程》和 2020 年的《安全联盟战略》修订。欧盟《网络与信息安全指令》(NISD)作为网络安全战略的一部分也于 2013 年起草，该指令于 2016 年正式通过。

《网络与信息安全指令》旨在在欧盟范围内建立高水平的网络与信息系统安全水平，以提高内部市场的运作。指令的主要内容包括三个方面：第一，规定成员国采取网络与信息系统安全的国家战略的义务，如确立了成员国识别关键服务运营者的标准（第 5 条）。第二，在欧盟层面建立合作组织以支持和促进成员国间的合作与信息交换，该合作小组应当包括成员国、欧盟委员会以及欧洲网络与信息安全机构（ENISA）的代表。ENISA 于 2004 年成立。ENISA 并非欧盟层面的监管机构，而是旨在教育、协作、建议和提升网络与信息安全。第三，建立电脑安全事故反应小组网络（CSIRTs network）(第 9 条)，以促进成员国间的信任，提高快速协作能力。

三、美国的网络立法情况概述

美国的互联网立法比较庞杂，分为联邦层面和州层面的立法；内容则涵盖电信监管、数据隐私保护、数字版权、人工智能、网络安全等互联网重要领域。

（一）电信监管

美国电信领域的主要联邦立法是1996年的《电信法》(Telecommunications Act of 1996)，该法修订了1934年《电信法》，将互联网纳入广播和频谱资源配置之中。该法的立法目的是"让人人均可获取电信业务，让任何电信业务均能开展自由竞争"，因此，1996年《电信法》通过移除进入市场的规制障碍以开放电信市场竞争，建立有利于竞争、去规制化的联邦电信政策，促进私人领域对先进信息技术的应用，并使美国消费者从中获益。整体来看，该法所确立的电信监管框架主要包括：第一，赋予联邦通信委员会取缔设置市场准入障碍的州或者地方立法的权力。第二，互联互通。由于电信服务展现出网络效应和正外部性，如果不能将网络与在位电信传输者的网络相联通，新进入者将会面临市场准入障碍，因此，向在位传输者和新进入者施加网络互联的义务，并向在位传输者施加额外义务，以避免其设置互联障碍和规则限制竞争。第三，整体接入在位者网络。为了保证新进入者有足够的时间建设自己的网络，法案要求在位者以基于成本的整体价格（wholesale rates）向其开放网络。第四，明确的普遍服务支持。在1996年《电信法》实施之前，普遍服务的支持主要通过隐含补贴来资助，这些补贴以高于成本的商业费率等形式征收。由于新进入者可能会偏爱那些高于成本费率的服务，因此侵蚀普遍服务支持。该法规定普遍服务支出必须是明确的，而非隐藏的。

联邦通信委员会主要负责联邦电信监管。作为受国会监督的美国政府独立机构，其的主要职责包括：促进宽带服务与设施的竞争、创新和投资；维持合理的竞争框架以促进电信技术革新和国民经济；促进国内和国际层面频谱资源的开发利用；评估媒体规制以促进新技术繁荣，同时保持多样性和本地化；领导提升国家通信设施安全防护能力。此外，国家电信和信息管理局（NTIA），作为美国商务部的机构，主要负责为总统提供电信政策方面的建议。

由于电信与互联网服务之间的紧密关联，尤其是互联网服务与电信服务的技术融合，千禧年之初，互联网服务逐渐被纳入美国电信监管政策的讨论之中，比照电信服务提供者的通用运营者（common carrier）规制。一般认为，"网络中立"的概念诞生于美国学者 Tim Wu 在2003年撰写的一篇关于网络歧视的文章。[1]2005 年，联邦通信委员会发布的《网络管理声明》(Internet Policy Statement) 中，为了保护消费者接入互联网的选择自由，针对互联网服务提供者（ISPs）提出了“网络中立”原则，确保互联网服务提供者不会对特定类型的流量或者特定网站进行歧视性处理，而是要求平等对待所有的互联网流量，但同时允许互联网服务提供者进行合理的网络管理。2015 年 2 月，联邦通信委员会通过了一项命令，明确了以有线或无线方式提供网络连接服务的宽带供应商（BIAS providers）在进行网络流量管理时必须贯彻的“网络中立”原则；联邦通信委员会将合理网络管理措施进一步定义为出于技术原因，而非任何商业原因的网络管理行为。

“网络中立”政策在美国并不是没有争议。2017 年 12 月，联邦通信委员会颁布新的《恢复互联网自由法令》，该法令推翻了奥巴马时期确立的“网络中立”政策。指令允许互联网服务提供者自由采取针对网络数据传输的屏蔽、节流、附属优待、付费优待和拥堵管理等措施，只需遵循对网络管理实践的披露义务即可。由此，“网络中立”原则不再作为联邦通信委员会的官方政策，但州层面实施“网络中立”的立法权限依然保留。

（二）数字版权

美国的数字版权立法主要体现在《千禧年数字版权法》(DMCA）中。《千禧年数字版权法》于 1998 年通过，旨在适应数字时代的版权保护需求。该法对美国的传统版权法进行了扩展和修改，以解决互联网和数字技术带来的挑战。

《千禧年数字版权法》的主要内容包括以下三个方面。

1. 反盗版技术措施（Anti-circumvention）

《千禧年数字版权法》禁止绕过用于保护受版权保护作品的技术保护措施（TPMs)，例如，解密受保护的电子书或破解受版权保护的软件。此外，制作和分发用于绕过这些保护措施的工具和服务也是非法的。

2. 安全港条款（Safe Harbor）

《千禧年数字版权法》为网络服务提供商（例如互联网服务提供商、网站和平台）提供了有限的责任豁免。这意味着，只要网络服务提供商遵循特定的规定和程序，其不需要为用户在其平台上发布的侵权内容承担责任。这些规定包括指定一个接收侵权通知的代表，以及在收到有效的侵权通知后迅速删除侵权内容。

---

① TimWu, *Network Neutrality*, *Broadband Discrimination*, Journal of Telecommunications and High Technology Law, Vol. 2, p.141, 2003, at https: //ssrn.com/abstract=388863 or http: //dx.doi.org/10.2139/ssrn.388863 (Last Visited on Aug. 1, 2022).

3. 侵权通知和反通知制度（Notice and Takedown）

《千禧年数字版权法》建立了一种侵权通知和反通知制度，允许版权所有者通知网络服务提供商关于其平台上潜在的侵权内容。收到有效通知后，服务提供商需要迅速删除或禁止对侵权内容的访问。如果用户认为内容被错误删除，他们可以提交反通知，要求恢复内容。在收到反通知后，服务提供商须在一定时间内恢复内容，除非版权所有者提起诉讼。

《千禧年数字版权法》是美国数字版权立法的核心部分，它在保护版权所有者的权益和鼓励创新之间寻求平衡。然而，该法律也引发了一些争议，如在反盗版技术措施方面可能过于严格，以及侵权通知和反通知制度可能被滥用。尽管如此，该法律仍然是美国数字版权保护的关键法律。

（三）人工智能监管

2017 年以来，世界上已经有至少 60 个国家制定了人工智能政策。[①] 美国的人工智能监管政策一直处于发展之中，呈现出国家战略与计划引导、跨部门合作及利益相关方多方参与的治理格局。2019 年，美国联邦政府发布了《关于维持美国人工智能领域领导力的行政命令》（Executive Order on Maintaining American Leadership in AI），作为国家人工智能战略性文件，该行政命令概括了美国政府通过协调联邦政府战略和人工智能计划，维持和增强美国在人工智能研发和部署方面的领导地位。2020 年美国政府通过了《国家人工智能倡议法案》，旨在推动美国在人工智能领域的发展和竞争力。[②] 该法案的主要目标是确保美国在全球人工智能技术竞赛中保持领先地位，同时强调科学研究、教育和道德方面的重要性。2021 年 1 月 1 日，该法案正式实施。该法案主要包括以下几个关键方面：第一，建立美国人工智能研究资源库：为人工智能研究者提供计算资源、数据和其他资源，以支持前沿研究。第二，支持人工智能研究和发展：通过增加联邦政府对基础研究和应用研究的投资，支持人工智能技术的创新和突破。第三，人工智能教育和培训：通过改革教育体系，培养更多的人工智能人才，提高美国在这一领域的竞争力。第四，伦理、法律和社会影响：确保人工智能技术的开发和应用遵循伦理准则，尊重隐私和民主价值观，并预防滥用。第五，国际合作与竞争：与国际伙伴合作，分享研究成果，同时在全球范围内竞争，争取人工智能技术的领导地位。

值得注意的是，区别于欧盟在人工智能领域风险本位的强监管政策，美国的人工智能政策更侧重激励人工智能投资和创新的政策优先性，例如，美国政

① At https：//oecd.ai/en/dashboards/overview (Last Visited on Jan.20, 2023) .

② At https：//www.congress.gov/116/crpt/hrpt617/CRPT-116hrpt617.pdf#page=1210 (Last Visited on Jan.22,2023) .

府管理和预算办公室（OMB）在2020年11月发布了有关人工智能的最终指导方针《人工智能应用规范指南》，明确指出促进创新和人工智能增长是美国政府高度优先的政策关注，因此，该指南提出了一系列针对人工智能的“非监管方式”，并有专门的章节规定“减少部署和使用人工智能的障碍”，而缺少对人工智能危害的广泛背景说明。[①] 但是，随着美国—欧盟之间技术治理合作机制“美国—欧盟贸易与技术理事会”（TTC）第一次会议在2021年9月举行，欧美之间人工智能治理的国际共识的达成将具备更多的可能性。[②]

（四）互联网服务提供者责任

在互联网发展早期的1996年，美国通过了《通信净化法》（CDA），虽然该法案的大部分条款因为对言论自由的限制而被美国联邦最高法院宣告无效，但是法案的第230条被保留下来，该条款确立了美国网络法上独一无二的宽泛的针对互联网交互服务提供者的责任“避风港”。第230（c）（1）条首先明确了交互式计算机服务提供者不应当被当作其他信息内容提供者的“发言者”（speaker）或者“出版者”（publisher），因此交互式计算机服务提供者不需要承担类似直接“发言者”或者承担编辑功能的“出版者”那样的内容责任。其次，第230（c）（2）条规定交互服务提供者或者用户不应当因为出于善意而自愿采取的针对“淫秽、猥亵、低俗、过度暴力、骚扰及其他令人反感的信息”限制访问措施，而承担法律责任。该法案第230条与《千禧年数字版权法》第512条确立的数字版权领域的“通知—删除”规则一起，构筑了交互计算机服务提供者的侵权责任豁免“避风港”，成为互联网不断繁荣与创新的重要制度基石。

（五）政府监控

政府的信息监控权限一直是美国网络立法的重要内容。早在互联网普及之前，美国在1986年就颁布实施了《电子通信隐私法》（ECPA），旨在将禁止政府监听的范围从电话线扩展至计算机，该法适用于从电子邮件、即时通讯到云存储文件的数字通讯形式。

2001年的《爱国者法》（Patriot Act）是美国反对恐怖主义的立法巅峰，也是最具争议的针对美国国内通讯的监控立法之一。《爱国者法》确立了美国联邦调查局（FBI）获取用户通讯“元数据”的三项机制：国家安全信函（national security letters）、笔式记录器（pen-registers）和诱捕追踪令（trap-and-trace orders）。国家安全信函被用来获取用户的通讯信息，如用户与谁联系，联系的

---

① At https：//www.whitehouse.gov/wp-content/uploads/2020/11/M-21-06.pdf (Last Visited on Feb.2, 2023).

② At https：//ec.europa.eu/commission/presscorner/detail/en/STATEMENT_21_4951 (Last Visited on Feb.5, 2023).

频率等，而不需要搜查令。笔式记录器和诱捕追踪令也用来获取收发件人姓名、电话号码、电子邮件地址等元数据，由于这些信息并不涉及通讯内容，而是通讯的周边信息，因而不需要合理的理由授权。但是，通讯元数据也是个人信息，因此其隐私属性不可忽视。

2015 年，受斯诺登事件的影响，时任美国总统奥巴马签署通过了《通过确保权利和对监控的有效监督以团结和繁荣美国法案》[简称《美国自由法案》（US Freedom Act）]，该法案旨在限制政府的大规模监控行为，并增强对政府监控计划的透明度和监督。《美国自由法案》是对《爱国者法》的部分修订，针对美国国家安全局（NSA）的一些争议性监控计划进行了改革。《美国自由法案》的主要内容包括：第一，收集电话元数据的限制：法案结束了国家安全局大规模收集美国公民电话元数据（如电话号码和通话时长）的计划。取而代之的是，电话公司保留这些数据，政府需要获得外国情报监视法庭（FISA Court）的批准才能针对特定目标查询这些数据。第二，外国情报监视法庭改革：法案要求外国情报监视法庭在特定情况下指定一名法律专家，以确保在审查政府监控请求时充分考虑隐私和公民权利问题。此外，法案还要求外国情报监视法庭在可能涉及重大解释或公民权利问题的情况下公布判决。第三，更大的透明度：自由法案要求政府公开更多关于监控行为的信息，以提高透明度。此外，法案允许通信公司在一定程度上披露收到的监控请求数量。第四，国家安全信函改革：国家安全信函是一种由美国联邦调查局发出的行政传票，用于获取与国家安全调查相关的记录。《美国自由法案》对国家安全信函的使用施加了更严格的限制，并赋予收到这些信函的企业更多的申诉权利。虽然《美国自由法案》对美国政府的监控行为进行了一定程度的改革，但并没有解决所有的问题，仍需要进一步的改革。

（六）网络安全

2023 年，美国政府发布了《国家网络安全战略》，该战略围绕五大支柱来建立和加强合作：（1）保卫关键基础设施；（2）打击和摧毁威胁行为体；（3）塑造市场力量以推动安全和弹性；（4）以投资打造富有弹性的未来；（5）建立国际伙伴关系以实现共同目标。[①]

美国的网络安全立法方面，主要包括联邦和州层面的立法。在联邦层面主要包括 1996 年医疗保健领域的《健康保险可携带与可问责法案》（HIPAA），1999 年金融领域的《金融服务现代化法》以及 2002 年为应对“9·11”恐怖袭击事件的《国土安全法案》，2014 年的《联邦信息安全现代化法案》（FISMA）。这些法案要求医疗保健组织、金融机构和联邦机构应当保护其系统和信息安全

① At https://www.hsdl.org/c/abstract/?docid=875831 (Last Visited on Feb.10, 2023).

处于“合理”的水平。近十年以来，美国加快在网络安全方面的联邦立法，以建立更加健全的安全生态系统，例如2015年通过的《网络安全信息共享法案》，2014年的《网络安全强化法案》，2015年的《联邦交换数据泄露通知法案》，2015年的《国家网络安全保护提升法案》。

在州层面，2003年，美国加利福尼亚州通过了《安全泄露通知法案》，要求任何掌握加州公民个人信息的公司发生安全事件，必须披露事件的细节。为了应对日益严峻的金融系统和金融信息安全风险，2017年，美国纽约州金融服务局（NYDFS）颁布了《网络安全条例》，要求被监管主体，包括各类银行、保险公司、借贷公司等，制定和实施有效的网络安全计划，评估网络安全风险并制订事前解决方案。

（七）隐私与个人信息保护

在隐私保护方面，尽管美国在联邦层面没有类似欧盟《通用数据保护条例》（GDPR）那样的全面立法，但是存在针对具体经济部门的联邦数据隐私法，以及州层面的消费者导向的隐私立法。美国联邦贸易委员会（FTC）是联邦层面执行这些法律的主要机构，其根据《联邦贸易委员会法》（FTC Act）第5条对企业进行监管，以防止不正当的商业行为，包括对消费者隐私的侵犯和数据保护的疏忽。州层面则是州总检察长。

联邦层面的隐私保护立法包括：1974年的《隐私法案》、1996年的《健康保险可携带与可问责法案》（HIPAA）、1999年的《金融服务现代化法》、2000年的《儿童线上隐私保护法案》（COPPA）（该法条要求网站和在线服务系统在收集、使用和披露13岁以下儿童的个人信息时应获得家长同意，并提供隐私政策）、2003年的《公平和准确的信用交易法案》（FACTA）。

在州层面，还有自2020年开始正式执行的美国《加利福尼亚州消费者隐私保护法》（CCPA）和于2023年1月生效的《弗吉尼亚州消费者数据保护法案》（CDPA）。此外，纽约、马萨诸塞、马里兰、夏威夷等州的数据隐私立法也正在审议阶段。

第六章 网络安全法律制度

第一节 网络安全法律制度概述

一、我国网络安全立法的定位与框架概述

网络安全法律制度，是指调整网络安全法律关系的法律规范的总称。从我国的网络安全法律制度体系来看，《网络安全法》处于核心和基础性地位，除此以外，网络安全法律制度还包括《国家安全法》《数据安全法》《个人信息保护法》《电子商务法》《刑法》等法律中含有的涉及网络安全的法律规范，以及以《网络安全法》中的相关规定为基础而制定的相关行政法规、规章等。

从立法目标来看，我国《网络安全法》将"维护网络空间主权和国家安全、社会公共利益，保护公民、法人和其他组织的合法权益，促进经济社会信息化健康发展"作为立法目标。其中，对于国家安全含义的界定需要援引《国家安全法》。我国的《网络安全审查办法》同时将《国家安全法》和《网络安全法》等法律作为制定依据，充分显示了《网络安全法》与《国家安全法》的密切关系。

从规范对象来看，我国《网络安全法》的主要内容是围绕"网络安全"这一概念而展开的。《网络安全法》第 76 条对"网络"和"网络安全"分别进行了界定。该条关于网络安全的定义方式，主要是一种技术事实层面的描述，立足网络安全实施主体的行为和能力。在理解"网络安全"这一概念时，应当注意到其复杂性和特殊性。第一，网络安全概念不能简单地等同于"互联网安全""计算机网络安全"或"网络不会受到外部攻击或发生故障"等概念，而是应当理解为"通过采取必要措施，防范对网络的攻击、侵入、干扰、破坏和非法使用以及意外事故，使网络处于稳定可靠运行的状态，以及保障网络数据的完整性、保密性、可用性的能力"。第二，我国立法层面的"网络安全"概念需要借助相关的知识和规范加以补充丰富。[①] 例如，网络安全应该包括网络物理安

① 参见龙卫球、林桓民:《我国网络安全立法的基本思路和制度建构》，载《南昌大学学报（人文社会科学版）》2016 年第 2 期。

全和信息安全两个方面。《网络安全法》出台前，我国法律政策文件多使用“网络与信息安全”的表述，如《国家安全法》第25条使用的就是“网络与信息安全”。但应注意信息安全是重心所在，作为网络的传输、应用对象，网络信息的安全性问题必然构成网络安全问题的核心部分。第三，关于网络安全的含义还可从网络安全的行为或实现环节加以理解，其隐含了技术安全、管理安全、内容安全的区分。第四，我国《网络安全法》和其他国家的相关立法一样，也及时关注了网络数据安全问题。网络安全本质上是一个具有发展属性的概念，其中，数据安全成为当前网络安全规制与重点关注的新代际问题。第五，2016年12月我国首份《国家网络空间安全战略》明确使用了网络空间存在政治安全、经济安全、文化安全、社会安全和国际安全的分类描述。政治安全针对网络渗透，经济安全针对网络攻击，文化安全针对网络有害信息，社会安全针对网络恐怖和违法犯罪，国际安全指网络空间的国际竞争。① 我国特别强调，要从网络主权高度来看网络安全，没有网络安全就没有国家安全。② 随着全球信息化的深入发展和持续推进，以数字化、网络化、智能化、互联化、泛在化为特征的网络社会逐渐向国际空间化方向发展，为网络安全带来了主权空间化意义的新内涵。③ 网络空间安全成为我国主权安全观念的新领域，也是我国国际关系观念的新领域。④

从立法的框架结构来看，我国《网络安全法》主要包括网络安全支持与促进、网络运行安全、网络信息安全、监测预警与应急处置四个方面，该体例安排实际与《网络安全法》第76条规定的“网络安全”的概念和第3条规定的“网络安全工作的基本原则”相对应。从具体条款内容来看，《网络安全法》所确立的基本制度主要包括网络安全审查制度、网络安全等级保护制度、国家标准强制性采用制度、用户信息保护制度、网络安全监测语境和信息通报制度、网络安全事件应急预案制度、关键信息基础设施专项保护制度等内容。

二、网络安全管制的理论基础及其变迁

《网络安全法》本质上属于一部“管制法”。网络安全管制是网络管制中最

① 参见国家互联网信息办公室：《国家网络空间安全战略》，载http：//www.cac.gov.cn/2016-12/27/c_1120195926.htm，2017年2月17日访问。

② 参见《习近平在2014年2月27日主持召开中央网络安全和信息化领导小组第一次会议时的讲话》，载http：//www.cnitsec.com.cn/index.php/index/articontent/menuid/13/tabid/39/classid/0/id/3144/type/news.html，2017年2月17日访问。

③ 参见王世伟：《论信息安全、网络安全、网络空间安全》，载《中国图书馆学报》2015年第2期。

④ 国内网络主权观念又可区分为积极主权和消极主权两种不同观点。参见龙卫球、赵精武：《我国网络安全规制的治理思维与架构》，载中国互联网协会主编：《互联网法律》，电子工业出版社2016年版。

为敏感的问题之一。网络安全管制区别于网络其他可管制事项而更具敏感性，不在于网络安全保障本身对于网络空间而言是否具有根本性，而在于人们对于是否应当基于网络安全需要而加以特殊管制的正当化基础的认识上，对此存在重大的辨识分歧。

网络理论者们在早期网络体验中，持有一种网络自由且不可管制的信念，认为网络空间具有一种天生抗拒管制的能力，是不可管制的并且也是不应被管制的，政府对于网络空间施加管理的必要和能力都极为有限。[①] 这种网络不可管制以及不受管制思想，很快在网络现实发展的面前逐渐变得不切实际。随着网络普及到社会的方方面面，并且不断升级换代，网络空间变得复杂起来，不仅产生了网络复杂的人际关系，还与真实世界互动日益密切。这些不仅导致关于既有网络空间本身的观念发生变化，也使人们认识到网络普及之后网络世界和真实世界之间存在越来越多的交集。特别是在网络商业化利用出现之后，建立在追求所谓"最小化"的、以技术中立、开放共享为表达的 TCP/IP 通讯协议基础上的网络空间，其发展越来越呈现一种经济利益主导的受商业利益控制的倾向。新的网络系统为迎合商业化的需要，不断地在应用层加入各种控制结构。[②] 在这种情况下，人们产生了有关网络空间的新管制观念，网络可管制以及应该受到管制的思想逐渐兴起。[③]

人们虽然相信网络安全重要，但是对于是否需要专门赋予政府一套网络安全管制权力一直存在疑虑，担心一旦允许国家以网络安全为名建立专门的管制，把握不好可能会变成一种国家对于网络空间的任性管理。这里，产生疑虑的原因，既有管制理论上的困惑，更有现实中对于政府可能借用安全问题而擅用扩权的畏惧。所以，很长时期以来，一种观点认为，网络安全的治理不应该有特殊性，从管制基础和范围来说，只需将一般法律关于安全的治理规则推及网络空间即可，这些法律如国家安全法、刑法、侵权法中的有关安全的规则等，没有必要通过专门立法来确立一套所谓的网络安全专门管制体系。这种观点反对专门的网络安全立法，认为这样只会导致任意增加政府权力而没有效率，进而添加网络负担，甚至妨碍网络发展。例如，来自美国网络信息技术机构的代

---

① 参见［美］劳伦斯·莱斯格：《代码 2.0：网络空间中的法律》，李旭、沈伟译，清华大学出版社 2009 年版，第 3 页。早期观点可见 Paulina Borsook, *How Anarchy Works*, Wired 110 Davis Johnson and Davis Post, *Law and Borders: The Rise of Law in Cyberspace*, Stanford Law Review Vol. 48, No. 5, 1996, p. 1367-1375.

② 参见［美］劳伦斯·莱斯格：《代码 2.0：网络空间中的法律》，李旭、沈伟译，清华大学出版社 2009 年版，第 61~64 页。

③ 参见［美］劳伦斯·莱斯格：《代码 2.0：网络空间中的法律》，李旭、沈伟译，清华大学出版社 2009 年版，第 36 页。该书在第三部分针对知识产权、隐私、言论自由、主权这些论题，深刻地分析了网络管制范围及其方法的发展关系。

表和网络政治家激烈反对政府管制论，美国信息技术协会主席 Harris Miller①、TechNet 的总裁 Rick White② 等呼吁，在所谓网络安全问题上，过多的政府规制会对网络企业通过革新提升网络安全能力带来阻碍或限制，或者影响其灵活性。所以，美国国会和联邦政府早期虽然试图发起一些网络安全管制方面立法，但是多数没有成功，那些立法议案失败的主要原因，是遭到网络企业代表等方面对政府管制的警惕和反对。③

然而，伴随着网络安全事件的频发，特别是在 2010 年之后大量全球范围网络安全事件的发生和带来的巨大破坏，促使人们反思：仅仅寄希望于网络企业和民间力量似乎是不够的，在市场力量和政府力量之间应该有所平衡。此外，2013 年斯诺登事件出现之后，一些国家的政府还意识到，网络安全治理需要应对的，还有国家任意行为问题，网络安全管制包括对国家行为的管制。在这种背景下，主张通过专门的网络安全立法，确立国家和政府主导的管制体系以有效应对网络安全问题的观点，逐渐占据上风。这些观点，有的是从网络活动的价值追求和利益保护的角度，有的是从管制技术效用的角度，有的则是从其他的正当化辨识角度，支持通过立法建立政府主导的网络安全管制体系。例如在美国，政府官员和网络安全专家，包括著名的 Richard Clarke④、Bruce Schneier⑤、Rick Boucher⑥ 等，就属于力推政府应当介入网络安全管制的代表人物，他们极力主张应当通过建立政府特别管制来提升网络安全。他们认为，私有机构已经无法自己解决网络安全问题，所以需要引入政府的规制，通过具有威胁性的规则或者经济刺激等办法，以便让私有机构有压力或动力去采用或写出更加安全的软件或代码。最终支持加强政府管制的观点，在世界范围内推动了一轮网络安全立法，主要网络国家包括日本、美国以及欧盟的成员国等，2014 年之后纷纷作出立法决断，纷纷出台专门的网络安全法，尽管架构和范围不尽相同，但都呈现了一种强化政府管制权力的趋势。我国 2016 年《网络安全法》也是在这股浪潮中应运而生的，旨在通过确立强大的政府管制手段，以便应对当下非常复杂、非常重要的网络安全治理需要。

---

① 参见维基百科：Harris Miller，载 https：//en.wikipedia.org/wiki/Harris_Miller，2023 年 6 月 13 日访问。

② 参见维基百科：Rick White，载 https：//en.wikipedia.org/wiki/Rick_White_（politician），2023 年 6 月 13 日访问。

③ 这种观点非常强势，导致了美国联邦许多网络安全相关立法的“流产”。参见维基百科：Cyber-Security Regulation， 载 https：//en.wikipedia.org/wiki/Cyber-security_regulation#endnote_kirby，2023 年 6 月 13 日访问。

④ 参见维基百科：Interview Richard Clark，载 http：//www.Pbs.org/wgbh/pages/frontline/shows/cyberwar/interviews/clarke.html.

⑤ 参见维基百科：Schneier on Security，载 https：//www.schneier.com/blog/about/，2023 年 6 月 13 日访问。

⑥ Menn, J., *Security Flaws May Be Pitfall for Microsoft*，Los Angeles Times.

三、我国网络安全法律制度的基本原则

《网络安全法》在管制架构上体现出一种由多项原则复杂组合指导的特点，包括统一管理和分工协作结合、战略管理与具体管理结合、社会共治、国际协同合作、加强未成年人等特殊保护等。我国的这些原则组合，与其他国家有许多相同点，比如也重视战略管理、协同共治、区分特殊保护等，但是也有不少专属于自己的特色，尤其是特别注重凸显国家管理架构。

（一）统一管理和分工协作结合

旨在使网络安全管理与网络安全事项本身的层级性和复杂多样性相适应。体制上，既有担当统筹、协调、监督的统一权威架构，即国家网信部门负责统筹协调网络安全工作和相关监督管理工作，又有从合理分工需要、现有职权配置和分层的现实出发的区分式具体管理架构，即《网络安全法》第 8 条规定的“国务院电信主管部门、公安部门和其他有关机关依照本法和有关法律、行政法规的规定，在各自职责范围内负责网络安全保护和监督管理工作，同时规定县级以上地方人民政府有关部门的网络安全保护和监督管理职责，按照国家有关规定确定”。[①]

（二）战略管理与一般管理结合

《网络安全法》引入了网络安全的战略管理体制，应对网络安全治理需求。《网络安全法》第 4 条规定：“国家制定并不断完善网络安全战略，明确保障网络安全的基本要求和主要目标，提出重点领域的网络安全政策、工作任务和措施。”当前各国无一例外地将网络安全问题上升到国家战略高度。这种战略管理权与其他为数不多的一些领域的战略管理权一样（例如国防军工、航空航天等），是一种国家的高度干预网络空间的抽象治理权力。网络安全治理上升到战略的正当性和必要性在于：网络安全治理体系不同于一般治理体系，网络安全对于所置身的网络信息化事业本身具有战略基础价值，是关系国家网络事业发展、维持和强化国家竞争力的基础和保障，因此网络安全治理本身也同样必须具备与这种基础性相匹配的战略高度。这种网络安全战略的权力，究其范围，虽然“仁者见仁，智者见智”，但不是绝对的，而是体现为目标引导、关于重点领域的安全政策、特定的安全支持和促进措施等。网络安全战略通常是防御性的，但为确立威慑的必要也有进攻性的，包括通过提升进攻性网络能力和加密

① 参见《网络安全法》第 8 条。

技术等应对网络恐怖，打击严重的网络犯罪，适时反击国外敌对活动。[①]《网络安全法》同时也规定了一般管理，主要体现为网络运行管理（重点为关键信息基础设施管理）、网络信息安全、监测预警与应急处置等内容。

（三）多方共同治理

鼓励政府部门、网络运营者、网络行业组织、用户等多方共同参与，根据各自的角色参与到网络安全治理工作中来。政府和网络运营者共治是网络空间治理的共识，因为网络空间具有建立在代码基础上的架构特殊性，所以网络安全管制仅仅依靠政府单方面的行为往往无法实现，必须开展政府与网络企业或机构的合作。《网络安全法》接受了这种观念，为此规范了网络运营者的共治义务，强调网络运营者自身必须遵循合法运营和标准化经营要求。[②] 同时，《网络安全法》基于网络活动和行为多主体的复杂性，还从增进管制效率出发，确立了网络利益相关者共同参与网络安全的保障义务。[③]

（四）国际合作治理

网络空间日益成为各个国家重要的战略资源，也成为各国交往和利益博弈的重要空间，随着网络技术不断革新，网络应用不断国际互通，网络威胁日益成为全球性难题，网络安全问题显然很难依靠一个国家解决，需要利益相关方共同配合。[④] 所以，网络安全的国际合作成为必要，不仅是为了平衡好网络空间中各国的利益，更为重要的是通过合作，创造和保障共同的安全的网络环境。我国通过此次立法承诺，以积极的姿态，包括积极开展网络空间治理、网络技术研发和标准制定、打击网络违法犯罪等方面的网络安全国际交流与合作，来推动构建和平、安全、开放、合作的网络空间，建立多边、民主、透明的网络治理体系。[⑤]

---

① 参见《英国新版〈网络安全战略〉彰显雄心》，载搜狐网，http：//mt.sohu.com/20161112/n473017982.shtml，2017年2月13日访问。

② 参见《网络安全法》第9条、第10条规定。

③ 《网络安全法》第6条强调净化网络环境和鼓励社会监督；第11条明确行业自律在网络安全保障中的重要地位；第12条规定了依法使用网络的权利以及守法、遵守公共秩序和尊重社会公德的要求；第14条规定个人和组织的举报义务。另参见谢永江：《〈网络安全法〉专家笔谈》，载 http：//law.law-star.com/cac/4360137320.htm，2023年6月17日访问。

④ 参见崔聪聪：《〈网络安全法〉专家笔谈》，载 http：//law.law-star.com/cac/4360137320.htm，2023年6月17日访问。

⑤ 参见《网络安全法》第7条。

（五）强化对未成年人特别保护

就特殊群体的网络安全，应建立特别的保护机制和规则。《网络安全法》对未成年的身心健康活动给予了高度的关注，强调对未成年人应当进行特殊保护。该法第 13 条规定："国家支持研究开发有利于未成年人健康成长的网络产品和服务，依法惩治利用网络从事危害未成年人身心健康的活动，为未成年人提供安全、健康的网络环境。"但我国目前对于国外特别关注的电信领域用户通信自由和秘密安全特殊保护问题尚未足够关注，期望在接下来的电信立法中得到关注和改进。

四、我国网络安全法律制度的重点内容

总体而言，我国现阶段的网络安全法律制度体系的重点内容包括以下几个方面。

（一）网络安全的战略管理

《网络安全法》在总则第 4 条确立了国家就网络安全具有战略管理权力。其主要内容可以通过制定并不断完善网络安全战略的方式，明确保障网络安全的基本要求和主要目标，提出重点领域的网络安全政策、工作任务和措施。2016 年 12 月 27 日，国家网信办经中央网络安全和信息化领导小组批准，发布了我国首份《国家网络空间安全战略》，确立了总体目标、原则和战略任务。其中，总体目标为"推进网络空间和平、安全、开放、合作、有序，维护国家主权、安全、发展利益，实现建设网络强国"；原则包括尊重维护网络空间主权、和平利用网络空间、依法治理网络空间、统筹网络安全与发展；战略任务包括坚定捍卫网络空间主权、坚决维护国家安全、保护关键信息基础设施、加强网络文化建设、打击网络恐怖和违法犯罪、完善网络治理体系、夯实网络安全基础、提升网络空间防护能力、强化网络空间国际合作等。

（二）网络安全的支持与促进

《网络安全法》通过专章对促进与支持网络安全，设定了国家和政府相关的一些措施权力。内容涉及"国家"表述时，意味着立法机构、行政机构、司法机构均有相应职权。这种国家依法具有的可以采取促进和支持措施的权力，观念上其实可以归属于战略权力的层次，是与战略贯彻直接相关的一类重大权力。我国《网络安全法》赋予的此类权力，包括：（1）国家具有基于促进和支持网络安全需要的标准化的权力。体现为通过网络安全的标准化建设，促进网

络安全。[①]（2）省级以上政府具有通过统筹规划、支持研发、保护知识产权和支持创新等促进网络安全技术的权力。[②]这种权力扩及网络数据安全保护和利用的技术。[③]（3）国家还被赋有推进网络安全社会化服务体系建设的权力，体现为认证、检测、风险评估、支持管理创新等手段。[④]（4）国家还具有开展安全宣传和支持网络安全人才培养的权力。[⑤]

（三）网络一般运行的安全保障

《网络安全法》第三章第一节规范网络一般运行安全，赋予了国家相关的网络运行安全保障权力。具体包括以下保障权力：（1）国家实行网络安全等级保护。（2）网络产品、服务提供者应当承担网络安全保障若干义务。（3）对网络关键设备和网络安全专用产品实行安全认证合格或者安全检测。（4）网络运营者应当要求用户提供真实身份信息。（5）网络运营者应当制定网络安全事件应急预案，及时处理安全风险。（6）国家保障开展网络安全认证、检测、风险评估等活动，向社会发布网络安全信息，应当依法进行。（7）国家保障任何个人和组织禁止从事危害网络安全的活动，禁止提供危害网络安全活动的程序、工具或明知的帮助。（8）国家保障网络运营者应当为依法维护国家安全和侦查犯罪的活动提供技术支持和协助。（9）国家支持网络运营者之间通过合作提高安全保障能力，支持行业组织建立健全本行业的网络安全保护规范和协作机制等。（10）网信部门和有关部门在履行网络安全保护职责中获取的信息，只能用于维护网络安全的需要，不得用于其他用途。

（四）关键信息基础设施运行的安全保障

我国《网络安全法》特别强调保障关键信息基础设施运行的网络安全的要求。第31条对“关键信息基础设施”采取了列举加限定的办法，为“公共通信和信息服务、能源、交通、水利、金融、公共服务、电子政务等重要行业和领域以及其他一旦遭到破坏、丧失功能或者数据泄露，可能严重危害国家安全、国计民生、公共利益的关键信息基础设施”，并且授权关键信息基础设施的具体范围和安全保护办法由国务院制定。从比较法上看，不同国家对于“关键信息基础设施”范围的理解并不一致，但大都是从自身据以为国计民生的角度来界定。比如，欧盟界定为能源、运输、银行、金融市场基础设施、医疗卫生领域、

① 参见《网络安全法》第18条。
② 参见《网络安全法》第16条。
③ 参见《网络安全法》第18条。
④ 参见《网络安全法》第17条。
⑤ 参见《网络安全法》第19条、第20条。

饮用水供应及分配、数字基础设施等领域。①

我国《网络安全法》赋予国家在此事项保障运行安全的强大权力或职责。对于关键信息基础设施，除了网络一般运行安全的保障职责之外，还具有以下多项重大保障权力：（1）实行重点保护。（2）明确专门机构负责规划和监管。（3）确保设施性能和保证安全技术措施同步。（4）运营者应当履行特别安全保护义务。（5）实行国家安全审查。（6）采购应签订安全保密协议。（7）实行境内个人信息和重要数据境内存储。（8）实行运营者安全年检和报告。（9）国家网信部门还应统筹协调其他安全保护措施，包括抽查检测、定期组织进行网络安全应急演练、促进网络安全信息共享、对网络安全事件的应急处置与网络功能的恢复等提供技术支持和协助。②

此外，为了进一步细化关键信息基础设施运行安全保护制度的实施方式，国务院于2021年7月30日公布《关键信息基础设施安全保护条例》，并自2021年9月1日起正式施行。

（五）网络信息安全保障

我国《网络安全法》第四章引入了多层次的信息安全概念，并在第41条至第50条确立了极具特色的网络信息安全保障制度。除了对用户个人信息安全（立足个人隐私和身份信息利益的安全角度）的重点保障之外，还涉及对"禁止信息"（有害信息）的安全监管。后者不再立足于个人信息利益保护，而是基于法律和行政法规上的社会安全、经济安全、国家安全的需要，实践中甚至可能超出一般意义的法律范围，扩及一般的政治安全、文化安全、意识形态安全。③比较起来，其他国家网络安全法关于网络信息安全的监管，没有采用广义的网络信息安全概念，而是以个人信息保护为重点，对于所谓的禁止信息问题，根据其涉及的网络言论、商业经营权等问题，认为通常只需要纳入一般法律框架处理即可，而不需要特别监管。在比较法上，用户或个人信息安全监管，相对而言是网络安全管制中走得较快、立法上比较容易做到平衡的领域。在许多立法支持者看来，网络信息安全保障规制问题，是处理用户隐私的权利对网络商业私的权利的关系。

1. 用户个人信息信息安全保障

我国以保障用户信息安全为重心，通过设定网络运营者若干信息安全保障义务、用户享有特别保障权利、禁止窃取等非法针对信息活动以及对接触用户信息的管理机构设置特别保障义务多方面建立保障体系。首先，规定网络运营

① 参见DIS Directive，Art.4 point（4），Annex II. 第4（4）条，附录II。

② 参见《网络安全法》第31条至第38条。

③ 参见王强春：《网络传播与国家信息安全保障》，载《上海政法学院学报（法治论丛）》2013年第1期。

者负有多项信息安全保障义务，具体包括：（1）严格保密信息和健全信息保护制度。[①]（2）合规收集和使用信息。[②] 即应当遵循合法、正当、必要、公开、明示、用户同意的原则和要求，禁止超出服务范围收集、违反法律或者约定收集或使用，应当依照法律和约定处理其保存的信息。（3）妥当保全信息。[③] 具体包括：禁止泄露、篡改、毁损收集的个人信息；禁止未经同意向他人提供收集信息应当采取技术等必要措施确保信息保全，发生泄露、毁损、丢失的信息安全事件应当立即补救并告知用户和向主管机构报告。不过，前两项保全规定不是绝对的，考虑到数据产业的发展，立法为合理加工数据和合法数据交易留下余地，《网络安全法》第 42 条第 1 款最后一句表述为"但是，经过处理无法识别特定个人且不能复原的除外"。其次，规定用户享有多项特殊保障权利，包括删除和更正权。[④] 对于运营者违法或者违约收集、使用的信息可以要求删除；发现运营者收集、存储信息错误可以要求更正。再次，禁止针对信息的非法活动。[⑤] 具体包括：任何组织不得以窃取或其他非法方式获得信息；不得非法出售或提供个人信息。这一规定在《网络安全法》中属于不完整规定，其本身在法律责任部分并没有对应的特别责任规定，因此，需要依据法律责任部分的第 74 条等转接规定，作为确立一种法定义务的基础规范而链接其他法律的适用。最后，设定管理机构和人员的尽职管理的保障义务。[⑥] 监管机构和人员对于知悉的信息严格保密，不得泄露、出售或非法提供。

2. 禁止信息管制保障

《网络安全法》第 46 条至第 50 条建立了独特的禁止信息管制制度，发布涉及违法犯罪活动的信息或者其他法律和行政法规禁止的信息的，受这一制度管制。首先，禁止发布涉及犯罪或者违法的有害信息，包括直接行为，也包括间接行为。第 46 条规定禁止设立用于违法犯罪活动的网站、通讯群组，禁止利用网络发布涉及违法犯罪活动的信息。第 48 条规定，禁止利用应用软件或设置恶意程序发送禁止信息。其次，规定网络经营者负有监管有害信息的义务。第 47 条规定网络运营者对有害信息有加强管理的义务，发现情况应当立即停止传输，采取措施防止扩散，并且保存记录并报告。第 49 条规定网络运营者应当设置网络信息安全投诉、举报机制包括建立制度公布信息、及时受理和处理等要求，这既适用于用户信息保护，也适用于有害信息管制，同时应当配合有关部门的

① 参见《网络安全法》第 40 条。
② 参见《网络安全法》第 41 条。
③ 参见《网络安全法》第 42 条。
④ 参见《网络安全法》第 43 条。
⑤ 参见《网络安全法》第 44 条。
⑥ 参见《网络安全法》第 45 条。

监督检查。最后，规定管理机构依法监管和采取特殊措施的权力。[①] 网信部门和相应机构依法履行监管，发现问题信息，应当要求运营者停止传输或采取消除等处置措施、保存有关记录；对于境外来源应当通知有关机构通过技术等必要措施阻断传播。应该说，这是非常强大的一种准司法权力。

（六）网络安全监测预警与应急处置

《网络安全法》第五章通过专章建立了监测预警和应急处置制度。应该说，这一制度在国际上属于网络安全增强制度的范畴，已经成为应对网络安全问题的一种非常必要机制的共识要求。但是，对于应该如何建构（刚性还是柔性），以及是否得以赋予国家或政府单方面强大行动权力，则存在许多争议。欧盟和美国对此往往双管齐下：一方面，借助其他法律特别是国土安全法等，将其效用延伸到网络安全上来，因为网络上也有国土安全问题；另一方面，基于网络架构的特殊性，除了对政府主导的网络可以直接通过立法强化其安全增强要求之外（例如美国《网络安全法》相关规定，包括政府之间网络信息共享、国家应急响应、安全评估和报告、安全人事计划等），对于政府控制以外的网络空间，或基于最大限度尊重商业经营自由和选择的考虑，或基于规则有效考虑，转而寻求政府与企业共治，通过立法引导和建议，在此问题上引导建立信息共享、应急响应、企业安全人事等机制。我国《网络安全法》立足强化政府管制作用，确立了我国网络安全管制中的两大特殊权力：监测预警权与应急处置权，赋予国家和政府在网络应急事项上的事先管理、事中管理的较大行动力。

《网络安全法》在第5条中宣示了这种立场及其目的所在："国家采取措施，监测、防御、处置来源于中华人民共和国境内外的网络安全风险和威胁，保护关键信息基础设施免受攻击、侵入、干扰和破坏，依法惩治网络违法犯罪活动，维护网络空间安全和秩序。"首先，建立网络安全预测预警机制。授权国家应建立预测预警和信息通报制度，并且授权由国家网信部门统筹协调此项机制；[②] 授权负责关键信息基础设施的部门也应当建立相应机制，包括建立健全制度和按规定报送监测预警信息。[③] 其次，建立网络安全应急处置机制。包括：网络安全事故风险评估和应急工作机制、[④] 政府在网络安全事故风险增大时的应对机制、[⑤] 建立网络安全事故发生应急处理机制。[⑥] 省级以上部门在履职过程中发现风险或

---

① 参见《网络安全法》第50条。
② 参见《网络安全法》第51条。
③ 参见《网络安全法》第52条。
④ 参见《网络安全法》第53条。
⑤ 参见《网络安全法》第54条。
⑥ 参见《网络安全法》第55条。

发生事故时，还可以约谈运营负责人和责令整改。[①] 政府部门对于导致发生突发事件和生产安全事故的网络安全事件，援引《突发事件应对法》《安全生产法》等处置。[②] 经国务院决定或批准，为维护国家安全和社会公共利益，基于处置突发社会安全事件的需要，可以在特定区域对网络通讯采取限制等临时措施，这相当于一种准司法权力。[③]

五、国外网络安全法律制度的发展动向

美国于2015年12月18日通过了《网络安全法》，作为《2016年综合拨款法案》中的一部分，重点确立了规制网络安全信息共享的较为完备的体系，首次明确网络安全信息共享的范围包括“网络威胁指标”（Cyber Threat Indicator，CTI）和“防御性措施”（Defensive Measure）两大类，规定网络安全信息共享的参与主体、共享方式、实施和审查监督程序、组织机构、责任豁免及隐私保护规定等。在网络安全国家战略层面，美国先后公布过两个版本，分别是《2018国家网络战略》（2018 National Cyber Strategy）和2023年《国家网络安全战略》（National Cybersecurity Strategy），后者详细阐述了美国政府网络安全政策将采取的全方位措施。其中，围绕建立“可防御、有韧性的数字生态系统”的内容，具体涉及27项举措，并将在以下五大支柱的基础上建立和加强合作：一是保卫关键基础设施；[④] 二是打击和摧毁威胁行为体；三是塑造市场力量以推动安全和弹性；四是以投资打造富有弹性的未来；五是建立国际伙伴关系以实现共同目标。

欧盟在2016年7月6日由议会正式通过了《网络与信息系统安全指令》（以下简称NIS指令），于同年8月8日正式生效，并确立了多项制度，包括：实行网络与信息安全国家战略管理、增强欧盟国家间网络安全战略合作与跨境协作、建立计算机安全事件响应团队，并建立欧盟合作网络、区分基本服务运营者和数字服务提供者分别赋予的不同监管义务（前者为重监管，后者为轻监管）、针对不同主体建立不同程度的网络安全事件报告制度、鼓励产业发展并将小微企业排除监管之外等。作为其使欧洲适应数字时代的关键政策目标的一部分，欧盟委员会于2020年12月提议修订《网络与信息系统安全指令》。

自2019年6月27日起生效的《欧盟网络安全法》（EU Cybersecurity Act 2019）为欧洲提供了产品、服务和流程的网络安全认证框架，并加强了欧盟网络安全局（ENISA）的任务。2022年9月，欧盟委员会通过了《网络弹性法案》（Cyber Resilience Act，CRA），该法案旨在加强欧盟数字产品的网络安全，

---

① 参见《网络安全法》第56条。
② 参见《网络安全法》第57条。
③ 参见《网络安全法》第58条。
④ 在39页的报告中，有30页内容涉及了关键基础设施的防护。

整合现有网络安全监管框架。《网络弹性法案》将规制主体定义为经济运营者，包括制造商、授权代表、进口商、分销商或任何其他须履行该法案规定义务的自然人或法人。

在 2023 年 1 月 13 日，欧盟更新的《关于在欧盟全境实现高度统一网络安全措施的指令》（以下简称 NIS 2 指令）正式生效，并取代了之前施行的 NIS 指令。NIS 2 指令大大扩展了属于其范围的关键实体的部门和类型，包括公共电子通信网络和服务的供应商、数据中心服务、废水和废物管理、关键产品的制造、邮政和快递服务以及公共管理实体。这些规则还更广泛地涵盖了医疗保健部门，包括医药的研究和开发、医药产品的制造。NIS 2 指令加强了企业须遵守的网络安全风险管理要求。企业必须采取与风险相匹配的技术、运营和组织措施来预防网络安全风险，尽量减少潜在网络危机事件的影响。此外，欧盟理事会于 2022 年 12 月通过的《关于恢复关键基础设施复原力指令》（CER）取代了 2008 年的《欧洲关键基础设施指令》。新指令将加强关键基础设施对一系列威胁的抵御能力，包括自然灾害、恐怖袭击、内部威胁或破坏，并与 NIS 2 指令共同构成欧盟网络安全管制的治理框架。

第二节 关键信息基础设施保护制度

一、关键信息基础设施的概念变迁

（一）学理概念界定

“关键信息基础设施”这一概念最早是在《网络安全法》起草过程中提出的并得到了学界重视，在此之前，“关键信息基础设施”大多被视为关键基础设施的组成部分，尚未作为独立客体予以专门立法保护。在早期，我国虽然尚未在法律层面给出关键基础设施（Critical Infrastructure，CI）以及关键信息基础设施（Critcial Information Infrastructure，CII）的明确概念及外延，但存在一些与之相关的概念。（1）基础信息网络和重要信息系统。具体指电信网和广电网，以及银行、证券、保险、电力、铁路、民航、海关、税务八个行业领域内的信息系统，在一个阶段内是我国网络安全工作的重点。2004 年《关于信息安全等级保护工作的实施意见》中提出“国家重点保护涉及国家安全、经济命脉、社会稳定的基础信息网络和重要信息系统”，主要包括：国家事务处理信息系统（党政机关办公系统）；财政、金融、税务、海关、审计、工商、社会保障、能源、交通运输、国防工业等关系国计民生的信息系统；教育、国家科研等单位的信息系统；公用通信、广播电视传输等基础信息网络中的信息系统；网络管理中心、重要网站中的重要信息系统和其他领域的重要信息系统。（2）基础信息资源。《国务院关于大力推进信息化发展和切实保障信息安全的若干意见》中提到，应强化信息资源和个人信息保护。加强地理、人口、法人、统计等基础信息资源的保护和管理，保障信息系统互联互通和部门间信息资源共享安全。明确敏感信息保护要求，强化企业、机构在网络经济活动中保护用户数据和国家基础数据的责任，严格规范企业、机构在我国境内收集数据的行为。(3)国家级重要信息系统，即关系国家安全、社会稳定的重要行业、重要领域的信息系统。

在《网络安全法》的立法过程中，关键信息基础设施的概念及外延一直是学者们争议的焦点之一。这是因为国家提升网络基础安全，重点在于强化其中关键基础设施的安全，关键信息基础设施通常是指所在行业具有全局性、战略性和基础性的设备，往往对国家安全具有特殊战略意义，需要进一步划定范围，并给予特殊保护。[①] 其中，如何理解“关键”一词也是立法过程中的难点所在，有学者主张从损害后果的视角考察，应当将“关键”解释为因网络安全事件而遭到破坏或在一定事件内不能正常运转，将会对社会公众安全和信息安全产生影响，威胁国家经济安全，损害中国国际竞争以及阻碍政府和公共机构正常运行，或者影响中国的国防能力，具体包括“伤亡标准”“经济影响标准”“公共影响标准”三个判断因素。[②]

(二)立法概念界定

《网络安全法(草案)》一审稿采用了列举的方式界定关键信息基础设施的外延，即“提供公共通信、广播电视传输等服务的基础信息网络，能源、交通、水利、金融等重要行业和供电、供水、供气、医疗卫生、社会保障等公共服务领域的重要信息系统，军事网络，设区的市级以上国家机关等政务网络，用户数量众多的网络服务提供者所有或者管理的网络和系统”，构成关键信息基础设施；二审稿删除了列举方式，直接采用危害后果的方式来界定，即“一旦遭到破坏、丧失功能或者数据泄露，可能严重危害国家安全、国计民生、公共利益的关键信息基础设施”。

在《网络安全法》正式文本中，综合了一审稿和二审稿意见，采用了列举加危害后果双重界定的方式，即“国家对公共通信和信息服务、能源、交通、水利、金融、公共服务、电子政务等重要行业和领域，以及其他一旦遭到破坏、丧失功能或者数据泄露，可能严重危害国家安全、国计民生、公共利益的关键信息基础设施，在网络安全等级保护制度的基础上，实行重点保护”。不过，

① 参见龙卫球、赵精武:《网络安全立法的几个重点问题》，载《中国信息安全》2016年第6期。

② 参见崔聪聪:《网络关键信息基础设施范围研究》，载《东北师大学报(哲学社会科学版)》2017年第4期。

《网络安全法》对于“关键信息基础设施”的概念界定仍然较为抽象，难以为司法实践和执法活动提供明确的认定标准。因此，《关键信息基础设施安全保护条例》除了在第2条中明确对具体概念予以界定之外，还规定了制定“关键信息基础设施”的认定规则应当主要考虑的因素，包括：（1）网络设施、信息系统等对于本行业、本领域关键核心业务的重要程度；（2）网络设施、信息系统等一旦遭到破坏、丧失功能或者数据泄露可能带来的危害程度；（3）对其他行业和领域的关联性影响。关键信息基础设施的概念见表6-1.

表6-1　关键信息基础设施的概念

《关键信息基础设施安全保护条例》	《网络安全法》
关键信息基础设施是指，公共通信和信息服务、能源、交通、水利、金融、公共服务、电子政务等重要行业和领域，以及其他一旦遭到破坏、丧失功能或者数据泄露，可能严重危害国家安全、国计民生、公共利益的网络设备或信息系统。（第31条）	本条例所称关键信息基础设施，是指公共通信和信息服务、能源、交通、水利、金融、公共服务、电子政务、国防科技工业等重要行业和领域的，以及其他一旦遭到破坏、丧失功能或者数据泄露，可能严重危害国家安全、国计民生、公共利益的重要网络设施、信息系统等。（第2条）

二、关键信息基础设施保护制度的基本内容

（一）关键信息基础设施运营者的法定义务

《网络安全法》在第三章“网络运行安全”中专节规定了“关键信息基础设施的运行安全”，授权负责关键信息基础设施安全保护工作的部门分别编制并组织实施本行业、本领域的关键信息基础设施安全规划，指导和监督关键信息基础设施运行安全保护工作。其中，第33条规定了关键信息基础设施建设的安全要求和基本原则，即应当确保其具有支持业务稳定、持续运行的性能，并保证安全技术措施同步规划、同步建设、同步使用。关键信息基础设施运营者应当承担更为严格的网络安全保护义务：（1）设置专门安全管理机构和安全管理负责人，并对该负责人和关键岗位的人员进行安全背景审查；（2）定期对从业人员进行网络安全教育、技术培训和技能考核；（3）对重要系统和数据库进行容灾备份；（4）制定网络安全事件应急预案，并定期进行演练；（5）法律、行政法规规定的其他义务。此外，《网络安全法》还规定了关键信息基础设施运行安全的监管制度包括“网络安全审查制度”“采购安全保密制度”“境内存储和出境安全评估制度”“定期监测评估制度”“网络安全信息共享制度”“应急响应和安全预警机制”等内容。不过，从条款内容来看，《网络安全法》规定的仅仅是关键信息基础设施安全保障框架，尚未对“如何认定关键信息基础设施及其运营者”“安全管理机构应当承担何种职责”“行业主管部门应当采取的监管措施”等实践问题作出规定。因此，国务院于2021年7月30日公布《关键信息基础设

施安全保护条例》，并自2021年9月1日起正式施行。

（二）关键信息基础设施运行安全的具体制度

《关键信息基础设施安全保护条例》作为我国首部专门针对关键信息基础设施安全保护工作的行政法规，将成为我国以关键信息基础设施为底座的数字经济的坚实保障。[①] 相较于《网络安全法》规定了原则性内容，该条例规定了分析识别、安全防护、监测评估、监测预警和事件处理五项监管内容，其中最重要的制度内容包括以下方面。

第一，明确关键信息基础设施运营者的认定过程和认定标准。首先由行业主管部门结合本行业、本部领域的实践情况，制定关键信息基础设施认定规则，并报国务院公安部门备案。认定规则主要考量“网络设施、信息系统等对于本行业、本领域关键核心业务的重要程度”“网络设施、信息系统等一旦遭到破坏、丧失功能或者数据泄露可能带来的危害程度”“对其他行业和领域的关联性影响”三类因素。

第二，运营者应当设立专门安全管理机构（包括机构负责人和关键岗位），其履行职责包括但不限于建立健全网络安全管理、评价考核制度，拟订关键信息基础设施安全保护计划；组织推动网络安全防护能力建设，开展网络安全监测、检测和风险评估；按照国家及行业网络安全事件应急预案，制定本单位应急预案，定期开展应急演练，处置网络安全事件；认定网络安全关键岗位，组织开展网络安全工作考核，提出奖励和惩处建议；组织网络安全教育、培训等事项。

第三，明确监管机构的职责范围，行业主管部门应当制定关键信息基础设施安全规划、建立健全本行业的网络安全监测预警制度、建立健全网络安全事件应急预案、指导运营者及时有效地响应和处置网络安全事件、定期组织开展网络安全检查检测。

第四，网络安全测试需要事前向监管机构报告并获得授权。未经国家网信部门、国务院公安部门批准或者保护工作部门、运营者授权，任何个人和组织不得对关键信息基础设施实施漏洞探测、渗透性测试等可能影响或者危害关键信息基础设施安全的活动。对基础电信网络实施漏洞探测、渗透性测试等活动，应当事先向国务院电信主管部门报告。

① 参见孙琳：《〈关键信息基础设施安全保护条例〉释放了啥信号》，载《人民政协报》2021年8月27日。

第三节　网络安全审查制度

一、网络安全审查制度的基本概念和立法演进

（一）网络安全审查制度的基本概念

网络安全审查制度，是指对影响或可能影响国家安全、社会公共利益的网络设备、网络服务进行安全风险评估和审查的基本制度，其目的在于维护国家安全。我国《国家安全法》第59条规定，国家建立国家安全审查和监管的制度和机制，对影响或者可能影响国家安全的外商投资、特定物项和关键技术、网络信息技术产品和服务、涉及国家安全事项的建设项目，以及其他重大事项和活动，进行国家安全审查，有效预防和化解国家安全风险。我国的《网络安全法》在《国家安全法》的基础上进一步规定了关键信息基础设施的运营者采购网络产品和服务，可能影响国家安全的，应当通过国家网信部门会同国务院有关部门组织的国家安全审查。从实践和功能层面来考量，网络安全审查制度的重要性表现为对网络产品和服务进行事前安全审查和评估，可以降低网络安全漏洞被外部攻击者或内部员工非法利用的可能性。

（二）网络安全审查制度的立法演进

回顾我国网络安全审查制度的立法演进，可追溯至2013年的《关于建立信息安全审查制度的提案》，此时的网络安全审查制度实际上是以“信息安全审查制度”为名；2013年的工信部制定的《信息化发展规划》也在“（十二）加强网络和信息安全保障体系建设”中明确提及“建立信息安全审查制度，加强重要领域工业控制系统安全防护和管理，建立安全测评和风险评估制度”。2014年5月，《建立网络安全审查制度的公告》和工信部发布的《关于加强电信和互联网行业网络安全工作的指导意见》均明确提出推动建立国家网络安全审查制度，落实电信和互联网行业网络安全审查工作要求。[①]2015年7月，《国家安全法》将“安全审查制度”纳入国家安全保障体系，并在审查范围中明确提及“网络信息技术产品和服务”。2016年11月，《网络安全法》第35条明确了网络安全审查制度的功能定位和基本内容。同时，为了推进《网络安全法》配套制度的建构与完善，2017年6月，国家网信办对外公布《网络产品和服务安全审查办法（试行）》。2020年4月13日，国家网信办联合国务院其他部门共同发布了《网络安全审查办法》，并废止前述试行办法，主要是要求关键信息基础设施

① 参见马民虎主编：《网络安全法适用指南》，中国民主法制出版社2018年版，第135页。

运营者在采购网络产品和服务时，应当履行优先采购安全可信的产品和服务，并经过合理的安全风险评估和审查，并将评估审查结果报送至监管部门。而在“滴滴网络安全审查事件”发生之后，[①] 国家网信办在 2021 年 7 月 10 日发布了《网络安全审查办法（修订草案）》，该草案明确将网络安全与数据处理活动的安全性共同作为网络安全审查目标。审查内容则转变为两类，一类是针对核心数据、重要数据或大量个人信息被窃取、泄露、毁损以及非法利用或出境的风险，另一类则是针对国外上市后关键信息基础设施、核心数据、重要数据或大量个人信息被国外政府影响、控制、恶意利用的风险。修订后的《网络安全审查办法》于 2021 年 12 月 28 日发布，并自 2022 年 2 月 15 日起施行。

除了上述办法之外，我国《密码法》第 20 条、第 27 条、第 37 条等条款均有提及网络安全审查制度，明确规定法律、行政法规和国家有关规定要求使用商用密码进行保护的关键信息基础设施，其运营者应当使用商用密码进行保护，自行或者委托商用密码检测机构开展商用密码应用安全性评估。如果涉及关键信息基础设施的运营者采购商用密码的网络产品和服务，可能影响国家安全的，应当按照《网络安全法》的规定，通过国家网信部门会同国家密码管理部门等有关部门组织的国家安全审查。

二、网络安全审查制度的主要内容

《网络安全审查办法》的适用情形包括三类：（1）关键信息基础设施运营者采购网络产品和服务的，应当预判该产品和服务投入使用后可能带来的国家安全风险。影响或者可能影响国家安全的；（2）网络平台运营者开展数据处理活动，影响或者可能影响国家安全的；（3）掌握超过 100 万个人信息的网络平台运营者赴国外上市，须申报网络安全审查。

现行的《网络安全审查办法》第 10 条规定了重点评估的“国家安全风险因素”类型：（1）产品和服务使用后带来的关键信息基础设施被非法控制、遭受干扰或者破坏的风险；（2）产品和服务供应中断对关键信息基础设施业务连续性的危害；（3）产品和服务的安全性、开放性、透明性、来源的多样性，供应渠道的可靠性以及因为政治、外交、贸易等因素导致供应中断的风险；（4）产品和服务提供者遵守中国法律、行政法规、部门规章情况；（5）核心数据、重要数据或者大量个人信息被窃取、泄露、毁损以及非法利用、非法出境的风险；（6）上市存在关键信息基础设施、核心数据、重要数据或者大量个人信息被外国政府影响、控制、恶意利用的风险，以及网络信息安全风险；（7）其他可能危害关键信息基础设施安全、网络安全和数据安全的因素。此外，该办法还将

---

① 在本书撰写期间，网络安全审查办公室于 2023 年 3 月 31 日发布公告，决定对美光公司（存储芯片巨头）在华销售产品启动网络安全审查。

前置性申报网络安全审查限定为两类情形：一是关键信息基础设施运营者采购网络产品和服务影响或可能影响国家安全的；二是掌握超过100万用户个人信息的网络平台运营者赴国外上市的。这两类情形所涉及公共基础设施的正常运行以及公民个人信息、个人隐私的集体性权益，采购行为和海外上市行为均可能存在导致行业重要数据和核心数据泄露、损毁或窃取的风险。对于义务主体而言，应当提交的网络安全审查材料主要包括申报书，关于影响或者可能影响国家安全的分析报告，采购文件、协议、拟签订的合同或者拟提交的首次公开募股（IPO）等上市申请文件，网络安全审查工作需要的其他材料。

在审查流程层面，当事人依据《网络安全审查办法》第8条之规定，提交申报书、分析报告、上市申请文件以及其他材料等。如果网络安全审查办法要求补充材料时，当事人及其相关方应当予以配合，但提交补充材料的时间不计入审查时间。网络安全审查办公室在收到符合第8条要求的审查申报材料起10个工作日内，应当确定是否需要审查并书面告知当事人。如果结论是“应当审查”，则进行初步审查；网络安全审查工作机制成员单位和相关部门应当自收到初步审查结论建议起15个工作日内进行书面回复。如果意见一致，则将审查结论告知当事人；如果意见不一致，则应当按照特别审查程序处理，进行深入分析评估，再次形成审查结论建议。一般情况下，特别审查程序应当在90个工作日内完成，情况复杂的则可以延长一段期限。

第四节 网络安全漏洞信息管理制度

一、网络安全漏洞的基本概念与技术内涵

尽管国内外立法鲜有直接界定“网络安全漏洞”概念的内涵和外延，但大多会通过技术安全标准、行政指令等方式予以明确网络安全漏洞的具体类型和识别方式。在学理层面，网络安全漏洞是指存在于计算机网络系统中、可能对系统组成部分和数据造成损害的一切因素，其存在于硬件、软件、协议的具体是按或系统安全策略的多个维度，其本质是通过软件或系统的逻辑缺陷所导致的错误使得攻击者在未经授权的情形下访问或破坏。与计算机病毒的区别在于，网络安全漏洞的发现是计算机病毒入侵的直接原因，计算机病毒的传播和复制往往以网络安全漏洞存在为前提，二者存在时间节点上的差异。[①]

我国于2020年11月19日发布的《信息安全技术 网络安全漏洞标识与描述规范》将“网络安全漏洞”定义为网络产品或系统在需求、涉及、实现、配

① 参见赵精武：《网络安全漏洞挖掘的法律规制研究》，载《暨南学报（哲学社会科学版）》2017年第5期。

置、运行等过程中，无意或有意产生的缺陷或薄弱点，这些缺陷或薄弱点以不同形式存在于网络产品或系统的各个层次和环节之中，一旦被恶意主体所利用，就会对网络产品或系统的安全造成损害，从而影响其正常运行。

同日发布的《网络安全漏洞分类分级指南》则提供了适用于网络产品和服务提供者、网络运营者、漏洞收录组织、漏洞应急组织在漏洞管理、产品生产、技术研发、网络运营等相关活动中进行的漏洞分类和危害等级评估等事项的安全技术标准。所谓的“网络安全漏洞分类”是基于漏洞产生或处罚的技术原因对漏洞进行的划分，主要包括代码问题、配置错误、环境问题和其他问题：（1）代码问题是指网络产品和服务的代码开发过程中因设计或实现不当而导致的漏洞，例如缓冲区错误、输入验证错误、数据转换问题、授权问题等；（2）配置错误是指网络产品和服务或组件在使用过程中因配置文件、配置参数或因默认不安全的配置状态而产生的漏洞；（3）环境问题是指因受影响组件部署运行环境的原因导致的安全问题。所谓的“网络安全漏洞分级”则是根据漏洞分级的场景不同，分为技术分级和综合分级两种方式，每种分级方式均包括超危、高危、中危和低危四个级别：（1）超危是指漏洞可以非常容易地对目标对象造成严重后果；（2）高危是指漏洞可以容易地对目标对象造成严重后果；（3）中危是指漏洞可以对目标对象造成一般后果，或者比较困难地对目标造成严重后果；（4）低危是指漏洞可以对目标对象造成轻微后果，或者比较困难地对目标对象造成一般严重后果，或者非常困难地对目标对象造成严重后果。网络安全漏洞分级计算方法见图 6-1。

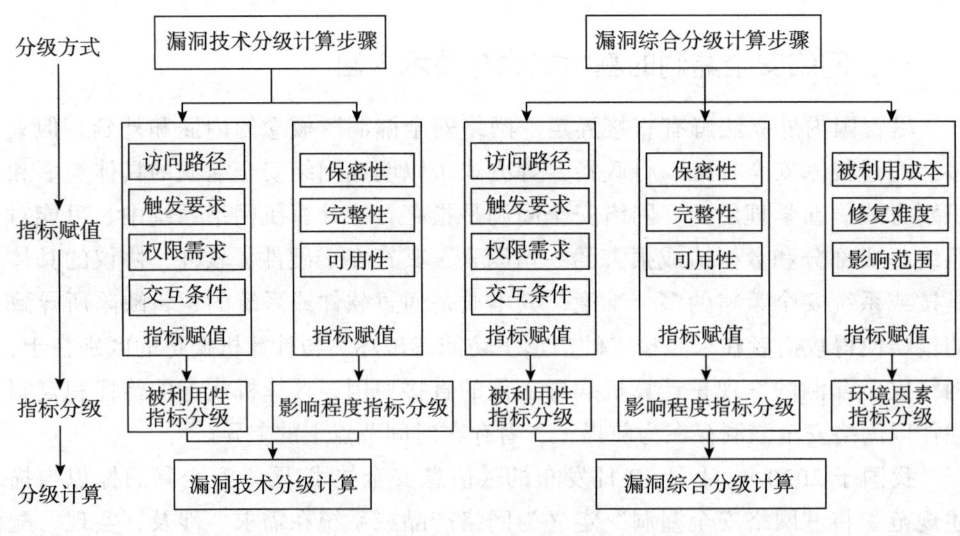

图 6-1　网络安全漏洞分级计算方法[①]

① 参见《GB/T 30279—2020 网络安全漏洞分类分级指南》。

网络安全漏洞诱发的网络安全事件并不在少数，在网络空间国际博弈愈发激烈的背景下，网络安全漏洞数据库甚至一度成为国家网络战的军事武器库，如美国商务部工业与安全局于2022年5月26日正式发布针对网络安全领域的最新出口管制规定，明确包括网络安全漏洞在内的攻击性网络工具出口。因此，国内学者普遍认为有必要明确网络安全漏洞信息管理机制，建构网络安全漏洞披露规则：一是在不披露、完全披露、负责任披露和协同披露的类型划分基础上，明确合法披露主体包括厂商、政府机构、网络安全服务机构，并以网络安全产品和服务的用户、政府机构作为直接的披露对象。[①] 二是完善国家安全信息漏洞库，细化漏洞评级机制，并与网络安全信息共享机制进行制度衔接。[②] 三是通过行政与司法的合作，明确“白帽子”法律责任的边界，在行政部门之间搭建网络安全漏洞协同机制，强化社会公众参与漏洞治理的渠道和方式。[③]

二、网络安全漏洞信息管理制度的基本内容

我国网络安全漏洞信息管理制度是以《网络安全法》中的漏洞应急处置和漏洞通知制度为基础，并依托《网络安全产品漏洞管理规定》和相关技术标准所提供的可操作性漏洞信息管理制度所构建起来。此外，为了贯彻落实《网络安全法》《网络产品安全漏洞管理规定》，规范网络产品安全漏洞收集平台备案管理，工信部于2021年9月13日对外公布《网络产品安全漏洞收集平台备案管理办法（征求意见稿）》，计划以网上备案的形式对网络产品安全漏洞收集平台进行统一管理，并与《网络安全法》所规定的网络安全信息共享制度予以衔接，由工信部网络安全威胁和漏洞信息共享平台进行漏洞信息的安全管理，并对申请备案的漏洞收集平台同步进行定级三级的网络安全等级保护备案证明材料。

《网络安全法》第22条和第26条规定了网络安全漏洞通知制度，即网络产品、服务提供者在发现其网络产品、服务存在安全缺陷、漏洞等风险时，应当立即采取补救措施，按照规定及时告知用户并向有关主管部门报告。简言之，告知、报告、发布和通报构成了我国安全漏洞通报的四种基本方式。此外，网络安全漏洞处置信息报告机制，即网络运营者应当制定网络安全事件应急预案，及时处置系统漏洞、计算机病毒、网络攻击、网络侵入等安全风险；在发生危害网络安全的事件时，立即启动应急预案，采取相应的补救措施，并按照规定

---

① 参见黄道丽：《网络安全漏洞披露规则及其体系设计》，载《暨南学报（哲学社会科学版）》2018年第1期。

② 参见赵精武：《网络安全漏洞挖掘的法律规制研究》，载《暨南学报（哲学社会科学版）》2017年第5期。

③ 参见郑丁灏：《合作主义：网络安全漏洞治理的范式转型》，载《信息安全与通信保密》2021年第8期。

向有关主管部门报告。第25条则规定了漏洞应急处置制度，即网络运营者应当制定网络安全事件应急预案，及时处置系统漏洞、计算机病毒、网络攻击、网络侵入等安全风险；在发生危害网络安全的事件时，立即启动应急预案，采取相应的补救措施，并按照规定向有关主管部门报告。

《网络安全产品漏洞管理规定》对网络安全漏洞信息管理的规定更为详细，确立了网络安全漏洞收集平台制度，即网络产品提供者、网络运营者和网络产品安全漏洞收集平台应当建立、健全网络产品安全漏洞信息接收渠道并保持畅通，留存网络产品安全漏洞信息接收日志不少于6个月。并且，网络安全漏洞收集平台应当向工信部备案，由其及时向公安部、国家网信办通报相关漏洞收集平台，并对通过备案的漏洞收集平台予以公布。

此外，为了避免在网络安全漏洞尚未得到彻底解决之前因漏洞信息泄露导致二次损害，该规定还要求从事网络产品安全漏洞发现、收集的组织或者个人通过网络平台、媒体、会议、竞赛等方式向社会发布网络产品安全漏洞信息的，应当遵循必要、真实、客观以及有利于防范网络安全风险的原则。这些组织或者个人应当遵守“六不得”和“一应当”。“六不得”是指：（1）不得在网络产品提供者提供网络产品安全漏洞修补措施之前发布漏洞信息，除非确有必要提前发布，应当与相关网络产品提供者共同评估协商，并向工信部、公安部报告，由工信部、公安部组织评估后进行发布。（2）不得发布网络运营者在用的网络、信息系统及其设备存在安全漏洞的细节情况。（3）不得刻意夸大网络产品安全漏洞的危害和风险，不得利用网络产品安全漏洞信息实施恶意炒作或者进行诈骗、敲诈勒索等违法犯罪活动。（4）不得发布或者提供专门用于利用网络产品安全漏洞从事危害网络安全活动的程序和工具。（5）不得在国家举办重大活动期间，未经公安部同意，擅自发布网络产品安全漏洞信息。（6）不得将未公开的网络产品安全漏洞信息向网络产品提供者之外的境外组织或者个人提供。“一应当”则是指在发布网络产品安全漏洞时，应当同步发布修补或者防范措施。

第七章　网络平台法律制度

第一节　网络平台法律制度概述

一、网络平台的概念

网络平台是一个宽泛的概念，其在不同时代、不同背景下有着不同的称谓，蕴含着不同的意义，反映了其背后数字技术与商业模式的演变。[①]

（一）网络中介服务提供者

最初进入我国互联网法律规制视野的主体被称为网络服务提供者，其具有被动性、中立性。2006 年的《信息网络传播权保护条例》使用了网络服务提供者这一主体名称，并分别规定了提供信息存储空间或者提供搜索、链接服务的网络服务提供者（第 14 条），根据服务对象指令提供网络自动接入服务或自动传输服务的网络服务提供者（第 20 条），突出网络服务提供者不主动干预信息内容生成、传输过程的中立性。我国 2009 年颁布的《侵权责任法》和 2020 年颁布的《民法典》也使用了网络服务提供者的概念。

美国 1996 年的《通信净化法》使用了"交互计算机服务提供者"（interactive computer service provider）的概念，并规定了其责任及豁免规则；1998 年通过的《千禧年数字版权法》则使用了线上服务提供者（online service provider）的概念，并规定了其版权责任及豁免规则，其从技术特点出发将线上服务提供者提供的服务分为四类：单纯传输（mere conduit）、缓存（caching）、托管或存储（hosting）、链接（linking）服务，并强调这些服务的中立性质，例如，明确限定托管服务是在用户的指示之下进行的。

欧盟 2000 年的《电子商务指令》指令沿用了 1998 年欧盟《信息服务技术标准指令》中的"信息社会服务提供者"概念，将"信息社会服务"定义为通常以营利形式提供的远程电子服务，且由接受服务的个人请求。"远程"表示在

① 参见周学峰、李平主编：《网络平台治理与法律责任》，中国法制出版社 2018 年版，第 3~12 页。

没有各方同时在场的情况下提供服务；“通过电子手段”表示该服务最初通过电子设备发送并在目的地点接收，并完全通过有线、无线、光学或其他电磁手段传输、传递和接收数据；“由接受服务者个人请求”表示该服务是通过单独请求数据传输来提供的。《电子商务指令》进一步对信息社会服务提供者中的“中介服务提供者”（intermediary service provider）进行了界定。所谓中介服务，包括单纯传输（mere conduit）、缓存（caching）、存储（hosting）。该定义中突出了中介服务的中立和被动属性。

（二）网络平台

所谓平台，英文称platform，其原义是指生产和施工过程中为进行某种操作而设置的工作台。[①] 在计算机技术领域，所谓平台通常是指“操作系统”之类的技术平台，用户可以在操作系统的基础之上开发各种应用软件。在经济学中，有所谓“平台经济学”的概念，其是建立在双边市场理论的基础之上的。[②] 所谓双边市场，是指存在两类相互依赖的客户群体，如果交易平台可以通过向市场一方收取更高价格而向另一方以降低价格的方式来影响交易成交额，这样的市场就是双边的。[③]

在我国的法律文本中，最早使用“平台”这一概念的是2007年商务部发布的《关于网上交易的指导意见（暂行）》，其使用了“网上交易平台”这一概念，并将“网上交易平台”界定为“平台服务提供者为开展网上交易提供的计算机信息系统，该系统包括互联网、计算机、相关硬件和软件等”。2010年，原国家工商行政管理总局制定的《网络商品交易及有关服务行为管理暂行办法》使用了“网络交易平台”这一概念，并以专章的形式对“提供网络交易平台服务的经营者”的义务作出了规定。后来，该暂行办法被2014年制定的《网络交易管理办法》所替代，“网络交易平台”的概念亦被“第三方交易平台”的概念所替代。“网络交易平台”这一用语真正进入全国人大常委会制定的法律或国务院制定的行政法规层面，始于2013年修订的《消费者权益保护法》，而在此以前，无论是国务院制定的《信息网络传播权保护条例》，还是全国人大常委会制定的《侵权责任法》，都使用的是“网络服务提供者”这一概念。《消费者权益保护法》（2013年）使用了“网络交易平台”这一概念，但是，其并未对这一概

① 《现代汉语词典》关于“平台”的释义，参见中国社会科学院语言研究所词典编辑室编：《现代汉语词典》，商务印书馆2012年版，第1002页。

② Jean-Charles Rochet & Jean Tirole, *Platform Competition in Two-Sided Markets*, Journal of the European Economic Association 1, No. 4 (2003):990-1209.

③ ［美］戴维·S. 埃文斯：《平台经济学：多边平台产业论文集》，周勤等译，经济科学出版社2016年版，第5页。

念进行界定。[①]2015年修订后的《食品安全法》采用了“网络食品交易第三方平台提供者”的概念，亦未作界定。2015年修订的《广告法》中亦出现了“平台”的概念，主要是指互联网“信息传输、发布平台”。[②]2016年颁布的《慈善法》中也使用了“平台”这一概念，主要指的是信息发布平台，且不限于网络平台，亦包括广播、电视等非网络平台。[③]

工信部于2016年制定的《移动智能终端应用软件预置和分发管理暂行规定》明确提出以“移动应用分发平台”为规制对象，并将其界定为“网站、应用商店等提供移动智能终端应用软件下载、安装、升级的应用软件平台”。国家网信办于2016年发布的《移动互联网应用程序信息服务管理规定》则是以“互联网应用商店”为规制对象，亦将其界定为一种“平台”。在国家网信办制定的一系列规章中，“平台”这一用语亦频繁出现。[④]

2018年颁布的《电子商务法》使用了“电子商务平台”的概念，区分了电子商务平台经营者和平台内经营者，并将电子商务平台经营者界定为在电子商务中为交易双方或者多方提供网络经营场所、交易撮合、信息发布等服务，供交易双方或者多方独立开展交易活动的法人或者非法人组织。该概念对于后来的立法产生了重要影响。此后，越来越多的法律开始使用“网络平台”或“平台”的概念，如2021年颁布的《个人信息保护法》、2022年修订的《反垄断法》等。2021年国家市场监督管理总局发布的《互联网平台落实主体责任指南（征求意见稿）》附则将“互联网平台”定位为“通过网络信息技术，使相互依赖的双边或者多边主体在特定载体提供的规则下交互，以此共同创造价值的商业组织形态”。

近年来，国外的一些立法也开始使用“网络平台”这一概念。如德国2017年颁布的《改善社交网络中法律执行的法》及欧盟2022年通过的《数字服务法》和《数字市场法》等。其中，欧盟《数字服务法》第3条将“线上平台”定义为根据服务接收方的请求，向公众存储和传播信息的托管服务，除非该活动是另一个服务的次要或纯辅助功能或者是主要服务的次要功能，并且由于客观的和技术的原因，不能在没有其他服务的情况下使用，将该特性或功能集成到其他服务中不是规避该条例适用的手段。

---

① 参见《消费者权益保护法》第44条。

② 参见《广告法》第45条。

③ 参见《慈善法》第23条、第27条、第69条。

④ 例如，《互联网新闻信息服务管理规定》提到了“互联网新闻信息传播平台服务”的概念。《互联网论坛社区服务管理规定》将互联网论坛社区称为一种“社区平台”。《互联网用户公众账号信息服务管理规定》则使用了互联网站、应用程序等“网络平台”的表述，并提到了“平台公约”的概念。《互联网群组信息服务管理规定》将互联网群组信息服务提供者界定为提供互联网群组信息服务的“平台”。《互联网跟帖评论服务管理规定》把提供跟帖评论服务界定为一种“传播平台”服务。

（三）网络平台的分类分级与“数字守门人”的概念

传统的网络平台制度通常适用于所有的网络平台，或仅从技术特点的角度对网络平台作简单的类型划分，然而，当前国内外网络平台制度的一个发展趋势是对网络平台进行越来越细致的分类分级，然后课以不同的法律义务和责任。正是在这种背景下，产生了“数字守门人”的概念。

从国外立法来看，欧盟 2022 年通过的《数字服务法》和《数字市场法》不仅正式采用了“线上平台”（online platform）的概念，还进一步提出“核心平台服务”（core platform service）和“守门人”（gatekeeper）概念。需要指出的是，“守门人”这一概念在传统法学理论中就已存在，但是，欧盟《数字市场法》中的“守门人”具有特定的含义，其体现了对提供核心平台服务的大型网络平台的加重性非对称监管，为了与一般守门人的概念相区分，相关研究文献使用“数字守门人”的概念。[①] 根据《数字市场法》第 2 条的规定，“核心平台服务”包括以下服务类型：线上中介服务、线上搜索引擎、线上社交网络服务、视频分享平台服务、即时通讯服务、操作系统、虚拟助手、云计算服务、线上广告服务。该条将“守门人”定义为提供核心平台服务，并满足第 3 条中规定的认定“守门人”的量化条件之一：第一，在欧盟内部市场享有重大影响（在过去的三个财务年度，其每年的欧盟营业额等于或高于 750 亿欧元，或者在最后一个财政年度中，其平均市值或公允市值至少为 750 亿欧元，并且至少在三个成员国提供相同的核心平台服务）；第二，提供核心平台服务从而成为商业用户接触终端用户的“通道”（gateway）（提供一个核心平台服务，且在欧盟内有至少 4500 万个活跃终端用户，并且在欧盟内有至少 1 万个年度活跃的商业用户）；第三，其运营中占据稳固持久的地位，或者可以预见其在不久的将来将会取得这一地位（如果第二项的门槛在过去三个财务年度都得到满足，则可被认定为满足该项要求）。

在我国的法律文本中虽然并没有正式出现“守门人”的概念，但是，从守门人制度的理念和含义出发，一般认为，我国《个人信息保护法》第 58 条被认为是中国版的个人信息保护领域的“守门人”条款。[②] 近年来，我国的网络平台监管逐步呈现出分类分级监管的趋势。2021 年 10 月国家市场监督管理总局发布的《互联网平台分类分级指南（征求意见稿）》和《互联网平台落实主体责任指南（征求意见稿）》体现了这一监管思路。《互联网平台分类分级指南（征求意见稿）》首先依据平台的连接属性和主要功能将网络平台进行分类，平台

① Marco Botta, *Sector Regulation of Digital Platforms in Europe: Uno, Nessuno e Centomila*, Journal of European Competition Law & Practice, 2021. 12(7): 500–512.

② 参见周汉华：《〈个人信息保护法〉“守门人条款”解析》，载《法律科学》2022 年第 5 期。

的连接属性是指通过网络技术把人和商品、服务、信息、娱乐、资金以及算力等连接起来，由此使得平台具有交易、社交、娱乐、资讯、融资、计算等各种功能；具体分为网络销售类平台、生活服务类平台、社交娱乐类平台、信息资讯类平台、金融服务类平台、计算应用类平台。《互联网平台分类分级指南（征求意见稿）》明确了对平台进行分级，需要综合考虑用户规模、业务种类以及限制能力。其中，用户规模即平台在中国的年活跃用户数量，业务种类即平台分类涉及的平台业务，限制能力即平台具有的限制或阻碍商户接触消费者的能力。据此标准，该指南将互联网平台分为三个级别：超级平台、大型平台、中小平台。

第一，超级平台指同时具备超大用户规模、超广业务种类、超高经济体量和超强限制能力的平台。其中，超大用户规模，即平台上年度在中国的年活跃用户不低于5亿；超广业务种类，即平台核心业务至少涉及两类平台业务，该业务涉及网络销售、生活服务、社交娱乐、信息资讯、金融服务、计算应用等六大方面；超高经济体量，即平台上年底市值（估值）不低于10000亿元人民币；超强限制能力，即平台具有超强的限制商户接触消费者（用户）的能力。

第二，大型平台指同时具备较大用户规模、主营业务、较高经济体量和较强限制能力的平台。其中，较大用户规模，即平台上年度在中国的年活跃用户不低于5000万；主营业务，即平台具有表现突出的主营业务；较高经济体量，即平台上年底市值（估值）不低于1000亿元人民币；较强限制能力，即平台具有较强的限制商户接触消费者（用户）的能力。

第三，中小平台指具有一定用户规模、一定业务种类、一定经济体量、一定限制能力的平台。

《互联网平台落实主体责任指南（征求意见稿）》将互联网平台分为超大型平台与互联网平台，根据其附则，超大型平台是指在中国的上年度年活跃用户不低于5000万、具有表现突出的主营业务、上年底市值（或估值）不低于1000亿人民币、具有较强的限制平台内经营者接触消费者（用户）能力的平台。该量化标准与《互联网平台分类分级指南（征求意见稿）》中的大型平台的认定标准一致，此处的超大型平台与分类分级体系中的大型平台指向同等的互联网平台体量。在主体责任的承担方面，《互联网平台落实主体责任指南（征求意见稿）》第35条第1款规定："本指南中所界定的超大型平台应当依法依规采取相关措施，履行本指南所列各项义务，落实平台主体责任。除超大型平台经营者之外的其他平台经营者，应当依法依规采取相关措施，履行本指南第十至三十四条所列各项义务，落实平台主体责任。"超大型平台额外承担的前九项义务包括公平竞争示范义务、平等治理义务、开放生态义务、数据管理义务、内部治理义务、风险评估义务、风险防控义务、安全审计义务、促进创新义务。上述法律文本所规定的超大型平台经营者的义务体现了数字守门人义务的理念。

二、网络平台法律制度的体系与逻辑

（一）网络平台法律制度体系

从主体的角度来看，网络平台法律制度主要涉及以下法律主体：网络平台经营者、平台内经营者（商业用户）、消费者（个人用户）、第三人和监管机构。从法律关系的角度来看，网络平台法律制度主要包括：网络平台经营者与用户之间的合同关系，网络平台与平台内经营者之间的竞争关系，网络平台对消费者的权益保障义务，网络平台对第三人的责任，以及因网络平台监管而产生的法律关系等。从制度内容来看，网络平台法律制度涵盖广泛的互联网规制领域，这是因为网络平台是互联网活动的主要发生场域，因此，借助网络平台法律制度能够实现各个领域的规制目标。具体来讲，网络平台法律制度内容包括信息内容治理、网络安全与数据安全、个人信息保护、电子商务、税收、反不正当竞争与反垄断等方面。

从网络平台监管的角度来看，网络平台法律制度包括对网络平台权力的监管借用，以及对网络平台权力的限制两个重要方面：一方面，网络平台法律制度构成一种第三方间接执法机制，由于针对网络用户行为的直接执法成本过高，监管者转而借用各类网络服务提供者的用户行为控制能力来实现间接执法，这一间接执法策略广泛存在于互联网治理的各个领域；另一方面，随着网络平台对线下资源整合能力的不断增强带来的各行业的数字化转型，大型平台的市场和行为控制力本身成为监管者的规制对象，以避免平台权力滥用带来的侵害和风险。

（二）网络平台监管逻辑的转变

作为网络服务提供者的网络平台具有明显的“中介”属性，使其成为互联网“去中心化”创新的中坚力量。互联网不仅为用户提供高效的信息获取手段，更在重新塑造着信息生产和消费的模式，互联网架构使同伴生产（peer production）成为可能，打破传统生产模式的时空局限，使个人利用碎片化时间参与线上活动，个人可以成为信息和技术的创新生产者，而非被动消费者。[①] 个人创新能力的释放同时也带来网络违法信息泛滥、侵犯个人合法权益和公共利益的风险，同时亦产生了网络执法困难、直接执法成本过高的问题，因此产生了借用网络“中介”服务提供者的行为控制能力间接规制用户行为的必要。

在网络平台日益占据网络空间治理中心地位的时代，形形色色的网络平台

---

① Yochai Benkler, *The Wealth of Networks: How Social Production Transforms Markets and Freedom*, Yale University Press, 2006.

企业已发展为私有化、智能化和商业化的数据产业，代表了互联网控制能力的私人化。[①] 网络平台的平台属性日益显现，各种技术和经济资源日益集中在各类网络平台企业手中。通过对算法和市场的掌控，大型网络平台不仅拥有了限制和控制用户行为的能力，更成为进入市场通道的"守门人"。因此，政府监管策略必须将限制网络平台行为和市场控制能力纳入监管范围。

欧盟的网络平台立法最为明显地体现了从"中介监管"到"平台监管"，再到"守门人监管"的监管策略的变化。

上述三种监管策略背后的规制逻辑并不相同，其可以从各自的概念定义中窥见一斑。"中介"服务的定义体现了早期互联网监管者对网络信息服务被动、中立的假设，并在此假设基础上设计了宽容监管的治理路径，如"避风港"规则、"红旗"规则是为例证，网络服务提供者不需要对用户生成内容承担事前的主动监管义务，而只需承担事后的"通知—删除"义务，监管者遵循对中介服务提供者的用户行为控制能力的有限借用原则，防止网络服务提供者过早介入内容生成、传播的过程而带来对信息及言论自由的不当限制。

到了平台监管阶段，监管者将监管视线集中在平台利用信息中介地位所实现的对人、行为和其他社会资源的连接、调度功能，以及对用户行为的限制和控制能力。平台经济的风险不仅表现在平台"去中心化"的资源配置模式，更体现在围绕大型平台的再次"中心化"，以及平台所拥有的连接、匹配、排序、限制和控制能力。因此，区别于中介监管所暗含的"去中心化"预设以及对平台控制能力的借用，平台监管围绕平台的"中心化"假设开始，强调对平台权力和能力的限制。

"守门人"概念的正式提出，可以看作是监管者对大型网络平台权力限制的额外加强，尤其考虑到大型平台在数字市场中相比其他市场主体的显著的竞争优势，以及在保护用户和第三人权益（如版权、个人信息保护权、消费者权益）方面能够施加的巨大影响力，监管者通过强化大型网络平台的"守门人"义务，实现对公平竞争秩序的维护，以及对公共利益、用户权益和第三人权益的保护。

（三）网络平台"守门人"理论的变迁

网络平台制度的法律实践可以对应大致三种互联网规制的理论：机构"守门人"理论、技术"守门人"理论、算法"守门人"理论。

"守门人"制度在线下社会是一种被广泛运用的第三方间接执法的法律制度，作为一种通过对第三方的强制，实现法律控制的策略，通过对"守门人"施加替代侵权责任或者帮助侵权责任，使法律能够利用"守门人"所具备的行

---

① Ronald Deibert, and Rafal Rohozinski, *Liberation vs. Control: The Future of Cyberspace*, (2010)21(4) Journal of Democracy 43–57.

为控制和监督的能力对直接行为人的行为进行约束，如药店或酒吧老板对顾客的行为，律师、会计师对客户行为等，都能起到监督和约束的作用。凯阿克曼总结了衡量强制“守门人”制度合理性的四个标准：第一，严重的违法行为无法通过直接的法律处罚来制止；第二，“守门人”行为的市场激励的缺失或者不足；第三，“守门人”能够有效可靠地阻断违法行为，无论该违法行为人的个人偏好和市场激励如何；第四，“守门人”能够通过付出合理的成本来阻断违法行为。[①] 将凯阿克曼提出的线下“守门人”制度运用于网络信息执法，是早期的互联网平台责任制度的主要理论框架，法律所利用的仍然是传统的人工或者机构“守门人”。具体来讲，网络平台制度通过法律给各种网络服务提供平台施加一定的法律责任，以激励网络平台利用其自身的商业运行模式和相应的技术架构所产生的规制能力，阻断不良信息的获取，或者识别违规用户，从而起到间接规制用户行为的法律效果。

晚于凯阿克曼大致 10 年的劳伦斯・莱斯格抽象出的广为人知的“代码即法律”这一网络法律格言，则代表了网络平台制度的另一种理论和制度构想，即法律可以通过改变代码来约束用户行为。在商业化的互联网中，平台企业掌握着代码的编写权，很大程度上能够决定互联网架构走向开放或者封闭，政府通过设置平台责任对代码编写权进行约束，能够使网络平台成为莱斯格理论中的技术“守门人”。[②] 在 Zittrain 的互联网规制理论中，P2P 的互联网架构最具有“生成性”（generativity），有利于广泛的社会创新，而财产化，封闭的平台能够大大提高网络的可规制性和安全性，降低网络执法的难度，但不利于互联网创新。[③] 平台责任制度的实践发展至今，政府和相关利益主体逐渐不再满足于通过事后归责机制对人工或者机构“守门人”的力量的利用，更多地要求提前介入网络平台的商业运营和技术发展模式，强调对网络平台技术“守门人”角色的利用，以期提高网络执法的力度和水平。

算法“守门人”理论是技术“守门人”理论在人工智能时代的进一步发展，人工智能使代码变得更加聪明并且在生活中无处不在。财产化、封闭的网络平台催生出各种互联网技术公司巨头，网络平台企业的实力和影响力大增。近年来，基于智能算法和大数据，将人工智能运用于互联网服务，实现信息服务的自动化、个性化与智能化，正在成为互联网巨擘技术与商业模式发展的新方向。

智能化网络平台服务的出现极大地改变了网络平台制度作为第三方执行策略的实现方式。人工智能的引入提高了网络平台的自动化信息处理能力，以个

---

① Reinier H. Kraakman, *Gatekeepers: The Anatomy of a Third-Party Enforcement Strategy*, 2 J.L. ECON. & ORG. 53, 53 & n.1 (1986).61.

② Jonathan Zittrain, *A History of Online Gatekeeping*, Harvard Journal of Law and Technology, Vol. 2014(19), p.253.

③ Jonathan Zittrain, *The Future of the Internet and How to Stop It*, Yale University Press, 2008.

人实名注册账户为基础的智能平台基于用户数据的收集和分析，对用户行为的介入能力与方式均发生了改变。首先是对用户行为介入的时间得以大大提前，从事后处理发展成为行为预测和事前预防，干涉更加常态化。其次是行为介入的广度和深度大大增加，无论是传统的机构“守门人”还是技术“守门人”均强调平台对用户前台公开言论信息的监管，而算法“守门人”则可以通过提高网络公共环境与用户个人身份的透明度和曝光度，从而实施覆盖面更广、更加难以绕开的行为监控。最后，建立在个人数据收集和分析基础上的行为监管模式也更加自动化、隐蔽和软化，不再以防止违规行为发生为唯一考量，算法时代平台也会出于商业考量，通过自动关联推荐和诱导来对用户行为进行“助推”（nudging），以达到符合其商业利益的干预结果，干预更加普遍和日常化，一般用户难以发现和拒绝。算法“守门人”存在着对用户行为进行分析、预测和干预的市场激励，即使不以平台责任制度为法律激励，也易与政府的用户行为规制目的达成一致。此时，网络平台治理关注的不仅仅是对平台“守门人”能力的借用，更重要的是对“守门人”能力本身进行约束，以避免其能力的滥用。《网络安全法》《个人信息保护法》《数据安全法》中所规定的网络安全保护义务、数据安全保护义务以及个人信息保护义务更多体现对平台能力运用行为的限制与约束。

从机构“守门人”到技术“守门人”再到算法“守门人”理论的变化体现了政府对网络平台的信息控制能力从有限借用到适当控制的逻辑转换。

第二节 网络平台的行政监管体制

我国网络平台的行政监管法律体系在法律层面主要由《电子商务法》《网络安全法》《数据安全法》和《个人信息保护法》等法律构成，行政法规层面主要包括《电信条例》《互联网信息服务管理办法》《信息网络传播权保护条例》等。更多的网络平台行政监管实施细则由国家网信办牵头国务院相关部委制定，重要的部门规章包括《互联网信息服务算法推荐管理规定》《网络信息内容生态治理规定》《区块链信息服务管理规定》《互联网新闻信息服务管理规定》。国家网信办出台的网络平台治理方面的主要规范性文件包括《互联网用户公众账号信息服务管理规定》《微博客信息服务管理规定》《互联网群组信息服务管理规定》《互联网论坛社区服务管理规定》等。

一、网络平台内容的行政监管体系

在网络信息内容治理方面，我国有多部法律、行政法规和规章分别从行政义务的角度明确了各类互联网信息服务提供者的信息内容安全管理义务。《电信条例》第 56 条明确规定了禁止利用电信网络制作、复制、发布、传播的九类信息。《电信条例》第 61 条明确规定，在公共信息服务中，电信业务经营者发现电信网络中传输的信息明显属于该条例第56条所列违法内容的，应当立即停止传输，保存有关记录，并向国家有关机关报告。同年发布的《互联网信息服务管理办法》亦明确规定互联网信息服务提供者发现其网站传输的信息明显属于法律、行政法规禁止的信息的，应当立即停止传输，保存有关记录，并向国家有关机关报告。2016年颁布的《网络安全法》则以法律的形式分别规定了网络运营者、电子信息发送服务提供者和应用软件下载服务提供者对网络信息内容的安全管理义务，以及对违法信息的处置与报告义务。除此以外，《网络安全法》第50条还规定了国家网信部门和有关部门承担的网络信息安全监督管理职责。在发现法律、行政法规禁止发布或者传输的信息时，国家网信部门和有关部门应当要求网络运营者停止传输，采取消除等处置措施，保存有关记录；对来源于中华人民共和国境外的上述信息，应当通知有关机构采取技术措施和其他必要措施阻断传播。

网络信息内容治理的对象不限于法律、行政法规禁止的信息，不良信息亦被包含在内。国家网信办制定《网络信息内容生态治理规定》分别列举了三类信息，即鼓励传播的信息内容（第5条）、违法信息（第6条）和不良信息（第7条），并明确要求网络信息内容服务平台不得传播违法信息，应当防范和抵制传播不良信息，应当加强信息内容管理，发现违法信息和不良信息的，应当立即采取处置措施，保存有关记录，并向有关主管部门报告。

值得注意的是，《网络信息内容生态治理规定》第11条提出了信息推荐机制中的“重点环节”的概念，包括：“（一）互联网新闻信息服务首页首屏、弹窗和重要新闻信息内容页面等；（二）互联网用户公众账号信息服务精选、热搜等；（三）博客、微博客信息服务热门推荐、榜单类、弹窗及基于地理位置的信息服务版块等；（四）互联网信息搜索服务热搜词、热搜图及默认搜索等；（五）互联网论坛社区服务首页首屏、榜单类、弹窗等；（六）互联网音视频服务首页首屏、发现、精选、榜单类、弹窗等；（七）互联网网址导航服务、浏览器服务、输入法服务首页首屏、榜单类、皮肤、联想词、弹窗等；（八）数字阅读、网络游戏、网络动漫服务首页首屏、精选、榜单类、弹窗等；（九）生活服务、知识服务平台首页首屏、热门推荐、弹窗等；（十）电子商务平台首页首屏、推荐区等；（十一）移动应用商店、移动智能终端预置应用软件和内置信息内容服务首屏、推荐区等；（十二）专门以未成年人为服务对象的网络信息内容专栏、专区和产品等；（十三）其他处于产品或者服务醒目位置、易引起网络信息内容服务使用者关注的重点环节。”在上述“重点环节”中，鼓励信息内容服务平台运用信息推荐技术积极呈现《网络信息内容生态治理规定》第5条所规定的信息内容，同时，不得呈现前述规定的“不良信息”。

二、网络平台新技术应用的行政监管体系

人工智能的应用深刻改变了信息传播的方式。对平台新技术应用的治理是随着网络平台自动化算法，如区块链、深度合成技术、自动化决策算法在内容生成和传输中的普及而发展的。

加强新技术应用的平台治理行政责任是智能时代信息服务平台治理的重要内容和方向，呈现出“平台合规义务＋用户个人权利”相结合的治理模式。2019年，国家网信办出台《区块链信息服务管理规定》《网络信息内容生态治理规定》，2021年通过的《个人信息保护法》、国家网信办出台的《互联网信息服务算法推荐管理规定》等形成了规制平台信息技术应用的治理规范体系。

我国《个人信息保护法》第24条对自动化决策算法的应用作出了规定。第24条第1款一般性提出了决策透明度和结果公平、公正的要求，并禁止不合理的差别对待，禁止“大数据杀熟”。第2款对自动化信息推送和商业营销作出限制，要求提供不针对个人特征的选项或向个人提供便捷的拒绝方式，保证用户的算法选择权和算法拒绝权。第3款针对通过自动化决策方式作出的个人权益有重大影响的决定，赋予个人要求算法解释说明的权利和算法拒绝权。

国家网信办于2021年12月出台的《互联网信息服务算法推荐管理规定》，将算法推荐服务定义为利用生成合成类、个性化推送类、排序精选类、检索过滤类、调度决策类等算法技术向用户提供信息。虽然从该规定的文义来看，其使用了网络平台利用算法技术向用户提供信息的表述，但是，从算法推荐服务提供者的技术机制来看，除了直接生成合成类的算法服务，个性化推荐、排序精选、检测过滤、调度决策等依然服务于信息的传输、匹配和定位过程，并未直接生成信息，只不过是实现信息传输的个性化和智能化，以及伴随平台自我商业化而来的对信息呈现的“客观中立性”的质疑。因此，规制算法应用下的信息服务是否可以继续延续中立信息传输模式下的网络平台民事责任机制需要在具体案例中分析责任构成要件，尤其是对“知道或者应当知道”主观要件的满足。其核心问题是算法推荐服务提供者按照《互联网信息服务算法推荐管理规定》“信息服务规范”章节的要求对算法推荐服务进行合规治理之后，是否会对法院认定网络平台“知道或者应当知道”产生影响，从而增加承担连带侵权责任的机会，对此尚有待司法案例予以澄清。

三、网络平台个人信息保护义务的监管

我国《个人信息保护法》第58条被认为是个人信息保护领域的平台“守门人”义务条款。该条规定：“提供重要互联网平台服务、用户数量巨大、业务类型复杂的个人信息处理者，应当履行下列义务：（一）按照国家规定建立健全个

人信息保护合规制度体系，成立主要由外部成员组成的独立机构对个人信息保护情况进行监督；（二）遵循公开、公平、公正的原则，制定平台规则，明确平台内产品或者服务提供者处理个人信息的规范和保护个人信息的义务；（三）对严重违反法律、行政法规处理个人信息的平台内的产品或者服务提供者，停止提供服务；（四）定期发布个人信息保护社会责任报告，接受社会监督。”很明显，第 58 条针对的是大型平台，满足提供重要互联网平台服务、用户数量巨大、业务类型复杂等条件。这一特别义务的背后逻辑是，平台越大，其市场结构性地位越显著，对其他市场主体施加影响的权力越大，引起信息安全风险的可能性越大；具体到个人信息保护领域，平台服务类型越重要、越复杂，用户数量越多，掌握的个人信息数量就越多，个人信息处理活动就越复杂，个人信息权益面临的风险就越大，因此，需要向大型平台施加额外的个人信息保护义务（主要体现在第 1 项、第 4 项义务），并且借用其行为控制能力强化对平台内商业用户的个人信息保护合规监管（主要体现在第 2 项、第 3 项义务）。

四、欧盟平台行政监管改革

欧盟平台责任改革的一大趋势是加强对大型平台和“守门人”的监管。2022 年的欧盟《数字服务法》和《数字市场法》最核心的部分即构建了中介服务提供者、一般平台、大型平台和“守门人”的梯度义务与责任体系。《数字服务法》排除了小微型平台企业对于责任的适用，对于一般的平台也作出了义务的减免，一般平台需要对其部署的算法系统承担透明度义务，包括其线上广告系统。

针对大型平台，《数字服务法》则规定了针对其算法推荐系统的透明度义务，针对广告系统的更加严格的透明度义务，以及对因使用其服务或者因其服务的功能所可能造成的系统性风险的评估义务、风险降低义务，开展合规独立审计的义务，透明度报告义务等。平台系统性风险评估的具体内容则应当包括三个方面：通过服务导致非法内容的传播，对基本权利的负面影响，对平台服务的故意操控。例如，通过虚假使用或自动化方式使用平台服务，对公共卫生、未成年人、言论自由、选举和公共安全产生实际或可预见的负面影响。

《数字市场法》确立的“守门人”义务是对数字经济中竞争法调节机制的有效补充。为了维持核心平台服务的可抗议性，以及核心平台服务提供者与其商业用户和个人用户之间商业关系的公平性，针对被欧盟委员会认定为“守门人”的核心平台服务提供者，《数字市场法》列出一系列的“守门人”义务清单，主要体现在该法的第 5 条至第 7 条。该法第 5 条规定了“守门人”开展公平商业实践的义务，例如禁止“守门人”未经用户同意的数据融合处理，禁止拒绝商家通过使用其他中介渠道提供相同商品或服务，允许商家免费使用其提供的核心平台服务联系个人用户和促销产品，禁止强制要求商业用户和个人用户注册、使用“门道”服务之外的核心平台服务类型，以及向其广告客户免费提供广告相关信息的义务。

《数字市场法》第 6 条则主要规定了禁止“守门人”进行自我优待的义务，该义务具体包括：第一，禁止“守门人”在与商业用户竞争中，使用任何产生于商用户及其消费者使用其核心平台服务的非公开可获取的数据；第二，操作系统“守门人”应当为终端用户卸载任何非系统运行所必需的软件应用提供技术便利，操作系统、虚拟助手和浏览器“守门人”应当为用户改变默认设置提供技术便利，该默认设置具有诱导和操控用户使用“守门人”自身服务（如搜索引擎服务）的特性；“守门人”应允许并在技术上使第三方软件应用程序或软件应用商店能够使用或与其操作系统相互操作，并允许用户通过非相关核心平台服务的方式访问这些软件应用程序或软件应用商店。第三，“守门人”不得在排名、索引和抓取等方面对其自身提供的服务和产品比第三方服务或产品更为优待；“守门人”应对这种排名应用透明、公平和非歧视性的条件。第四，“守门人”应当允许用户迁移，并提供技术便利，应当允许用户所提供数据进行迁移，并为商业用户提供有效、高质量、连续、实时的数据访问与使用权限，该数据是在使用相关的核心平台服务、或使用与核心平台服务同时提供的服务、或支持核心平台服务的服务过程中提供或者产生的。第五，操作系统、虚拟助手“守门人”应当为第三方提供的相同的硬件和软件免费提供互联互通以及出于互联互通目的的开放权限。此外，“守门人”应允许商业用户和提供与核心平台服务相配套或支持的替代服务的提供者以免费的方式与操作系统、硬件或软件功能进行有效的互联互通，并提供访问权限，无论这些功能是否属于操作系统，只要“守门人”在提供此类服务时可以使用或提供这些功能。第六，对于广告服务，“守门人”应在广告主和出版商的要求下，向其提供广告性能测量工具和广告清单所需的数据，包括聚合数据和非聚合数据，并且免费提供这些数据。这样的数据应以一种方式提供，使广告主和出版商能够运行自己的验证和测量工具，评估“守门人”提供的核心平台服务的性能。此外，广告主和出版商还可以授权第三方获得这些数据。第七，对于第三方提供搜索引擎服务的，“守门人”应在第三方在线搜索引擎提供商的要求下，以公平、合理和非歧视性的条件，向其提供与最终用户在其在线搜索引擎上生成的免费和付费搜索相关的排名、查询、点击和浏览数据的访问权限，同时，任何构成个人数据的查询、点击和浏览数据都应进行匿名处理。第八，“守门人”应当为商业用户提供访问其软件应用商店、在线搜索引擎和在线社交网络服务的公平、合理和非歧视性的一般访问条件。

《数字市场法》第 7 条规定了提供无需号码的人际通讯服务的“守门人”的互联互通义务，该互联互通义务主要及与其提供的人际通讯服务中的基本功能，具体包括两个个人用户之间的端对端文本信息服务和两个个人用户之间的端对端图片、语音、视频及其他附件的传输服务。该条款同时规定了在被认定为“守门人”的2年内，群聊服务中的文本信息传输，图片、语音、视频及其他附件在群组聊天和个人用户之间的传输也应当被列入互联互通的功能范围。在被认定为“守门人”的4年内，个人用户之间的端对端语音通话、视频通话、群组聊天与个人之间的语音通话和视频通话应当被列入互联互通的功能清单。

欧盟平台行政监管改革的另外一个趋势是对于平台责任“避风港”规则重新审视。2022年欧盟《数字服务法》对《电子商务指令》所确立的“避风港”规则和“禁止向平台施加一般性的内容审查义务”两项机制予以了保留。同时《电子商务指令》明确了平台出于合规的目的而自愿采取处理违法信息措施，并不当然因此而不受“避风港”责任豁免机制的保护，理论上化解了长期以来困扰欧盟“中立”立法框架中平台自律实践的法律障碍，但具体如何有效实施，还需要司法实践验证。

第三节 网络平台的民事责任制度

一、我国法上的网络平台民事责任

我国现行法上关于网络平台的民事责任体系主要由《民法典》《电子商务法》《著作权法》《网络安全法》《数据安全法》《个人信息保护法》《信息网络传播权保护条例》和最高人民法院发布的相关司法解释等构成。

（一）《民法典》中的网络服务提供者民事责任

《民法典》第1194条至第1197条规定了网络侵权的一般规则，主要包括网络用户侵权责任和网络服务提供者的侵权责任，后者即网络平台民事侵权责任的“通知—删除—反通知”规则，又称为“避风港”规则。《民法典》第1195条规定：“网络用户利用网络服务实施侵权行为的，权利人有权通知网络服务提供者采取删除、屏蔽、断开链接等必要措施。通知应当包括构成侵权的初步证据及权利人的真实身份信息。网络服务提供者接到通知后，应当及时将该通知转送相关网络用户，并根据构成侵权的初步证据和服务类型采取必要措施；未及时采取必要措施的，对损害的扩大部分与该网络用户承担连带责任。权利人因错误通知造成网络用户或者网络服务提供者损害的，应当承担侵权责任。法律另有规定的，依照其规定。”可见，第1195条第1款明确了权利人向网络服务提供者发出侵权通知的权利。第2款明确了网络服务提供者转送通知，并采取必要措施的义务；未及时采取必要措施，网络服务提供者将对损害的扩大部分承担连带责任。第3款明确了权利人错误通知造成网络用户或网络服务提供者损害的，需要承担侵权责任。

《民法典》第1196条规定："网络用户接到转送的通知后，可以向网络服务提供者提交不存在侵权行为的声明。声明应当包括不存在侵权行为的初步证据及网络用户的真实身份信息。网络服务提供者接到声明后，应当将该声明转送发出通知的权利人，并告知其可以向有关部门投诉或者向人民法院提起诉讼。网络服务提供者在转送声明到达权利人后的合理期限内，未收到权利人已经投诉或者提起诉讼通知的，应当及时终止所采取的措施。"第1196条第1款明确了网络用户向网络服务提供者发出未侵权的反通知的权利，以及网络服务提供者转送反通知，并告知权利人可以向有关部门投诉或者起诉。网络服务提供者未在合理期限内收到权利人已投诉或起诉的通知的，应当及时终止采取的必要措施。

至此，《民法典》第1195条和第1196条首先完成了针对平台内用户侵权的"通知—删除—反通知—投诉或起诉"处理程序设计，为平台参与违法信息内容的协同治理设置了程序性安排，履行"通知—删除"义务之后则不需要再对用户侵权承担侵权责任，构成了责任的"避风港"。

《民法典》第1195条在规定责任豁免的同时，也从正面规定了网络服务提供者与用户之间连带侵权责任的承担条件。网络平台的"通知—删除"义务是网络平台的免责条件，如果不履行该义务，则需要对损失扩大部分承担连带责任。《民法典》第1197条是对于网络服务提供者连带责任的一般规定，即"网络服务提供者知道或者应当知道网络用户利用其网络服务侵害他人民事权益，未采取必要措施的，与该网络用户承担连带责任"。网络服务提供者与用户承担连带责任的主观要件是"知道或者应当知道"，属于过错责任，还需要满足"未采取必要措施"这一违法性要件。网络服务提供者收到权利人发出的适格的侵权通知，应当推定其具备了"知道"的主观过错状态。由于《民法典》在"知道"之外还规定了"应当知道"的主观过错要件，因此，在个案中可以依据一些客观情况来推定平台在收到通知之前对于侵权信息存在的"应当知道"，从而大大提高了平台连带责任的适用可能性，即为"红旗"规则，是指当侵权行为清晰得像"红旗"一样，网络服务提供者不可能也不应当忽略之。

《侵权责任法》第36条第3款规定："网络服务提供者知道网络用户利用其网络服务侵害他人民事权益，未采取必要措施的，与该网络用户承担连带责任。"该条款是《民法典》第1197条的前身，此处"知道"应当理解为"明知或者应知"。参考2014年《最高人民法院关于审理利用信息网络侵害人身权益民事纠纷案件适用法律若干问题的规定》第9条对《侵权责任法》第36条第3款"知道"的解释，人民法院认定网络服务提供者是否"知道"，应当综合考虑下列因素："(一)网络服务提供者是否以人工或者自动方式对侵权网络信息以推荐、排名、选择、编辑、整理、修改等方式作出处理；(二)网络服务提供者应当具备的管理信息的能力，以及所提供服务的性质、方式及其引发侵权的可能性大小；（三）该网络信息侵害人身权益的类型及明显程度；（四）该网络信息的社会影响程度或者一定时间内的浏览量；（五）网络服务提供者采取预防侵权措施的技术可能性及其是否采取了相应的合理措施；（六）网络服务提供者是否针对同一网络用户的重复侵权行为或者同一侵权信息采取了相应的合理措施；（七）与本案相关的其他因素。”

在信息网络传播权保护领域，国务院早在2006年就出台了《信息网络传播权保护条例》，并于2013年进行了修订。2020年修正的《最高人民法院关于审理侵害信息网络传播权民事纠纷案件适用法律若干问题的规定》第9条也列举了法院判定网络服务提供者“应知”的综合考量因素，具体包括：“（一）基于网络服务提供者提供服务的性质、方式及其引发侵权的可能性大小，应当具备的管理信息的能力；（二）传播的作品、表演、录音录像制品的类型、知名度及侵权信息的明显程度；（三）网络服务提供者是否主动对作品、表演、录音录像制品进行了选择、编辑、修改、推荐等；（四）网络服务提供者是否积极采取了预防侵权的合理措施；（五）网络服务提供者是否设置便捷程序接收侵权通知并及时对侵权通知作出合理的反应；（六）网络服务提供者是否针对同一网络用户的重复侵权行为采取了相应的合理措施；（七）其他相关因素。”

值得注意的是，上述情形并不必然导致网络信息服务提供者具备“应当知道”的过错状态，而是为人民法院在个案审判中作出具体的事实裁量和法律适用提供参考。

2020年修正的《最高人民法院关于审理利用信息网络侵害人身权益民事纠纷案件适用法律若干问题的规定》还同时明确了构成“教唆”“帮助”者的连带侵权责任，以及“转载”情形下过错认定的考虑因素。第8条规定：“网络用户或者网络服务提供者采取诽谤、诋毁等手段，损害公众对经营主体的信赖，降低其产品或者服务的社会评价，经营主体请求网络用户或者网络服务提供者承担侵权责任的，人民法院应依法予以支持。”第7条规定认定网络用户或者网络服务提供者转载网络信息行为的过错及其程度，应当综合以下因素：“（一）转载主体所承担的与其性质、影响范围相适应的注意义务；（二）所转载信息侵害他人人身权益的明显程度；（三）对所转载信息是否作出实质性修改，是否添加或者修改文章标题，导致其与内容严重不符以及误导公众的可能性。”

（二）《电子商务法》中电商平台知识产权保护责任

在电子商务领域的网络知识产权保护方面，我国自2019年开始实施的《电子商务法》确立了类似的电子商务平台的“通知—删除—反通知—投诉/起诉”的平台知识产权侵权处置程序。与《民法典》所确立的一般性的平台侵权责任制度相比，《电子商务法》一方面将平台侵权信息处理义务限定在知识产权侵权活动，《民法典》则包含所有受法律保护的人身权益和财产权；另一方面，增加了电子商务平台经营者公示收到的侵权通知、不存在侵权的声明以及处理结果的义务。根据《电子商务法》第 44 条的规定，电子商务平台经营者对其收到的通知、声明及处理结果还应当及时公示。

（三）网络平台的消费者权益保护责任

在消费者权益保护领域，《消费者权益保护法》第 44 条明确了网络交易平台提供者的责任。该条共两款。第 1 款规定："消费者通过网络交易平台购买商品或者接受服务，其合法权益受到损害的，可以向销售者或者服务者要求赔偿。网络交易平台提供者不能提供销售者或者服务者的真实名称、地址和有效联系方式的，消费者也可以向网络交易平台提供者要求赔偿；网络交易平台提供者作出更有利于消费者的承诺的，应当履行承诺。网络交易平台提供者赔偿后，有权向销售者或者服务者追偿。"此款可以理解为"中立"的网络交易平台提供者的责任，包括提供销售者或服务者真实名称、地址和有效联系方式的义务，履行承诺义务，以及代为赔偿义务。但从整体上看，此种情形下，无论是提供销售者或服务者真实信息，还是代为赔偿义务，均不属于交易平台承担的真正损害赔偿责任，因此，此款应当适用于仅提供"中立"信息中介服务的交易平台。第 2 款规定："网络交易平台提供者明知或者应知销售者或者服务者利用其平台侵害消费者合法权益，未采取必要措施的，依法与该销售者或者服务者承担连带责任。"该款规定的是网络交易平台的过错责任，只有在交易平台存在"明知或者应知"侵害消费者权益情形的存在，未采取必要措施的情况下，需与销售者或服务者承担连带责任，与《民法典》第 1197 条和《电子商务法》第 45 条逻辑相同。

《电子商务法》第 38 条是近年来电商领域消费者权益保护的重要的立法发展之一。该条共分两款，分别规定了电子商务平台所应承担的两种责任。第 1 款是针对平台内经营者侵犯消费者人身、财产安全等权益的连带责任，该款规定"电子商务平台经营者知道或者应当知道平台内经营者销售的商品或者提供的服务不符合保障人身、财产安全的要求，或者有其他侵害消费者合法权益行为，未采取必要措施的，依法与该平台内经营者承担连带责任"，与《民法典》第 1197 条、《电子商务法》第 45 条以及《消费者权益保护法》第 44 条第 2 款保持一致。具体来讲，第 1 款以"知道或者应当知道"来认定平台的主观过错，满足"中立"设定的电商平台依然可以在"避风港"规则下通过履行"通知—删除"义务而得到责任豁免。第 2 款则是电商平台对于关系消费者生命健康的商品或服务所负有的安全保障义务。第 2 款属于新增的平台责任内容，规定电商平台针对涉及消费者生命健康的商品和服务，须承担对平台内经营者的资格资质审核义务，以及对消费者的安全保障义务，未尽以上义务，造成消费者损害的，须承担相应的责任。

与第 1 款相比，第 2 款所规定的责任内容主要有三方面的发展。

第一，平台责任的过错客观化不断增强，个案中的过错推定判定的可能性将大大提升。无论是划定平台责任与豁免界分的“避风港”规则还是“红旗”规则均是过错责任，排除“避风港”规则的适用一般需要用户举证证明平台具备针对用户具体侵权行为的实际知情（actual knowledge），难度较大，也以此激励“通知—删除”规则的适用，减少诉讼；“红旗”规则允许针对平台进行“应知”的过错推定，由平台负责证明自身不应知。《电子商务法》第 58 条第 2 款则不以平台知道或者应知具体危害消费生命健康权益的商品或服务的存在为归责理由，而是围绕平台的事前的安全保障义务，并以电商平台是否勤勉履行该义务作为推定平台“过错”的重要事由，归责原则更加客观化，举证内容也不同，即不以对具体侵权行为的知道或者应知为归责原则，而是以其安全治理机制的整体性缺失或者失灵导致应知却不知为归责依据。该款的设置旨在激励电商平台构建事前治理机制，减少重大消费风险的发生。

第二，上述安全保障义务没有直接规定平台针对第三方侵权行为的事后责任类型，而是创设了平台事前的管理义务，是从事前合规管理义务向事后民事责任的转介条款。在“通知—删除”义务中，网络平台责任制度均为通过事后处置责任的设置，构建合理的第三方执行策略，规制网络用户行为。《电子商务法》第 38 条第 2 款对安全保障义务的强调不属于对直接侵权人责任的替代，至少不是完全替代，而是设置了平台一般的风险管控责任，责任内容显然不同。电子商务平台运营者界定为保证其数据处理行为合规性的直接责任人，需对其数据处理活动的安全性与正当性负责，基于数据处理能力电商平台获得庞大的信息和行为控制能力，监管者可以借用该信息控制能力保障重大法益，如个人隐私权、消费者生命健康权等。

第三，间接侵权责任向直接算法责任的发展体现了网络平台责任制度从具体行为规制到技术规制的功能扩展，是对大数据、人工智能等新技术和商业模式所带来的未知的社会风险的制度回应。危险责任代表了现代侵权法从个人理性向社会理性的转变，弥补过错责任对损害救济的不足，对技术进行强规制，避免“有组织的不负责任”[①]，提前防范与事后救济并重，以应对工业社会和大型组织化生产所带来的风险。[②] 对具体行为的规制往往依靠过错责任的事后追责就足以弥补损害，激励个人履行注意义务，但是对于大型企业的技术和组织风险，其影响不确定多数人，事后救济往往不符合制度的经济理性，必须依靠采取一定的事前治理措施，降低风险带来的社会影响。

① 高盼、邢冬梅：《乌尔里希·贝克技术风险思想探析》，载《科技管理研究》2017 年第 12 期。

② 参见龙卫球：《〈侵权责任法〉的基础构建与主要发展》，载《中国社会科学》2012 年第 12 期。

二、欧美网络平台民事责任制度

（一）早期的平台责任“避风港”

早期的互联网平台责任治理以实现互联网的商业自由为主要立法目的，同时兼顾网络执法的需求。对网络平台的规制宽容最早在互联网自由主义学说盛行的美国立法中确立。

20世纪90年代早期，平台连带侵权责任在美国得以发展的起因是为了遏制互联网上泛滥的诽谤信息和儿童色情信息，之后在版权执法领域得到最完整的法律确认。面对海量的线上诽谤信息，相比于直接追究发布侵权信息的个人用户是非常困难的，通过设置网络平台的“守门人”责任使平台提供者协助约束用户行为是一种更加理性的执法选择。最早的计算机交互平台连带侵权责任制度沿用了已有的线下机构“守门人”执法制度，类比出版商（publisher）责任与经销商（distributor）责任的区别①，以平台的技术实力和运营模式是否对用户内容进行编辑以及是否具备编辑的能力来判断平台是否需要对用户发布信息侵权承担连带责任，是否具有过错，保留了平台选择商业模式的自由。1991年的Cubby案和1995年的Stratton Oakmont案中，美国法院均沿用了线下机构“守门人”制度中判断连带责任的过错原则。②

真正对互联网平台的规制宽容是随着美国通讯与互联网立法中出现的责任豁免条款确立的。1996年的美国《通信净化法》第230条分别从两个方面对“互动式计算机服务的提供者”的责任进行了豁免。一方面，该法规定，不应将互动式计算机服务的提供者看作是由其他信息内容提供者所提供信息的出版者或发布者，从而免除了该类服务提供者对他人发布的非法信息内容的法律责任；另一方面，该法还规定，互动式计算机服务提供者基于善意而自愿地对网络上的不良信息内容获取采取限制措施的，将不因此而承担民事责任。《通信净化法》第230条的颁布，使得网络平台不必像传统的线下“守门人”那样承担沉重的法律责任，从而促进了互联网产业的发展。

在版权领域，1998年的美国《千禧年数字版权法》第512条规定了针对四类互联网服务的“避风港”条款：数据传输、路由与连接服务，系统缓存，信

① 经销商的商业模式决定了其不对内容进行编辑，除非有证据证明其明知或应知侵权内容的存在，否则经销商不承担连带的侵权责任；而出版商由于需要对所出版内容进行提前编辑，具有内容把关的能力，因而可能对不良内容承担严格责任。

② Cubby,Inc. v. Compuserve, Inc.,776 F.Supp.135(S.D.N.Y. 1991);Stratton Oakmont, Inc. v. Prodigy Service Co., 1995 WL 323710 (N.Y. Sup. Ct. May 24, 1995)。参见Jonathan Zittrain，*A History of Online Gatekeeping*，19 Harvard Journal of Law and Technology 253 (2006).

息储存，信息定位服务。[①] 在满足各自具体的责任豁免条件的前提下，后三类服务提供商在履行了“通知—删除”义务（网络数据传输服务商不需要承担“通知—删除”责任）之后，服务商将免于承担对所传输和储存内容的连带版权侵权责任。

欧盟早期数字通信立法也规定了类似的平台连带侵权责任的“避风港”条款。在2000年颁布的《电子商务指令》第12条至第14条中规定了提供单纯传输、缓存和存储服务的网络平台在不知道第三方内容侵权的情况下，不承担侵权责任。[②] 同时该指令的第15条明确禁止法律要求网络平台承担一般的内容审查义务，或者要求平台主动发现侵权事实的存在。2001年的《信息社会指令》也规定“临时复制”作为完成一个技术过程不可或缺的一部分，且不具有独立经济价值，不构成版权法中的复制行为，也不构成版权侵权。[③]

“避风港”条款沿用了互联网自由主义学说中政府规制逻辑遵循商业逻辑的网络平台责任治理价值取向，通过“避风港”条款确立清晰并且有限的网络服务商连带侵权责任范围，可以避免法律归责的不确定性造成的未知法律风险和前置内容审查义务对技术创新和言论自由造成的负担，保护互联网平台主体的商业自由，而减少政府对互联网平台的直接干预也被认为是对公众言论自由的尊重。

（二）欧美平台责任“避风港”规则的发展

“通知—删除”条款下的网络平台的归责原则是过错责任，网络平台处于被动中立的位置，无须事前内容审查发现违法事实，也无须主动介入违法事实的界定，“通知—删除”程序由权利人主动发出侵权通知而启动，平台只需要对通知的合法性作形式审查，并通过反通知程序平衡权利人与嫌疑用户的利益。因而，“避风港”规则不考虑网络平台的技术实力和商业模式是否足以支撑更大力度的网络执法。但是，互联网技术在不断进步，意味着网络平台可能利用更先进的侵权内容识别技术更有效地发现和制止侵权。为了在技术发展背景下平衡版权利益保护，美国《千禧年数字版权法》也意识到了这一问题，因而“避风港”条款的适用是有条件的，而非绝对的，其适用的前置条件包括要求平台采取制止反复侵权的政策和可兼容行业通行的技术措施以协助权利人版权实施两个方面。该法第512条（i）(1）款细化了这一义务：第一，网络服务提供者必须采取能够终止为反复侵权的用户提供服务的政策；第二，网络服务提供者必须通知服务对象前述政策的采用；第三，网络服务提供者必须能够兼容行业通

---

① See Digital Millennium Copyright Act , 17 U.S.C. Section 512 (a)-(d).

② See Directive 2000/31/EC of The European Parliament and of The Council.

③ See Directive 2001/29/EC of The European Parliament and of The Council 22 May 2001 on the harmonization of certain aspects of copyright and related rights in information society.

行的标准技术措施，而不能与之抵触。[①] 所谓的行业通行标准是指版权人使用的以识别和保护版权作品的技术措施，并且该技术措施的发展必须符合以下条件：首先，版权人与网络服务商通过公开、公正、自愿和跨行业标准协商过程达成广泛共识；其次，该技术措施能够被任何人合理和无差别地获取；最后，该技术措施不会给网络服务商的系统或网络造成过高的成本或负担。[②]

如果说美国《千禧年数字版权法》中对使用技术措施的立法要求依然保留了网络平台对用户侵权信息处置程序中的被动中立地位以及对合理成本的考量，那么，欧盟立法中的平台适用“避风港”规则的前置条件为政府行政和司法干预平台行为保留了更多的空间。欧盟《电子商务指令》第 12 条至第 14 条的“避风港”条款末尾均加入了对“避风港”规则进行司法和行政的限制的条款，规定“避风港”条款不应成为成员国的司法和行政机关依据本国的法律体系要求服务提供者终止或防止某项侵权行为的法律障碍。另外，欧盟《信息社会指令》第 8（3）条和欧盟《知识产权法律执行指令》第 11（III）条大大改善了具体权利人的权利保护状况，提高了网络执法的水平。

与美国公权力不主动干预平台商业自由的模式相比，欧盟立法中的网络平台协助权利实现义务在实践中出现了很多的争议。如 2013 年，一名西班牙公民在圣诞节前夕发现自己被断网了，后来他在一家报纸上才看到原来是因为一个归属于他的 IP 地址被发现存在分享版权作品的行为，一个本地的音乐制作者协会将他的网络宽带服务供应商告上了法院，要求该宽带服务商永远停止为其提供网络连接服务。巴塞罗那法院在该公民不在场的情况下，也未征求其网络服务商的抗辩意见，就下发了禁止其网络服务商为其提供网络连接服务的禁令。该案的判决引起了许多争议，学者普遍认为法院的做法侵犯了公民的基本权利，如接受公正审判的权利，判决结果也违背了公法干预的比例原则、必要性原则和有效性原则。[③]

另外，近几年的欧盟成员国司法判决中也频繁出现对“避风港”规则适用条件的扩大解释，要求平台承担更加积极的“守门人”义务，也引发了关于要求平台使用内容过滤技术作为版权执行措施的正当性的讨论。在法国的 Google Video 案中，法国巴黎高等法院认定 Google Video 即使在接到侵权通知之后迅速删除了用户分享的侵权作品也不适用欧盟《电子商务指令》第 14 条关于信息托管服务者的“避风港”条款。[④] 该法院认为采取技术措施阻止该侵权行为的再次发生，即“通知—禁止”义务是信息托管服务网站适用“避风港”条款的条

① See Digital Millennium Copyright Act, 17 U.S.C. Section512 (i)(2).

② See Digital Millennium Copyright Act, 17 U.S.C. Section512 (i)(2).

③ See Martin Husovec, Miquel Peguera, *Much Ado about Little–privately Litigated Internet Disconnection injunctions*, IIC–international review of intellectual property and competition law, 2015, 46(1): 10–37.

④ SARL Zadig Productions, Jean–Robert Viallet et Mathieu Verboud vs. Sté Google Inc. et AFA.

件，而非仅履行“通知—删除”义务。[①]

欧盟法院在2011年的Sabam诉Scarlet案判决中推翻了互联网服务提供商针对版权侵权的一般内容过滤和审查义务。2004年，原告Sabam公司作为一家负责代理音乐作品版权管理的公司，在发现其管理的音乐作品被使用Scartlet公司服务的P2P网站无授权分享后，要求Scartlet公司（一家互联网服务提供商）通过访问拦截或者其他手段阻止其网络用户继续通过P2P网站无授权地分享其音乐作品。布鲁塞尔初审法院经过专家论证，支持了原告的诉讼请求，颁布禁令要求Scartlet公司采用内容指纹技术过滤传输数据，阻止其用户通过P2P网站分享Sabam公司拥有版权的音乐文件。此案最终上诉至欧盟法院。欧盟法院在2011年作出判决推翻了原审判决，认为要求Scartlet公司使用内容指纹技术阻止用户版权侵权通过P2P网站分享音乐作品的禁令，将会引起互联网服务提供商针对所有用户和所有传输数据，无差别，无限期，并且由互联网服务提供商自负开支的预防性的内容审查。[②] 而此一般内容审查义务违反欧盟《电子商务指令》第15条对网络服务提供商一般内容审查义务的禁止规定，也违反了《欧盟人权公约》（ECHR）第8条的公民隐私权保护条款、第10条的公民言论自由条款，以及《欧盟基本权利宪章》第16条的商业自由条款。

从以上的欧盟立法和司法判例中可以看出，虽然近几年欧盟司法实践中出现了要求网络平台承担“通知—删除”（notice-take down）义务之外的“通知—禁止”（notice-stay down）义务，即要求网络平台在接到侵权通知时，超出“避风港”义务的范围，采取措施禁止侵权行为的再次发生。这一司法禁令表现了欧盟网络平台责任制度对版权等具体权利保护给予更多关照，但同时，欧盟立法和司法对公民基本权利尊重的传统又在一定程度上抑制了平台责任的过度扩张。

---

① See Christina Angelopoulos, Filtering the Internet for Copyrighted Content in Europe.

② Scarlet Extended SA vs. Société belge des auteurs, compositeurs et éditeurs SCRL (SABAM), at http://curia.europa.eu/juris/document/document.jsf?text=&docid=115202&pageIndex=0&doclang=EN&mode=lst&dir=&occ=first&part=1&cid=189608 (Last Visited on Aug. 1, 2022).

第八章　区块链法律制度

第一节　区块链基本原理与主要法律问题

一、区块链基本原理

（一）区块链的定义

自中本聪于2008年在《比特币：一种点对点的电子现金系统》一文中提出区块链（blockchain）一词以来，区块链技术便开始受到产业界的持续关注。在区块链技术发展早期，该项技术大多被视为比特币交易活动的底层技术之一，其广泛的商业应用前景并未得到关注；但是，伴随着智能合约的开发与应用，区块链技术开始独立于比特币并作为一种独立的信息应用技术。区块链技术凭借其不可篡改、可溯源、去中心化等技术特性成为各国信息技术发展战略的重要内容，在医疗保健、司法存证、产品溯源等领域产生业务内容优化的变革式影响。该文中，区块链被描述为一种按照时间顺序将数据区块用类似链表的方式组成的数据结构，并以密码学方式保证不可篡改和不可伪造的分布式去中心化账本，能够安全存储简单的、有先后关系的，能在系统内进行验证的数据。[①] 现阶段，主流观点认为，区块链技术是一种去中心化的由各个参与节点验证存储、不可篡改、可以追溯、具有继承性的分布式账本技术。[②] 也有学者将区块链技术描述为"一种参与者'点对点'的电子系统，首先依赖信息的分布式存储，参与者在信息交换过程中数据的真实性、不可篡改性以及工作量证明则通过特殊的算法逻辑实现"[③]。

有学者将区块链技术的发展分为三个阶段：在区块链1.0阶段（可编程货币），区块链技术通常被视为比特币的底层支撑技术，其技术应用场景主要围绕比特币区块链展开诸多业务及周边服务，如钱包、工具、交易所、挖矿、矿机业务等，故而产业界大多讨论的也仅是如何利用比特币进行交易，但由于比特

---

① 参见沈鑫、裴庆祺、刘雪峰：《区块链技术综述》，载《网络与信息安全学报》2016年第11期。

② 参见胡元聪：《区块链技术激励机制的制度价值考察》，载《现代法学》2021年第2期。

③ 赵磊：《区块链技术的算法规制》，载《现代法学》2020年第2期。

币转账的时间迟延，区块链1.0阶段开始发展至智能合约为新型技术形态区块链2.0阶段。在区块链2.0阶段（智能合约），区块链技术与电子货币结合，在金融领域具有更广阔的应用前景。这一阶段最具代表性的技术产品是以太坊，以太坊区块链建立了一套更为灵活而通用的框架系统，在协议层面和应用层面的创新使开发者能够轻松地在一个全新的应用程序集上创建新的协议，使用智能合约在其区块链上构建新的功能。以太坊区块链的核心与比特币区块链系统本身没有本质区别，不同之处在于以太坊区块链智能合约的实现，使得以太坊区块链的编程是图灵完备的，以太坊区块链支持了合约的编程，使得区块链技术不仅仅用于发行代币和转账交易，而且可以提供一些商业的和非商业的应用场合，如进行网上拍卖等。[①] 简单点说，这一阶段的区块链技术能够更有效地追溯数字资产与智能合约内容生成的途径，证明内容的归属及其真实有效性。在区块链3.0阶段（多链网络生态），区块链技术将被广泛应用于各个行业和领域，其所要实现的技术目标是各行业信息真实性的信任问题以及跨行业、跨领域的数据传输安全问题。也就是说，未来的区块链技术应用将会呈现平台化发展特征，不同功能的区块链系统之间可互联互通。[②]

（二）区块链的技术特征

区块链技术之所以能够得到产业界和学术界的广泛关注，是因为该项技术能够以更安全、更私密的方式存储数据，并且除非行为人能够劫持超过51%的网络节点，否则这些区块中存储的数据难以进行非法篡改。有学者将区块链技术特征总结为以下几个方面。[③]

1. 点对点的网络技术

点对点网络技术是一种无须中央服务器，用户群通过互联网连接、彼此交换信息而存在的分布式网络架构。用户加入系统的唯一要求是其电脑终端连接因特网和P2P软件，这使每个用户可以访问网络上成千上万的其他节点。点对点的信息传递，使得第三方信用中介成为多余，交易在双方当事人之间完成，简化了程序、压缩了成本。每一个节点都参与所有交易信息的验证，一方面起到见证的作用，另一方面使得信息不能被篡改。

2. 非对称加密技术

点对点技术在传递信息时，既要让全网获知，又要保护交易双方当事人的隐私，这是通过应用非对称加密技术实现的。非对称加密技术包含两个密钥，一个是公钥（public key），另一个是私钥（private key）。公钥用于对信息加密

---

① 参见傅丽玉、陆歌皓、吴义明、罗娅玲：《区块链技术的研究及其发展综述》，载《计算机科学》2022年第1期。

② 参见朱建明、付永贵：《区块链应用研究进展》，载《科技导报》2017年第13期。

③ 参见赵磊：《区块链类型化的法理解读与规制思路》，载《法商研究》2020年第4期。

且是公开的，所有参与者可见；私钥用于解密，只有信息的拥有者才有权用其解密。因为私钥与公钥不同，因此被称为非对称加密。非对称加密技术算法复杂、安全性强。通过综合运用该技术与点对点网络技术，可以建立分布式交易账本，并以呼叫问答机制向全网广播，网络节点不停地检查接收的数据，避免数据被篡改。

3. 时间戳和哈希加密算法

中本聪设计比特币遇到的最大难题是如何解决双重支付（double spend）问题，他的方案是通过区块链全网记账的方式，替代第三方信用机构。服务器通过对以区块形式存在的一组数据实施随机散列而加上时间戳，并将该随机散列进行广播，该时间戳能够证实特定数据于某特定时间是的确存在的，因为只有在该时刻存在才能获取相应的随机散列值。每个时间戳应当将前一个时间戳纳入其随机散列值中，每一个随后的时间戳都对之前的一个时间戳进行增强，这样就形成一个链条，每个区块都包含上一个区块的哈希值，区块之间的衔接也是通过哈希算法完成的。随机散列值及其运算方法就是哈希现金算法。

4. 共识机制

区块链技术是去信任、去信用的系统。这是因为，区块链建立了共识机制，即在一个互不信任的市场中，要想使各节点达成一致的充分必要条件是每个节点出于对自身利益最大化的考虑，都会自发、诚实地遵守协议中预先设定的规则。判断每一笔记录的真实性，最终将判断为真的记录记入区块链之中。

（三）区块链技术方案：公有链、私有链和联盟链

根据区块链技术内部结构的不同，区块链技术大致可以分为公有链、私有链和联盟链三种类型。公有链是指任何人都可以参与使用和维护，区块内存储的信息是完全公开的；私有链是对单独个人或组织开放的区块链系统，换言之，只有一个组织机构控制该私有链系统的信息写入与读取；联盟链则是介于公有链和私有链之间的第三类技术形态，是由部分权威网络节点控制对整个区块链信息写入和读取，该类区块链的使用是带有访问权限限制的。具体而言，这三类区块链技术形态主要存在下列特征。

1. 公有链

公有链的开放性和自由性决定了该类技术形态具有下述三类特点：一是所有网络节点地位平等，公有链程序开发者也无法过多干涉用户使用方式，用户权益更容易得到保障；二是任何用户都可以在任何地点、任何时间通过联网的计算机对公有链系统进行访问；三是公有链上的所有数据默认公开，公有链存储的交易信息会全网广播。

2. 私有链

由于私有链的信息录入权限是由特定组织或网络节点所掌控，依托私有链

的交易活动并不需要得到所有网络节点的共识记录，只需要部分高算力节点承认即可，因此私有链上交易效率明显高于公有链。并且所有参与节点均是可控且数量受限，交易的私密性和低廉的交易成本都能够得到保障，参与者非法获取区块内信息难度较大，外部网络攻击也难以渗透。如果私有链发生系统故障，完全可以采用人工干预的方式解决故障，交易环境能够得到保障。

3. 联盟链

虽然私有链具有安全性、易修复、成本低廉等技术特征，但由于权限集中于个别网络节点，其能够实现的技术效果着实有效。因此，以“部分去中心化”为基础的联盟链概念应运而生，由部分权威网络节点负责整个区块链系统的信息读取。在该模式下，参与节点的实际身份需要得到联盟验证和批准方可接入或退出。

除了上述分类模式之外，根据区块链功能的主次性，也可以将其划分为主链和侧链。侧链并非一种全新的区块链，而是为了缓解主链算法压力过大的一种技术安排。如果将中国人民银行发行人民币视为主链，那么微信、支付宝等第三方支付平台的结算活动则是侧链。

二、区块链主要法律问题

（一）区块链法律制度研究概况

国内外有关区块链技术应用的法律制度研究主要是从技术安全风险和技术应用合规两类视角予以展开。在技术安全风险层面，学者们在认可区块链技术自身所具有的数据安全存储和不可篡改等优点的同时，也发现区块链技术并非“绝对安全”，仍然存有数据丢失、共识机制被挟持等安全风险问题。因此，有学者将区块链技术本身的安全风险总结为内部技术风险和外部环境风险。内部技术风险主要包括信息安全风险和技术操作风险，这是因为“区块链应用技术的普及可能将解密次数和节点交易汇聚形成大数据，导致被‘推断’乃至被‘追溯’”。外部环境风险主要是指现行立法体系无法有效调整区块链应用方式，如数字加密已经超出我国证券法的调整范围。[①] 在技术应用合规层面，主流观点认为现行立法难以回应区块链技术在应用场景中所导致的新问题，尤其是去中心化的技术特征使得传统的中心化监管思路和归责逻辑无法正常使用。例如，在智能合约场景中，代码只能识别数据，但无法辨识行为人的主观状态和目的。倘若智能合约存在重大误解、欺诈以及双方当事人恶意串通损害第三人利益等情形，智能合约并不能对此进行识别并自动终止或中止执行。[②]

---

① 参见陈蕾、周艳秋：《区块链发展态势、安全风险防范与顶层制度设计》，载《改革》2020年第6期。

② 参见赵磊、石佳：《依法治链：区块链的技术应用与法律监管》，载《法律适用》2020年第3期。

（二）区块链存证的法律效力与现行证据规则的脱节

由于区块链的不易篡改性，存证溯源被视为短期内区块链技术落地产业化的重点领域。但是，区块链存证的法律效力及其能否作为电子证据的种类之一，始终存有争议。有学者总结道，区块链技术与现行证据法之间存在两个相互对应的结论：一是立足于区块链技术的可靠性，大多数情况下区块链证据是可以接受的，进一步而言，法律应该如何适应，以承认可靠的区块链证据，并排除不可靠的区块链证据；二是从传闻证据的视角来看，区块链记录与传闻证据的内涵相似，如果针对传闻证据的担忧延伸至区块链证据，则将产生传闻力质疑。[①] 此外，最高人民法院2021年6月发布的《人民法院在线诉讼规则》第16条至第19条将区块链技术界定为存储手段，区分了电子数据上链前与上链后的真实性标准。而在先前的《最高人民法院关于互联网法院审理案件若干问题的规定》第11条第2款中，区块链技术被视为与“电子签名、可信时间戳等”具有相同法律效果的证据形式。这种表述差异也被部分学者解读为“区块链技术证明究竟具有何种效力、区块链技术证明的限度如何理解，这些问题将是区块链存证行业发展亟须回应的制度问题”[②]。并且，现阶段第三方存证平台主体资格受到质疑，如“易保全”第三方存证平台在不同法院审理过程中并不当然被认可“电子许可证书”作为证据的真实性。[③]

（三）智能合约强制执行的合法性受到质疑

智能合约被视为技术优化后的合同形式，能够在合同当事人一方履约或违约之后自动选择相对应的合同条款予以自动执行。通说认为，智能合约的法律性质仍然是合同。要约说认为，“智能合约符合要约的标准，相应的履行及操作行为构成承诺”[④]。但问题在于，这种观点显然存在将智能合约与自动售货机的性质予以混淆的认知偏差，智能合约的内容仅仅限于“满足付款要求就交货”这一层面，并不包括一个典型要约的全部内容。虽然智能合约的自动履行条款给合同的变更戴上了枷锁，其旨在消除合同履行的不确定，却未能为不可避免的不确定预留必要的空间，给合同的履行带来了灵活性不足的问题。有学者指出，在融资租赁智能合约中，自动履行条款预先设定的“如果承租人按期缴纳

---

① 参见陈爱飞：《区块链证据可采性研究——兼论我国区块链证据规则的构建》，载《比较法研究》2022年第2期。

② 王超：《区块链技术证明的三重限度》，载《学习与实践》2022年第1期。

③ 参见段莉琼、吴博雅：《区块链证据的真实性认定困境与规则重构》，载《法律适用》2020年第19期。

④ Eliza Mik, *Smart Contracts: Terminology, Technical Limitations and Real World Complexity*, Law Innovation & Technology, Vol. 9 9(20179) , p.269.

租金满 10 期，就将融资租赁物移转承租人所有”的代码程序，会因出租人的瑕疵履行出现争议。此时，若承租人与出租人协商决定，减少租金以弥补承租人的损失，自动履行条款依照预设强制履行的程序，只能在合同履行完毕后，返还部分租金以实现事后的价值平衡。由此带来交易成本的提高、交易便捷性的降低、承租人风险的增加，明显有违智能合约设计的初衷。[①] 更重要的是，智能合约的代码设计只会按照既定的算法逻辑予以运行，难以直观地对复杂价值内容的事实予以分析和判断，这也导致模棱两可的条款表述难以被正确执行。

（四）区块链版权管理未能得到现行立法认可

区块链技术在溯源领域的应用使得其也被视为权利登记、作品溯源的重要技术保障，国内不少学者也开始研究区块链技术在版权登记和管理中存在的法律问题。当然，区块链应用于版权登记、许可授权以及后续权利仍然有诸多法律问题亟须解决，有学者将这些问题总结为：第一，登记确权的效力不明确，区块链数字版权登记书尚未取得版权登记机构的完全确认，其效力需要法院从真实性、客观性及关联性作出认证，且只被视为辅助证据。简言之，区块链数字版权登记确权证书不能单独作为证据来认定版权被侵权与否。第二，难以判断作品独创性，基于区块链技术的数字版权登记确权，由于数字内容上传到区块链平台是采用哈希值、时间戳予以记录，不是以作品思想的表达方式呈现，故难以识别该数字内容是否符合我国《著作权法实施条例》规定的独创性。第三，智能合约无法容纳“合理使用”的例外情形，因为智能合约是计算机代码，不具有法律效力，且版权人或者代表版权人的中介机构单方面的授权许可一般都是按照同类产品、作者知名度、销量等定价好的，排除了合理使用中的免费使用作品的情形，而合理使用主要是调整版权人和版权交易相对方之间的关系，故而合理使用并不会被置于智能合约的代码编写过程。第四，区块链在一定程度上限制了数字版权的修改权，区块链具有不可篡改性，数字版权数据信息一旦在区块链系统中上链，则无法篡改且会永久保存，但私有链等系统除外。作者一旦在区块链系统上传作品，则无法再对该作品作出任何修改，限制了版权人行使修改权。[②]

（五）区块链技术与个人信息保护规则存在内容冲突

区块链技术的种种技术优势确实改变了各行业数据安全的业务现状，但其内在的技术特征却与个人信息保护规则存在内容冲突，例如，区块链的不可篡

---

① 参见程乐：《双层结构下智能合约条款的建构路径》，载《法学评论》2022 年第 2 期。

② 参见李永明、赖利娜：《区块链背景下数字版权全链条保护的困境与出路》，载《科技管理研究》2022 年第 10 期。

改性限制了个人信息删除权、更正权的行使，尤其是公有链模式下区块内信息的透明性更是与个人信息私密性保护规则直接相悖。[①] 在个人信息删除权层面，有学者将链上删除权的形式与区块链信息记录完整、防篡改、溯源功能等技术特征之间的法律问题归纳为：第一，防篡改性是区块链的核心特征，从删除难度来看，立法所确立的各项规则在私有区块链尚有适用空间，但难以适用于公共区块链，此时，个人信息处理者如何与信息主体协作修改或删除链上的个人信息将成为一大难题。第二，当在区块链上处理个人信息时，如何在合理解释删除权的基础上遵守个人信息保护规则，减少其与数据最小化等原则的冲突，进而提供多元化的替代性删除方案，也是不可忽视的问题。第三，在完整性与不变性等因素的影响下，当个人信息添加到区块链中时，难以通过传统的数据删除技术对需要纠正的、非必要数据进行修改或删除。[②] 还有观点认为，区块链技术的去中心化特征虽然减少了由一个集中机构进行监控的机会，但去中心化技术网络的公开性和透明度也使得信息更容易受到第三方的影响。[③]

第二节　区块链的应用风险与规制

一、区块链的应用场景及其风险

（一）区块链的具体应用场景

在技术发展早期，区块链技术被视为能够应用于广泛业务领域的新兴技术，但伴随着商业实践和理论研究的不断深入，产业界普遍认为区块链应用场景范围应当有所限缩，应当将特定应用需求和区块链技术特征相互结合，充分发挥区块链技术的商业价值。例如，在中国信息通信研究院于 2018 年和 2021 年发布的《区块链白皮书》中，用于判断区块链应用场景的“选取决策树”有所变化，适合应用区块链技术的场景类型主要包括“传统业务场景中的降本增效”和“新兴业务中的价值传递”。至于没有必要应用区块链技术的场景主要包括以下三类：第一，不需要长期在不同主体之间存储数据；第二，允许录入数据后可随时更改或删除；第三，数据防篡改需求不明显。满足这些应用需求之一的，完全可以通过自建数据库等方式实现。从商业实践和理论研究成果来看，区块链技术应用场景大致包括链上存证、链上协作和链上业务增值三大类。

1. 链上存证应用场景

该类应用场景充分利用区块链存储信息不容易篡改、时间戳稳定等数据存

---

① 参见王禄生：《区块链与个人信息保护法律规范的内生冲突及其调和》，载《法学论坛》2022 年第 3 期。

② 参见陈爱飞：《解释论视域下的区块链个人信息删除权》，载《南京社会科学》2022 年第 6 期。

③ 参见江海洋：《论区块链与个人信息保护之冲突与兼容》，载《行政法学研究》2021 年第 4 期。

储优点，主要在权利溯源、审计业务、司法存证等领域具有乐观的应用前景。例如，在电子发票、电子证照领域，利用区块链技术可以确认发票、证照的真伪性以及制作时间；在农产品交易领域，利用区块链技术可以对农产品产地溯源，保护区域性品牌的商誉；在医疗保健领域，利用区块链技术可以在保护病人隐私的情况下对病人的病史、家族病等基本情况进行更准确的诊断。其中，最具代表性的应用类型属于智慧法院、司法大数据建设过程中的司法区块链。

2018 年 9 月，最高人民法院印发《关于互联网法院审理案件若干问题的规定》，首次承认区块链存证的电子数据可以用在互联网案件举证环节，同年，杭州互联网法院成为全国首家应用区块链存证技术进行案件审理的法院。2019 年初，广州互联网法院、北京互联网法院先后审理了有关区块链电子证据案件；2019 年 8 月，最高人民法院搭建适用了全国范围的“人民法院司法区块链统一平台”；2020 年，最高人民法院制定《司法区块链技术要求》《司法区块链管理规范》《司法区块链存验信息技术规范》《司法区块链管理规范》等一系列行业标准，进一步规范全国法院完成数据上链；2020 年 7 月，上海市普陀区人民法院在全国首例“非互联网法院使用最高人民法院司法链核验电子证据”的典型案例中，详细论证了司法链验证电子证据的基本规则；2021 年 6 月，最高人民法院在其发布的《人民法院在线诉讼规则》中对区块链存证的法律效力作出原则性规定；2022 年 5 月 25 日，最高人民法院发布《关于加强区块链司法应用的意见》，提出区块链技术在提升司法公信力、提高司法效率、增强司法协同能力、服务经济社会治理等四个方面典型场景的应用方向。

2. 链上协作应用场景

该类应用场景主要针对的是区块链技术可以同时读写数据的技术优势，在去中心化的技术方案下，多方主体可以进行大规模同步作业，是实现数据共享、数据互联互通的重要技术支撑。例如，在医疗保健领域，位于不同地点的医疗专家可以同步对病人症状进行会诊，又或是对可能存在的传染病传播链进行溯源追踪，明确可能的传播路径和感染源头；在政务服务领域，面对跨地区证件补办、社保缴费等政务活动，区块链技术方案可以在实现政务数据共享的前提下实现更加便捷的全国政务一体化；在农业领域，区块链技术可以服务于国家粮食安全战略，同步规划全国各地区、各类型农产品的种植面积、粮仓储备粮等活动；在金融领域，区块链技术数据的安全性和多节点记账的技术特征可以有效记录股票、证券交易信息，解决信息通信过程中可能存在的交易延迟问题。

3. 链上业务增值应用场景

该类应用场景主要是指依托区块链技术的创新型业务活动，其商业逻辑是为传统业务内容无法实现的交易模式提供技术支撑和技术保障。例如，在工业环保领域，有关能源交易、碳交易的制度探讨一直存在，但交易信息的完整性、准确性以及实时性难以得到保证。区块链的技术特征能够有效解决实践担忧。

在物流领域，由于区块链没有中心化节点，各个节点之间的实际地位相同，物流数据上链之后，使得已经销售出去的产品信息可以永久记录，可以有效预防二次销售，并且，商品从生产厂商到消费者的全物流过程都会被予以记载，能够第一时间发现中途私自拆开等行为。

（二）区块链应用的相关风险

相较于其他传统信息技术而言，区块链技术具有数据难篡改、完整准确存储数据等技术优势，但是，这种安全性并不等于绝对安全。例如，上海市市场监管局发布的《区域链技术安全通用要求》对区域链安全风险进行了分类（见表 8-1）。在实践中，区块链技术应用仍然存在共识机制漏洞、智能合约代码缺陷、密钥丢失危机等风险：第一，虽然共识机制是区块链技术的核心基础，但是其运作基础（多数投票机制）容易受到特别活跃节点的影响，例如，针对权益证明机制的 51% 算力攻击可以使矿机联合形成矿池，垄断采矿权、计费权和分配权，影响区块链生态安全。第二，智能合约往往被视为未来合同的新兴形式，但是智能合约的设计本质上是以设计合理安全的代码为前提的，代码自身的设计缺陷、访问权限漏洞等问题都会影响智能合约的执行。第三，在访问区块链存储的信息时，如果密钥被盗，用户无法访问对应区块信息，可能存在丧失部分数字资产的实际控制权的风险。[①] 这些技术风险在具体应用场景中也将引发一系列社会治理难题，具体如下。

1. 数据安全问题

区块链具有数据难篡改的技术优势仅仅针对区块链内部已经存储的数据，但是上链之前数据一旦受到污染，区块链内部存储的数据完整性、真实性、准确性也将无法得到保证。特别是在区块链多数投票机制被部分网络节点劫持的情况下，防篡改的技术方案并不能实现。

2. 数据上链前的真实性问题

区块链技术的安全性主要是指数据上链之后，任何个人或组织无法轻易地修改区块内信息，即便进行修改，其修改痕迹也都会被完整地记录下来。但如果数据在上链之前就存在虚假问题，区块链技术应用对此将无能为力。

3. 隐藏犯罪事实的问题

区块内部信息的访问往往需要公钥和私钥匹配才能进行，特别是在公有链技术模式下，节点之间无须相互信任，去中心化的技术逻辑完全可以使得双方基于匿名方式进行交易，这也使得交易内容、交易主体真实身份难以查明，洗钱、毒品买卖等犯罪事实更加隐秘，中心化的监管架构无法突破区块链技术固

① 参见欧阳日辉、李林珂：《区块链的风险与防范》，载《陕西师范大学学报（哲学社会科学版）》2021 年第 3 期。

有的匿名性。

表 8-1　上海市地方标准《区块链技术安全通用要求》中的区块链安全风险分类

<table>
<tr><th>层面</th><th></th><th>安全风险</th></tr>
<tr><td rowspan="11">基础设施层</td><td rowspan="5">存储</td><td>区块链节点部署的物理环境存在安全风险</td></tr>
<tr><td>存放存储设备的物理运行环境存在安全风险</td></tr>
<tr><td>数据库中可能存在未及时修复的安全漏洞</td></tr>
<tr><td>区块链相关设备存在软硬件漏洞</td></tr>
<tr><td>数据容量达到存储上限无法同步账本</td></tr>
<tr><td rowspan="4">网络</td><td>DDoS 攻击</td></tr>
<tr><td>病毒木马攻击</td></tr>
<tr><td>DNS 污染</td></tr>
<tr><td>路由广播劫持</td></tr>
<tr><td rowspan="2">计算</td><td>数据丢失和泄露的安全风险</td></tr>
<tr><td>数据不合规的安全风险</td></tr>
<tr><td rowspan="10">协议层</td><td rowspan="2">共识机制</td><td>由共识机制自身设计漏洞导致的安全风险</td></tr>
<tr><td>实际应用场景下的共识安全风险</td></tr>
<tr><td rowspan="3">密码学机制</td><td>来自密码算法的安全风险</td></tr>
<tr><td>来自密钥的安全风险</td></tr>
<tr><td>来自量子计算机的安全风险</td></tr>
<tr><td>时序机制</td><td>区块链节点未做时间同步，或时间同步过程被非法入侵</td></tr>
<tr><td rowspan="2">个人信息保护</td><td>身份信息泄露的安全风险</td></tr>
<tr><td>交易信息泄露的安全风险</td></tr>
<tr><td rowspan="2">组网机制</td><td>由 P2P 技术缺陷带来的安全风险</td></tr>
<tr><td>由设备故障导致的安全风险</td></tr>
<tr><td rowspan="10">扩展层</td><td rowspan="6">智能合约</td><td>编译语言不成熟</td></tr>
<tr><td>合约代码存在漏洞</td></tr>
<tr><td>合约内容不符合相关法律规范</td></tr>
<tr><td>智能合约的运行环境没有与外部隔离，导致系统遭受攻击</td></tr>
<tr><td>智能合约在调用时会涉及类型匹配、Gas 限制、堆栈限制以及调用逻辑等问题，恶意攻击者能够在调用时利用代码或者逻辑上的漏洞，对合约进行攻击</td></tr>
<tr><td>智能合约访问外部数据时，不能保证不同节点访问的数据的一致性与真实性，也无法避免数据提供网站恶意变更数据或被攻击引起单点失效问题</td></tr>
<tr><td rowspan="4">服务与访问</td><td>非法用户接入</td></tr>
<tr><td>非授权访问</td></tr>
<tr><td>缺乏安全管理机构及监管审计机构参与管控区块链系统</td></tr>
<tr><td>开源区块链软件因开发问题引发输入验证、API 误用、内存管理等安全漏洞</td></tr>
</table>

4. 隐私泄露问题

公有链由于全体成员共同参与，在隐私保护层面存在更大的风险。在公有链模式下，任何人都有权读取区块链信息，如果个人所掌握的私钥泄露，个人信息和个人隐私在全网进行公开，将会产生严重的损害结果。私有链则是以牺牲区块链的关键优势，将区块链应用进行限定，允许特殊节点的存在，只有这些存储节点才有权对信息进行修改、录入，数据的获取途径受到限制，隐私的保护力度更强。但是私有链最大的问题就在于有限的去中心化，用户需要依赖管理区块链的公司，其"单一的高度信任"意味着私有链无法得到广泛应用。如果是数个跨国集团之间的联盟链，资产数字化后所有权转移时，由于世界各国和地区之间所有权转移的法律规定不同，对书面凭证和数字凭证的法律效力优先性无法确定，资产所有权转移效力认定可能会存在冲突。

二、区块链应用的规制模式

（一）我国现行立法对区块链技术应用的规制模式

我国现行立法有关区块链技术应用的相关规定主要集中在"区块链存证的证据规则"和"网络信息服务活动中区块链技术应用监管要求"两大领域，相关规范性文件主要包括以下几个。

1.《区块链信息服务管理规定》

该规定是我国首部专门规定区块链信息服务活动监管要求的部门规章，虽然全文只有短短的 24 条，但是对区块链信息服务的基本概念、服务提供者的法定义务以及相应的法律责任均作出了详细规定。该规定第 2 条将"区块链信息服务"限定为基于区块链技术或者系统，通过互联网站、应用程序等形式，向社会公众提供信息服务；"区块链信息服务提供者"则是指向社会公众提供区块链信息服务的主体或者节点，以及为区块链信息服务的主体提供技术支持的机构或者组织。区块链服务提供者的具体法定义务包括新型产品或服务的安全评估、用户真实身份认证、公开管理规则和平台公约、履行备案手续、制定和实施区块链信息服务使用者的内部管理机制、接受社会公众监督等内容。

2.《最高人民法院关于加强区块链司法应用的意见》

该意见提出区块链司法应用的基本原则包括"坚持依法统筹、注重协同联动""坚持开放共享、注重标准先行""坚持应用牵引、注重创新发展""坚持安全可靠、注重有序推进"四项内容。并且，该意见还明确指出区块链司法应用对司法业务流程优化的重要作用，支持立案信息流转应用、调解与审判流程衔接应用、审判与执行流程衔接联动、提升执行效率、执行干警便捷办案，以此提高司法审判效率。地方法院对区块链司法应用也进行了积极的改革探索并取得良好效果（见表 8–2）。

表 8–2　法院应用区块链的改革探索[①]

序号	法院	司法区块链名称	主要特点
1	北京市	天平链	可信电子证据区块链平台——天平链，完成版权、著作权、互联网金融等 9 类 25 个应用节点数据对接，以天平链存证提交审理案件 331 件，促进了电子证据存证难、取证难、采信难问题的解决
2	广州市	互联网智能审理平台	广州互联网法院智慧审理平台，引入 5G、区块链等技术成果，提供"一键立案、一键调解、一键调证、一键审理、一键送达"全流程在线诉讼服务，完善证据存取、文书送达智能化辅助功能，利用平台电子送达累计 2 万余人次，成功率达 98%，存取证据 139 万余条（涉互联网金融类证据 62 万余条），大幅缩短了案件审理周期
3	浙江省	司法区块链平台	杭州互联网法院首创异步审理模式，率先上线司法区块链平台，探索人工智能在审判全流程应用，实现 1849 件金融借款案件智能裁判，法官每案投入工作时间仅 80 分钟
4	吉林省	全国首批应用区块链技术存储、管理电子档案的法院	截至 2019 年 8 月末，全省法院上链电子档案材料 312 万份，文件材料上链 446253 份；强化"四类案件"智能监管；开发上线院庭长监督管理系统，全面提高审判管理信息化操作水平

3.《人民法院在线诉讼规则》

该规则主要规定的是依托电子诉讼平台，在线完成立案、调解、证据交换、询问、庭审、送达等全部或者部分诉讼环节的相关要求。其中，第 16 条至第 19 条对区块链技术存证的法律效力和证据规则均有所提及。如果当事人作为证据提交的电子数据系通过区块链技术存储，并经技术核验一致的，人民法院可以认定该电子数据上链后未经篡改，除非存在相反证据能够予以推翻证明事项。

此外，地方政府也开始在产业保障政策和技术安全标准等层面对区块链技术应用提出相关监管要求。例如，上海市地方标准《区块链技术安全通用规范（征求意见稿）》于 2020 年 9 月对外征求意见。其中区块链技术架构被划分为扩展层（智能合约、服务与访问）、协议层（共识机制、密码学机制、时序机制、个人信息保护、组网机制等）、基础设施层（存储、网络、计算等），并在三层架构下提出包含数据安全、共识安全、个人信息保护、智能合约安全和内容安全五个层面的总体安全目标。而在全国信息安全标准化技术委员会发布的《信息安全技术 区块链技术安全框架（征求意见稿）》中，区块链技术安全框

① 参见杨继文：《区块链证据规则体系》，载《苏州大学学报（哲学社会科学版）》2021 年第 3 期。

架结构则是由区块链密码支撑、安全功能组件、安全管理运行和区块链角色四个部分组成，并提出区块链监管者的安全职责主要包括但不限于：（1）制定并发布对区块链业务提供者及其业务监督管理的规章制度；（2）对业务活动及其风险进行监管，分析、评价区块链风险状况；（3）会同区块链业务提供者及有关部门建立突发事件处置制度，制订区块链突发安全事件处置预案。

（二）国外现行立法对区块链技术应用的规制模式

在国外，各国普遍加速推进区块链技术应用的配套制度供给，试图在保障区块链产业高速发展的同时，提前消解可能发生的安全风险和技术隐患。但区块链技术仍然处于发展阶段，产业的发展方向和未来趋势尚不明晰，故而监管政策和相关立法普遍维系了一种开放式态度，即仅在原则性层面规定了区块链技术服务提供者应当保障技术安全，并出台相关鼓励政策推动区块链产业发展。如瑞士在2020年9月通过《区块链法案》，允许使用具有加密货币和区块链技术的应用程序。美国参议院商业、科学和交通委员会于2019年7月9日批准了《区块链促进法案》，旨在推动区块链技术定义及标准统一。马耳他则是通过《创新技术安排和服务法案》（ITAS）、《马耳他数字创新管理法案》（MDIA）和《虚拟金融资产法案》（VFA）三部立法对区块链技术和加密货币市场进行专项监管。国外区块链技术应用相关立法趋势的总体特征表现为立法者普遍没有选择在规范性文件中明确服务提供者的具体义务内容，多为区块链技术应用形式的法律性质确认。

美国联邦政府将区块链技术产业发展与应用安全纳入国家经济发展战略的重要目标。《2018年国防授权法案》规定国防部长对区块链技术进行安全评估，评估维度包括区块链技术和其他分布式数据库技术潜在的进攻和防御型网络应用；外国势力、极端组织和刑事犯罪网络对该技术的利用；联邦政府和基础设施网络对该技术的使用或计划使用情况；关键基础设施网络对网络攻击的脆弱性。不过，在州政府层面，区块链立法却呈现出碎片化和零散化立法特征，有学者将各州区块链相关立法内容总结为四个方面：第一，承认区块链是一种合法的电子记录，可以用于签名、合同、记录等保障，如亚利桑那州、内华达州、俄亥俄州、田纳西州、伊利诺伊州等。第二，禁止对使用区块链技术征税或收费以及施加证书、许可证等限制，如科罗拉多州、内华达州、伊利诺伊州。第三，允许私营部门使用区块链技术来管理股东信息和股票发行、交易记录等，如特拉华州、加利福尼亚州、怀俄明州等。第四，允许政府部门使用区块链技术。例如，科罗拉多州要求州部门在接受商业许可记录和向其他部门和机构分发部门数据时，考虑使用分布式分类账技术。需要注意的是，尽管各州区块链相关法案频出，但是这些法案大多未能转化为有效的法律法规，其背后的原因在于过早的专项立法可能会限制区块链产业的正常发展。

（三）学界有关区块链应用的理论学说和制度建构

早期区块链技术相关的理论研究多是围绕技术应用场景假想进行安全风险评估和未来可能采取的规制方案，研究对象也是以金融领域区块链技术应用监管模式为主要内容。有观点认为，应当借鉴国外金融监管的经验，形成我国“沙箱监管”的基本框架，严格把控区块链金融创新业务企业的沙箱准入门槛，部门信用较好、具备金融业务资质的企业可以延展其获批的业务范围，准许其进入沙箱。[①] 也有观点认为，应当尽早制定金融区块链的应用标准，如数字货币的标准、数据接口的标准、分布式账簿的记账标准、共识机制的标准、智能合约的标准等。[②] 还有观点认为，在技术应用模式尚未成熟的前提下，我国应当重视交易所的自律监管，把监管权限下放到交易所，鼓励交易所进行“区块链+证券”试点，制定自治规则。[③]

在司法区块链建构、区块链版权管理等技术深入融合应用的大背景下，区块链相关法律制度的研究重心开始发生转移。部分学者已经意识到区块链技术并非没有任何弊端和安全风险，部分企业声称的区块链技术落地应用不过是商业炒作。从区块链存储信息的不可篡改、完整记录录入及修改区块信息等技术特征来看，区块链技术最有可能取得实质性应用突破的领域是存证溯源领域。因此，区块链存证的法律效力问题以及区块链存证如何应用于举证、质证环节成为区块链理论研究的重点和热点。在证据规则层面，如果区块链存储的全部事实内容被其他证据分别印证，即便其他证据能够印证的仅是区块链证据的某个环节，但该项技术固有的不可篡改性可以使得区块链证据在事实认定中发挥“数据证人”的作用。[④] 学者们常将区块链证据置于电子证据规则框架下进行比较，传统理论中的电子证据真实性需要满足载体真实、数据真实和内容真实三个层面的要求；而区块链证据自身的技术特征能够以另一种方式满足电子证据规则所要求的“真实性”：一是区块链证据载体内容可相互印证，因为区块信息录入的技术逻辑是共识机制；二是区块链证据借由哈希算法可重复检验；三是区块链证据具有客观性，即个别参与者无法篡改区块信息；四是区块链证据具有稳定性；五是区块链证据具有痕迹可补强性，区块账本、状态账本和历史账本使得区块链具有自我鉴真的能力。[⑤] 在解释区块链证据的关联性、合法性认定

---

① 参见陈志峰、钱如锦：《我国区块链金融监管机制探究——以构建“中国式沙箱监管”机制为制度进路》，载《上海金融》2018 年第 1 期。

② 参见黄锐：《金融区块链技术的监管研究》，载《学术论坛》2016 年第 10 期。

③ 参见万国华、孙婷：《“区块链+证券”的理想、现实与监管对策研究》，载《上海金融》2017 年第 6 期。

④ 参见邓永民、徐昕：《区块链证据“客观印证”的合理性思考》，载《河南师范大学学报（哲学社会科学版）》2022 年第 3 期。

⑤ 参见伊然：《区块链存证电子证据鉴真现状与规则完善》，载《法律适用》2022 年第 2 期。

规则时，关联性认定并未对区块链技术产生实质性影响，因为区块链证据仅能利用区块链技术说明区块内的电子证据未被篡改、得到安全级别高的保护，不能证明区块内的证据与案件事实的关联性；合法性认定主要针对的是数据上链前的程序合法性以及区块链存证内容和方式的合法性，尽管现行立法并未明确提及区块链证据的合法性标准，但伴随着区块链存证的普及，合法性认定不仅需要技术背书，还需要满足法定程序要求。[①]

① 参见刘学在、阮崇翔：《区块链电子证据的研究与思考》，载《西北民族大学学报（哲学社会科学版）》2020 年第 1 期。

第九章　电子商务与互联网金融制度

第一节　电子商务法概述

一、电子商务与电子商务法

（一）电子商务的定义

广义的电子商务（Electronic Business），是指一切以电子技术手段所进行的、一切与商业有关的活动。[①] 通常所说的电子商务，是指狭义的电子商务（Electronic Commerce），即利用计算机技术、网络技术和远程通信技术，实现整个商务（买卖）过程中的电子化、数字化和网络化。

电子商务的发展经历了两个阶段：基于电子数据交换的电子商务（20 世纪 60 年代至 90 年代）和基于互联网的电子商务（20 世纪 90 年代至今）。电子数据交换（EDI）是将业务文件按一个公认的标准从一台计算机传输到另一台计算机的电子传输方法。由于这种方式的推广大大减少了纸张票据，因此也称其为无纸贸易或无纸交易。20 世纪 90 年代后，互联网迅速普及化、国际化，并且逐渐从大学和科研机构走向社会大众，其功能也从纯粹科学研究扩展到一般民众的信息共享。"互联网 + 商务"的模式体现出了线下传统交易所不具备的优势，如降低成本、信息迅捷、突破贸易的时空局限性等，建立在技术变革基础上的商贸模式革新自其产生之后，便飞速扩张，极大地推动了商务与互联网技术的发展，真正实现了贸易的全球化。

国务院办公厅于 2005 年发布《关于加快电子商务发展的若干意见》指出，电子商务是国民经济和社会信息化的重要组成部分。发展电子商务是以信息化带动工业化，转变经济增长方式，提高国民经济运行质量和效率，走新型工业化道路的重大举措，对实现全面建成小康社会的宏伟目标具有十分重要的意义。2005 年 4 月 1 日，《电子签名法》颁布实施，为电子支付提供了法律依据，也为电子商务的发展扫清了安全、信用问题等核心障碍。自此之后，中国的电子

① 参见张楚：《电子商务法》，中国人民大学出版社 2011 年版，第 2 页。

商务进入了快速发展期。

在《电子商务法》颁布之前，商务部于 2009 年发布的《电子商务模式规范》中，将电子商务界定为，依托网络进行货物贸易和服务交易，并提供相关服务的商业形态。《电子商务法》第 2 条第 2 款明确规定，电子商务是指通过互联网等信息网络销售商品或者提供服务的经营活动。

（二）电子商务法的内涵与外延

广义的电子商务法，是指调整电子商务活动的法律规范的总称。在众多的法律规范中，自 2019 年 1 月 1 日起实施的《电子商务法》是我国电子商务领域的综合性、基础性的法律。《民法典》作为我国民事基本法及市场经济的基本法，在《电子商务法》没有特别规定的情况下，亦可以适用于调整电子商务法律关系。除此之外，《反不正当竞争法》《消费者权益保护法》《市场主体登记管理条例》等法律、法规中亦包含有大量的关于电子商务的法律规范。鉴于《电子商务法》在电子商务法律制度中处于核心地位，因此，本章将重点对《电子商务法》的主要内容进行介绍。

《电子商务法》对于其调整对象进行了界定。该法第 2 条第 2 款将电子商务定义为："通过互联网等信息网络销售商品或者提供服务的经营活动。"对此项规定的理解需要注意以下几个方面：第一，电子商务的交易方式为通过互联网等信息网络进行交易。所谓信息网络除了明确列举的互联网之外，还包括移动互联网、电信网、物联网等。且此处的"等"应该理解为等外等，即立法者为未来科技的发展与可能新出现的电子商务信息网络的类型预留了空间。第二，销售商品和提供服务的范围应从广义上理解，其中销售商品既应包括销售有形产品，也包括数字音乐、计算机软件等无形的数字产品的交易。提供服务即指在线提供的服务，如云服务、网络游戏等，或者是在网上订立服务合同，而线下实际履行，如在线点餐、在线打车等。此外，与销售商品和提供服务相关的、提供辅助和支撑的服务，如电子支付、物流快递、信用评价、网店装潢设计等，也被纳入《电子商务法》的调整对象。第三，经营活动是指以营利为目的的持续性商事活动，因此，互联网上发生的零星偶发性商品销售及服务提供行为均不属于《电子商务法》的调整对象，如自用的二手商品转让等。

《电子商务法》第 2 条第 3 款规定："法律、行政法规对销售商品或者提供服务有规定的，适用其规定。金融类产品和服务，利用信息网络提供新闻信息、音视频节目、出版以及文化产品等内容方面的服务，不适用本法。"对于该规定，应当区分情况而论：第一，《电子商务法》作为电子商务领域的基础性法律，所规范的调整对象若属于其他法律、行政法规有特别规定的交易产品或服务，则应适用其他法律、行政法规中的特别规定。对于金融类产品和服务的网上销售，应当适用中国人民银行等金融监管部门颁布的法规、规章等规范性文件。[①] 第二，对于利用信息网络提供新闻信息、音视频节目、出版以及文化产品等内容方面的服务，应该区分信息提供、发表或出版等内容是生产行为还是交易行为而分别适用法律，在信息提供、出版、发表等行为方面应当适用国家关于网络信息传播的法律以及国务院发布的《互联网信息服务管理办法》《信息网络传播权保护条例》等行政法规，以及国家网信办、文化和旅游部等关于网络信息传播的部门规章，但在音视频节目、电子书等文化产品作为网上交易对象时，应当适用《电子商务法》等相关法律的规定。第三，国家市场监督管理总局2021年颁布的《网络交易监督管理办法》第2条第2款规定："在网络社交、网络直播等信息网络活动中销售商品或者提供服务的经营活动，适用本办法。"因此，对于社交平台或网络直播平台中的具体经营行为应当进行具体判断，若其从事的是销售、带货或符合法律规定的提供服务的经营活动，也应当属于电子商务活动，从而受到《电子商务法》等相关法律的规范。也就是说，除特别法另有规定之外，在面对实践中的具体情况时，应对行为本身进行实质判断，只要其行为本身符合通过互联网等信息网络销售商品或者提供服务的经营活动的特征，就应属于《电子商务法》的调整对象。

《电子商务法》第2条第1款规定："中华人民共和国境内的电子商务活动，适用本法。"但与此同时，该法又在第26条、第71条至第73条中对跨境电子商务进行了规定。这表明，跨境电子商务并未被排斥在《电子商务法》的适用范围之外。[②] 那么对其适用范围的规定"境内的电子商务活动"究竟应如何理解？首先，从属人性角度而言，凡在我国境内依据我国法律登记设立的境内经营者，无论其是否从事跨境电子商务活动，均受《电子商务法》的调整。其次，从属地主义而言，即使是外国人或无国籍人在我国境内通过互联网从事的电子商务活动，也均受《电子商务法》的调整。[③]

二、电子商务法的基本原则

（一）电子商务促进原则

促进电子商务的创新、高质量发展是电子商务法的一个重要原则。《电子商务法》第3条规定："国家鼓励发展电子商务新业态，创新商业模式，促进电子商务技术研发和推广应用，推进电子商务诚信体系建设，营造有利于电子商务创新发展的市场环境，充分发挥电子商务在推动高质量发展、满足人民日益增

① 相关具体内容参见本章第四节。

② 参见电子商务法起草组编著：《中华人民共和国电子商务法条文释义》，法律出版社2018年版，第22页。

③ 参见郭锋等编著：《中华人民共和国电子商务法法律适用与案例指引》，人民法院出版社2018年版，第44页。

长的美好生活需要、构建开放型经济方面的重要作用。”除此之外，该法第五章设专章规定“电子商务促进”，从电子商务创新发展、绿色发展、产业发展基础建设、电子商务与各产业的融合发展、数据应用和共享、信用评价体系建设、跨境电子商务促进等方面进行了具体规定。

（二）线上线下平等原则

线上线下平等原则是民法平等原则在电子商务领域的具体体现之一。《电子商务法》第4条规定：“国家平等对待线上线下商务活动，促进线上线下融合发展，各级人民政府和有关部门不得采取歧视性的政策措施，不得滥用行政权力排除、限制市场竞争。”这一原则要求在国家立法与地方各级人民政府的政策制定和实施过程中，应当平等对待通过互联网等信息系统进行的经营活动与传统线下经营活动，无论在市场准入、交易规则、消费者保护、税收等方面均不应使线上或线下交易处于实质不平等地位，维护公平市场环境。

（三）平等保护与特殊保护并重原则

《电子商务法》第5条规定：“电子商务经营者从事经营活动，应当遵循自愿、平等、公平、诚信的原则，遵守法律和商业道德，公平参与市场竞争，履行消费者权益保护、环境保护、知识产权保护、网络安全与个人信息保护等方面的义务，承担产品和服务质量责任，接受政府和社会的监督。”

一方面，电子商务本质上仍是民事法律关系，平等、自愿、公平、诚信原则及绿色原则是《民法典》中所确立的我国民法基本原则，《电子商务法》中对此进行确认与援引，表明电子商务经营者作为商事主体，在与线下经营主体享有平等权利的同时，也同样应当遵守民法基本原则。诚信原则作为民法的“帝王条款”，在电子商务领域有其特别突出的价值。互联网不是法外之地，而由于网络交易的特殊性，双方当事人“隐藏”在网络两端，距离遥远、互不相识，商品和交易环境也是虚拟的，正是由于这种交易“看不见、摸不着”，相比于在线下实体店的销售而言，双方之间信赖的建立是电子商务的根基。在电子商务领域，由于平台的特殊地位，公平竞争原则可以具体体现为电子商务平台不得进行不合理限制或附加不合理条件、不得滥用地位排除和限制竞争（包括平台不得要求“二选一”等）、不得虚假宣传等方面。

另一方面，电子商务与传统的线下交易相比，一个重大变化在于，互联网等信息网络的传播使得电子商务经营者的产品与服务宣传的潜在交易对象可能是社会公众中的任何一个不特定相对人。这在扩大了销售市场的同时，也使得其销售行为可能需要负担更多基于公共利益保护的义务。不仅民法基本原则在《电子商务法》中有了新的、更广泛而具体的含义，《电子商务法》还进一步规定了诸多特别保护原则，尤其是在消费者保护、产品责任、网络安全与个人信息保护等一直以来纠纷与投诉较多的方面，电子商务经营者应守法自律，并接受监督。

第二节 电子商务经营者制度

一、电子商务经营者制度概述

所谓法律主体，是指在法律规定中确定的，享有权利、负担义务和承担责任的人。《民法典》第2条规定："民法调整平等主体的自然人、法人和非法人组织之间的人身关系和财产关系。"因此在我国，民事主体包括自然人、法人和非法人组织等类型。具体在电子商务中，则体现为电子商务经营者与作为交易相对方的企业、消费者以及政府等。

根据商务部《电子商务模式规范》的规定，我国主要的电子商务模式可以细分为企业之间（Business to Business，简称B2B）、企业和消费者之间（Business to Consumer，简称B2C）、个人之间（Consumer to Consumer，简称C2C）、政府和企业之间（Government to Business，简称G2B）通过网络通信手段缔结的交易和服务。其中，企业之间的交易模式又分为网上交易市场和网上商务两种：前者指提供给具有法人资质的企业间进行实物和服务交易的由第三方经营的电子商务平台；后者则是具有法人资质的企业在互联网上注册网站，向其他企业提供实物和服务的电子商务平台。而企业和消费者之间也可以根据电子商务平台是否由第三方经营划分为网上商厦（web mall）和网上商店（web store）：前者是指提供给企业法人（或其他组织机构）或法人委派的行为主体在互联网上独立注册开设网上商店，出售实物或提供服务给消费者的由第三方经营的电子商务平台；后者则是企业法人（或其他组织机构）或法人委派的行为主体在互联网上独立注册网站、开设网上商店，出售实物或提供服务给消费者的电子商务平台。除此之外，还有由第三方经营的电子商务平台提供给个人间在网上进行实物和服务交易的网上交易市场以及政府或政府授权的机构在网上面向法人进行采购的电子商务平台。

《电子商务法》第9条规定，所谓电子商务经营者，是指通过互联网等信息网络从事销售商品或者提供服务的经营活动的自然人、法人和非法人组织，包括电子商务平台经营者、平台内经营者以及通过自建网站、其他网络服务销售商品或者提供服务的电子商务经营者。电子商务经营者可以是自然人、法人或非法人组织，即《民法典》中关于民事主体规定的类型在符合法律规定的条件下都可以成为电子商务经营者。在电子商务经营者概念之下包括了电子商务平台经营者、平台内经营者和通过自建网站、其他网络服务销售商品或者提供服务的电子商务经营者等类型。之所以采用这种规范方式，而没有直接以"电子商务平台”等作为立法规范的对象，主要目的是使相关概念保持一定的开放性，为电子商务主体类型在未来的发展保留最大的空间。[①]

电子商务平台经营者是指在电子商务中为交易双方或者多方提供网络经营场所、交易撮合、信息发布等服务，供交易双方或者多方独立开展交易活动的法人或者非法人组织。《电子商务法》专设一节对电子商务平台经营者进行规定，可见其在电子商务活动中的重要地位。另外，通过电子商务平台销售商品或者提供服务的电子商务经营者称为平台内经营者。平台内经营者通常通过与电子商务平台签订服务协议等形式依托第三方平台进行经营活动，因此，从形式上看其双方之间属于平等主体之间的合同法律关系。但实质上，电子商务平台对平台内经营者享有管理、控制、排名、评价等权利，可对其通过各种形式进行调控和影响，因而平台对于平台内中小经营者而言往往属于强势一方。因此，《电子商务法》在电子商务经营者中，核心规范对象是电子商务平台经营者。

二、电子商务经营者的一般义务

作为电子商务主体，电子商务平台经营者、平台内经营者以及通过自建网站、其他网络服务销售商品或者提供服务的电子商务经营者均应遵守《民法典》《电子商务法》等法律为其设定的一般性义务。

（一）登记义务及其豁免

作为“线上线下平等原则”的体现，电子商务经营者通过互联网等信息网络从事经营活动，应当依法办理市场主体登记，不得违反法律、法规及行政规章等，从事无证无照经营。

在登记义务原则之下，《电子商务法》等法律法规规定了几类可以豁免登记的情形，具体包括：第一类，个人销售自产农副产品、家庭手工业产品。对此需注意的是，从事交易的主体限于“个人”，也就是自然人，而不包括法人或非法人组织；必须是“自产自销”，排除中间商收购转售的情形。可见这一豁免规则是与我国对农村承包经营户免于商事登记的规则相一致的。第二类，个人利用自己的技能从事依法无须取得许可的便民劳务活动。《网络交易监督管理办法》进一步列明此类包括：个人通过网络从事保洁、洗涤、缝纫、理发、搬家、配制钥匙、管道疏通、家电家具修理修配等依法无须取得许可的便民劳务活动。第三类，零星小额交易活动。这是专门针对小商人的豁免登记制度。《网络交易监督管理办法》规定，个人从事网络交易活动，年交易额累计不超过10万元

① 参见电子商务法起草组编著：《中华人民共和国电子商务法条文释义》，法律出版社2018年版，第47页。

的，不需要进行登记。对其交易额的计算，若同一经营者在同一平台或者不同平台开设多家网店的，各网店交易额合并计算。但是作为例外，如果个人从事的零星小额交易须依法取得行政许可的，应当依法办理市场主体登记。最后一类为依照法律、行政法规不需要进行登记的情形。《电子商务法》对于自然人商人采取的分类调整、分层监管的规范方式，对于鼓励创业、提升市场经济活跃度和推动电子商务创新发展有着重要的意义。

针对不在线下实体经营而仅通过网络开展经营活动的平台内经营者，如果其申请登记为个体工商户的，可以将网络经营场所登记为经营场所，将经常居住地登记为住所，其住所所在地的县、自治县、不设区的市、市辖区市场监督管理部门为其登记机关。同一经营者有两个以上网络经营场所的，应当一并登记。平台内经营者申请将网络经营场所登记为经营场所的，由其入驻的网络交易平台为其出具符合登记机关要求的网络经营场所相关材料。

同时，对于电子商务经营者从事经营活动，依法需要取得相关行政许可的，应当依法取得行政许可。

（二）依法纳税义务

《电子商务法》第 11 条规定，电子商务经营者应当依法履行纳税义务，并依法享受税收优惠。依照前条规定不需要办理市场主体登记的电子商务经营者在首次纳税义务发生后，应当依照税收征收管理法律、行政法规的规定申请办理税务登记，并如实申报纳税。纳税义务属于公法上的义务，《电子商务法》中对此进行确认，而具体的税种、税率等需根据我国税收征管的相关法律法规予以确定。2021 年 3 月，《政府工作报告》中将小规模纳税人增值税起征点从月销售额 10 万元提高到 15 万元。由于新冠疫情的影响，2022 年 3 月，财政部发布《关于对增值税小规模纳税人免征增值税的公告》，自 2022 年 4 月 1 日至 2022 年 12 月 31 日，增值税小规模纳税人适用 3% 征收率的应税销售收入，免征增值税；适用 3% 预征率的预缴增值税项目，暂停预缴增值税。这对于大量从事电子商务的小商人而言无疑是具有较大影响的政策利好。

需要注意的是，随着直播经济的发展，网络直播平台及其他平台内通过直播等形式进行商品或服务交易的，其平台及平台内经营者均应履行税务登记、如实申报纳税等义务。这其中又需视平台、商家、经纪公司与主播之间的法律关系的不同及对于“打赏”“带货”收入的分配情况具体确定其纳税义务。

（三）提供商品或服务的安全保障义务

电子商务经营者，尤其是实际与相对人存在交易关系的平台内经营者或通过自建网站、其他网络服务销售商品或者提供服务的电子商务经营者，提供的商品和服务不仅应当符合保障（消费者等交易相对人的）人身、财产安全的要求，还需符合环境保护的要求，不得销售或者提供法律、行政法规禁止交易、损害国家利益和社会公共利益或违背公序良俗的商品或者服务。对于电子商务平台而言，也存在必要的审查义务，采取适当技术手段和措施监督和保证平台内经营标的的合法性与质量要求，自觉维护公共利益，保障消费者人身财产安全。

（四）信息披露义务

对电子商务经营者课以信息披露义务的主要目的在于保护消费者及其他潜在交易相对人的知情权，通过主动的信息提供维护公平交易秩序。在网络交易环境中，交易双方可能素不相识，而买受人无论对于经营者的身份、信誉还是商品的特征、质量等的信息获取最主要的途径还是依赖于经营者一方的陈述和展示。在信息不对等的情况下，为维护诚信、公平的交易环境，有必要对经营者一方的信息披露义务进行规范。

首先，主体信息披露。电子商务经营者应当在其首页显著位置，持续公示营业执照信息、与其经营业务有关的行政许可信息、属于依照《电子商务法》第 10 条规定的不需要办理市场主体登记情形等信息，或者上述信息的链接标识。鼓励网络交易经营者链接到国家市场监督管理总局电子营业执照亮照系统，公示其营业执照信息。《网络交易监督管理办法》第 12 条进一步区分企业、个体工商户和农民专业合作社、农民专业合作社联合社等主体，分别规定了应当进行公示的营业执照信息以及与其经营业务有关的行政许可信息的范围。如个体工商户应当公示其营业执照登载的统一社会信用代码、名称、经营者姓名、经营场所、组成形式等信息。并且，专门针对依法不需要进行登记的经营者，根据各自实际经营活动类型规定了如实公示自我声明、实际经营地址、联系方式等信息，或者该信息的链接标识的义务。需要注意的是，该信息披露义务是持续性披露义务，即在经营过程中应当持续保留上述公示的内容，如果电子商务经营者公示的信息发生变更的，应当在 10 个工作日内完成更新公示。若未及时进行变更公示，根据《最高人民法院关于审理网络消费纠纷案件适用法律若干问题的规定（一）》（以下简称《最高人民法院网络消费纠纷规定》）第 6 条的规定，实际经营者的经营活动给消费者造成损害，消费者主张注册经营者、实际经营者承担赔偿责任的，人民法院应予支持。电子商务经营者自行终止从事电子商务的，应当提前 30 日在其网站首页或者从事经营活动的主页面显著位置，持续公示终止网络交易活动公告等有关信息，并采取合理、必要、及时的措施保障消费者和相关经营者的合法权益。

在主体身份的确定方面，通过网络社交、网络直播等网络服务开展网络交易活动的电子商务经营者，应当以显著方式展示商品或者服务及其实际经营主体、售后服务等信息，或者上述信息的链接标识。另外，根据《最高人民法院网络消费纠纷规定》，电子商务平台经营者以标记自营业务方式或者虽未标记自营但实际开展自营业务所销售的商品或者提供的服务损害消费者合法权益，消费者可请求电子商务平台经营者承担相应的责任。电子商务平台经营者虽非实际开展自营业务，但其所作标识等足以误导消费者使消费者相信系电子商务平台经营者自营，消费者可主张电子商务平台经营者承担商品销售者或者服务提供者的责任。这些规定的目的都在于确定网上交易的交易主体及其责任，保障消费者合法权益。违反交易主体的信息披露义务的，依据电子商务法的规定，对电子商务平台及平台内经营者分别由市场监督管理部门责令限期改正，并可处以不同数额的罚款。

其次，交易标的信息披露。电子商务经营者应当全面、真实、准确、及时地披露商品或者服务信息，保障消费者的知情权和选择权。电子商务经营者不得以虚构交易、编造用户评价等方式进行虚假或者引人误解的商业宣传，欺骗、误导消费者。《消费者权益保护法》第 20 条规定："经营者向消费者提供有关商品或者服务的质量、性能、用途、有效期限等信息，应当真实、全面，不得作虚假或者引人误解的宣传。"该法第 28 条还专门针对采用网络、电视、电话、邮购等方式提供商品或者服务的经营者规定了应当向消费者披露的信息，包括经营地址、联系方式、商品或者服务的数量和质量、价款或者费用、履行期限和方式、安全注意事项和风险警示、售后服务、民事责任等。这一规定对电子商务经营者与消费者之间的信息披露同样适用。比较特殊的在于，电子商务中存在部分经营者通过虚构销量及消费者评价，即所谓"刷单""刷好评"等方式推广自身产品及服务，这种虚假宣传在构成不正当竞争的同时也是对消费者知情权和选择权的侵害。《广告法》第 28 条也明确将商家所提供的商品或服务的销售状况信息与实际情况不符，对购买行为造成实质性影响的，以及虚构使用商品或者接受服务的效果的情形归属为虚假广告。

除此之外，电子商务经营者根据消费者的兴趣爱好、消费习惯等特征向其提供商品或者服务的搜索结果的，应当同时向该消费者提供不针对其个人特征的选项，尊重和平等保护消费者合法权益。这是在电子商务领域针对基于"数据画像"而对消费者进行个性化信息推送的限制规则。《个人信息保护法》第 24 条第 2 款规定，通过自动化决策方式向个人进行信息推送、商业营销，应当同时提供不针对其个人特征的选项，或者向个人提供便捷的拒绝方式。这一规则的核心价值在于消费者有权获得完整信息，并在此基础上进行自主决定。经过分析、筛选的数据信息可能更为"精准"，却实质上限制了消费者"知情"的范围。

（五）公平交易义务

公平交易义务是针对电子商务经营者与相对人之间的交易关系而言。与此相对应的，是消费者的公平交易权。这一义务具体又可以细分为以下几个方面。

第一，禁止价格歧视。《个人信息保护法》第 24 条规定个人信息处理者利用个人信息进行自动化决策，应当保证决策的透明度和结果公平、公正，不得对个人在交易价格等交易条件上实行不合理的差别待遇。所谓“大数据杀熟”就是价格歧视的重要体现。

第二，禁止沉默缔约。电子商务经营者不得以消费者纯粹的沉默作为“同意”的表示，应当进行明确的提示并提供取消的选项，以保证消费者的自主选择。如电子商务经营者搭售商品或者服务，应当以显著方式提请消费者注意，不得将搭售商品或者服务作为默认同意的选项，不得将消费者以往交易中选择的选项在后续独立交易中设定为消费者默认选择。电子商务经营者采取自动展期、自动续费等方式提供服务的，应当在消费者接受服务前和自动展期、自动续费等日期前 5 日，以显著方式提请消费者注意，由消费者自主选择；在服务期间内，应当为消费者提供显著、简便的随时取消或者变更的选项，并不得收取不合理费用。

第三，禁止通过格式条款等限制消费者主要权利。《网络交易监督管理办法》第 21 条规定：“网络交易经营者向消费者提供商品或者服务使用格式条款、通知、声明等的，应当以显著方式提请消费者注意与消费者有重大利害关系的内容，并按照消费者的要求予以说明，不得作出含有下列内容的规定：（一）免除或者部分免除网络交易经营者对其所提供的商品或者服务应当承担的修理、重作、更换、退货、补足商品数量、退还货款和服务费用、赔偿损失等责任；（二）排除或者限制消费者提出修理、更换、退货、赔偿损失以及获得违约金和其他合理赔偿的权利；（三）排除或者限制消费者依法投诉、举报、请求调解、申请仲裁、提起诉讼的权利；（四）排除或者限制消费者依法变更或者解除合同的权利；（五）规定网络交易经营者单方享有解释权或者最终解释权；（六）其他对消费者不公平、不合理的规定。”

除此之外，电子商务经营者按照约定向消费者收取押金的，应当明示押金退还的方式、程序，不得对押金退还设置不合理条件。消费者申请退还押金，符合押金退还条件的，电子商务经营者应当及时退还。

（六）保护消费者个人信息与隐私权义务

电子商务经营者处理其自然人用户的个人信息，应当遵守《民法典》《个人信息保护法》等法律、行政法规有关个人信息保护的规定。这对电子商务经营者而言有多项内容具体的义务，例如，电子商务经营者处理消费者个人信息，应当遵循合法、正当、必要和诚信的原则，明示处理信息的目的、方式和范围，并经消费者同意。处理消费者个人信息，还应当遵循公开、透明的原则，公开其处理规则，不得违反法律、法规的规定和双方的约定处理信息。电子商务经营者处理个人信息应当具有明确、合理的目的，并应当与处理目的直接相关，采取对个人权益影响最小的方式。收集个人信息，应当限于实现处理目的的最小范围，不得过度收集个人信息。不得采用一次概括授权、默认授权、与其他授权捆绑、停止安装使用等方式，强迫或者变相强迫消费者同意处理与经营活动无直接关系的信息。尤其是如需处理个人生物特征、医疗健康、金融账户、个人行踪等敏感信息的，应当在满足必要性原则的基础上逐项取得消费者同意。电子商务经营者及其工作人员应当对收集的个人信息严格保密，除依法配合监管执法活动外，未经被收集者授权同意，不得向包括关联方在内的任何第三方提供。电子商务经营者应当明示用户信息查询、更正、删除以及用户注销的方式、程序，不得对用户信息查询、更正、删除以及用户注销设置不合理条件。电子商务经营者收到用户信息查询或者更正、删除的申请的，应当在核实身份后及时提供查询或者更正、删除用户信息。用户注销的，电子商务经营者应当立即删除该用户的信息；依照法律、行政法规的规定或者双方约定保存的，依照其规定。另外，在维护私人生活安宁方面，电子商务经营者也负担未经消费者同意或者请求，不得向其发送商业性信息的义务。电子商务经营者发送商业性信息时，应当明示其真实身份和联系方式，并向消费者提供显著、简便、免费的拒绝继续接收的方式。消费者明确表示拒绝的，应当立即停止发送，不得更换名义后再次发送。

（七）公平竞争义务

电子商务经营者应当遵守《反不正当竞争法》《反垄断法》等关于市场竞争秩序的法律法规的规定。电子商务经营者因其技术优势、用户数量、对相关行业的控制能力以及其他经营者对该电子商务经营者在交易上的依赖程度等因素而具有市场支配地位的，不得滥用市场支配地位，排除、限制竞争。市场支配地位和垄断的认定在网络环境下呈现出诸多与以往不同的特点和难点，因而在判断标准等方面有赖于执法机关对市场份额、相关市场竞争状况及经营者行为等方面的具体调查认定，这一方面涉及鼓励互联网企业做大做强，增强其全球竞争力，另一方面则又关系维护公平竞争环境、鼓励创新创业之价值。

电子商务经营者不得以虚构交易、编造用户评价等方式进行虚假或者以引人误解的商业宣传，欺骗、误导消费者。其不正当竞争行为包括但不限于：（1）虚构交易、编造用户评价；（2）采用误导性展示等方式，将好评前置、差评后置，或者不显著区分不同商品或者服务的评价等；（3）采用谎称现货、虚构预订、虚假抢购等方式进行虚假营销；（4）虚构点击量、关注度等流量数据，以及虚构点赞、打赏等交易互动数据。网络交易经营者不得实施混淆行为，引人误认为是他人商品、服务或者与他人存在特定联系。网络交易经营者不得编造、传播虚假信息或者误导性信息，损害竞争对手的商业信誉、商品声誉。

（八）信息提供与接受监督义务

根据《电子商务法》第25条的规定，有关主管部门依照法律、行政法规的规定要求电子商务经营者提供有关电子商务数据信息的，电子商务经营者应当提供。国家市场监督管理总局在《网络交易监督管理办法》中进一步明确，网络交易经营者应当按照国家市场监督管理总局及其授权的省级市场监督管理部门的要求，提供特定时段、特定品类、特定区域的商品或者服务的价格、销量、销售额等数据信息。网络交易经营者及其工作人员应当对收集的个人信息严格保密，除依法配合监管执法活动外，未经被收集者授权同意，不得向包括关联方在内的任何第三方提供。市场监督管理部门应当采取必要措施保护网络交易经营者提供的数据信息的安全，并对其中的个人信息、隐私和商业秘密严格保密。

三、电子商务平台经营者的特别义务与行为规范

平台在电子商务的经营过程中发挥着基础性的重要作用，其一方面涉及与平台内经营者之间的关系，另一方面涉及消费者等交易相对人，同时还可能涉及税收、监管、市场竞争环境、公共利益保护等问题，因而是电子商务法律制度规制的重点。电子商务平台经营者除了履行前述电子商务经营者一般义务之外，法律还专门针对性地规定了适用于电子商务平台的特别义务与行为规范，对此可以以平台与不同主体之间的法律关系为标准进行类型化。

（一）对平台内经营者的特别义务与行为规范

平台内经营者通常通过与电子商务平台签订服务协议等形式依托平台进行经营活动，因此，从形式上看，双方之间属于平等主体之间的合同法律关系。但实质上，电子商务平台对平台内经营者享有管理、控制、排名、评价等权利，可对其通过各种形式进行调控和影响，因而，平台对于平台内中小经营者而言往往属于强势一方，有必要对其权利义务进行明确规定。同时，电子商务平台经营者在为进入平台销售商品或者提供服务的非经营用户提供服务时，在平台所应负担义务方面并无不同。

1. 信息管理

电子商务平台经营者应该对入驻平台的经营者的身份信息进行核验，并建档登记。这是对电子商务平台内部管理的要求，其根本原因在于，在网络交易环境下存在较高的交易和信用风险，而要求平台内经营者进行真实信息登记是对此类风险进行控制的初步措施。《电子商务法》第27条规定，电子商务平台经营者应当要求申请进入平台销售商品或者提供服务的经营者提交其身份、地址、联系方式、行政许可等真实信息，进行核验、登记，建立登记档案，并定

期核验更新。这就要求：首先，登记信息应当包括身份、地址、联系方式、行政许可等内容。其次，所提供信息应当为真实信息，平台内经营者应当承诺并保证其所提供的为真实信息，网络平台经营者应对其真实性进行审查。再次，网络平台经营者应当在核查后对申请进入平台的经营者进行登记，建立登记档案。最后，对所登记之信息应当定期核验更新，根据国家市场监督管理总局发布的《网络交易监督管理办法》的规定，至少每6个月应当核验更新一次。若平台不履行或不适当履行信息管理与登记义务，可能会产生一定民事责任。我国《消费者权益保护法》第44条规定，消费者通过网络交易平台购买商品或者接受服务，其合法权益受到损害的，可以向销售者或者服务者要求赔偿。网络交易平台提供者不能提供销售者或者服务者的真实名称、地址和有效联系方式的，消费者也可以向网络交易平台提供者要求赔偿；网络交易平台提供者作出更有利于消费者的承诺的，应当履行承诺。网络交易平台提供者赔偿后，有权向销售者或者服务者追偿。

电子商务平台经营者应当记录、保存平台上发布的商品和服务信息、交易信息，并确保信息的完整性、保密性、可用性。商品和服务信息、支付记录、物流快递、退换货以及售后等交易信息保存时间自交易完成之日起不少于3年；网络交易平台经营者对平台内经营者身份信息的保存时间自其退出平台之日起不少于3年；法律、行政法规另有规定的，依照其规定。

2. 不得干涉平台内经营者自主经营

《电子商务法》第35条规定，电子商务平台经营者不得利用服务协议、交易规则以及技术等手段，对平台内经营者在平台内的交易、交易价格以及与其他经营者的交易等进行不合理限制或者附加不合理条件，或者向平台内经营者收取不合理费用。近年来，平台强制“二选一”等问题日益突出，损害平台内经营者和消费者合法权益，《网络交易监督管理办法》进一步明确规定，电子商务平台经营者不得干涉平台内经营者的自主经营，具体包括：（1）通过搜索降权、下架商品、限制经营、屏蔽店铺、提高服务收费等方式，禁止或者限制平台内经营者自主选择在多个平台开展经营活动，或者利用不正当手段限制其仅在特定平台开展经营活动；（2）禁止或者限制平台内经营者自主选择快递物流等交易辅助服务提供者；（3）其他干涉平台内经营者自主经营的行为。若违反这一义务，由市场监督管理部门责令限期改正，可以处5万元以上50万元以下的罚款；情节严重的，处50万元以上200万元以下的罚款。

3. 公平制定平台服务协议与交易规则

平台服务协议与交易规则通常由电子商务平台一方单方预先拟定，属于格式条款，受到《民法典》等关于格式条款规则的调整。其中，平台服务协议主要调整电子商务平台与平台内经营者之间的法律关系，而交易规则主要调整平台内经营者与消费者之间的法律关系。因此，平台的这一义务对应着平台内经营者和消费者的利益，在此一并述之。

电子商务平台应当遵循公开、公平、公正的原则，制定平台服务协议和交易规则，明确进入和退出平台、商品和服务质量保障、消费者权益保护、个人信息保护等方面的权利和义务。电子商务平台经营者应当在其首页显著位置持续公示平台服务协议和交易规则信息或者上述信息的链接标识。如果电子商务平台经营者修改平台服务协议和交易规则，应当在其首页显著位置公开征求意见，采取合理措施确保有关各方能够及时充分表达意见。修改内容应当至少在实施前7日予以公示。平台内经营者不接受修改内容，要求退出平台的，电子商务平台经营者不得阻止，并按照修改前的服务协议和交易规则承担相关责任。同时，平台应当完整保存修改后的版本生效之日前3年的全部历史版本，并保证经营者和消费者能够便利、完整地阅览和下载。

《最高人民法院网络消费纠纷规定》第1条明确规定，电子商务经营者提供的格式条款含有以下内容的，人民法院应当依法认定无效：（1）收货人签收商品即视为认可商品质量符合约定；（2）电子商务平台经营者依法应承担的责任一概由平台内经营者承担；（3）电子商务经营者享有单方解释权或者最终解释权；（4）排除或者限制消费者依法投诉、举报、请求调解、申请仲裁、提起诉讼的权利；（5）其他排除或者限制消费者权利、减轻或者免除电子商务经营者责任、加重消费者责任等对消费者不公平、不合理的内容。其中，既涉及电子商务平台与平台内经营者的法律关系，也涉及平台内经营者与消费者之间的交易规则。

（二）对消费者的特别义务与行为规范

1. 保障消费者人身财产安全

在电子商务法律关系中，虽然电子商务平台并不是直接与消费者发生买卖合同关系的相对方，但基于其平台的地位及与平台内经营者的法律关系，使得其有可能亦有义务采取适当措施保障消费者人身、财产安全。

电子商务平台经营者发现平台内的商品或者服务信息存在未取得行政许可，不符合保障人身、财产安全要求等情形的，应当依法采取必要的处置措施，并向有关主管部门报告。为此，平台经营者应当对平台内经营者及其发布的商品或者服务信息建立检查监控制度。

电子商务平台经营者知道或者应当知道平台内经营者销售的商品或者提供的服务不符合保障人身、财产安全的要求，或者有其他侵害消费者合法权益行为，未采取必要措施的，依法与该平台内经营者承担连带责任。对关系消费者生命健康的商品或者服务，电子商务平台经营者对平台内经营者的资质资格未尽到审核义务，或者对消费者未尽到安全保障义务，造成消费者损害的，依法承担相应的责任。《最高人民法院网络消费纠纷规定》分情况规定了网络直播营销平台的四大安全保障义务，包括直播营销平台无法提供直播间运营者真实信息时的责任、未尽食品经营资质审核义务的连带责任、明知或者应知商品或服务侵害消费者合法权益而未采取措施的连带责任以及专门针对网络餐饮服务平台经营者对入网餐饮服务提供者未尽安全审查等义务的连带责任。

2. 信息披露

在信息披露方面，除前述电子商务经营者一般义务之外，平台还应当基于其特殊地位而负担额外的披露及辅助披露义务，以保障消费者获得清晰、全面、完整、及时、客观的信息。第一，电子商务平台经营者应当在其首页显著位置持续公示平台服务协议和交易规则信息或者上述信息的链接标识，并保证经营者和消费者能够便利、完整地阅览和下载。第二，电子商务平台经营者应当以显著方式区分标记已办理市场主体登记的经营者和未办理市场主体登记的经营者，确保消费者能够清晰辨认。第三，电子商务平台经营者依据平台服务协议和交易规则对平台内经营者违反法律、法规的行为实施警示、暂停或者终止服务等措施的，应当及时公示。第四，电子商务平台经营者在其平台上开展自营业务的，应当以显著方式区分标记自营业务和平台内经营者开展的业务，不得误导消费者。电子商务平台经营者对其标记为自营的业务依法承担商品销售者或者服务提供者的民事责任。第五，电子商务平台经营者应当建立健全信用评价制度，公示信用评价规则，为消费者提供对平台内销售的商品或者提供的服务进行评价的途径。电子商务平台经营者不得删除消费者对其平台内销售的商品或者提供的服务的评价。第六，电子商务平台经营者应当根据商品或者服务的价格、销量、信用等以多种方式向消费者显示商品或者服务的搜索结果；对于竞价排名的商品或者服务，应当显著标明“广告”字样。

（三）平台的公法义务

1. 信息提供与报送义务

电子商务平台经营者掌握着大量平台内经营者的信息及其经营数据，因此，法律规定其须负担向监管机构、税务部门等进行信息报送的义务。包括：第一，平台内经营者的身份信息。电子商务平台经营者应当依照法律、行政法规的规定，分别于每年 1 月和 7 月向住所地省级市场监督管理部门报送平台内经营者的下列身份信息：（1）已办理市场主体登记的平台内经营者的名称（姓名）、统一社会信用代码、实际经营地址、联系方式、网店名称以及网址链接等信息；（2）未办理市场主体登记的平台内经营者的姓名、身份证件号码、实际经营地址、联系方式、网店名称以及网址链接、属于依法不需要办理市场主体登记的具体情形的自我声明等信息。鼓励网络交易平台经营者与市场监督管理部门建立开放数据接口等形式的自动化信息报送机制。第二，平台内经营者的纳税信息。电子商务平台经营者应当依照税收征收管理法律、行政法规的规定，向税务部门报送平台内经营者的身份信息和与纳税有关的信息。第三，平台内的商品或者服务信息。电子商务平台经营者发现平台内的商品或者服务信息存在未取得行政许可及不符合保障人身、财产安全要求等情形的，应当依法采取必要的处置措施，并向有关主管部门报告。网络交易平台经营者应当对平台内经营者及其发布的商品或者服务信息建立检查监控制度。网络交易平台经营者发现平台内的商品或者服务信息有违反市场监督管理法律、法规、规章，损害国家利益和社会公共利益，违背公序良俗的，应当依法采取必要的处置措施，保存有关记录，并向平台住所地县级以上市场监督管理部门报告。

2. 提示义务

电子商务平台经营者应当按照规定向市场监督管理部门报送平台内经营者的身份信息，提示未办理市场主体登记的经营者依法办理登记，并配合市场监督管理部门，针对电子商务的特点，为应当办理市场主体登记的经营者办理登记提供便利。电子商务平台经营者应当提示依法不需要办理市场主体登记的电子商务经营者，如个人销售自产农副产品、家庭手工业产品等经营者依法办理税务登记。电子商务平台经营者应当对未办理市场主体登记的平台内经营者进行动态监测，对超过法律法规规定年交易额额度的，及时提醒其依法办理市场主体登记。

3. 技术支持与保障网络安全义务

网络交易平台经营者应当为平台内经营者依法履行信息公示义务提供技术支持。平台内经营者公示的信息发生变更的，应当在 3 个工作日内将变更情况报送平台，平台应当在 7 个工作日内进行核验，完成更新公示。

为了应对层出不穷的“网络黑灰产业”、网络攻击、恶意“薅羊毛”等问题，电子商务平台经营者有义务采取技术措施和其他必要措施保证其网络安全、稳定运行，防范网络违法犯罪活动，有效应对网络安全事件，保障电子商务交易安全。电子商务平台经营者应当制订网络安全事件应急预案，发生网络安全事件时，应当立即启动应急预案，采取相应的补救措施，并向有关主管部门报告。相关措施的采取和网络安全应急预案制订的具体要求等应遵守《网络安全法》的规定。

4. 保护知识产权

电子商务平台经营者应当依法承担保护知识产权的特别义务，建立知识产权保护规则，与知识产权权利人加强合作。

知识产权权利人认为其知识产权受到侵害的，有权通知电子商务平台经营者采取删除、屏蔽、断开链接、终止交易和服务等必要措施。通知应当包括构成侵权的初步证据。电子商务平台经营者接到通知后，应当及时采取必要措施，并将该通知转送平台内经营者；未及时采取必要措施的，对损害的扩大部分与平台内经营者承担连带责任。因通知错误造成平台内经营者损害的，依法承担民事责任。恶意发出错误通知，造成平台内经营者损失的，加倍承担赔偿责任。平台内经营者接到转送的通知后，可以向电子商务平台经营者提交不存在侵权行为的声明。声明应当包括不存在侵权行为的初步证据。电子商务平台经营者接到声明后，应当将该声明转送发出通知的知识产权权利人，并告知其可以向有关主管部门投诉或者向人民法院起诉。电子商务平台经营者在转送声明到达知识产权权利人后15日内，未收到权利人已经投诉或者起诉通知的，应当及时终止所采取的措施。电子商务平台经营者应当及时公示收到上述通知、声明及处理结果。

电子商务平台经营者知道或者应当知道平台内经营者侵犯知识产权的，应当采取删除、屏蔽、断开链接、终止交易和服务等必要措施；未采取必要措施的，与侵权人承担连带责任。

第三节　电子商务合同的订立与履行

在电子商务合同的成立、效力、履行及合同责任承担等问题的法律适用上，《电子商务法》有相关规定的，应当适用其规定；没有特别规定的，则应适用《民法典》中关于民事合同及法律行为的一般规定。与此同时，《民法典》在其专门针对网络购物合同或电子商务法律关系提供新规则调整的情况下，亦应适用。

一、电子商务合同的订立与效力

《民法典》第464条规定，合同是民事主体之间设立、变更、终止民事法律关系的协议。电子商务合同则是指民事主体之间通过互联网等信息网络设立、变更、终止民事法律关系的协议。当事人订立合同，可以采取要约、承诺方式或者其他方式。因而，合同（包括电子商务合同）其实就是要约与承诺两个相对的意思表示达成一致。电子商务合同订立的过程与传统线下合同相比，其特殊性就表现在对电子商务合同成立的认定上。这首先涉及对要约与承诺的判断。

根据《民法典》的规定，要约是希望与他人订立合同的意思表示，该意思表示应当符合两个主要条件：内容具体确定，并且表明经受要约人承诺，要约人即受该意思表示约束。要约邀请是希望他人向自己发出要约的表示。拍卖公告、招标公告、招股说明书、债券募集办法、基金招募说明书、商业广告和宣传、寄送的价目表等为要约邀请。商业广告和宣传的内容符合要约条件的，构成要约。内容是否具体确定这一构成要件被认为是区分要约与要约邀请在内容方面的核心要件。实践中在进行判断时，应当区分一般的商品的广告页面与点击购买页面。前者如购物网站首页或促销活动的推送页、品牌商品的展示页等，包括出现在网页浏览侧边栏的推送广告。此类广告页面所包含的商品信息并不具体确定，也不能“一键购买”，因此本质上属于纯粹的商业广告，只能构成要约邀请。以实践中多数购物网站为例，具体商品的点击购买页面中通常包括待售商品的名称、型号、规格、价款、支付方式、实物照片、发货方式等信息，可以认为这类商品下单页面符合要约内容具体而确定的要求。该展示作为意思表示是否“表明经受要约人承诺，要约人即受该意思表示约束”，即是否有受约束意思？结合《民法典》第 142 条关于意思表示解释的规定，作为有相对人的意思表示，应当适用客观解释的规则，以不特定第三人作为浏览网页的潜在消费者时是否会作出如此理解来确定意思表示的含义。实践中多数电子商务网站的商品点击购买页面中，均可以非常醒目地看到“立即购买”“立即抢购”等点击按钮，并且在页面显著位置提示“现在有货”“预计送达时间”“库存中仅剩 N 件”“7 日内无理由退换货”等说明。从不特定第三人的角度，可以认为有较为明显的暗示商家愿意“一经接受（点击购买）即成立合同”的意思。因而，具体商品展示的点击购买页面，在符合要约条件的情况下可以构成要约。用户的“点击购买”即提交订单的行为可构成承诺。因此，《电子商务法》第 49 条明确规定：“电子商务经营者发布的商品或者服务信息符合要约条件的，用户选择该商品或者服务并提交订单成功，合同成立。当事人另有约定的，从其约定。”

电子商务的环境下，电子商务平台经营者都存在单方制定的服务协议和交易规则，而平台内经营者也可能会有自身的“店堂告示”，因此，消费者的权利可能会受到作为平台的网站和作为出卖人的商家的双重格式条款的限制。此类格式条款，除了受到《民法典》《消费者权益保护法》等关于格式条款订入控制、内容控制及格式条款解释的调整之外，《电子商务法》也明确对格式条款涉及合同订立的问题进行规制：“电子商务经营者不得以格式条款等方式约定消费者支付价款后合同不成立；格式条款等含有该内容的，其内容无效。”这一规则实际是认为电子商务经营者若通过格式条款约定此类内容，属于提供格式条款一方不合理地免除或者减轻其责任、加重对方责任、限制对方主要权利的情形。例如，通过格式条款约定将合同成立时间的后移，如部分电子商务平台“交易规则”的规定——只有在商家将消费者在订单中订购的商品从仓库实际直接向其发出时，双方之间的合同才成立——则商家在收到订单后若反悔，其不履行或拒绝履行均不构成违约责任，这对于商家而言无疑属于不合理地免除或减轻责任，而对于交易相对人而言属于限制其权利的规定。因而，无论依据《电子商务法》的直接规定或适用《民法典》第 497 条的规定，此类条款均为无效。

《网络交易监督管理办法》中对电子商务经营者向消费者提供商品或者服务使用格式条款、通知、声明等的内容进行了进一步规制，要求其不得含有下列内容：（1）免除或者部分免除网络交易经营者对其所提供的商品或者服务应当承担的修理、重作、更换、退货、补足商品数量、退还货款和服务费用、赔偿损失等责任；（2）排除或者限制消费者提出修理、更换、退货、赔偿损失以及获得违约金和其他合理赔偿的权利；（3）排除或者限制消费者依法投诉、举报、请求调解、申请仲裁、提起诉讼的权利；（4）排除或者限制消费者依法变更或者解除合同的权利；（5）规定网络交易经营者单方享有解释权或者最终解释权；（6）其他对消费者不公平、不合理的规定。

除此之外，在电子商务活动中当事人之间缔结合同通常会涉及自动信息系统的问题、与电子商务合同密切相关的包括通过自动信息系统订立合同的效力问题以及被称为“电子代理人”的系统自动回复的效力问题。《电子商务法》第48条明确规定，电子商务当事人使用自动信息系统订立或者履行合同的行为对使用该系统的当事人具有法律效力。

根据《民法典》第143条的规定，一项有效民事法律行为须行为人具有相应的民事行为能力。无民事行为能力人实施的民事法律行为无效；而限制民事行为能力人实施的纯获利益的民事法律行为或者与其年龄、智力、精神健康状况相适应的民事法律行为有效，其实施的其他民事法律行为经法定代理人同意或者追认后有效。在线下交易中，当事人双方“面对面”，对交易相对人的年龄、智力和精神健康状况能够有所判断，但在电子商务等线上交易中，交易双方彼此并不“见面”，甚至在采用自动信息系统缔约的情况下可能在缔约之前没有任何交流。实践中就出现了诸多“未成年人网购”而作为法定代理人的家长不知情亦不追认的情况。一方面，有的情况下未成年人网购金额巨大，可能对未成年人的家庭而言属于不理性不合理开支，甚至可能构成沉重负担；但另一方面，电子商务经营者在互联网环境下，对于交易相对方的“识别”的注意义务边界有待厘清。《电子商务法》第48条第2款对此进行了回应，即在电子商务中推定当事人具有相应的民事行为能力；但是，有相反证据足以推翻的除外。近年来引发社会普遍关注的“未成年人打赏”等案件中，这一规则亦应适用。

另外，电子商务经营者应当清晰、全面、明确地告知用户订立合同的步骤、注意事项、下载方法等事项，并保证用户能够便利、完整地阅览和下载。这些内容如果规定在电子商务平台经营者制定的服务协议和交易规则中，电子商务平台经营者还应当遵守法律针对服务协议和交易规则的公示、修改等方面的要求。

二、电子商务合同的履行

电子商务合同在履行方面与传统合同呈现出一些不同的特征，比如，消费者在合同中的远程履行占比明显增大，因此，履行过程中更多涉及标的物的运输即通过快递物流方式交付。这样一来，标的物的交付及与此相关的所有权和风险转移的时间均需进行规定。与商品和服务的交付相对应，支付是买受人一方在电子商务合同中的主义务，由此，电子支付是电子商务合同的核心内容之一，也是整个电子商务体系得以运行和发展的根本性保障。

（一）交付

首先，电子商务当事人可以约定采用快递物流方式交付商品。电子商务经营者应当按照承诺或者与消费者约定的方式、时限向消费者交付商品或者服务，并承担商品运输中的风险和责任。但是，消费者另行选择快递物流服务提供者的除外。也就是说，除非当事人之间另有约定，在电子商务领域的标的物风险转移区别于《民法典》对一般买卖合同的规定。《电子商务法》第51条规定，合同标的为交付商品并采用快递物流方式交付的，收货人签收时间为交付时间。合同当事人对交付方式、交付时间另有约定的，从其约定。《最高人民法院网络消费纠纷规定》第1条规定，电子商务经营者提供的格式条款如果含有收货人签收商品即视为认可商品质量符合约定内容的，人民法院应当依法认定无效。因此，收货人的签收在此属于交付即风险发生转移的时间，但并不能认为是对商品质量的认可。

其次，快递服务某种程度上可以说是使得电子商务“远在天边，近在眼前”的效果得以实现的关键保障，我国电子商务的飞速发展正是伴随着快递服务企业的成长和发展而实现的。但与此同时，也需对其管理与服务进行进一步规范化。快递服务企业应自觉遵守《民法典》《邮政法》《快递暂行条例》等法律法规中针对快递服务作出的规定，加强管理，提升服务质量。《电子商务法》也对快递物流企业提供的服务作出了要求：快递物流服务提供者为电子商务提供快递物流服务，应当遵守法律、行政法规，并应当符合承诺的服务规范和时限。快递物流服务提供者在交付商品时，应当提示收货人当面查验；交由他人代收的，应当经收货人同意。快递物流服务提供者应当按照规定使用环保包装材料，实现包装材料的减量化和再利用。快递物流服务提供者在提供快递物流服务的同时，可以接受电子商务经营者的委托提供代收货款服务。[①]

最后，在标的物为非实体的情况下，其传输、交付规则亦与传统有体物不同：合同标的为采用在线传输方式交付的，合同标的进入对方当事人指定的特定系统并且能够检索识别的时间为交付时间。合同标的为提供服务的，生成的电子凭证或者实物凭证中载明的时间为交付时间；前述凭证没有载明时间或者载明时间与实际提供服务时间不一致的，实际提供服务的时间为交付时间。合同当事人对交付方式、交付时间另有约定的，从其约定。[②]

（二）支付

如果说快递物流是使得电子商务的效果得以实现的关键，那么电子支付可

① 参见《电子商务法》第52条。

② 参见《电子商务法》第51条。

以说是电子商务的“咽喉”。虽然《电子商务法》仅规定电子商务当事人可以约定采用电子支付方式支付价款，而实践中我们已经很难想象离开电子支付的电子商务活动了。

电子支付服务提供者为电子商务提供电子支付服务，应当遵守国家规定，告知用户电子支付服务的功能、使用方法、注意事项、相关风险和收费标准等事项，不得附加不合理交易条件。电子支付服务提供者应当确保电子支付指令的完整性、一致性、可跟踪稽核和不可篡改。

电子支付服务提供者根据用户的指令完成电子支付后，应当及时准确地向用户提供符合约定方式的确认支付的信息，并应当向用户免费提供对账服务以及最近三年的交易记录。

《电子商务法》规定了电子支付服务提供者在电子支付过程中需承担责任的多种情形。这些情形包括：其一，电子支付服务提供者提供电子支付服务不符合国家有关支付安全管理要求，造成用户损失的，应当承担赔偿责任。其二，若支付指令发生错误，电子支付服务提供者应当及时查找原因，并采取相关措施予以纠正。造成用户损失的，电子支付服务提供者应当承担赔偿责任，但能够证明支付错误非自身原因造成的除外。其三，对于未经授权的支付造成的损失，由电子支付服务提供者承担；电子支付服务提供者能够证明未经授权的支付是因用户的过错造成的，不承担责任。但是，如果电子支付服务提供者发现支付指令未经授权，或者收到用户支付指令未经授权的通知时，应当立即采取措施防止损失扩大。电子支付服务提供者未及时采取措施导致损失扩大的，对损失扩大部分承担责任。

在电子支付中，用户应该尽到合理的注意义务、谨慎对待支付行为，包括：在发出支付指令前，用户应当核对支付指令所包含的金额、收款人等完整信息；用户应当妥善保管交易密码、电子签名数据等安全工具。用户发现安全工具遗失、被盗用或者未经授权的支付的，应当及时通知电子支付服务提供者。由于用户的过错导致未经授权的支付，进而造成用户损失的，由用户自己承担责任。

第四节　互联网金融制度

一、互联网金融概述

（一）互联网金融的概念与特点

在面向科技融合的时代，互联网对金融的渗透与日俱增，互联网所具有的开放、共享、合作、整合、信任、共同体、云、普惠、解构、创新，正在积极改变整个金融生态。[①] 互联网金融的价值和意义受到普遍认同，但何谓互联网金融，目前存在不同视角。从资金融通模式视角，移动支付、大数据、云计算等信息技术对传统金融模式产生重大影响，互联网金融可能是既不同于商业银行间接融资，也不同于资本市场直接融资的第三种金融融资模式。[②] 从技术手段视角，互联网金融是通过信息技术，组合并实现金融大数据的产品化，是基于互联网技术开展金融业务形成的新金融生态系统。[③] 从金融功能视角，互联网金融只是通过互联网技术实现金融市场效率的提升，仍是服务实体经济，并没有形成新的金融形态。[④] 由此可见，互联网金融本质是互联网技术还是金融，或兼而有之，仍具争议。监管机构认为，互联网金融是传统金融机构与互联网企业利用互联网技术和信息通信技术实现资金融通、支付、投资和信息中介服务的新型金融业务模式。[⑤] 笔者认为，互联网金融主要是通过互联网信息科技的方式，打破了传统金融资金渠道和平台的限制，实现金融产品和服务的创新，优化资金供给和资金需求的匹配效率，但并没有超出金融本身的内涵范畴，其本质仍是金融。

互联网金融和传统金融一样，均服务于实体经济，具有支付、投融资等金融功能，但依托大数据、云计算、网络通信等现代信息技术，使得互联网金融具有普惠性、创新性，呈现与传统金融不同的一些特点。其一，在金融参与主体上，传统金融主要是银行、证券公司、保险公司等金融机构参与，而互联网金融参与主体更为广泛，不仅包括传统金融机构，还包括互联网企业、电商平台等非传统金融机构。其二，在金融服务对象上，互联网金融比传统金融服务对象范围更加多元，且以中小企业为主要服务对象。其三，在金融服务模式上，传统金融主要是通过柜台模式，进行“面对面”的信息交流和销售，而互联网金融打破传统金融机构平台的垄断，依托信息科技，创新支付方式和投融资渠道，突破时空限制，更加高效地实现资金流通和供需匹配。

（二）互联网金融发展

一般认为，互联网金融产生可以追溯至20世纪末，且最早发展于美国。1995年，美国第一家无实体网点的SFNB（Security First Network Bank）网络

---

① 参见王曙光：《互联网金融的哲学》，载《中共中央党校学报》2013年第6期。

② 参见谢平、邹传伟：《互联网金融模式研究》，载《金融研究》2012年第12期。

③ 该观点主要由互联网行业实务界持有。

④ 参见郭勤贵、程华、赵永新、王海军、钟杰：《互联网金融原理与实务》，机械工业出版社2017年版，第19~20页。

⑤ 参见《中国人民银行、工业和信息化部、公安部等关于促进互联网金融健康发展的指导意见》（银发〔2015〕221号）。

银行成立。这是全球首家在互联网上为客户提供银行服务的网络银行。随后，PayPal、Apple Pay、Google Wallet 等互联网支付，P2P 借贷、股权众筹等网络融资，网络保险等互联网金融迅速兴起。之后，英国、日本、欧盟等相继呈现不同样貌的互联网金融业态。

我国互联网金融起步于 20 世纪 90 年代，并可划分为三个不同发展阶段。[①]其一，互联网金融发展萌芽期（1997—2006 年）。这一阶段，以传统金融机构诞生网上银行、网上证券为主要标志。1997 年被称为我国“互联网元年”，网易、新浪、搜狐等互联网企业应时而生，国内大型金融机构乘势而为，积极尝试通过互联网向客户提供金融服务，如 1997 年招商银行正式建立自己的网站，率先推出网上银行业务。不过，这阶段的互联网金融发展主体仅限于传统金融机构，且主要是通过互联网改进服务和销售渠道，并非真正意义上的互联网金融业态。其二，互联网金融发展起步期（2007—2012 年）。这一阶段，针对传统金融产品和服务的不足，第三方支付、P2P 网贷、众筹等互联网金融业态异军突起。2007 年 6 月，我国第一家网络信用借贷平台“拍拍贷”成立。2008 年 10 月，支付宝推出手机支付业务。其三，互联网金融规范发展期（2013 年至今）。2013 年被称为我国“互联网金融发展元年”，以“余额宝”的推出为主要标志。这一阶段，互联网银行、互联网证券、互联网保险发展都开启了新的篇章，互联网金融进入了快速发展阶段。第三方支付逐渐走向成熟，P2P 网络借贷爆发式增长、众筹平台快速增长。与此同时，互联网金融风险也逐渐积累和暴露，如 P2P 借贷平台“跑路”事件频频发生，与之相应的监管立法和规范发展诉求呼声强烈，故针对具体业态和具体问题的规范性文件应运而生。但是，现有的互联网金融监管制度和监管立法层次较低，尚未上升到基本法的高度。依据监管部门的意见，互联网金融本质上仍属于金融，适用统一的金融风险监管标准，仍应在现有的金融监管法律法规框架内进行，换言之，互联网金融仍应接受相关金融法律规范的约束。[②]由此可见，我国互联网金融的发展主要体现为传统金融机构依托互联网技术实现业务升级和开发新产品新服务，以及互联网支付机构、网络借贷平台等新型互联网平台建设。

---

① 互联网金融发展也有不同的划分阶段。例如，自 20 世纪末至 2003 年被称为“朦胧初探阶段”；2003—2008 年被称为“多样发展阶段”；2008—2013 年被称为“超越传统商业模式阶段”。参见吴晓求等：《互联网金融——逻辑与结构》，中国人民大学出版社 2015 年版，第 64 页。

② 参见全国人民代表大会财政经济委员会《关于第十二届全国人民代表大会第四次会议主席团交付审议的代表提出的议案审议结果的报告》，载中国人大网，http：//www.npc.gov.cn/npc/c30834/201611/8164eac3884b4ed584ace52c9c49ba64.shtml，2022 年 12 月 26 日访问。

二、我国互联网金融的主要业态

（一）第三方支付

第三方支付是相对传统银行支付而言的概念，是指非金融机构在收款人和付款人之间，作为中介机构提供货币资金转移服务，包括网络支付、预付卡的发行与受理、银行卡收单，或者中国人民银行确定的其他支付服务。[①] 我国第三方支付起步于21世纪初，如淘宝网2003年首次推出支付宝服务，并在2004年将支付宝作为第三方支付平台推出。

第三方支付的产生，主要是由于在商事交易中，受制于时间、地域等因素，卖方担忧交付商品或服务却不能收到价款，买方顾忌支付价款后不能收到商品或服务，但卖方交付标的和买方支付对价常常难以实现同步交换。基于这种情况，第三方支付应运而生。第三方在收、付款人之间设置中间过渡账户，充当资金托管角色，并在交易方意思一致下，完成资金划拨，故第三方支付能够在买卖双方之间起到信用担保作用，打破双方信息不对称的壁垒。其具体做法如下：假设第三方支付平台在A行和B行均开设中间账户，并且存入一定的结算备付金；当顾客向商家付款时，平台通知A行将顾客账户上的相应货款扣除并在平台的中间账户增加相同金额；然后，通知B行将平台中间账户扣除相同金额并在商家账户上增加相同金额，从而使得平台能够通过付款方和收款方的两次结算实现一笔跨行支付。[②]

根据第三方支付操作流程，交易通常涉及三方法律关系。其一，买卖双方之间的合同关系。这是第三方支付法律关系中的基础关系，其主要受到《民法典》《电子商务法》《消费者权益保护法》等法律规范调整。其二，第三方支付机构与其客户（商家与消费者）之间的法律关系。由于第三方支付机构在交易中具有中介担保作用，故第三方支付机构与其客户之间的法律关系存在诸如担保合同关系、委托代理关系、保管关系、中介服务合同关系等不同理解。其三，第三方支付机构与银行之间的金融服务合同关系。第三方机构根据银行的委托

---

① 网络支付是指依托公共网络或专用网络在收、付款人之间转移货币资金的行为，包括货币汇兑、互联网支付、移动电话支付、固定电话支付、数字电视支付等。预付卡是指以营利为目的发行的、在发行机构之外购买商品或服务的预付价值，包括采取磁条、芯片等技术以卡片、密码等形式发行的预付卡。银行卡收单，是指通过销售点（POS）终端等为银行卡特约商户代收货币资金的行为。参见《非金融机构支付服务管理办法》，中国人民银行令〔2010〕第2号。

② 参见郭勤贵、程华、赵永新、王海军、钟杰：《互联网金融原理与实务》，机械工业出版社2017年版，第233~238页。

来完成资金转移服务。[①]

第三方支付作为一种互联网金融的典型业态，突破传统支付在时空上的限制，极大提高了交易的便捷性，但同时也存在一定的法律风险。从消费者视角来看，主要涉及个人信息安全、资金安全等风险。在第三方支付中，消费者需要提供银行账号、账户密码、身份证号码、生物识别信息等大量个人身份敏感信息。这些信息又存在不正当使用和泄露的风险，直接关乎消费者财产安全。从第三方支付机构视角来看，主要存在技术漏洞等风险。第三方支付依赖于互联网等现代信息技术，容易存在系统技术风险、数据安全风险、网络攻击风险。

正因第三方支付中存在涉及不同主体的多种法律关系，使得对第三方支付平台的监管难度增大，但立法机构考虑到我国制定法律的长期性和复杂性，认为制定专门的第三方支付管理法的条件尚不成熟。[②] 中国人民银行于 2010 年 6 月发布《非金融机构支付服务管理办法》，[③] 明确了非金融机构支付服务市场的准入条件、业务申请与审批程序、支付机构的责任与义务，以及人民银行的监管职责等内容。这是专门规范我国第三方支付业务发展的部门规章，同时为配合该办法的实施，中国人民银行相继发布了《非金融机构支付服务管理办法实施细则》《非银行支付机构网络支付业务管理办法》《非银行支付机构客户备付金存管办法》等规范，从而确立我国第三方支付行业规范发展的基本法律框架。[④] 同时，针对第三方支付行为所引发的法律风险，中国人民银行等联合制定《非银行支付机构风险专项整治工作实施方案》(银发〔2016〕112 号)。该方案是以支付机构备付金风险、跨机构清算业务和无证经营支付业务为专项整治工作重点，严厉打击第三方支付行业违法犯罪行为，切实防范支付风险，维护金融市场稳定。总而言之，现有规范体系下，我国第三方支付行业以非金融机构支付服务实行业务许可制度为前提，强调中国人民银行的法定监管职责和商业银行的协作监督责任，[⑤] 从第三方支付的市场准入条件、网络支付管理、备付金存

① 这层法律关系中，还会涉及客户沉淀资金及其孳息权属争议。参见黎四奇：《我国第三方支付客户沉淀资金治理改良方略》，载《政法论坛》2018 年第 1 期。

② 参见全国人民代表大会财政经济委员会《关于第十一届全国人民代表大会第三次会议主席团交付审议的代表提出的议案审议结果的报告》，载中国人大网，载 http://www.npc.gov.cn/npc/c10134/201010/4ab837bb9cf245aa9fed58f787a88258.shtml，2022 年 12 月 26 日访问。

③ 参见《非金融机构支付服务管理办法》(中国人民银行令〔2010〕第 2 号)。该办法已于 2020 年被修改。

④ 参见《非金融机构支付服务管理办法实施细则》(中国人民银行公告〔2010〕第 17 号)、《非银行支付机构网络支付业务管理办法》(中国人民银行公告〔2015〕第 43 号) 和《非银行支付机构客户备付金存管办法》(中国人民银行令〔2021〕第 1 号)。

⑤ 参见中国人民银行有关部门负责人就《非金融机构支付服务管理办法》有关问题答记者问，载中国人民银行网站，http://www.pbc.gov.cn/goutongjiaoliu/113456/113472/2846195/index.html，2022 年 12 月 28 日访问。

管、金融消费者权益保护等方面出发，辅之以行业自律管理实现对第三方支付的全方位监管，有力推动了我国第三方支付行业健康稳定发展。[①]

（二）数字货币

随着互联网技术和数字经济的蓬勃发展，数字货币（Digital Currency）成为全球互联网金融发展的典型论题。数字货币并无统一定义，也被称为加密货币（Crypto Currency）、虚拟货币（Virtual Currency）、电子货币（Electronic Money），最早兴起于民间，以去中心化特性著称，即无须央行等第三方机构便可完成转账交易，其中最具代表性的是2008年中本聪（Satoshi Nakamoto）提出的比特币（Bitcoin）。[②] 按照发行主体的不同，数字货币可划分为央行数字货币（Central Bank Digital Currency）和私人数字货币（或称民间数字货币，Folk Digital Currency）。央行数字货币是由某一国家或地区的中央银行或者由其授权其他金融机构发行以数字化形式存在的法定货币。而私人数字货币是由企业等私人主体发行，能够在一定群体或范围内流通，并能对网络经济中部分商品交易进行支付结算的数字化货币，如比特币、泰达币（USDT）、Libra等。

1. 央行数字货币

数字货币发展大体经历比特币、稳定币，再到央行数字货币的阶段。私人数字货币给传统法定货币（如美元、人民币等）在安全稳定等方面造成了挑战和冲击。目前，美国、英国、加拿大、日本等许多国家和地区都在积极推进法定数字货币建设。我国也是最早关注并研究央行数字货币的国家之一，在2014年成立中国人民银行数字人民币研发工作组，2016年成立数字货币研究所，2017年开展法定数字货币研发。目前，我国已基本完成顶层设计、功能研发、系统调试等工作，并在深圳、苏州、雄安等有代表性的地区开展试点测试。

根据中国人民银行数字人民币研发工作组发布的《中国数字人民币的研发进展白皮书》，数字人民币是人民银行发行的数字形式的法定货币，由指定运营机构参与运营，以广义账户体系为基础，支持银行账户松耦合功能，与实物人民币等价，具有价值特征和法偿性。[③] 数字人民币的含义和特点主要有：（1）与实物人民币一样，数字人民币作为一般等价物，是央行发行的法定货币，具有法偿性，即在中国境内，可以支付一切公共的和私人的债务，任何单位和个人

① 参见韩莉、傅巧灵、张峰：《第三方支付法律风险的监管现状与问题研究》，载《金融发展研究》2016年第3期。

② See Satoshi Nakamoto, Bitcoin: A Peer-to-Peer Electronic Cash System, at bitcoin, at https://bitcoin.org/bitcoin.pdf (Last Visited on Feb. 12, 2023).

③ 参见中国人民银行数字人民币研发工作组：《中国数字人民币的研发进展白皮书》，载中国政府网，http://www.gov.cn/xinwen/2021-07/16/content_5625569.htm，2023年2月12日访问。

不得拒收。[①]（2）数字人民币采取中心化管理、双层运营。不同于比特币等私人数字货币的去中心化，中国人民银行在数字人民币运营体系中处于中心地位，负责向作为指定运营机构的商业银行发行数字人民币并进行全生命周期管理，指定运营机构及相关商业机构向社会公众提供数字人民币兑换和流通服务。（3）数字人民币是人民币的数字化形态，主要定位于现金类支付凭证（M0[②]），同时，作为一种零售型央行数字货币，其主要用于满足国内零售支付需求，面向公众发行并用于日常交易。此外，数字人民币设计兼顾实物人民币和电子支付工具的优势，既具有实物人民币的支付即结算、匿名性等特点，又具有电子支付工具成本低、便携性强、效率高、不易伪造等特点。[③]

数字人民币的研发和建设，无疑有助于减少洗钱、恐怖主义等金融犯罪，维护国家金融安全，但将数字人民币作为国家金融基础设施建设，目前尚在初期探索试验阶段，容易存在风险漏洞。譬如，数字人民币综合使用数字证书体系、数字签名、安全加密存储等技术，具有不可重复花费、不可非法复制伪造、交易不可篡改及抗抵赖等特性，但数字技术本身有可能存在技术漏洞而被黑客攻击或者操作失误或者个人金融信息泄露等新的风险危机。

毋庸置疑，数字人民币的风险防范及其监管是数字人民币建设的重要着力点。中国人民银行是数字人民币的发行管理机构，承担相应监管主要职责。不过，数字人民币打破传统监管职责分隔壁垒，相应主体还应包括国家金融监督管理总局[④]、证监会、工信部、公安部、国家数据局[⑤]等相关部门的联合监管，并依托科技监管，充分运用区块链、大数据、云计算等数字技术赋能监管效果。

---

① 2020年10月，中国人民银行发布《中国人民银行法（修订草案征求意见稿）》，其中第19条明确“人民币包括实物形式和数字形式”。

② 我国货币供应量划分为M0、M1、M2、M3。M0：流通中现金（货币供应量统计的机构范围之外的现金发行）。M1：M0＋企业存款（企业存款扣除单位定期存款和自筹基建存款）＋机关团体部队存款＋农村存款＋信用卡类存款（个人持有）。M2：M1＋城乡居民储蓄存款＋企业存款中具有定期性质的存款（单位定期存款和自筹基建存款）＋外币存款＋信托类存款。M3：M2＋金融债券＋商业票据＋大额可转让定期存单等。参见《中国人民银行货币供应量统计和公布暂行办法》（银发〔1994〕267号）。

③ 参见中国人民银行数字人民币研发工作组：《中国数字人民币的研发进展白皮书》，载中国政府网，http：//www.gov.cn/xinwen/2021-07/16/content_5625569.htm，2023年2月2日访问。

④ 国家金融监督管理总局是在中国银行保险监督管理委员会基础上组建的。其统一负责除证券业之外的金融业监管，强化机构监管、行为监管、功能监管、穿透式监管、持续监管，统筹负责金融消费者权益保护，加强风险管理和防范处置，依法查处违法违规行为，系国务院直属机构。参见《党和国家机构改革方案》，载中国政府网，http：//www.gov.cn/xinwen/2023-03/16/content_5747072.htm，2023年3月23日访问。

⑤ 国家数据局负责协调推进数据基础制度建设，统筹数据资源整合共享和开发利用，统筹推进数字中国、数字经济、数字社会规划和建设等，由国家发展和改革委员会管理。参见《党和国家机构改革方案》，载中国政府网，http：//www.gov.cn/xinwen/2023-03/16/content_5747072.htm，2023年3月23日访问。

在法律适用上，数字人民币适用《反洗钱法》《个人信息保护法》《数据安全法》等法律以及反恐怖融资国际标准，应推动数字人民币的专门立法，将数字人民币纳入金融法的规范体系。在权利义务上，数字人民币的消费者权益保护内容和责任分工应与实物人民币一致；数字人民币的指定运营机构和其他商业机构是履行反洗钱义务的主体，承担相应的个人信息保护义务（如不得泄露客户身份信息和交易记录）和反洗钱义务（如客户尽职调查、客户身份资料和交易记录保存、大额及可疑交易报告等）。[①]

2. 私人数字货币

私人数字货币主要包括加密货币和稳定币（stable coins），前者是一种通过密码学原理确保交易安全和控制交易单位的交易媒介，如比特币、以太币（Ether）等；后者是一种将加密货币的价值与其他稳定资产（如法定货币、政府信用等）挂钩的数字虚拟货币，如天秤币（Libra，已更名为 Diem）等。

相较于央行数字货币，私人数字货币具有如下特点：（1）在法律地位上，私人数字货币作为一种虚拟货币，由非货币当局发行，不具有法偿性，不能作为货币属性在市场上流通使用。（2）私人数字货币不依赖中央银行、政府等权威组织的信用担保，采用区块链技术或类似技术，其价值取决于人们对它的认可程度，具有脱离权威机构的去中心化特点。而法定数字货币本质上还是属于中心化的信用货币。（3）以法定货币为基础的电子交易须进行身份验证，而私人数字货币线上交易的交易数额、交易对象等方面都是高度匿名性的。此外，私人数字货币存在较大的价格波动性，常被投资炒作，具有高投机性和高风险性。

值得注意的是，私人数字货币也不同于网络游戏虚拟货币[②]。尽管二者都属于网络虚拟财产，都是财产权利客体，具备价值性、稀缺性、可支配性，[③]且都不是法定货币，但也存在诸多差异。譬如，在适用范围上，网络游戏虚拟货币的适用范围仅限于兑换发行企业自身所提供的虚拟服务，不得用以支付、购买

① 参见中国人民银行数字人民币研发工作组：《中国数字人民币的研发进展白皮书》，载中国政府网，http：//www.gov.cn/xinwen/2021-07/16/content_5625569.htm，2023 年 2 月 12 日访问。

② 网络游戏虚拟货币，是指由网络游戏运营企业发行，游戏用户使用法定货币按一定比例直接或间接购买，存在于游戏程序之外，以电磁记录方式存储于网络游戏运营企业提供的服务器内，并以特定数字单位表现的一种虚拟兑换工具。网络游戏虚拟货币用于兑换发行企业所提供的指定范围、指定时间内的网络游戏服务，表现为网络游戏的预付充值卡、预付金额或点数等形式，但不包括游戏活动中获得的游戏道具。参见《文化部、商务部关于加强网络游戏虚拟货币管理工作的通知》(文市发〔2009〕20 号。

③ 譬如，不少法院肯定比特币作为虚拟财产、商品的属性及对应产生的财产权益。参见“吴某、上海耀志网络科技有限公司、浙江淘宝网络有限公司网络侵权责任纠纷案”［杭州互联网法院（2019）浙 0192 民初 1626 号民事判决书］。

实物产品或兑换其他企业的任何产品和服务，但私人数字货币可以用于现实的交易场景中。

对于私人数字货币，不同国家和地区的相关政策大相径庭。其一，承认私人数字货币的合法性。譬如，日本允许私人数字货币流通，批准了多家数字货币交易所，允许数字货币交易；萨尔瓦多将比特币作为其合法货币；美国加州等部分州亦认可私人数字货币的合法性。[①]其二，承认私人数字货币的财产价值，但否认其货币属性，如英国。其三，明确禁止的监管立场，如韩国。我国目前是全面禁止的立场，明确规定比特币、以太币、泰达币等虚拟货币不具有与法定货币等同的法律地位，虚拟货币相关业务活动属于非法金融活动。[②]任何法人、非法人组织和自然人投资虚拟货币及相关衍生品，违背公序良俗的，相关民事法律行为无效，由此引发的损失由其自行承担。[③]

私人数字货币交易扰乱经济金融秩序，存在诸多风险，易滋生赌博、非法集资、诈骗、传销、洗钱等违法犯罪活动。譬如，代币发行融资，即融资主体通过代币的违规发售、流通，向投资者筹集比特币、以太币等所谓“虚拟货币”，本质上是一种未经批准非法公开融资的行为，涉嫌非法发售代币票券、非法发行证券以及非法集资、金融诈骗、传销等违法犯罪活动。[④]因此，我国陆续颁布了《关于防范比特币风险的通知》《关于防范代币发行融资风险的公告》《关于整治虚拟货币“挖矿”活动的通知》《进一步防范和处置虚拟货币交易炒作风险的通知》等一系列监管规则禁止私人数字货币及其业务，防范相关风险。

（三）P2P 等网络借贷

按照我国《关于促进互联网金融健康发展的指导意见》的规定，网络借贷包括个体网络借贷（P2P 网络借贷）和网络小额贷款。P2P 是 Peer to Peer 的缩写，是指个体和个体之间通过互联网平台实现的直接借贷。P2P 网贷平台为投

---

① 美国目前对私人数字货币缺乏统一认识，其法律性质为商品还是证券，监管立场并不明确，如 SEC 尚未批准美国的任何比特币 ETF 提案。

② 开展法定货币与虚拟货币兑换业务、虚拟货币之间的兑换业务、作为中央对手方买卖虚拟货币、为虚拟货币交易提供信息中介和定价服务、代币发行融资以及虚拟货币衍生品交易等虚拟货币相关业务活动涉嫌非法发售代币票券、擅自公开发行证券、非法经营期货业务、非法集资等非法金融活动，一律严格禁止，坚决依法取缔。对于开展相关非法金融活动构成犯罪的，依法追究刑事责任。参见《中国人民银行、中央网信办、最高人民法院等关于进一步防范和处置虚拟货币交易炒作风险的通知》（银发〔2021〕237 号）。

③ 参见《中国人民银行、工业和信息化部、中国银行业监督管理委员会、中国证券监督管理委员会、中国保险监督管理委员会关于防范比特币风险的通知》（银发〔2013〕289 号）。

④ 参见《中国人民银行、中央网信办、工业和信息化部等关于防范代币发行融资风险的公告》（公布日期：2017 年 9 月 4 日）。

资方和融资方提供信息交互、撮合、资信评估等中介服务。[①] 网络小额贷款是指互联网企业通过其控制的小额贷款公司，利用互联网向客户提供的小额贷款。

在 P2P 网贷交易过程中，借贷双方需要先在 P2P 网贷平台上进行注册，然后借款人向平台提供身份凭证以及资金用途、金额、接受利息率幅度、还款时间等信息，等待平台审核；审核通过后，借款人的相关信息即可在平台上公布，对于投资者而言，可以根据平台发布的借款人项目列表，自行选择借款人项目，自行决定借出金额，实现自助式贷款。[②] 由此可见，较之于传统银行借贷，P2P 网络借贷平台借助互联网，参与者多元广泛，审批程序简化，手续更加简单便捷。

在 P2P 网络借贷中，涉及借款人、贷款人、P2P 网络借贷平台等多方法律主体及其关系。其一，借款人与贷款人之间的借款合同关系。《关于促进互联网金融健康发展的指导意见》已经明确规定，在个体网络借贷平台上发生的直接借贷行为属于民间借贷范畴。其二，P2P 网络借贷平台与借贷双方之间的居间合同关系。个体网络借贷机构是信息中介机构，而非信用中介机构，主要为借贷双方的直接借贷提供信息服务。司法解释亦明确规定，网络贷款平台的提供者仅提供媒介服务，当事人请求其承担担保责任的，人民法院不予支持。[③] 其三，担保合同关系。在 P2P 发展初期，网络平台仅是信息中介机构，但后来平台为了抢占更多市场份额，尝试通过担保方式为平台增信，从而降低投资人投资风险。网络贷款平台的提供者通过网页、广告或者其他媒介明示或者有其他证据证明其为借贷提供担保，出借人请求网络贷款平台的提供者承担担保责任的，人民法院应予支持。[④]

P2P 网络借贷既是一种新型的民间融资渠道，也是一种典型的互联网金融业态。P2P 打破了传统金融机构对融资渠道的垄断，能够通过信息平台，发挥互联网经济的长尾效应，提高社会闲散资金的利用率，从而更好地服务实体经济。但由于 P2P 处在发展初期，行业门槛低，“多、杂、乱”业务特点明显，存在诸多法律风险。从 P2P 网络借贷平台视角来看，存在非法吸收公众存款风险和集资诈骗风险。根据《刑法》《最高人民法院关于审理非法集资刑事案件具体应用法律若干问题的解释》等法律和司法解释，以公开宣传的方式，向不特定对象吸收存款，经过监管部门批准方可进行。P2P 网络借贷平台作为信息中

---

① 网络借贷萌芽于英国。2005 年 Zopa 在英国开始运营，是最早提供个人对个人网络借贷服务的网站。网络借贷以其高效便捷的操作方式获得广泛关注，并迅速在其他国家展开，如 2007 年我国第一家网络借贷平台——拍拍贷成立。

② 参见郭勤贵、程华、赵永新、王海军、钟杰：《互联网金融原理与实务》，机械工业出版社 2017 年版，第 166 页。

③ 参见《最高人民法院关于审理民间借贷案件适用法律若干问题的规定》（法释〔2020〕17 号）。

④ 参见《最高人民法院关于审理民间借贷案件适用法律若干问题的规定》（法释〔2020〕17 号）。

介机构，容易在未经批准情况下，以理财产品名义向不特定公众宣传、销售，从而达到融资目的。这类行为涉嫌非法吸收公众存款罪或集资诈骗罪，2015 年的“e 租宝事件”即是如此。其原因在于，P2P 网络借贷行业迅猛发展的同时，相关法律规范和制度框架并未及时确立，P2P 网络借贷平台信息中介的角色定位在规范缺位的情况下逐渐异化为信用中介，通过为客户提供保底和增信服务，归集客户资金设立资金池，从事超出网络借贷信息中介业务范围的生产经营活动，变相非法吸收公众存款，触犯法律红线。[①] 从借贷方视角来看，借款人无法按期清偿，可能出现平台破产清算风险，贷款人出借资金合法性难以核实，也容易通过平台进行洗钱，存在洗钱风险。

因此，原银监会于 2016 年专门颁布《P2P 网络借贷风险专项整治工作实施方案》(银监发〔2016〕11 号)，以 P2P 网络借贷的市场主体、市场环境和规范机制三个层面为具体目标，对不同的网贷机构坚持分类处理原则，妥善处置风险事件，规范网贷行业有序发展。针对网贷机构业务创新偏离轨道问题，原银监会、工信部、公安部、国家网信办在 2016 年联合制定了《网络借贷信息中介机构业务活动管理暂行办法》，重点对网贷机构背离信息中介定性行为进行规范，以净化市场环境，保护金融消费者权益，使网贷机构回归到信息中介的本质，同时坚持底线监管思维，在明确网贷监管体制机制和各相关主体责任的基础上，加强对网贷机构事中和事后行为监管。为了进一步完善网贷行业监管制度体系，全面规范网贷机构及其业务行为，《网络借贷信息中介机构业务活动管理暂行办法》《网络借贷资金存管业务指引的通知》《网络借贷信息中介机构业务活动信息披露指引》等规范性文件也相继发布，共同构成促进我国网贷行业健康发展的规范体系。

（四）互联网保险

互联网保险是指保险机构依托互联网订立保险合同、提供保险服务的保险经营活动。[②] 互联网保险将保险信息咨询、保险计划书设计、投保、交费、核保、承保、保单信息查询、保全变更、理赔和给付等保险活动全过程实现网络化。[③] 但是，这种界定实质上是将互联网保险视为传统保险的互联网化，是以互联网为媒介的保险营销模式创新。真正意义上的互联网保险不应局限在营销模式的互联网化，更应是依托大数据、移动通信等信息科技实现对既有保险产品

---

① 参见《最高人民检察院第十七批指导性案例》，载最高人民检察院网站，https：//www.spp.gov.cn/xwfbh/wsfbt/202003/t20200325_457166.shtml#1，2022 年 12 月 28 日访问。

② 参见《互联网保险业务监管办法》(中国银行保险监督管理委员会令 2020 年第 13 号)。

③ 参见郭勤贵、程华、赵永新、王海军、钟杰：《互联网金融原理与实务》，机械工业出版社 2017 年版，第 289 页。

结构、服务模式等方面的深度融合创新。

较之于传统保险，互联网保险具有如下特点和优势：其一，交互性。在互联网保险中，保险公司提供良好的交互界面，当事人可以实现“7×24 小时”的即时交流沟通，告知、说明、承保、理赔等保险环节均可在线实现。其二，高效便捷性。互联网保险中，保险人通过互联网平台，直接和投保人对接，投保人在线进行产品咨询、选购，省去代理人和经纪人等保险代理中介环节，提高了保险的销售、管理和理赔效率。其三，经济性。互联网保险借助网络终端销售，省去保险代理营销成本，有利于促使保险人提升服务质量和经营效益。

互联网保险涉及多方法律主体。其一，直接享有互联网保险合同权利和履行义务的合同当事人，包括保险人（互联网保险公司）和投保人。其二，互联网保险合同的关系人。这类主体并不直接参与网络保险合同的订立，但与保险合同具有利害关系，包括被保险人和受益人。其三，第三方网络平台中的互联网保险合同辅助人。这类主体是辅助互联网保险合同订立履行的人，包括保险代理人和保险经纪人，主要是指第三方网络平台。

互联网保险作为一种互联网金融的典型业态，既给传统保险发展带来了创新活力，同时也存在诸多法律风险。具体包括：其一，合同欺诈风险。互联网保险销售全程在网上完成，不同于线下面对面的交易。保险人容易存在信息披露不规范，出现夸大宣传、误导性说明等情况，甚至存在违规搭售等欺诈行为。其二，信息安全风险。互联网保险中，投保人需要提供姓名、身份证号码等个人身份信息。这些信息上传至网络，存在因网络平台本身的技术漏洞或者保险人滥用风险，侵犯用户的个人信息和隐私权。其三，产品设计规范风险。互联网保险作为一种保险业发展的新型业态，缺乏监管规范和法律制度的指引，在诸多碎片化产品赢得市场的同时，也出现大量不符合保险理念的异质保险，如雾霾险、世界杯遗憾险等，这些产品极易存在费率厘定不合理的情形，投保人获赔概率极小，易侵犯消费者的权益。①

监管机构为此专门颁布《关于提示互联网保险业务风险》，从重从快查处违法违规开展互联网保险业务的单位和个人，坚决维护保险市场秩序和保险消费者合法权益。②2020 年发布的《互联网保险业务监管办法》③ 是针对互联网保险业务的专门规范。该办法在厘清互联网保险业务本质、明确制度适用和衔接政策的基础上，对互联网保险业务的经营要求、营销宣传、售后服务等方面进行

① 参见任自力主编：《互联网保险创新发展与监管研究》，法律出版社 2020 年版，第 44 页。

② 参见《中国保险监督管理委员会关于提示互联网保险业务风险的公告》（保监公告〔2012〕7 号）。

③ 参见《互联网保险业务监管办法》（中国银行保险监督管理委员会令 2020 年第 13 号）。

了重点规范，强调按经营主体进行分类监管，在规定“基本业务规则”的基础上，针对不同的经营主体分别规定“特别业务规则”。同时，该办法积极创新完善监管政策和制度措施，将防范化解风险放在首位，以消费者权益保护为出发点和落脚点，在规范经营、防范风险、划清红线的基础上，鼓励保险与互联网、大数据、区块链等新技术相融合，支持互联网保险在更高水平服务实体经济和社会民生。[①]

（五）股权众筹等互联网众筹

众筹，顾名思义，即大众筹资，是通过互联网平台向公众募集资金的行为。相较于传统融资方式，互联网众筹具有“公开、小额、大众”特点，在参与主体低门槛、项目内容多样、规模灵活等方面异于传统融资，主要包括回报型众筹、股权型众筹、债务型众筹、募捐型众筹等类型。

股权众筹融资主要是指通过互联网形式进行公开小额股权融资的活动。其必须通过股权众筹融资中介机构平台（互联网网站或其他类似的电子媒介）进行，[②] 否则不属于股权众筹。股权众筹一般包括准备阶段、融资阶段、经营阶段，具体涉及项目筛选、创业者约谈、确定领投人、引进跟投人、签订投资框架协议、设立有限合伙企业、注册公司、登记、签订正式投资协议、投后管理、退出等环节。[③]

股权众筹参与主体主要涉及投资者、融资者和股权众筹平台。其一，股权众筹平台与投资者、融资者之间的法律关系一般被认定为居间合同关系，但股权众筹平台的角色功能不仅限于提供机会、撮合交易，还包括审核融资主体资格、融资项目，以及对项目的监督等权限。这些内容超出居间合同内容范畴，其合同关系不宜完全视为居间合同。其二，投资者和融资者之间的投资关系。由于股权众筹存在有限合伙模式、代持模式、契约型基金模式、公司模式，所以投资者和融资者之间的具体法律关系较为复杂，需要依据不同模式类型来确定。

在股权众筹中，易出现违约风险、欺诈风险、非法集资风险等法律问题。在违约风险中，融资方可能存在对财务经营情况未如实披露、未依约定分配利润等违约行为，众筹平台可能存在未尽提示义务、未尽审核义务等违约行为。

---

① 参见中国银保监会有关部门负责人就《互联网保险业务监管办法》答记者问，载国务院新闻办公室网站，http：//www.scio.gov.cn/xwfbh/gbwxwfbh/xwfbh/38176/Document/1694658/1694658.htm，2022年12月26日访问。

② 参见《中国人民银行、工业和信息化部、公安部等关于促进互联网金融健康发展的指导意见》（银发〔2015〕221号）。

③ 参见郭勤贵、程华、赵永新、王海军、钟杰：《互联网金融原理与实务》，机械工业出版社2017年版，第204页。

在欺诈风险中，主要存在融资方的不当劝诱、虚假宣传。在非法集资风险中，可能出现未经监管机关批准，向不特定公众以股权众筹为名，宣传虚假高额利息，变相非法吸收存款、集资。对此，2016 年 4 月，证监会等 15 个部门联合印发《股权众筹风险专项整治工作实施方案》，专门规范互联网股权融资行为，对股权众筹风险进行集中整治，将擅自公开发行或变相公开发行股票纳入整治重点，明确了互联网融资行为参与主体的活动界限。[①] 同时，结合互联网股权融资的特点，通过周密部署和全面排查，落实证券法等法律法规和《关于促进互联网金融健康发展的指导意见》的相关要求，惩治通过互联网从事非法发行证券、非法集资等非法金融活动以切实保护投资者合法权益。[②]

三、我国互联网金融法律监管

基于互联网金融具有的数据安全风险、金融系统性风险等外部性，故需加强对互联网金融发展的监管。目前对于互联网金融监管，主要是依据《民法典》《中国人民银行法》《证券法》《保险法》《关于促进互联网金融健康发展的指导意见》等一系列不同位阶的法律规范。

（一）互联网金融监管原则

其一，兼顾效率和安全价值的原则。效率和安全是金融法持续追求的价值，而平衡效率和安全二者的关系是金融监管法的重要使命。金融发展史显示，注重效率，强调自由竞争，会放松监管，危及金融安全；而强化监管，又可能抑制金融活力，束缚竞争，有损金融效率。这种效率和安全的关系平衡，在互联网金融监管中格外明显。《关于促进互联网金融健康发展的指导意见》规定了“鼓励创新、防范风险、趋利避害、健康发展”的总体要求，并明确互联网金融能够促进金融创新、提高金融资源配置效率，但也存在一些问题和风险隐患，需要科学合理界定各业态的业务边界及准入条件，落实监管责任，明确风险底线，保护合法经营，坚决打击违法和违规行为，维护金融安全稳定。

其二，兼顾公平竞争与金融消费者权益保护的原则。互联网金融消费者几乎都是普通的长尾大众，受限于投资经验、专业知识等方面的不足，相对于互联网金融机构远远处于弱势和劣势，故在互联网金融时代，消费者权益保护是监管的主要任务和核心。[③] 一方面，互联网和金融的深度融合，给金融市场带来强劲活力，破除传统金融机构的垄断，使得各类市场主体均有机会参与互联网

---

① 参见中国证监会《对十三届全国人大二次会议第 2720 号建议的答复》，载中国证监会网站，http：//www.csrc.gov.cn/csrc/c101800/c1003822/content.shtml，2022 年 12 月 28 日访问。

② 参见《股权众筹风险专项整治工作实施方案》（证监发〔2016〕29 号）。

③ 参见何剑锋：《互联网金融监管研究》，法律出版社 2019 年版，第 137 页。

金融，促进更加开放的金融市场公平竞争和高效的市场资源配置；另一方面，我国互联网金融仍处于粗放型的发展阶段，野蛮生长，规避监管，部分产品更是利用创新之名，销售欺诈风险层出不穷，存在网络数据安全风险、平台法律关系权利义务内容的模糊等问题，均对金融消费者权益保护造成挑战。因此，如何平衡互联网金融的公平竞争与金融消费者权益保护，是互联网金融监管价值追求的重要着力点。

其三，兼顾创新包容与审慎监管的原则。互联网金融创新是一把“双刃剑”，既带来更为丰富的金融产品和服务，同时又存在诸多金融风险隐患。《关于促进互联网金融健康发展的指导意见》明确，互联网金融是新生事物和新兴业态，要制定适度宽松的监管政策，为互联网金融创新留有余地和空间。通过鼓励创新和加强监管相互支撑，促进互联网金融健康发展，更好地服务实体经济，并提出互联网金融监管应遵循“依法监管、适度监管、分类监管、协同监管、创新监管”的原则。因此，在互联网金融发展中，如何以包容态度面对创新产品，同时又做到审慎监管，需要有效平衡这对矛盾。这是互联网金融监管价值追求的重要平衡点。

（二）互联网金融监管挑战和完善

其一，互联网金融发展与既有分业监管模式固化。我国金融基本法层面确定了“分业经营、分业管理”原则。[①] 分业监管使得金融风险的“防火墙”隔离机制得以建立，防止彼此的渗透和传染，也使金融行业监管职责明确。《关于促进互联网金融健康发展的指导意见》延续分业监管，对互联网金融采取“分类指导，明确互联网金融监管责任”。互联网支付业务、网络借贷业务、互联网保险业务、互联网信托业务、互联网消费金融业务由国家金融监督管理总局（原银保监会）负责监管，而股权众筹融资业务、互联网基金销售业务由证监会负责监管。但是，互联网金融打破了传统金融泾渭分明的业务界限，诸多互联网金融产品复合设计、混搭销售，横跨了银行、保险、证券、信托等多个金融领域，从而对金融分业监管“各管一段”造成挑战，容易出现监管空白、监管真空。为防范互联网金融风险，2016 年，国务院颁布了《互联网金融风险专项整治工作实施方案》。该方案在第 2 条部门分工协作中明确“采取‘穿透式’监管方法，根据业务实质明确责任”。但这种监管方式仅是一种手段，并没有实现对传统监管优化的路径转型。从域外发展经验来看，在金融混业经营发展趋势下，通常通过采取功能监管、行为监管等监管理念改进传统监管模式。2017 年全国金融工作会议明确，“加强宏观审慎管理制度建设，加强功能监管，更加重视行

① 参见《商业银行法》第 43 条、《证券法》第 6 条、《保险法》第 8 条。

为监管”。这也为目前互联网金融监管的改进提供了方向。

其二，互联网金融发展与监管规则供给不足。互联网金融作为一种新事物，对相关立法和监管规则均造成挑战。在基本法层面，主要表现为规范内容的滞后和缺失。譬如，《证券法》第2条对证券采取有限列举的方式，并没有采纳实质证券的界定，使得股权众筹等互联网新型融资方式难以纳入证券法的规制范畴。又如，互联网金融发展缺乏征信制度，容易加剧相应金融欺诈风险。在监管层面，“各管一段”，第三方支付、P2P网络借贷、互联网保险、股权众筹等都是由原银保监会或证监会单独颁布相应规则进行专门规范，[①]但在涉及多业务领域时，易出现职责不清、相互扯皮或推诿等监管不足。各监管部门未来应当相互协作、形成合力，密切关注互联网金融业务发展及相关风险，对监管政策进行跟踪评估，适时提出调整建议，不断总结监管经验。[②]

其三，互联网金融发展与金融消费者权益保护不力。互联网金融创新发展中，存在大量的欺诈风险和个人信息安全风险等严重损害金融消费者权益的现象。目前对于互联网金融的规范主要依托于行政监管，监管部门所颁布的监管规则主要是调整监管者和互联网平台之间的行政关系，缺乏对当事人之间的私法关系的关注，而当事人之间私法上权利义务内容的不确定性，以及纠纷解决机制的不通畅，更是凸显金融消费者保护力度的不足。未来应当加强对互联网消费者权益的倾斜保护，明确金融消费者的知情权、安全保障权、公平交易权、依法求偿权等权利，强化网络平台的义务和责任，强化互联网金融产品合同内容、免责条款规定等与消费者利益相关的信息披露义务，依法监督处理经营者利用合同格式条款侵害消费者合法权益的违法、违规行为。构建在线争议解决、现场接待受理、监管部门受理投诉、第三方调解以及仲裁、诉讼等多元化纠纷解决机制。[③]从事前预防、事中规范和事后纠纷解决等方面全面强化互联网消费者权益保护。

---

① 譬如，对于第三方支付，有《国务院办公厅关于加快电子商务发展的若干意见》(国办发〔2005〕2号)、《电子支付指引(第一号)》(〔2005〕第23号)、《非金融机构支付服务管理办法》(中国人民银行令〔2010〕第2号)、《非金融机构支付服务管理办法实施细则》(中国人民银行公告〔2010〕第17号)、《中国人民银行关于规范支付创新业务的通知》(银发〔2017〕281号)等规范。对于P2P网络借贷，有《中国银监会办公厅关于人人贷有关风险提示的通知》(银监办发〔2011〕254号)、《P2P网络借贷风险专项整治工作实施方案》(银监发〔2016〕11号)、《网络借贷信息中介机构业务活动信息披露指引》(银监办发〔2017〕113号)、《网络借贷信息中介机构备案登记管理指引》(银监办发〔2016〕160号)等规范。对于互联网保险，有《保险代理、经纪公司互联网保险业务监管办法(试行)》(保监发〔2011〕53号)、《关于提示互联网保险业务风险》(保监公告〔2012〕7号)等规范。对于股权众筹，有《关于对通过互联网开展股权融资活动的机构进行专项检查的通知》，证监办发〔2015〕44号；《股权众筹风险专项整治工作实施方案》(证监发〔2016〕29号)等规范。

② 参见《中国人民银行、工业和信息化部、公安部等关于促进互联网金融健康发展的指导意见》(银发〔2015〕221号)。

③ 参见《中国人民银行、工业和信息化部、公安部等关于促进互联网金融健康发展的指导意见》(银发〔2015〕221号)。

第十章　网络犯罪治理法律制度

数字技术与社会生活的全面融合深刻转变着犯罪及犯罪治理活动。网络犯罪日益成为犯罪的主要类型，并且随着传统犯罪触网率的不断提升，网络犯罪这一概念也逐渐出现泛化的趋势。为应对数字时代手段不断升级、规模不断扩张的新型犯罪类型，我国也在不断通过丰富和完善实体法与程序法以有效打击网络空间的犯罪活动，提升网络犯罪的治理体系和治理能力现代化。

第一节　网络犯罪概述

一、网络犯罪的概念

网络犯罪的概念发展和演变与社会的数字化转型程度密切相关，是随着信息网络技术的发展而不断演变具体形态的犯罪集合。① 早期的网络犯罪主要被称为计算机犯罪，关注的是侵犯单个计算机信息系统的行为，系统间彼此串联、互联互通的网络化特征尚不明显。此时的计算机犯罪主要可以分为两种：第一种是以计算机为工具的犯罪；第二种是以计算机为对象的犯罪。随着社会数字化、网络化的不断深入，计算机犯罪这一概念已经难以涵盖各类借由网络空间或网络技术实施的具有社会危害性的活动，进而衍生出网络犯罪这样一种表述。随着网络犯罪概念的不断扩张，计算机犯罪逐步降级为网络犯罪的一个下位概念，网络犯罪也逐渐不再简单地指一种特殊的犯罪类型，而是“既包括新型犯罪，也包括与计算机数据和系统相关而实施的传统犯罪；既包括将计算机网络作为犯罪目的的犯罪，也包括将计算机网络作为犯罪手段的犯罪；既包括侵害网络特有价值（法益）的犯罪，也包括通过网络侵害传统价值（法益）的犯罪”②。

---

① 参见刘品新：《网络法：原理、案例与规则》（第三版），中国人民大学出版社2021年版，第303页。

② 参见张明楷：《网络时代的刑事立法》，载《法律科学》2017年第3期。

二、网络犯罪的特征

相对于传统犯罪，网络犯罪主要具有以下特征。

第一，犯罪与新兴数字技术结合度强、迭代速度快。网络犯罪是依托于网络信息技术而产生的新型犯罪，其演变和发展与技术的转型升级直接相关。例如，区块链技术一经产生随即快速被用于犯罪资产的转移；又如，近年来快速发展的非同质化代币（NFT）也快速成为犯罪活动的重灾区。随着Web3.0时代的到来，网络犯罪又呈现出了智能化的特征，通过人工智能等技术的应用，"使机器能够自主学习，帮助行为人精准实施犯罪，犯罪行为的实施已超脱人工阶段"①。基于这一特征，传统犯罪也在经历着快速的网络化转型，由于网络因素的介入，传统犯罪内部的构成要件要素、犯罪形态等产生了不同于过去的新的表现形式，被称为传统犯罪的网络异化。②

第二，犯罪活动通过网络空间突破时空限制，跨地区、全球化特征明显。网络空间具有明显的去地域性特征，全球互联互通是其本质属性。通过利用互联网，犯罪分子得以将犯罪活动拓展至全世界范围，同时可以在非常短的时间内针对不特定多数人实施犯罪活动，传统犯罪所面临的时间和空间限制被大幅度削弱。这一特征在我国近年来打击电信网络诈骗犯罪案件中尤为明显，犯罪分子通过网络空间开展跨境诈骗活动，对传统打击犯罪的手段形成了严峻挑战。

第三，犯罪技术性门槛不断降低、成本收益差距巨大。网络犯罪尽管是技术型犯罪，但技术并没有成为此类犯罪的一个限制门槛，犯罪模式的传习性强、犯罪工具的获取难度小、犯罪活动的成本低。例如，在侵犯公民个人信息罪中，犯罪分子可以在短时间内非法获取大量公民个人信息，并进一步利用所获得的个人信息精准实施网络诈骗等犯罪活动。同时，网络空间的分层属性也使得犯罪分子可以从表层网络不断下潜，在深网乃至暗网层面开展犯罪活动，从而达到隐藏犯罪行踪、转移违法所得等目的。由于一般监控难以深入到暗网层面，犯罪分子得以在全球范围内共享犯罪技术和工具，由此形成了以恶意代码、攻击软件和设备等犯罪工具为服务对象的黑色产业链。

第四，犯罪活动和组织日益产业化、链条化。在传统的犯罪结构中，犯罪活动呈现为单独犯罪形态，这也构成了刑法分则罪刑规范的典型模式。③网络空间的连通性使得犯罪活动得以超越地域边界进行组织和开展，犯罪活动的分工

---

① 参见刘艳红：《Web3.0时代网络犯罪的代际特征及刑法应对》，载《环球法律评论》2020年第5期。

② 参见陈兴良：《犯罪范围的扩张与刑罚结构的调整——〈刑法修正案（九）〉述评》，载《法律科学》2016年第4期。

③ 参见喻海松：《网络犯罪形态的碎片化与刑事治理的体系化》，载《法律科学》2022年第3期。

日益细化，形成了类似于流水线的链条化犯罪运行模式，这种链条化的发展也呈现出去中心的特征，实行行为的中心地位不复存在。例如，在近年来我国高发的电信网络诈骗活动中，广泛存在的一个现象是高度的组织化，诈骗集团组织严密、分工明确，呈现出多行业支撑、产业化分布、集团化运作、精细化分工、跨境式布局等有组织犯罪特征。同时，由于网络犯罪分工的精细化，催生了大量为犯罪分子提供帮助和支持并从中获利的黑灰色产业链。这些产业链不仅加速了网络犯罪的蔓延泛滥，也引发一系列经济损失之外的犯罪次生性危害。

第二节　网络犯罪的主要类型

为应对不断演化升级的网络犯罪活动、提升网络犯罪打击效能，我国刑法不断丰富犯罪类型，逐步建立起相对完整的网络犯罪罪名体系。2022 年，“两高一部”联合出台《关于办理信息网络犯罪案件适用刑事诉讼程序若干问题的意见》(以下简称 2022 年《信息网络犯罪程序意见》)，将信息网络犯罪案件的范围设定为三种：第一种是危害计算机信息系统安全犯罪案件；第二种是拒不履行信息网络安全管理义务、非法利用信息网络、帮助信息网络犯罪活动的犯罪案件；第三种是主要行为通过信息网络实施的诈骗、赌博、侵犯公民个人信息等其他犯罪案件。

一、危害计算机信息系统安全犯罪

危害计算机信息系统安全犯罪是网络犯罪较为传统的罪名组成部分。我国 1997 年《刑法》对危害计算机信息系统安全的犯罪进行了规定，主要包含第 285 条非法侵入计算机信息系统罪和第 286 条破坏计算机信息系统罪。2009 年,《刑法修正案（七）》出台，在 1997 年《刑法》构建的计算机犯罪体系的基础上，增设了第 285 条第 2 款非法获取计算机信息系统数据、非法控制计算机信息系统罪，以及第 285 条第 3 款提供侵入、非法控制计算机信息系统程序、工具罪。2011 年，最高人民法院、最高人民检察院联合发布了《关于办理危害计算机信息系统安全刑事案件应用法律若干问题的解释》(以下简称《危害计算机信息系统安全犯罪解释》)，进一步明晰了侵犯计算机信息系统安全类犯罪的构成要件和法律适用。根据《危害计算机信息系统安全犯罪解释》，“计算机信息系统”是指具备自动处理数据功能的系统，包括计算机、网络设备、通信设备、自动化控制设备等（第 11 条)。[①] 具体而言，危害计算机信息系统安全类犯

① 需要注意的是，根据《危害计算机信息系统安全犯罪解释》第 11 条的规定，“计算机信息系统”和“计算机系统”采用的是相同的定义。

罪主要涉及以下五个罪名。

第一，非法侵入计算机信息系统罪（《刑法》第285条第1款），即自然人或单位违反国家规定，侵入国家事务、国防建设、尖端科学技术领域的计算机信息系统的行为。[①] 首先，该行为以违反国家规定为前提，这里的国家规定主要是指我国关于计算机信息系统管理的各项法律法规。其次，该行为针对的是国家事务、国防建设、尖端科技这三大领域的计算机信息系统，在司法实践中，如果难以确定某计算机信息系统是否属于上述三大领域，司法机关应当委托省级以上负责计算机信息系统安全保护管理工作的部门进行检验，并结合案件具体情况认定。最后，该行为表现为对计算机信息系统的侵入行为，主要是指无权或者是超越权限进入。

第二，非法获取计算机信息系统数据罪（《刑法》第285条第2款），即自然人或单位违反国家规定，侵入三大领域以外的计算机信息系统或者采取其他技术手段，获取该计算机信息系统中存储、处理或传输的数据，情节严重的行为。首先，该罪的行为包括侵入或者采用其他技术手段。其中，“侵入”的概念与非法侵入计算机信息系统罪相类似，本质是未经授权或者是超越授权的行为。所谓“采取其他技术手段”，主要是指不需要进入他人计算机信息系统就可获取相关数据的行为。例如，通过钓鱼网站获取计算机信息系统存储、处理或传输的数据。其次，根据《危害计算机信息系统安全犯罪解释》，本罪的“数据”主要是指身份认证信息。[②] 最后，该罪的成立须达到情节严重，主要包括三种情形：一是获取支付结算、证券交易、期货交易等网络金融服务的身份认证信息10组以上；二是获取其他身份认证信息500组以上；三是违法所得5000元以上或者造成经济损失1万元以上。数额或数量达到上述标准5倍以上的，构成情节特别严重。这里的“一组身份认证信息”，主要是指可以确认用户在计算机信息系统上操作权限的认证信息的组合。

第三，非法控制计算机信息系统罪（《刑法》第285条第2款），即自然人或单位违反国家规定，对三大领域以外的计算机信息系统实施非法控制且情节严重的行为。首先，与非法获取计算机信息系统罪类似，本罪的行为表现为通过侵入或其他手段非法控制计算机信息系统。根据最高人民法院指导案例第145号“张某杰等犯非法控制计算机信息系统罪案”，通过植入木马程序的方式，非法获取网站服务器的控制权限，进而通过修改、增加计算机信息系统数据，向相关计算机信息系统上传网页链接代码的，属于采用其他技术手段非法控制计算机信息系统的行为。其次，该罪同样以情节严重为入罪门槛，主要涉

① 根据《刑法修正案（九）》增设的《刑法》第285条第4款的规定，单位可以成为非法侵入计算机信息系统罪的主体。

② 参见刘品新：《网络法：原理、案例与规则》（第三版），中国人民大学出版社2021年版，第324页。

及两种情形：一是非法控制计算机信息系统 20 台以上；二是违法所得 5000 元以上或者造成经济损失 1 万元以上。数量和数额达到上述标准五倍以上的，构成情节特别严重。最后，明知是他人非法控制的计算机信息系统，而对该计算机信息系统的控制权加以利用的，仍然可以构成非法控制计算机信息系统罪。

第四，提供侵入、非法控制计算机信息系统程序、工具罪（《刑法》第 285 条第 3 款），即自然人或单位提供专门用于侵入、非法控制计算机信息系统的程序、工具，或者明知他人实施侵入、非法控制计算机信息系统的违法犯罪行为而为其提供程序、工具，情节严重的行为。首先，本罪中的"专门程序、工具"是指"程序、工具只能用于实施非法侵入、非法控制计算机信息系统的用途"。[①] 其主要包含三个要素：一是具有获取计算机数据或者控制计算机信息系统的功能；二是具有避开或者突破计算机信息系统安全保护措施的功能；三是上述功能能够在未经授权或超越授权的情况下实现。如果难以确定程序或工具的性质，司法机关应当委托省级以上负责计算机信息系统安全保护管理工作的部门检验并结合案件具体情况予以认定。此外，也可以通过司法鉴定或公安部指定机构出具报告等方式予以认定。其次，本罪的入罪标准须行为达到情节严重，主要涉及两个方面：一是提供程序、工具的人次；二是违法所得和经济损失数额。

第五，破坏计算机信息系统罪（《刑法》第 286 条），即自然人或单位违反国家规定，实施下列三种行为且后果严重：一是破坏计算机信息系统功能，即对计算机信息系统功能进行删除、修改、增加、干扰，造成计算机信息系统不能正常运行；二是破坏计算机信息系统数据、应用程序，即对计算机信息系统中存储、处理或者传输的数据和应用程序进行删除、修改、增加的操作；三是故意制作、传播计算机病毒等破坏性程序，影响计算机系统正常运行。本罪的"后果严重"主要考量两个因素：一是破坏计算机信息系统的数量；二是违法所得、经济损失的数额。在司法实践中，有一系列指导性案例和司法解释对破坏计算机信息系统进行了进一步的说明。例如，"锁定智能手机导致不能使用的行为"[②]"DNS 劫持"[③]"干扰环境质量监测"[④] 等行为属于破坏计算机信息系统；"删改购物评价"属于对计算机信息系统内存储数据进行修改操作的行为[⑤]。

① 参见全国人大常委会法制工作委员会刑法室编：《中华人民共和国刑法条文说明、立法理由及相关规定》，北京大学出版社 2009 年版，第 592 页。

② 参见最高人民检察院指导性案例（检例第 35 号）"曾兴亮、王玉生破坏计算机信息系统罪案"。

③ 参见最高人民法院指导案例 102 号"付宣豪、黄子超犯破坏计算机信息系统罪案"。

④ 参见最高人民法院指导案例 104 号"李森、何利民、张锋勃等人犯破坏计算机信息系统罪案"。

⑤ 参见最高人民检察院指导性案例（检例第 34 号）"李骏杰等破坏计算机信息系统罪案"。

二、破坏网络业务活动、妨害网络秩序类型的犯罪

随着信息网络技术与犯罪的结合不断深入，网络犯罪的概念逐渐从计算机转向网络空间，针对网络业务活动、妨害网络秩序的行为开始被纳入网络犯罪的罪名体系。2015 年《刑法修正案（九）》出台，围绕网络犯罪开展了一系列创新立法，例如，新增犯罪、扩充罪状、降低入罪门槛、提升法定刑配置以及增加单位犯罪主体等多种形式，[①] 真正开始将计算机犯罪向网络犯罪推进，并针对破坏网络业务活动、妨害网络秩序的行为进行了着重立法。2019 年，最高人民法院、最高人民检察院联合发布《关于办理非法利用信息网络、帮助信息网络犯罪活动等刑事案件适用法律若干问题的解释》，主要就拒不履行信息网络安全管理义务罪、非法利用信息网络罪和帮助信息网络犯罪活动罪这三类犯罪的具体构成要件予以明晰。具体而言，此类网络犯罪主要涉及以下罪名。

第一，拒不履行信息网络安全管理义务罪（《刑法》第 286 条之一），即网络服务提供者不履行网络安全管理义务，经监管部门责令采取改正措施而拒不改正，并造成违法信息大量传播、用户信息泄露且造成严重后果、刑事案件证据灭失且情节严重等严重后果时，其行为构成犯罪。首先，本罪的主体既可以是自然人也可以是单位，包括信息网络介入、计算、存储、传输服务提供者，信息网络应用服务提供者，以及利用信息网络提供公共服务的主体。其次，本罪的“信息网络安全管理义务”主要指向的是法律、行政法规规定的以下义务类型：一是防止违法信息传播义务；二是防止用户信息泄露义务；三是防止刑事案件证据灭失义务。[②] 这三项义务对应的是本罪的三个主要的入罪标准。最后，本罪以经监管部门责令采取改正措施而拒不改正为前提，其应当综合考虑监管部门责令改正是否具有法律、行政法规依据，改正措施及期限要求是否明确、合理，网络服务提供者是否具有按要求采取改正措施的能力等因素综合判断。

第二，帮助信息网络犯罪活动罪（《刑法》第 287 条之二），即将明知他人利用信息网络实施犯罪，为其犯罪提供互联网接入、服务器托管、网络存储、通信传输等技术支持，或者提供广告推广、支付结算等帮助，情节严重的行为规定为犯罪。首先，本罪以帮助他人利用信息网络实施犯罪为前提，同时根据“两高一部”2016 年公布的《关于办理电信网络诈骗等刑事案件适用法律若干问题的意见》和 2021 年公布的《关于办理电信网络诈骗等刑事案件适用法律若干问题的意见（二）》，明知或为他人利用信息网络实施犯罪而实施的收购、出售、出租金融工具或通信工具的，也可以构成本罪。其次，本罪要求主观“明

---

① 参见喻海松：《网络犯罪的立法扩张与司法适用》，载《法律适用》2016 年第 9 期。

② 参见喻海松：《网络犯罪二十讲》(第二版)，法律出版社 2022 年版，第 127~128 页。

知”他人利用信息网络实施犯罪，主要包括以下情形：一是经监管部门告知后仍然实施有关行为；二是接到举报后不履行法定管理职责；三是交易价格或者方式明显异常；四是提供专门用于违法犯罪的程序、工具或者其他技术支持、帮助；五是频繁采用技术措施或虚假身份逃避监管或规避调查；六是为他人逃避监管或规避调查提供技术支持、帮助。最后，本罪的本质是帮助行为，该行为同时构成其他犯罪的，应当择一重罪处罚。

第三，非法利用信息网络罪（《刑法》第287条之一），将自然人或单位利用信息网络实施的下列行为，在情节严重时规定为犯罪：一是设立用于实施诈骗、传授犯罪方法、制作或者销售违禁物品、管制物品等违法犯罪活动的网站、通讯群组；二是发布有关制作或者销售毒品、枪支、淫秽物品等违禁物品、管制物品或者其他违法犯罪信息；三是为实施诈骗等违法犯罪活动发布信息。首先，本罪中的“违法犯罪”，包括犯罪行为和属于刑法分则规定的行为类型但尚未构成犯罪的违法行为。其次，本罪中的特定“网站、通讯群组”，主要是指两种情形：一是以实施违法犯罪活动为目的而设立；二是设立后主要用于实施违法犯罪活动。最后，本罪中的发布特定信息的方式既包括直接发布行为，也包括利用信息网络提供信息的链接、截屏、二维码、访问账号密码以及其他指引访问服务的行为。

三、主要行为通过信息网络实施的犯罪案件

除上述两类较为典型的网络犯罪外，信息网络技术也支持了大量的其他类型犯罪，并对新型数字权益造成侵害。基于此，2022年《信息网络犯罪程序意见》也将“主要行为通过信息网络实施的诈骗、赌博、侵犯公民个人信息等犯罪案件”纳入网络犯罪的范畴之中。此类犯罪涉及的罪名较广，一方面涉及侵犯新兴数字权益类犯罪，以侵犯公民个人信息罪为典型代表，另一方面则表现为传统犯罪的网络化。

就侵犯公民个人信息罪而言，《刑法修正案（七）》首次在《刑法》第253条之一规定了“出售、非法提供公民个人信息罪”和“非法获取公民个人信息罪”。2013年，“两高一部”发布《关于依法惩处侵害公民个人信息犯罪活动的通知》，一方面明确了公民个人信息的外延，另一方面确定了相关罪名定罪量刑的考量因素。在此基础上，《刑法修正案（九）》将上述罪名整合为侵犯公民个人信息罪，并在多个方面提升了个人信息保护力度。2017年，最高人民法院、最高人民检察院联合出台了《关于办理侵犯公民个人信息刑事案件适用法律若干问题的解释》，进一步明确了公民个人信息的范围、违反国家有关规定的认定、非法提供公民个人信息的认定、非法获取公民个人信息的认定、侵犯公民个人信息罪的定罪量刑标准、认罪认罚从宽处理、设立网站和通讯群组侵犯公民个人信息行为的定性、拒不履行公民个人信息安全管理义务行为的处理、涉

案公民个人信息的数量计算、罚金刑适用的规则等相关事项。

侵犯公民个人信息罪（《刑法》第253条之一）是指自然人或单位违反国家有关规定，向他人出售、提供公民个人信息，或者窃取或以其他方法非法获取公民个人信息，情节严重的行为。第一，本罪中的“公民个人信息”是指以电子或者其他方式记录的能够单独或者与其他信息结合识别特定自然人身份或者反映特定自然人活动情况的各种信息。第二，“违反国家有关规定”是指法律、行政法规、部门规章等国家层面的规定，不包括地方性法规等非国家层面的规定。[①] 第三，“提供公民个人信息”的行为既包括向特定人提供，也包括通过信息网络或者其他途径发布。第四，窃取以外的“非法获取”主要表现为违反国家有关规定，通过购买、收受、交换等方式获取，或者在履行职责、提供服务过程中收集等行为。第五，本罪以情节严重为入罪门槛，其判断标准主要有五个方面：一是信息的类型与数量；二是违法所得数额；三是个人信息用途；四是行为人的主体身份；五是行为人的主观恶性。

就利用信息网络实施的传统犯罪而言，其借由网络信息技术而形成新的特征，需要立法和司法实践予以特别关注，从而形成了一系列司法解释与规范性文件。例如，针对网络赌博行为，“两高一部”在2010年发布了《关于办理网络赌博犯罪案件适用法律若干问题的意见》；针对淫秽类犯罪，“两高”于2004年和2010年先后两次出台办理利用互联网、移动通讯终端、声讯台制作、复制、出版、贩卖、传播淫秽电子信息刑事案件具体应用法律若干问题的解释，在2017年联合作出了《关于利用网络云盘制作、复制、贩卖、传播淫秽电子信息牟利行为定罪量刑问题的批复》；针对电信网络诈骗犯罪活动，“两高一部”于2016年和2021年先后两次出台关于办理电信网络诈骗等刑事案件适用法律若干问题的意见；针对扰乱无线电通讯管理秩序等犯罪，最高人民法院、最高人民检察院于2017年出台了《关于办理扰乱无线电通讯管理秩序等刑事案件适用法律若干问题的解释》；针对非法生产销售类犯罪，最高人民法院、最高人民检察院、公安部、国家安全部于2014年联合发布了《关于依法办理非法生产销售使用“伪基站”设备案件的意见》；等等。

第三节　网络犯罪治理的刑事诉讼规则

网络犯罪的快速发展不仅对于实体法适用提出了一系列挑战，同时也对刑事程序法形成冲击，特别是网络犯罪的跨地域性、技术性、链条化等特征，给案件的侦查、起诉和审判带来许多困难，传统刑事诉讼的管辖制度、证据制度、

① 参见周加海等：《〈关于办理侵犯公民个人信息刑事案件适用法律若干问题的解释〉的理解与适用》，载《人民司法》2017年第19期。

立案前调查核实制度、跨区域侦查取证制度等基本制度难以有效适应打击网络犯罪的现实需要。对此，刑事诉讼法也开始逐步探索网络化数字化转型的路径，在遵守正当程序底线的前提下提升打击犯罪的实际效能。

早期关于网络犯罪刑事诉讼程序的立法探索主要集中于个别类型的网络犯罪。例如，2010年，“两高一部”联合制定的《关于办理网络赌博犯罪案件适用法律若干问题的意见》，同时涉及了实体法和程序法的事项，特别是就网络赌博犯罪的管辖、电子证据的收集与保全这两个重要议题进行了较为详细的规定。

随着网络犯罪的不断蔓延和复杂化，一些程序法上共同面临的挑战逐步显现，例如，案件管辖不明确、跨地域取证困难、立案前后刑事侦查措施衔接不畅、电子数据证据规则不明，等等。针对上述共通性的程序性问题，我国开始系统探索适应网络犯罪的刑事诉讼程序。2014年，“两高一部”联合出台了《关于办理网络犯罪案件适用刑事诉讼程序若干问题的意见》(以下简称2014年《意见》)，就刑事诉讼全流程应对网络犯罪的关键议题进行了较为详细和系统化的规定。此后，随着网络犯罪的不断演化，2014年《意见》也随之转型升级。2021年，最高人民检察院制定了《人民检察院办理网络犯罪案件规定》，详细规定了人民检察院在网络犯罪案件中引导取证和案件审查、电子数据的审查、出庭支持公诉、跨区域协作办案、跨国（边）境司法协作等事项。2022年，“两高一部”在2014年《意见》的基础上，联合发布了《关于办理信息网络犯罪案件适用刑事诉讼程序若干问题的意见》，搭建起刑事诉讼程序应对网络犯罪的基本法律框架。

一、网络犯罪案件管辖

根据刑事诉讼法的相关规定，刑事案件一般由犯罪地的人民法院管辖。网络空间的弱地域性使得其中犯罪行为的犯罪指向不明，有必要予以进一步明确。[①]

根据2022年《信息网络犯罪程序意见》第2条，信息网络犯罪案件的管辖仍然遵循以犯罪地管辖为原则，以居住地管辖为补充。这里的犯罪地主要包括用于实施犯罪行为的网络服务使用的服务器所在地，网络服务提供者所在地，被侵害的信息网络系统及其管理者所在地，犯罪过程中犯罪嫌疑人、被害人或者其他涉案人员使用的信息网络系统所在地，被害人被侵害时所在地以及被害人财产遭受损失地等。考虑到网络犯罪涉及的环节较多，帮助犯的犯罪地或者居住地以及被害人被侵害时的所在地同样被纳入管辖连接点。

针对有多个犯罪地的信息网络犯罪案件，案件管辖通常通过三个步骤予以确定：一是原则上由最初受理的公安机关或主要犯罪地公安机关立案侦查；二

① 参见程捷：《信息网络犯罪案件地域管辖规则之检讨》，载《北京航空航天大学学报（社会科学版）》2023年第1期。

是有争议时按照有利于查清犯罪事实、有利于诉讼的原则协商解决；三是协商不成时由共同上级公安机关指定有关公安机关立案侦查。

基于网络空间犯罪活动的复杂性以及国际化特征，现有制度也建立起了特定案件中的异地指定侦查管辖制度，针对具有特殊情况的重大信息网络犯罪案件，以及在境外实施的信息网络犯罪案件，授权公安部商请最高人民检察院和最高人民法院指定侦查管辖。例如，针对电信网络诈骗案件，2022 年最高人民法院刑事审判第三庭、最高人民检察院第四检察厅、公安部刑事侦查局联合发布《关于"断卡"行动中有关法律适用问题的会议纪要》，针对涉案人数超过 80 人，以及在境外实施的电信网络诈骗及关联犯罪案件，公安部需要指定异地管辖的，应当商最高人民检察院和最高人民法院。

二、涉众型案件涉案财产推定

关于涉众型信息网络犯罪案件的涉案财产推定，主要考虑的是近年来网络诈骗等侵财性案件高发，但打击处理的比例较低的状况。[①] 早先此种推定主要适用于特定类型的犯罪案件，例如，2010 年《关于办理网络赌博犯罪案件适用法律若干问题的意见》规定："对于开设赌场犯罪中用于接收、流转赌资的银行账户内的资金，犯罪嫌疑人、被告人不能说明合法来源的，可以认定为赌资。将该银行账户转入、转出资金的银行账户数量可以认定为参赌人数。如果查实一个账户多人使用或多个账户一人使用的，应当按照实际使用的人数计算参赌人数。"类似地，在 2013 年"两高一部"《关于办理组织领导传销活动刑事案件适用法律若干问题的意见》中规定："办理组织、领导传销活动刑事案件中，确因客观条件的限制无法逐一收集参与传销活动人员的言词证据的，可以结合依法收集并查证属实的缴纳、支付费用及计酬、返利记录、视听资料，传销人员关系图，银行账号交易记录，互联网电子数据，鉴定意见等证据，综合认定参与传销的人数、层级数等犯罪事实。"

2022 年《信息网络犯罪程序意见》系统规定了账户资金推定规则在涉众型信息网络犯罪案件中的适用条件。首先，在适用范围上，此种推定方式仅适用于涉案人数特别众多的信息网络犯罪案件，不能将其扩展至一般的网络犯罪案件。其次，在证据材料方面，该方法的使用需要有银行账户、非银行支付账户等交易记录和其他证据材料，基本的犯罪事实已经有相应的客观性证据予以证明。最后，这种推定是一种可推翻的推定。原则上，经抽样取证，足以认定有关账户主要用于接收、流转涉案资金的，就可以按照该账户接收的资金数额认定犯罪数额，但是如果犯罪嫌疑人、被告人能够作出合理说明，则不能以此认

① 参见喻海松：《网络犯罪二十讲》（第二版），法律出版社 2022 年版，第 272~273 页。

定该笔犯罪事实。[①]

三、第三方协助义务[②]

基于网络犯罪复杂化、链条化、产业化的特征，以网络信息业者为代表的具有数据和技术控制或占有优势的第三方主体广泛介入犯罪治理过程，成为网络犯罪刑事诉讼程序的重要参与主体，在刑事司法过程中承担着一系列协助国家机关的法律义务，这些义务主要分为以下两种类型。

第一类是犯罪或犯罪风险报告义务。该项义务多设置于刑事诉讼程序正式启动之前，承担的是常规化的犯罪风险预测预警功能。2012 年全国人大常委会发布的《关于加强网络信息保护的决定》中明确要求网络服务提供者加强对用户发布的信息的管理，并在发现法律、法规禁止发布或传输的信息时及时报告（第 5 条）。根据 2011 年《互联网信息服务管理办法》的规定，“法律、法规禁止发布或传输的信息”主要涉及九大类信息（第 15 条），其中不乏涉犯罪信息，[③]对此互联网信息服务提供者有义务向有关国家机关报告（第 16 条），违反报告义务可能面临责令改正、吊销经营许可证、关闭网站等处罚（第 23 条）。尽管在具体表述上存在差异，但这一规定总体上在后续互联网服务提供者相关规定中予以延续。[④]

除此以外，针对特定犯罪活动，相关法律可能会加重网络信息业者的主动报告义务。例如，根据《网络安全法》的规定，网络运营者针对危害网络安全事件承担报告义务；根据《反恐怖主义法》的规定，电信业务经营者、网络服务提供者针对恐怖主义、极端主义信息承担报告义务；根据《反有组织犯罪法》的规定，电信业务经营者、互联网服务提供者针对宣扬、诱导有组织犯罪内容的信息承担报告义务；根据《未成年人保护法》的规定，网络服务提供者针对危害未成年人身心健康信息或利用未成年人实施犯罪行为的信息具有报告义务；根据《数据安全法》的规定，开展数据处理活动的组织、个人针对数据安全事件承担报告义务；根据《反电信网络诈骗法》的规定，电信业务经营者、互联

---

① 参见周加海、喻海松、李振华：《〈关于办理信息网络犯罪案件适用刑事诉讼程序若干问题的意见〉的理解与适用》，载《中国应用法学》2022 年第 5 期。

② 本部分内容参见裴炜：《论刑事诉讼中网络信息业者的数据提供义务》，载《上海政法学院学报》2022 年第 6 期。

③ “九大类信息”包括：（1）反对宪法所确定的基本原则的；（2）危害国家安全，泄露国家秘密，颠覆国家政权，破坏国家统一的；（3）损害国家荣誉和利益的；（4）煽动民族仇恨、民族歧视、破坏民族团结的；（5）破坏国家宗教政策，宣扬邪教和封建迷信的；（6）散布谣言，扰乱社会秩序，破坏社会稳定的；（7）散布淫秽、色情、赌博、暴力、凶杀、恐怖或者教唆犯罪的；（8）侮辱或者诽谤他人，侵害他人合法权益的；（9）含有法律、行政法规禁止的其他内容的。

④ 参见裴炜：《针对用户个人信息的网络服务提供者协助执法义务边界》，载《网络信息法学研究》2018 年第 1 期。

网服务提供者针对涉诈违法犯罪线索、风险信息承担报告义务。

第二类是调取中的数据和技术提供。例如，《网络安全法》要求网络运营者为公安机关、国家安全机关维护国家安全和侦查犯罪的活动提供技术支持和协助，拒不履行该协助义务可能引发责令改正、罚款等法律责任；类似地，《反有组织犯罪法》要求电信业务经营者、互联网服务提供者对公安机关侦查有组织犯罪提供技术支持和协助；《数据安全法》强化了程序性要求，规定公安机关、国家安全机关因维护国家安全或者侦查犯罪的需要调取数据，应当依法经过严格的批准手续；《个人信息保护法》针对国家机关处理公民个人信息的行为概括性地豁免了同意原则的适用。

第四节 网络犯罪治理的电子证据规则

相较于传统犯罪，网络犯罪的一个重要特征是电子数据证据成为相关案件的主要证据材料类型，能否及时有效地获取电子数据以证明案件事实，直接影响着网络犯罪治理的实际效能。同时，电子数据具有易变性、脆弱性、系统性、多元性等特征，难以直接套用传统的证据规则。据此，我国立法者围绕电子数据证据开展了一系列证据规则制定工作。早在 2005 年，公安部就制定了《计算机犯罪现场勘验与电子证据检查规则》，是我国较早关于网络犯罪电子证据的规范性文件。2010 年，最高人民法院、最高人民检察院、公安部、国家安全部、司法部联合制定了《关于办理死刑案件审查判断证据若干问题的规定》，在“证据的分类审查与认定”部分规定了对电子邮件、电子数据交换、网上聊天记录、网络博客、手机短信、电子签名、域名等电子证据的审查，初步搭建起了我国的刑事电子数据证据规则体系。2012 年，《刑事诉讼法》修改时正式将电子数据列为法定证据种类之一。2016 年，“两高一部”联合发布《关于办理刑事案件收集提取和审查判断电子数据若干问题的规定》，为应对电子数据取证难、认证难等问题搭建起系统化的规则框架。在此基础上，2019 年公安部制定了《公安机关办理刑事案件电子数据取证规则》，进一步细化了侦查阶段电子取证的有关规定。

一、电子数据的收集、提取

基于当前刑事诉讼规则体系，刑事案件中的电子数据的收集提取主要涉及以下五类具体措施。

第一类是本地电子数据收集提取。此类措施以收集原始存储介质为原则，直接提取电子数据为例外，打印、拍照、录像等方式固定为补充。这一类措施的核心是扣押、封存原始存储介质，重点在于保证在不解除封存状态的情况下，无法增加、删除、修改电子数据。实践中，存在着无法或者是不便扣押封存原始存储介质的情况，此时可以采取直接提取电子数据的方法，须在笔录中注明不能扣押原始存储介质的原因、原始存储介质的存放地点或者是电子数据的来源等情况，并计算电子数据的完整性校验值。

第二类是网络在线提取电子数据。该措施主要针对的是原始存储介质位于境外或存储于远程计算机中的电子数据。考虑到直接针对境外原始存储介质开展网络在线提取，有可能面临不同国家间的主权和管辖权冲突，2019年《公安机关办理刑事案件电子数据取证规则》将针对境外原始存储介质中电子数据的网络在线提取限定于公开发布的电子数据。在网络在线提取过程中，必要时可以对远程计算机信息系统进行网络远程勘验。所谓网络远程勘验，是指通过网络对远程计算机信息系统实施勘验，发现、提取与犯罪有关的电子数据，记录计算机信息系统状态，判断案件性质，分析犯罪过程，确定侦查方向和范围，为侦破案件及后续刑事诉讼活动提供线索和证据。[①] 远程勘验过程中可能涉及侦查措施的适用，这里的技术侦查主要是指"侦查人员未经授权，采取侵入或者控制他人计算机信息系统的手段，对他人的记录、行踪、通信等进行监控"的行为。[②] 采取此类措施时，必须符合刑事诉讼法规定的条件、依法经过严格的批准手续才能实施。

第三类是电子数据冻结。该项措施主要针对的是"电子取证过程中数据不便或不能直接提取的情形，通过固定其既有状态以确保其完整性和可靠性，进而服务于后续侦查取证和诉讼程序"[③]。根据现有规则，数据冻结主要适用于三种情形：一是数据量大，无法或者不便提取；二是提取时间长，可能造成电子数据被篡改或灭失；三是通过网络应用可以更为直观地展示电子数据。冻结的初始期限为6个月，之后每次续冻期限不超过6个月，续冻次数没有限制，期限届满不续冻则冻结自动解除。冻结电子数据主要通过以下方法：一是计算电子数据的完整性校验值；二是锁定网络应用账号；三是其他防止增加、删除、修改电子数据的措施。

第四类是电子数据的调取。由于侦查所需的电子数据广泛地由网络信息业者等第三方主体占有或控制，办案机关向第三方主体调取数据成为一项普遍而重要的侦查措施。[④] 调取电子数据应当制作《调取证据通知书》，注明需要调取电子数据的相关信息，通知电子数据持有人、网络服务提供者或者是有关部门执行。在涉及跨地域调取的情况下，公安机关可以将《办案协作函》和相关法律文书及凭证传真或者通过公安机关信息化系统传输至协作地公安机关，由后

---

① 关于远程勘验的性质和功能的探讨，参见裴炜：《论远程勘验：基于侦查措施体系性检视的分析》，载《政法论坛》2022年第4期。

② 参见万春等：《〈关于办理刑事案件收集提取和审查判断电子数据若干问题的规定〉理解与适用》，载《人民检察》2017年第1期。

③ 参见裴炜：《论刑事电子取证中的数据冻结》，载《北外法学》2021年第2期。

④ 参见裴炜：《论个人信息的刑事调取——以网络信息业者协助刑事侦查为视角》，载《法律科学》2021年第3期。

者代为调查取证。

第五类是跨境电子数据的收集提取。电子数据借由网络空间可能在世界各地分散存储，这就使得跨境电子数据收集提取成为当前网络犯罪侦查中的常态化现象。针对这一取证场景，主要通过以下方式进行跨境调查取证：一是通过国际刑事司法协助机制，依照我国《国际刑事司法协助法》和有关国家的双边刑事司法协助协议开展证据调取活动；二是通过国际刑事警察组织机制开展警务合作，依托中国国家中心局接收或向外国提出警务合作请求；三是针对公开发布的电子数据可以直接采取网络在线提取的方式跨境收集提取。

除上述常规性的电子数据取证措施外，信息网络犯罪案件普遍存在着被害人众多，交易记录、聊天记录等数量庞大的特征，侦查机关在实践中难以对海量证据全面收集、逐一查证。对此，司法实践中逐渐形成了针对海量证据材料按比例或数量选取取证的应对策略。2015 年，最高人民法院、最高人民检察院、公安部、司法部联合发布的《刑事案件速裁程序试点工作座谈会纪要（二）》第 8 条规定："对与案件有关、性质不能确定、数量较大或者成批的需要取样检验的物品，经县级以上公安机关负责人批准，可以抽样取证。"2016 年，"两高一部"出台的《关于办理电信网络诈骗等刑事案件适用法律若干问题的意见》规定，在电信网络诈骗案件中，对于人数众多的被害人无法逐一核实的，可通过已经查证属实的电子数据、交易记录、证人证言等证据材料综合认定被害人人数及诈骗资金数额等涉案事实。[①]

在上述文件的基础上，2022 年《信息网络犯罪程序意见》将海量证据选取取证的方法拓展到了各类信息网络犯罪案件。[②] 首先，在适用条件上，抽样取证需要满足三个条件：一是证据材料数量特别众多；二是这些材料具有同类性质、特征或者功能；三是确因客观条件限制无法逐一收集。例如，在电信网络诈骗案件中，犯罪分子采用同一套话术、通过同一网络平台对海量被害人实施诈骗，相关被害人陈述能够证明相同的犯罪行为和手段，符合上述三个条件的要求。其次，在证据抽样规则上，一方面，应当按照一定比例或者数量选取证据；另一方面，需要对选取情况作出说明和论证。再次，关于审查规则，检察机关、法院需要重点审查按比例或数量选取证据的取证方法、过程是否科学，如果认为取证不科学，则应当由原取证机关作出补充说明或者重新取证。最后，关于证据的采信规则，要求检察机关、法院结合其他证据材料，以及犯罪嫌疑人、被告人及其辩护人所提辩解、辩护意见，综合审查认定取得的证据；针对存疑的证据，应当作出有利于被指控人的认定。

---

① 参见郑飞：《信息网络犯罪案件中抽样取证规则的正当性及其限制》，载《北京航空航天大学学报（社会科学版）》2023 年第 1 期。

② 需要注意的是，2022 年《信息网络犯罪程序意见》并没有使用"抽样取证"的表述，在制定过程中也存在对这一方法表述的争议。参见程雷、侯若英、赵玮：《〈关于办理信息网络犯罪案件适用刑事诉讼程序若干问题的意见〉的理解与适用》，载《人民检察》2022 年第 19 期。

二、电子数据的检视、移送、展示

电子数据在被收集提取之后，需要通过多种方式明确其证据内容，并在后续的诉讼程序中进行移送和展示，由此形成了相应的电子数据规则。

首先，针对电子数据的检视而言，其目的在于根据已收集的证据材料发现和提取与案件相关的线索和证据，这一过程可能涉及以下三种检视措施。第一种措施是电子数据的检查，主要通过数据恢复、破解、搜索、仿真、关联、统计、比对等方式，查明电子数据内容。第二种措施是电子数据的侦查实验，其目的在于验证一定条件下电子设备发生的某种异常或者电子数据发生的某种变化，一定时间内能否完成对电子数据的某种操作行为，在某种条件下使用特定软件、硬件能否完成某种特定行为、造成特定后果，一定条件下某种计算机信息系统应用或者网络行为能否修改、删除特定电子数据等情况。第三种措施是电子数据的检验与鉴定，即针对电子数据中涉及的专门性问题，指派、聘请有专门知识的人进行鉴定，或者委托指定机构出具检验报告。在上述三种措施中，均需要采取必要的措施保证电子数据的完整性。

其次，针对电子数据的移送，就不同阶段的证据能力衔接问题而言，针对行政机关在行政执法和查办案件过程中收集提取的电子数据，以及公安机关在刑事立案前的初查阶段收集提取的电子数据，原则上均可以作为刑事案件的证据使用。就具体的移交方式和移送材料而言，基于电子数据易丢失、易损毁的脆弱性特性，有关规定要求原始存储介质或者提取的电子数据需要以封存状态移送，并同步移送电子数据的备份。针对冻结的电子数据，应当移送被冻结电子数据的清单，注明类别、文件格式、冻结主体、证据要点、相关网络应用账号等信息，并附查看工具和方法的说明。电子数据未以封存状态移送，或者未注明名称、类别、格式等信息的属于程序性瑕疵，经补正或者作出合理解释的仍然可以采用，否则不得作为定案的根据。

最后，针对电子数据的展示，可以区分为两种类型：一类是可以直接展示的电子数据，如电子文档、图片、视频等；另一类是无法直接展示的电子数据，如计算机病毒程序等。针对可以直接展示的电子数据，原则上可以不随案移送打印件，但人民法院、人民检察院因设备等条件限制无法直接展示的除外；其展示可以根据电子数据的具体类型借助多媒体设备出示、播放或者演示，必要时可以聘请具有专门知识的人进行操作，并就相关技术问题作出说明。针对无法直接展示的电子数据，在移送时应当附电子数据属性、功能等情况的说明。此外，针对数据统计量、数据统一性等问题，侦查机关在移送时应当出具说明。

三、电子数据的审查、判断

电子数据的审查判断主要是从其客观性或真实性、合法性、关联性三个层面予以全面审查。原则上，电子数据如果存在篡改、伪造或者其他无法确定真伪的情形，不得作为定案的根据。电子数据如果存在增加、删除、修改等情形，但通过司法鉴定、当事人确认等方式确定与案件相关的重要数据未发生变化，或者能够还原电子数据原始状态、查清变化过程的，仍然可以作为定案的根据。

针对电子数据的真实性或客观性，审查主要关注以下几个方面的事项：第一，是否移送原始存储介质，在原始存储介质无法封存、不便移动时，是否说明原因并注明相关情况；第二，电子数据是否有数字签名、数字证书等特殊标识；第三，电子数据的收集、提取过程及结果是否可以重现；第四，电子数据有增加、删除、修改等情形时是否附有说明；第五，是否有其他可以保证电子数据完整性的措施。根据 2016 年《关于办理刑事案件收集提取和审查判断电子数据若干问题的规定》，电子数据完整性主要审查以下事项：原始存储介质的扣押、封存状态；电子数据的收集提取过程录像；电子数据完整性校验值；备份的电子数据与原始电子数据的比较；冻结的电子数据的访问操作日志。

针对电子数据的合法性，主要考察以下六方面的事项：第一，电子数据的收集、提取、保管的方法和过程是否规范；第二，查询、勘验、扣押、调取、冻结等措施的法律手续是否齐全；第三，勘验笔录、搜查笔录、提取笔录等取证记录是否完备；第四，是否由符合法律规定的取证人员、见证人、持有人、提供人等参与，以及因客观原因没有上述人员签名或盖章的，是否说明原因；第五，是否按照有关规定进行同步录音录像；第六，收集提取的境外电子数据是否符合（国）区际司法协作及相关法律规定的要求。考虑到跨境电子取证的特殊性，最高人民检察院在《人民检察院办理网络犯罪案件规定》中特别强调，针对境外收集的证据，应当审查证据来源是否合法、手续是否齐备以及证据的移交、保管、转换等程序是否连续、规范。

针对电子数据的关联性，其审查主要涉及以下三个方面的事项。第一个审查重点是电子数据与案件事实之间的关联性问题。电子数据的形式多种多样、涉及面较宽，与案件事实有关的电子数据的范围也较为宽泛，因此在司法实践中需要注意全面收集和审查：既包括计算机软硬件上存储的电子数据，也包括其他相关外围设备中的电子数据；既包括文本信息，也包括图像、视频等多种格式的数据。第二个审查重点是网络身份与现实身份的同一性，主要针对的是司法实践中经常出现的虚拟身份与真实身份难以对应的问题。对此，可以通过核查相关 IP 地址、网络活动记录、上网终端归属、相关证人证言以及犯罪嫌疑人、被告人供述和辩解等进行综合判断。第三个审查重点是存储介质与犯罪嫌疑人、被告人的关联性，可以通过核查相关证人证言以及犯罪嫌疑人、被告人供述和辩解，以及生物信息等进行综合判断。

第十一章　互联网司法与在线纠纷解决机制

第一节　互联网司法

一、互联网司法的界定与特征

（一）互联网司法的界定

司法是由专门的国家司法机关依据法定职权和法定程序，具体适用法律、处理案件的专门活动。然而，对于“司法”或者“司法机关”的界定，长期存在法定、习惯、功能等不同标准。法定标准以国家在宪法或者相关法律中的明确规定作为认定依据，例如，一些国家的宪法明确将法院确定为司法机关；习惯标准则在法定标准之外，将司法扩展至历来被社会和公众认为属于司法机关的机构及其职能活动，例如，我国习惯所称的“公检法司安”；功能标准更注重法律适用或者纠纷解决的视角，将那些在法律和习惯上不属于司法机关的国家机关、社会组织或机构及其职能活动都纳入司法的范畴之内，例如，我国的基层司法所和许多西方国家存在的治安法院等。由于这些标准的差异，人们对司法的内涵与外延的理解不尽一致，但现代法治国家中的司法基本上都是以审判活动为中心展开的，现代司法原理也是聚焦于审判权而建构起来的。[①] 习近平总书记指出：“司法权是对案件事实和法律的判断权和裁决权。”[②] 在这个意义上，可以将司法看成是一种以法院的审判权为核心，涉及事实认定和法律适用各个主体、环节及其活动，包括各种纠纷解决机制的开放性体系。

从目前来看，人们对于互联网司法也存在不同的理解：（1）从主体来看，互联网司法在广义上包括法院、检察、公安等职能部门在其权限范围内以互联网为媒介所展开的司法活动，而在狭义上则主要是指法院以互联网为媒介所展开的司法活动；（2）从范围来看，互联网司法既可能专指处理与互联网相关的案件或者纠纷的活动，也可能包括职能部门运用互联网技术所展开的司法活

① 参见范愉、彭小龙、黄娟编著：《司法制度概论》（第三版），中国人民大学出版社 2016 年版，第 1~10 页。

② 习近平：《论坚持全面依法治国》，中央文献出版社 2020 年版，第 61 页。

动；（3）从环节来看，互联网司法既可以是指司法活动全流程的在线化，也可以包括部分司法活动的在线运行；（4）从技术来看，互联网司法也有不同阶段或者侧重。例如，域外有学者就根据技术发展及其应用，将线上法院（online courts）区分为两代。第一代线上法院中的所有权威命令或者判决都是由人类法官作出的，具体包括线上裁判（online judging）和扩展法院（extended courts）两种类型。尽管目前绝大多数互联网司法仍然是第一代，但运用人工智能由系统而非人工作出正式命令和判决的第二代线上法院已经逼近。[①] 近年来，在司法实务和理论研究中出现的远程审判、虚拟法庭、电子法院、智慧司法等，在某种程度上体现的则是互联网司法在应用上对信息通讯、大数据、人工智能等技术的不同侧重。

为了较为全面而又清晰地说明互联网司法的性质特征、发展趋势和问题挑战，本章所介绍的互联网司法在主体上采用狭义说，在范围、环节和技术上则采用广义说。

（二）互联网司法的特征

互联网司法既共享司法的一般性特征，也因技术运用而呈现出一些不同特征。前者多为人们所熟知，本章重点介绍互联网司法的一些独有特征。

1. 在线化

不同于传统司法常常是在固定的场所中进行，互联网司法在很大程度上摆脱了物理空间的束缚，数字技术的发展和应用使得起诉、立案、送达、举证、庭审、宣判等环节能够以更加高效快速的方式进行，司法的程序运作、人们的沟通方式甚至某些司法理念都可能由此发生某种根本性变革。

2. 代码化

互联网司法通过特定的技术架构、自动化程序甚至算法得以运转，需要将相关的实体规则、司法程序和诉讼流程予以代码化，代码由此具有类似于法律的控制作用，此即所谓的“代码就是法律”[②]。《人民法院第五个五年改革纲要（2019—2023）》明确将“推动实现审判方式、诉讼制度与互联网技术深度融合”作为目标之一。当然，这种编码过程并非只是简单的技术转译，本身蕴含着代码作者或者架构设计者的理解和意图，因此，可能深刻地改变法律和程序的运作，对裁判者的自由裁量和人们的程序利益产生重大影响。

3. 智能化

由于技术发展及应用差异，互联网司法的智能化也呈现出不同的层次。有

---

① 参见［英］理查德·萨斯坎德：《线上法院与未来司法》，何广越译，北京大学出版社2021年版，第6~8页。

② 参见［美］劳伦斯·莱斯格：《代码2.0：网络空间中的法律》，李旭、沈伟伟译，清华大学出版社2018年版，第6页。

学者将目前可见的技术影响概括为自动化和转型两类。前者主要将新技术植入传统的司法运作中，用以改进、升级、流水化、优化和加速传统工作方式；后者则是通过技术来取代传统的法院运作方式，实现传统法院以往做不到甚至想象不到的任务和服务。[①] 当然，二者在实际运作中并非泾渭分明，而是相互支持渗透。目前，我国人民法院通过运用大数据、云计算、区块链、人工智能等技术，已经在电子卷宗随案同步生成、全方位辅助办案、司法运行监督管理、大数据管理和应用等方面实现智能化。[②] 可以预计，随着数字技术的不断发展，互联网司法的智能化程度将不断提升。例如，基于数据的统计或者机器学习等新一代人工智能的发展很可能催生类型更多或者功能更强的（辅助）智能裁判系统的出现，增强现实（AR）和虚拟现实（VR）的发展也将不断改变线上甚至线下司法的程序运作和参与者的体验。

4. 协同化

通过软件应用开发以及各种设备的相互连接，数字技术的发展在多方面不断增强互联网司法的集成性和互动性。从当事人的角度来看，随着互联网、PC和各种移动终端的普及，人们不仅可以通过人脸识别、远程音视频、电子签名等技术便捷地在线完成各种诉讼程序，也可以通过法院提供的各种程序厘清自己的诉求和了解各种解纷方式，实质性地改善“接近正义”（access to justice）状况，而这也是前面提到的扩展法院所强调的内容。从法院的角度来看，互联网司法也可以通过自动化程序更好地理顺诉讼与非诉讼、线上与线下各种解纷机制的衔接，强化司法运作的效率和质量。从治理的角度来看，数字技术也可以促使法院与其他相关部门实现信息共享，建立起更为密切的协作关系，提升协同治理的效能。

二、互联网法院及其管辖制度

（一）互联网法院的界定

对于互联网法院，存在狭义和广义两种理解。狭义的互联网法院专门管辖与互联网相关的案件。例如，我国于2017年8月18日、2018年9月9日和9月28日成立的杭州互联网法院、北京互联网法院、广州互联网法院，就是集中管辖所在市的辖区内特定类型互联网案件的基层人民法院。广义上的互联网法院则可以将以互联网为媒介进行司法活动的普通法院也包括进来。这些普通法院内部也可以设立专门的互联网审判机构或者办案组织。例如，上海市长宁区

---

① 参见［英］理查德·萨斯坎德：《线上法院与未来司法》，何广越译，北京大学出版社2021年版，第32~35页。

② 参见最高人民法院编：《中国法院的互联网司法》，人民法院出版社2019年版，第22~25页。

人民法院、天津市滨海新区人民法院、广东省深圳市福田区人民法院、湖北省武汉市江夏区人民法院、四川省成都市郫都区人民法院等设立的互联网审判庭，广东省广州市中级人民法院、江苏省无锡市镇江区人民法院、浙江省余姚市人民法院、福建省厦门市思明区人民法院、贵州省黔南州惠水县人民法院等组建的互联网合议庭或审判团队。①

之所以出现专门管辖互联网案件的法院，其成因是多方面的。这既与互联网纠纷或者案件的快速增长有关，也因为传统的诉讼方式在解决网络纠纷时存在成本高、周期长、程序烦琐等不足，成立专门性的互联网法院有助于探索和健全“网上案件网上审理”的审判机制，进而可以在案件审理、平台建设、诉讼规则、技术运用、网络治理等方面形成一些可复制可推广的经验。不过，数字技术的发展及其赋能作用深刻地改变了当前的社会及其治理，普通法院同样也采用大量互联网、大数据、人工智能等技术，线上与线下空间的融合也使得大量案件和纠纷或多或少与互联网存在一定的关联。因此，互联网法院的狭义和广义的区分是相对的，关键区别在于案件管辖及其引发的在线审理的程度。本章主要从一般意义上来介绍互联网司法的原则、程序、挑战和趋势，但在此前有必要专门介绍一下当前我国互联网法院的管辖制度。

（二）当前我国互联网法院的管辖制度

1. 专门性互联网法院的管辖

根据2018年《最高人民法院关于互联网法院审理案件若干问题的规定》（以下简称《互联网法院司法解释》）第2条的规定，北京、广州、杭州三家互联网法院主要管辖以下11类互联网案件：（1）通过电子商务平台签订或者履行网络购物合同而产生的纠纷；（2）签订、履行行为均在互联网上完成的网络服务合同纠纷；（3）签订、履行行为均在互联网上完成的金融借款合同纠纷、小额借款合同纠纷；（4）在互联网上首次发表作品的著作权或者邻接权权属纠纷；（5）在互联网上侵害在线发表或者传播作品的著作权或者邻接权而产生的纠纷；（6）互联网域名权属、侵权及合同纠纷；（7）在互联网上侵害他人人身权、财产权等民事权益而产生的纠纷；（8）通过电子商务平台购买的产品，因存在产品缺陷，侵害他人人身、财产权益而产生的产品责任纠纷；（9）检察机关提起的互联网公益诉讼案件；（10）因行政机关作出互联网信息服务管理、互联网商品交易及有关服务管理等行政行为而产生的行政纠纷；（11）上级人民法院指定管辖的其他互联网民事、行政案件。

当事人对互联网法院作出的判决、裁定提出上诉的案件，应由其所在市的中级人民法院审理。考虑法院设置和法律统一适用，《互联网法院司法解释》第

① 参见最高人民法院编：《中国法院的互联网司法》，人民法院出版社2019年版，第6~7页。

4条对上诉审理管辖作出了两个方面的特别规定。其一，由于北京市现有4个中级人民法院，指定由北京市第四中级人民法院受理北京互联网法院部分上诉案件。其二，由于北京、广州两地已设立知识产权法院，北京互联网法院、广州互联网法院审理的互联网著作权权属纠纷和侵权纠纷、互联网域名纠纷的上诉案件，分别由北京知识产权法院、广州知识产权法院审理。

互联网法院并非管辖所在市的辖区内的所有互联网案件，而是限定在某些特定案件类型中。之所以如此规定，一方面，是考虑到人民法院受理的各种类型的案件都有可能带有一定的互联网色彩，不可能都将之交由互联网法院受理；另一方面，也是因为这些案件主要发生于网络空间之中，证据和相关材料也产生或者储存于互联网，适合在线审理并由此探索互联网司法的运作机制。值得注意的是，最高人民法院于2021年颁布的《人民法院在线诉讼规则》，对在线诉讼的案件适用范围也作出了规定，其中一些内容与《互联网法院司法解释》的规定不尽一致。根据最高人民法院相关负责人的说明，这两个司法解释之间不存在替代关系，《互联网法院司法解释》继续有效。[①]

2. 普通法院在线诉讼适用范围

根据《人民法院在线诉讼规则》第3条的规定，可以适用在线诉讼的案件具体包括五类：（1）民事、行政诉讼案件；（2）刑事速裁程序案件，减刑、假释案件，以及因其他特殊原因不宜线下审理的刑事案件；（3）民事特别程序、督促程序、破产程序和非诉执行审查案件；（4）民事、行政执行案件和刑事附带民事诉讼执行案件；（5）其他适宜采取在线方式审理的案件。由此可见，当前我国在在线诉讼的适用上既注重数字科技的赋能作用，将符合条件的各类民事、行政、非诉和执行程序案件都纳入其中；也注意到新的审判机制对当事人权益可能产生的重大影响，因而对刑事案件在线诉讼持谨慎态度，主要适用于案情简单、程序简便或者因特殊原因不宜线下审理的刑事案件。与此同时，也为实践的丰富性以及数字科技未来发展留下一定的空间，专门规定“其他适宜采用在线方式审理的案件”的兜底条款。

由于审判和调解都是人民法院行使审判权力的基本方式，2021年最高人民法院专门颁布了《人民法院在线调解规则》。根据该规则第3条之规定，民事、行政、执行、刑事自诉以及被告人、罪犯未被羁押的刑事附带民事诉讼等法律规定可以调解或者和解的纠纷，均可以开展在线调解。

---

① 参见胡仕浩、何帆、李承运：《〈关于互联网法院审理案件若干问题的规定〉的理解与适用》，载《人民司法》2018年第28期。

三、互联网司法的原则与程序

（一）互联网司法的原则

对于互联网司法的基本原则可以有不同的概括提炼。《人民法院在线诉讼规则》第 2 条规定，人民法院开展在线诉讼应当遵循“公正高效”“合法自愿”“权利保障”“便民利民”“安全可靠”等原则。由于公正高效、便民利民既是互联网司法的优势所在，也是现代司法的一般性原则，在此不作专门介绍。本节主要介绍合法自愿、权利保障、安全可靠三项基本原则。

1. 合法自愿原则

数字技术的应用在给当事人接近司法和实现权利带来极大便利的同时，也可能对其程序权利和实体权利带来一定的影响，合法自愿因而通常被认为是互联网司法运作和在线诉讼适用的前提。当然，法院的技术、经验和能力不同，案件所涉互联网因素的程度不同，当事人自愿的实现机制可能也有所差异。例如，《互联网法院司法解释》第 1 条规定，专门性的互联网法院以在线审理为原则，只有在当事人申请或者案件审理需要时由互联网法院决定是否线下完成部分诉讼环节。《人民法院在线诉讼规则》第 4 条则明确在线诉讼开展的前提条件为“征得当事人同意，并告知适用在线诉讼的具体环节、主要形式、权利义务、法律后果和操作方式等”，并就当事人对在线诉讼的不同意思表示如何处理作出了详细规定。

2. 权利保障原则

互联网司法是运用数字技术来改善司法制度、程序及其运作的产物，这种赋能作用不仅指向司法效率的提升，更关键是要增进和改善当事人利用司法的便利、公正和效率。[①] 相对于传统法院和司法过程，互联网司法毕竟还是一个相对新鲜的事物，从线下迈向线上的转变必然会对传统的司法运作和当事人的程序保障产生重大影响。在这种情况下，不仅需要防止通过数字技术的应用剥夺或者限制当事人的诉讼权利，也要对其可能产生的负面作用保持充分的警惕。因此，权利保障应当成为互联网司法运作的核心要求。《人民法院在线诉讼规则》第 2 条明确规定，“充分保障当事人各项诉讼权利，强化提示、说明、告知义务，不得随意减少诉讼环节和减损当事人的诉讼权益”。

3. 安全可靠原则

互联网司法主要依托技术支撑以线上的方式运行，系统是否稳定、技术应用是否符合司法规律和技术伦理、数据信息是否安全等直接关系司法的公正性、

---

① 参见肖建国：《在线诉讼的定位与〈民事诉讼法〉的修改》，载《北京航空航天大学学报（社会科学版）》2022 年第 2 期。

公信力和当事人的实际利益，安全可靠也成为贯穿互联网司法运作全过程的一项基础性原则。就此而言，《互联网法院司法解释》《人民法院在线诉讼规则》《人民法院在线调解规则》对身份认证、电子材料审核、区块链存证效力等诉讼各环节的技术应用作出明确规定。最高人民法院还于 2021 年颁布了《人民法院在线运行规则》，对诉讼平台、调解平台等信息系统建设、应用、保障和管理提出具体要求，明确人民法院在线运行网络安全、数据安全、个人信息保护、运行维护保障、信息系统管理、数据管理、应急和故障管理、合作供应商管理、内接系统管理、外接系统管理、宣传推广和培训演练等要求。

（二）互联网司法的程序

现有各国有关司法程序的法律规定几乎针对的都是线下司法，互联网司法的运作当然也应当遵循这些基本规定和要求，但因其线上运行，在身份认证、电子材料及其审核、非同步审理、在线调解等方面具有其独特性。

1. 身份认证

与线下物理空间相比，线上或者网络空间的主体往往具有某种隐名化或匿名性的特点，数字身份与真实身份的认证框架由此成为互联网规制的重要基础。[①] 为解决司法活动参与者身份的真实性和同一性等问题，互联网司法通常以身份认证程序作为司法活动的前提和基础。在认证方式上，通常采用的是在线诉讼主体在特定的诉讼、调解等电子平台完成实名注册，法院通过证件证照在线比对、身份认证平台认证等方式，核实诉讼主体的实名手机号码、居民身份证件号码、护照号码、统一社会信用代码等信息，确认诉讼主体身份真实性。诉讼主体在线完成身份认证后，取得登录诉讼平台的专用账号。这种身份认证具有固定诉讼主体和诉讼行为效力的作用。参与在线诉讼的诉讼主体应当妥善保管诉讼平台专用账号和密码。除有证据证明存在账号被盗用或者系统错误的情形外，使用专用账号登录诉讼平台所作出的行为，视为被认证人本人行为。在开展调解、证据交换、庭审等诉讼活动时，还需要再次验证诉讼主体的身份，在确有必要的情况下应在线下进一步核实身份。就目前而言，虽然我国的三大诉讼法没有对身份认证程序作出明确的规定，但通过《互联网法院司法解释》第 6 条、第 8 条、第 10 条、第 12 条和第 13 条，《人民法院在线诉讼规则》第 7 条和第 10 条，《人民法院在线调解规则》第 8 条和第 17 条，以及《人民法院在线运行规则》第 12 条、第 14 条和第 15 条等规定，已经构筑了较为完善的互联网司法身份认证的规则和程序。

---

① 参见［美］劳伦斯·莱斯格：《代码 2.0：网络空间中的法律》，李旭、沈伟伟译，清华大学出版社 2018 年版，第 51~61 页。

2. 电子材料及其真实性的确认

传统的线下司法活动奉行"原件原物原则"，只有在特定情形下可以提交复印件。如果在线上司法活动中仍坚持该原则，既不符合互联网司法的运作规律，无法达致其目标，也不恰当地加重了当事人的负担。因此，互联网司法的运作常常以电子材料作为基础要素。从司法实践和《人民法院在线诉讼规则》等规范性文件来看，电子材料主要包括两种类型：一种即本身就是以电子数据形式存在的各种法律文书或者证据材料，前者如诉讼主体直接在电子诉讼平台、电子调解平台录入的起诉状、答辩状等电子文本，后者则是电子合同、网络支付凭证等证据材料。另一种是对以实物形式存在的法律文书或者证据材料通过扫描、翻拍、转录等方式生成的电子化材料。由于电子材料本身容易伪造或者被篡改，互联网司法能否有效运行往往取决于能否确认这些材料的真实性，既涉及电子化材料的形式真实性审核，也包括作为证据提交的电子材料的真实性判断。

电子化材料的形式真实性审核针对的是电子化材料能否视同于原件原物。如果对方当事人质疑并提出合理理由和依据、电子化材料呈现不完整不清晰不规范，或者存在不符合档案管理规定等情形时，法院应当要求当事人提供原件、原物予以比对。当然，电子化材料审核的技术性较强，法院在审核时也需要通过借助外部力量或者其他程序予以完成。通常来说，如果存在对方当事人认可、公证机构已公证、先行诉讼活动已确定、线上或线下已与原件原物比对一致等情形，法院可以予以认定。《互联网法院司法解释》第 9 条和第 10 条，《人民法院在线诉讼规则》第 11 条、第 12 条、第 13 条对电子化材料形式真实性审核规则作出了明确规定。

作为证据提交的电子材料的真实性判断涉及的则是其内容是否虚构或者臆造，它与合法性、关联性等共同影响电子证据材料的证据能力和证明力。针对电子数据的真实性判断标准，主要涉及其存储介质、硬件和软件环境、防篡改保障和完整性保证、证据形成过程、取证过程、证据相关主体等六个方面。[①] 例如，我国《电子签名法》第 8 条、"两高一部"《关于办理刑事案件收集提取和审查判断电子数据若干问题的规定》第 22 条、《最高人民法院关于民事诉讼证据的若干规定》第 93 条、《互联网法院司法解释》第 11 条、《人民法院在线诉讼规则》第 15 条对此有具体的规定。当然，这种判断标准涉及大量技术性内容，司法人员和诉讼参与者往往不便掌握。为此，一些国家在电子证据真实性判断方面还提供了两种机制。（1）从实践中总结某些真实性判断推定规则，即当出现某些特殊情形时推定电子数据具有真实性，除非有足以反驳的相反证据

① 有关电子证据的关联性、合法性、真实性及其证明力的认定，参见刘品新：《网络法：原理、案例与规则》（第三版），中国人民大学出版社 2021 年版，第 386~414 页。

予以推翻。这些情形包括提交或者保管的电子证据“于己不利”“中立第三方持有”“正常业务活动中形成”“档案管理方式保管”“符合约定方式保存、传输或者提取”“经公证机关公证”“防篡改技术”“电子取证存证平台认证”等，具体可见之于我国《最高人民法院关于民事诉讼证据的若干规定》第94条、《互联网法院司法解释》第11条第2款、加拿大《统一电子证据法》第5条之规定。（2）引入相关专业人士予以辅助判断。例如，《互联网法院司法解释》第11条第3款就规定：“当事人可以申请具有专门知识的人就电子数据技术问题提出意见。互联网法院可以根据当事人申请或者依职权，委托鉴定电子数据的真实性或者调取其他相关证据进行核对。”

3. 非同步审理

信息通信技术的发展使得司法过程不仅可以突破物理空间的限制，也在某种程度上可以超脱于时间的限制，互联网司法由此发展出所谓“非同步审理”或者“异步审理”机制，而这也正是前文提到的域外学者倡议的“诉讼程序并不是通过一次实时视频、音频或交谈完成”“没有远程或者任何形式的开庭”的“线上裁判”。[①]2018年4月，杭州互联网法院推出全球首个异步审理诉讼模式，并颁布《涉网案件异步审理规程（试行）》。此后，广州互联网法院于2019年9月发布《广州互联网法院在线审理规程（试行）》，专章规定“在线交互式审理”；北京互联网法院则于2020年2月发布《北京互联网法院电子诉讼庭审规范（试行）》，规定“非同时庭审”为“同时庭审”方式的补充。在前期实践探索的基础上，《人民法院在线诉讼规则》第20条对非同步审理作出明确规定，即“经各方当事人同意，人民法院可以指定当事人在一定期限内，分别登录诉讼平台，以非同步的方式开展调解、证据交换、调查询问、庭审等诉讼活动”。

非同步审理通常被认为有助于提升诉讼效率、缓解办案压力甚至促进当事人接近司法，却不可避免地对直接言词原则和司法亲历性造成冲击，可能影响当事人的程序利益和实体权利。因此，《人民法院在线诉讼规则》在非同步审理的适用上持较为审慎的态度。除了要求非同步审理必须以各方当事人同意为前提以外，相对于调解、证据交换、调查询问等其他诉讼活动，对非同步庭审的适用规定了更为严格的条件。第一，在适用范围上，非同步庭审只能适用于小额诉讼程序或者民事、行政简易程序审理的案件；第二，在适用条件上，必须同时满足各方当事人同时在线参与庭审确有困难、当事人主动提出书面申请且各方当事人均同意、案件经过在线证据交换或者调查询问且各方当事人对案件主要事实和证据不存在争议等条件；第三，在适用方式上，只能按照庭审程序环节分别录制参与庭审视频并上传至诉讼平台。

---

① 参见［英］理查德·萨斯坎德：《线上法院与未来司法》，何广越译，北京大学出版社2021年版，第6~7页。

作为一种全新的审判方式，非同步审理确实对传统司法理念构成诸多挑战。因此，即便《人民法院在线诉讼规则》作出如上限制性规定，也没有完全打消人们对它的顾虑，围绕非同步审理尤其是非同步庭审是否违背直接言词原则、如何改进等问题仍存在争论。

4. 在线调解

在线调解无疑也需要遵守调解的一般性原则、调解人行为规范和技术准则，[①] 但数字技术的发展和应用对于调解也有着重要的赋能作用，在线调解也呈现出一些不同于传统司法调解的特征。择其要者，主要表现在以下三个方面。

（1）资源整合。借助互联网的开放、快捷、高效等特点，在线调解可以有效汇聚法院内外各种调解力量，整合线上线下各种调解机制，甚至还能够从调解、仲裁、诉讼等各种解纷方式的有机协调中获得更多支持。从这个意义上，在线调解甚至可以成为法院强化多元化纠纷解决机制的一个重要机制。例如，2016 年 10 月以来，最高人民法院就以统一的在线调解平台为基础，逐步建立在线流程全贯通、解纷业务全覆盖、线上线下全融合的一站式多元化纠纷解决平台。据统计，仅 2021 年全年在线调解案件量就突破 1000 万件，诉前调解成功案件 604.55 万件，在线音视频调解量占比从 2018 年的 0.17% 提高到 27.45%。6.1 万家调解组织和 25.4 万名调解员通过人民法院调解平台开展工作，平均每个工作日有 4.3 万件纠纷在平台进行调解，每分钟就有 50 件成功化解在诉前。

（2）调解能力。尽管目前在线调解大多还停留在调解员主持参与的阶段，但人工智能、大数据等技术发展也蕴含多种促进当事人达成合意的方式，有时甚至可以在无须人工参与的情况下得以实现。这些智能化程度较高的在线调解，将在下一节予以介绍。在此需要指出的是，随着在线调解对时空限制的突破，近年来调解人的行为准则和技术规范等问题也受到普遍关注并得以改进。例如，《人民法院在线调解规则》第 13 条对调解人的利益冲突规则和信息披露义务作出了系统规定，对于提升调解的适用及其公正性有着重要的意义。

（3）调解效率。数字技术的应用也能提升调解的效率。例如，通过线上流程可以更快地根据当事人合意形成调解协议，采用电子签名等方式加快其生效时间；通过电子笔录及其在线核对，可以加快调解过程，确认无争议事实；通过在线调解与其他程序的衔接，可以根据调解的不同情形，更迅速地转换至司法确认、登记立案、恢复审理等环节。例如，《在线调解协议》第 19 条至第 21 条，就对此作出系统的规定。

① 参见范愉：《非诉讼程序（ADR）教程》（第四版），中国人民大学出版社 2020 年版，第 114~127 页。

四、互联网司法的挑战与未来

数字技术已经并将持续地改变司法运作的机制、程序和模式。不过，在看到科技发展带来的诸多便利和改进的同时，也要注意到互联网司法所面临的诸多争议。这些争议体现在不同层次上，除了有关法院设置、管辖及其运作上的具体争论以外，[①] 当前针对互联网司法的较为一般性的质疑或者关切主要包括以下几方面。

第一，互联网司法是否提供的只是一种“次等”正义或者“经济舱”服务？互联网司法具有高效便捷的特点，甚至可以提升人们接近和利用司法的能力，但这种追求效率的司法形态是否可能有损公正的实现，无法给当事人提供完备的程序保障？

第二，在线运作是否会使得司法丧失“剧场化”效应？当司法活动不在一个固定的现实空间进行，程序简便甚至可以采用非同步审理，传统司法理论有关程序正义及其正当化机制必然受到一定影响，这是否会弱化司法在规则治理和正当性方面的功能？

第三，技术应用是否会“异化”？技术或许本身是中立的，但技术应用过程中是否会掺入某些更不易察觉或者难以控制的偏向和立场？在“代码即法律”以及线上线下相融合的时代，随着大数据、人工智能等技术的发展及其在司法中的运用，是否可能形成某种“数字利维坦”？如何控制所谓“算法黑箱”对程序保障和程序正义的影响？

第四，互联网司法的便捷是否会进一步拉低诉讼门槛，反而诱发更多的纠纷进入司法渠道？技术的改进在多大程度上能够缓解可能日益增长的案件负荷？

第五，由于“数字鸿沟”的存在，互联网司法在促进人们接近司法的同时，是否也在制造更为深刻的不平等现象，甚至加深和固化社会经济阶层之间的差距？

就目前而言，这些问题还缺乏普遍共识，尚有待更多的实证观察和理论分析。需要说明的是，互联网司法涉及诸多不同的技术和架构，本身具有高度的复杂性，这些问题本身也具有不同的面向。有些问题的确是数字技术带来的新挑战，需要高度警惕并努力解决，如非同步审理问题等；有些问题则属于认识

---

① 这些问题的讨论，可参见张卫平：《在线诉讼：制度建构及法理——以民事诉讼程序为中心的思考》，载《当代法学》2022 年第 3 期；郝晶晶：《互联网法院的程序法困境及出路》，载《法律科学（西北政法大学学报）》2021 年第 1 期；左卫民：《中国在线诉讼：实证研究与发展展望》，载《比较法研究》2020 年第 4 期；肖建国、丁金钰：《论我国在线“斯图加特模式”的建构——以互联网法院异步审理模式为对象的研究》，载《法律适用》2020 年第 15 期。

问题，可以通过更加充分的讨论和反思予以澄清，如所谓“次等”正义问题。再如，有的问题或许是互联网司法所面临的一般性问题，如代码、架构或者算法的影响；有的问题则属于不同技术应用所引发的特殊问题，如技术“异化”或许更多存在于智能化程度较高的技术或者环节，目前或者所谓第一代的互联网法院这方面的现实危险尚未显现；还有的问题则是社会结构或者发展阶段的问题，如“数字鸿沟”问题。因此，在对这些问题进行观察分析时，需要划分类型和区分层次，由此才能较为客观地认识和理解互联网司法。

毫无疑问，随着数字技术的发展及其在司法领域的深入应用，互联网司法在未来会释放更多的潜能，同时也可能会遭遇更多的质疑和挑战。面对这些现象和趋势，既不能因循守旧，固守某种僵硬的传统理念而看不到新技术的赋能作用；同时也不能唯技术至上，忽视技术及其应用对人的尊严、司法的基本价值、法治理想等可能造成的负面作用。或许只有对司法规律、技术应用的赋能与限权以及不同数字技术自身特征等问题有较为全面且系统的把握，才能够促使互联网司法获得健康有序的可持续发展。

第二节　在线纠纷解决机制

一、在线纠纷解决机制的界定与特征

（一）在线纠纷解决机制的界定

在线纠纷解决机制（Online Dispute Resolution，以下简称 ODR），是纠纷解决与计算机信息处理、互联网通信等技术相互融合的产物，最初是为了应对 20 世纪 90 年代日益增长的电子商务纠纷而产生的。随着数字技术的发展和数字社会的到来，ODR 在技术上日新月异，并深度融入多种类型的纠纷的解决，已成为当今世界各国普遍倚重的纠纷解决机制。不过，对于 ODR 的内涵和外延，目前尚存在一些不同的理解，主要体现在以下两对关系的认识上。

1. ODR 与互联网司法

ODR 最初是从 ADR 演化而来的，而且在许多国家中 ODR 也主要是由电子商务平台等私营机构所推动发展的，一些学者倾向于从非诉讼机制或者替代性解纷机制的角度来界定和使用 ODR 这个概念，对 ODR 与互联网司法予以严格区分。[①] 不过，纠纷解决机制本身包含诉讼与非诉讼等不同类型，数字技术不仅催生了许多新的替代性解纷机制，同时也深刻地改变了诉讼机制的运作模

---

① See Colin Rule, *Is ODR or ADR? A Response to Carrie Menkel-Meadow*, 3 International Journal on Online Dispute Resolution (2016), p.10.

式，这些不同机制在所谓的“纠纷解决的生态系统”中存在着各种复杂的互动关系。[①] 因此，采用一种包含互联网或者在线诉讼机制在内的宽泛的ODR界定，或许能够更加全面地反映数字时代纠纷解决机制的状况。考虑到前一节已经对互联网司法做了专门介绍，本节主要介绍非诉讼的ODR。

2. ODR与ADR

对于ODR与ADR之间的关系，亦存在两种对立的观点。一种观点认为，ODR实际上是ADR的在线化、技术化或者自动化，二者在本质上没有区别，ODR是ADR的一种新的类型。另一种观点则认为，虽然ODR与ADR确实存在某种历史关联，但在互联网背景下通过复制ADR来设计ODR的路子行不通，而且在线化本身就使得ODR超出了ADR的框架。[②] 应当说，非诉讼的ODR确实共享着ADR的基本原理和运作规律，但随着技术发展及其应用也呈现出一些有别于传统ADR的特征。基于此考虑，本节对ODR与ADR的共同特征、基本原理和运作机制不做过多介绍，重在阐述ODR相对于传统机制的不同之处。

（二）在线纠纷解决机制的特征

通常认为，ADR具有程序上的非正式性、纠纷解决依据的灵活性、纠纷解决主体的非（法律）职业化、性质和形式上的多样化、程序构造的平等性、纠纷解决过程的平和性与结果的互利性等基本特征。[③]ODR在共享这些一般性特征的同时，在以下几方面具有其特殊性。

1. 技术支撑

互联网和信息技术的发展是ODR出现的基本前提，ODR在过去几十年间的发展也在很大程度上取决于技术的进步。当然，不同的技术应用可能会塑造出不同的ODR，既可以是通过信息技术将线下的谈判、调解或者裁决型ADR在线上展开，也可以引入算法或者通过某种软件程序以辅助人们展开解纷活动。此外，区块链、大数据、人工智能的发展也为证据保全、协议履行等问题的解决提供了新的可能。随着数字技术的不断发展及其在纠纷解决中的普遍应用，ODR将拥有更多的空间和发展可能。

2. 类型多样

从技术发展及其应用差异来看，上文的介绍已经表明ODR包含了许多不同

---

① See Marc Galanter, *Adjudication*, *Litigation*, *and Related Phenomena*, in Leon Lipson & Stanton Wheeler, eds., Law and Social Science, New York: Russell Sage Foundation, 1987, p. 160-164.

② 参见［美］伊森·凯什、［以］奥娜·拉比诺维奇·艾尼：《数字正义：当纠纷解决遇上互联网科技》，赵蕾、赵精武、曹建峰译，法律出版社2017年版，第45页。

③ 参见范愉：《非诉讼程序（ADR）教程》（第四版），中国人民大学出版社2020年版，第18~19页。

类型的解纷机制。此外，尽管最初的 ODR 主要是由私营机构投资运营的，大多表现为民间性或者市场化的机制。但随着数字技术的发展，许多国家开始探索和鼓励技术在纠纷解决中的广泛应用，ODR 也从早期的电商解纷机制扩展到各种官方与民间、营利与非营利等解纷机制中，并与线下各种解纷机制相互结合。可以说，目前的 ODR 存在于国家与社会、政府与市场、公共机构与私人组织等不同解纷主体的活动之中，包含民间性、行政性、司法性等各种类型，广泛适用于国内以及国际等各种类型的争端解决。

3. 经济便捷

相对于传统线下的 ADR，ODR 在一定程度上打破了时空限制。在互联网和各种终端设备日益普及的当下，这不仅能够节省国家或者相关组织在纠纷解决基础设施中的投入，同时也能够降低当事人的解纷成本，异地异步的沟通方式也为纠纷解决提供了更多的可能性。此外，ODR 运作中的大多数材料以电子数据的形式存在，借助软件设计也强化流程管理，这些都能够有效地提升纠纷解决的效率。

4. 全程治理

ODR 不仅可以用来处理当下的纠纷，而且借助大数据、人工智能等技术手段可以密切跟踪纠纷的类型及其变化，通过大数据、人工智能等手段对这些相关数据予以收集、整理和分析。通过信息提示和风险预警，ODR 既可以帮助当事人在面对纠纷时更好地作出理性决策，避免纠纷的扩大或者激化，同时也有助于相关部门及时发现纠纷易发、多发或者容易激化之处，可以适时调整相关法律和政策，从而实现纠纷预防和社会治理的改善。

二、在线纠纷解决机制的理念与功能

（一）在线纠纷解决机制的基本理念

随着 ODR 的不断扩展，一种有关“数字正义”的理念逐渐成型。[①] 虽然人们对于“数字正义”的内涵、要素及其意义尚存在某些争论，但这种理念已然体现在 ODR 的设计和运作之中，并且对当今世界各国的纠纷解决的理论和实践产生着深远影响。简而言之，数字正义是以往纠纷解决理念在数字时代的发展，是“接近正义”与“技术赋能”结合的产物。

一方面，数字正义接续并发展了“接近正义”理念。20 世纪 50 年代以来，为了更好地保障社会成员利用司法权利和解决纠纷，西方国家陆续推动了三波接近正义运动。前两波聚焦于对贫困者施以法律援助、保护扩散利益和公共利

① 参见［美］伊森·凯什、［以］奥娜·拉比诺维奇·艾尼：《数字正义：当纠纷解决遇上互联网科技》，赵蕾、赵精武、曹建峰译，法律出版社 2017 年版，第 4 页、第 259~263 页。

益，虽然取得许多进展，却无法改变甚至反而加剧司法资源匮乏、分配不均等问题。自20世纪70年代开始的第三波的理念由此发生重大变化，不仅注重程序的简化便利，以增加民众利用司法的机会，更关键的是区分正义与司法（法院），主张人们可以在法院以外获得具体而又符合实际的正义，通过ADR来解决纠纷亦是“接近正义”。[①] 数字正义秉承了这一基本理念，但同时也注意到传统的诉讼和ADR都无法应对科技发展引发的大量纠纷，因而主张在纠纷解决机制方面需要作出某些“质变”而非“量变”，通过数字技术的应用或者ODR的发展来满足纠纷解决的现实需求。

另一方面，数字正义也是“技术赋能”观念的体现。ODR的设计者和推动者不仅认为有必要发展ODR来应对日益增多的纠纷，而且对技术能够增强“接近”和实现“正义”的能力充满信心，甚至认为ODR是数字社会中实现“接近正义”的更合理的手段。由此，数字正义理念往往突出技术的应用带来了纠纷解决形式的“三个转变”：从物理上的面对面形式转变为虚拟在线形式，从第三方介入转变为作为“第四方”的软件程序辅助纠纷解决，从强调保密原则转变为数据的收集和利用以实现纠纷的预防。[②] 这些转变被认为是ODR在某些方面优于传统ADR的原因，可以打破线上与线下、国内与国际、法院与其他解纷主体的隔阂，实现纠纷多元化解的合力，共同促进“接近正义”的实现。

（二）在线纠纷解决机制的主要功能

对于ODR的功能，可以从不同角度进行阐释。例如，学界对ADR的主要功能从纠纷解决、程序利益、社会治理等方面作出了概括，[③]ODR基本上也具有这些功能，本节不重复介绍，而是致力于结合数字技术的发展和应用，从以下三个维度对ODR的功能作出简要说明。

1. 纠纷解决

快速高效地解决纠纷是ODR最直接的功能。例如，2012年eBay处理了超过6000万件纠纷，协助80%以上的买卖双方自行达成令人满意的处理结果。2014年，淘宝通过其纠纷解决平台处理了710多万件纠纷，其中通过大众评审团机制解决了73万多件纠纷。[④] 如果这些纠纷没有通过ODR得以及时解决，对于任何一个国家的司法体系和社会稳定都会造成极大的冲击。当然，纠纷解决

---

① See Mauro Cappelletti & Bryant Garth, *Access to Justice*: *The Newest Wave in the Worldwide Movement to Make Rights Effective*, 27 Buffalo Law Review (1978), p.196–292.

② 参见［美］伊森·凯什、［以］奥娜·拉比诺维奇·艾尼：《数字正义：当纠纷解决遇上互联网科技》，赵蕾、赵精武、曹建峰译，法律出版社2017年版，第4页、第259~263页。

③ 参见范愉：《非诉讼程序（ADR）教程》（第四版），中国人民大学出版社2020年版，第25~27页。

④ 参见龙飞：《大数据时代纠纷解决模式之变革》，载《人民法院报》2016年11月2日。

不仅包括事后处理，同时也涉及事先预防，ODR 在这方面的独特优势也得到了一些印证。例如，面对纠纷数量已经达到百万级别且持续增长的态势，2011 年淘宝网启动了结构性维权的争议解决模式优化工作，借助对历年维权案例录音和文字的语义分析，锁定纠纷发生的原因，通过源头预防很快就取得了成效：2013 年，全网交易总量比 2012 年实现 50% 以上的增长，而纠纷总量出现了一定数量的下降。①

2. 促进法治

在纠纷解决的同时，ODR 也在多方面对法治建设起着重要的推进作用。例如，通过各种非诉讼 ODR 化解大量纠纷，可以有效地节约公共成本，减轻司法压力，实现司法资源的有效配置。如果将互联网司法也纳入 ODR 范畴的话，则可以发现 ODR 在当今许多国家中都是司法改革的重要组成部分和关键突破口。此外，ODR 的运作也为探索和确立新兴领域中的行为规则、阐释和发展既有法律规则提供了重要的机制。近年来，我国的互联网法院就利用管辖集中化、案件类型化、审理专业化的优势，通过案件审理不断明确网络空间交易规则、行为规范和权利边界，完善互联网司法裁判规则体系，推进网络空间治理法治化。②

3. 社会治理

ADR 的功能不仅在于解决纠纷，同时也发挥着社会治理的作用，而技术的应用使得 ODR 在社会治理中能够发挥更为积极的作用。一方面，通过大数据、自动化、代码化等技术手段，ODR 可以更为积极地发现、固定或者建构特定社会领域中的行为规范，从而稳定人们的预期，减少社会生活的不确定性和矛盾冲突；另一方面，在数字社会中，ODR 本身也是企业竞争力和相关组织吸引力的重要构成要素，其良性运作往往能够促进特定行业的自律。例如，前面提到的淘宝网自 2011 年开始启动结构化维权，实际上就是通过 ODR 的技术手段构建场景、确立规范、明晰责任和塑造预期的过程，在预防和化解大量纠纷的同时，实际上也推动了企业自身的发展以及电子商务平台纠纷解决机制的整体发展。

三、在线纠纷解决机制的方法与类型

（一）在线纠纷解决机制的方法

一般来说，纠纷解决包括谈判、调解、裁决等基本方法，ODR 在这些方法上都有具体运用。其中，裁决包括司法裁决、行政裁决、仲裁裁决等多种类型，

① 参见申欣旺：《淘宝互联网纠纷解决机制——结构化维权及其司法价值》，载《法庭内外》2016 年第 3 期。

② 参见最高人民法院编：《中国法院的互联网司法》，人民法院出版社 2019 年版，第 30~36 页。

本节主要介绍在线仲裁。

1. 在线谈判

在线谈判，又称为在线和解或者在线协商，是指在没有第三方参与的情况下，双方（或者多边）当事人利用互联网通信技术所提供的服务或者渠道（如电子邮件、网上聊天室、电子布告栏、双边或者多人即时通讯等）展开的旨在相互说服的交流或者对话过程，目的是达成交易或者解决纠纷。ODR 实际上起到的是搭建一个让当事人可以摆脱物理空间限制进行交流的平台的作用。当然，有的在线谈判也不仅限于提供纯粹的线上交流机制，而是在当事人交流沟通的基础上提供一些判断和协助。以 SquareTrade、Cybersettle、Allsettle、Clicknsettle 等提供的“背靠背竞价”（Blind Bidding）或者“不公开报价请求处理”（Blind Demand/Offer Claim Settlement）程序为例，当事人各自向 ODR 平台输入报价，并通过计算机程序自动化处理这些报价。如果报价差额在一定范围之内，程序则判定双方有可能达成合意，甚至给出协商解决方案；如果报价差额超过一定范围，则会建议当事人将纠纷提交其他方式予以解决。[①] Smartsettle 开发的“交涉支持系统”（Decision/Negotiation Support Systems）所提供的判断和协助则更为实质化，运用信息技术将各方的争议分解成变量，然后通过特定算法，辅助纠纷主体对各个变量进行处理，甚至为当事人提供最优方案。

2. 在线调解

在线调解，是指借助互联网通信、人工智能、大数据等数字技术，在第三方协助下，以当事人自主协商为主的纠纷解决活动。由于应用的技术的差异，在线调解内含多种类型。一种常见类型即通过文字传输、语音、视频、网上聊天室或者调解室等方式，将线下调解转移到网上进行。这种类型的在线调解与线下调解在基本原理和运作机制上具有高度的一致性，在线调解人与线下调解人的角色没有多大差别，近年来增强现实、虚拟现实等技术的发展为这种在线调解提供了更多的支持和可能性。同时，技术也可能发挥更为实质性的影响，起到模拟、辅助甚至取代人工调解的作用。例如，SquareTrade 开发的在线纠纷解决系统将调解过程拆解成若干操作步骤，包括“确定纠纷类型—当事人陈述请求—询问双方立场—重建各方需求—提供解决方案的建议—允许调整调解方案—建立纠纷解决时间轴—保持及时沟通—将纠纷分解为若干问题—找到解决问题的方法—起草协议”等程序步骤，不仅运用技术辅助谈判，同时也在某种程度上实现用软件来取代人工进行调解。[②]

---

① See Karolina Mania, *Online Dispute Resolution: The Future of Justice*, 1 International Comparative Jurisprudence (2015), p.77-79.

② 参见［美］伊森·凯什、［以］奥娜·拉比诺维奇·艾尼:《数字正义：当纠纷解决遇上互联网科技》，赵蕾、赵精武、曹建峰译，法律出版社 2017 年版，第 46~47 页。

3. 在线仲裁

在线仲裁是指依托网络技术将纠纷（包括已发生或将来可能发生的纠纷）的处理，委托给法院以外的第三方（仲裁员）进行裁决的纠纷解决方法。在线仲裁基本上仍然在传统仲裁的法律框架内运行，一般需要以仲裁契约为依据，由选定的中立第三方（仲裁员）对有关证据和主张进行审理之后作出裁决。不同的是，在线仲裁依托网络技术在虚拟空间上进行仲裁程序，线上沟通和信息交流可以打破物理空间限制，更为便捷高效。就目前而言，在线仲裁既存在于机构仲裁中，一些传统的仲裁机构纷纷开始提供在线仲裁服务，中国国际经济贸易仲裁委员会（CIETAC）等仲裁机构甚至专门出台《网上仲裁规则》；同时，也有一些私人或者私营机构建立网站提供在线仲裁服务。前面提到的淘宝网的大众评审团机制实际上也是一种类似仲裁或者陪审团的机制。

应当说，以上仅仅是从基本方法的角度来展开的论述。在制度设计和实践运作中，ODR 往往会综合运用各种不同的方法，形成某种混合型的纠纷解决方法，以发挥各种方法的协同作用。例如，当前我国许多电子商务平台都建立起包含协商、调解、投诉、评议等各种机制，而且发布了一些规则以明确这些不同方法的适用场景。事实上，前面介绍的 SquareTrade 开发的在线解决系统也包含了在线谈判与在线调解两个阶段。

（二）在线纠纷解决机制的类型

当今世界各国的 ODR 形式多样，依据不同的分类标准可以对其基本类型作出如下分类。

1. 司法性 ODR、行政性 ODR 与民间性 ODR

这种分类的依据在于 ODR 主导者或者纠纷解决主体的差异。（1）司法性 ODR，即由法院所设立的在线纠纷解决机制。狭义上，司法性 ODR 包括法院设立的各种在线协商、在线调解和在线仲裁等；广义上，司法性 ODR 还可以将在线诉讼包含在内。实践中，一些国家基于纠纷多元化解理念，不断推进法院主导下各种机制的协调整合。例如，前面已经介绍的我国最高人民法院以统一的在线调解平台为基础，引入数万家调解组织，构建线上与线下、院内与院外相融合的一站式多元纠纷解决平台。（2）行政性 ODR，即由行政机关或者准行政机关设立的在线纠纷解决机制。这种 ODR 既有一般性 ODR 的特征，也注重发挥行政性解纷机制特有的专业、效率、政策形成等功能。例如，2022 年 1 月 1 日，国家市场监管总局正式上线全国 12315 移动工作平台，推动消费争议在线解决机制的发展。（3）民间性 ODR，即由民间团体、组织、企业或者个人所设立的在线纠纷解决机制。从国际范围来看，域外早期的 ODR 基本都属于此种类型。

2. 电子商务纠纷 ODR、医疗纠纷 ODR、金融纠纷 ODR 等

这种分类的依据在于 ODR 所适用的纠纷类型的不同。ODR 最初产生于电子商务平台，主要解决的也是电子商务纠纷。虽然有人认为，ODR 适合于解决标的额较少的纠纷，但 ODR 机制的适用范围近年来越来越广泛。一方面，一些线下的民商事纠纷越来越多地通过 ODR 得以化解。例如，Smartsettle 系统除了应用于离职赔偿、房租纠纷、小额商事争端等简单纠纷以外，也适用于家庭矛盾谈判、水资源相关纠纷的处理。浙江省在线矛盾纠纷多元化解平台则为婚姻继承、合同纠纷、侵权纠纷等人民法院受理的民商事纠纷提供在线调解、智能咨询、智能评估等服务。另一方面，针对某些特定类型的纠纷，一些专门性 ODR 平台也不断涌现。近年来，此类专门性 ODR 平台的数量增长迅速，例如，杭州市妇联推出的“反家暴服务平台”、杭州市江干区人民法院与工行杭州分行合作推出的“破产管理平台”、海门市人民法院成立的海门市交通事故“网上数据一体化处理”中心、广东省和谐医患纠纷人民调解委员会研发的医患纠纷线上处理客户端 App 等。

3. 在线型 ODR、模拟型 ODR 与智能型 ODR

这种分类的依据在于技术应用及其智能化程度的差异。简要来说，在线型 ODR 是借助互联网通信技术所实现的 ADR 的线上版。与传统 ADR 的不同之处仅在于纠纷解决的场所和各方参与者的沟通方式的差异，除此之外不会对纠纷解决过程产生重大影响。模拟型 ODR 则是通过计算机程序将传统的谈判、调解、裁决等一般要素或者过程予以分解组合，由此可以在一定程度上规范纠纷解决流程、减少人力等成本投入，并能够辅助当事人作出理性的决策。智能型 ODR 则是更进一步地发挥技术在信息收集、整理和分析中的作用，通过大数据、机器学习以及更多数字技术，来帮助纠纷各方明确利益和分歧，进而提供个性化的纠纷解决方案。这些不同类型的 ODR 在技术上的成熟度不尽相同，可能合适应用的纠纷类型以及面临的实际问题也不尽一致。

除了以上三种分类以外，根据 ODR 的启动是否需要当事人双方同意，可以分为合意型 ODR 和强制型 ODR；根据 ODR 的处理结果是否具有特定法律效果，可以分为有拘束力的 ODR 和无拘束力的 ODR；根据 ODR 的运营模式，可以分为公益性 ODR、非营利性 ODR 和营利性 ODR。这些不同的分类并非只是语词的排列组合，每一种分类标准都意味着从某一个特定角度来观察 ODR，其中蕴含影响 ODR 运作及其效果的重要因素。

四、在线纠纷解决机制的挑战与未来

（一）在线纠纷解决机制面临的挑战

互联网和数字技术的发展在深刻地改变人类生活的同时，实际上也为人们

重新塑造社会和解决纠纷提供了新的可能。在经过几十年的尝试和积累之后，在线纠纷解决机制将在全球范围内获得更为广泛的使用，也会有更多的新技术应用于ODR的设计和运行之中。不过，目前ODR还面临诸多挑战和质疑。当然，这些挑战有些也存在于ADR之中，有些则是ODR因技术应用而产生的，下面将主要聚焦于后者略作展开说明。

1. 公正问题

相较于ADR，算法、程序和软件无疑增强了ODR处理纠纷的能力，这也是被许多人认为ODR相较于ADR的优势所在。然而，在"代码即法律""架构即法律"的时代，这种优势反过来也会引发一些公正性问题，或者至少会使人们对ODR的公正性产生担忧。例如，ODR设计者是否存在特定的价值偏向？相对于线下解纷机制或者解纷主体，这种偏向是否更具"构成性"？如何控制所谓的"算法黑箱"或者"算法歧视"以避免产生不公正的结果？技术的进步能否以及在多大程度上改变现实社会中的结构不平等，还是通过这些技术的应用反而加固这些不公正和歧视？①

2. 信任问题

ODR能够让人们超越物理空间的限制而展开解纷活动，似乎可以使得"陌生人"在互联网上成为"熟人"，这被认为是它相较于传统ADR的关键特征。然而，空间甚至时间的疏离可能导致人们在人际信任建构方面面临一些新的问题，而这种信任关系对于任何一种纠纷解决机制都至关重要。例如，一些研究表明，由于人们不能面对面交流，身体与语言线索减少，当事人之间会更加难以了解对方，从而滋生不信任。同时，在线交流者会感到更少的约束，由于物理距离、责任感降低和匿名化，他们的行为会比面对面交流时更为任性，甚至出现敌对行为。② 如何确认和应对在线化、智能化等技术对人际信任机制的影响，也将会是影响ODR发展的重要挑战。

3. 保密问题

ODR各种算法或者程序的运作需要建立在大量的数据基础之上，这也是许多ODR倡导者所强调的纠纷预防和社会治理的必要基础。随着技术的进步和规范，通过安全套接层（SSL）等技术手段，人们或许可以解决数据丢失、黑客攻击等所导致的ODR的安全问题，但这种大规模数据的收集整理可能会遭遇两种可能的挑战。其一，可能会在一定程度上冲击纠纷解决过程的保密性，而这种保密性对于协商、调解等非诉讼机制能否运作良好至关重要。其二，可能会在一定程度上侵犯个人隐私权，这不仅可能导致一些当事人产生不信任和顾虑，

① See Franks, Mary Anne, *Justice Beyond Dispute*, 131 Harvard Law Review(2018), p.1385-1396.

② See Noam Ebner, *ODR and Interpersonal Trust*, in Mohamed S. Abdel Wahab, Ethan Katsh and Daniel Rainey eds., Online Dispute Resolution: Theory and Practice, Hague: Eleven International Publishing, 2013, p.220-221.

影响 ODR 的使用和发展；同时，也可能遭遇强调个人隐私保护的法律或者政策的限制。例如，欧盟《消费者 ODR 条例》(Regulation on consumer ODR ）要求 ODR 联络处受职业保密规则以及有关成员国国内有关保密的法律规定的约束，要求用户信息在争议解决程序终结后最迟 6 个月内应自动删除。如何平衡好数据分享利用与保密原则、个人隐私保护之间的关系，也将直接影响 ODR 的实际运作和可持续发展。

（二）在线纠纷解决机制的标准化与法治化

作为一种新的纠纷解决方式，特别是在技术突飞猛进的当下，ODR 面临的挑战和问题或许还不限于以上内容，对于这些问题如何认识尚有待进一步研究和讨论，如何解决也有赖于技术的改良和进步。就目前而言，世界各国在应对这些问题的过程中出现了标准化与法治化两种明显趋势。就标准化而言，2016 年 7 月，联合国国际贸易法委员会正式通过了《网上争议解决技术指引》，这是第一份关于 ODR 的正式国际文本。一些行业组织、科研机构也针对 ODR 的机构、人员、程序等提出了一些标准。例如，2022 年 5 月，美国马萨诸塞大学安姆斯特分校“国家技术与争议解决中心”(NCTDR ）与“网上争议解决国际委员会”(ICODR ）发布了《ICODR 标准》，从可访问性、可归责性、胜任性、保密性、平等性、公平与公正性、合法性、安全性、透明性九个方面对在线纠纷解决平台及其纠纷流程提出了具体要求。

就法治化而言，许多国家和一些国际组织相继颁布了法律法规，将在线纠纷解决机制纳入法治轨道运行。例如，前面提到的 2013 年 5 月通过的欧盟《消费者 ODR 条例》，就对其适用范围、ODR 平台的运行方式、功能、争议的提交与处理、信息处理和保护等问题作出了系统规定。我国不仅于 2021 年 12 月修改《民事诉讼法》，增设第 16 条规定“经当事人同意，民事诉讼活动可以通过信息网络平台在线进行。民事诉讼活动通过信息网络平台在线进行的，与线下诉讼活动具有同等法律效力”；而且通过制定司法政策和司法解释，不断推进 ODR 的发展。例如，2019 年《人民法院第五个五年改革纲要（2019—2023）》明确提出“推动建立统一的在线矛盾纠纷多元化解平台，实现纠纷解决的在线咨询、在线评估、在线分流、在线调解、在线确认。推广线上线下相结合的司法确认模式，促进调解成果当场固定、矛盾纠纷就地化解”。2021 年 6 月以来，最高人民法院先后发布《人民法院在线诉讼规则》《人民法院在线调解规则》《人民法院在线运行规则》，在世界范围内首次构建全方位、系统化的互联网司法规则体系，同时也在很大程度上奠定了我国 ODR 运作的规则依据和法治框架。

第十二章　网络空间国际治理制度

第一节　网络空间国际治理机制概述

一、网络空间的法律地位

网络空间的开发与利用是人类社会发展到一定阶段的产物，其与传统物理空间存在密切关联但又有重大差别。一方面，网络空间的虚拟性与真实性并存；另一方面，网络空间又具有开放性和用户自治的传统。随着数字和数据在人类社会中价值的提升，特别是数字经济的出现和兴盛极大地促进了人类对网络空间的倚重，网络空间的意义将会急剧提升，而技术的巨大进步和信息化时代的到来都使得网络空间对整个人类社会产生深刻影响。

网络空间的无国界性将随着人类文明的进步而不断增强，这区别于物理国界并决定着网络空间的特殊法律地位。关于网络空间的法律地位，当前主要存在四种观点：一是认为网络空间不存在边界，应该由用户而非政府来对其加以规范的"网络空间自主权说"；二是认为网络不属于任何一国管辖范围，与公海、外空、大气等属性类似的"全球公域说"；三是将网络分为全球公域和主权管辖区域两个部分的"混合场域说"；四认为网络是国家主权一部分的"国家领土主权延伸说"。①

如同物理世界，网络空间同样需要治理。网络空间国际治理是指国际社会包括政府、私营部门、公民社会与网络用户在内的各个利益相关方，以全球互联网发展所具有的技术与社会的双重影响为基础，为了促进网络空间的良性和有序发展而进行的国际合作活动。② 对于网络空间国际治理，许多国家都认为国家主权原则适用于网络空间，国家主权在物理层、逻辑层、应用层和社会层均

① 参见郭炯、洪永红：《全球网络治理的法律困境与出路》，载《湘潭大学学报（哲学社会科学版）》2017年第3期。

② 参见李艳：《网络空间国际治理机制的分析方法、框架与意义》，载《信息安全与通信保密》2019年第9期。

有所体现。[①] 从现阶段来说，网络空间具有国家主权的性质，但并不是完全的国内私域，而其所具有的流通性和虚拟性也不能使其成为完全的全球公域，而是同时具有二者综合的特点。[②]

对于主权原则如何适用于网络空间，主要有“间接适用论”和“直接适用论”两种理论。前者认为，主权原则不可被直接适用于网络空间并产生网络空间行为义务。因而，未经目标国同意的网络行动，只要不属于干涉内政的行动，即使会影响主权，该国仍有权实施。后者则认为，主权原则可独立且直接适用，目前该原则已有大量实践且在《网络战国际法塔林手册》中被阐明，其也在国际法理学界占据主流。[③] 联合国1999年达成《从国际安全的角度来看信息和电信领域的发展》以来，已在多项宣言以及专家组报告中强调国家主权原则在网络空间治理领域的适用。中国、俄罗斯等国家向联合国大会提交的《信息安全国际行为准则》中也主张“与互联网有关的公共政策问题的决策权是各国的主权”。

二、网络空间国际治理的主体

网络空间的参与主体和治理主体都是多元的，主要包括主权国家、国际组织、互联网企业、技术社群、社会组织和公民个人等。如同传统物理空间中的国际治理，网络空间治理主体中最重要的依旧是主权国家，国家作为网络空间国际治理的基本单元，其重要地位将持续存在。除了国家之外，重要的国际组织也在国际治理中发挥重要作用，而对于网络空间国际治理来说，由于网络空间国际治理的特殊性，国际组织的重要性十分凸显。由于网络空间国际治理尚处于起步阶段，经由非法律规则的“软法”而治是网络空间治理的重要维度。在此过程中，其他网络空间参与者同样成为网络空间治理的重要主体。

网络空间治理聚集了联合国及其他组织的努力和成就，且其国际关注度不断提升。参与网络空间治理的国际组织分为政府间组织和非政府间组织，也可分为区域性国际组织和全球性国际组织，这些不同类型的国际组织在网络空间国际治理中的地位和作用多有不同。近年来，联合国及其他国际组织、跨国公司等不断改革和推进网络空间国际规则制定的各项进程。2019年，联合国建立了“开放成员工作组”（OEWG），以缓解参与国家少、达成报告难等问题。2018年，“全球网络空间稳定委员会”（GCSC）发布了《新加坡规范一揽子计

① 参见中国、法国、德国、意大利等国2022年向联合国信息安全开放式工作组提交的关于国际法适用于网络空间的国家立场文件，载https：//meetings.unoda.org/section/oewg-ict-2021_documents_14473_documents_16363/，2022年8月20日访问。

② 参见张晓君：《网络空间国际治理的困境与出路——基于全球混合场域治理机制之构建》，载《法学评论》2015年第4期。

③ 参见王超：《主权原则在网络空间适用的理论冲突及应对》，载《法学》2021年第3期。

划》，提出了六项涉及互联网的规范建议，呼吁国家及非国家主体和平利用网络空间。同年，微软公司起草了《网络安全技术协议》，邀请业界参与，承诺“保护我们的用户与消费者并赋予其权利”。西门子公司起草了《信任宪章》，得到北美、欧洲和日本等多个国家和地区公司的支持并签署。《信任宪章》建议比照世界贸易组织的做法，推动建立一个具有全球影响力的多边规则和标准合作平台，将网络安全纳入自由贸易协定。

此外，还有诸多其他推动制定网络空间治理规则的国际组织，包括负责在全球范围内对互联网唯一标识符系统及其安全稳定运营进行协调的“互联网名称与数字地址分配机构”（ICANN），以及负责制定全球电信标准的国际电信联盟等政府间国际组织以及负责互联网相关技术规范的研发和制定的互联网工程任务组（IETF）等民间组织。这些国际组织在网络空间的特定领域制定技术标准和规则，推进了特定领域的网络空间治理。

2016年，中国政府推动制定了《二十国集团数字经济发展与合作倡议》，与老挝、沙特、塞尔维亚、泰国、土耳其等国政府共同发起《“一带一路”数字经济国际合作倡议》，在“抓住数字机遇，共谋合作发展”国际研讨会上提出了《全球数据安全倡议》，并发布了《携手构建网络空间命运共同体行动倡议》，积极参与数字领域国际规则和标准的制定。

欧盟也出台了诸多与网络空间治理相关的法律法规与政策，包括《通用数据保护条例》《塑造欧洲的数字未来》等文件，不仅对技术主权问题进行了阐述，同时从顶层设计着手，对各成员国统筹优势资源、协调制度差异、统一法律标准，以数据安全监管为突破口行使网络空间主权。

三、网络空间国际治理的范围

随着万物互联时代的到来，现实物理空间与网络虚拟空间已密不可分，网络空间国际治理的范围将随着现代数字技术的快速发展和广泛应用而不断拓宽。人们最初普遍着眼于IP地址、域名系统、互联网接入等互联网基础设施。随着网络渐渐融入社会的各个领域，网络空间国际治理的范围也扩展到了更多的领域，包括网络安全、信息内容管理、数据安全、算法应用、区块链技术和人权保护等。[①] 其中，包括基于算法的决策、科技与内容以及大数据的获取等多个领域使得网络空间的国际治理具有其特殊性和高难度，比如，作出决策所依据的算法本身可能非中立且高度政治化、新科技与民主之间的关系等都需要进一步考虑，而大数据在政府治理过程中可能产生的负面影响以及对此过程中“人”

① 参见王贵国：《网络空间国际治理的规则及适用》，载《中国法律评论》2021年第2期。

的参与面临的阻碍同样值得研究。①

四、网络空间国际治理的模式

网络空间国际治理已出现多元规则和多维主体共治的情形，这反映了短期内网络空间国际治理的基本现状。尽管国际社会对网络空间治理需求不断提升，但是国际社会缺乏协调、统一的国际治理机制。各国围绕网络空间治理的竞争及合作日益激烈，并因此形成了两种不同倾向的治理路径，即以主权国家为主体的多边治理模式和以多利益相关方为主体的多方治理模式，从而与其他领域的国际治理有所差异。其实，多边治理模式与多方治理模式并不是截然对立的，而是相互补充的。

网络空间治理需要多维规则支撑，而有关传统物理世界的法律规则、社会规范、市场机制以及实体架构等都可成为网络空间治理的模式。不过，随着网络空间的发展及相关规制权力的增加，物质空间中的主权价值将会缩减，而代码编写者的权力将深度反映着网络空间治理的方向。② 在构建网络空间国际治理体系时，应当加强政府、国际组织、互联网企业、技术社群、社会组织、公民个人等各主体的沟通与合作，形成立体协同的治理架构。其中，政府是国家治理与国际合作的主要行为体，发挥关键主导作用；国际组织既是网络空间国际规则制定的重要主体，也是各方开展互联网交流合作的重要平台；互联网企业不仅是数字经济建设的关键主体，也是网络空间治理的重要参与者；技术社群和社会组织等对网络空间技术发展和公共决策起着不可替代的作用；个人既是网络服务的用户，也是网络行为的主体。③

五、中国政府关于网络空间国际治理的主张

2015 年，中国国家主席习近平在第二届世界互联网大会上提出“构建网络空间命运共同体”的理念，并提出网络空间国际治理应当坚持的“四项原则”和“五点主张”。2019 年，第六届世界互联网大会组委会发布《携手构建网络空间命运共同体》概念文件，进一步阐释了这一理念。

“四项原则”是指，在网络空间国际治理中，应当坚持尊重网络主权原则、维护和平安全原则、促进开放合作原则与构建良好秩序原则。“五点主张”是指，在网络空间国际治理中，应当从以下五个方面进行推进：第一，加快全球网络基础设施建设，促进互联互通；第二，打造网上文化交流共享平台，促进

---

① Eirini Kikarea, Maayan Menashe, *The Global Governance of Cyberspace: Reimagining Private Actors' Accountability: Introduction*, Cambridge International Law, Vol. 8 No.2, p.155-158.

② Lawrence Lessig, *The Law of the Horse: What Cyberlaw Might Teach*, Harvard Law Review. 113(2): 501-549.

③ 参见世界互联网大会组委会：《携手构建网络空间命运共同体》。

交流互鉴；第三，推动网络经济创新发展，促进共同繁荣；第四，保障网络安全，促进有序发展；第五，构建互联网治理体系，促进公平正义。

第二节　网络空间国际法规则

一、网络空间国际治理的国际法渊源

无论在物理世界还是网络空间，各国都享有主权，而主权意味着权利和义务的统一。各国在网络空间的互联互通和相互依存，要求各国在享有网络主权所衍生权利的同时，应遵守国际法一般原则和基本规则，切实履行国际法所规定的相关义务。在网络空间国际治理中，国际法规则的价值和作用日益凸显。一方面，传统国际法规则在网络空间国际治理中的作用持续发挥；另一方面，随着网络空间的开发及日益凸显的特殊性，国际社会在网络空间治理中不断形成新的规则，包括若干国际法规则。对于网络空间国际治理，国际社会仍然奉行以现行国际法为主线，同时加强软法和新条约制定的多维路径。

从实质上来说，网络空间国际治理的国际法规则体系会随着网络空间国际治理范围和体系的发展而不断丰富。《中国关于网络空间国际规则的立场》明确指出，国际社会应从维护国际和平与安全出发，结合网络空间的独特属性，在联合国框架下讨论现有国际法适用问题，争取达成更多共识。国际社会应以联合国为主渠道推动制定各国普遍接受的网络空间国际规则，共同应对风险和挑战，维护网络空间的和平、安全与繁荣。与此同时，网络空间国际治理的国际法也大致表现为国际硬法和国际软法两个方面，而国际硬法既包括双边、多边国际条约等国际法规范，也包括习惯国际法的国际法规则，亦体现为欧盟法等区域性统一规则。

二、网络空间国际治理的国际硬法

在网络空间国际治理中，国际法的作用毋庸置疑。不过，国际社会对网络空间治理国际规则的形成及适用存在较大分歧。有些国家主张传统国际硬法（hard law）规则可直接适用于网络空间而无须再为此制定新的国际法规则，而另外一些国家则认为网络空间具有特殊性，现行国际法规则不能为网络空间国际治理提供充分、有效救济，需要引入新的国际法规则以构建公平合理的网络空间国际治理秩序，这意味着需要制定网络空间治理的“特别法”（lex specialis）。[①] 对于“特别法”的方案来说，意味着需要制定一项全新的适用于网络空间

① EnekenTikk，*Will Cyber Consequences Deepen Disagreement on International Law*，Temple International & Comparative Law Journal 32，no. 2（Summer 2018）：185-196.

安全的国际条约，并且对各国产生约束力。

尽管尚存诸多争议，有关的国际法规则适用于网络空间国际治理已得到不断确认。联合国“信息安全政府专家组”确认国际法特别是《联合国宪章》适用于网络空间，而中国政府向联合国信息安全开放式工作组提交的《中方关于网络主权的立场》明确指出“《联合国宪章》确立的主权平等原则是当代国际关系的基本准则，覆盖国与国交往各个领域，也适用于网络空间。实践中，各国都将国家主权延伸适用于网络空间”。然而，现有的国际法规则多少受制于传统物理空间治理的规则体系，其适用于网络空间治理会产生诸多难题。现行国际法规则如何适用于网络空间治理，成为当前推进网络空间国际治理的重点和难点。作为一种颇具争议的法律适用方法，法律类推在国际法发展早期曾发挥着重要的引领和推动作用，但这并不能解决所有的或主要的网络空间国际治理问题。比如，不同国家或国际组织便形成了对网络空间语境下何为威胁国家安全、违反国际法或违反国际和平、安全及稳定等问题的不同观点，因而造成对网络空间国际法的不同理解。①

包括《联合国宪章》在内的国际法规则、习惯国际法、区域性或全球性的国际组织规则等体现了国际法中的主权原则、国际合作等原则，都应适用于网络空间国际治理。② 不过，网络空间的特殊性及一般性决定了现有的国际法规则和原则适用的特殊性及一般性，并对网络空间国际治理提出了特别挑战。联合国大会第 73 届会议通过了《从国际安全角度促进网络空间国家负责任行为》的决议。该决议确认国际法，尤其是《联合国宪章》对维护和平与稳定以及促进一个开放、安全、稳定、无障碍、和平的信息和通信技术环境不可或缺，这需要为有效执行应对国际信息安全领域现有和潜在威胁采取合作措施，包括国家负责任行为的准则、规则和原则、建立信任措施、能力建设以及各国使用信息和通信技术时的国际法的适用。该决议将国家对国际不法行为的责任纳入网络空间治理的范畴具有重要意义。该决议一方面确定了国际法上国家责任原则和规则在网络活动上的适用性，另一方面也间接承认了国际习惯法作为一个整体适用于网络空间。③《中方关于网络主权的立场》亦明确载明，如果一国未经许可侵犯他国基于国家主权对其境内的网络设施、网络主体、网络行为及相关网络数据和信息等享有的对内最高权和对外独立权，包括未经许可入侵他国领土或管辖范围内的网络系统，或对有关网络基础设施造成损害或破坏，或未经许可损害一国在网络空间的排他性主权权利，都违反了主权原则，构成国际不法

---

① EnekenTikk, *Will Cyber Consequences Deepen Disagreement on International Law*, Temple International & Comparative Law Journal 32, no. 2 (Summer 2018): 185-196.

② Guiguo Wang, *Are There International Rules Governing Cyberspace?*, Journal of International and Comparative Law, Vol. 8, No. 2 (December 2021): 357-384.

③ 参见王贵国：《网络空间国际治理的规则及适用》，载《中国法律评论》2021 年第 2 期。

行为。

值得注意的是，在传统国际法适用于网络空间治理之余，在网络空间发展的特定领域已经出现了若干统一的国际硬法规则，这主要包括涉及数据保护、网络犯罪以及电子商务等领域的统一规则。

（一）有关数据保护的规则

欧盟一直非常关注数据保护，于2002年通过了《关于处理在电子通信领域的个人数据和隐私保护》①，旨在协调各国相关国内立法，以确保对基本权利和自由，尤其是隐私权和保密权以及电子通信部门中个人数据的处理进行同等程度的保护，并确保此类数据以及电子通信设备和服务可以自由流动。此后，欧盟还于2018年5月出台了《通用数据保护条例》，通过"靶向标准"（targeting criterion）将境外主体的部分在线数据处理活动纳入了欧盟的管辖范围。在内容上，条例规定用户的"同意"是处理数据行为合法性的正当要件，但并非判定行为合法性的唯一标准，数据控制者或处理者若为履行法定义务或者保护公共利益等也可以获得数据处理的合法基础。《通用数据保护条例》成为当前国际社会在数据跨境流动中最具代表性的国际规则。

非洲联盟于2014年通过了《网络安全和个人数据保护公约》②，回应信息社会面临的重大挑战，要求在使用信息和通信技术与保护公民日常或职业生活中的隐私之间保持平衡，同时保证信息的自由流动。该公约对电子商务、电子合同及其项下的义务、电子交易的安全性、个人数据的保护及制度框架、个人数据处理的相关义务及数据主体的权利进行了规定。

（二）有关网络犯罪的规则

《布达佩斯网络犯罪公约》是世界上第一部专门针对网络犯罪制定的国际公约，其由欧洲委员会26个欧盟成员国以及美国、日本等30个国家于2001年11月签订，并于2004年生效。该公约不仅明确界定了网络犯罪、计算机数据等概念，而且从实体法、程序法和国际合作三个角度对有关规则进行了具体规定。在实体法方面，该公约规定了非法访问、非法截获等罪行；在程序法方面，创立了包括已存储计算机数据的快速保存等在内的多项新措施；而在国际合作方面，规定了引渡原则、有关侦查措施的多边协助等内容，为打击跨国网络犯

① See Directive 2002/58/EC of the European Parliament and of the Council of 12 July 2002 concerning the processing of personal data and the protection of privacy in the electronic communications sector (directive on privacy and electronic communications).

② African Union Convention on Cyber Security and Personal Data Protection.

罪提供了最低的区域性国际标准。[①]

《关于国际恐怖主义的全面公约草案》(Draft Comprehensive Convention on International Terrorism)虽然不是专门针对网络犯罪的国际公约，但其旨在采取有效措施防止恐怖主义行为并规定引渡或起诉实施恐怖主义行为的人，以确保其无法逃避起诉和惩罚。公约草案第1条明确规定，该草案所提及的“基础设施”包括提供或输送公共服务，如供水、排污、能源、燃料或通讯及银行服务、电信和资讯网络等任何公有或私有设施，因而其适用范围包括针对网络空间的恐怖主义行为。目前该公约的正式文本尚未通过。

此外，欧盟2013年通过了《关于惩治攻击信息系统行为的欧盟理事会框架决议》[②]，通过规定有关刑事犯罪的定义和相关制裁的最低限度，促进主管当局之间的合作，尽可能统一各成员国有关攻击信息系统的刑法规则。独联体国家2018年9月签署了《打击计算机信息领域犯罪的合作协定》[③]，确保打击与计算机信息有关的犯罪的努力的有效性。其要求各国进行合作以确保有效预防、侦查、制止和调查与计算机信息有关的犯罪，且各国应针对相关行为进行立法并尽可能保持各国立法的统一。阿拉伯国家2010年签订了《阿拉伯国家联盟打击信息技术犯罪公约》[④]，通过加强彼此之间的合作对信息技术犯罪进行严厉制裁，打击威胁成员国安全和利益的犯罪行为，确立保护阿拉伯社会免遭信息技术犯罪的共同刑事政策。

(三)其他相关规则

除了前述有关数据保护与打击网络犯罪相关的国际规则之外，国际社会还就其他领域的网络空间治理问题达成了协议或决议。考虑到信息社会中电子商务发展为整个社会，尤其是中小型企业带来了大量就业机会，且电子商务在刺激国际社会经济增长和促进投资增长方面发挥了重要作用，为了确保电子商务能充分地从内部市场获益，防止共同体内部信息社会服务的发展受到大量法律障碍的限制，欧盟通过了《欧洲议会及欧盟理事会关于共同体内部市场的信息社会服务，尤其是电子商务的若干法律方面的第2000/31/EC号指令》[⑤]，旨在建

① 参见周文:《欧洲委员会控制网络犯罪公约与国际刑法的新发展》，载《法学评论》2002年第3期。

② Directive 2013/40/EU of the European Parliament and of the Council of 12 August 2013 on attacks against information systems and replacing Council Framework Decision 2005/222/JHA.

③ Agreement on cooperation among the States members of the Commonwealth of Independent States in combating offences relating to computer information.

④ Arab Convention on Combating Information Technology Offences.

⑤ Directive 2000/31/EC of the European Parliament and of the Council of 8 June 2000 on certain legal aspects of information society services, in particular electronic commerce, in the Internal Market (directive on electronic commerce).

立一个法律框架，要求成员国应当确保服务提供者向服务的接受者及主管机构提供相应信息，并确保其国内法律体系允许通过电子手段缔结合同，以推动成员国之间的信息社会服务的自由流动。针对知识产权保护问题，欧盟于2019年3月通过了《数字化单一市场版权指令》(Directive on Copyright in the Digital Single Market)，旨在保护言论自由，并为公民、所有创意部门、媒体、研究人员、教育工作者和文化遗产机构带来切实的利益，尤其是要保护新闻出版物，缩小互联网平台和内容创造者之间的利润“价值差距”。

三、网络空间国际治理的国际软法

鉴于国际社会就网络空间国际治理在短期内难以达成体系性、有效的国际硬法规则，相关软法规则体系的构建和发展成为网络空间国际治理的重要维度和发展路径。网络空间国际治理软法规则将有效补充硬法规则的短缺，同时，软法规则在未来有可能导致相关硬法规则的重塑。

网络空间治理中的软法规则发展已吸引了包括联合国在内的全球政府间及非政府间组织的广泛努力，形成了初步的网络空间治理软法框架。联合国大会1999年第53/70号决议首次将信息和电信领域的发展纳入国际安全，指出“信息技术和手段的传播及利用事关整个国际社会的利益”。2015年，联合国第七十届大会达成了《关于从国际安全的角度看信息和电信领域的发展政府专家组的报告》[①]，就规范、规则或者国家在网络领域责任以及建立信任措施并建设可在全球范围实施的国际合作达成了实质性共识报告。这份报告的主要内容包括:（1）在使用信息通信技术时，各国必须遵守其他原则中的国际法、国家主权，以和平手段解决纷争，并且不干预其他国家的内部事务。（2）国家使用信息通信技术需根据国际法的现有义务；国家要尊重、保护人权和基本自由。（3）国家不得使用代理利用信息通信技术进行国际不法行为，并且力求确保其领土范围内不发生使用非国家行为者实施这种行为。（4）联合国应促进各国在安全使用信息通信技术上进行对话，并在国际法和国际准则以及发展国家的行为规则和原则的共识上发挥主导作用。

联合国毒品和犯罪问题办公室于2013年2月发布了《网络犯罪问题综合研究报告（草案）》(Draft Comprehensive Study on Cybercrime)，其主张从以下几个方面来加强打击网络犯罪:（1）就核心网络犯罪行为刑法化制定国际示范法;（2）就电子证据的调查权制定国际示范条款;（3）就网络犯罪的管辖权问题制定示范条款;（4）就电子证据的国际合作制定示范条款;（5）就与犯罪问题有关的电子证据国际合作制定多边法律文件;（6）就网络犯罪制定综合性多

① Group of Governmental Experts on Developments in the Field of Information and Telecommunications in the Context of International Security.

边文件；（7）加强国际、区域和国家间的伙伴关系。

2015年，中国、俄罗斯、乌兹别克斯坦和塔吉克斯坦等国向联合国提交《信息安全国际行为准则》，提出各国在信息空间中应当遵循的13项行为准则，其包括：（1）遵守《联合国宪章》和公认的国际关系基本准则；（2）不利用信息通信技术包括网络实施敌对行动、侵略行径和制造对国际和平与安全的威胁；（3）不利用信息通信技术和信息通信网络干涉他国内政，破坏他国政治、经济和社会稳定；（4）合作打击利用信息通信技术包括网络从事犯罪和恐怖活动，或传播宣扬恐怖主义、分裂主义、极端主义的信息，或其他破坏他国政治、经济和社会稳定以及精神文化环境信息的行为；（5）努力确保信息技术产品和服务供应链的安全；（6）重申各国有责任和权利保护本国信息空间及关键信息基础设施免受威胁、干扰和攻击破坏；（7）认识到人们在线时也必须享有离线时享有的相同权利和义务；（8）在国际互联网治理和确保互联网的安全性、连贯性和稳定性以及未来互联网的发展方面，各国政府应平等发挥作用并履行职责，以推动建立多边、透明和民主的互联网国际管理机制；（9）各国政府应与各利益攸关方充分合作，并引导社会各方理解他们在信息安全方面的作用和责任；充分尊重信息空间的权利和自由，包括在遵守各国法律法规的前提下寻找、获得、传播信息的权利和自由；推动建立多边、透明和民主的互联网国际管理机制；（10）各国应制订务实的建立信任措施；（11）为发展中国家提升信息安全能力建设水平提供资金和技术援助，以弥合数字鸿沟，全面落实“千年发展目标”；（12）加强双边、区域和国际合作；（13）在涉及上述行为准则的活动时产生的任何争端，都以和平方式解决，不得使用武力或以武力相威胁。

2017年，金砖国家领导人在厦门签署了《金砖国家领导人厦门宣言》（BRICS Leaders Xiamen Declaration）。宣言明确指出，“我们倡导在基础设施安全、数据保护、互联网空间领域制定国际通行的规则，共建和平、安全的网络空间”。此外，各方“支持联合国在制定各方普遍接受的网络空间负责任国家行为规范方面发挥中心作用，以确保建设和平、安全、开放、合作、稳定、有序、可获得、公平的信息通信技术环境”。同时，各国积极就各个平台推动网络空间国际规则的制定进程以及就网络空间治理中的规则制定问题，如国际法，尤其是国际人权法和国际人道法的适用、负责任行为规范的制定、新技术发展背景下数字社会的挑战等方面发表演说及出台立场文件。

《塔林手册》是由北约卓越合作网络防御中心通过邀请20名法律专家并在国际红十字会和美国网络司令部的协助下撰写，其于2013年发布了第一版，并在2017年发布了第二版。《塔林手册》代表了国际上一部分国际法学者的主张，尽管其观点并不具有法律约束力，但是，对于国际法在网络空间的适用具有影响力。《塔林手册》不仅规定了主权、管辖权、不干涉内政、和平解决国际争端、国家责任等国际法基本原则及规范，还涉及海洋法、人权法、外交法、空气空间法、外层空间法等国际法的部门法中与网络空间安全相关的新问题以及可能的新规则。

第三节 数字经济国际规则

一、数字经济国际规则的含义与意义

所谓数字经济，是指以使用数字化的知识和信息作为关键生产要素、以现代信息网络作为重要载体、以信息通信技术（ICT）的有效使用作为效率提升和经济结构优化的重要推动力的一系列经济活动。[①] 数字经济规模持续扩大，已经成为目前最具有创新性、前景最为可观、范围最为广泛、发展最为活跃的新型经济形态，也是当前国民经济发展中的核心支柱与增速重点。所谓国际规则，是指在国际范围内形成的约束不同主体活动的行为规范。[②] 数字经济国际规则主要是指在数字经济领域中，为促进国际合作，降低交易成本而形成的约束包括国家、国际组织、跨国企业和个人在内的数字经济活动主体的行为规范之总和，包括政府间协商同意达成的规则、正式的国际条约或协议等。

数字经济的发展使得发达国家与发展中国家、地区之间的数字鸿沟持续加深，发展水平差距进一步拉大。在地缘政治风险提升的背景下，逆全球化思潮涌动，以数字经济为基础的国际竞争不断白热化，引发数字经济国际治理的难题。这一难题已经超过传统地缘边界限制，具有明显外部性——单一个体国家或地区的规则会对全球产生巨大影响。为了应对全球经济变化的新形势，促进数字经济的可持续健康发展，国际社会亟须加强国际合作，制定数字经济国际规则，推动数字经济国际秩序朝着更加公平合理的方向发展。

二、数字经济国际规则的现状

目前，传统自由贸易协定中并未明确设置数字经济规则，但数字经济发展中引发了诸多现实问题，包括数据跨境流动、个人信息保护、数字平台税基侵蚀和利润转移等。因此，在国际社会上当前主要呈现出以现存电子商务规则为基础，不断通过 WTO 多边机制、区域性自由贸易协定、非约束性政府间国际组织来推动数字经济国际规则的制定的情势。

在 WTO 框架下，并未严格区分“电子商务”和“数字贸易”的概念，主要依靠电子商务框架进行数字经济规则讨论，具体集中于现有协定文本和附件，

---

① 参见 G20：《二十国集团数字经济发展与合作倡议》，载 2016 年 G20 峰会官网，http：//www.g20chn.org/hywj/dncgwj/201609/t20160920_3474.html，2022 年 6 月 12 日访问。

② 参见李明月：《国内规则与国际规则互动论析》，载《国际观察》2018 年第 4 期。

比如，《服务贸易总协定》（GATS）、《国际服务贸易协定》（TISA）、《与贸易有关的知识产权协定》（TRIPs）、《信息技术协定》（ITA）等。虽然WTO起步早，但是直到2017年才在第11届部长会议发布声明重申电子商务重要性；2019年1月，76个成员国签署了《关于电子商务的联合声明》，确认了启动电子商务谈判的意愿，同意“寻求在现有WTO协议和框架的基础上，在尽可能多的WTO成员的参与下，取得高标准的成果”[①]。到2021年1月，WTO就在线消费者保护、电子签名和验证、未经请求的商业电子信息、开放政府数据、电子合同、透明度、无纸化交易以及开放的互联网访问这八项条款谈判取得实质性进展。[②]

但由于各国、各地区的基本立场、利益诉求存在巨大差异，在数字经济国际规则的关键议题上仍然存在着较大的分歧与争议，导致通过以WTO为核心的既有多边贸易规则体系达成协调一致的数字经济国际规则协议障碍重重。全球各大主要经济体纷纷通过区域、多边、双边自由贸易协定来推动数字经济规则的制定，截至2022年6月，已经生效并且向WTO通报的区域贸易协定共有355条。[③]目前全球范围内已经达成的有影响力的自由贸易协定主要有四个，包括《全面与进步跨太平洋伙伴关系协定》（CPTPP）、《区域全面经济伙伴关系协定》（RCEP）、《数字经济伙伴关系协定》（DEPA）以及《美墨加贸易协定》（USMCA）。其中，《全面与进步跨太平洋伙伴关系协定》是在美国退出了《跨太平洋伙伴关系协定》（TPP）之后，由日本主导推进发展而来，实际保留了后者的基本框架和主要内容。美国推动签订的《美墨加贸易协定》则是对《跨太平洋伙伴关系协定》的相关规则进行了标准升级。《区域全面经济伙伴关系协定》的签订打破了由欧美主导国际数字经济规则的局面，是目前最大的自由贸易区，不但人口数量最多，而且成员结构极具多样性，包括中国、韩国、日本、新西兰、澳大利亚与东盟十国。新加坡、新西兰以及智利三国线上签署了《数字经济伙伴关系协定》。比较看来，《全面与进步跨太平洋伙伴关系协定》《区域全面经济伙伴关系协定》延续了通过“电子商务”章节规定数字经济规则的传统；《美墨加贸易协定》专门设置了“数字贸易”章节替代“电子商务”章节规定数字经济相关规则；《数字经济伙伴关系协定》则是全球第一个专门针对数字经济规则制定的开放的多边协定，还创新地采取了“模块”（MODULE）模式设置规则。

① Joint Statement on E-Commerce, at https: //docs.wto.org/dol2fe/Pages/SS/directdoc.aspx?filename=q: /WT/L/1056.pdf&Open=True (Last Visited on Jun.12, 2022).

② WTO Joint Statement Initiative on E-commerce Statement by Ministers of Australia, Japan and Singapore, at https: //www.wto.org/english/news_e/news21_e/ji_ecom_minister_statement_e.pdf (Last Visited on Jun.12, 2022).

③ WTO Regional Trade Agreement Database, at http: //rtais.wto.org/UI/PublicMaintainRTAHome.aspx (Last Visited on Jun.12, 2022).

（一）数字经济国际规则的基本议题

2021年6月，经济合作与发展组织（OECD）在贸易政策报告中列出了当前数字经济规则制定中的关键问题清单，主要包括促进电子交易、数字产品非歧视待遇、在线消费者保护、数字贸易与物流便利化、隐私（个人信息）保护、信息跨境流动、网络安全、电信服务、关税、互联网访问与数据获取、商业互信、市场准入这12大类关键议题。[①] 为促进全球数字经济健康发展，应秉持构建网络空间命运共同体的基本理念，遵循多边主义、安全发展与公平互惠原则，不断加快推进国际磋商、交流与合作，促进各国、各地区数字经济规则协调发展，推动数字经济国际规则的构建。

（二）已达成基本共识的议题

已达成的基本共识主要体现为对传统电子商务的关切议题的规制，比如，电子传输免征关税，承认电子认证和电子签名法律效力，保护在线消费者，促进无纸化贸易。在中国参与的《区域全面经济伙伴关系协定》的第12章电子商务中对以上议题皆有所体现。

关于无纸化贸易，《区域全面经济伙伴关系协定》第12章第5条提出各个缔约方应当努力接受以电子形式提交的贸易管理文件与纸质版贸易管理文件具有同等法律效力，并指出各缔约方应当在国际层面开展合作，以增强对电子版本文件的接受度。

关于电子签名，《区域全面经济伙伴关系协定》第12章第6条第1款规定：除非其法律和法规另有规定，一缔约方不得仅以签名为电子方式而否认该签名的法律效力。这一规定正面承认了电子签名在各缔约方的法律效力，但同时提出了例外情况，即缔约方国内法律法规另有规定。

关于电子认证，在鼓励使用可交互操作电子认证的基础上，考虑到电子认证的国际规范，《区域全面经济伙伴关系协定》第12章第6条第2款对各缔约方提出了三项基本要求：首先，应当允许电子交易的参与方就其电子交易确定适当的电子认证技术和实施模式；其次，不对电子认证技术和电子交易实施模式的认可进行限制；最后，允许电子交易的参与方有机会证明其进行的电子交易遵守与电子认证相关的法律和法规。第3款则对特定种类电子交易作出了特殊规定：每一缔约方可以要求认证方法符合某些绩效标准或者由法律和法规授权的机构进行认证。

关于线上消费者保护，《区域全面经济伙伴关系协定》第12章第7条提出，

① Taku Nemoto & Javier López González：Digital Trade Inventory：Rules，Standards and Principles，at https：//www.oecd-ilibrary.org/trade/digital-trade-inventory_9a9821e0-en (Last Visited on Jun.14, 2022).

各缔约方应认识到采取和维持透明及有效的电子商务消费者保护措施以及其他有利于发展消费者信心的措施的重要性，并要求每一缔约方应当出台法律或者法规，以保护使用电子商务的消费者免受欺诈和误导行为的损害或潜在损害。同时，进一步对各缔约方提出了具体要求：各缔约方应当发布其向电子商务用户提供消费者保护的相关信息，具体包括：（1）消费者如何寻求救济；（2）企业如何遵守任何法律要求。

此外，在解决非应邀电子商务信息（垃圾邮件滥发）、个人信息保护、网络安全等层面也有一定共识。但是，各个协定之间仍然存在标准程度的差异。比如，区别于《全面与进步跨太平洋伙伴关系协定》中永久免征电子传输关税的规定，《区域全面经济伙伴关系协定》第 12 章第 11 条海关关税第 1 款规定基于 WTO 要求，明确了各缔约方目前应维持对电子传输不征收关税的现行做法，但又通过第 3 款、第 4 款、第 5 款对第 1 款进行限制，即不阻止缔约方按照本协定的规定征收其他税费、费用或其他支出，允许各缔约方根据 WTO 决议对电子传输关税进行调整与审议。再比如，《数字经济伙伴关系协定》在“无纸化贸易”条款中，除了要求承认电子文件的法律效力之外，进一步对成员提供电子文件的语言和格式进行了规定，还建立了单一窗口和数据交换系统的国际标准。

在数字税议题上，经济合作与发展组织（OECD）经过多年研究规划，提出了双支柱解决方案，并于 2021 年 10 月 8 日正式发布由 136 个税收管辖区联合签署的《关于应对经济数字化税收挑战双支柱方案的声明》。[①] 爱尔兰、匈牙利等税率低于 15% 的国家也已加入，目前还有肯尼亚、尼日利亚、巴基斯坦和斯里兰卡四地尚未加入经济合作与发展组织声明。具体方案中，支柱一通过采取制定新的联结度规则（对纳入范围内的跨国企业利润征税权，在市场辖区间重新分配）、简化国内基础营销与分销活动所使用的独立交易原则以及构建新争议预防与解决机制三重措施，避免对被纳入联结度规则的企业双重征税。支柱二在应对跨国企业的税收侵蚀和利润转移问题上主张采用全球最低税额规则，因此，又被称为“最低税方案”，主要由全球反税基侵蚀规则和应税规则两部分组成。

（三）存在较大争议与分歧的议题

根据上述四个重要自由贸易协定、非政府间组织、各大主要经济体的规定，主要有以下三个存在较大争议的关键议题。

---

① Statement on a Two-Pillar Solution to Address the Tax Challenges Arising from the Digitalisation of the Economy，at https：//www.oecd.org/tax/beps/statement-on-a-two-pillar-solution-to-address-the-tax-challenges-arising-from-the-digitalisation-of-the-economy-october-2021.htm (Last Visited on Jun.12, 2022).

1. 数据跨境流动与计算设施本地化

这一议题是数字经济规则的核心议题。《全面与进步跨太平洋伙伴关系协定》《美墨加贸易协定》更多体现了"美式规定"，要坚持跨境数据自由流动和禁止数据本地化的一般原则，但同时也为此安排了以"合法公共政策目标"（Legitimate Public Policy Objective）的例外规则。只不过两个协定中对该例外规则提出了两条严格限制条件：一是不得构成任意或不合理的歧视，或对贸易构成变相限制；二是不得施加超过实现目标所需要的限制。

《数字经济伙伴关系协定》坚持现有《全面与进步跨太平洋伙伴关系协定》规定，允许在缔约国开展业务的企业在确保符合必要法规前提下，跨境无缝传输信息。《区域全面经济伙伴关系协定》的第 12 章第 4 节第 14 条对计算设施的本地化进行规定，即在允许各缔约方通过各自法律法规对相关计算设施的使用和位置进行规定的前提下，要求各缔约方不得将所使用设施必须置于境内的规定作为进入该缔约方内部市场的前提条件。该条第 3 款则对该条中提出的"禁止数据本地化"之要求设定了两项例外规则：一是为实现"合法公共政策目标"所必要的措施，且确认实施此类合法公共政策的必要性应当由实施政策的缔约方决定；二是对缔约方保护其"基本安全利益"所必要的任何措施。对"合法公共政策目标"的例外规则，第 3 款也提出了限制条件，即不以构成任意或不合理的歧视或变相的贸易限制的方式适用。第 15 条对通过电子方式跨境传输信息行为进行了规定：在允许缔约方存在对电子信息传输的内部监管要求的基础上，要求各缔约方不得阻止正常商业行为中的信息跨境传输。同样，在第 3 款规定了在不构成贸易歧视和不合理限制的前提下基于"合法公共政策目标"和基于"基本安全利益"的例外。相较于《全面与进步跨太平洋伙伴关系协定》，《区域全面经济伙伴关系协定》更加尊重各缔约方自身制度体系，针对数据跨境流动与计算设施本地化提出了更多例外情形，如保护"基本安全利益"的例外；也增加了"合法公共政策目标"例外条款的弹性，减少限制条件，例如，由实施限制的缔约方对"合法公共政策目标"的必要性进行决定，对"合法公共政策目标"的限制仅限于不以构成任意或不合理的歧视或变相的贸易限制。

由于这一议题与个人信息关涉巨大，因此，经济合作与发展组织、亚太经合组织（APEC）等都对个人信息跨境提出了相应的指南加以规制。亚太经合组织提出了《APEC 跨境隐私规则体系》（Cross-border Privacy Rules System，CBPR）[①]。它是一种在 APEC 经济体内部推行的规范成员经济体企业个人信息跨境传输活动的自愿的多边数据隐私保护计划，加入的企业需要遵守《APEC 隐

① What is the Cross-border Privacy Rules System，at https：//www.apec.org/About-Us/About-APEC/Fact-Sheets/What-is-the-Cross-Border-Privacy-Rules-System (Last Visited on Jun.12, 2022).

私框架》中的个人数据保护原则。这一体系对数据跨境流动采取认证机制，企业可以自由选择是否进行认证；如果认证通过，该企业就被认为满足了隐私保护要求，可以在亚太经合组织区域内实现自由的跨境数据传输。获得认证的企业将受到该体系的约束。

此外，在这一议题上，各国、各地区规定也存在较大差异。虽然美国坚持以贸易利益为驱动、全面开放数据跨境流动，但针对特殊领域数据、重要数据跨境流动还是采取严格限制。欧盟始终秉持促进个人数据及非个人数据在欧盟内部的自由流动，对外则采取了严格手段：第一，对于个人数据跨欧盟流动，通过《通用数据保护条例》的“充分性认定”，设立了白名单国家制度。同时，欧盟还为企业提供了遵守适当保障措施条件下的转移机制，即沿用约束性公司规则（BCRs）、标准合同条款（新 SCCs）、符合欧盟批准的行为准则（CoC）及经批准的认证机制、封印或者标识等。第二，对于非个人数据的跨欧盟流动，目前主要体现于《数据法案（草案）》中。

2. 禁止源代码公开或转让

作为知识产权强国，美国始终要求进行源代码保护，并在其参与的自由贸易协定中要求缔约方不能以源代码的强制转移及公开作为软件类等数字产品的市场准入条件，还进一步提出禁止强制共享基础设施软件源代码，以及不得要求企业公开或转让算法、加密技术等要求。《全面与进步跨太平洋伙伴关系协定》是首个包含禁止强制要求源代码公开或转让的自由贸易协定，第 14.17 条源代码第 1 款规定：“任何缔约方不得将要求转移或获得另一缔约方的人所拥有的软件源代码作为在其领土内进口、分销、销售或使用该软件或含有该软件的产品的条件。”《全面与进步跨太平洋伙伴关系协定》延续了《跨太平洋伙伴关系协定》的规定，但同时设置了三个例外条款：一是仅限于大众市场软件，不包括关键基础设施所使用的软件；二是允许商业合同中包含源代码条款、条件并允许要求修改源代码；三是不得影响专利申请与授权。《美墨加贸易协定》对《全面与进步跨太平洋伙伴关系协定》条款的适用范围进行了扩展，不但把基础设施软件纳入，还增加了源代码中的算法。

3. 数字产品的非歧视待遇

这一议题主要与各国的文化领域开放政策相关。《全面与进步跨太平洋伙伴关系协定》对数字产品和服务给出定义，即将电脑程序、文本、视频、图像、声音记录，或其他经数字化编码、生产用于商业销售或分销、可通过电子方式传输的产品及个人信息包含在内。[①] 同时，要求缔约方给予另一缔约方以不低于其他同类数字产品的待遇，保障国民待遇与最惠国待遇，并给出了三项例外：

---

① 参见《全面与进步跨太平洋伙伴关系协定》（CPTPP）文本（含参考译文），载商务部网，http://www.mofcom.gov.cn/article/zwgk/bnjg/202101/20210103030014.shtml，2022 年 6 月 12 日访问。

一是不得与协定中知识产权章节存在冲突；二是不适用于补贴或赠款；三是不适用于广播。《数字经济伙伴关系协定》承袭了《全面与进步跨太平洋伙伴关系协定》的规定，并进一步确认了承诺水平；《美墨加贸易协定》则是对《全面与进步跨太平洋伙伴关系协定》的例外进行了限缩，规定数字产品的非歧视待遇仅不适用于补贴或赠款，这意味着对来自其他缔约方的广播服务产品及服务提供者，缔约方也必须给予国民待遇。而《区域全面经济伙伴关系协定》并未将本议题纳入，仅在“电子商务对话”条款中提及未来考虑在数字产品待遇领域开展对话。

第四节 网络犯罪公约与国际司法合作

一、网络犯罪治理国际协作进程

国际合作成为网络犯罪治理的内生要求，并由此催生出多种国际或区际网络犯罪协同治理机制。通过观察当前世界不同区域的网络犯罪区际规则建构，我们可以总结出以下特征：第一，相关规则的主要目的在于协同成员国刑事司法活动，但约束性较弱；第二，不同区域有其各自优先和重点关注的犯罪类型；第三，包括欧盟在内的一些区域与网络犯罪《布达佩斯公约》体系的联系较为紧密；第四，建立起动态执法合作机制、提升打击犯罪效率和能力是各区域规则的共同焦点。

（一）联合国应对机制

早在 1990 年，联合国第八届预防犯罪和罪犯待遇大会通过了关于计算机犯罪立法的第 45/121 号决议，并于 1994 年制定了《联合国预防和控制计算机相关犯罪手册》(UN Manual on the Prevention and Control of Computer-Related Crime)。此后，联合国不断关注打击网络犯罪中的国际合作问题。

2010 年，联合国第十二届犯罪预防与刑事司法大会探讨了新时代如何有效开展犯罪治理国际合作，通过了《萨尔瓦多宣言》，即《关于应对全球挑战的综合战略：预防犯罪和刑事司法系统及其在变化世界中的发展的萨尔瓦多宣言》(Salvador Declaration on Comprehensive Strategies for Global Challenges: Crime Prevention and Criminal Justice Systems and Their Development in a Changing World)，建议成立政府间专家组并召开会议，全面研究网络犯罪问题及其对策。该建议为联合国大会第 65/230 号决议采纳。此后，联合国大会第 67/189 号决议进一步要求专家组会议对网络犯罪进行综合性研究。

2019 年 12 月 27 日，联合国大会通过第 74/247 号决议，决定建立一个开放式的政府间专家委员会，针对为犯罪目的使用信息和通信技术的行为开展新的国际公约的起草工作。该决议正式启动了联合国框架下网络犯罪治理国际公约的起草进程，宣告网络犯罪国际治理框架建设的新阶段的到来。

（二）网络犯罪《布达佩斯公约》体系

与联合国机制同时进行且具有重大影响力的国际规则体系是网络犯罪《布达佩斯公约》。该公约是第一部专门针对网络犯罪的国际法律规范，目标在于形成打击网络犯罪的共同政策，推动成员国的适当立法，并促进打击网络犯罪的国际合作。截至 2019 年 9 月，64 个国家签署并批准了该公约。

《布达佩斯公约》自 2004 年 7 月 1 日正式生效后，一直保持规范内容和运行机制的动态演进。2006 年，《〈公约〉第一附加议定书》生效，针对通过网络实施的种族主义和仇恨言论犯罪加以规制。2021 年，公约委员会正式通过《〈公约〉第二附加议定书》，核心任务在于推进成员国之间在跨境取证和司法协助方面的程序规则衔接。

由于成员国覆盖世界多个区域，《布达佩斯公约》也在全球范围形成了一定的辐射效力，特别是与欧盟相关政策和立法之间相互交叉、支撑和配合，并且其法律框架也深刻影响了世界不同区域的打击网络犯罪的规范体系。

（三）网络犯罪的区际回应

在区际层面，世界各地区持续关注网络犯罪，并相继制定本区域规则以协调区域内打击网络犯罪的刑事司法活动。其中，欧盟的规则和能力建设相对较为充分，其于 1999 年就制定了《促进更加安全地使用互联网并打击全球网络中非法和有害内容的多年社区行动计划》（Multiannual Community Action Plan on Promoting Safer Use of the Internet by Combating Illegal and Harmful Content on Global Networks，Decision No. 276/1999/EC），并在后期形成了针对定罪和刑事司法的诸多规则。最新的进展是欧盟委员会于 2018 年起草了为刑事侦查目的促进跨境电子证据取证的条例和指令，通过建立欧盟数据调取令和欧盟数据存留令来提升跨境取证效率，并强化网络信息业者在取证过程中的协助义务。2019 年，欧盟针对非现金支付手段出台了新指令（Directive on Combating Fraud and Counterfeiting of Non-Cash Means of Payment），从支付层面提升执法机关打击网络犯罪并协助网络诈骗等犯罪案件被害人的能力。此外，欧洲刑警组织的欧盟网络犯罪中心（European Cybercrime Centre，EC3）承担着统筹欧盟境内网络犯罪信息和技术共享、促进联合执法和犯罪预防等功能。

欧盟以外的其他地区也在不断强化本地区打击网络犯罪的规则协同。例如，非洲联盟于 2014 年通过了《非洲联盟网络安全和个人数据保护公约》（African Union Convention on Cyber Security and Personal Data Protection），成为非洲地区联合打击网络犯罪、加强国际合作的框架性法律文件；英联邦

（Commonwealth of Nations）地区于2000年起草《计算机和计算机犯罪示范法》(Model Law on Computer and Computer Related Crime)，于2011年提出打击网络犯罪动议（Commonwealth Cybercrime Initiative），并于2018年发布《英联邦网络宣言》(Commonwealth Cyber Declaration)，强调建立国家网络安全有效响应机制，并推进打击网络犯罪国际协作的稳定合作机制；亚太经合组织（APEC）于1990年成立电信和信息工作组（TEL），一方面，推动信息和通信技术设施和服务建设，另一方面，促进相关领域国际合作，2018年制定的《打击恐怖主义工作组战略计划（2018—2022）》[APEC Counter-Terrorism Working Group Strategic Plan（2018—2022）] 特别提到协助TEL推动网络安全、打击网络恐怖主义犯罪；美洲国家组织（OAS）于1999年建立专门工作组，并建立美洲国家间网络犯罪合作端机制（Inter-American Cooperation Portal on Cyber-Crime），推进成员国联合打击网络犯罪、开展国际合作。

二、联合国历次政府间专家组会议核心议题

自2019年起联合国正式启动全球性网络犯罪公约起草与谈判进程，该项进程是建立在此前联合国毒品和犯罪问题办公室召开的系列网络犯罪政府间专家组会议的基础之上。专家组会议在2013年形成了《网络犯罪问题综合研究报告（草案）》，主要包含联通性与网络犯罪、全球图景、立法与法律框架、入罪、执法与侦查、电子证据与刑事司法、国际合作、预防等八个章节。这些内容构成专家组会议后续探讨的具体框架。

（一）立法与刑事定罪

在立法方面，《网络犯罪问题综合研究报告（草案）》开篇即提出，网络犯罪概念出现初期，各国的主要关注点在于定罪，即将新型网络犯罪行为纳入刑法的规范体系中。随着网络信息技术与社会生活结合的不断深化，这一关注点开始逐渐发生变化，具体体现在三个方面。首先，尽管定罪仍然受到关注，但是，各国对于网络犯罪中具体犯罪类型的定义存在较大差异，并且微观的个罪构成要件方面受限于当地刑法体系和刑事司法整体生态，因此，难以形成双重犯罪的有效共识。其次，就网络犯罪治理而言，需要关注的不仅仅是实体入罪，更需要关注侦查措施、管辖权、电子数据证据规则、国际执法合作等程序性事项。最后，受当地网络信息技术发展的影响，各国或地区在面临的网络犯罪具体问题上存在差异，并且刑事执法能力的对比也较为悬殊，尽管实体法与程序法的协调对于加强国际合作以打击网络犯罪尤为重要，但是，这种协调需要与具体国情和执法能力相适应。

对于这一问题，专家组会议形成了一系列共识。第一，技术和网络犯罪的快速演变和扩张规模对各国的立法、执法和司法均形成挑战，并且这种挑战对

于发展中国家而言尤为明显。第二，网络以及借由网络实施的犯罪具有明显的跨国性质，一国执法机关无论在执法范围还是执法能力上均受到限制，需要通过立法与能力建设予以改善。第三，网络犯罪的跨国性质对传统正规的司法协助渠道提出了挑战，特别是在电子数据取证方面，各国刑事执法机关获取数据的效率被大幅度降低，需要协调高效取证与管辖权之间的冲突。第四，在入罪方面，要尽可能结合现有条款处理犯罪，并结合数字环境的特殊性以及定罪的实际必要性划定本国刑罚的范围。

（二）电子证据与刑事司法

就电子证据和刑事司法而言，《研究（草案）》通过实证调研发现，尽管网络犯罪高度依赖举报或报案，但是，超过八成的核心网络犯罪个人受害者不会主动报案；网络犯罪形式不断翻新、电子数据证据难以获得、内部资源与执法能力较低等现状也严重阻碍网络犯罪的刑事司法活动顺利进行。具体而言，世界各国在打击网络犯罪过程中主要面临以下刑事司法层面的挑战。一是技术能力挑战，一方面，犯罪分子手段不断转型升级；另一方面，电子证据极易损毁灭失，侦查机关在取证能力不足的情况下，往往难以及时收集证据并支持犯罪起诉和审判。二是公私合作挑战，针对网络犯罪的刑事侦查取证需要网络信息业者的配合，但是，网络信息业者协助刑事数据执法义务的规定因国家、行业和数据类型而不同。三是人权保障挑战，网络空间的取证和执法活动不可避免地触及隐私问题，在当前个人信息保护制度在世界范围内逐步建构的大背景下，电子取证还可能干预相关个人信息权益。

面对以上挑战，专家组会议形成了以下观点和建议。第一，各国需要看到传统司法协助机制已经无法满足网络犯罪治理中快速高效取证的现实需求，有必要改革现有机制，并积极探索快速保全、联合调查、电子证据传输等更为灵活的跨境取证机制。第二，刑事侦查与司法活动需要强化与网络信息业者的合作，同时，应当消除彼此相抵触的规定，避免造成不当的合规障碍。第三，需要强化侦查取证能力，既包括立法上对于必要的侦查措施予以授权，也包括建立持续性的技术和机制能力建设，形成电子证据的国家标准、程序和要求。第四，就电子数据而言，核心在于维护其完整性，应统筹证据规则以确保其在刑事诉讼中的可采性，同时，需要协同特殊侦查手段，以应对暗网、加密技术、电子货币等带来的挑战。第五，针对网络犯罪的电子取证和司法活动应当遵守保密、隐私、人权、正当程序等法律法规，相关执法活动应当遵循比例原则，根据罪行性质、严重程度、侦查手段侵犯性、数据类型、侦查措施可替代性、法律救济等因素分层限制侦查措施。

（三）国际合作与犯罪预防

《研究（草案）》指出，网络犯罪的跨国性质产生了跨国侦查、主权、管辖权、域外证据等方面的问题。同时，网络犯罪的复杂性和危害的广泛性、严重性也使犯罪预防更为重要。具体而言，世界各国在网络犯罪预防和国际合作中主要面临以下挑战。第一，网络空间刑事执法活动容易与国家主权框架下的一国管辖权冲突，不经数据所在国许可而获取电子证据越来越常见。第二，正式司法协助仍然是国际刑事跨境取证的主要方式，但这种方式耗时过长，容易导致电子证据灭失。第三，大部分国家允许通过非正式方式开展合作，但这些方式使用率较低，并且缺少明确、统一的规则框架，往往具有较强的区域性。第四，就网络犯罪预防而言，往往会加强网络信息业者的负担和法律责任，犯罪预测等措施也有可能导致政府滥用监控、企业操纵或隐私终结等问题，同时，情报导向的数据也难以有效转化为刑事证据。

对此，专家组会议提出了诸多应对措施。第一，就传统刑事司法协助机制而言，需要基于共识提升正式合作途径的便捷性。第二，优化数据执法合作技术和标准，建立信息请求和数据鉴真的标准化程序，建立数据提供或搜索的快捷流程，通过必要的数据便捷先行存留等方式保全电子证据。第三，探索司法协助以外多种方式的国际合作，并强化与网络信息业者的合作；针对特定数据和特定类型的执法请求，建立与网络信息业者直接合作的机制，并匹配标准化的程序性措施。第四，持续性强化立法、执法、司法人员的能力建设，并建立相关信息共享网络和机制。第五，建立犯罪风险预警和快速响应机制，促进网络犯罪情报交流，提升多主体协同合作。

三、联合国网络犯罪公约的基本共识与草案框架

联合国网络犯罪政府间专家组通过历次会议形成汇总建议文件提交犯罪和刑事司法委员会，并为联合国网络犯罪公约的起草奠定了基础。具体而言，各成员国在以往会议基础上形成以下共识。

第一，就立法框架而言，与会国代表普遍认为，有必要规制技术在犯罪活动中的适用，尽可能采用中立、一致的术语表述涉网络犯罪活动，提升司法机关、企业、社会、公民等对网络犯罪影响的认识，并加强执法和司法机关能力建设。

第二，就刑事定罪而言，与会国代表普遍认为，一方面，应充分利用现有罪名；另一方面，针对特定危害行为进行入罪处理，同时，加强执法机关之间的信息安全交流。

第三，就执法和调查而言，与会国代表普遍认为，需要继续投入资源以提升刑事司法机关打击网络犯罪的能力，包括不断更新相关专门知识、开展执法

机关之间的国际合作、适当且合比例地收集数据、提升公众和企业对犯罪的警觉意识等。

第四，就电子证据和刑事司法而言，与会国代表普遍认为，需要通过立法赋予执法机关必要的执法权力、明确管辖规则和其他程序性条款、加强跨国案件中的合作，在兼顾有效执法、国家主权和隐私保护的前提下，确保侦查机关能够及时追查犯罪、获取证据。同时，需要明确证据的可采性规则，加强各国在收集电子证据方面的合作，提升公私主体间的合作，并为执法人员提供必要的电子证据专门培训。

第五，就国际合作而言，与会国代表普遍认为，应当加强国际合作的快速反应机制、优化国际合作程序、在保持侦查措施合比例性的前提下提升合作效率、加强政府和企业的协作、建立警察间快速开展国际合作的渠道、设立本国针对网络犯罪国际司法协助的专门机构等。

第六，就网络犯罪预防而言，与会国代表普遍认为，需要联合政府和各个利益相关方共同参与，制定长期犯罪预防公共政策，帮助和鼓励公众使用犯罪预防工具，开展积极主动和持续的犯罪预防宣传、培训、技术援助工作，制订面向被害人特别是弱势群体的保护和支持方案，加强资源投入和能力建设投入。

在上述共识的基础上，联合国网络犯罪公约草案的框架主要包括以下部分。第 1 章是总则，用以明确公约的立法宗旨、主要概念、适用范围、基本原则等要素。第 2 章是刑事定罪，即从实体法角度明确公约适用的罪名类型和范围。第 3 章是程序措施与执法，集中关注打击网络犯罪的程序性工具，特别是规定其中涉及的管辖权、电子证据取证措施、配合执法及相关事项。第 4 章是国际合作，旨在尊重国家主权和保障公民基本权利的前提下，推动涉网络犯罪的人员移管、程序移交、司法协助、执法合作、涉案财物处置等活动中的国际间合作。第 5 章是包括信息交流在内的技术援助，以促进缔约国之间在打击网络犯罪中的能力建设。第 6 章是预防措施，通过加强公私利益攸关方的合作来提升网络犯罪的事前预防和治理。第 7 章是实施机制，通过缔约国会议、实施机构、审查预防犯罪和刑事司法委员会会议、预防犯罪和刑事司法委员会会议等机制推动公约的有效实施。第 8 章是最后条款，明确公约的效力、实施、修订、语言、议定书的制定、争议解决、保留、签批、加入、退出等程序性事项。

第三编 数据法

第十三章 数据法律制度概述

第一节 数据的概念与属性

一、数据的概念

（一）何为“数据”

数据是数据法学的基础性概念。对于数据概念的运用，目前可见于汉语言、技术标准、法律文本和大数据领域等多个面向，不同的领域对数据的概念有着不同的理解。数据法学中的数据，又有着经济性、非排他性、非竞争性、流通性等多元属性。

根据现代汉语词典的定义，数据是指科学实验、检验、统计等所获得的，用于科学研究、技术设计、查证、决策等活动的数值。从计算机术语看，数据是指表示客观事物未经加工的原始素材，可以是符号、文字、数字、图像、视频、音频、软件、算法、动态模拟、模型等。法学界一般将计算机科学中使用的一连串由二进制“0和1”（比特）的电路逻辑语言组合而形成的数据作为研究对象，是指对事实、活动的数据化记录，即通常所称的自动化处理的电子数据。

“数据”出现在两千多份法律文本中。2017年《民法总则》第127条属于引致条款，规定“法律对数据、网络虚拟财产的保护有规定的，依照其规定”。但是，其并未细化数据概念。1999年《合同法》和《电子签名法》使用的是“数据电文”概念。新修订的《刑事诉讼法》《民事诉讼法》和《行政诉讼法》则采用了“电子数据”概念。2014年通过的《最高人民法院关于适用〈中华人民共和国民事诉讼法〉的解释》明确将“电子数据”定义为“通过电子邮件、电子数据交换、网上聊天记录、博客、微博客、手机短信、电子签名、域名等形成或者存储在电子介质中的信息”，并且“存储在电子介质中的录音资料和影像资料，适用电子数据的规定”。2016年《网络安全法》则首次定义了“数据”，指明其是“通过网络收集、存储、传输、处理和产生的各种电子数据”。

数据或“大数据”，既可指向内容层的信息，也可指向符号层的数据文件。

例如，当“个人信息”是数据时，体现的是数据的内容层面向；而删除数据时，则指向数据文件，因为信息内容是无体无形的，无法删除。从功能角度而言，大数据指向内容层。不过，并非仅仅拥有海量信息内容便可构成大数据。在通信和信息技术尚不发达时，这些海量信息已经存在，但那时人们无法对之进行快速地加工和处理，它们并不构成大数据。从操作角度而言，大数据指向符号层。随着信息技术和通信技术的发展，这些数据可以机器语言的形式存在，进而被快速加工和处理。

（二）相关概念辨析

1. 数据与信息

数据与信息的关系存在三种不同的观点。第一种观点认为，数据等于信息，各国或地区立法混用这两个概念来表达类似的内容即为佐证。第二种观点认为，数据的内涵大于信息，只有经过解释，对实体行为产生影响的数据才属于信息。第三种观点认为，数据的内涵小于信息，因为信息还可以通过数据之外的方式来表达或传播。

整体而言，信息与数据的关系应放在具体场景中进行理解。有些情形下，数据与信息是形式与内容的关系。数据作为信息存储、传输和处理的方式，只是信息的外在表现而不涉及其内容；信息则是人们对数据的解读。前者是形式化的符号，后者是符号的社会、语言意义。但在其他情形下，例如，在使用个人信息或个人数据时，信息与数据的含义相同。

此外，法学界一般承认信息的抽象性和公共性。信息需要借助媒介表达出来，内容可能与媒介分离而独立存在。在各种各样的数据中，呈现为信息的数据是人类赖以生存的要素，而单纯表现为数字、符号或其他表现形式、不能为非专业人士所认知的数据可能对普通人没有意义，如大数据场景下产生的元数据。

2. 数据与个人信息

数据常常包含大量个人信息。随着新技术的蓬勃发展，互联网、移动支付、人工智能、物联网上在不断生产着海量数据，数据采集、处理、流通和共享的规模及速度呈现井喷态势。在以数字化形式存储的内容中，部分数据具有明显的公共属性，应该公开或可以公开，如政府收集的人口统计信息、教育普及状况等；但还有大量内容可以与某个特定的自然人相联系，属于个人信息，甚至是个人的敏感信息和核心隐私。例如，将个人病历资料开发成大数据，或者将个人的银行存款信息汇总开发成大数据。如果这些数据资料尚未被进行脱敏化处理，或者脱敏化处理不完整，导致仍然能从相关数据中了解到个人的相关信息和隐私，就可能侵害个人信息权和隐私权。

一般而言，“个人信息”往往与“个人数据”并列。欧盟立法文本通常采用

“个人数据”（personal data）[①] 表述，而我国和美国的立法文本主要使用“个人信息”（personal information）[②] 表述。此外，也有使用“个人资料隐私”表述的，主张“个人信息”和“个人数据”在个人信息保护法领域是通用的。

二、数据的属性

（一）数据的经济性

随着互联网、移动互联网、物联网等信息通信技术及产业的不断发展，全球数据都呈现出爆发式增长态势，为大数据产业发展奠定了庞大的数据基础。近几年，美国、欧盟、日本等主要发达经济体都在推进大数据战略。在新技术的推动下，大数据产业规模快速增长。从全球来看，数字经济已经成为全球经济增长的关键动力。在全球经济下行压力增长的总体趋势下，数字经济仍然能够持续稳定快速发展，成为稳定经济增长的重要动能。中国信息通信研究院 2019 年发布的《数字经济治理白皮书》显示，2018 年，全球 47 个国家数字经济规模达到 30.2 万亿美元，占 GDP 比重的 40.3%，平均名义增速为 9.2%。

在国内，中国信息通信研究院发布的《中国数字经济发展报告（2022 年）》统计数据显示，2021 年，我国数字经济规模已经达到 45.5 万亿元，同比名义增长 16.2%，高于同期 GDP 名义增速 3.4 个百分点，GDP 比重达到 39.8%，数字经济在国民经济中的地位更加稳固、支撑作用更加明显。未来，伴随着数字技术持续创新，加速向传统产业融合渗透，数字经济对经济增长的拉动作用将日益凸显。[③]

《数字经济治理白皮书》显示，数字经济高质量发展呼唤数字治理体系创新。习近平总书记指出：“我国经济已由高速增长阶段转向高质量阶段。”当前，互联网、大数据、人工智能、区块链、物联网、5G 等新技术迭代迅猛，共享经济、无人驾驶、数字货币等新业态层出不穷。数字经济能否实现高质量发展，密切关系到我国能否抢抓新一轮科技革命与产业变革新机遇。而数字经济发展正面临一系列新情况新问题，亟须加快构建面向数字经济的制度规则体系，治理好数字经济发展中存在的问题，为经济高质量发展添薪蓄力。

随着大数据应用技术逐步成熟，政府数据开放平台数量和平台开放数据的数量与质量也均有大幅提升，政府数据开放平台已经逐渐成为各个地方数字政府建设的标配。2022 年，政府数据开放平台数量达到 82 个，比 2021 年同期增加 36 个。开放数据集总量也迅速增长，2023 年已达到 62801 个。

---

① 参见欧盟《通用数据保护条例》。

② 参见美国《加利福尼亚州消费者隐私保护法案》。

③《数字经济治理白皮书》，载中国信息通信研究院官网，http：//www.caict.ac.cn/kxyj/qwfb/bps/201912/P020191226515354707683.pdf，2022 年 8 月 1 日访问。

在技术层面，大数据产品和服务创新层出不穷。围绕大数据开发产品及服务创新已成为当下的热点，比如，腾讯神鸮大数据市场监管平台、联通大数据智慧数，多款大数据产品及服务入选2019年“数博会”十大“黑科技”名单。海量数据的广泛应用推动我国人工智能发展不断加快。

在企业层面，大数据企业持续深化垂直领域的业务布局。其中，从事数据分析与数据服务的企业占比最多，达到23%。此外，国内大数据企业生态地图不断完善。最新数据显示，中国大数据相关企业共计5637家，包括已从事大数据业务的企业2621家，以及拥有相关专利、著作正在转型中的企业3016家。

（二）数据的非排他性

与作为有体物的动产或不动产类的传统财产不同，数据具有非排他性（non-excludable）或非独占性。这意味着数据资源与专利技术等智力成果一样，可以被无限分享给多个主体及多次使用，而难以排斥其他主体使用。并且，使用同一数据资源的边际成本趋近于零，每增加一个使用者或消费者，都无须追加额外的投入。

这虽然是数据资源的一大优势，但也很可能导致数据争议。[①] 传统的动产与不动产之所以能够确立财产权制度，除了法律对于违法行为的打击，一个重要原因在于动产与不动产的所有者往往能自我保护。对于不能自我保护的财产，法律对其保护往往较为谨慎，因为这需要花费大量的执法资源。这就是为什么对于花草的香味、植物与房屋的视觉美感，法律常常并不进行保护。在信息与数据问题上，传统农业社会更容易对信息与数据进行自我控制，例如，手抄书籍往往只能在小范围内流通，但在工业化时代，印刷术与现代媒介的形成使得所有者对信息与数据的控制能力越来越弱。特别是随着互联网与信息技术的发展，信息与数据可能“以零边际成本为无限多的用户”所获取。[②]

不过，数据等无形物品也并非不可以进行排他性控制。少量数据虽然可能在数据互联的场景下以零成本被复制，但一旦数据体量巨大，或者数据控制者并未和他人进行互联，此时数据控制者就仍然可以通过商业程序或技术来实现数据的排他性或一定程度的排他性控制。[③]

（三）数据的非竞争性

数据还具有非竞争性，即某人对于数据的使用不会对数据的效用产生影响。

---

① 参见丁晓东：《数据交易如何破局——数据要素市场中的阿罗信息悖论与法律应对》，载《东方法学》2022年第2期。

② James Boyle, *The Second Enclosure Movement and the Construction of the Public Domain*, 66 Law and Contemporary Problems (2003), p.42.

③ Lawrence Lessig, *Code 2.0*, New York: Basic Books, p.177.

土地、商品或货币是稀缺资源，一旦被他人占有，其价值就会完全丧失。[①] 而数据与此截然不同，即使数据被他人复制或获取，原始数据仍然存在，数据拥有者仍然可以对数据进行开发利用。正如罗斯教授所言，在数据与无形财产领域，不存在过度利用的问题，公地悲剧的理论并不适用。[②] 并且，基于数据的非竞争性，同一数据资源的使用人数增多不会增加成本，反而能够创造更大价值。在这个意义上，促进数据的流通和交易对于提升社会总福利意义重大。

（四）数据的流通性

数据作为一种新型资源，其流通共享是数字经济发展的重要保障：离开了数据，互联网的网络优势与网络效应就无从谈起，大数据的效率与优势就无从发挥，人工智能与物联网技术的发展就成了无源之水。党的十九届四中全会首次将数据列为与“劳动、资本、土地、知识、技术、管理”并列的生产要素，凸显了数据的重要战略地位。数据本身具有流动性特征，数据的产生、储存、传输、交易、删除等全过程是一个流动的过程。数据从收集个体、物体的参数，到经过数据采集、传输以及更正等环节，最终储存在数据库中，构成了虚拟空间。经过挖掘分析，为每一个个体和物体服务，这已经成为企业、政府、个人业务活动中不可或缺的要素。随着计算机技术的迅速发展，数据价值逐步得到体现，数据需求量的上升催生了数据市场，数据流通已然成为数据体现价值的有效途径。目前的数据流通主要是通过第三方提供数据、政府公开数据、网络抓取数据、企业收集数据等方式获得数据，之后对数据进行处理、加工，生成可以交易的数据包或者数据产品，以供数据需求者选择。

但在大数据时代，个人信息的利用制度总是充满了信息保护与资源充分利用的纠结，学界对于信息保护的呼声虽然强烈，但不可否认的是，对个人信息进行大数据的处理和利用将对很多领域甚至整个社会带来巨大的利益。因此，无论如何强调个人信息保护的重要性，都无法忽视对其合理利用所产生的积极且巨大的社会价值。传统的数据分析建立在信息通信产业，而大数据的辐射范围已经不仅局限于通信行业，公共卫生、商业、思维等都因为大数据应用而重新洗牌。大数据发展的核心动力来源于人类测量、记录和分析世界的渴望。大数据分析从个人信息中抽离出来所需数据以供各领域根据需求定向分析，精准把握该领域动向，从而“对症下药”制订相应的可行方案，其效率高、针对性强，在供需双方之间形成双赢格局。因此，大数据本身在经济、科研以及社会

---

① 之所以强调数据“一定程度”的非竞争性，其原因在于数据如果被竞争对手获取，数据的价值也会相应贬值。对于信息与数据的非竞争性问题，参见Christopher Yoo, *Copyright and Public Good Economics: A Misunderstood Relation*, 155 University of Pennsylvania Law Review(2007), p.635。

② Carol M. Rose, *Romans, Roads, and Romantic Creators: Traditions of Public Property in the Information Age*, 66 Law and Contemporary Problems(2003), p.90.

等层面蕴含巨大的潜力。当今社会，对数据的收集、开发以及利用成为国际竞争的关键因素，数据的价值不言而喻。正因如此，我国的数据交易平台在近几年也大量投入运营。

而且，我们已经进入到互联网、大数据时代，数据的开发与再次利用在很大程度上依赖于数据共享，在数据流通的基础之上，数据共享成了大数据公司重要的盈利模式。没有数据共享，将难以对数据进行二次开发，数据也难以成为财产，数据产业也难以发展。目前，各个互联网公司竞相推出自己的开放平台战略和开放平台。有“互联网女皇”之称的玛丽米克尔在其发布的《全球互联网趋势报告》中指出，数据共享成为互联网和大数据发展的必然趋势，全球数据采集的优化在不断加速，数据采集和共享的方式正在发生日新月异的变化，数据共享已经成为信息数据利用的一种重要方式。数据共享能实现数据资源的重复利用，降低数据收集成本，实现同类数据社会效益的最大化。在大数据环境下，各主体可以更便捷地共享数据资源，这样既能节省成本，又能创造更大的社会效益，最大限度地攫取“数据金矿”。大数据开发成为一个重要的新兴产业，很大程度上就是因为数据共享。如果数据不能共享而只能自己利用，则数据本身就不能成为一项真正的财产，数据产业也不能发展。另外，数据共享也会对经济运行机制、社会生活方式和国家治理能力产生重要影响。

第二节　数据的分类分级

一、数据的分类研究

（一）个人信息

从各国数据法律文件中可以看到，个人数据或个人信息的定义基本一致，均指的是已经识别或者结合其他数据、信息可以识别到个人的数据、信息。我国《个人信息保护法》第 4 条第 1 款规定：“个人信息是以电子或者其他方式记录的与已识别或者可识别的自然人有关的各种信息，不包括匿名化处理后的信息。”《个人信息保护法》在概念界定上借鉴了欧盟《通用数据保护条例》的规定，在“识别说”的基础上，又加上了“关联说”的标准。

需要指出的是，个人信息的范围常常比想象的要更为宽泛。因为根据定义，个人信息不仅包括“已识别”的个人信息，而且包括了结合其他信息可以识别到个人的有关信息，这就使得个人信息范围变得非常宽泛。并且，对于个人信息的再利用可以构成企业信息和政府信息，比如，互联网企业所收集的海量用户匿名行为信息和法院所公布的案例信息，因此，研究个人信息具有非常重要的意义。

对于个人信息，传统的研究是从隐私权的角度保护公民的合法权益。在西方，沃伦和布兰代斯的经典文献《隐私权》首先提出了“隐私权”概念。[①] 他们认为，尽管隐私并不受传统的普通法保护，但普通法应该通过法官造法来衍生出隐私权这一法律权益，保证个人独处的权利。正如每个人的人身需要一定的固定空间、防止他人的侵害，保护隐私就是为个人人格建立一种“独处与隐私”的空间。普洛瑟延续了这一进路，将隐私侵权进一步归纳为四种类型，对美国立法产生了广泛影响。[②]

随着技术的发展，对数据的挖掘和利用规模大幅度提升，个人信息泄露等事件引起社会关注，个人信息保护已经成为全球热点与难题。就法律框架而言，传统的隐私权已经不足以保护公民的合法权益，法律需要从隐私权保护转向个人信息权利或权益的保护。1967 年，威斯汀出版了信息隐私法上里程碑式的著作——《隐私与自由》，将隐私界定为“个人、群体或机构对自身信息在何时、如何以及在什么程度与他人沟通的主张”，认为隐私的关键是对个人信息的控制。[③] 其后，美国和欧盟又发展出了“公平信息实践”制度，奠定了个人信息保护法的基本框架。

（二）企业数据

在大数据时代，数据的价值受到了企业越来越多的认可与重视，成为企业所争夺的核心资产，因此，对企业数据权益应当进行合理保护。在现有的法律框架内，可以基于企业数据的商业秘密保护、竞争法保护、刑法与侵权法保护、合同法保护等不同方式提供法律保护，但这些方式均存在保护不足的问题，具体如下。

首先，就商业秘密而言，其对于企业数据的保护范围有限。商业秘密可以对未公开的企业数据提供保护，但对于互联网企业平台所收集的半公开数据或公开类数据，商业秘密却并不能提供保护。因为商业秘密的保护只针对未公开且企业采取合理措施保证数据秘密性的企业数据，对于平台类企业所收集的数据，现行的商业秘密法并不能提供有效保护。

其次，竞争法可用于企业数据保护，但也存在众多不确定性。以我国当下涉及数据的不正当竞争判决为例，大多数判决以《反不正当竞争法》第 2 条作为依据，要求企业“遵循自愿、平等、公平、诚信的原则，遵守法律和商业道德”，将“扰乱市场竞争秩序，损害其他经营者或者消费者的合法权益的行为”视为不正当竞争。从法理上看，竞争法的此类法律规定更接近于标准或原则性

---

① Samuel D. Warren & Louis D. Brandeis, *The Right to Privacy*, 4 Harvard Law Review (1890), p.193-220.

② See William L. Prosser, *Privacy*, 48 California Law Review (1960), p.383-423.

③ See Alan Westion, *Privacy and Freedom*, New York: Atheneum Press, 1967, p.7.

规定。

再次，刑法与侵权法可以提供企业数据保护，但也有一定不足。企业数据的刑法保护可能会过于严苛。刑法的谦抑性决定其刑事处罚的范围较窄，某些非法获取数据的行为可能只具有不正当竞争、侵权或其他民事违法的性质，远没有达到刑事处罚的程度。而就侵权法而言，侵权法的保护则面临不确定性的问题，仍然依赖于法律对于数据权属问题的界定。

最后，合同法也可以提供企业数据保护，但也存在不确定性。作为一种一般性的法律保护方式，合同法可以在很多场景下发挥其保护作用。但以合同法的方式保护企业数据，其前提是存在预先的合同安排，即存在明示成立或推定成立的合同关系。但即使企业对于其合同关系进行非常周密的安排，也不可能排除不特定第三人对于企业数据权益的侵害。现实生活中，针对企业数据的获取常常来自第三方，合同法很难对这些第三方侵犯企业数据权益的行为进行救济。

针对传统法律框架在保护企业数据中存在的种种问题，一种解决方案是对企业数据进行财产权保护，即将其确立为一种具有绝对性和排他性的财产。但是，这与企业数据的流通价值和公共性价值相矛盾，与互联网的公共性和开放性不合。同时，企业数据中常常包含着大量的个人信息，在很多场景下可能造成和个人信息保护的冲突，因此，一般认为个人应当对于此类包含个人信息的企业数据具有优先权，企业数据不具有财产权的绝对性和排他性。

企业数据可以考虑对非公开数据、半公开数据以及公开数据进行分类保护。对于非公开的企业数据，在符合商业秘密的前提下，应当受到商业秘密的法律保护；对于企业半公开的数据或数据库类型的数据，法律除了允许企业运用合同法等传统法律保护此类数据之外，还可以在法律上借鉴类似欧盟等特殊类型的数据库保护；对于互联网企业平台的公开数据，基于反不正当竞争的法律保护也是最为可取的进路。对于爬取此类数据是否侵害企业数据权益、构成不正当竞争，应结合具体场景并基于行为主义提供法律保护。

（三）政府数据

伴随着大数据、云计算、物联网、人工智能等新一代信息技术的涌现，当今社会早已不是传统意义上的信息社会，相反，已然呈现出越来越鲜明的数字特征。相较以往，数字社会的运行逻辑发生了重大变化，其中最显著、最深刻的变化就是社会运行过程的数据化。人们的各种行为活动都在不断地生产数据、信息，这些数据、信息通过新一代信息技术手段汇集成政府数据流，并服务于后续的社会运行和社会治理。

目前，各国对政府数据的研究主要聚焦于开放政府数据。从数据实践来看，在美国，前奥巴马政府颁布开放数据政府指令，旨在实施新政府的总体“透明度、参与和协作原则”，指示执行机构“以开放的格式在线发布信息”。[①] 2011年9月，美国和其他7个国家签署多边开放数据政府宣言。[②] 此外，英国政府于2012年颁布“开放数据白皮书”，其中阐述了政府打算如何将数据和透明度置于政府公共服务的核心。[③] 大数据呼唤高度集成、整合的数据系统。在大数据时代，只有多政府部门数据联动起来才能更好地发挥作用，各个部门、各种类型的数据必须实现高度整合。近年来，大数据技术已经越来越多地运用于我国基层社会治理中，包括网格化管理、社会治安、信访维稳、低保户比对、政务服务中心等领域。但是，大数据的运用尚局限于少数治理领域，缺乏大规模的整合和集成。

此外，在政府数据公开与共享中，如何保障政府数据的安全性以及实现政府数据的普惠性，也成了一个迫切需要研究和解决的课题。部分政府数据关乎国家安全，必须严格保密，避免系统性的治理风险。在统一的大数据平台中，可以按照数据涉密程度对其进行分级分类，确保所有数据都用于公共利益，严禁数据贩卖，要加强法治建设，强化数据安全法治保障。另外，实现政府数据的普惠性也日益迫切。政府应该对政府数据的采集和运用进行统一的规划，联动各部门的数据集，提高治理效能。

二、数据的分级研究

（一）敏感数据

为了保证个人、企业、组织和国家机关数据的安全性，应该对数据进行有效分类，通过精细化的管理使得数据资产在共享使用和安全使用之间获得平衡。敏感数据，就是一类特殊的数据类型，需要采用特殊的手段进行管理。

我国对于敏感信息的定义和分类大致可以分为以下三个方面。

其一，对于个人来说，敏感信息涉及个人隐私，按照我国《个人信息保护法》第28条的规定，敏感个人信息是指一旦泄露或者非法使用，容易导致自然人的人格尊严受到侵害或者人身、财产安全受到危害的个人信息，包括生物识别、宗教信仰、特定身份、医疗健康、金融账户、行踪轨迹等信息，以及不满14周岁未成年人的个人信息。对于这些个人敏感信息，需要征求信息主体明示

---

① 所谓开放格式，指的是“独立于平台、机器可读和公众可获取的不会妨碍公众重新利用的格式”。See Peter R.Orszag，Executive Ofice of the President：Memorandum NO.M-10-06，Open Government Directive，at https：//obamawhitehouse.archives.gov/open/documents/open-government-directive (Last Visited on Apr.1, 2022).

② At https：//www.opengovpartnership.org/process/joining-ogp/open-government-declaration/ (Last Visited on Apr.1, 2022).

③ See Open Data White Paper Unleashing the Potential，at https：//assets.publishing.service.gov.uk/government/uploads/system/uploads/attachment_data/file/78946/CM8353_acc.pdf (Last Visited on Apr.1, 2022).

同意，对传输需加密有额外更高要求。

其二，对于企业或组织来说，敏感信息包括客户资料、技术资料、重大决策信息、主要会议纪要、财务预算信息和各种财务报表等高价值数据，这些数据以不同形式存在于企业资产中。

其三，对于国家政府部门来讲，敏感信息是介于保密信息与公开信息之间的特殊信息。这类信息不符合定密标准，不能按照国家秘密的形式进行保护，但是如果公开，却有可能造成某种损害或潜在损害，因此，需要限制公开或控制其传播。2019 年 8 月 30 日，中国国家标准化管理委员会发布的《信息安全技术—大数据安全管理指南》中指出："组织应对已有数据或新采集的数据进行分级，数据分级需要组织的主管领导、业务专家、安全专家等共同确定。政府数据分级应按照 GB/T 31167-2014 中 6.3 的规定，将非涉密数据分为公开、敏感数据。"

（二）重要数据

《网络安全法》第 37 条首次提出了"重要数据"概念，并在原则上要求"关键信息基础设施的运营者在中华人民共和国境内运营中收集和产生的个人信息和重要数据应当在境内存储"。自 2022 年 9 月起施行的《数据安全出境评估办法》第 2 条规定："数据处理者向境外提供在中华人民共和国境内运营中收集和产生的重要数据和个人信息的安全评估，适用本办法。法律、行政法规另有规定的，依照其规定。"重要数据一般是指出境后如出现泄露、毁损、篡改或滥用等情形，将损害国家安全、经济发展和社会公共利益的数据。重要数据的区分标准是影响因子的权重，而不是用途和归属角度。重要数据包括业务数据、运营数据、服务数据、个人数据、企业数据、国家数据等，但具体哪些数据属于重要数据还需要参照国家有关标准和重要数据识别指南。《数据安全出境评估办法》明确规定，网络运营者在中华人民共和国境内运营中收集和产生的个人信息和重要数据，应当在境内存储。因业务需要，确需向境外提供的，应当进行安全评估。

与敏感数据不同，重要数据的定义已经上升至国家安全和社会利益的高度。事实上，立法层面也将个人信息和重要数据作了严格区分，如《数据安全出境评估办法》即未将二者统一，并在第 19 条明确规定："本办法所称重要数据，是指一旦遭到篡改、破坏、泄露或者非法获取、非法利用等，可能危害国家安全、经济运行、社会稳定、公共健康和安全等的数据。"在《保守国家秘密法》《反恐怖主义法》《档案法实施办法》《关于加强党政部门云计算服务网络安全管理的意见》等法律法规中，国家对于包含国家秘密、恐怖主义信息、国家一级档案、党政敏感信息等数据提出了禁止出境要求。

美国主要通过出口管理和外商投资审查来实现"重要数据"的国家管控。

在出口管制领域，美国主要是通过管控“新兴与基础技术”的出口来限制外国获取先进或敏感的美国技术和武器，以巩固美国国家安全。2018年8月，美国《2018年出口管制改革法案》（Export Control Reform Act of 2018）将管控范围扩大至“新兴技术和基础技术的出口、再出口（转出口）或转让”。时隔一年半，美国商务部工业与安全局再次针对技术领域发起专项管制，通过更新美国《出口管制条例》（Export Administration Regulations）将“用于自动分析地理空间图像的软件”列入管制范围，因为这类技术“有可能为进口国提供巨大的对美军事优势及对美情报优势，或由于外交政策的原因证明了对其加以管制是正当的”。

第三节　数据资源法律制度

一、数据资源法律制度概述

数据是数字经济时代的核心生产要素，是国家基础性战略资源。近年来，数据基础制度受到了党和国家的持续关注。2020年4月，中共中央、国务院发布《关于构建更加完善的要素市场化配置体制机制的意见》，将数据与土地、劳动力、资本、技术并称为五种要素，提出加快培育数据要素市场。2020年5月，中共中央、国务院发布的《关于新时代加快完善社会主义市场经济体制的意见》中提出，加快培育发展数据要素市场，建立数据资源清单管理机制，完善数据权属界定、开放共享、交易流通等标准和措施，发挥社会数据资源价值，推进数字政府建设，加强数据有序共享，依法保护个人信息。2022年1月，国务院印发《“十四五”数字经济发展规划》，指出要充分发挥数据要素作用，必须强化高质量数据要素供给、加快数据要素市场流通、创新数据要素开发利用机制；提出着力强化数字经济安全体系，需要增强网络安全防护能力、提升数据安全保障水平、切实有效防范各类风险。2022年6月22日，习近平总书记在主持召开中央全面深化改革委员会第二十六次会议时强调，数据基础制度建设事关国家发展和安全大局，要维护国家数据安全，保护个人信息和商业秘密，促进数据高效流通使用、赋能实体经济，统筹推进数据产权、流通交易、收益分配、安全治理，加快构建数据基础制度体系。2022年12月19日，中共中央、国务院正式发布《关于构建数据基础制度更好发挥数据要素作用的意见》（以下简称“数据二十条”），明确提出从数据主权、流通交易、收益分配、安全治理四个方面进行数据基础制度设计，共计二十条。

数据资源法律制度重点包括两部分：一是制定数据产权制度，建立数据资源持有权、数据加工使用权、数据产品经营权等产权运行机制，健全数据要素权益保护制度；二是建立高效的数据要素流通与交易制度，建设规范的数据交易市场，更好发挥政府在数据要素收益分配中的引导调节作用，建立合理的数据要素收益分配制度。

二、数据资源的产权制度

（一）数据产权的概念

我国关于数据资源的产权保护、企业经营者的利益保障、鼓励数据开放应用的法律尚不完备，[①] 而建立数据资源的产权制度是数据要素化和数据交易的前提条件。在《数据安全法》《个人信息保护法》都已经出台的背景下，“将数据权利，特别是数据产权保护类法律尽快列入立法计划并及时出台，建立既维护国家安全、也保护个人信息权利，又保护数据使用者权利的数据保护制度”[②]，已成为共识。目前，“数据二十条”明确提出建立数据产权制度，设计数据资源持有权、数据加工使用权、数据产品经营权等分置的产权运行机制，推进非公共数据按市场化方式“共同使用、共享收益”的新模式。

（二）数据产权的争议问题

目前，我国立法尚未对数据产权问题作出明确规定。《民法典》第 127 条规定：“法律对数据、网络虚拟财产的保护有规定的，依照其规定。”该条虽然肯定了数据的财产权益，但对其具体形式和规则却作了留白处理。《民法典》中的产权涵盖了有形和无形资产，但数据属于何种资产、具有什么权利仍不明确。

在学界讨论中，数据确权的争议首先集中于数据权利应侧重于人格权还是财产权。一些学者主张，数据权利要突出人格权，包括姓名权、隐私权、名誉权、肖像权等内容。不过，随着数据交换、数据交易等市场行为的兴起，数据资源的经济利益属性日益强化，在数据上设定某种财产权的呼声越来越高。[③] 但是，数据财产权不同于民法上典型的财产权，而是一种复杂的法律秩序构造。

另外，由于数据要素的开发利用涉及数据主体、数据持有人和第三方使用人等多元主体，要同时平衡隐私保护和数据要素开发利用、私人利益与公共利益等多层利益关系。例如，个人数据是否应确立所有权以及该权利应赋予消费者还是数据持有企业存在争议。部分学者支持将个人数据赋权给消费者，以促进隐私保护和数据市场交易。例如，莱斯格提出将个人数据产权赋予消费者，使其能够基于数据市场来与数据企业进行谈判，以实现数据价值最大化和合理

---

① 参见姜伟：《数字经济发展呼唤数据权利保护类法律》，载《人民法院报》2021 年 1 月 7 日。

② 姜伟：《数字经济发展呼唤数据权利保护类法律》，载《人民法院报》2021 年 1 月 7 日。

③ 参见龙卫球：《数据新型财产权构建及其体系研究》，载《政法论坛》2017 年第 4 期；龙卫球：《再论企业数据保护的财产权化路径》，载《东方法学》2018 年第 3 期。

隐私保护；[1] 施瓦茨也主张将个人数据赋权给消费者，将其视为一种商品，并通过有组织的市场交易来实现最优的个人隐私披露。[2] 还有方案提出细分数据财产权以平衡各方利益，例如，以“汗水原则”“创造者归属原则”划分数据所有权，以“最佳利用者原则”“效益原则”划分数据使用权。还有学者提出：“数据形态与现有法律客体的形态和性质均有不同，其权利主体是多元的，权利内容是多样的，涉及个人信息、企业利益、政府资源、国家安全、数据主权等多重维度，不宜简单地套用传统的物权规范、将数据所有权绝对化，不能将数据所有权赋予一个主体完全拥有、由其自由处分。”[3] “数据二十条”就明确提出建立公共数据、企业数据、个人数据的分类分级确权授权制度。

三、数据资源的交易制度

为更好地发挥数据作为生产要素的价值、构建数据要素市场，建立健全数据交易制度是关键环节。我国《数据安全法》第 19 条已经明确规定“国家建立健全数据交易管理制度，规范数据交易行为，培育数据交易市场”。“数据二十条”也提出完善和规范数据流通规则，构建促进使用和流通、场内场外相结合的交易制度体系，规范引导场外交易，培育壮大场内交易；有序发展数据跨境流通和交易，建立数据来源可确认、使用范围可界定、流通过程可追溯、安全风险可防范的数据可信流通体系。

（一）数据交易的方式

随着贵阳、上海、武汉、天津、北京等地逐步设立数据交易平台，数据作为交易客体已得到普遍承认。实践中，一般存在以下四种类型的数据交易。

1. 基于平台的数据交易

基于平台的数据交易指的是报纸、电视、网络平台通过广告或接口为相关企业提供曝光度或数据流量，让相关产品在更多用户或观众面前曝光，增强产品的知名度和接受度。报纸、电视等传统媒体平台为各类产品所做的广告，虽然看上去并非典型的数据交易，但也可以视为一种广义上的数据交易与合作。只不过这类数据交易比较初级，报纸、电视往往针对不特定群体投放广告，按时间段、时长收取企业费用。到了互联网时代，基于流量与数据的合作变得更为多元。互联网平台可为商家提供类似传统媒体的流量与数据支持。例如，淘宝、京东等电商企业可以给某家企业提供大量的流量支持，在首页提供某个商家入口；微信可以在其“支付”页面为合作企业开通小程序的流量入口；百度

---

① Lawrence Lessig, *Code and Other Laws of Cyberspace*, New York: Basic Books Inc, 1999, p. 237.

② See Paul Schwartz, *Property, Privacy, and Personal Data*, 117 Harvard Law Review(2004), p. 2056.

③ 姜伟：《数字经济发展呼唤数据权利保护类法律》，载《人民法院报》2021 年 1 月 7 日。

等搜索引擎可以通过竞价排名等机制为不同企业配备不同的流量。同时，互联网平台也可以为商家提供个性化的流量支持，例如，针对用户提供“千人千面”的购物体验与产品推荐。

2. 基于数据库的数据交易

基于数据库的数据交易指的是基于数据库的数据服务。数据库企业常常汇集海量信息，为相关企业与用户提供数据查询和数据服务功能。例如，高校里常见的中国知网、万方数据库、Jstor、Lexis、Westlaw 等数据库，这类数据库常常通过购买版权或其他方式收集论文、案例、法律法规，再通过汇总的方式形成数据库，为高校等研究机构提供服务。在商业领域，也有很多类似的数据库企业。例如，企查查立足于企业征信，经过深度学习、特征抽取和使用图构建技术，为用户提供相关数据信息。对于普通用户，企查查提供一般查询服务，而高级检索服务需要用户通过购买 VIP 资格来获取。此外，平台企业也可能衍生出自己的数据库。例如，淘宝基于对自身数据的分析，打造了“生意参谋”数据库，为淘宝内的商家提供有偿服务。通过生意参谋，淘宝内的商家可以看到口径标准统一、计算全面准确的店铺数据和行业数据，进而为企业决策提供参考。

3. 基于采集加工的数据交易

基于采集加工的数据交易指的是数据类企业与科技类企业之间的数据交易。在这类交易中，数据类企业通过数据采集、数据标注、数据清洗等数据加工方式，为医药、人工智能等科技类企业提供数据。例如，针对新冠疫情，数据采集与加工企业可以为药企和疫苗研发提供大量病人的临床数据。针对自动驾驶，数据采集与加工企业可能收集大量街道驾驶数据，通过标注现实生活场景中的车辆行驶轨迹，为自动驾驶提供训练数据。针对语音类的智能客服，数据采集与加工企业可能收集大量的不同方言、不同音色的语音数据，为人工智能识别不同语音提供训练数据。针对人脸识别，数据采集与加工企业可能收集大量的人脸信息，并通过标注为相关企业提供人脸识别训练。数据采集与加工企业往往根据企业需求，收集大量的语音、图像与文本数据，为客户提供数据标注与数据定制服务。以我国企业“数据堂”为例，其“成品数据集覆盖 20 万小时语音数据、50 万 ID 图像视频数据、4.5TB 文本数据等，涵盖 80 多种语言及方言”，提供“智能辅助标注技术”与“专业个性化数据采集定制与标注”等各类服务，客户包括了华为、百度等一大批国内外企业。

4. 基于经纪商的数据交易

基于经纪商的数据交易指的是通过经纪商而发生的数据交易。实践中，数据经纪商经常从事与个人信息相关的数据型服务，为企业与用户提供各类不同服务。有的数据经纪商专注于营销，创建包括个人年龄、位置、教育程度、收入、网络记录、购买历史和感兴趣的数据库，为商家或用户提供有针对性的广告和营销。数据经纪商可能收集了某台设备识别码或某个 IP 的位置信息，当某家企业希望对某个地区投放广告时，该数据经纪商就将该广告推送给某个 IP 地址段或到过某个位置的设备。另外，有的数据经纪商可能专注风险防控。例如，银行或贷款机构在发放贷款之前，可能求助于数据经纪商，帮助其确定所提供的信息是否准确合法，从而降低向欺诈者发放贷款的风险。网约车企业在审核其签约司机时，物流企业在审核其快递员时，可能也希望从数据经纪商那里获取有犯罪记录或严重违法行为的人员信息，从而帮助其履行安全保障义务。目前，数据经纪商在美国等国家和地区发展非常成熟，但在我国仍然处于起步阶段。①

（二）数据交易的难点

我国大数据交易约始于 2010 年。在十多年的发展过程中，我国大数据交易市场整体呈现蓬勃发展之势，数据交易平台的数量不断增长。2015 年 4 月，国内第一家大数据交易所——贵阳大数据交易所正式挂牌运营。此后，大数据交易平台数量不断增加，包括长江大数据交易所、东湖大数据交易中心、西咸新区大数据交易所、河北大数据交易中心等。然而，我国的数据交易尚面临几大难题亟待解决。

第一，我国数据交易的法律法规尚不健全，缺乏专门的监管机构。我国数据要素市场的培育和发展处于起步阶段，目前并没有颁布针对数据交易的专门性法律法规。同时，我国没有设立专门的数据交易监管机构，大数据交易所涉及的多个环节缺乏统一监管。这导致我国各地数据交易所在数据确权、数据定价、数据交易、数据安全、数据增值协作等方面的监管标准与规范操作差异较大，难以形成统一市场，未能最大限度挖掘数据价值。

第二，数据交易中的“阿罗信息悖论”尚未破解。经济学家肯尼斯·阿罗提出，数据或信息交易存在一个“根本悖论”：交易需要买方事先了解或获取数据、信息，以确定数据、信息的价值；但卖方一旦向买方详细披露数据、信息，买方就等于免费获取了数据、信息。② 对于这一难题，部分观点认为，解决的关键在于财产化确权。一旦对数据进行财产化确权，那么作为卖家的一方就不会担心数据公开会导致其价值丧失，买家和第三方也无权在未经许可的情形下获取数据。在数据产权理论看来，借鉴财产权与知识产权的经验确立数据产权，

---

① See FTC，Data Brokers：A Call for Transparency and Accountability，at https：//www.ftc.gov/system/files/documents/reports/data-brokers-call-transparency-accountability-report-federal-trade-commission-may-2014/140527databrokerreport.pdf (Last Visited on Aug.1, 2022).

② See Kenneth J. Arrow，*Economic Welfare and the Allocation of Resources for Invention*，in The Rate and Direction of Inventive Activity：Economic and Social Factors 609，(Nat'l Bureau of Econ. Research ed., 1962), p.615.

也是解决数据交易的关键。否则，不仅数据交易很难发生，而且数据要素市场还会产生诸如公地悲剧、“搭便车”、激励不足等问题。缺乏数据确权与数据交易流转，企业或社会主体难以有动力对数据进行加工利用，部分社会主体甚至可能想不劳而获地获取他人数据。但是，也有观点认为，数据产权并非解决这一难题的“良方”。即使是知识产权制度，其产权体系与传统财产权也存在重大区别，交易模式也与传统财产交易不同。一般数据更是如此，无论是数据交易中的信息悖论，还是公地悲剧、“搭便车”与投资激励问题，数据财产化确权都无法有效解决，反而可能带来新的问题。

第三，数据的定价问题难以解决。数据价值缺乏统一的评估标准，需要逐一谈判，交易成本高。[①] 其中的原因包括：其一，大数据所带来的预测优势仅仅是概率性的，基于数据的决策并非在所有情形下都更准确；其二，数据本身往往难以进行兼容和集成，很难有效融合到企业已有的数据和决策体系中；其三，数据具有高度场景化特征，很难成为一种标准化产品。因此，即使企业对外披露其数据，仅仅凭借数据本身也难以确定其价值，难以降低市场主体搜寻与利用数据的交易成本。[②] 数据定价机制属于全球性难题，虽然已有学者提出了一些数据交易的定价模型，但相关研究还需进一步深入。

第四节　国内外主要数据法律

一、中国的数据法律

加强数据法治，健全数据法律体系，既应强化数据安全保障，也应注重数据权益维护。我国目前的数据立法由多层级的法律法规、规范性文件以及国家标准构成，内容丰富，层级清晰。

（一）法律

在法律层面，全国人民代表大会及其常务委员会颁布了与数据高度相关的《网络安全法》《数据安全法》《个人信息保护法》。

1.《网络安全法》

于2016年颁布并自2017年起施行的《网络安全法》是我国首部综合规范网络空间安全管理问题的基础性法律。该法明确了网络产品和服务提供者的安全义务、网络运营者的安全义务，改进了个人信息保护规则，并制定了安全等

---

① 参见姜伟：《数字经济发展呼唤数据权利保护类法律》，载《人民法院报》2021年1月7日。

② 参见丁晓东：《数据交易如何破局——数据要素市场中的阿罗信息悖论与法律应对》，载《东方法学》2022年第2期。

级保护、关键信息基础设施与数据出境等重要制度。尤其值得注意的是，《网络安全法》第10条明确阐述了“维护网络数据的完整性、保密性和可用性”这一立法目标。其中，第18条强调了数据利用与数据安全之间的平衡，鼓励开发网络数据安全保护和利用技术。第21条构建了网络安全等级保护制度，将等级保护工作上升到国家法律层级。具体而言，网络运营者应当按照网络安全等级保护制度的要求，履行下列安全保护义务，保障网络免受干扰、破坏或者未经授权的访问，防止网络数据泄露或者被窃取、篡改：（1）制定内部安全管理制度和操作规程，确定网络安全负责人，落实网络安全保护责任；（2）采取防范计算机病毒和网络攻击、网络侵入等危害网络安全行为的技术措施；（3）采取监测、记录网络运行状态、网络安全事件的技术措施，并按照规定留存相关的网络日志不少于6个月；（4）采取数据分类、重要数据备份和加密等措施；（5）法律、行政法规规定的其他义务。《网络安全法》第37条明确了数据本地化存储及跨境传输安全评估要求，指出“关键信息基础设施的运营者在中华人民共和国境内运营中收集和产生的个人信息和重要数据应当在境内存储。因业务需要，确需向境外提供的，应当按照国家网信部门会同国务院有关部门制定的办法进行安全评估；法律、行政法规另有规定的，依照其规定”。《网络安全法》第40条要求建立健全用户信息保护制度。第40条、第42条则重点要求对其收集的用户信息严格保密；采取技术措施和其他必要措施，确保其收集的个人信息安全，防止信息泄露、毁损、丢失。此外，《网络安全法》第47条加强对其用户发布的信息的管理，发现法律、行政法规禁止发布或者传输的信息的，应当立即停止传输该信息，采取消除等处置措施，防止信息扩散，保存有关记录，并向有关主管部门报告。总之，《网络安全法》从法律层面保障了广大人民群众在网络空间的利益，对于构建数据安全保障体系有着重要意义。

2.《数据安全法》

2021年6月通过的《数据安全法》确立了我国数据安全工作的顶层设计制度，成为我国数据领域的基本法。该法基于总体国家安全观，将数据主权纳入国家主权范畴，并坚持数据安全与数据开发利用并重的原则，明确了政府、企业、社会相关管理者、运营者和经营者的数据安全保护责任，消除数据要素交易中的灰色地带，对各行各业都形成了制约机制。《数据安全法》确立的数据制度主要包括：数据分类分级保护制度、数据全生命周期保护制度，以及促进政务数据安全与开放的制度。具体而言，《数据安全法》第21条确立了以数据分类分级为核心的安全制度，按照数据对经济发展的重要程度，以及遭到非法处理后对国家安全、公共利益或者个人、组织合法权益造成的危害程度，对数据实行分类分级保护。《数据安全法》第四章则着眼于全周期的数据处理行为，针对数据泄露、非法利用数据等风险，规定了一系列数据合规要求，包括：建立健全全流程数据安全管理制度；采取相应的技术措施及其他必要措施保障数据安全；加强风险监测，发现相关风险时立即采取补救措施；不得以非法方式获取数据等。《数据安全法》第五章还专门规定了政务数据的安全与开放，以调动用数据服务经济社会发展的潜力。在保障政务数据安全方面，该法要求国家机关依照法律、行政法规的要求，建立健全数据安全制度，落实数据安全保护责任，保障政务数据安全；国家机关委托他人建设、维护电子政务系统，存储、加工政务数据，应当经过严格的批准程序，并应当监督受托方履行相应的数据安全保护义务。受托方应当依照法律、法规的规定和合同约定履行数据安全保护义务，不得擅自留存、使用、泄露或者向他人提供政务数据。在推进政务数据开放方面，要求国家机关遵循公正、公平、便民的原则，按照规定及时、准确地公开政务数据；国家制定政务数据开放目录，构建统一规范、互联互通、安全可控的政务数据开放平台，推动政务数据开放利用。

3.《个人信息保护法》

2021 年 8 月通过的《个人信息保护法》是我国个人信息保护领域的统一立法，为个人信息权益保护及个人信息处理者的义务和行为提供了体系化的法律依据。在该法出台之前，我国《网络安全法》《电子商务法》《数据安全法》等法律虽然已经颁布，但都没有成为网络信息领域法律的体系基础，《个人信息保护法》才填补了这一空白。[①]《个人信息保护法》第 1 条开宗明义地规定了其基本宗旨和制定根据，“为了保护个人信息权益，规范个人信息处理活动，促进个人信息合理利用，根据宪法，制定本法”。这一宣示明确将《个人信息保护法》定位为个人信息新型领域的专门法暨“基本法”。[②]

《个人信息保护法》为个人信息处理者的个人信息处理活动确立了以下五项重要原则：其一，处理个人信息应遵循合法、正当、必要和诚信原则；其二，具有明确、合理的目的，并应当与处理目的直接相关，采取对个人权益影响最小的方式，以及收集个人信息时应限于实现处理目的的最小范围；其三，处理个人信息应当遵循公开、透明原则；其四，处理个人信息应当保证个人信息的质量；其五，采取必要措施确保个人信息安全原则。《个人信息保护法》充分保障个人的信息权益，第四章赋予了个人针对个人信息处理者处理其个人信息的知情权、决定权、查阅复制权、更正或补充权、个人信息可携带权、删除权以及规则解释权。同时，该法第 50 条还要求个人信息处理者建立便捷的个人行使权利的申请及处理制度，并规定个人在个人信息处理者拒绝个人行使合法权利时可向法院起诉。此外，《个人信息保护法》明确了个人信息处理者所应采取的组织措施及技术措施。第五章规定了个人信息保护的组织架构及管理体系，个

---

① 参见龙卫球：《〈个人信息保护法〉的基本法定位与保护功能》，载《现代法学》2021 年第 5 期。

② 参见龙卫球：《〈个人信息保护法〉的基本法定位与保护功能》，载《现代法学》2021 年第 5 期。

人信息处理者应当承担个人信息保护的主要责任。该法要求个人信息处理者制定内部管理制度和操作规程，合理确定个人信息处理的操作权限，并指定专门的个人信息保护负责人。在一般的个人信息处理者之外，《个人信息保护法》第58条还创设了“守门人”制度，要求提供重要互联网服务、用户数量巨大、业务类型复杂的“守门人”承担额外的个人信息保护义务。

（二）法规规章

在法规规章层面，负责规制互联网信息传播的国家网信办颁布了一些重要法规，包括《征信业管理条例》《关键信息基础设施安全保护条例》《App违法违规收集使用个人信息行为认定方法》等。国务院其他部门也在具体领域颁布了一些与数据相关的法规，例如，随着“网约车”、物流行业的发展，《网络预约出租汽车经营服务管理暂行办法》《寄递服务用户个人信息安全管理规定》等应运而生，包含大量规制行业中数据处理问题的条文。这些都进一步充实了数据相关的规则体系。

（三）规范性文件

在《个人信息保护法》出台之前，我国出台了大量配套的规范性文件以提供初步的数据保护。例如，2013年7月，工信部就颁布了《电信和互联网用户个人信息保护规定》，确立了个人信息处理方面的许多规则。又如，2019年10月1日起施行的《儿童个人信息网络保护规定》对于儿童的个人信息的保护采取了更严格的手段，并基于儿童个人信息的特殊性对儿童个人信息保护进行了专门规定。

（四）国家标准

我国还通过颁布大量的国家标准为企业数据合规提供更翔实的规范要求，以适应不断发展变化的数据实践。2013年2月，我国个人信息保护领域里的首个国家标准《信息安全技术—公共及商用信息服务系统个人信息保护指南》（GB/Z 28828—2012）正式实施。该标准确立了信息处理的目的明确原则、最少需求原则、公开告知原则等，并对处理一般个人信息与个人敏感信息提出了不同要求。随着数据实践的发展，数据保护规则还在不同行业中呈现出专业化和精细化特征。例如，中国银行保险监督管理委员会2018年发布了《银行业金融机构数据治理指引》这一国家标准，对金融行业的数据保护提出了更具体的规范要求。

（五）地方性法规

贵州省出台全国首部大数据地方性法规——《贵州省大数据发展应用促进

条例》，自 2016 年 3 月 1 日起施行。该条例紧扣贵州省大数据发展应用的现实需求和趋势，对数据采集、数据共享开发、数据权属、数据交易、数据安全以及“云上贵州”等基本问题作出了宣示性、原则性、概括性和指引性规定，把贵州省在以大数据兴业、惠民、优政等领域的创新做法以地方性法规的形式确立下来，将大数据产业发展纳入了法治轨道。

《贵州省大数据安全保障条例》自 2019 年 10 月 1 日起施行。该条例明确，大数据安全责任人，是指在大数据全生命周期过程中对大数据安全产生或者可能产生影响的个人或单位，包括大数据所有人、持有人、管理人、使用人以及其他从事大数据采集、存储、清洗、开发、应用、交易、服务等工作的个人和单位。

《贵州省政府数据共享开放条例》自 2020 年 12 月 1 日起施行。该条例对政府数据、政府数据共享、政府数据开放进行了明确规定。条例中所称的政府数据，是指行政机关在依法履行职责过程中制作或者获取的，以一定形式记录、保存的各类数据，包括行政机关直接或者通过第三方依法采集、管理和因履行职责需要依托政府信息系统形成的数据。

不仅是贵州，其他地区也相继推出了大数据地方性法规。例如，《天津市促进大数据发展应用条例》自 2019 年 1 月 1 日起施行。该条例明确政务数据开放共享，确立政府单位主体责任和主要职责，同时为数据产业发展提供资金、人才政策支持，要求大力推进数据资源开放共享和开发应用，快速推动大数据技术产业创新发展，协调责任主体工作效力以全力保障数据安全，加快构建以数据为关键要素的数字经济。

《海南省大数据开发应用条例》自 2019 年 11 月 1 日起施行。该条例覆盖了大数据采集、汇聚、存储、管理、开放共享等各个环节，在大数据共享、开放和安全保障的基础上，立足建设中国特色自由贸易港的时代要求，突出了大数据开发、应用和产业促进，特别是将区块链等新技术应用写入条例，着力于打造安全可信的数据交易环境，为数据资产化奠定了坚实的法规基础，对于服务海南自贸区、自贸港建设具有十分重要的战略意义和现实意义。

《山西省大数据发展应用促进条例》自 2020 年 7 月 1 日起正式施行。该条例从明确各级政府及相关部门的职责、制定促进发展优惠政策、提供服务保障措施等方面，推动大数据产业政策的法治化，为大数据健康发展创造良好的法治环境。

《吉林省促进大数据发展应用条例》自 2021 年 1 月 1 日起施行。该条例从管理部门、管理体系、促进公共数据共享和开放、强化大数据平台核心作用、加强数据安全等角度统筹规划了全省数字化建设，全面规范了公共数据采集、归集、应用、安全等全过程管理，以促进大数据发展应用。

《浙江省数字经济促进条例》自 2021 年 3 月 1 日起施行，其中设有“数据资源”专章，加强数据资源全生命周期管理，提升数据要素质量，培育发展数据要素市场，促进大数据开发利用和产业发展，推进治理工作数字化。《浙江省公共数据条例》则自2022年3月1日起正式施行。该条例是全国首部以公共数据为主题的地方性法规，也是保障浙江省数字化改革的基础性法规。

《安徽省大数据发展条例》自2021年5月1日起实施。该条例着眼于大数据的特征及其对经济发展、社会治理、行政管理、人民生活等方面产生的影响，从数据资源的归集整合、开发应用、安全管理和促进大数据发展的相关措施等方面进行规范。

《深圳经济特区数据条例》自2022年1月1日起施行，内容涵盖个人数据、公共数据、数据要素市场、数据安全等方面，是一部地方性质的基础性、综合性立法。其明确市场主体对合法处理数据形成的数据产品和服务，可以依法自主使用，取得收益，进行处分；鼓励市场主体制定数据相关企业标准，参与制定相关地方标准和团体标准等。该条例确立了以“告知—同意”为基础的个人数据处理规则，并且对生物识别数据处理作出了更为严格的规定。

《上海市数据条例》自2022年1月1日起实施，是继《深圳经济特区数据条例》之后出台的第二部比较全面的地方数据条例。该条例分为总则、数据权益保障、公共数据、数据要素市场、数据资源开发和应用、浦东新区数据改革、长三角区域数据合作、数据安全、法律责任和附则，聚焦数据权益保障、数据流通利用、数据安全管理三大环节，将培育数据要素市场的制度框架，以及建立数据交易所、国际数据港等实质性举措予以明确。

《山东省大数据发展促进条例》自2022年1月1日起正式实施。该条例将数据资源划分为公共数据和非公共数据，明确各自范围以及管理要求；强化数据应用，同时明确数据安全责任制；将数字基础设施列为单独一章，强调加强农村地区数字基础设施建设；强调数据跨境审查，明确数据收集、持有、管理、使用等数据安全责任单位向境外提供国家规定的重要数据，应当按照国家有关规定实行数据出境安全评估和国家安全审查。

《福建省大数据发展条例》自2022年2月1日起施行。该条例紧扣福建省大数据发展应用现状和需求，对数据采集生成、汇聚共享、开放开发中的主要问题进行制度设计，明确划定了政府及有关部门的职责权限，同时明确公共数据资源开放共享的原则和利用路径，加强基础设施建设，为大数据发展提供支撑和保障，并且明确数据安全和数据开发应用同等重要。

《重庆市数据条例》自2022年7月1日起正式实施。该条例是实施大数据智能化创新发展的立法保障项目，主要内容包括：明确全市数据领域工作统筹分工机制；确立“数据安全责任制”，衔接和落实《个人信息保护法》等法律，明确建立数据分类分级保护等一系列数据安全机制；明确公共数据管理制度；推进数据要素市场化改革，提出“数据赋能发展”等举措，支持和规范数据交易有序发展。

《黑龙江省促进大数据发展应用条例》自2022年7月1日起实施。该条例紧贴黑龙江实际，保障数字化改革，深化数字黑龙江建设，推进全省治理体系和治理能力现代化，重点在数据资源、培育数据要素市场、数据政策导向和促进措施等方面作出规定，形成一系列创新亮点。例如，科学界定大数据相关法律概念，提升公共数据质量，推动数据资源共享，探索建立数据生产要素统计核算制度等。

《辽宁省大数据发展条例》自2022年8月1日起正式实施。该条例提出建立公共数据授权运营机制，提升数据利用价值，同时明确数据市场主体在数据采集、加工、使用、交易等方面的权益、制度及处罚措施，从培育壮大数据要素市场、突出工业大数据特色、夯实新型基础设施底座、全面保障数据安全、打造智慧城市等方面进行了制度设计。

（六）司法案例

2022年12月，最高人民法院发布第35批共4件指导性案例，均为公民个人信息保护刑事案例。该批案例分别涉及人脸识别信息、居民身份证信息、微信等社交媒体账号、手机验证码等刑法保护的公民个人信息范围、性质，对于明确类案裁判规则、依法保护公民个人信息具有重要的指导意义。

指导性案例192号“李开祥侵犯公民个人信息刑事附带民事公益诉讼案”明确了使用人脸识别技术处理的人脸信息以及基于人脸识别技术生成的人脸信息均具有高度的可识别性，能够单独或者与其他信息结合识别特定自然人身份或者反映特定自然人活动情况，属于刑法规定的公民个人信息。

指导性案例193号“闻巍等侵犯公民个人信息案”明确了居民身份证信息包含自然人姓名、人脸识别信息、身份证号码、户籍地址等多种个人信息，属于《最高人民法院、最高人民检察院关于办理侵犯公民个人信息刑事案件适用法律若干问题的解释》第5条第1款规定的“其他可能影响人身、财产安全的公民个人信息”。

指导性案例194号“熊昌恒等侵犯公民个人信息案”明确了违反国家有关规定，购买微信等社交媒体账号后，非法制作带有公民个人信息的社交媒体账号出售、提供给他人，情节严重的，属于刑法第253条之一第1款规定的“违反国家有关规定，向他人出售或者提供公民个人信息”行为，构成侵犯公民个人信息罪。该案例还明确未经公民本人同意或具有法律授权等《个人信息保护法》规定的理由，通过购买、收受、交换等方式获取在一定范围内已公开的公民个人信息进行非法利用，改变了公民公开个人信息的范围、目的和用途，不属于法律规定的合理处理，属于刑法第253条之一第3款规定的“以其他方法非法获取公民个人信息”行为，情节严重的，构成侵犯公民个人信息罪。

指导性案例 195 号“罗文君、瞿小珍侵犯公民个人信息刑事附带民事公益诉讼案”明确了服务提供者专门发给特定手机号码的数字、字母等单独或者其组合构成的验证码具有独特性、隐秘性，能够单独或者与其他信息结合识别特定自然人身份或者反映特定自然人活动情况的，属于刑法规定的公民个人信息。

二、欧盟的数据法律

欧盟的数据立法主要经历了 1981 年通过《个人数据自动化处理中的个人保护公约》(以下简称“108 公约”)、1995 年通过《有关个人数据处理中的个人保护和所涉数据自由流通的第 95/46/EC 号指令》(以下简称“95 指令”)、2016 年通过《通用数据保护条例》这三个阶段。

(一) 第一阶段

1981 年，欧洲委员会通过“108 公约”。除欧洲委员会成员国外，该公约也允许其他国家申请加入。它旨在防止个人数据在收集和处理过程中被滥用，维护缔约国国内公民的数据安全。该公约设置了一系列数据保护的准则，并要求每一缔约国在加入公约前先确保公约准则在其国内法中得到体现。此外，该公约将数据保护提升至基本人权高度，严格限制特定的数据类型，即除非国内法提供了适当的安全措施，否则，任何与种族、政治观点、宗教信仰、个人健康及私生活相关的个人数据，皆不应被处理。其中，有关安全的一个重要基本原则是“合适的安全措施”(appropriate security measures)，包括数据主体有权访问、存取、修改或删除自己的个人数据。当前述个人权利没有得到尊重时，数据主体有权要求运营主体进行补救。

(二) 第二阶段

欧盟数据立法的第二阶段是 1995 年欧洲议会和欧盟理事会通过的“95 指令”。该指令为欧盟日后制定和实施《通用数据保护条例》提供了基本框架，在全球范围内深刻影响了隐私及个人数据保护趋势。“95 指令”直接对有关个人数据处理与自由流动提供相关保护。该指令于 1998 年 12 月 13 日生效，直至 2018 年 5 月，《通用数据保护条例》正式生效后被取代。

(三) 第三阶段

欧盟数据立法的第三阶段是 2016 年欧洲议会和欧盟理事会通过《通用数据保护条例》，并陆续颁布《非个人数据自由流通条例》《数据治理法》等数据保护相关立法。《通用数据保护条例》是全球第一部跨国家的统一数据立法，于 2018 年 5 月 25 日正式生效。它不仅赋予了数据主体同意权、访问权、更正权、被遗忘权、限制处理权、拒绝权及自动化自决权等广泛的数据权利，同时强调个人数据的自由流通不得因为在个人数据处理过程中保护自然人权利而被限制或禁止。这种平衡的立法理念具有标杆性意义，对全球各国的后续数据立法产生了重大而深远的影响。

《通用数据保护条例》正式生效后，欧洲议会陆续出台了一系列法律帮助落实《通用数据保护条例》，欧洲数据保护委员会和欧盟各成员国也发布了配套指南和报告。例如，欧洲议会制定了《网络安全法》《电子隐私条例》等法律法规；欧洲数据保护委员会发布了《车联网个人数据保护指南》《个人数据保护比例原则指南》《关于〈通用数据保护条例〉规定的搜索引擎案件中被遗忘权的指南》《关于通过视频设备处理个人数据的指南》《关于设计和默认的数据保护指南》及《〈通用数据保护条例〉域外适用指南》等指南。

除规范个人数据使用和处理行为的《通用数据保护条例》外，于2018年11月颁布并自2019年5月28日起正式实施的《非个人数据自由流动条例》补充了欧盟在非个人数据处理与流动领域的规则空白。在此之前，欧盟部分成员国政府要求特定数据只能在特定地域处理，数据处理服务提供商也往往会对数据进行封锁，这严重阻碍了欧盟境内的数据自由流动。《非个人数据自由流动条例》则对数据本地化要求、主管当局的数据获取及跨境合作、专业用户的数据迁移等问题都作出了具体规定，旨在保障非个人数据在欧盟境内能够自由流动。

另外，欧盟理事会于2022年5月16日批准通过的《数据治理法案》（Data Governance Act）也十分重要。该法案着力构建了商业模式下的数据共享及再利用的框架和模式。目前仍处于提案阶段的《数据法案》是对《数据治理法案》的补充，旨在促进企业之间以及企业与政府之间的数据共享，使得消费者和企业对其数据拥有更多的控制权。

三、美国的数据法律

（一）联邦立法

1.《隐私法案》

1974年通过的《隐私法案》（Privacy Act）是美国第一部成熟的个人信息保护立法。该法案针对联邦行政部门收集、利用和保护个人数据等方面作出了详细规定，包括信息主体的权利、联邦机构收集个人信息的方式及范围、联邦机构向公众开放个人信息的方式等。此法案奠定了美国保护公民隐私权的基础，协调了公共利益与个人隐私权之间的矛盾。

2.《格雷姆—里奇—比利雷法案》

1999年通过的《格雷姆—里奇—比利雷法案》（Gramm-Leach-Bliley Act），又被称为《金融服务现代化法案》（Financial Services Modernization Act），旨在规范金融机构对非公开个人信息的处理。该法案及其实施细则要求，除非告知用户能够“选择退出”，否则，金融机构不得将用户的非公开个人信息共享给第三方，禁止金融机构将用户账号或信用卡号分享给第三方用于直接营销；金融机构应当向用户提供清晰明确的隐私政策；金融机构必须通过“管理、技术、物理防护”等手段来确保非公开个人信息的安全。

3.《消费者金融保护法案》

2010 年通过的《消费者金融保护法案》(Consumer Financial Protection Act）的规制对象是为消费者提供金融产品或服务的机构，对应的监管机构是美国消费者金融保护局。该法案旨在禁止金融机构在提供数据隐私政策、数据安全政策以及数据处理活动中的不公平、欺骗或滥用行为。

4.《健康保险流通和责任法案》

1996 年通过的《健康保险流通和责任法案》(Health Insurance Portability and Accountability Act）旨在保护健康信息，规制对象为医疗服务提供者、健康计划及医疗保健信息中心等医疗相关机构。该法案要求，未经患者同意，医疗机构不得让第三方使用或者向第三方共享患者的“受保护的健康信息”，个人有权要求机构提供其“受保护的健康信息”的副本；医疗机构应当加强对于“受保护的健康信息”的安全保护；在发生数据泄露时，应当在 60 日内告知受影响的患者。

5.《公平信用报告法案》

1971 年通过的《公平信用报告法案》(Fair Credit Reporting Act）旨在保护消费者的信用信息，确保信用报告机构在报告中准确披露消费者信用信息，使消费者免受错误信用信息的侵害。与《健康保险流通和责任法案》或《格雷姆—里奇—比利雷法案》相比，《公平信用报告法案》未规定信用报告机构在收集或向第三方共享消费者信息时应当获得消费者关于“选择加入”或者“选择退出”的同意，也没有规定未经授权不得访问消费者信息的安全保护要求。《公平信用报告法案》还规定了允许披露消费者信用信息的情形，包括审查借款人的信用状况以及消费者要求披露信用报告等。

6.《视频隐私保护法案》

1988 年通过的《视频隐私保护法案》(Video Privacy Protection Act）旨在保护租赁、买卖或交付录像带和视听资料过程中的个人可识别信息，规定未经消费者明确同意不得披露消费者的个人可识别信息。

7.《家庭教育权和隐私权法案》

1974 年通过的《家庭教育权和隐私权法案》(Family Educational Rights and Privacy Act）旨在保护教育机构收集的教育信息。其适用对象几乎涵盖所有高校。除非有例外规定，任何教育机构未经家长或者年满 18 岁的学生本人许可而公开学生教育信息的，将不再获得联邦机构的资助。

8.《儿童在线隐私保护法案》

1998 年通过的《儿童在线隐私保护法案》(Children’s Online Privacy Protection Act）旨在规制商业网站或网络服务商收集、使用或披露 13 岁以下儿童的个人信息的行为。它要求：商业网站或网络服务商制定清晰的隐私政策；通知并取得父母可验证的同意；建立和维持合理的程序，以确保儿童个人信息的安全性、保密性与完整性。

9.《电子通信隐私法案》

1986 年通过的《电子通信隐私法案》（Electronic Communications Privacy Act）是美国关于电子信息最全面的立法，不局限于特定领域。该法案旨在规制利用电话等方式进行窃听、电子监听等行为，而非规制在线商业数据收集行为。

10.《计算机欺诈和滥用法案》

1986 年通过的《计算机欺诈和滥用法案》（Computer Fraud and Abuse Act）旨在规制计算机黑客，禁止未经授权侵入计算机的行为。值得注意的是，《计算机欺诈和滥用法案》将未经授权的访问行为以及使用越权所得信息引起政府或其他方损失的越权访问行为或构成对该等主体的欺诈的越权访问行为都定性为犯罪行为。《计算机欺诈和滥用法案》还为遭受上述计算机犯罪行为损害的个人提供了民事诉讼权利，同时规定了损害赔偿和衡平法救济。

11.《澄清域外合法使用数据法案》

2018 年 3 月，美国颁布《澄清域外合法使用数据法案》（Clarifying Overseas Use of Data Act），澄清了调取美国境内服务商储存在域外服务器数据的合法性，对美国机构获取域外个人信息和外国机构获取美国境内个人信息都予以规定，但外国机构获取信息的条件远比美国机构严苛。

12.《统一个人数据保护法》

2021 年 8 月，美国统一法律委员会通过了《统一个人数据保护法》（Uniform Personal Data Protection Act）。这是一项旨在统一各州隐私立法的示范法案，于颁布之日起 180 日生效。该法案基于数据实践有利于或不利于数据主体的可能性，对“兼容”“不兼容”和“禁止”的数据实践作出区分，同时对假名数据提供宽泛的豁免。

（二）州级立法

除联邦立法外，美国各州也形成了各自的数据保护法律框架。目前，美国各州均已制定应对数据泄露的法案，部分州还出台了不同类型的消费者保护法。

2018 年，加利福尼亚州通过了《加利福尼亚州消费者隐私保护法案》（California Consumer Privacy Act）。这部法案是美国目前最严厉、最全面的个人隐私保护法案，其在数据主体权利、数据泄露的预防和问责机制等方面受到《通用数据保护条例》的影响，给相关实体新设了披露所收集的消费者个人信息类别等义务，给当地居民引入了信息访问和被遗忘权，消费者可以拒绝将个人信息出售给第三方，从而为消费者控制个人信息提供了合法途径。2020 年 11 月，该州又通过《加利福尼亚州隐私权法案》(California Privacy Rights Act)，在《加利福尼亚州消费者隐私保护法案》的基础上，进一步赋予居民一些新的权利，还要求公司采取数据最小化和数据保留措施，并在合同中加入某些特定条款。

2021 年 3 月，弗吉尼亚州通过了《弗吉尼亚州消费者数据保护法案》(Virginia Consumer Data Protection Act)，成为美国第二个制定全面隐私立法的州。该法案吸收了《加利福尼亚州消费者隐私保护法案》以及欧盟《通用数据保护条例》的成熟经验，在推进企业保护消费者数据隐私、赋予消费者相关权利等方面更为完善。该法案除了赋予消费者访问、更正、删除和获取个人数据副本的权利外，还明确消费者享有自由选择出售自身个人数据以及允许自身个人数据用于定向广告或分析决策的权利。

2021 年 7 月，科罗拉多州州长签署颁布了《科罗拉多州隐私法案》(Colorado Privacy Act)，使该州成为美国继加利福尼亚州和弗吉尼亚州之后第三个颁布全面隐私立法的州。该法案将影响在弗吉尼亚州开展业务或生产针对弗吉尼亚州居民的产品或服务的公司和组织。

（三）美国联邦贸易委员会执法

美国规制机构在个人信息执法中扮演了重要角色，如美国联邦贸易委员会。1995 年，美国联邦贸易委员会开始对消费者隐私问题进行监管，但监管范围有限。美国联邦贸易委员会本身没有制定任何实质性法规的权力，主要依据《联邦贸易委员会法》第 5 条规定的“禁止商业中或影响商业的不公平或欺骗性行为及惯例”，监督企业是否依照企业自己制定的隐私政策行事。另外，美国联邦贸易委员会还可以对违反某些隐私法规和规则的行为进行民事罚款，这些法规包括《儿童网络隐私保护法》《公平信用报告法》《电话销售规则》《公平收债法》和《反垃圾邮件法》。

迄今为止，虽然美国联邦贸易委员会已受理了数百件隐私和数据安全案件，但其执法数量仍然偏少，而且多走向和解。例如，2012 年，美国联邦贸易委员会指控谷歌向其用户歪曲隐私政策，之后，与谷歌达成和解，谷歌支付 2250 万美元的罚款，并改变其隐私做法。2018 年，美国联邦贸易委员会因脸书公司在控制用户的个人信息可见性的能力方面欺骗用户而对后者采取了执法行动。同样地，美国联邦贸易委员会最终与脸书达成和解协议，脸书同意支付 50 亿美元罚款，并对其隐私措施进行重大改变。

除执法行动外，美国联邦贸易委员会还推进了其他数据保护工作，包括：研究和发布报告；举办公共研讨会；为消费者和企业编写教育材料；在美国国会作证，对影响消费者隐私的立法和规制提案进行评论；与国际伙伴合作，讨论全球隐私和问责问题。

第十四章　数据安全法律制度

第一节　数据安全法律制度概述

数据安全法律制度是指保障数据完整性、可用性、准确性以及确保数据处理活动符合法律法规规定的一系列法律制度总称，包括个人信息保护制度、数据分级分类保护制度、数据安全审查制度、数据出口管制制度、数据安全风险评估制度等内容。我国数据安全法律制度是以《数据安全法》为中心，其内容大抵可以划分为数据安全管理和数据安全保障义务两个部分，其立法逻辑是以保障数据安全促进充分的数据开发利用。需要注意的是，数据安全法律制度并不当然包含数据财产权益制度，因为后者主要是以数据财产权益归属、数据财产权益类型等内容为限，其制度目标是充分实现数据生产要素的市场化配置。

一、我国数据安全法律原则

虽然《数据安全法》并没有在总则中明确提及我国数据安全法律制度的基本原则，但是从总则和其他章节的条款内容来看，我国数据安全法律原则可以总结为总体安全原则、国家机关协调安全原则、行业数据安全原则、促进数字经济发展原则、合法合理原则、共同参与原则、技术标准原则和国际协作原则。

总体安全原则：维护数据安全，应当坚持总体国家安全观，建立健全数据安全治理体系，提高数据安全保障能力。数据安全立法目标需要纳入《国家安全法》所提出的“总体国家观”体系之中，增强数据安全法律规则与其他网络安全法律规则、国家安全法律规则之间的体系衔接。

国家机关协调安全原则：中央国家安全领导机构负责国家数据安全工作的决策和议事协调，研究制定、指导实施国家数据安全战略和有关重大方针政策，统筹协调国家数据安全的重大事项和重要工作，建立国家数据安全工作协调机制。该原则显然是为了解决过去网络安全领域“九龙治水”的现实问题，通过安全机构的统一领导，提升各监管机构之间的合作效率。

行业数据安全原则：各地区、各部门对本地区、本部门工作中收集和产生的数据及数据安全负责。具体而言，工业、电信、金融等主管部门各自承担职权范围内的数据安全监管职责，国家网信部门负责统筹协调网络数据安全和相关监管工作。

促进数字经济发展原则：国家保护个人、组织与数据有关的权益，鼓励数据依法合理有效利用，保障数据依法有序自由流动，促进以数据为关键要素的数字经济发展。该原则实际上也是说明我国数据安全立法的直接目的是实现数据安全和数据利用双重法益的兼顾，只有数据处于安全状态，数据的经济价值才能得到充分利用。

合法合理原则：开展数据处理活动，应当遵守法律、法规，尊重社会公德和伦理，遵守商业道德和职业道德，诚实守信，履行数据安全保护义务，承担社会责任，不得危害国家安全、公共利益，不得损害个人、组织的合法权益。

共同参与原则：国家支持开展数据安全知识宣传普及，提高全社会的数据安全保护意识和水平，推动有关部门、行业组织、科研机构、企业、个人等共同参与数据安全保护工作，形成全社会共同维护数据安全和促进发展的良好环境。

技术标准原则：相关行业组织按照章程，依法制定数据安全行为规范和团体标准，加强行业自律，指导会员加强数据安全保护，提高数据安全保护水平，促进行业健康发展。由于立法技术固有的简洁性要求，数据安全法律制度在实施过程中难免存在条款含义模糊的问题，此时就需要已经嵌入数据安全法律体系中的技术标准增强具体规则的可操作性，尽可能降低实际的数据安全风险。

国际协作原则：国家积极开展数据安全治理、数据开发利用等领域的国际交流与合作，参与数据安全相关国际规则和标准的制定，促进数据跨境安全、自由流动。该原则是为了解决现阶段各国“各自为战”的数据安全保护体系之弊端，加强国家间、区域间的数据安全保护合作，既能够强化数据安全保障能力，同时也能够消除对数据跨境传输安全风险的担忧，优先实现区域内数据跨境自由流动。

二、数据安全法律制度基本框架

我国现行数据安全法律制度基本框架主要是以《数据安全法》《个人信息保护法》《网络安全法》为主体内容，按照数据分级分类保护的基本逻辑，将具体制度按照行业特征、场景属性等标准进行体系化安排，如《互联网信息服务算法推荐管理规定》《数据出境安全评估办法》《关键信息基础设施运行安全保护条例》。其背后的体例安排原因是，不同场景、不同类型的数据往往面临着差异化的数据安全风险，故而在确定统一的数据安全指标之后，仍有必要明确特殊情形下的数据安全保护标准。具体而言，我国数据安全法律制度主要包括下列内容。

数据安全风险评估制度是指数据处理者应当对数据处理活动各个环节的安全风险及其对权利的影响进行事前评估，并根据评估结果采取相应的保护措施。

《数据安全法》第 18 条、第 22 条和第 30 条均有提及数据安全的风险评估，并且在《个人信息保护法》中还规定了个人信息出境安全评估、个人信息保护影响评估，其他行政法规、部门规章也存在类似表述。数据风险评估制度并不是一个外延封闭的具体概念，而是囊括了数据出境安全评估、数据处理者内部安全评估、个人信息保护影响评估、定期评估与不定期评估等诸多事项的统合制度概念，主要强调的是数据处理者在进行数据处理活动之前，应当按照监管要求对可能存在的安全风险进行整体性评估，从而确定具有针对性的保护措施。

数据安全审查制度是指国家监管机构针对数据处理者的异常数据处理活动进行安全审查，并且这些数据处理活动影响或可能影响国家安全。《数据安全法》第 24 条规定国家建立数据安全审查制度，这与《网络安全法》《网络安全审查办法》所规定的网络安全审查制度具有相似性，均属于国家安全审查机制的组成部分，但适用条件和保护重心有所差异。网络安全审查的适用范围是“关键信息基础设施运营者采购网络产品和服务，网络平台运营者开展数据处理活动，影响或者可能影响国家安全的”。虽然《数据安全法》尚未规定数据安全审查办法的具体内容，但是从立法目的和制度定位来看，数据安全审查的适用范围主要是以“重要数据”“核心数据”的数据处理者为限，且这些数据处理者所进行的数据处理活动影响或可能影响国家安全。

数据安全责任人制度是指数据处理者内部应当设置负责数据安全业务合规的主管岗位，且该岗位应当独立履职，并对数据处理者未能履行数据安全义务承担相应的法律责任。《数据安全法》第 27 条规定，重要数据的处理者应当明确数据安全负责人和管理机构，落实数据安全保护责任。数据安全责任人在企业治理结构中应当处于独立履职、独立担责的地位，一旦数据处理活动违反《数据安全法》的强制性规定，数据安全责任人则可能面临 5 万元至 100 万元不等的行政罚款，情节严重的，甚至有可能承担刑事责任。数据安全责任人的职责范围通常包括：提出数据安全保护、个人信息保护（包括儿童个人信息）、网络安全保障方面的具体业务合规建议；与监管部门保持联系，配合执法机构履行法定职责；协助自然人实现个人信息权利；组织个人信息保护影响评估等。

数据泄露通知制度是指在发生或可能发生数据泄露事件时，数据处理者应当及时告知监管机构和权益受到影响的个人或组织，并采取合理的保护措施防止泄露损失进一步扩大。《个人信息保护法》第 57 条规定，发生或者可能发生个人信息泄露、篡改、丢失的，个人信息处理者应当立即采取补救措施，并通知履行个人信息保护职责的部门和个人。通知应当包括下列事项：（1）发生或者可能发生个人信息泄露、篡改、丢失的信息种类、原因和可能造成的危害；（2）个人信息处理者采取的补救措施和个人可以采取的减轻危害的措施；（3）个人信息处理者的联系方式。个人信息处理者采取措施能够有效避免信息泄露、篡改、丢失造成危害的，个人信息处理者可以不通知个人；履行个人信息保护职责的部门认为可能造成危害的，有权要求个人信息处理者通知个人。

应急响应与监测预警制度是指数据处理者应当针对各类数据安全事件事前制定对应的处置机制和风险监测机制，并定期对这些机制进行调整和更新。《数据安全法》第 22 条明确了国家建立集中统一、高效权威的数据安全风险评估、报告、信息共享、监测预警机制；第 29 条则规定了数据处理者在开展数据处理活动时，应当加强风险监测，发现数据安全缺陷、漏洞等风险时，应当立即采取补救措施；发生数据安全事件时，应当立即采取处置措施，按照规定及时告知用户并向有关主管部门报告。应急响应与监测预警制度的功能主要表现为对潜在的数据安全风险进行事前规避，数据处理者、监管机构能够按照预定方案及时高效解决数据安全事件，抑制乃至缩小实际的损害范围。

关键信息基础设施运行安全制度是指关键信息基础设施运营者应当严格履行网络安全和数据安全保护义务，严格落实内部安全管理制度。《数据安全法》第 31 条与《网络安全法》《网络安全审查办法》《数据出境安全评估办法》均有提及关键信息基础设施运营者的数据安全保护特别义务：一方面，相关运营者需要采取更高标准的安全技术和管理措施确保内部数据安全，提升抵御外部网络攻击和避免内部操作不当的安全防护能力；另一方面，相关运营者在进行跨境数据流动时，需要申报数据出境安全评估，在进行内部安全风险自评估之后，还需要向网信部门提交相应的申报材料（如合同文本、传输数据说明等）。

数据跨境传输制度是指数据跨境传输时数据处理者应当遵从的数据出境安全风险评估流程和评估事项。《个人信息保护法》第 38 条规定，个人信息处理者因业务等需要，确需向中华人民共和国境外提供个人信息的，应当具备下列条件之一：一是依照该法第 40 条的规定通过国家网信部门组织的安全评估；二是按照国家网信部门的规定经专业机构进行个人信息保护认证；三是按照国家网信部门制定的标准合同与境外接收方订立合同，约定双方的权利和义务；四是法律、行政法规或者国家网信部门规定的其他条件。个人信息处理者应当采取必要措施，保障境外接收方处理个人信息的活动达到本法规定的个人信息保护标准。

第二节　数据安全风险评估制度

一、数据安全风险评估制度的相关概念

数据安全风险评估制度作为我国数据安全法律制度中的重要内容，主要是指监管机构、经授权的地方机构或者数据处理者自身对数据处理活动中存在的安全漏洞、网络攻击防御能力、内部管理制度等事项进行评估，确定数据处理者实际面临的数据安全风险水平。在早期，数据安全风险评估制度也被称为

"信息安全风险评估"，主要是对信息和信息处理设备所受到的威胁、影响和脆弱性以及发生威胁事件后造成损失的评估，其中涉及对资产、威胁、漏洞和已有安全措施4个风险要素的识别与评估。信息安全风险评估的实施流程包括风险分析和风险控制。其中，风险分析包括"确定信息资产价值""识别信息资产潜在威胁""对信息资产存在的漏洞进行识别""对已采用的安全措施进行确认""对风险发生的可能性及影响分析"和"确定风险值"。[①] 现阶段，立法者对于数据安全风险的认知程度不断深入，在立法过程中重新定位了数据风险评估制度在数据安全保护体系的制度目标。《数据安全法》第30条明确规定，重要数据的处理者应当定期开展风险评估，并向有关主管部门报送风险评估报告。这是因为数据安全风险评估能够帮助企业、政府发现数据处理者的数据安全水平和安全隐患来源，为数据处理者明确强化数据安全管理体系的具体方向，同时也能够帮助监管机构明确行业内重点监管目标和主要的数据安全风险类型。

二、数据安全风险评估制度的基本内容

需要明确的是，数据风险评估制度并不是一个特定的数据安全法律制度，而是泛指现行立法所规定的所有需要进行数据安全风险评估的制度。在《数据安全法》中，国家促进数据安全检测评估、认证等服务的发展，支持数据安全检测评估、认证等专业机构依法开展服务活动。国家支持有关部门、行业组织、企业、教育和科研机构、有关专业机构等在数据安全风险评估、防范、处置等方面开展协作。该法第22条还明确规定国家建立集中统一、高效权威的数据安全风险评估机制，并与数据安全风险报告、信息共享、监测预警等其他数据安全法律制度进行功能衔接。《个人信息保护法》同样对个人信息的安全风险评估作出相关规定，如第36条明确规定国家机关处理的个人信息需要向境外提供时，应当进行安全评估，该评估可以要求有关部门提供支持与协助。第38条规定的个人信息处理者向境外提供个人信息需要满足的条件就包括"依照本法第四十条规定的通过国家网信部门组织的安全评估"。此外，第55条和第56条还规定了个人信息保护影响评估机制，明确提及评估内容包括"个人信息的处理目的、处理方式等是否合法、正当、必要""对个人权益的影响及安全风险"和"所采取的保护措施是否合法、有效并与风险程度相适应"。

《网络数据安全管理条例（征求意见稿）》规定了数据安全风险评估情形。这些评估划分为六类：（1）数据处理者基于业务需求发起的业务评估，如该条例第25条规定了数据处理者利用生物特征进行个人身份认证的，应当对必要性、安全性进行风险评估。（2）数据处理者针对数据安全事件的调查评估。如

① 参见王艳玮、陈恒：《面向业务流程的信息安全风险评估方法研究》，载《图书情报工作》2011年第8期。

该条例第 11 条规定，发生数据安全事件之后，数据处理者应当在事件处置完毕后 5 个工作日内向设区的市级网信部门和有关主管部门报告包括事件原因、危害后果、责任处理、改进措施等情况的调查评估报告。（3）企业和行业、领域实施的定期评估。如该条例第 28 条要求，重要数据的处理者应当定期组织开展数据安全宣传教育培训、风险评估、应急演练等活动，第 55 条则要求行业主管部门应当定期组织开展本行业、本领域的数据安全风险评估，对数据处理者履行数据安全保护义务情况进行监督检查，指导督促数据处理者及时对存在的风险隐患进行整改。（4）针对平台规则、云计算服务等的特定评估，评估主体包括网信部门认定的第三方机构、国家网信部门以及其他监管机构。该条例第 43 条规定，日活跃用户超过一亿的大型互联网平台运营者平台规则、隐私政策制定或者对用户权益有重大影响的修订的，应当经国家网信部门认定的第三方机构评估，并报省级及以上网信部门和电信主管部门同意。与之对应的是，国家机关和关键信息基础设施运营者采购的云计算服务，应当通过国家网信部门会同国务院有关部门组织的安全评估。（5）重要数据处理者应实施并报送年度数据安全评估。如该条例提及处理重要数据或者赴境外上市的数据处理者，应当自行或者委托数据安全服务机构每年开展一次数据安全评估，并在每年 1 月 31 日前将上一年度数据安全评估报告报设区的市级网信部门。（6）网信部门实施的出境安全评估。该条例要求，数据处理者在向境外提供数据时，其提供个人信息目的、范围、范式和数据类型不得与提交的个人信息保护影响评估结果相悖。

按照评估频率之标准，数据风险评估制度可以分为年度评估、定期日常评估、不定期评估；按照评估内容之标准，数据风险评估制度则可以分为一般事项评估和特定事项评估；按照评估主体之标准，数据风险评估制度则可以分为风险自评估和风险他评估，其中风险他评估包括监管机构直接评估和经授权的第三方机构评估。

三、域外对比：以欧盟数据保护影响评估制度为例

与我国数据风险评估机制较为相似的域外立法模式则是欧盟的数据保护影响评估机制，欧盟《通用数据保护条例》第 35 条将该机制定义为，当某种数据处理行为（特别是采用新型技术处理数据）可能对自然人的权利与自由带来高风险时，数据控制者在考虑处理行为性质、范围、语境与目的之后，应当在处理之前评估对个人数据保护的影响。其必须评估的情形包括：（1）对与自然人相关的个人因素进行系统性与全面性的评价，此类评价建立在自动化处理（包括用户画像）基础上的，并且其决策对自然人产生法律影响或类似重大影响；（2）以大规模处理的方式处理特定类型数据或者刑事犯罪相关的个人数据；（3）以大规模的方式系统性地监控某个公众可以访问的空间。简单概括欧盟的数据保

护影响评估流程，大致可以总结为：数据处理操作—识别高风险—咨询数据官、数据主体或其代表人—制作数据处理操作清单—事后复审。其评估的指标，主要包括数据可得性、完整性、保密性、不可链接性、透明性和不可干涉性，评估的风险等级包括正常、高、非常高。所谓的“正常”，是指处理个人数据时没有任何场景表明数据处理活动可能受到高强度干扰。[①] 与我国数据风险评估制度相比，欧盟模式主要是以个人数据保护为限，其现行立法并没有明确规定涉及国家安全、社会公共利益的数据应当按照何种方式和程序进行评估。

第三节　数据本地化与跨境流动制度

一、数据本地化的基本概念与制度模式

（一）数据本地化的基本概念

数据本地化是指“政府要求对在境内收集的个人数据存储和处理必须在境内进行，不允许将个人数据向境外自由转移”。当然，数据本地化并不当然等同于禁止数据出境。按照数据出境的难易程度和审核流程，数据本地化制度模式可以分为完全禁止向境外传输数据、要求获得数据主体明确同意的前提下进行数据跨境传输、要求在境内存储数据副本、对数据传输征收数字税等类型。[②] 也有观点主张，将数据本地化制度划分为：（1）数据本地备份模式，即在承认数据出境必要性的前提下，设置“本地备份 + 其他条件”的出境流程，其缺陷在于备份而不禁止数据传输并不能有效控制数据出境潜在的安全风险。（2）可访问的数据本地存储模式，即在本国产生的数据只能在本国存储和处理，禁止这些数据被传输至境外，但是境外国家和机构可以通过网络远程访问本国数据。当然，这也会降低数据的实际商用价值。（3）绝对的数据本地存储模式，即本国产生的数据只能在本国存储和利用，禁止向境外传输和从境外访问。[③]

数据本地化可以视为数据主权的具体表现形式，因为数据本地化的目的并不在于限制数据的商业使用方式和范围，且本地化的数据类型主要是以个人数据、重要数据和核心数据为限，一般的商业数据无须予以数据本地化的限制。不过，立法层面的“国家安全”概念始终难以简洁明了的表述形式提供相对精确的内涵和外延，故而在实施数据本地化制度的各个国家立法文件中，适用范

① 参见肖冬梅、谭礼格：《欧盟数据保护影响评估制度及其启示》，载《中国图书馆学报》2018 年第 5 期。

② 参见黄宁：《数据本地化的影响与政策动因研究》，载《中国科技论坛》2017 年第 9 期。

③ 参见卜学民：《论数据本地化模式的反思与制度构建》，载《情报理论与实践》2021 年第 12 期。

围通常会以“影响或可能影响国家安全、社会公共利益”等抽象性表述作为兜底性条件。

（二）数据本地化的制度沿革和制度模式

数据本地化早已成为各国数据安全立法中必备的一项制度方案，即便是在欧盟的《通用数据保护条例》中，实际上也对数据出境设置了一系列条件。并且，从其与美国的数据出境双边协议变化来看，GDPR 看似鼓励欧盟数据自由流动和跨境传输，实际上也对欧盟公民个人数据的出境设置诸多限制性条件，并将数据出境作为政治博弈的辅助工具。纵观数据本地化的制度沿革，最初表现为以信息形式存在的国家情报、国家秘密的安全保密制度，如印度在 1993 年颁布的《公共档案法》（Public Records Act）直接禁止将公共档案向境外转移。在此之后，伴随着用户个人信息大规模泄露事件频发，各国不约而同地提出不同程度的数据本地化要求。如马来西亚在 2010 年要求将本国个人的数据存储在本地服务器中；印度于 2011 年出台隐私规定，严格限制“敏感个人数据或信息”向境外转移；印度尼西亚在 2012 年要求公共服务提供商将数据中心放在境内；巴西在 2013 年出台法案，规定政府部门有权力要求网络连接和互联网应用提供商安装或使用某些设备，以确保数据的存储、使用和传输在巴西境内进行；越南从 2013 年开始要求所有网络服务企业必须在越南境内的至少一个数据中心运营；尼日利亚在 2013 年要求信息通信技术公司必须将所有注册用户和消费者数据存储在国内。①

我国数据本地化制度模式强调数据自由流动需要以数据安全为前提。我国《数据安全法》第 1 条就开宗明义地指明我国数据安全法律制度的立法宗旨是“保障数据安全，促进数据开发利用，保护个人、组织的合法权益，维护国家主权、安全和发展利益”。具体而言，《网络安全法》第 37 条规定，关键信息基础设施的运营者在中华人民共和国境内运营中收集和产生的个人信息和重要数据应当在境内存储。《数据安全法》第 36 条则规定，对于司法数据、执法数据等特殊类型的数据，非经我国主管机关批准，境内的组织、个人不得向外国司法或者执法机构提供存储于我国境内的数据。而在各行业、各领域的行政法规、部门规章中，同样采取了类似立法模式。《征信业管理条例》第 24 条明确征信机构在中国境内采集的信息的整理、保存和加工，应当在中国境内进行。《中国人民银行关于银行业金融机构做好个人金融信息保护工作的通知》（已失效）第 6 项要求，在中国境内收集的个人金融信息的储存、处理和分析应当在中国境内进行。除法律法规及中国人民银行另有规定外，银行业金融机构不得向境外提供境内个人金融信息。《汽车数据安全管理若干规定（试行）》第 11 条要求

① 参见黄宁：《数据本地化的影响与政策动因研究》，载《中国科技论坛》2017 年第 9 期。

重要数据应当依法在境内存储，因业务需要确需向境外提供的，应当通过国家网信部门会同国务院有关部门组织的安全评估。未列入重要数据的涉及个人信息数据的出境安全管理，适用法律、行政法规的有关规定。《地图管理条例》第34条规定，互联网地图服务单位应当将存放地图数据的服务器设在中华人民共和国境内，并制定互联网地图数据安全管理制度和保障措施。《人口健康信息管理办法（试行）》第10条直接以禁止性规范要求数据处理者不得将人口健康信息在境外的服务器中存储，不得托管、租赁在境外的服务器。总结而言，我国数据本地化的监管要求是建立在数据分级分类制度基础上，核心数据明确禁止出境；重要数据原则上不得出境，除非确有必要且满足法定要求；一般数据则属于自由流动的范畴。

二、数据跨境流动的基本概念与制度模式

（一）数据跨境流动的全球趋势

数据本地化制度与数据跨境流动制度相辅相成，前者明确哪些类型的数据不可出境，后者明确数据出境的前提条件和出境程序。近几年，基于对数据安全和国家安全的担忧，世界各国普遍加快了本国数据跨境流动的立法进程，其结果是全球数据跨境流动规则呈现碎片化、零散化的特征，跨国企业往往被迫在相互冲突的立法模式下进行合规选择，反而遏制了数据跨境流动的实际范围和商事效率。有学者将现阶段全球数据跨境流动法律制度发展趋势概括为六个特征：一是以提升个人数据出境后的保护水平为标准，构建数据跨境流动规范体系；二是以法定的例外与严格的用户授权为数据跨境流动提供空间；三是以驱动数字经济发展为本位，优先寻求区域内的数据自由流动；四是以扩大本国法律域外效力为手段（如美国的长臂管辖原则），掌握跨境数据流动管理的主动权；五是以国家安全和方便执法为考量，推出本国公民个人数据的本地化存储；六是采用强管控和限制性手段，对特定领域敏感类型的数据采取跨境流动管理。①

（二）数据跨境流动制度的典型代表：欧盟模式

全球跨境数据流动制度的典型代表是欧盟《通用数据保护条例》所建构的“充分性保护”模式，即向第三方国家或组织传输欧盟公民个人数据时，第三方国家或组织应当保障这些数据得到充分性保护。《通用数据保护条例》第45条第1款明确规定，当欧盟委员会作出认定，认为相关的第三国、第三国中的某

① 参见惠志斌、张衡：《面向数据经济的跨境数据流动管理研究》，载《社会科学》2016年第8期。

区域或一个或多个特定部门或国际组织具有充足保护，可以将个人数据转移到第三国或国际组织。此类转移不需要特定的授权。“充分性保护”的重点评估事项包括：（1）法治，对人权与基本自由的尊重，包括关于公共安全、国防、国家安全、刑法和公共机构访问个人数据的一般性与部门性立法，以及此类立法的实施、数据保护规则、职业规则和安全措施，包括将个人数据转移到另一第三国或国际组织所必须遵循的第三国或国际组织的规则、判例法及有效可执行的数据主体权利、对其个人数据正在转移的数据主体的司法救济；（2）在国际组织是数据主体的情形中，第三国内存在一个或多个有效运作的独立监管机构，保证数据保护规则的实施，包括具有充分的执行权力，在数据主体行使其权利时与成员国的监管机构合作以提供帮助和建议；（3）第三国或国际组织已经许下国际性承诺，或者承诺愿意承担有法律约束力的条约或法律文件所引起的其他责任，包括参加多边或地区性的体系，特别是和数据保护相关的体系所引起的其他责任。当然，如果第三国未能被认定存在充分性保护，欧盟境内组织应当考虑采取其他替代方案。

第一，标准合同条款。欧盟委员会提供标准合同条款方便欧盟控制者在将个人数据传输给非欧盟控制者或处理者时提供足够的数据保护保障。到目前为止，欧盟委员会已经发布了两套标准合同条款：从欧盟控制者到非欧盟或欧洲经济区控制者的数据传输，以及从欧盟控制者到非欧盟或欧洲经济区处理者的数据传输。数据保护机构也可以采用示范条款。但是，这些条款需要得到委员会的批准。最后但并非最不重要的一点是，跨境传输也可能基于数据导出者和数据导入者之间协商的临时合同条款进行，这些条款须经欧盟数据保护局（DPA）批准。

2021 年 6 月 4 日，欧盟委员会发布两套数据传输标准合同条款：第一套是取代了旧的 SCC（2001 年、2004 年和 2010 年根据 95 指令采用的三套 SCC），用于调整欧盟成员国组织向第三方国家跨境传输数据，仅限于确保欧盟委员会对涉及个人数据的国家数据传输采取适当的保护措施，欧盟委员会还鼓励在 SCC 合同条款中补充增加额外的保障措施；第二套则是用于调整数据控制者与数据处理者之间的权利义务关系（以前相关组织需要制定自己的合同条款来解决 GDPR 框架下的数据控制者义务），新的 SCC 将有助于这种法律关系的统一化。

第二，具有约束力的公司规则（BCR）。如果将个人数据从一个公司实体转移到另一个公司实体——无论在哪个地区——数据的传输都是根据具有约束力的公司规则进行的。具有约束力的公司规则是由主管监管机构批准的具有法律约束力的规则，用于规范从事联合经济活动的企业集团或企业集团的成员及其员工（包括位于欧盟以外的企业）的个人数据的转移和处理。与标准合同条款相比，BCR 的优势在于，一旦获得数据保护机构的批准，就可以实现所有未来的集团内部转移，无论地域如何，无需任何额外要求。

第三，额外的保障措施。除了上述选项之外，GDPR 还引入了两种替代的数据传输充分性工具：经批准的认证机制和经批准的行为准则。这两种机制都允许数据传输，前提是数据导入方作出具有约束力和可执行的承诺以应用适当的数据保护措施。

（三）我国数据跨境流动制度的基本内容

我国数据跨境流动制度主要以《网络安全法》《数据安全法》和《个人信息保护法》三部法律为基础，对不同类型、不同级别的数据设置差异化的数据出境监管要求。《网络安全法》第 37 条对关键信息基础设施运营者提出数据本地化要求，即中华人民共和国境内运营中收集和产生的个人信息和重要数据应当在境内存储。因业务需要，确需向境外提供的，应当按照国家网信部门会同国务院有关部门制定的办法进行安全评估；法律、行政法规另有规定的，依照其规定。《数据安全法》第 11 条则规定国家积极参与数据安全相关国际规则和标准的制定，促进数据跨境安全、自由流动。《数据安全法》第 31 条则规定了不同主体收集的数据出境适用何种规定，即关键信息基础设施的运营者在中华人民共和国境内运营中收集和产生的重要数据的出境安全管理，适用《网络安全法》的规定；其他数据处理者在中华人民共和国境内运营中收集和产生的重要数据的出境安全管理办法，由国家网信部门会同国务院有关部门制定。为此，我国先后颁布《数据出境安全评估办法》和《个人信息和重要数据出境安全评估办法》，形成了以安全评估、标准合同、专业认证和其他制度共同组成的数据跨境流动安全体系。

在《数据出境安全评估办法》中，数据处理者必须强制性申报数据出境安全评估的法定情形主要包括以下几类：（1）数据处理者向境外提供重要数据；（2）关键信息基础设施运营者和处理 100 万人以上个人信息的数据处理者向境外提供个人信息；（3）自上年 1 月 1 日起累计向境外提供 10 万人个人信息或者 1 万人敏感个人信息的数据处理者向境外提供个人信息；（4）国家网信部门规定的其他需要申报数据出境安全评估的情形。目前，全国首例以及“第二例”数据出境安全评估申报已经完成，截至 2023 年 2 月 23 日，北京友谊医院和中国国际航空股份有限公司获国家网信办批准，成为全国前两个数据合规出境单位。现代汽车、民生银行、丰田汽车等 5 家单位的数据出境安全评估申请也已被国家网信办受理；新浪微博、戴姆勒、施耐德电气、瑞士再保险等 6 家单位的申报材料，则已经由北京市网信办完成审核。

在《个人信息出境标准合同办法》中，个人信息处理者通过订立标准合同而不是数据出境安全评估的方式向境外提供个人信息，仅限于四类情形：（1）非关键信息基础设施运营者；（2）处理个人信息不满 100 万人的；（3）自上年 1

月1日起累计向境外提供个人信息不满10万人的;(4)自上年1月1日起累计向境外提供敏感个人信息不满1万人的。此外,法律、行政法规或者国家网信部门另有规定的,从其规定。同时,为了避免个人信息处理者规避数据出境安全评估的强制性规定,《个人信息出境标准合同办法》还专门规定个人信息处理者不得采取数量拆分等手段,将依法应当通过出境安全评估的个人信息通过订立标准合同的方式向境外提供。

在数据跨境传输领域,安全评估机制相较于其他机制而言,其特殊性表现为三个层面:一是风险类型特殊,即所预防的是国家安全风险,而非合同、认证等机制所预防的技术风险或违约风险;二是评估事项全面,因为只有尽可能涵盖所有安全风险来源才能在事前阶段降低风险事件的发生概率;三是实质审查为主,监管机构对数据处理者提交的申报材料进行真实性、完备性、合法性审查。虽然《个人信息保护法》第38条规定了非涉及海量个人信息出境时"评估、合同、认证和其他"四项制度可以"择其一",但安全评估的全面审查性明显要严于其他机制。不同于欧盟模式的"充分性保护认定—其他替代方案"的出境制度架构,我国数据出境安全评估有其特定的适用范围,无法按照欧盟模式解释所谓的制度互补性或互为替代性。事实上,从安全评估面向的国家安全风险考量,数据出境安全评估机制的体系定位应当是"涉及国家安全的特殊规则",其制度功能是预防潜在的国家安全威胁,故而在整个数据出境安全制度体系中予以单列。[①]

① 参见赵精武:《论数据出境评估、合同与认证规则的体系化》,载《行政法学研究》2023年第1期。

第十五章 个人信息保护法律制度

第一节 个人信息保护法原理概述

一、个人信息的法律概念

个人信息是个人信息保护法律制度中最核心的概念。《民法典》明确将个人信息权益作为民事权益中的人格权益进行保护，其第1034条第2款基于“识别说”规定：“个人信息是以电子或者其他方式记录的能够单独或者与其他信息结合识别特定自然人的各种信息，包括自然人的姓名、出生日期、身份证件号码、生物识别信息、住址、电话号码、电子邮箱、健康信息、行踪信息等。”为了进一步强化对个人信息的保护，2021年通过的《个人信息保护法》在与《民法典》保持实质一致性的前提下，在“识别说”的基础上增加了“关联说”的标准，进一步扩张了个人信息的范围。《个人信息保护法》第4条规定：“个人信息是以电子或者其他方式记录的与已识别或者可识别的自然人有关的各种信息，不包括匿名化处理后的信息。”从此条规定来看，个人信息应当具备三个要素：自然人、已识别或者可识别的自然人、有关的各种信息。个人信息的概念与范围较为复杂，常常因场景的变化而呈现变化。

（一）自然人

个人信息是指自然人的信息。所谓自然人，原则上是指有生命的自然人。死者的个人信息保护问题，应当适用《个人信息保护法》第49条规定，由其近亲属行使死者在个人信息处理中的部分权利。

（二）已识别或者可识别的自然人

个人信息的核心特征在于“可识别性”，即个人信息能够单独或者与其他信息相结合识别特定自然人。如果某种信息无法识别特定自然人，对该信息的处理和使用并不会对特定自然人的权益造成损害或损害的风险，也就没有必要基于维护自然人权益的考虑通过个人信息保护制度对该信息的处理行为加以规制。《个人信息保护法》第4条中的“已识别”和“可识别”是从特定自然人是否已经被识别的角度进行的区分。“已识别”是指，特定的自然人已经被相关信息识别；而“可识别”是指，通过相关信息识别特定的自然人的可能性，至于是通过直接识别还是间接识别而产生的此种可能性在所不问。欧盟第 29 条工作组认为：“一般来说，当一个自然人在一群人中被视为有别于该群体中的其他自然人时，便可以认为是‘已识别’。同理，当一个自然人的身份虽然没有被识别，但是识别其身份是可能的，那么该自然人就属于‘可识别’。”[①]

（三）有关的各种信息

个人信息包括与“已识别”或者“可识别”的自然人有关的各种信息。第一，所谓“有关的”是指，当信息涉及一个人的身份、特征或行为，或被用于确定或影响该人的地位或评价方式的时候，该信息就是与“已识别”或“可识别”的自然人有关的信息。换言之，确定信息是否与自然人有关时，应当考虑该信息是否具有内容要素、目的要素或者结果要素。第二，从“各种信息”的表述可以看出，其范围非常广泛，不限于敏感的、私人的信息，同时可能包括其他各种信息。无论该信息是客观的信息还是主观的信息，只要涉及“已识别”或“可识别”的自然人的各种信息都属于个人信息。

（四）匿名化处理后的信息不属于个人信息

《个人信息保护法》第 73 条第 4 款规定：“匿名化，是指个人信息经过处理无法识别特定自然人且不能复原的过程。”匿名化是一种使信息丧失可识别性的方法。但需要注意，随着大数据时代的信息越来越丰富，信息处理方式和场景越来越多元，信息与信息之间的关联越来越紧密，信息无法实现绝对匿名化，而仅仅只能实现在特定时空和技术背景下的信息匿名。

去标识化和匿名化，都是个人隐私安全的技术防护手段，主要区别是去标识化后的信息也属于个人信息，如果与其他额外信息结合，可以识别个人信息主体，通常也称为重标识（re-identification），因此，从某种意义上说，去标识化所规定的“无法重新识别”主要针对的是个人信息控制者以外的其他信息接收者。匿名化后的信息不属于个人信息，且无法与额外信息结合识别出个人信息主体。

（五）私密信息与敏感信息的特殊性

敏感信息和非敏感信息是《个人信息保护法》从规范个人信息处理行为的角度进行的一种重要分类，并在该区分的基础上针对信息处理者提出了不同的

---

① Article 29 Data Protection Working Party, Opinion 4/2007 On the Concept of Personal Data, 01248/07/EN WP 136, P. 12.

处理规则上的要求，从而有针对性地提高处理者在处理敏感信息时的法定义务，更加充分保护自然人的个人信息权益。敏感信息包括生物识别、宗教信仰、特定身份、医疗健康、金融账户、行踪轨迹等信息，以及不满十四周岁未成年人的个人信息，《个人信息保护法》第二章第二节专门规定了敏感个人信息的处理规则。由于敏感信息对于维护自然人的人身财产安全与人格尊严极为重要，该等信息一旦泄露或被非法使用，势必会对自然人的人身财产权益造成严重的侵害或损害，故此，法律上对处理者处理此类信息有非常严格的要求。

与敏感信息的界定不同，私密信息和非私密信息则从民事权益保护的角度出发，是为了正确区分隐私权与个人信息权益的保护方法，而由《民法典》对个人信息进行的分类。依据《民法典》第 1034 条第 3 款，由于私密信息属于隐私，对于私密信息的保护首先适用隐私权的规定，隐私权没有规定的，才适用个人信息保护的规定。也就是说，私密信息和非私密信息的区分侧重点在于民事权益的类型与保护方法的差异，而非如敏感信息与非敏感信息那样基于对信息处理者处理个人信息的行为规范的不同所作的分类，两种划分的规范目的存在明显的区别。

二、个人信息保护的适用对象与保留

（一）适用对象

个人信息保护只针对具有信息处理关系的专业性或商业性收集能力的主体，不能针对日常活动中的个人或偶然收集个人信息的主体。《个人信息保护法》第 3 条规定，“在中华人民共和国境内处理自然人个人信息的活动，适用本法。”同时规定有下列情形之一，即使在中华人民共和国境外处理中华人民共和国境内自然人个人信息的活动的，也适用本法。其具体包括：第一，以向境内自然人提供产品或者服务为目的；第二，分析、评估境内自然人的行为；第三，法律、行政法规规定的其他情形。

（二）适用保留

《个人信息保护法》在第 72 条中规定，“自然人因个人或者家庭事务处理个人信息的，不适用本法”。该条将家庭活动中的个人信息处理排除在《个人信息保护法》适用范围之外。欧盟和美国的个人信息保护立法也有类似规定。例如，欧盟《通用数据保护条例》“重述”（recital）中指出：“本条例不适用于自然人在纯粹个人或家庭活动中与专业或商业活动无关的个人数据处理。”美国不同领域的个人信息权利保护立法都将个人信息权利保护的范围限定在具有持续性不平等信息关系的主体之间，既排除了个人日常活动中的信息收集与处理，也排除了政府执法中非系统性个人信息收集与处理。[①] 对于政府执法中的非系统性的个人信息收集，美国法律和欧盟一样，都以特殊的法律框架来加以规制，如以宪法第四修正案以及相关联邦立法来规制。[②]

三、个人信息保护基本原则

（一）合法、正当、必要、诚信原则

《个人信息保护法》第 5 条规定："处理个人信息应当遵循合法、正当、必要和诚信原则，不得通过误导、欺诈、胁迫等方式处理个人信息。"

合法原则是指处理个人信息过程中，个人信息处理者应当遵守法律、法规的规定。《个人信息保护法》第 10 条规定："任何组织、个人不得非法收集、使用、加工、传输他人个人信息，不得非法买卖、提供或者公开他人个人信息；不得从事危害国家安全、公共利益的个人信息处理活动。"

正当原则包含目的正当性与手段正当性双重含义。个人信息处理者既需要有合法正当的目的，又要以合法正当的手段处理个人信息，不得通过误导、欺诈、强迫等方式使个人信息主体提供个人信息。

必要原则在《个人信息保护法》中多次体现。如《个人信息保护法》第 6 条规定："处理个人信息应当采取对个人权益影响最小的方式。收集个人信息，应当限于实现处理目的的最小范围，不得过度收集个人信息。"第 19 条规定："除法律、行政法规另有规定外，个人信息的保存期限应当为实现处理目的所必要的最短时间。"必要原则对个人信息的收集范围、处理方式、保存期限等作了严格限制。

诚信原则要求处理者在从事个人信息处理活动时，应当始终秉持诚实、恪守承诺，不通过任何欺诈、误导、胁迫等方式处理个人信息；在取得个人同意或符合法律、行政法规规定的其他情形而可以处理个人信息时，也应当讲求诚信，严格按照法律规定和约定处理信息，不从事任何违反处理目的和处理方式的处理活动。

（二）目的限定原则

《个人信息保护法》第 6 条第 1 款规定："处理个人信息应当具有明确、合理的目的，并应当与处理目的直接相关，采取对个人权益影响最小的方式。"这

---

① 例如，美国《家庭教育权利与隐私法》（Family Educational Rights and Privacy Act of 1974）、《健康保险可携带性和责任法》（Health Insurance Portability and Accountability Act）、《儿童在线隐私保护法》（Children's Online Privacy Protection Act）等。

② See Daniel J. Solove, *Nothing to Hide: The False Tradeoff between Privacy and Security*, New Haven: Yale University Press, 2011, p. 93-154.

一条体现了目的限定原则，个人信息处理者应当使用清晰的、明确的言辞表达出其处理的目的，并且在合法的基础之上具有限定的范围，处理者应尽可能减少所处理的个人信息的处理以及对个人信息的使用次数，将对个人信息权益造成的影响限制在最小范围内。

（三）公开透明原则

《个人信息保护法》第 7 条规定："处理个人信息应当遵循公开、透明原则，公开个人信息处理规则，明示处理的目的、方式和范围。"第 17 条规定，个人信息处理者在处理个人信息前，应当以显著方式、清晰易懂的语言真实、准确、完整地向个人告知下列事项：个人信息处理者的名称或者姓名和联系方式；个人信息的处理目的、处理方式，处理的个人信息种类、保存期限等。个人信息处理者通过制定个人信息处理规则的方式告知的，处理规则应当公开，并且便于查阅和保存。此外，《个人信息保护法》第 30 条还要求处理敏感个人信息的，还应当向个人告知处理敏感个人信息的必要性以及对个人权益的影响等。

（四）质量保证原则

《个人信息保护法》第 8 条规定："处理个人信息应当保证个人信息的质量，避免因个人信息不准确、不完整对个人权益造成不利影响。"第 46 条规定："个人发现其个人信息不准确或者不完整的，有权请求个人信息处理者更正、补充。个人请求更正、补充其个人信息的，个人信息处理者应当对其个人信息予以核实，并及时更正、补充。"也就是说，个人信息处理者应当积极采取各种技术措施和组织措施来检查所处理的信息的质量，确保信息的准确和完整，从而最大限度地减少错误的风险，避免因个人信息不准确、不完整对个人权益造成不利影响。

（五）安全保障原则

《个人信息保护法》第 9 条规定："个人信息处理者应当对其个人信息处理活动负责，并采取必要措施保障所处理的个人信息的安全。"个人信息处理者要根据个人信息的处理目的、处理方式、个人信息的种类以及对个人权益的影响、可能存在的安全风险等，采取相应的保护措施保障个人信息的安全。个人信息处理者还应当采取监督、审计等措施承担法律规定的义务，并对违反法律规定处理个人信息的行为承担行政责任、民事责任乃至刑事责任。

（六）国家承担治理责任原则

《个人信息保护法》第 11 条规定："国家建立健全个人信息保护制度，预防和惩治侵害个人信息权益的行为，加强个人信息保护宣传教育，推动形成政府、企业、相关社会组织、公众共同参与个人信息保护的良好环境。”第 12 条规定：“国家积极参与个人信息保护国际规则的制定，促进个人信息保护方面的国际交流与合作，推动与其他国家、地区、国际组织之间的个人信息保护规则、标准等互认。”

四、个人信息保护与公平信息实践

全球通行的个人信息权利保护的制度框架起源于“公平信息实践”(fair information practices)原则，这一原则给个体赋予了一系列信息权利，给信息收集者与处理者施加了一系列义务。[①]

公平信息实践诞生于 1973 年，美国关于个人数据自动系统的建议小组率先发布了一份“公平信息实践准则”报告，确立了处理个人数据的五项原则[②]：(1)必须禁止所有秘密的个人数据档案保存系统；(2)必须确保个人了解其被收集的档案信息是什么，以及信息如何被使用；(3)必须确保个人能够阻止未经同意而将其信息用于个人授权使用之外的目的，或者将其信息提供给他人，用作个人授权之外的目的；(4)必须确保个人能够改正或修改关于个人可识别信息的档案；(5)必须确保任何组织在计划使用数据时，其创建、维护、使用或传播可识别个人数据的档案中的数据都必须是可靠的，并且必须采取预防措施防止数据的滥用。

1977 年，美国隐私保护委员会在报告中进一步发展了公平信息实践，将公平信息实践的原则从五项扩展至八项[③]：(1)公开原则，必须禁止所有秘密的个人数据档案保存系统，而且机构应当设立个人数据档案的保存政策、实践和系统的公开政策；(2)个人访问原则，对于档案保存机构以个人可识别形式保存的有关信息，必须确保个人有权查看和复制；(3)个人参与原则，对于档案保存机构，必须确保个人有权更正或修改实质性的其为档案储存机构所保存的信息；(4)收集限制原则，对于一个机构可以收集的关于个人信息的类型，以及收集方法，应当存在某些限制；(5)使用限制原则，在档案保存的机构内，对个人相关信息的使用应当有限制；(6)披露限制原则，对于档案保存机构可能作出的对外披露个人信息，应予以限制；(7)信息管理原则，档案保存机构应当制定合理、适当的信息管理政策和做法，保证收集、维护、使用、传播有关

---

① 参见丁晓东：《论个人信息法律保护的思想渊源与基本原理——基于“公平信息实践”的分析》，载《现代法学》2019 年第 3 期。

② See Records. Computers and the Rights of Citizens Report of the Secretary's Advisory Committee on Automated Personal Data Systems[EB/OL]. at https://epic.org/privacy/hew1973report/Summary.htm (Last Visited on Jan. 15, 2019).

③ See The Privacy Protection Study Commission, Personal Privacy in an Information Society (1977), Chapter 13.[EB/OL]. at http://aspe.hhs.gov/datacncl/1977privacy/c13.htm (Last Visited on Jan. 22, 2019).

个人的信息是必要的、合法的，而且信息本身是最新和准确的；（8）问责原则，档案保存机构应当对个人数据档案保存的政策、实践和系统承担责任。

两个版本的公平信息实践大致确立了个人信息保护的基本框架与原则。一方面，公平信息实践对个人进行了信息赋权，规定了个体所享有的一系列信息权利，如个人的信息访问权、更正权与修改权等权利；另一方面，公平信息实践也对信息收集者或处理者施加了一系列义务，规定个人信息收集者或处理者应当承担相应义务，如收集个人信息时的告知义务、使用个人信息的目的限制义务、个人信息安全保障义务等。

公平信息实践理论的提出对美国、欧洲与国际组织的个人信息保护或信息隐私法产生了深远的影响，这些国家和地区的法律或者明确接受公平信息实践，或者在其法律规定中体现公平信息实践的各项原则。其相同之处在于对个体进行信息赋权和对个人信息的控制者（信息收集者与处理者）施加责任，而不同之处在于它们对信息主体的赋权程度、权利种类以及对信息控制者施加的责任不同。

五、我国个人信息保护立法与实践的发展

早在2012年，国家层面就认识到个人信息保护的重要性，全国人大常委会通过《关于加强网络信息保护的决定》，明确“国家保护能够识别公民个人身份和涉及公民个人隐私的电子信息”。这是首次从法律层面确认个人信息保护的要求，同时也确定“合法、正当、必要”的原则，并在后续立法中得到延续和确认。

2013年，工业和信息化部出台《电信和互联网用户个人信息保护管理规定》，全面规定信息收集和使用规范、安全保障措施、监督检查等内容，其中将“用户个人信息”界定为“电信业务经营者和互联网信息服务提供者在提供服务的过程中收集的用户姓名、出生日期、身份证件号码、住址、电话号码、账号和密码等能够单独或者与其他信息结合识别用户的信息以及用户使用服务的时间、地点等信息”。这一定义以“识别说”为基础，从立法层面具体形成“个人信息”定义的雏形。

2016年，全国人大常委会审议通过了《网络安全法》。其中在“网络信息安全”和“网络运行安全”章节对个人信息保护问题作出比较全面的规定。《网络安全法》既是我国首次以最高位阶——法律的形式规定了个人信息保护问题，也是根据技术、应用发展的新情况进行了回应，对“告知—同意”的规则进行了固化和具体阐释，明确了删除权、更正权等个人信息权益，并对跨境数据流动问题进行了规定。《网络安全法》自2017年6月1日实施之后，为大量个人信息保护执法工作提供了法律依据，有效形成对个人信息保护违法行为的法律威慑。

2020年5月28日,《民法典》审议通过,并于2021年1月1日起实施。《民法典》是对于个人信息保护的阶段性立法回应。鉴于个人信息在社会生产和生活中的作用日益突出,《民法典》人格权编采用专章的方式对个人信息与隐私权一并予以保护,并对个人信息的类型、收集、更改或删除作了初步规定。2021年8月20日,《个人信息保护法》审议通过,并于2021年11月1日起正式施行,这推动了中国个人信息保护法律制度体系的确立。在《网络安全法》《民法典》等有关法律的基础上,该法进一步细化、完善了个人信息保护的基本原则和处理规则,明确了个人信息处理活动中的权利和义务边界,健全了个人信息保护工作体制机制,确立了我国个人信息保护的基本制度规则。

相比之下,欧盟早在1950年颁布的《欧洲人权公约》中规定:任何人享有私人、家庭生活及其住宅被尊重的权利。这被认为是欧洲第一代个人信息保护法。1981年1月28日,欧盟成员国在法国斯特拉斯堡市签订了《关于自动化处理的个人信息保护公约》,第一次尝试在欧洲层面建立统一的个人信息保护法律制度。1990年,欧洲委员会向欧洲理事会提交了一份《关于保护共同体个人信息及信息安全的指令草案》,该"指令草案"正式开启了欧洲信息保护法律制度一体化的进程。1995年,欧盟正式颁布《关于个人信息处理保护及个人信息自由传输的指令》,该指令的颁布被认为是欧盟个人信息保护法发展的一个里程碑。经过长时间的发展,2016年,欧盟通过了《通用数据保护条例》,在28个成员国之间建立起统一的个人信息保护和流动规则,同时该条例取代了欧盟成员国的相关国内法,实现统一的、成熟的个人信息保护制度新局面。

虽然美国早在19世纪末就已开始了隐私权保护方面的理论研究和立法,但是在个人信息保护方面并没有一部统一的个人信息保护法。自20世纪六七十年代以来,美国制定的与个人信息保护有关的法律主要有1966年的《信息自由法》、1970年的《公平信用报告法》、1974年的《隐私法》、1988年的《录像带隐私保护法》和《儿童在线隐私保护法》。美国的《联邦贸易委员会法》旨在"禁止不公平或欺骗性贸易行为",赋予联邦贸易委员会执法权,逐渐构建起美国的数据保护实践框架。

第二节 个人信息处理规则

一、个人信息处理的含义及行为类型

我国《民法典》首次在法律上采用"个人信息处理"这一法律表述。《民法典》第1035条第2款规定:"个人信息的处理包括个人信息的收集、存储、使用、加工、传输、提供、公开等。"这一表述替代了此前《网络安全法》《电子商务法》中"收集、使用"个人信息的表述。《个人信息保护法》也承袭了这一

表述，并在列举的个人信息处理类型中增加了“删除”这一处理活动。由此可见，我国法律并未对“个人信息处理”的含义作出明确的解释，而是通过对较为典型和重要的个人信息处理行为进行列举的方式加以规定。此外，我国《个人信息保护法》并未限定个人信息处理的具体方式，即并不需要考虑个人信息处理的媒介和方式。无论是以自动方式（通过计算机以电子介质）处理个人信息，还是以其他方式（通过人工以纸介质）处理个人信息，都属于个人信息的处理。

《个人信息保护法》列举了以下八种典型的个人信息处理行为。

（一）收集

个人信息处理者可以直接从个人信息主体处收集个人信息，也可以从第三人处收集个人信息，欧盟《通用数据保护条例》将其称为“并非从数据主体处获取个人数据”（personal data have not been obtained from the data subject），但我国《个人信息保护法》并没有对此作区分，仅在该法第 23 条规定，个人信息处理者获取其他的个人信息处理者处理的个人信息，应当由信息提供方而非接收方来告知并取得个人的单独同意。

（二）存储

信息处理者需要对收集的个人信息进行存储，以便于后续的加工、使用等其他处理行为。个人信息存储的方式包括纸质存储和电子存储；存储的时间可以是长期的，也可以是短期的；存储的个人信息既包括原始个人信息，也包括处理后的个人信息。

（三）使用

使用是个人信息收集的主要目的。《互联网个人信息安全保护指南》第 3.6 条将个人信息使用定义为“通过自动或非自动方式对个人信息进行操作，例如记录、组织、排列、存储、改编或变更、检索、咨询、披露、传播或以其他方式提供、调整或组合、限制、删除等”。此种界定方式范围较广，而狭义的个人信息使用仅指个人信息处理者对个人信息进行的分析和利用。

（四）加工

加工，是指个人信息处理者对所收集、存储的个人信息进行筛选、分类、排序、加密、标注、去标识化等活动。

（五）传输

传输，是指信息处理者传送所收集的个人信息的行为，个人信息的传输可以发生在处理者内部的各个部门或者不同的存储器之间，也可以发生在信息处理的委托人与被委托人之间或者将个人信息从境内传输到境外。个人信息的传输不同于“个人信息的转移”。我国《个人信息保护法》没有在个人信息处理活动的类型中列举“转移”，而是分别使用了“传输”和“提供”，只在第22条规定中提及“个人信息处理者因合并、分立、解散、被宣告破产等原因需要转移个人信息的……”

（六）提供

提供，是指信息处理者将个人信息提供给处理者和信息主体之外的组织或个人。提供个人信息可以是在境内的不同的个人信息处理者之间，也可以是在境内与境外之间。

（七）公开

公开，是指将个人信息公之于众，从而使得社会公众或不特定的人可以获取该信息的行为。我国《信息安全技术 个人信息安全规范》（GB/T 35273—2020）第3.11条规定“向社会或不特定人群发布信息的行为”为“公开披露”，可理解为公开。

（八）删除

删除，是指通过某种措施使得个人信息无法或者除非花费巨额的成本否则不可能再被处理者或其他人取得、读取与使用。删除有多种方式。“删除”为《个人信息保护法》在《民法典》规定的基础上新增的个人信息处理行为类型，回应了个人在个人信息处理活动中请求处理者删除个人信息的权利，也明确了处理者在符合一定条件时负有主动删除个人信息的义务。此外，《个人信息保护法》第47条明确规定了个人信息处理者应当主动删除个人信息的五类情形，同时明确了如果删除个人信息从技术上难以实现的，则个人信息处理者应当停止除存储和采取必要的安全保护措施之外的处理。

二、个人信息处理的合法性基础

个人信息处理行为会对相关信息主体的权益造成损害或损害的风险，因此，只有该处理行为具备合法性基础，即处理关于个人的信息依据正当的法律理由，才属于合法行为。总体而言，《个人信息保护法》规定的个人信息处理的合法性基础包括两大类：一是“告知—同意”规则，即告知并获取信息主体对于信息处理行为的有效同意；二是法定许可，即《个人信息保护法》第13条规定的允许处理个人信息的六种法定情形。

（一）“告知—同意”规则

2012 年 12 月 28 日全国人民代表大会常务委员会通过的《关于加强网络信息保护的决定》首次在法律层面将信息主体的“同意”作为我国个人信息处理的合法性基础。随后，2013 年修正的《消费者权益保护法》和 2016 年颁布的《网络安全法》进一步将“同意”这一合法性基础延伸至消费者保护和网络安全领域，基本覆盖了与个人有关的绝大多数生活场景的个人数据处理。至此，“同意”成为我国个人信息处理最为重要的合法性基础之一。[①]《个人信息保护法》的这一规定，明确了“告知—同意”作为个人信息处理，尤其是个人信息收集、使用的合法性基础。

《个人信息保护法》第 13 条是个人信息处理合法性基础的专条规定，第 1 款则为“告知—同意”规则，即“告知”并“取得个人的同意”。可见“告知—同意”成为实践中个人信息处理首选的合法性基础。但“告知—同意”规则只解决个人信息处理行为合法与否的问题，而非意味着发生侵害个人信息权益的违法行为时，处理者可以据此免于承担任何法律责任，更不能以“告知—同意”规则的履行来排除其他个人信息保护规则的适用。[②]

1. 告知

第一，“告知”是“同意”的前提。《个人信息保护法》第 14 条规定：“基于个人同意处理个人信息的，该同意应当由个人在充分知情的前提下自愿、明确作出。”也就是说，信息处理者应当先将信息处理行为主动告知信息主体，信息主体在充分知情的情况下作出“同意”。

第二，“告知”应当确保信息主体充分知情。从内容上看，“告知”应当包括个人信息处理者的名称或者姓名和联系方式；个人信息的处理目的、处理方式，处理的个人信息种类、保存期限；个人行使《个人信息保护法》规定权利的方式和程序；法律、行政法规规定应当告知的其他事项。上述信息如若发生变更，则应当将变更部分重新告知信息主体。个人信息处理者因合并、分立、解散、被宣告破产等原因需要转移个人信息时，应当向个人告知接收方的名称或者姓名和联系方式。处理敏感个人信息时，还应当向个人告知处理敏感个人信息的必要性以及对个人权益的影响。从方式上看，信息处理者可以采用制定个人信息处理规则的方式实现“告知”，制定的规则应当公开，并且便于查阅和保存。处理不满 14 周岁未成年人个人信息的，还应当制定专门的个人信息处理规则。从主体上看，通常情况下，“告知”应当由信息处理者作出，但在信息处

① 参见高富平：《个人信息使用的合法性基础——数据上利益分析视角》，载《比较法研究》2019 年第 2 期。

② 参见程啸：《个人信息保护法理解与适用》，中国法制出版社 2021 年版，第 123 页。

理者之间存在提供或被提供处理后的个人信息的情况下，应当由提供信息的一方承担告知义务。

第三，“告知”的例外情形。其一，法律、行政法规规定个人信息处理应当保密或者不需要告知的，可以不告知信息主体；其二，紧急情况下为保护自然人的生命健康和财产安全无法及时向个人告知的，可以先对个人信息进行处理，而后信息处理者应当在紧急情况消除后及时告知。

2. 同意

“同意”是信息主体在经由信息处理者告知之后，对其所被告知的信息处理行为表示允许的行为。通常情况下应当由信息主体本人明确作出，但对于不满 14 周岁未成年人的个人信息，应当由未成年人的父母或者其他监护人作出同意。一般同意，是指在一般情形中，处理个人信息应当取得个人同意，该同意应当由个人在充分知情的前提下自愿、明确作出。此外，同意具有以下几种特殊情形。

第一，单独同意。单独同意是需要对特定个人的特定信息获取同意的特殊形式。《个人信息保护法》规定需要取得个人单独同意的情形包括以下几种：一是个人信息处理者向其他个人信息处理者提供其处理的个人信息；二是个人信息处理者公开其处理的个人信息；三是在公共场所安装图像采集、个人身份识别设备所收集的个人图像、身份识别信息用于维护公共安全的目的以外的其他目的；四是处理敏感个人信息；五是法律、行政法规规定处理个人信息应当取得个人单独同意或者书面同意。

第二，重新获取同意。同意是在告知的基础上作出的，因此，当应当告知的内容发生变更后，相应的同意也应当重新获取，这样才能保证信息主体的同意是在充分知情的前提下作出的，由此获取的同意才符合合法性的要求。《个人信息保护法》规定应当重新获取同意的情形包括两种：一是当个人信息的处理目的、处理方式和处理的个人信息种类发生变更时；二是在信息处理者之间提供或接收处理后的个人信息，接收方变更原先的处理目的、处理方式时。此时应当由接收方重新获取同意。

第三，撤回同意。个人有作出同意的权利，也应当具有撤回该同意的权利。因此，《个人信息保护法》第 15 条规定：“基于个人同意处理个人信息的，个人有权撤回其同意。”也就是说，撤回同意仅适用于以获取同意为合法性基础的信息处理行为，而不能向其他依据法定情形获得合法性基础的信息处理行为主张。撤回同意并不影响撤回前基于个人同意已进行的个人信息处理活动的效力。对于信息主体撤回同意权利的行使，个人信息处理者应当提供便捷的撤回同意的方式。同时，除非处理个人信息为提供产品或者服务所必需，信息处理者不能以信息主体撤回同意为由，拒绝向其提供产品或者服务。

（二）法定许可

《个人信息保护法》第 13 条规定了六种允许处理个人信息的法定情形：（1）为订立、履行个人作为一方当事人的合同所必需，或者按照依法制定的劳动规章制度和依法签订的集体合同实施人力资源管理所必需；（2）为履行法定职责或者法定义务所必需；（3）为应对突发公共卫生事件，或者紧急情况下为保护自然人的生命健康和财产安全所必需；（4）为公共利益实施新闻报道、舆论监督等行为，在合理的范围内处理个人信息；（5）依照本法规定在合理的范围内处理个人自行公开或者其他已经合法公开的个人信息；（6）法律、行政法规规定的其他情形。其中，对于信息处理者在合理的范围内处理个人自行公开或者其他已经合法公开的个人信息，个人可以明确表示拒绝。此外，当信息处理者处理已公开的个人信息对个人权益有重大影响时，应当取得个人同意。

三、具体处理规则

（一）提供产品或服务

个人信息处理者不得以个人不同意处理其个人信息或者撤回同意为由，拒绝提供产品或者服务；处理个人信息属于提供产品或者服务所必需的除外。

（二）告知

个人信息处理者在处理个人信息前，应当以显著方式、清晰易懂的语言真实、准确、完整地向个人告知下列事项：（1）个人信息处理者的名称或者姓名和联系方式；（2）个人信息的处理目的、处理方式，处理的个人信息种类、保存期限；（3）个人行使《个人信息保护法》规定权利的方式和程序；（4）法律、行政法规规定应当告知的其他事项。上述事项发生变更的，应当将变更部分告知个人。个人信息处理者通过制定个人信息处理规则的方式告知上述规定事项的，处理规则应当公开，并且便于查阅和保存。

个人信息处理者处理个人信息，有法律、行政法规规定应当保密或者不需要告知的情形的，可以不向个人告知上述规定的事项。紧急情况下为保护自然人的生命健康和财产安全无法及时向个人告知的，个人信息处理者应当在紧急情况消除后及时告知。

（三）保存

除法律、行政法规另有规定外，个人信息的保存期限应当为实现处理目的所必要的最短时间。

（四）共同处理

两个以上的个人信息处理者共同决定个人信息的处理目的和处理方式的，应当约定各自的权利和义务。但是，该约定不影响个人向其中任何一个个人信息处理者要求行使《个人信息保护法》规定的权利。个人信息处理者共同处理个人信息，侵害个人信息权益造成损害的，应当依法承担连带责任。

（五）委托处理

个人信息处理者委托处理个人信息的，应当与受托人约定委托处理的目的、期限、处理方式、个人信息的种类、保护措施以及双方的权利和义务等，并对受托人的个人信息处理活动进行监督。

受托人应当按照约定处理个人信息，不得超出约定的处理目的、处理方式等处理个人信息；委托合同不生效、无效、被撤销或者终止的，受托人应当将个人信息返还个人信息处理者或者予以删除，不得保留。未经个人信息处理者同意，受托人不得转委托他人处理个人信息。

（六）接收方的义务

个人信息处理者因合并、分立、解散、被宣告破产等原因需要转移个人信息的，应当向个人告知接收方的名称或者姓名和联系方式。接收方应当继续履行个人信息处理者的义务。接收方变更原先的处理目的、处理方式的，应当依照本法规定重新取得个人同意。

（七）自动化决策

个人信息处理者利用个人信息进行自动化决策，应当保证决策的透明度和结果公平、公正，不得对个人在交易价格等交易条件上实行不合理的差别待遇。通过自动化决策方式向个人进行信息推送、商业营销，应当同时提供不针对其个人特征的选项，或者向个人提供便捷的拒绝方式。通过自动化决策方式作出对个人权益有重大影响的决定，个人有权要求个人信息处理者予以说明，并有权拒绝个人信息处理者仅通过自动化决策的方式作出决定。

（八）公开

个人信息处理者不得公开其处理的个人信息，取得个人单独同意的除外。

（九）收集

在公共场所安装图像采集、个人身份识别设备，应当为维护公共安全所必需，遵守国家有关规定，并设置显著的提示标识。所收集的个人图像、身份识别信息只能用于维护公共安全的目的，不得用于其他目的；取得个人单独同意的除外。

（十）处理

个人信息处理者可以在合理的范围内处理个人自行公开或者其他已经合法公开的个人信息；个人明确拒绝的除外。个人信息处理者处理已公开的个人信息，对个人权益有重大影响的，应当依照《个人信息保护法》规定取得个人同意。

四、敏感个人信息的处理规则

《个人信息保护法》第 28 条第 1 款规定："敏感个人信息是一旦泄露或者非法使用，容易导致自然人的人格尊严受到侵害或者人身、财产安全受到危害的个人信息，包括生物识别、宗教信仰、特定身份、医疗健康、金融账户、行踪轨迹等信息，以及不满十四周岁未成年人的个人信息。"

《个人信息保护法》对敏感个人信息处理的限制明显更加严格，具体表现在以下几个方面：一是合法性基础方面，处理敏感个人信息，必须要具有特定的目的和充分的必要性，并采取严格保护措施。这是处理敏感个人信息的首要前提，只有符合这一前提要求，并且获取个人同意或者符合法定的信息处理情形，才能够处理敏感个人信息。二是"告知—同意"规则的适用，除了符合前述"告知—同意"规则的一般规定之外，处理敏感个人信息还应当向个人告知处理敏感个人信息的必要性以及对个人权益的影响，并取得个人的单独同意。对于不满 14 周岁未成年人的个人信息的处理，信息处理者应当制定专门的个人信息处理规则，并且取得未成年人的父母或者其他监护人的同意。三是在准用性规则的规定方面，法律、行政法规可以对处理敏感个人信息作出其他限制，如要求获取书面同意或者取得相关行政许可等。

五、个人信息跨境提供的特殊规则

（一）个人信息跨境提供的含义

个人信息跨境提供，也称"个人信息跨境流动"，是指一国境内的个人信息或个人数据流出境内，为他国的公权力机关或民事主体所读取、收集、存储、加工、使用等。

（二）个人信息跨境提供的相关规则

1. 基本要求

个人信息处理者因业务等需要，确需向中国境外提供个人信息，应当通过国家网信部门组织的安全评估，按照国家网信部门的规定经专业机构进行个人信息保护认证，按照国家网信部门制定的标准合同与境外接收方订立合同，约定双方的权利和义务。

2.“告知—同意”的特殊规则

个人信息处理者向我国境外提供个人信息的，应当向个人告知境外接收方的名称或者姓名、联系方式、处理目的、处理方式、个人信息的种类以及个人向境外接收方行使《个人信息保护法》规定权利的方式和程序等事项，并取得个人的单独同意。

3. 安全保障的特殊规则

个人信息处理者应当采取必要措施，保障境外接收方处理个人信息的活动达到《个人信息保护法》规定的个人信息保护标准。关键信息基础设施运营者和处理个人信息达到国家网信部门规定数量的个人信息处理者，应当将在我国境内收集和产生的个人信息存储在境内。确需向境外提供的，应当通过国家网信部门组织的安全评估。

第三节 个人信息处理活动中个人的权利

对于是否应当将个人信息受保护权上升为法定权利，学界有很多争论。[①] 但学界的共识是，传统的隐私权已经不足以保护公民的合法权益，法律需要从隐私权保护转向个人信息权利或权益的保护。[②] 随着我国《个人信息保护法》的制定与生效，“个人信息权利”已经被我国实证法认可。由于《个人信息保护法》是一部典型的保护型法律，采用“个人在个人信息处理活动中的权利”这一概念，旨在准确地界定与个人信息相关的权利。这是新型法域发展出来的一种“被保护权”类型，可称为“个人信息被保护权”。

个人信息被保护权，是指在个人信息处理活动中，个人针对个人信息处理者享有的各种权利。该权利的主体是作为信息主体的个人，权利所指向的对象为从事个人信息处理活动的处理者。《个人信息保护法》立足于我国个人信息保护实践的需要，在第 44 条至第 50 条对个人信息被保护权进行了全面系统的规定。需要指出，个人信息被保护权并非绝对性权利，这一权利具有程序性、工具性、治理性特征。

---

① 参见周汉华：《个人信息保护的法律定位》，载《法商研究》2020 年第 3 期。

② 参见张新宝：《从隐私到个人信息：利益再衡量的理论与制度安排》，载《中国法学》2015 年第 3 期。

一、知情权

知情权，是指个人在其个人信息处理中享有知悉相关情况的权利，包括个人信息处理者的身份、个人信息的处理目的及方式等。并且，“知情”不仅意味着处理者在采集个人信息时应告知信息主体，还要促使信息主体在真正知情的前提下作出“同意”。①

具体而言，知情权主要适用于以下场景：一是除法律、行政法规规定应当保密或不需要告知的情形外，信息处理者处理个人信息应当履行告知义务，即在处理个人信息前，应当以显著方式、清晰易懂的语言真实、准确、完整地向个人告知法律、行政法规规定的应当告知的事项。二是在一些特殊的个人信息处理活动中，还应当告知信息主体相应信息，如个人信息处理者因合并、分立、解散、被宣告破产等原因需要转移个人信息，应当向个人告知接收方的名称或者姓名和联系方式。三是当发生或者可能发生个人信息泄露、篡改、丢失时，个人信息处理者应当通知个人发生或者可能发生个人信息泄露、篡改、丢失的信息种类、原因和可能造成的危害、个人信息处理者采取的补救措施和个人可以采取的减轻危害的措施以及个人信息处理者的联系方式。

二、同意权

同意权，是指个人有权决定其个人信息被何人所处理，以何种目的、何种方式、在何种范围内被处理，除非法律、行政法规另有规定。同意权主要体现在以下几个方面：一是取得个人的同意是个人信息处理者可以处理个人信息的合法性基础。二是信息主体同意的范围限制了信息处理者处理行为的范围。例如，在信息处理者之间提供或接收处理后的个人信息，接收方变更原先的处理目的、处理方式时，应当由接收方重新获取同意。三是在基于个人同意的个人信息处理中，个人有权撤回其同意。

三、查阅复制权

查阅，是指个人请求个人信息处理者将其个人信息找出来并加以阅读。《信息安全技术 个人信息安全规范》(GB/T 35273—2020)第 8.1 条将查阅的内容规定为：个人信息控制者所持有的个人信息或者个人信息的类型；上述个人信息的来源、所用于的目的；已经获得上述个人信息的第三方身份或类型。“复制”，是指要求个人信息处理者为个人提供其个人信息的副本。查阅复制权的行使方式和程序可以由个人信息处理者作出规定，但应当以显著方式、清晰易懂的语

① 参见申卫星：《论个人信息保护与利用的平衡》，载《中国法律评论》2021 年第 5 期。

言真实、准确、完整地向个人告知。但是，在法律、行政法规规定应当保密或者不需要告知个人，以及国家机关为履行法定职责处理个人信息而告知将妨碍国家机关履行法定职责的情况下，个人将无法行使查阅复制权。

四、可携带权

可携带权，是指自然人对于其同意数据控制者所处理的以数据化形式承载的个人信息即个人数据，有权要求该控制者提供结构化的、通用的、机器可读的、能共同操作的以格式形式加以提供的权利，自然人可以将此等个人数据转移给其他的控制者。可携带权应当具备以下三个要素。

第一，就权利属性而言，数据携带权首先意味着，数据主体有权下载关于个人数据的集合。就这一点而言，数据携带权可以说是数据访问权的进一步扩张，它不仅赋予了数据主体访问个人数据的权利，[①] 而且为数据主体管理与重新使用个人数据提供了更为方便的途径，并赋予数据主体自由迁徙数据的权利。

第二，就数据携带权所涉及的数据范围而言，欧盟《通用数据保护条例》将其范围限定在“数据主体提供与数据主体有关的个人数据”[②]。这一范围首先排除了匿名化的数据或与数据主体无关的数据。[③] 但第 29 条工作组的指南也指出，不应对此进行过于严格的解释。在不会对第三方的权利和自由产生不良影响的情况下，可被携带的数据也应当包括涉及多人的数据，如电话、人际互动或网络通信记录的可能会涉及他人的数据，对于这些数据，当个人请求行使数据携带权时，也应当被包括在数据携带权的范围之内。[④]

第三，就下载的格式而言，数据携带权要求下载的格式是“经过整理的、普遍使用的和机器可读的”。第 29 条工作组的指南指出，对于什么是“普遍使用的”，这要视具体场景和技术共识而定，而在没有约定与共识的情况下，应当使用通用的开放格式的数据，使得数据的重新利用成为可能。数据控制者不得以非通用格式为个人提供数据，因为这会使得用户无法便捷地重新使用数据。[⑤] 而对于“机器可读的”格式，欧盟的相关法律则将其定义为“使得软件应用程序能够轻易地识别、认知和提取特定数据的格式”，而那些限制自动处理的文件

---

① 欧盟《通用数据保护条例》第 15 条。

② 欧盟《通用数据保护条例》第 20 条第 1 款。

③ 能够关联到个体的“假名化数据”（pseudonymous data）将被视为个人数据。

④ See Guidelines on the Right to Data Portability 2017，at https：//iapp.org/media/pdf/resource_center/WP29-2017-04-data-portability-guidance.pdf(Last Visited on July 30, 2022).

⑤ See Guidelines on the Right to Data Portability 2017，at https：//iapp.org/media/pdf/resource_center/WP29-2017-04-data-portability-guidance.pdf(Last Visited on July 30, 2022).

格式编码的文档将被排除在外，因为从这些文档中很难提取相应数据。[①]

总体上，个人信息可携带权既具有增进个人选择自由、促进数据流通与再利用、推动数字市场公平竞争的功能，同时也可能带来个人数据联结的多元主体权益冲突、加剧数据流动风险、引发技术创新受阻、反向损害公平竞争等问题，因此，该权利还需设置相应适用条件。[②]

五、更正补充权

更正补充权，是指个人发现其个人信息不准确或不完整时，请求个人信息处理者进行更正补充的权利。不准确的个人信息，是指处理者所处理的个人信息与真实的个人信息不一致，不能反映真实的情况。不完整的个人信息，是指个人信息存在缺失或者遗漏。更正补充权是质量原则的体现。个人只能对其个人信息请求更正或补充，当某个信息并非仅仅是某个特定个人的个人信息，而是涉及其他人时，该个人不能以该个人信息不准确或不完整为由，请求更正或补充。信息处理者在接收到更正补充请求后，应当核实是否存在不准确或不完整的情形，并及时更正或补充。

六、删除权

删除权，是指个人针对个人信息处理者提出请求删除其个人信息的权利。依据《个人信息保护法》第 47 条，当存在需要删除个人信息的情形时，首先应当由个人信息处理者主动删除个人信息。当负有主动删除个人信息义务的处理者没有删除时，个人作为删除权的主体有权请求其删除。个人信息的删除权可以由信息主体本人亲自行使，也可以委托其他人代为行使。个人信息处理者在收到个人提出的删除个人信息的请求后，负有验证提出请求的个人是否属于适格主体的义务。《个人信息保护法》第 47 条第 1 款规定了以下五种应当删除个人信息的情形：（1）处理目的已实现、无法实现或者为实现处理目的不再必要；（2）个人信息处理者停止提供产品或者服务，或者保存期限已届满；（3）个人撤回同意；（4）个人信息处理者违反法律、行政法规或者违反约定处理个人信息；（5）法律、行政法规规定的其他情形。第 47 条第 2 款规定了两种不能删除的情形：一是法律、行政法规规定的保存期限未届满；二是删除个人信息从技术上难以实现。

---

① See Amending Directive 2003/98/EC on the Re-use of Public Sector Information, at http://www.nationalarchives.gov.uk/documents/information-management/response-open-data-user-group.pdf (Last Visited on July 30, 2022).

② 参见王锡锌：《个人信息可携权与数据治理的分配正义》，载《环球法律评论》2021 年第 6 期。

七、解释说明权

解释说明权，是指个人要求个人信息处理者对其个人信息处理规则进行解释说明的权利。个人信息处理规则是个人信息处理者单方面制定的关于处理个人信息的规则，其应当面向个人，以浅显、易懂、便于理解的方式清晰地向个人阐明处理者需要收集何种信息，将作出何种涉及个人权利义务的处理行为。然而，由于个人信息处理的专业性，该规则难免会因为专业的文字表述存在理解上的问题，因而只要个人对个人信息处理规则有疑问的，都有权要求个人信息处理者加以澄清说明。

八、近亲属对死者个人信息的权利

《个人信息保护法》第49条规定："自然人死亡的，其近亲属为了自身的合法、正当利益，可以对死者的相关个人信息行使本章规定的查阅、复制、更正、删除等权利；死者生前另有安排的除外。"其权利要件有三项：其一，近亲属只有在针对死者的个人信息要求行使查询复制权、删除权等权利时，才需要适用本条规定；其二，该权利所保护的利益是属于死者近亲属的，而非死者的或者其他人的；其三，死者生前没有对其死后如何行使对其个人信息的权利作出相应的安排。

第四节　个人信息处理者的义务

《个人信息保护法》第五章专门规定了个人信息处理者的义务。《个人信息保护法》在赋予信息主体权利的同时，也相应地为信息处理者提出了信息处理义务要求。因此，本节内容所提及的个人信息处理者的义务针对的是《个人信息保护法》第五章中的具体规定。总体而言，可以分为个人信息处理者均应履行的基本义务以及在特定条件下的信息处理者应当履行的特别义务。

一、个人信息安全保障的一般义务

《个人信息保护法》第51条规定，个人信息处理者应当根据个人信息的处理目的、处理方式、个人信息的种类以及对个人权益的影响、可能存在的安全风险等，采取措施确保个人信息处理活动符合法律、行政法规的规定，并防止未经授权的访问以及个人信息泄露、篡改、丢失。

首先，该项义务需要信息处理者从个人信息的"处理目的""处理方式""个人信息的种类""对个人权益的影响""可能存在的安全风险"这几个方面考量是否具有采取措施的必要。具体而言，处理目的可以分为营利、维护公共安全等；

处理方式包括收集、存储、使用、加工、传输、提供、公开、删除；个人信息的种类包括普通个人信息、敏感个人信息、私密信息；对个人权益的影响可能是积极的或消极的，也可能是人身性质的或财产性质的；可能存在的风险既可以是短期的已经出现的，也可以是未来的尚未显露的，如未经授权的访问以及个人信息泄露、篡改、丢失等。因此，每一个考量因素的不同会使得信息处理者所需采取的应对措施也有所差异。

其次，可以采取的措施包括以下几种：一是制定内部管理制度和操作规程；二是对个人信息实行分类管理；三是采取相应的加密、去标识化等安全技术措施；四是合理确定个人信息处理的操作权限，并定期对从业人员进行安全教育和培训；五是制定并组织实施个人信息安全事件应急预案；六是法律、行政法规规定的其他措施。

二、设置个人信息保护负责人并履行相关职责

《个人信息保护法》规定的个人信息保护负责人制度借鉴了国外的数据保护官（Data Protection Officer）制度。在《个人信息保护法》颁布前，《信息安全技术 个人信息安全规范》（GB/T 35273—2020）第 11 条规定了个人信息保护负责人制度，而《个人信息保护法》的采纳使得该项制度正式成为一项法律制度。具体而言，该项制度分为以下几个方面。

第一，负有该项义务的主体是处理个人信息达到国家网信部门规定数量的个人信息处理者。根据《信息安全技术 个人信息安全规范》（GB/T 35273—2020）的规定，处理超过 100 万人的个人信息、预计在 12 个月内处理超过 100 万人的个人信息、处理超过 10 万人的个人敏感信息的信息处理者应当设立专职的个人信息保护负责人。

第二，个人信息处理者应当公开个人信息保护负责人的联系方式，并将个人信息保护负责人的姓名、联系方式等报送履行个人信息保护职责的部门。因此，个人信息保护负责人应当为自然人，而非法人或法人组织。该项规则既是信息处理者告知义务的体现和对信息主体知情权的保障，同时也能够更好地实现个人与个人信息保护负责人之间的联系，并对其进行监督。

第三，个人信息处理者如果在我国境外处理我国境内自然人个人信息，应当在我国境内设立专门机构或者指定代表，负责处理个人信息保护相关事务，并将有关机构的名称或者代表的姓名、联系方式等报送履行个人信息保护职责的部门。

第四，个人信息保护负责人的职责是对个人信息处理活动以及采取的保护措施等进行监督。《信息安全技术 个人信息安全规范》（GB/T 35273—2020）第 11.1 条对个人信息保护负责人的职责作出了详细列举，具体包括以下几个方面：（1）全面统筹实施组织内部的个人信息安全工作，对个人信息安全负直接责任；

（2）组织制定个人信息保护工作计划并督促落实；（3）制定、签发、实施、定期更新个人信息保护政策和相关规程；（4）建立、维护和更新组织所持有的个人信息清单（包括个人信息的类型、数量、来源、接收方等）和授权访问策略；（5）开展个人信息安全影响评估，提出个人信息保护的对策建议，督促整改安全隐患；（6）组织开展个人信息安全培训；（7）在产品或服务上线发布前进行检测，避免未知的个人信息收集、使用、共享等处理行为；（8）公布投诉、举报方式等信息并及时受理投诉举报；（9）进行安全审计；（10）与监督、管理部门保持沟通，通报或报告个人信息保护和事件处置等情况。

三、合规审计义务

个人信息处理者定期对其处理个人信息遵守法律、行政法规的情况进行合规审计，是合法原则的体现。信息处理者的信息处理行为是持续性、动态性的。因此，定期履行合规审计义务，一方面可以在动态过程中实现信息处理行为持续满足法律要求，另一方面也有利于信息处理者自我管理，及时发现信息处理过程中可能存在的问题和风险。

四、信息安全评估与补救义务

依据信息处理行为所处的流程，为了更好保障信息安全，信息安全义务设置了加强义务，分为事前、事中、事后三个阶段。

事前与事中主要是个人信息保护影响评估与记录义务，即在开展对个人权益有重大影响的个人信息处理活动之前，应当进行个人信息保护影响评估，并对处理情况进行记录。具体情形包括处理敏感个人信息、利用个人信息进行自动化决策、委托处理个人信息、向其他个人信息处理者提供个人信息、公开个人信息、向境外提供个人信息等。个人信息保护影响评估应当包括以下内容：一是个人信息的处理目的、处理方式等是否合法、正当、必要；二是对个人权益的影响及安全风险；三是所采取的保护措施是否合法、有效并与风险程度相适应。个人信息保护影响评估报告和处理情况记录应当至少保存三年。

事后主要是个人信息泄露时的补救措施与通知义务，即发生或者可能发生个人信息泄露、篡改、丢失的，个人信息处理者应当立即采取补救措施，并通知履行个人信息保护职责的部门和个人。通知的内容应当包括发生或者可能发生个人信息泄露、篡改、丢失的信息种类、原因和可能造成的危害，个人信息处理者采取的补救措施和个人可以采取的减轻危害的措施以及个人信息处理者的联系方式。个人信息处理者采取措施能够有效避免信息泄露、篡改、丢失造成危害的，个人信息处理者可以不通知个人；履行个人信息保护职责的部门认为可能造成危害的，有权要求个人信息处理者通知个人。

五、大型互联网平台的“守门人义务”

“守门人义务”是针对作为大型互联网平台经营者的信息处理者设置的特殊的信息处理义务。大型互联网平台经营者处理个人信息的数量往往巨大，种类繁多，并且具有极强的信息控制能力和处理能力，进而拥有了强大的权力。[①] 因此，其个人信息处理活动对于个人权益产生的各种威胁和损害也是非常巨大且难以预测的，也应当承担更多的保障个人信息权益的责任。

“守门人”需要同时满足三项条件：第一，提供重要互联网平台服务。也就是说，个人信息处理者所提供的互联网平台服务对于社会生产生活而言非常重要，平台的提供者对于平台上的用户具有很强的控制力。第二，用户数量巨大。既包括使用个人信息处理者提供的重要互联网平台服务的用户数量非常大，也包括该网络平台服务中处理的个人信息涉及的个人数量巨大。第三，业务类型复杂，即个人信息处理者提供的重要互联网平台服务中的交易业务架构多样且复杂。

“守门人义务”一共包括四项：一是按照国家规定建立健全个人信息保护合规制度体系，成立主要由外部成员组成的独立机构对个人信息保护情况进行监督；二是遵循公开、公平、公正的原则，制定平台规则，明确平台内产品或者服务提供者处理个人信息的规范和保护个人信息的义务；三是对严重违反法律、行政法规处理个人信息的平台内的产品或者服务提供者，停止提供服务；四是定期发布个人信息保护社会责任报告，接受社会监督。

综合而言，构筑以“守门人”制度为标志的数据监管体系，打破了国家与个人的二元结构，形成了国家公权力、平台私权力、用户私权利的三元格局。[②] 这既可以防止回归传统监管手段，又能推动数字经济发展，实现双赢乃至多赢，具有重要的战略意义与全局意义。[③]

第五节　个人信息保护管理制度

一、履行个人信息保护职责的部门

履行个人信息保护职责的部门包括国务院有关部门和县级以上地方人民政

① 参见马长山：《数字社会的治理逻辑及其法治化展开》，载《法律科学（西北政法大学学报）》2020 年第 5 期。

② 参见马长山：《数智治理的法治悖论》，载《东方法学》2022 年第 4 期。

③ 参见周汉华：《〈个人信息保护法〉“守门人条款”解析》，载《法律科学（西北政法大学学报）》2022 年第 5 期。

府有关部门，分别在遵守有关法律、行政法规的规定和国家有关规定的情况下在各自职责范围内履行以下个人信息保护职责：第一，开展个人信息保护宣传教育，指导、监督个人信息处理者开展个人信息保护工作；第二，接受、处理与个人信息保护有关的投诉、举报；第三，组织对应用程序等个人信息保护情况进行测评，并公布测评结果；第四，调查、处理违法个人信息处理活动；第五，法律、行政法规规定的其他职责。

履行个人信息保护职责的部门履行个人信息保护职责，可以采取下列措施：第一，询问有关当事人，调查与个人信息处理活动有关的情况；第二，查阅、复制当事人与个人信息处理活动有关的合同、记录、账簿以及其他有关资料；第三，实施现场检查，对涉嫌违法的个人信息处理活动进行调查；第四，检查与个人信息处理活动有关的设备、物品，对有证据证明是用于违法个人信息处理活动的设备、物品，向本部门主要负责人书面报告并经批准，可以查封或者扣押。在履行职责中，发现个人信息处理活动存在较大风险或者发生个人信息安全事件的，可以按照规定的权限和程序对该个人信息处理者的法定代表人或者主要负责人进行约谈，或者要求个人信息处理者委托专业机构对其个人信息处理活动进行合规审计；发现违法处理个人信息涉嫌犯罪的，应当及时移送公安机关依法处理。履行个人信息保护职责的部门应当公布接受投诉、举报的联系方式，收到投诉、举报的部门应当依法及时处理，并将处理结果告知投诉、举报人。

二、国家网信部门

国家网信部门统筹协调有关部门依据《个人信息保护法》推进下列个人信息保护工作：第一，制定个人信息保护具体规则、标准；第二，针对小型个人信息处理者、处理敏感个人信息以及人脸识别、人工智能等新技术、新应用，制定专门的个人信息保护规则、标准；第三，支持研究开发和推广应用安全、方便的电子身份认证技术，推进网络身份认证公共服务建设；第四，推进个人信息保护社会化服务体系建设，支持有关机构开展个人信息保护评估、认证服务；第五，完善个人信息保护投诉、举报工作机制。

第六节 个人信息权益的救济制度与特殊法律责任

一、司法救济制度

（一）个人信息权利之诉

我国《个人信息保护法》第 50 条第 2 款规定："个人信息处理者拒绝个人

行使权利的请求的，个人可以依法向人民法院提起诉讼。”这打开了个人向法院寻求信息权利救济的大门。

基于比较法视野，该项权利救济与欧盟《通用数据保护条例》第79条规定相似。欧盟《通用数据保护条例》第79条第1款规定：任何数据主体认为，由于违反本条例而处理其个人数据，导致其被本条例所赋予的权利被侵犯，在这些情形下其都有获取司法救济的权利。从性质上看，这一条款并非传统侵权救济，而是提供了对个人信息被保护权这一基本权利的救济，具有私人行为触发公共执法的特征。这是因为，欧盟将个人数据被保护权视为一种源自《欧盟基本权利宪章》的宪法性权利。在这种个人信息权利定位下，数据主体向法院提起权利请求，本质上是请求法院对个人信息权利进行确认与执法，而非对传统侵权法意义上的“损害”进行赔偿。在实体法规定方面，我国《个人信息保护法》与欧盟《通用数据保护条例》都将个人信息权利的渊源追溯到法律甚至宪法层面，都规定了知情同意权、决定权、查阅复制权、转移权、更正补充权、删除权、解释说明权等个人信息权利，只不过两者的表述略有区别。

然而，我国个人信息权利之诉的性质尚不明确。仅从《个人信息保护法》看，我国的个人信息权利诉讼应该与欧盟类似，是一种公法基本权利在民事领域的直接适用。有观点主张，我国个人信息保护法律体系应以法律权利为概念基础，将个人信息受保护权作为宪法基本权利。[①] 但是，在制定《个人信息保护法》之前，《民法典》人格权编中的第1035条至第1039条就规定，自然人可以向信息处理者查询复制信息、要求更正删除信息。在这一背景下，个人信息权利之诉到底是民事权利之诉还是公法基本权利之诉并不明确，尚待研究。目前可以肯定的是，无论个人依据《民法典》个人信息条款还是《个人信息保护法》提起诉讼，都应当被视为同一性质的法律行为，否则将造成司法适用的混乱与法律体系的冲突。

（二）个人信息侵权之诉

我国《个人信息保护法》第69条第1款规定：“处理个人信息侵害个人信息权益造成损害，个人信息处理者不能证明自己没有过错的，应当承担损害赔偿等侵权责任。”然而，依据这一规定提起诉讼面临不少难点。

其一，如何界定损害？一方面，损害可以作非常宽泛的界定，将违反法定个人信息权利与信息处理者义务的各种行为均视为损害，如信息处理者没有设置隐私政策，未提供查阅复制、转移、更正补充、删除等各项权利均视为损害；另一方面，损害也可以作狭义界定，仅仅认可具体损害，而将各类违规行为、风险与焦虑排除在侵权损害之外。不同界定将导致个人信息侵权救济的范

① 参见王锡锌：《个人信息国家保护义务及展开》，载《中国法学》2021年第1期。

围不同。

其二，如何理解与适用归责原则？在传统的侵权法理论中，有三要件说和四要件说。在三要件中，过错为侵权的构成要件，而违法性并不属于构成要件。在四要件说中，过错与合法性系两个不同的侵权构成要件，两者有明确的区分。《个人信息保护法》第69条确立了过错推定原则。但是，在规制与侵权交错的背景下，如何理解个人信息保护中的过错仍是一个难题：信息处理者存在违法违规，是否就意味着存在过错？反之，信息处理者合法合规，是否等同于不存在过错，或者可以作为免责抗辩？

其三，由个人信息引发的侵权案件中，常常存在因果关系复杂的特征，法律应当如何确定侵权与损害之间的关系尚不明确。

其四，如何确定个人获得的救济与赔偿？《个人信息保护法》第69条第2款规定，侵害个人信息的“损害赔偿责任按照个人因此受到的损失或者个人信息处理者因此获得的利益确定；个人因此受到的损失和个人信息处理者因此获得的利益难以确定的，根据实际情况确定赔偿数额”。然而，在人身财产损失中，个人的损失额度相对容易确定，但大量案件给个人造成的损害都属于微型侵权或个人信息泄露造成的风险性损害，故确定赔偿数额面临挑战。

上述个人信息侵权法保护的难题，实际反映了领域法与侵权法的复杂关系。对此，一种可能的方案是，个人信息侵权之诉应当回到个人信息治理的框架中进行理解，而不是按照传统侵权法的逻辑来“切割”个人信息保护研究。由于侵害个人信息的风险性特征与公共性特征更为明显，侵权法既应该更加注重从个体赔偿迈向风险治理，重新设计其制度根据；还应当与规制法、公益诉讼等制度进行协调。

二、特殊法律责任：行政救济制度

个人信息权益保护的行政救济制度主要体现在《个人信息保护法》第66条至第68条。行政救济是违法行为人向国家承担责任，即通过行政处罚的防范制裁侵害个人信息的行为，以停止侵害行为，救济个人信息权利人合法权益的救济形式。

（一）对违法处理个人信息的行为进行行政处罚

《个人信息保护法》第66条是对违反该法规定处理个人信息，或者处理个人信息没有履行该法规定的个人信息保护义务行为的行政处罚规定。因而该条将应受到行政处罚的行为分为两类。同时，该条根据违法行为的情节严重与否，规定了不同的行政处罚责任。

首先，该条规定的违反《个人信息保护法》规定处理个人信息的行为，主要指违反该法第2章“个人信息处理规则”的个人信息处理活动，如非法收集、买卖、提供个人信息等行为。该条规定的处理个人信息没有履行《个人信息保护法》规定的个人信息保护义务的行为，主要指违反该法第5章“个人信息处理者的义务”的行为，即处理活动本身是合法的，但是处理过程中没有履行个人信息保护义务，从而导致个人信息遭到泄露、篡改或丢失等情形。

其次，该条区分了情节一般和情节严重两种情形，关键区别在于实施行政处罚的主体不同。情节一般的违法行为由履行个人信息保护职责的部门予以责令改正，并实施其他行政处罚；而情节严重的违法行为由省级以上履行个人信息保护职责的部门责令改正，并有权吊销相关业务许可或营业执照。

（二）对个人信息违法行为记入信用档案并予以公示

《个人信息保护法》第67条规定：“有本法规定的违法行为的，依照有关法律、行政法规的规定记入信用档案，并予以公示。”该规定属于失信惩戒措施的一种。将违法行为人、违法信息等内容记入信用档案，既可以使得社会公众及时有效知晓相关违法信息，达到公开普法的功效，同时可以及时对个人信息处理者进行信誉限制。大量个人信息处理者属于企业等大型商业机构，信用档案对于企业的信誉而言较为重要，因而该规定具有较强的警示作用。

（三）国家机关不履行个人信息保护义务的特殊责任

《个人信息保护法》第68条规定了国家机关不履行该法规定的个人信息保护义务所应承担的责任，以及对履行个人信息保护职责部门工作人员的违法行为处分。《个人信息保护法》第68条规定：“国家机关不履行本法规定的个人信息保护义务的，由其上级机关或者履行个人信息保护职责的部门责令改正；对直接负责的主管人员和其他直接责任人员依法给予处分。履行个人信息保护职责的部门的工作人员玩忽职守、滥用职权、徇私舞弊，尚不构成犯罪的，依法给予处分。”国家机关作为强势的公权力机构，其合法掌握了公民大量个人隐私和个人数据，并且具有极强的正当性，往往也超出了告知同意原则的范围。因而一旦国家机关泄露个人信息，其后果将难以想象，不仅会对个人人身财产利益造成损害，对公共利益、国家安全也可能造成极为严重的后果。

三、个人信息保护与公益诉讼制度

公益诉讼制度是《个人信息保护法》中对个人信息侵权救济措施的重大创新。由于个人信息侵害的案件往往不是单一案件，个人信息处理者通常会同时处理大量的个人信息数据，因而一旦出现违法行为造成利益损失，将侵害不特定多数人的合法权益。处理因相同案由引起的大量纠纷不仅浪费司法资源，也不利于保护当事人合法利益。公益诉讼具有延伸性的制度张力，可以调动诸多手段，协同多个部门，通过具有更强纠纷解决能力的组织和机关介入，对个人信息的保护更具专业性、权威性和便利性，有利于克服实践中个人起诉存在的举证困难以及成本较高等问题。

从制度安排上看，提起个人信息保护公益诉讼的诉权主体有人民检察院、法律规定的消费者组织和由国家网信部门确定的组织。此前，最高人民检察院出台的《关于积极稳妥拓展公益诉讼案件范围的指导意见》已明确将个人信息保护纳入公益诉讼检察工作新领域。对于涉公民个人信息的案件，检察机关在决定是否提起公益诉讼时，需考虑公民个人信息被侵犯的程度以及对整个社会造成的影响等因素。在《个人信息保护法》通过后，最高人民检察院又下发了《关于贯彻执行个人信息保护法推进个人信息保护公益诉讼检察工作的通知》，对个人信息公益诉讼的若干制度进行了进一步规定。公益诉讼制度的确立，有利于有效破解互联网个人信息侵害的治理难题，进一步提升我国个人信息的保护力度。[①]

① 参见王利明、丁晓东：《论〈个人信息保护法〉的亮点、特色与适用》，载《法学家》2021年第6期。

第十六章　公共数据开放制度

第一节　政府信息公开与公共数据开放

一、政府数据开放基本概念

过去十数年来，全球范围内科技、社会、政治领域中发生的主要变化扭转了各国政治实践与行政过程，并且深刻改变了政府和社会之间的关系。在科技领域，电讯供应商提供的创新移动终端、快速网络以及移动宽带基础设备，让越来越多的消费者用上智能手机，由此产生海量数据。社会也在快速变革，对参与和精确契合政府服务提出了要求。许多国家的政治文化也从以信息为主旨转移到以沟通为主旨，从而在公民参与的基础上提出解决方案，即所谓的开放政府运动。透明性、参与性、协作性作为开放政府所要解决的先决问题，必然要求对数据的自由获取，由此产生了“开放数据”或“公共数据”等相关法律理念和实践。

（一）数据开放背景与定义

数据开放（open access）原本仅指国外学术圈发起的要求特定学术数据库向社会无偿开放数字学术资源和出版物的运动。随着开放政府运动的兴起，这一概念被赋予了政治和法律意义，指的是政府掌握的数据应当在不受任何知识产权限制的情况下保障每个人都能够获取和重新分配。[①]

按照开放知识基金会的解释，要求政府无条件开放数据至少有三重理由。一是提升政府透明性。为了拥有运行良好的民主社会，公民以及其他利益相关方需要监督政府的动机和正当性。透明性意味着利益相关方不仅可以获取数据，还包括应当有能力去利用、再利用、分配数据。实现透明性能够极大地提升公民对社会的控制。二是释放社会和商业价值。政府是在许多不同领域最大的数据生产者和收集者。所有数据，不管是学校地址、地理数据、环境数据、交通

---

① See Maxat Kassen, *A Promising Phenomenon of Open Data: A Case Study of the Chicago Open Data Project*, Government Information Quarterly, Vol. 2013(30), p.508.

运输规划数据，还是预算数据，均具有社会和商业价值，能够被用于与当初预想不同的若干目的。通过公布数据，政府促成利益相关方对其加以创新并创造新的服务。三是推动参与式治理。通过公布政府数据，公民被赋予了积极参与治理过程的机会，如参与政府决策和政策制定。通过门户信息等政府开放数据，利益相关方还可以在更熟悉情况的基础上作出更好的决定。开放知识基金会还提出了“政府数据开放”定义，具体是指：（1）政府或政府控制下的实体生产的或委托的数据；（2）数据是公开的，即能够被任何人自由免费地利用、再利用以及加以分配。①

此外，政府数据开放并非单一的静态概念，而是包含至少以下九个阶段的完整周期：数据创建、数据预处理、数据策划、数据存储与获取、数据发布、数据检索/获取、数据流程、数据利用、数据协作，各个阶段需要借助专业工具和数据处理方法。②

（二）数据开放与相关概念

与政府数据开放相关的概念还有很多，如开放数据、公共数据、数字政府、关联数据、数据门户、数据发布、数据消费、数据质量等。这些概念之间存在内涵相似或者外延隶属、交叉关系，有必要加以细致区分。③

1. 开放数据

开放数据是最为宽泛的概念，关键特征是促成自由地利用、再利用、分配数据，不应当歧视任何人以及对任何领域、项目的数据加以限制；通过公开形式发布的数据理应独立于数据平台，能够机器可读，并且不加限制地对公众开放。

2. 公共数据

公共数据与开放数据之间存在些许差别，前者是对一般公众而言可以自由获取的数据，但不一定是公开的。可以获取但不开放数据的典型例子是司法文书和存档，可以被公众自由调阅、复制、保存，但需要付出努力去识别和调阅特定存档。但是如果公共数据在电子化、索引化之后以标准格式发布在网络上就成了开放数据。

① 参见开放知识基金会关于政府数据开放的说明，载 http://opengovernmentdata.org/index.html%3Fp=317.html，2022年6月12日访问。

② See Yannis Charalabidis, Charalampos Alexopoulos & Euripidis Loukis, *A Taxonomy of Open Government Data Research Areas and Topics*, Journal of Organizational Computing and Electronic Commerce, Vol. 2016(26), p.56.

③ See Judie Attard et al., *A Systematic Review of Open Government Data Initiatives*, Government Information Quarterly, Vol. 2015(32), p.399–418.

3. 政府开放数据

政府开放数据属于开放数据的下位概念，仅指与政府有关的数据向公众开放。政府数据通常包括多个数据集合，既包括预算与决算、污染、人口统计、地理等，又包括公共行政部门（下属部门和公务人员）“拥有”的环境污染、公共交通、交通拥堵、儿童保健和教育等相关数据。

4. 数字政府（电子政务）

目前，有关数字政府的定义很多，但核心理念在于政府使用技术来加强对包括公民、商业伙伴、雇员和其他政府机构在内的实体的服务。数字政府使用的最常见技术是网络应用，用以帮助公民和政府之间的互动，更有效地提供信息和服务。电子政务最初表现为政府在互联网上以简单形式存在，如政府信息网站。随着“开放政府”概念的引入，政府开放数据成为电子政务的一个子集或延伸。

5. 关联数据

关联数据活动是遵循互联网上发布和链接结构化数据最佳实践的流程。在著名的“开放数据5星部署计划”当中，关联数据是最高的5星要求和最后步骤，具体指的是在网络上发布的数据除了满足机器可读的基本要求之外，还需要与其他外部数据相互链接提高数据采用率，最终使网络发展成为包含数十亿断言片段的全球信息空间。

6. 数据门户（网站）

开放数据的目的是开放公共部门信息以最大限度地提高再利用率。一个典型的实施方式是在中央数据门户或者数据目录当中收集和发布“数据集”，为数据消费者提供一站式服务。数据目录与数据门户有所不同，前者最常见的运行方式是作为数据源的注册表提供链接，而后者则是承载实际数据的单一入口，方便终端用户搜索和访问已发布的数据并以某种方式探索或与之互动。此外，数据门户（网站）的一个关键功能是管理和协调数据集的元数据。政府数据门户（网站）提供了各种工具，如数据格式转换、可视化查询端点等。

7. 数据发布

数据发布指的是在网络上发布数据，使数据提供者能够将他们掌握的数据添加到全球数据空间中。这使得数据消费者可以在各种应用中发现和使用这些数据。通过遵循链接数据的最佳实践，发布的数据更容易被访问，也更容易被重用。大量的链接数据发布工具将RDF存储的内容作为网络上的链接数据提供，或者在非RDF数据源上提供链接数据视图，这些工具中的大多数允许发布者避免处理数据发布背后的技术细节。

8. 数据消费

数据消费指的是数据的利用、再利用和重新分配。如果数据发布者遵循关联数据的最佳实践，这些数据将更容易被发现和访问，消费者就会更容易发现所发布的数据集的内容，决定是否需要使用这些数据的内容、判断是否符合使用预期。数据消费者和数据发布者的角色不同，但是可以互换，即发布者也可以是消费者。数据消费既可以是数据探索，即用户对开放数据进行可视化或仔细检查，也可以是数据利用，即用户通过创建混搭、引导分析，为开放数据增加价值混搭、引导分析，或对数据本身进行创新。

9. 数据质量

目前关于数据质量尚无统一定义，但一般认为是数据的适用性，具有主观和客观双重维度。主观的数据质量反映了数据消费者的要求和经验。而客观评估可以是与任务相关的，也可以是与任务无关的。与任务无关的质量反映数据的属性，而不需要了解它将如何被消费的背景知识。与任务相关的质量反映了当前应用的要求。因此，尽管一个公共实体发布了政府数据，如果这些数据在消费者方面没有良好的质量标准，那么这些数据就不会被充分利用并发挥其潜力。

二、国外公共数据开放的立法与实践概况

世界范围内看，公共数据开放可以追溯到20世纪七八十年代。但是针对数据开放进行专门立法和实践活动集中出现在21世纪初，以欧盟、美国、英国、法国等国家和地区为代表，立法和实践内容视本土情况而有所不同。与此同时，各国在国际组织和国际合作框架下也出现了数据开放的国际倡议和措施等实践，与国家层面活动形成了互为补充的局面。

（一）欧盟

欧盟范围内有关数据开放最早的立法可以追溯到1989年的《改进信息市场上公司部门合作状况的指南》。随着20世纪90年代末至今先后发布或生效的《公共部门信息——欧洲的关键资源》（1998年）、《关于公众获取欧洲议会、理事会、委员会文件的规定》（2001年）、《通用数据保护条例》（2018年）等一系列报告、法律、提案等的出台，欧盟逐渐形成了多维度的数据开放法律框架。目前最新的法律文件为2022年通过的《欧洲数据治理条例》（又被称为《数据治理法》），旨在实现公共部门数据再利用、加大对数据中介服务的信任、促进欧盟成员国间数据共享、建立数据市场新规则。[①]

与上述文件相比，欧盟有关数据开放最为重要的法律文件是《开放数据和公共部门信息再利用指令》（PSI指令），[②] 其在2003年正式获得通过。该指令对

① See Regulation (EU) 2022/868 of the European Parliament and of the Council of 30 May 2022 on European Data Governance and Amending Regulation (EU) 2018/1724 (Data Governance Act).

② "Directive 2003/98/EC on the Re-use of Public Sector Information"，目前也被称作开放数据指令（Open Data Directive）。

欧盟成员国公共部门信息能够被获取、再利用作出了最低要求的规定。PSI 指令试图在欧盟、成员国、地区、地方层面为公共领域信息的再利用扫清障碍，也为各成员国提供了数据开放领域可供普遍使用的立法框架，将数据开放建立在透明度和公平竞争这两个关键环节之上。为了突出数据对社会和经济的重要性，PSI 指令第 13 条第 1 款特别规定了地理空间、地球观测和环境、气象、统计、公司和公司所有权、流动性等 6 个“高价值数据集”，要求这些数据以文件形式存在、受单独规则的约束，以确保它们以机器可读的格式免费提供，特别是通过应用程序接口（APIs）提供，并在有关情况下可以被批量下载。PSI 指令在 2019 年进行了最新修改：（1）强化动态数据的发布和应用程序接口（APIs）的使用。（2）限制例外允许公共机构对其数据的再利用收取高于边际传播成本费用的情况。（3）将指令的适用范围扩大到由公共事业单位持有的数据，并配套特定的规则，同时在原则上，当指令适用于企业提供的可再利用的数据，对这些数据的再利用的收费才可以高于传播的边际成本；对于由公共资助产生的研究数据，成员国将被要求制定开放获取公共资助研究数据的政策，而且新的规则也将促进包含在开放资源库中的研究数据的再利用。（4）加强涉及公共部门信息的公私协议的透明度要求，避免出现排他性安排。[①] 该指令要求成员国在 2021 年 7 月 16 日以前转化为国内法。

欧盟地区的数据开放采用了“多中心化”实践方式，根据数据内容和消费目的的不同分别在数量众多的应用程序接口（APIs）或者数据门户进行发布。据不完全统计，目前欧盟地区至少有 219 个 APIs，从汽车牌照到快递信息等无所不包，还收录至少 10 个研究数据发布渠道。数据消费者需要在专门的索引网站上搜索数据集或者数据集内容获取数据和相关信息。[②]

（二）美国

美国的信息公开制度可以追溯到 20 世纪通过并生效的《信息自由法》（1966 年）、《隐私权法》（1974 年）、《阳光下的政府法》（1977 年），为联邦政府信息开放和公民隐私保护奠定了基础。到了 21 世纪最初十年，奥巴马政府时期推行的“透明与积极公民参与运动”将政府开放数据提升到了新高度。奥巴马在 2009 年 1 月就职之后不久就签署了《透明和开放政府备忘录》，提出政府应满足“透明”“参与”“协同”原则，要求在政府网站上发布更多数据库，促进公

① 参见欧洲开放数据立法的说明，载 https：//digital-strategy.ec.europa.eu/en/policies/legislation-open-data，2022 年 6 月 14 日访问。

② 参见欧盟地区数据开放应用程序接口（APIs）以及数据门户，载 https：//www.programmableweb.com/category/european，2022 年 6 月 13 日访问。

众更好地了解政府信息。[①] 作为起草成员的白宫首席技术官员、预算管理办公室（OMB）、联邦总务管理局制定了更为详细的《开放政府指令》，共分为四个部分：（1）在网上发布政府信息以提高政府责任、促进公众的知情参与、创造经济机会；（2）改善政府信息质量，要求高级官员确保发布的信息符合信息质量指导标准；（3）开创和制度化开放政府文化，要求各部门高级官员努力将透明、参与、协同价值融入日常工作；（4）创设开放政府的政策框架，利用新兴技术在政府和民众之间开展新形式的交流沟通。[②] 2019 年，美国又通过了《开放政府数据法》，对数据收集的日常性审查、数据清单更新 / 数据目录与在线存储库、首席数据官和委员会、开放政府数据报告和评估作出了更为具体的规定，成为主导数据开放的主要法律依据之一。[③]

美国设立了多个网站和数据门户进行开放数据实践，代表性的有四个：一是始建于 1997 年的 FedStats.gov，是最早公布美国联邦政府公开统计数据的数据门户网站，不仅公布了官方统计数据，还提供了超过 100 个美国联邦政府机构主页链接，方便人们进入查找所需数据，如经济、人口统计趋势、教育、公共卫生数据等；二是根据《联邦资金问责和透明法案》由预算管理办公室（OMB）建立于 2007 年的 USAspending.gov，向公众免费公开联邦资金使用情况，包括获得资金的实体名称、资金总额、资金相关信息（交易类型、实体等）、获得该资金的实体位置和获得该资金实体的唯一标识等；三是在《美国复苏与再投资法案》背景下建立的 Recovery.gov，用于公开 2009 年美国政府经济刺激计划资金使用情况的数据，按照领域、州、政府机构、资金申领者，告知公众支持经济复苏的资助款是如何被使用的；四是根据《开放政府指令》设立的 Data.gov，收录了数以百计的美国政府数据库，提供联邦政府各个机构的农业、经济、医疗等全面原始数据，力求完整、一手和及时，并无须授权向所有公众无差别开放。[④]

（三）英国

英国的数据开放步伐与美国几乎同步。2009 年至 2013 年，英国政府和公共机构频繁出台相关报告和政策文件，在本国范围内推动政府开放数据的发展。2009 年，英国国家档案馆公布《信息权利小组报告》，大力提倡政府、行业和

---

① See Memorandum on Transparency and Open Government, Administration of Barack H. Obama, January 21, 2009.

② 参见美国《开放政府指令》，载 https：//obamawhitehouse.archives.gov/open/documents/open-government-directive，2022 年 6 月 14 日访问。

③ See Public, Electronic and Necessary (OPEN) Government Data Act, in H.R.4174-Foundations for Evidence-Based Policymaking Act of 2018.

④ 参见陆健英、郑磊、Sharon S.Dawes：《美国的政府数据开放：历史、进展与启示》，载《电子政务》2013 年第 6 期。

第三方平台使用信息通信技术，创造更好的公共服务；英国财政部发布《放在前线第一位：聪明政府》报告，要求完全开放数据和公共信息，为政府开放数据的发展提供技术与政策支持。2010 年英国国家档案馆发布的《对公共部门信息的开放政府许可》规定了公共部门信息被许可开放的具体条件。2011 年，英国信息政策与服务部门颁布《简化英国公共部门信息的再利用：英国政务许可框架与政务公开许可》条例，明确了政府“透明议程”和公共数据的原则，并指出数据的再利用是公共利益中不可忽略的重要议题。2012 年，英国内阁办公室部长与财政部主计长共同提交了《开放数据白皮书：释放潜能》，要求政府部门必须以机器可读的形式来发布数据，同时对开放数据的版权许可、收费等事项进行了规定。随后，英国首相宣布《公共部门透明委员会：公共数据原则》，确定了公共数据开放的形式、格式、许可使用范围以及公共机构鼓励数据的再利用等 14 项原则。2013 年，英国政府发布了《抓住数据机遇：英国数据能力策略》，强调政府必须优化公民参与方式，改变服务政策和服务方式，改变责任的承担方式，从技术、基础设施 / 软件和协作、安全与恰当地共享和链接数据三个方面提高数据处理能力。英国内阁办公室发布的《2013 年至 2015 年英国开放政府伙伴关系行动计划》从开放数据、诚信缺失、财政透明度、公民赋权、自然资源的透明度五个方面规划了 2013 年至 2015 年的行动计划。[①] 此后，英国数据开放立法进入了常规通道，每隔数年针对数据开放发布新的行动计划。

英国数据开放实践的门户网站是创建于 2010 年的 data.gov.uk，目前包含了商业经济、政府、市政、犯罪司法、政府支出、公共交通、国防救助、医疗健康、电子服务、教育、地图、政府内部数据、环保、社会等 14 大类数据集，由英国政府、地方政府、公共机构共同发布。此外，该网站还提供批量下载数据链接以及帮助消费者创建发布数据账户。

（四）法国

在法国，最早有关数据开放的规定可以在 1789 年《人权宣言》中找到，规定相关主体“有权要求行政部门的任何公共代理人交代账目”。第二次世界大战后，法国制定的关于企业管理、公共关系和社会及财政事务第 78—753 号法律规定，“无论其日期，保存地点，类型或支持，在执行公共任务过程中由政府执行的过程中产生或接收的文件”属于行政文件范畴，必须传达给“要求得到它的人”。2003 年欧盟《开放数据和公共部门信息再利用指令》出台后被法国转化为国内法。2011 年，法国第 2011—577 号法令规定了重新利用公共部门数据和文件的酬谢原则，允许行政机构考虑对重新利用国家的非物质财产（如数据）收取许可费，要求该决定必须在与公共出版和行政信息理事会协商后以法令形

① 参见朱贝、盛小平：《英国政府开放数据政策研究》，载《图书馆论坛》2016 年第 3 期。

式发布。2016 年，法国立法机关与互联网用户共同协商制定了《数字共和国法案》，随即交由部长会议通过生效成为正式法律。该法案以多种方式推动公共数据访问和获取：（1）扩大行政文件的在线发布范围，限制在互联网上普遍提供的按需管理文件的交流；（2）阐明原则，允许已被传播或公开的公共信息自由地重新用于生产或接收公共任务的其他目的；（3）引入一般利益数据的概念，使负责公共任务的私人公司隶属于行政文件和公共信息体制。几乎在同时，法国在能源领域制定《能源过渡法》，要求在遵守保护私有数据原则前提下，允许任何一方免费再利用有关建筑物、社区、城市等的能源生产和有效能源消耗的最新精确数据。[①]

法国实践数据开放的数据门户网站为创建于 2011 年的 data.gouv.fr，目前托管超过 40000 个数据集，覆盖健康、选举、经济、科学研究、住房和就业、劳动力市场、权利援助、融资、司法犯罪等多个方面。

（五）国际合作与国际组织

国家间有关政府数据开放的活动主要有国家间签署合作协议和加入合作项目两种形式。国家间签署合作协议的代表性例子是《八国集团开放数据宪章行动计划》（G8 ODC）以及后续的《国际数据开放宪章》（ODC）。2013 年，八国集团领导人共同签署了《八国集团开放数据宪章行动计划》，就数据如何支持透明、创新、责任提出了五项核心原则。考虑到更多国家加入的现实需要以及修改数据开放原则的可能性，在不久之后的 2015 年，智利、危地马拉、法国、意大利、墨西哥、菲律宾、韩国、英国和乌拉圭等 9 个国家，以及布宜诺斯艾利斯、米纳蒂特兰、普埃布拉、韦拉克鲁斯、蒙得维的亚、雷诺萨、莫雷洛斯州和哈拉帕等 8 个城市在墨西哥举行的开放政府伙伴关系全球峰会上共同签署《国际数据开放宪章》，允许超过 5 亿公民从开放、积极反应的政府获得经济和社会利益。宪章的主要内容是提出政府开放数据应遵循的六大原则，由签署国和城市吸收进法律和实践。截至 2022 年，全球已经有 88 个国家和地方政府签署了该宪章。[②] 国际合作项目的代表性例子是“开放政府伙伴关系”项目（OPG），由多国领导人和民间社会倡导者于 2011 年启动，致力于促进透明、参与性、包容的、负责任的全球治理。该项目的内容主要由任务与策略、路径、开放数据过程三个部分组成，其总体目标是让开放政府对于公民而言变得更加容易访问、更加积极响应以及更负责任，从而改进民众与政府之间的关系，使每个人产生长期、可预期的利益。截至目前，已有 77 个国家和 106 个地方政府

① 参见法国《能源过渡法》相关内容说明，载 https：//www.unepfi.org/fileadmin/documents/PRI-FrenchEnergyTransitionLaw.pdf，2022 年 3 月 16 日访问。

② 《国际数据开放宪章》，载 https：//opendatacharter.net/，2022 年 6 月 15 日访问。

加入该项目，覆盖全球范围内超过 20 亿民众和数千个民间社会组织。[①]

除了上述提到的国际协议和项目，国际上还存在着许多致力于推动开放政府和数据开放的非营利国际组织。[②] 迄今为止，我国尚未签署或者加入上述开放数据国际组织或签署相关协议，其中一个可能原因在于我国数据开放程度不高，在客观上难以满足合作需求。根据万维网基金会 2016 年对全球 115 个国家数据开放程度的统计，我国在数据开放各项具体指标的总得分为 19.64，远低于开放程度最高的英国（100 分），在全球排名中仅位列第 71 位。[③] 但与此同时，我国与英国等数据开放程度更高的国家之间仍有国际合作空间与可能性，特别是在建设国家数据基础设施、强化开放数据经济发展中的角色、建立政府部门开放数据成熟度评测机制、跟踪评估开放数据的影响力、探索开放数据的商业孵化模式、助力企业发现两国开放数据资源等方面尚有诸多机遇。

三、我国公共数据开放的立法与实践概况

（一）我国数据开放立法概况

我国关于公共信息开放的法规主要是 2007 年 4 月颁布、2008 年 5 月 1 日起施行的《政府信息公开条例》（2019 年已修订），但当时仅限于经过整合分析之后的统计数据。我国对政府数据开放进入快车道是在 2015 年，当年公布的《促进大数据发展行动纲要》明确指出，到 2018 年年底前将建成国家政府数据统一开放平台，并在 2020 年年底之前逐步实现信用、交通、医疗、卫生、就业、社保、地理、文化、教育、科技、资源、农业、环境、安监、金融、质量、统计、气象、海洋、企业登记监管等民生保障服务相关领域的政府数据集向社会开放。

此后，我国在国家层面制定和通过一系列政策、法律法规、管理机制、规范手段完善数据开放的法律框架，其中较为重要的有《政务信息资源共享管理暂行办法》（2016 年）、《政务信息系统整合共享实施方案》（2017 年）、《科学数据管理办法》（2018 年）、《建设高标准市场体系行动方案》（2021 年）。地方层面的立法内容主要围绕数据共享和数据开放两个主题进行。上海市和浙江省走在了地方立法的前列，其中关于公共数据共享的地方政府规章有《上海市公共

① 参见开放政府伙伴关系项目，载 https://www.opengovpartnership.org/about/，2022 年 6 月 15 日访问。

② 例如，美国阳光基金会（Sunlight Foundation），其成立于 2006 年，旨在提高美国国会、行政部门以及州和地方政府的透明度和问责制，其提出的开放数据原则被越来越多外国政府所借鉴。又如，开放知识基金会（Open Knowledge Foundation），其成立于 2004 年，总部位于英国剑桥，自身定位为全球性非营利组织，免费推广和分享信息，将推动政府数据开放作为主旨之一。

③ 参见万维网基金会《开放数据晴雨表（第 4 版）——全球报告》可视化数据，载 https://opendatabarometer.org/4thedition/?_year=2016&indicator=ODB，2023 年 3 月 16 日访问。

数据和一网通办管理办法》（2018年）和《浙江省公共数据和电子政务管理办法》（2017年，已被《浙江省公共数据条例》废止）；关于公共数据开放的地方政府规章有《上海市公共数据开放暂行办法》（2019年）与《浙江省公共数据开放与安全管理暂行办法》（2020年）。

（二）我国公共数据开放实践概况

我国政府开放公共数据的实践尚无国家级统一数据开放平台的基础，通常以省级数据开放平台形式实现。国家工信安全中心发布的《我国数据开放共享报告2021》显示，截至目前，北京、天津、河北、上海、贵州、陕西等超过20个省级政府已经设立了公共数据开放平台（数据门户）作为数据开放的主要设施和场所。这些数据门户在数据集的体量规模和数据覆盖范围上不亚于国外数据门户。以北京市政务数据资源网为例，该平台目前覆盖超过14000个数据集，涉及经济建设、信用服务、财税金融、旅游住宿等20个数据主题，同时还涵盖了市级和区级数据的71.86亿条公共数据。[①]

与此同时，各省级政府为了更好地管理数据开放平台和进行相关管理活动，先后设立了大数据管理中心、大数据中心、大数据局等机构。截至2021年，全国已经有超过16个省级数据开放专门机构，显示出我国鲜明的数据开放特色。在中央层级，我国在2019年修订的《政府信息公开条例》将国务院办公厅确立为全国政府信息公开工作的主管部门，专门负责推进、指导、协调、监督全国的政府信息公开工作。

第二节　公共数据开放原则

各国政府、国际间合作组织、研究机构均对数据开放原则作出过总结或规定，出现在法律文件、国际合作协议或者专门性的学术会议当中。考虑到各国数据开放原则多依赖本土国情，考察国际层面提出的数据开放原则反而更有意义。迄今为止，在全球范围内最具影响力的数据开放原则主要有“开放政府30人会议原则”、《国际数据开放宪章》原则以及学者为了提升数据质量和元数据开放深度而建议的“FAIR原则”。

一、开放政府30人会议原则

2007年12月，来自不同国家和地区的30名专家学者和民间倡议者聚集在美国加州赛巴斯托波，共同商讨政府如何开放数据为公众所用。虽然当时美国

① 参见北京市公共数据开放平台“开放统计”，载https：//data.beijing.gov.cn/wzzxtj/index.htm，2022年6月16日访问。

联邦政府和部门已经提出了一些原则，但与会专家们认为存在不一致和不完全的问题，无法满足更多、更好数据的要求。据此，与会专家们提出了政府数据开放必须遵循的 8 项核心原则与 7 项附加原则。[①]

（一）政府数据开放核心原则

完整原则。所有的公共数据都应当被提供，即公共数据是不受有效的隐私、安全或特权限制的数据。

一手原则。数据是在源头收集的，具有尽可能高的颗粒度，而不是以汇总或修改的形式。

及时原则。根据需要尽快提供数据，以保持数据的价值。

可访问原则。数据可供最广泛的用户用于最广泛的目的。数据必须在互联网上提供，以适应最广泛的实际用户和用途，考虑在数据准备和发布方面的选择如何影响残疾人的使用，以及如何影响各种软件和硬件平台的用户，而且数据必须以当前的行业标准协议和格式发布。

机器可读原则。数据是合理的结构，允许自动处理，使数据能够被广泛使用，对数据进行适当的编码。

非歧视原则。任何人都可以获得数据，没有注册的要求。

非专有原则。数据以没有实体独家控制的格式提供。

无许可证原则。数据不受任何版权、专利、商标或商业秘密条例的约束，可以允许合理的隐私、安全和特权限制。

（二）政府数据开放附加原则

在 30 人会议上确定的上述原则应当作为指引政府数据开放的核心原则。但同时，与会专家还提出了以下 7 条附加原则，不排除未来成为核心原则的可能性。

在线和免费原则。如果信息在互联网上免费获得，至少不超过边际复制成本就可以获取。

永久原则。数据应该在一个稳定的互联网位置无限期地提供，并尽可能长时间地以稳定的数据格式提供。

可信赖原则。发布的数据内容应该有数字签名，或者包括发布 / 创建日期、真实性和完整性的证明。

开放默认原则。将数据默认为开放，包括记录管理在内的程序以及数据目录之类的工具。

文档化原则。数据的格式和意义的文件化处理，在最大限度上使数据变得

① 开放政府 30 人会议原则，载 https://opengovdata.org/，2022 年 6 月 16 日访问。

有用。

安全开放原则。发布数据时应始终寻求使用不包括可执行内容的数据格式来发布，避免文件中的可执行内容会给数据的使用者带来安全风险（病毒、蠕虫等）。

根据公众意见设计原则。由公众决定哪些信息技术最适合公众打算为自己创造的应用。

二、《国际数据开放宪章》原则

《国际数据开放宪章》要求签署国家和地方政府将宪章提出的 6 个主要原则转化为国内和本地数据开放实践，并据此提出了具体实施措施。[①]

（一）默认开放

由国家、地区和城市政府、国际政府机构、更广泛的公共部门的其他类型的机构持有的数据，以及由更广泛的公共部门的其他类型的机构持有的“政府数据”，尤其是具有显著社会和经济价值的数据，都应默认为可随意获取以及后续利用。

（二）及时和全面

数据开放需要及时，但是，应注意数据开放需要的时间和人力及技术资源来确定发布或出版的数据；同时，数据开放要体现与数据用户协商的重要性，包括公民、其他政府、民间社会和私营部门组织一同确定哪些数据需要优先发布或改进。此外，数据开放应当对政府、公民、民间社会和私营部门组织有价值，数据必须是全面、准确和高质量的。

（三）无障碍访问和可用

数据的开放使政府、公民、民间社会和私营部门组织能够作出更明智的决定，因此开放数据被发布时应该很容易被发现和获取，并且在没有官僚或行政障碍的情况下提供。

（四）可比和互操作

为了达到最有效和最有用的目的，数据应该易于在部门内部和部门之间以及在不同的地理位置上进行比较。同时，数据应以结构化和标准化的格式呈现以支持互操作性、可追溯性和有效再利用。

① 《国际数据开放宪章》原则，载 https：//opendatacharter.net/principles/，2022 年 6 月 15 日访问。

（五）改善治理与公民参与

根据该原则，开放数据的发布可以加强对公共机构的治理和信任，强化政府尊重法治的义务，并提供一个透明和负责任的基础来改进决策并加强公共服务的提供，鼓励更好地制定、实施、评估方案和政策，以满足人们的需求，并使公民参与、政府与公民之间更好地知情接触。同时，与公民、民间社会和私营部门组织的接触和协商可以帮助政府了解哪些类型的数据需求量大，进而改进数据的优先级、发布和标准化做法。此外，城市或地方政府往往是公民和政府之间的第一个互动点。因此，该原则在政府支持公民参与开放数据方面具有重要作用。

（六）促进包容性发展和创新

政府、公民、民间社会和私营部门组织使用开放的数据越多，产生的社会和经济效益就越大，对于政府、商业和非商业用途都是如此。开放数据可以帮助识别社会和经济挑战，并监测和提供可持续发展项目。开放数据还可以帮助应对全球挑战，如贫困、饥饿、气候变化和不平等。开放数据就其性质而言是一种公平的资源，它使所有的人都能获得数据，不管他们是谁，也不管他们住在哪里。然而，在技术工具和专业知识方面存在着全球数字鸿沟，限制了社会上和经济上被边缘化的人获取和使用数据的能力。因此，政府在促进创新和可持续发展方面的作用并不局限于发布开放数据，还必须发挥积极作用，支持开放数据的有效和创新再利用，并确保政府雇员、公民、民间社会和私营部门组织拥有他们所需的数据以及工具和资源来理解和有效使用这些数据。

三、适用于元数据开放的“FAIR 原则”

数据开放活动持续走向深入对数据管理层面提出了更多要求，特别是元数据开放产生了新问题。2016 年，《科学数据》杂志上一篇题为《科学数据管理和管理的 FAIR 指导原则》的文章引发了诸多关注。作者为元数据开放提供指导方针，以改善数字资产的可查找性、可访问性、互操作性和重复使用。这些原则强调了机器可操作性（计算系统在不需要或尽量不需要人类干预的情况下寻找、访问、互操作和重用数据的能力），因为数据的数量、复杂性和创建速度的增加，人类越来越依赖计算支持来处理数据。①

① See Mark D. Wilkinson et al., *The FAIR Guiding Principles for Scientific Data Management and Stewardship* , Scientific Data, Vol. 2016(3), p.2–3.

（一）可发现

重新利用数据的第一步是要找到它们，应当使元数据和数据对于人类和计算机来说都是容易找到的。具体措施包括：（1）赋予（元）数据一个全球唯一的、持久的标识符；（2）用丰富的元数据描述数据；（3）（元）数据清楚而明确地包括它们所描述的数据的标识符；（4）（元）数据在一个可搜索的资源中被注册或索引。

（二）可访问

一旦用户找到所需的数据，需要知道如何访问它们，可能包括认证和授权。具体措施包括：（1）（元）数据可通过其标识符使用标准化的通信协议进行检索。其中，该协议是开放的、免费的、可普遍实施的；该协议允许在必要时进行认证和授权程序。（2）即使数据不再可用，元数据也能被访问。

（三）可互操作

数据通常需要与其他数据整合。此外，数据还需要与分析、存储和处理的应用程序或工作流程进行互操作。具体措施包括：（1）（元）数据使用正式的、可访问的、共享的、广泛适用的语言进行知识表示；（2）（元）数据使用遵循FAIR原则的词汇表；（3）（元）数据包括对其他（元）数据的合格引用。

（四）可重复使用

以上原则的最终目标是优化数据的再利用。为了实现这一目标，元数据和数据应该被很好地描述，以便它们可以在不同的环境中被复制或组合。具体措施包括：（1）（元）数据被丰富地描述为具有多个准确和相关的属性；（2）（元）数据的发布要有明确的、可获得的数据使用许可；（3）（元）数据与详细的出处有关；（4）（元）数据符合领域相关的社区标准。

四、公共数据开放的三大基础原则

上述列举的原则体现了不同主体关注焦点的差别，涉及数据开放的范围（公共数据、政府掌握数据、元数据）、质量标准（全面、及时、格式、标识）、开放成本（免费、酬谢）、开放实践深度（强调公众参与、强调技术革新）等多个方面。然而，现有原则之间仍然存在广泛共识，为数据开放实践设置了最基础的标准，可以为我国当下和未来数据开放提供重要参考。

第一，最大化原则。由于公共数据蕴含的潜在价值与开放范围和体量存在正相关关系，实现数据开放最大化应当成为相关实践遵循的首要原则。最大化原则具备双重含义：一方面，它意味着保障数据开放的完整性和全面性，在条件允许的情况下与数据商、民间机构、私营企业合作以扩展现有数据集的种类，并以最快频率更新数据集；另一方面，公共数据开放要努力追求商业和社会利益最大化，除了要提供更加优质的免费获取和再利用的渠道（门户网站），具体的措施包括但不限于为数据商业化使用提供指导、为数据消费者提供获取与再利用的便利、针对数据链接进行基础研究、普及数据利用的社会价值理念，等等。

第二，质量原则。正如之前提到过的，数据质量具有复杂的主观与客观双重维度，对以政府为主导的公共数据开放而言，数据质量应以与任务无关的质量（数据属性）为重点，满足至少三个方面的要求：一是数据可无成本获取，指的是数据开放门户上的数据可以被一般终端（个人电脑、手机）等直接免费访问和下载；二是易于处理，指的是数据在统一格式下允许机构或个人消费者利用机器便捷地对其进行高效检索、汇总、统计分析；三是数据连贯性，在数据的时间、空间、统计口径（颗粒度）上保持一致，防止消费者产生误解和错误结论。此外，开放数据主体应当为初始数据设置特殊标识，防止在再利用的过程中丢失、被篡改。

第三，参与原则。数据开放主体应当与消费者形成良性互动。一方面，数据开放主体在开放数据之前进行事前评估，预防对隐私权和国家安全可能造成的威胁；另一方面，邀请数据消费者参与到工作评估和改进过程中，特别是以数据再利用为主要目标的企业和研究机构，利用政策分析方法评价数据产生的现实经济和社会价值。

根据以上原则，我国目前的公共数据开放活动还有进步空间，比如，建立全国性的数据开放平台统一口径，提供更加友好的数据服务，与民间数据消费者形成良性互动，提供更有经济价值的数据链接端口等。

第三节　公共数据开放的保障

公共数据开放活动的可持续发展离不开相关政策和制度保障，但关于如何构建完整的保障体系问题出现了国内与国外两种讨论语境，在具体内容和侧重点上有所不同。

一、国内公共数据开放制度保障构建

在国内，有实务界人士提出了保障公共数据开放的具体建议，包括组织保障、制度和规范保障、安全保障三个方面。[①]

① 参见张峰：《政府数据开放与创新发展实践》，载 http：//www.sic.gov.cn/News/612/10423.htm，2022 年 6 月 18 日访问。

一是组织保障方面。我国政府应明确信息化主管部门职责分工，如信息中心、大数据局、国家网信办等；明确牵头负责数据开放工作的内设机构，建立数据开放专人专岗管理制度，定期对数据开放相关人员开展培训，提高业务及技术能力；成立公共数据开放专家委员会和应急安全保障小组，制定政府数据安全应急预案，定期开展安全测评、风险评估和应急演练，及时采取应急措施。

二是制度和规范保障方面。我国应当制定数据开放管理办法，通过立法，明确各有关单位权责利，规定各单位开放数据流程，完善数据集的选定、数据元审核、采集、发布、下线全生命周期的管理规范；制定数据开放有关标准规范，明确定义数据开放的总体标准、术语标准、元数据格式标准、接口规范、平台建设标准等；制定开放平台运行保障制度，建立绩效考核评价制度，开放工作纳入年度考核，形成对各单位的正向激励机制和反向约束机制等。

三是安全保障方面。安全保障包括数据开放平台安全和开放数据安全，对此应通过制度和技术加以保障。制度保障上，我国目前已颁布了《数据安全法》，另外，国家网信办正在制定《数据安全管理办法》，主要对数据收集、数据处理使用、数据安全监督管理予以规定，要求各地在推动数据开放工作时严格遵守。技术保障上，除了网络安全、系统安全以外，可借助分布式存储、沙箱、区块链等技术手段，保证技术安全，通过授权使用、过程数据不留存、原始数据不出政务云等手段实现管理安全。

与此同时，我国信息情报领域的学者提出引入控制论的思想构建我国政府数据开放保障机制，其内容包括三个方面。[①]

其一，在政策及法律建设过程中围绕数据开放的控制任务对数据质量与开放内容进行明确要求，并且通过反馈的方式最大限度地保证公众的参与，不但能充分保障数据的安全性与有效性，同时会促使保障公众知情权等相关法律的建设与完善。

其二，对开放过程的每个阶段实施不同的控制方式以此确保执行与合作机制、监督机制的相互协调，加强部门合作，因此，控制方式的多样化既是政府数据开放各个阶段的需要，又是实现最终目的的必然要求。

其三，控制与反馈思想相结合应用于保障机制研究，既能最大限度控制数据开放任务的各个环节，又能通过反馈方式及时处置偏差信号，推进政府数据开放进程。

二、《国际数据开放宪章》提出的制度保障建议

与我国实务界和研究人员提出的总体性制度保障建议不同，《国际数据开放

① 参见岳丽欣、刘文云：《我国政府数据开放保障机制的建设研究》，载《图书情报工作》2016年第19期。

宪章》基于每一项基本原则提出了针对性的保障建议和操作方法。

保障对数据的默认开放。(1)制定和采用政策和措施，以确保所有政府数据在默认情况下是开放的。(2)在某些数据不能开放的时候给出清晰解释说明。(3)建立数据开放的文化，不仅要通过立法和政策措施，还要借助于培训和宣传计划、工具、指南和沟通策略，以使政府、民间社会和私营部门组织的代表认识到开放数据的好处。(4)制定必要的领导、管理、监督、绩效激励和内部沟通政策，以便在所有政府部门和机构中实现向开放文化的过渡。(5)遵守国内法律和国际公认的标准，特别是那些与安全、隐私、保密和知识产权有关的法律和标准，必要时建立或更新有关法律或法规。(6)根据隐私立法和标准，在公布数据前对其进行匿名化处理，确保敏感的、可识别个人身份的数据被删除。

保障数据开放的及时和全面。(1)创建、维护和分享公开的、全面的数据持有量清单，以支持围绕数据的优先次序、出版和发布日期。(2)及时发布高质量的开放数据，不无谓拖延，按照数据全面和准确标准，并根据与开放数据用户（包括公民、其他政府和民间社会组织）协商后确定的优先次序来发布。(3)尽可能以原始的、未经修改的形式发布数据，并将数据与任何相关的指导意见、文件、视觉资料等联系起来。(4)在可能的范围内，按最低行政级别分类的数据，包括按行政部门分类的数据进行发布。(5)允许用户提供反馈，并继续进行修订，以确保在必要时提高数据质量。(6)采用一致的信息生命周期管理做法，并确保数据集的历史副本得到保存、归档，并在其保留价值的情况下保持可访问性。(7)就结构或数据供应的重大变化咨询数据用户，以尽量减少对基于开放数据创建工具的用户的影响。(8)通过在线记录这些过程，使我们自己的数据收集、标准和发布过程透明化。

保障数据的无障碍访问和可用性。(1)在中央门户网站上发布数据，使开放数据容易被发现并在一个地方获得。(2)以开放的格式发布数据，以确保数据可以被最广泛的用户找到、获取和使用，包括提供多种标准化格式的数据，使其能够被计算机处理并被人们使用。(3)在开放和无限制的许可下免费发布数据。(4)在不强制注册的情况下发布数据，允许用户选择下载数据而不需要表明自己的身份。(5)确保数据能够被最广泛的用户有效获取和使用。

保障数据的可比和互操作性。(1)在收集和发布数据时，执行与数据格式、互操作性、结构和通用标识符有关的一致的开放标准。(2)确保开放的数据集包括一致的核心元数据，并以人和机器可读的格式提供。(3)确保数据得到充分描述，所有与数据相伴的文件都显示数据的来源、优势、弱点和局限性分析。(4)与国内和国际标准机构以及其他标准制定机构合作，鼓励提高现有国际标准之间的互操作性，支持创建通用的全球数据标准。如果这些标准尚不存在，应确保创建的任何新数据标准在最大限度上可与现有标准互操作。(5)将本地标准和标识符映射到新出现的全球商定的标准上，并公开分享其结果。

保障改善治理与公民参与。（1）实施监督和审查程序，定期向公众报告开放数据倡议的进展和影响。（2）确保因透明度或反腐败法律而公布的信息作为开放数据发布。（3）提供培训计划、工具和指导方针，以确保政府雇员有能力在政策制定过程中有效使用开放数据。（4）与信息自由 / 信息获取 / 知情权团体接触，使主动发布开放数据与政府应要求发布信息的义务相一致。（5）主动与公民、民间社会和私营部门组织代表接触，以确定他们需要哪些数据来有效地追究政府的责任。（6）尊重公民的言论自由权，保护那些使用开放数据来识别腐败或批评政府的人。（7）鼓励使用开放数据来制定创新的、基于证据的政策解决方案，使社会所有成员受益，并赋予边缘化社区权力。

保障数据开放促进包容性发展和创新。（1）鼓励公民、民间社会和私营部门组织以及多边机构开放他们所创建和收集的数据，以便走向一个具有多种开放数据来源的更丰富的开放数据生态系统。（2）在政府之间以及与民间社会和私营部门组织及多边机构之间建立或探索潜在的伙伴关系，以支持开放数据的发布，并通过有效使用使数据的影响最大化。（3）创建或支持促进开发或共同创建基于开放数据的数据集、可视化、应用程序和其他工具的计划和倡议。（4）与学校和中学后教育机构合作，支持增加开放数据研究，并将数据素养纳入教育课程。（5）开展或支持关于开放数据的社会和经济影响的研究。（6）与世界各地的其他政府和国际组织进行能力建设并分享技术专长和经验，确保每个人都能从开放数据中受益。（7）通过能力建设和鼓励开发者、企业家、民间社会和私营部门组织、学术界、媒体代表、政府雇员和其他用户释放开放数据的价值，为政府内外的未来一代数据创新者提供力量。

第十七章 企业数据与竞争制度

第一节 企业数据权益理论

一、企业数据的概念及分类

不同于将数据内容能否关联个人作为认定标准的个人数据，企业数据强调数据的收集主体。依据收集和控制的主体来分，数据主要可分为政府数据和企业数据。政府等公共部门在履行公共职能过程中获取的数据，产生于国家财政资金，具有社会共享的公共属性，故开放政府数据已成为普遍共识；而企业等私营部门在生产经营过程中收集的数据，产生于私人投资，与个人信息有着千丝万缕的联系，其权属和利用规则具有复杂性。

在网络与大数据时代，当数据日益成为企业重要的经济资源与资产，法律应当对企业数据采取何种保护广受关注。近代以来，各国曾经兴起以民商法为基础的私有财产权保护；20世纪以来，随着知识价值的兴起，全球又兴起知识产权保护体系。现在，随着数据特别是大数据呈现越来越重要的应用价值，法律是否需要对数据采取独特的保护方式？这是新时代对当前法律体系所提出的前沿问题。

从数据来源上看，企业自身生成的数据、合法收集的数据及经加工处理形成的数据产品等都属于企业数据，内容多样性决定了其权益规则的复杂性。从内容上看，企业数据不仅包括用户的个人信息，还包括诸如经营统计数据、业务类数据等非个人信息，以及基于上述数据产生的衍生数据等。基于数据的披露状态，企业数据还可分为公开数据、半公开数据与非公开数据。

二、企业数据权益的立法保护

（一）企业数据权益民事保护路径

在民事保护路径中，适用知识产权制度保护企业数据备受关注。目前，在知识产权领域保护企业数据主要有“数据库保护路径”和“商业秘密保护路径”两种路径。前者在著作权法框架下，主张通过已有的数据库保护理论来保护企业数据；后者主张，通过将部分企业数据认定为“商业秘密”予以保护。理论上，企业数据利益很少被归入专利权和商标权进行保护，这主要由于企业数据缺乏专利和商标所应具备的创新性、新颖性等法律要件。[①] 而且，专利和商标的获取、流通和利用等都以信息公开为前提，而有的企业数据被企业严格控制以防外泄。[②] 此外，企业数据权益的竞争法保护路径较为常见。

1. 数据库保护路径

数据库保护源于著作权法对具有独创性的汇编作品的保护，即虽然作品内容由汇编人收集，并未提供独创性贡献，但如果内容收集者对于数据的选择、整理和编排作出独创性贡献，则能够从整体上对该数据集合享有汇编作品的著作权。

数据库保护路径始于20世纪60年代北欧国家建立的“目录规则”（the Nordic Catalogue Rule），后来欧盟于1996年颁布的《关于数据库法律保护的第96/9/EC号指令》则有所丰富和深化。该指令同时采用著作权和特殊权利模式来保护数据库，其中著作权保护适用于原创性数据库，特殊权利保护则适用于非原创性数据库。[③] 不过，美国联邦最高法院在Feist Publications，Inc.，v. Rural Telephone Service Co.案中既不支持对缺乏独创性的数据库予以保护，亦不承认建立数据库的投资是获得著作权保护的充分理由，并据此认为，数据库权不保护未经加工创造的原始数据。[④]

在我国，当企业收集、编排的数据库具有独创性且满足汇编作品构成要件时，企业可以对该数据库寻求著作权的保护。例如，在济南白兔信息有限公司与佛山鼎容软件科技有限公司侵害著作权纠纷案[⑤]中，法院肯定了数据库可以作为汇编作品进行保护，并指出数据本身不构成作品，不具备独创性，但对数据的选择或者编排形成具有独创性的数据库，可以纳入汇编作品的范围。

2. 商业秘密保护路径

以商业秘密的方式对企业数据进行保护，是中外法律制度中较为常见的做法。在我国，《反不正当竞争法》《劳动法》《民法典》《公司法》《刑法》都对企业数据提供基于商业秘密的法律保护。《反不正当竞争法》规定商业秘密受到法律保护，并且列举了侵犯商业秘密的行为，以及侵害商业秘密应当承担的损害赔

---

① 参见梅夏英：《企业数据权益原论：从财产到控制》，载《中外法学》2021年第5期。

② 参见梅夏英：《企业数据权益原论：从财产到控制》，载《中外法学》2021年第5期。

③ 欧盟《关于数据库法律保护的第96/9/EC号指令》第7条第1款规定：各成员国应为在数据库内容的获取、检验核实或选用方面，对证明在质量与（或）数量方面作出实质性投资的数据库制作者，赋予防止对数据库内容的全部或者质量或数量作出实质性投资的数据库为实质部分进行提取（extraction）与（或）反复利用（re-utilization）的权利。

④ See 499 U.S. 340(1991).

⑤ 参见广东省佛山市中级人民法院（2016）粤06民终9055号民事判决书。

偿责任。[①]《劳动法》规定，劳动合同中当事人可以约定保守企业商业秘密有关事项，对于违反劳动合同中的保密事项，给企业造成损失的，应承担损害赔偿责任。[②] 此外，《合同法》《公司法》《中外合资经营企业法》等法律也都对商业秘密的法律保护作出了规定。[③]《刑法》也规定了侵犯商业秘密罪，对商业秘密进行了刑法保护。[④] 西方的普通法法律体系很早就对企业数据提供商业秘密保护，[⑤] 甚至在更古老的罗马法中，都能追寻到对商业秘密的法律保护。[⑥] 如今，商业秘密保护已经成为西方各国制定法的一部分，成为企业数据的一种重要保护方式。[⑦]

当然，企业数据并不必然受到商业秘密的保护。要符合商业秘密的保护，必须满足不同法律的规定。例如，在劳动法和公司法上，对于企业数据的商业秘密保护只限定于特定的主体，或者以合同关系存在为前提，商业秘密保护并不针对不特定的第三人。此外，刑法对企业数据进行商业秘密保护除了要满足商业秘密的界定，还必须满足“情节严重”这一结果要件。

对企业数据提供基于商业秘密的保护也面临困境。一方面，商业秘密对企业数据的保护范围有限。商业秘密可以对未公开的企业数据提供保护，但对于互联网企业平台所收集的半公开数据或公开类数据，商业秘密却并不能提供保护。因为商业秘密的保护只针对未公开且企业采取合理措施保证数据秘密性的企业数据，对于平台类企业所收集的数据，现行法律并不能提供有效保护。另一方面，对企业数据进行商业秘密保护将影响企业数据的流通与共享，甚至造成企业基于数据的垄断或不正当竞争。

3. 竞争法保护路径

竞争法保护是另一种企业数据的常见保护方式，这种保护方式提供了对公

---

① 参见《反不正当竞争法》第 9 条和第 21 条。

② 参见《劳动法》第 22 条和第 102 条。

③ 这些条文包括原《合同法》第 42 条、第 43 条关于缔约过失责任、保密义务的规定；第 60 条第 2 款关于附随义务的规定；第 92 条关于后合同义务的规定；第 18 章第 2 节技术转让合同中关于技术秘密转让的规定。《公司法》第 27 条、第 82 条关于有限责任公司、股份有限公司股东可以以非专利技术出资（包括商业秘密中的技术秘密）以及对非专利技术金额的限制规定；第 148 条关于董事、经理竞业禁止的规定，董事、监事、经理不得泄露企业或公司商业秘密的禁止性规定。原《中外合资经营企业法》第 5 条第 1 款关于合营企业各方可以以工业产权（包括商业秘密中的技术秘密）进行投资的规定。原《中外合作经营企业法》第 8 条关于中外合作者可以提供工业产权以及非专利技术（包括商业秘密中的技术秘密）作为合作条件的规定。

④《刑法》第 219 条规定，侵犯商业秘密罪，是指以盗窃、贿赂、欺诈、胁迫、电子侵入或者其他不正当手段获取权利人的商业秘密，或者非法披露、使用或允许他人使用其所掌握的或以上述手段获取的商业秘密的行为。

⑤ 英国首先在 Newbery v. James 案中确立了商业秘密的法律保护。美国法院首先在 1837 年 Vickery v. Welch 案中承认了商业秘密的法律保护。如今美国大多数州都采取了统一商业秘密法案，而且所有州都采取了某些形式的商业秘密保护。

⑥ 法律史上的分析，参见Alan Watson, *Trade Secrets and Roman Law: The Myth Exploded*, Tulane European and Civil Law Forum, Vol. 1996(11), p.19–29。

⑦ See Defend Trade Secrets Act of 2016, Pub. L. No. 114–153, 130 Stat. 376(2016).

开与半公开企业数据的保护。在关于互联网企业的数据争议案例中，很多都涉及数据爬虫，即一个互联网企业平台通过数据爬虫抓取位于另一互联网企业平台的数据。在这些案件中，法院最终都依据《反不正当竞争法》来对案件进行判决。例如，在新浪诉脉脉案中，新浪公司提起诉讼，认为脉脉公司存在非法抓取、使用新浪微博用户数据的行为，法院经审理后认为，脉脉公司的抓取数据行为违反了商业道德，是一种不正当竞争行为。[①] 在本案中，法院根据《反不正当竞争法》一般条款及当事人之间合同约定，提出了判断数据获取行为合法性的标准"三重授权原则"[②]，即合法的企业数据二次使用需要由用户授权企业采集与存储、用户授权企业向第三方共享、企业同意向第三方数据共享这三个授权同意的意思表示，具备三重授权第三方才能合法获取及使用数据。同样，在大众点评诉百度案中，对于百度公司的产品抓取大众点评上积累的消费者点评商户的数据这一行为，法院认为，百度公司未经许可在百度地图和百度知道中大量使用了来自大众点评网的数据，实质替代了原告网站，构成不正当竞争。[③]

2018 年，在淘宝诉美景公司大数据产品不正当竞争案中，法院对于半公开的数据也采取了竞争法上的保护。在此案中，淘宝公司的数据产品"生意参谋"主要为淘宝、天猫商家的网店运营提供数据化参考服务，帮助商家提高经营水平，淘宝、天猫商家在购买"生意参谋"产品后，就可以获取此类数据。美景公司运营其"咕咕生意参谋众筹"网站，以提供远程登录服务的方式，招揽、组织、帮助他人获取"生意参谋"数据产品中的数据内容，并从中获取利益。法院经审理后认为，美景公司以"搭便车"的方式获取淘宝公司的数据，这属于明显有悖商业道德的不正当竞争行为。[④]

相比商业秘密保护，竞争法保护延展了企业数据的保护范围。竞争法除了把商业秘密所无法保护的公开或半公开的企业数据纳入可能的保护范围，还把一些商业价值尚不确定，甚至数据权属并不明确的企业数据也纳入可能的保护范围。[⑤] 不过，竞争法对于企业数据的保护面临规则不确定的问题。以中国当下涉及数据的不正当竞争判决为例，大多数判决都以《反不正当竞争法》第 2 条作为依据，要求企业"遵循自愿、平等、公平、诚信的原则，遵守法律和商业道德"，将"扰乱市场竞争秩序，损害其他经营者或者消费者的合法权益的行为"视为不正当竞争。从法理上看，竞争法的此类法律规定更接近于标准或原

---

① 参见北京知识产权法院（2016）京 73 民终 588 号民事判决书。

② 参见北京知识产权法院（2016）京 73 民终 588 号民事判决书、杭州铁路运输法院（2017）浙 8601 民初 4034 号民事判决书。

③ 参见上海知识产权法院（2016）沪 73 民终 242 号民事判决书。

④ 参见杭州铁路运输法院（2017）浙 8601 民初 4034 号民事判决书。

⑤ 例如，在新浪诉脉脉案中，该案所涉及的很多数据可以被划入个人数据的范畴，在大众点评诉百度案中，该案所涉及的用户评论可以被纳入用户生产数据（User Generated Content）的范畴。在这两个案件中，法院都作出了有利于数据收集企业的判决。

则性规定，缺乏能够指引裁判的规则刚性。这种保护方式虽然能对各种类型的企业数据提供法律保护，但也可能会造成各方的困惑。何谓“商业道德”？何谓“扰乱市场竞争秩序”？法律常常缺乏明确的法律解释与适用标准。因此，企业在合规与数据实践方面常常会面临更高的成本。有的企业为了保证其数据合规，可能会禁止或取消原本从事的数据业务；有的企业可能担心法律对其数据保护不足，因而可能会不愿意开放其本来愿意开放的数据。此外，还有观点提出，这种做法仍然限于反不正当竞争范畴，是借助一般条款对于《反不正当竞争法》的扩用，本质上未超出反不正当竞争的功能框架，并不具有完全有效的针对性，因此不足以回应企业数据如何获得充分保护的问题。①

（二）企业数据权益的刑事保护路径

采用非法侵入计算机系统等技术手段破坏数据权益方技术措施，因其行为本身的违法性而当然被认定为具有不正当性。除可能构成不正当竞争承担民事责任外，还可能同时构成我国《刑法》第285条第2款规定的非法获取计算机信息系统数据罪。这一罪名规定，“违反国家规定，侵入前款规定（国家事务、国防建设、尖端科学技术领域）以外的计算机信息系统或者采用其他技术手段，获取该计算机信息系统中存储、处理或者传输的数据，或者对该计算机信息系统实施非法控制，情节严重的”，将受到刑法的处罚。② 自从非法获取计算机信息系统数据罪确立以来，已经有很多司法案例采用这一罪名来对相关行为进行定罪。③ 在这些案例中，很多案例涉及盗用个人信息（如身份信息、账号、密码）、网络虚拟财产、知识产权，都涉及对企业数据的保护。例如，行为人侵入企业的计算机系统，非法获取医院用药统方数据、公司经营信息数据、客户订单数据等数据。④

美国的制定法与普通法提供了类似的刑法及非法侵入保护。⑤ 在制定法上，美国国会制定了《计算机欺诈与滥用法案》（Computer Fraud and Abuse Act），禁止未经授权侵入计算机。⑥ 在普通法上，早在2000年，美国法院就以非法侵入对数据爬虫进行了判决。当时Bidder's Edge公司的网站对Ebay网站进行了数据爬虫，Ebay公司据此向加利福尼亚北区法院提起诉讼，控告Bidder's Edge

---

① 参见龙卫球：《再论企业数据保护的财产权化路径》，载《东方法学》2018年第3期。

② 非法获取计算机信息系统数据罪是第十一届全国人民代表大会常务委员会第七次会议于2009年2月28日通过的《刑法修正案（七）》对《刑法》第285条进行修正补充的罪名。

③ 截至2022年5月18日，在中国裁判文书网刑事案件中搜索“非法获取计算机信息系统数据罪”，已经有1492条记录。

④ 参见广东省茂名市中级人民法院（2017）粤09刑终253号刑事裁定书。

⑤ 参见丁晓东：《论企业数据权益的法律保护——基于数据法律性质的分析》，载《法律科学（西北政法大学学报）》2020年第2期。

⑥ U.S.C § 1030(2012).

公司对其网站的爬虫行为违反了robots协议，属于普通法上的“非法侵入”（tresspass），法院最终认同了这项指控，要求Bidder's Edge公司停止对Ebay公司的非法侵入与数据爬虫。[①]

然而，上述保护路径也面临挑战。一方面，企业数据的刑法保护可能过于严苛。就法理而言，一般对于某种权利会首先采取私法或行政法上的保护，只有穷尽私法与行政法上的保护，才会采取刑法的处罚手段。直接以刑法的手段对某种权益进行保护，尽管拥有强大的威慑作用，却可能违背刑法的谦抑性。某些非法获取数据的行为可能只具有不正当竞争、侵权或其他民事违法的性质，并未达到刑事处罚的程度。另一方面，侵权法虽然可以提供对企业数据的额外保护，但这也充满不确定性。当某个企业获取其他企业的数据，何种情况属于数据侵权，何种情况属于正常获取数据，侵权法本身无法给出回答，仍然依赖于法律对于数据权属问题的界定。

第二节 平台数据抓取规制

一、网络爬虫介绍

随着数据作为生产要素的重要地位不断突显，利用自动化程序从互联网中抓取数据成为互联网企业及大数据企业获取数据的重要途径，随之而来的是网络数据抓取引发的法律纠纷。

“网络爬虫”（web crawlers）又被称为“网络机器人”（web bots）、“网络蜘蛛”（web spiders）等。与之相对应的行为常被表达为“爬取”（crawling）或“抓取”（scraping）。作为数据收集的主要方法之一，网络爬虫一般指运用自动软件从万维网上提取大量的信息，并绘制未经开发的服务器和网站的行为。它源于“万维网漫游者”（World Wide Web Wander），最先使用和最常使用的场景都是通用搜索引擎。1998年，谢尔盖·布林（Sergey Brin）和拉里·佩奇（Larry Page）引入大规模的网络爬虫以解决搜索技术的可扩展性问题，并由此创立了谷歌。如今，网络爬虫已广泛运用于互联网金融、天气预报、招投标、视频图书类聚合平台等领域。

然而，在网络爬虫行为中，被爬虫的一方可能并不希望其数据被爬取。为此，互联网行业发展出了两种通行手段来反爬虫：其一，互联网行业发展出了一套君子协议——robots协议（机器人协议或拒绝机器人协议），即由网站所有者生成一个指定的文件robot.txt，并放在网站服务器的根目录下，这个文件指明了网站中哪些目录下的网页是不允许爬虫抓取的。友好的爬虫者在抓取该网

① See Ebay, Inc. v. Bidder's Edge, Inc., 100 F. Supp. 2d 1058(2000).

站的网页前，往往会先读取 robot.txt 文件，不下载该文件禁止抓取的网页。其二，互联网行业还发展出了技术性的反爬虫手段，通过设置各种技术手段来防止爬虫机器人的访问。例如，通过技术设定，当某一网站访问过快时，该网站可以要求输入验证码，以此排除非人工访问。又如，网站可以不定期改变 HTML 标签，使之无法与 Web 排序匹配来限制爬虫。

二、网络爬虫的法律规制

虽然网络爬虫技术作为信息网络技术具有中立性，本身无好坏之分，更无讨论合法与非法的必要，但是，以网络爬虫技术为基础的网络爬虫行为体现着行为人的主观意志，有善恶之别。因此，在互联网企业进行爬虫与反爬虫斗争的同时，围绕着数据的法律争议也同步展开。

（一）网络爬虫的版权规制

网络爬虫常常引起版权纠纷。在 2007 年的 Healthcare Advocates，Inc. v. Harding，Earley，Follmer & Frailey 案中，美国宾夕法尼亚东区法院判决首次确认爬虫协议有可能构成版权法上的有效控制版权作品访问的技术措施。① 而对于未采取爬虫协议等技术措施，使搜索引擎服务提供商获取其作品并允许他人访问、检索的案例中，美国法院一般认为权利人在明确知道搜索引擎行业的标准机制，并清楚自己可以采取爬虫协议等措施限制访问而未采取的，视为对搜索引擎对其作品的检索、复制、下载构成默示许可。类似地，在德国法院判决中，也认为在网络环境下，原告知道可以轻易采取爬虫协议等措施保护其作品而不采取的，可以推定其默示许可搜索引擎服务提供商对其作品的检索、复制和使用。②

在我国，法院一般认为，如果权利人没有对其作品采取限制访问、链接的措施，则搜索引擎服务提供商对其作品的访问和链接不构成版权侵权。譬如，在 2006 年浙江泛亚公司诉百度侵犯著作权案中，法院认为涉案作品来自未被禁链的（开放的）网络服务器，如果被链接网站没有采取相应的技术保护措施，意味着该网站可以互联互通、信息共享，因此，百度公司的搜索引擎服务不构成对泛亚公司著作权的侵犯。③

① Healthcare Advocates，Inc. v. Harding，Earley，Follmer & Frailey，497 F. Supp. 2d 627(E.D.Pa. 2007).

② 如 2006 年美国 Field v. Google 案、2007 年德国某视觉艺术家诉谷歌著作权侵权案等。参见张金平：《有关爬虫协议的国外案例评析》，载《电子知识产权》2012 年第 12 期。

③ 参见北京市高级人民法院（2007）高民终字第 118 号民事判决书。

（二）网络爬虫的竞争法规制

网络爬虫作为一种最常见的数据访问及抓取技术，在数据已成为互联网企业核心竞争力的今天，引发了大量竞争法上的纠纷。

我国存在大量运用竞争法规制网络爬虫行为的案例。例如，在新浪诉脉脉案[①]、大众点评诉百度案[②]中，法院都认定，未经对方授权进行网络爬虫，大量获取对方网站的数据，属于违法行为。在这些案件中，法院常常援引《反不正当竞争法》规定，认为此类行为具有“扰乱市场竞争秩序，损害其他经营者或者消费者的合法权益的行为”，违反了《反不正当竞争法》第2条所规定的“经营者在生产经营活动中，应当遵循自愿、平等、公平、诚信的原则，遵守法律和商业道德”。在众所周知的“3B大战”中，百度公司在其robots协议中设置了专门针对360公司的限制信息抓取的壁垒，后360公司针对百度在其搜索服务中进行“插标”等反制措施，百度以不正当竞争为由将360公司诉至法院。法院认为，360公司“在原告网站搜索页面上有选择地插入了红底白色感叹号图标作为警告标示，以警示用户该搜索结果对应的网站存在风险”的行为构成不正当竞争。[③]

美国法院存在思路不同的判决。在2017年的HiQ Labs，Inc. v. LinkedIn Corp.案中，HiQ对领英网站实施了网络爬虫，但美国加利福尼亚北区地区法院的法官认为，这种爬虫行为并不违反法律，因为领英网站上的数据是公开数据，对于公开数据，即使违反对方设置的robots协议，也应当是被法律允许的；HiQ Labs公司面临LinkedIn公司对其不合理的数据接入封锁。[④]因此，法院最后不仅没有认定HiQ公司的爬虫行为违法，甚至反过来认定领英的反爬虫技术违法，要求领英公司移除针对HiQ的接入壁垒。

（三）网络爬虫与数据隐私

由于网站的数据常常来自个人，网络爬虫常常面临数据隐私问题。例如，在新浪诉脉脉案中，新浪公司对于脉脉公司的指控除了脉脉违反其robots协议，还包括脉脉公司的网络爬虫未得到用户的授权。在HiQ诉领英案中，领英也提出了数据隐私保护的问题。

对于抓取网络平台上的数据是否需要个人授权，不同国家的法院作出了不同的判决。例如，在HiQ诉领英案中，美国法院认为爬虫并不影响公民的隐私保护；但在新浪诉脉脉案中，我国法院则明确了平台授权之外用户授权的必要

① 参见北京知识产权法院（2016）京73民终588号民事判决书。

② 参见上海知识产权法院（2016）沪73民终242号民事判决书。

③ 参见北京市第一中级人民法院（2012）一中民初字第5718号民事判决书。

④ HiQ Labs, Inc. v. LinkedIn Corp., No. 17-16783(2017), paragraph 6.

性。在今日头条与微博的网络爬虫与数据之争中，今日头条也突出了用户的个人数据权利。在该争议中，微博认为其网站数据被今日头条非法爬虫，[①] 但今日头条认为此类数据属于用户，不属于微博，只要用户授权，网站就可以名正言顺地进行爬虫。今日头条认为其爬虫不具有违法性，因为头条页面具有邀请用户授权的选项，只有当用户开通此功能选项，授权今日头条抓取用户发在微博的数据后，头条才会进行网络爬虫，帮助用户将微博所发布的内容定期自动发表在头条旗下的产品微头条上。

第三节　数据与反垄断

一、大数据时代的反垄断法

随着大数据时代的到来，数据竞争问题日益提上日程。2021 年 1 月 31 日，中共中央办公厅、国务院办公厅下发的《建设高标准市场体系行动方案》指出，加强和改进反垄断与反不正当竞争执法，应当“推动完善平台企业垄断认定、数据收集使用管理”。2021 年，国务院印发《国务院反垄断委员会关于平台经济领域的反垄断指南》，其中“数据”这一关键词出现达 18 次之多。[②]2022 年新修正的《反垄断法》也增加了相应条款。其中第 9 条明确规定：“经营者不得利用数据和算法、技术、资本优势以及平台规则等从事本法禁止的垄断行为。”在滥用市场支配地位方面，第 22 条第 2 款规定：“具有市场支配地位的经营者不得利用数据和算法、技术以及平台规则等从事前款规定的滥用市场支配地位的行为。”随着企业特别是部分大企业掌握越来越多的数据，分析大数据对反垄断的挑战迫在眉睫。反垄断执法者主要担心：数据是否会使某些大型企业获得更加优势的垄断地位？是否会让具有垄断地位的企业排斥竞争对手进入市场？是否会让企业没有约束地收集与使用用户数据？从反垄断法的角度，可将这些担忧归纳为三个依次递进的挑战：大数据与市场力量、大数据作为必要设施、数据隐私的反垄断法保护。

二、大数据与市场力量

研究数据与反垄断问题的前提是，解答数据是否会引发反垄断相关担忧。较之过去，虽然大数据在企业获取和巩固市场支配地位中所发挥的作用得到了

① “某第三方新闻平台在微博毫不知情、并未授权的情况下直接从微博抓取自媒体账号的内容”，参见汪传鸿：《谁的用户：微博欲诉今日头条非法抓取内容》，载 http：//finance.sina.com.cn/roll/2017-08-15/doc-ifyixcaw4855222.shtml，2022 年 6 月 1 日访问。

② 参见《国务院反垄断委员会关于平台经济领域的反垄断指南》（国反垄发〔2021〕1 号，2021 年 2 月 7 日发布）。

更多认可，但关于大数据与垄断之间的关系还存在较大的争议。当前，主要有两种观点：第一种观点认为，由于数据具有非竞争性，企业收集和使用数据时，不能阻止其他公司收集与使用数据，因此，海量数据并不能给一家企业带来巨大的竞争优势，故大数据与垄断风险并无关联。① 第二种观点认为，基于大数据市场结构的特征，拥有海量数据的企业能够获得排除市场竞争的市场力量，由此引发垄断风险。该观点主张，大数据虽然具有非竞争性，但大数据驱动的企业具有双边市场特征和网络效应，能享有垄断地位，还能利用大数据实施杠杆行为，将垄断力量传导到其他相关市场，因此显示出反垄断工具介入数据研究的必要性。② 无论如何，以市场力量为核心要素，考察数据与垄断风险之间的关系已成为研究重点。

（一）大数据与市场力量的相关性

就性质而言，大数据区别于小数据或普通数据的收集，具有高容量、快周转、多种类的特征，这些特征使得数据收集的进入壁垒可能变得极高。无论是为了达到大数据所要求的规模，还是大数据所需要的范围，③ 企业都需要进行非常昂贵和耗时的投入。此外，大数据还可能和产品形成"反馈循环"。④ 所谓反馈循环，是指数据与用户数量和产品质量之间可能形成螺旋上升式的反馈关系。例如，用户反馈理论认为，当平台获取更多用户，收集更多数据，平台就可以利用这些数据分析用户需求，吸引更多用户。资产反馈理论认为，当平台获取更多的数据后，平台就可以进行更多的商业分析，提高其商品推荐与广告营销效率，从而促进平台资产的提升。⑤

在进入壁垒和反馈循环的影响下，有的企业还可能形成市场力量或垄断力量。传统反垄断理论认为，市场力量是指企业将产品价格提升至竞争价格之上的能力。⑥ 但在互联网等数字经济领域，产品的价格常常为零。因此，有理论提

---

① See Daniel Sokol & Roisin Comerford, *Antitrust and Regulating Big Data*, George Mason Law Review, Vol. 2016(23), p1137-1138; Maureen K. Ohlhausen & Alexander P. Okuliar, *Competition*, *Consumer Protection*, *and the Right*［*Approach*］*to Privacy*, Antitrust L.J., Vol. 2015(80), p.121.

② 参见丁晓东：《论数据垄断：大数据视野下反垄断的法理思考》，载《东方法学》2021年第3期。

③ See Allen Grunes & Maurice E. Stucke, *Big Data and Competition Policy*, Oxford University Press, 2016, p.170-199.

④ 有时这种关系也被称为间接网络效应，即网络效应的扩张本身并不是由于用户的增加，而是用户增加带来的产品质量的提升，间接吸引更多用户加入。对直接网络效应与间接网络效应的相关分析，参见Michael L. Katz & Carl Shapiro, *Network Externalities*, *Competition*, *and Compatibility*, American Economic Review, Vol. 1985(75), p.424-426。

⑤ See Andres V. Lerner, The Role of "Big Data" in Online Platform Competition (2014), at http：//ssrn.com/abstract=2482780 (Last Visited on July 29, 2022).

⑥ See United States v. E. I. du Pont de Nemours & Co., 351 U.S. 377, 391 (1954).

出，可以以企业是否有能力将产品质量降低到市场竞争质量之下作为企业市场力量的衡量标准。在这些理论看来，这正是很多大型互联网企业的现状，这些大型互联网企业由于掌握大量数据，可以在降低自身产品质量的同时防止小型企业的竞争。

（二）大数据与市场力量的无关性

数据具有非竞争性与非排他性的特征，这使得数据很难成为一种垄断性资源，没有哪个企业可以垄断数据。同样，就规模而言，一些大型企业虽然收集了更多的数据，但这并不意味着新进入市场的企业必须拥有同样多的数据才能展开竞争，“缺乏资产等价性不应成为界定进入壁垒的充分基础”[①]。因此，甚至有观点认为，互联网与在线服务企业“以其低进入壁垒而闻名，通常不需要大数据进入”[②]。

对于大数据与产品形成的反馈循环，平台用户的增加也并不一定能够吸引更多的用户或提升产品质量。就用户而言，用户在意或看重的网络往往是局部性或本地化的。例如，社交网络中的用户主要关注其朋友圈或工作圈的用户。因此，一个社交平台整体规模的增加其实未必能够吸引更多用户。就产品服务而言，用户的增加在很多情况下会对平台的生态系统造成负面影响。随着用户和数据的增加，平台可能出现拥堵，或者会让用户感觉隐私受到威胁，内容吸引力下降。

此外，数据的聚集也可能为消费者福利带来正面影响。通过数据的收集与利用改善产品服务，为消费者提供免费服务，这本身就是市场竞争所希望达到的目标。如果在没有证据的情形下贸然对企业利用数据进行限制，那恰恰可能减少消费者福利和损害竞争秩序。在互联网等数据驱动型的企业竞争中，消费者的转换成本并不高。[③]尤其是在数据控制权与数据携带权被纳入法定权利的趋势下，消费者更难为某个互联网企业锁定。[④]当消费者发现产品的质量存在问题或下降时，他们完全可以较为自由地选择其他产品。

---

① Daniel Sokol & Roisin Comerford, *Antitrust and Regulating Big Data*, George Mason Law Review, Vol. 2016(23), p.1137-1138；Maureen K. Ohlhausen & Alexander P. Okuliar, *Competition, Consumer Protection, and the Right [Approach] to Privacy*, Antitrust Law Journal, Vol. 2015(80), p.121.

② Darren S. Tucker & Hill B Wellford, *Big Mistakes Regarding Big Data*, Antitrust Source, Vol. 2014, p. 1.

③ See Aaron S. Edlin & Robert G. Harris, *The Role of Switching Costs in Antitrust Analysis: A Comparison of Microsoft and Google*, Yale Journal of Law & Technology, Vol. 2013(15), p. 177.

④ 参见丁晓东：《论企业数据权益的法律保护——基于数据法律性质的分析》，载《法律科学》2020年第2期。

（三）本书观点：辩证分析

就大数据的特征而言，大数据所导致的市场力量可能受多种因素的限制。在一些场景下，大数据的网络效应与反馈效应可能被过高估计。而就反垄断法的基本原理而言，反垄断法的研究一再表明，并不能因为企业的规模较大而认定企业具有市场力量或支配力量，[①] 更不能因为企业规模而对企业的市场行为进行反垄断法上的有罪推定。

就数据问题而言，这一问题更加突出。因为企业收集与利用数据，很有可能为用户或消费者提供更好的服务，从而促进提高市场效率。在一些涉及并购类型的案件中，很多执法机构都指出合并将促使企业效率提升。例如，在美国司法部于 2010 年发起的对微软和雅虎并购的调查中，美国司法部就认可了并购有利于改进微软搜索引擎，从而提升产品质量的意见。[②] 欧盟对于并购的审查更为严格，但也在微软和雅虎并购案 [③]、Tomtom/Teleatlas 并购案 [④] 等相关案件中认为，数据合并后，企业可以提升产品质量，促进市场良性竞争。

因此，对于数据垄断的分析与调查需要采取较为谨慎的立场和提供更为充分的证据，同时结合不同类型的场景来区别对待，根据企业所涉及的平台类型、网络效应特征、多宿主等情况来对数据垄断进行类型化分析。

三、大数据与必要设施

在互联网与大数据时代，数据已经构成数字经济时代企业竞争力的重要工具。对于部分企业而言，离开了大数据的支持，企业的很多基础活动与创新活动就无法展开。因此，有很多人建议运用必要设施原理，在企业具有数据市场力量或垄断力量的情形下，要求拥有大数据的企业对其他企业开放此类数据。

（一）必要设施理论

在欧美一些数据开放的案件中，必要设施的原则与理论已经引起许多关注。

---

① 对于反垄断法中“大就是坏”的分析，参见Barak Orbach & D. Daniel Sokol, *Antitrust Energy*, Southern California Law Review, Vol. 2012(85), p. 439。

② See Press Release, U.S. Department of Justice, Statement of the Department of Justice Antitrust Division on Its Decision to Close Its Investigation of the Internet Search and Paid Search Advertising Agreement Between Microsoft Corporation and Yahoo! Inc, at http://www.justice.gov/opa/pr/statement-department-justice-antitrust-division-its-decision-close-its-investigation-internet (Last Visited on June 30, 2022).

③ See European Commission, Microsoft/Yahoo!, Comp/M.5727, at https://ec.europa.eu/competition/mergers/cases/decisions/M5727_20100218_20310_261202_EN.pdf (Last Visited on June 30, 2022).

④ See European Commission, Tomtom/Teleatlas, Comp/M.4854, at http://ec.europa.eu/competition/mergers/cases/decisions/M5727_20100218_20310_261202_EN.pdf (Last Visited on June 30, 2022).

例如，在2000年的易贝诉Bidder's Edge案[①]和Craigslist诉3Taps案[②]中，针对易贝和Craigslist关闭数据接口，Bidder's Edge和3Taps就提出，原告存在数据垄断，应当按必要设施原则开放其数据接口。2012年，一家名为PeopleBrowsr的企业向法院提起诉讼，认为推特公司在和其长期合作后，对其关闭数据接口违反了加利福尼亚州竞争法与美国联邦反托拉斯法，应当开放其数据接口。推特公司则认为，企业对其数据具有合法的控制权，不能对其数据施加必要设施的责任。[③]

传统上，必要设施主要适用于桥梁、铁路、电力、电信等基础设施。此类企业由于网络效应等原因而具有天然垄断的特征，同时可能在相邻市场上阻碍对手进入，因此，需要对其施加开放义务。现如今，大数据已经成为很多企业生存与创新的瓶颈，现实中有部分企业垄断或支配了数据，并且拒绝向其他企业开放。在一定程度上，部分企业对于大数据的掌握与部分企业对于桥梁、铁路、电力、电信的控制类似，已经成为其他企业创新依赖的必要设施。为此，一种方案是将必要设施的观点适用在大数据企业身上，要求大数据企业承担必要设施的责任。

当然，并非所有的企业都构成垄断，承担必要设施义务。例如，在美国的反垄断法中，一般认为只有在满足四要件或五要件时，才会被认为违反了反托拉斯法。第一，垄断企业具有关键设施的控制权；第二，原告实际上不能使用该设施，或者无法合理地另行建置该设施；第三，垄断企业拒绝原告使用该设施；第四，垄断企业具备提供该设施的可行性。[④]除此之外，原告必须证明垄断企业具有市场力量或支配力量。因此，一般认为，在不具有市场力量或垄断力量的情形下，市场可以通过竞争解决相关设施的壁垒问题。[⑤]

（二）大数据作为必要设施的难点

将大数据作为必要设施会带来一些难点。如前所述，有些情形下，数据收集的门槛与进入壁垒并不高，也没有哪一家企业可以垄断对数据的控制。同时，由于数据的非竞争性与非稀缺性特征，企业也没有动机与能力实现对数据的独占。因此，无论“从动机还是现实的可能性”上，将数据视为一种必要设施都

① See eBay, Inc. v. Bidder's Edge, Inc., 100 F.Supp.2d 1058, 1072–1073(N. D. Cal. 2000).

② See Craigslist, Inc. v. 3Taps, Inc., 942 F.Supp.2d 962, 982 (N. D. Cal. 2013).

③ See PeopleBrowsr, Inc. v. Twitter, Inc., No.CGC-12-526393(Cal. Super. Ct. Nov. 27, 2012).

④ See Abbott B. Lipsky, Jr. & J. Gregory Sidak, *Essential Facilities*, Stanford Law Review, Vol. 1999 (51), p.1190–1191.

⑤ See Marina Lao, *Networks, Access, and "Essential Facilities": From Terminal Railroad to Microsoft*, SMU Law Review, Vol. 2009(62), p.583.

不一定符合数据的基本原理。①

此外，必要设施理论还面临几项传统难点。首先，强制要求企业对竞争者开放其资源，这不仅对于该企业不公平，而且会打击竞争者进行新的投入与发展的决心。其次，"单一垄断利润"理论认为，必要设施理论假定垄断者会利用其垄断地位在邻近市场拒绝竞争对手进入，错误地推定了垄断者的动机，与现实世界所发生的情况不符。单一垄断理论认为，垄断者不可能有动力在邻近市场行使垄断，拒绝交易。因为，垄断者在相邻市场对其他企业开放，通过开放获取更多的消费者盈余，这对于垄断企业是有利的。相反，如果垄断企业拒绝向其他企业开放，这只会导致本企业无法获取更多的利润。②

（三）本书观点：辩证分析

首先，数据非竞争性与非排他性的特点有助于其他企业对于数据的收集，减少进入壁垒，但这意味着数据的拥有者开放其数据并不会对数据本身造成损害。③ 就这一点来说，数据与桥梁、铁路、电力、通信设施非常不同，后者更容易造成拥堵，但数据的开放在多数情况下则不存在这个问题。例如，在数据爬虫的情形中，只有相关企业的行为影响了被爬虫企业的流量传输，此类行为才可能造成网络拥堵。

其次，一些对必要设施理论的批评也可能未必适用于数据问题。就"单一垄断利润"而言，单一垄断利润理论的适用条件是垄断者对于其设施的价值比较明确，因此垄断者一般会开放或"出租"其设施。但在数据问题上，数据的价值高度不确定，垄断者可能无法从最初就确定数据的价值。垄断者开始可能会对其他企业开放其数据，但在发现其数据价值之后，企业就可能拒绝与其他企业进行数据合作与交易。在若干数据爬虫的案件中，情形都是如此。这说明，在数据问题上，企业完全有可能拥有拒绝交易的动机。④

此外，对于数据必要设施理论的引入仍然需要谨慎，企业必要设施的责任除了需要满足相关要件之外，还需要注意结合其他部门法的分析来判断。例如，企业数据可能因为其秘密性和商业价值而成为商业秘密，受到商业秘密的保护。

---

① See Catherine Tucker, *Digital Data, Platforms and the Usual* [*Antitrust*] *Suspects*: *Network Effects, Switching Costs, Essential Facility*, Review of Industrial Organization, Vol. 2019(54), p. 690-692.

② See Robert H. Bork, *The Antitrust Paradox*: *A Policy at War with Itself*, The Free Press, 1978, p. 229; Richard A. Posner, *Antitrust Law*, The University of Chicago Press, 2001, p.197-199; Ward S. Bowman Jr., *Tying Arrangements and the Leverage Problem*, Yale Law Journal, Vol. 1957(67), p.20-23; Aaron Director & Edward H. Levi, *Antitrust Law and the Future*: *Trade Regulation*, Northwestern University Law Review, Vol. 1956(51), p.290-292.

③ 参见曾彩霞、朱雪忠：《必要设施原则在大数据垄断规制中的适用》，载《中国软科学》2019年第11期。

④ See Zachary Abrahamson, *Essential Data*, Yale Law Journal, Vol. 2014(124), p. 873-874.

在此类情形下，需要对数据开放与商业秘密保护的关系作具体分析。企业数据也可能因为其编排的原创性而受到著作权法的保护，或者受到欧盟特殊数据库类型的保护。在此类情形下，也需要考虑数据开放对企业相关权益的影响。另外，企业数据也可能因为其大量的个人信息而负有对个体的信息信托或数据信托责任，此时则需要考虑数据开放对于用户与消费者信息隐私的影响。

四、数据隐私的反垄断法保护

（一）反垄断法规制数据隐私的兴起

《国务院反垄断委员会关于平台经济领域的反垄断指南》首次将“平台在交易中获取的交易相对人的隐私信息”视为差别待遇，将“不恰当使用消费者数据”视为经营者集中应当考虑的因素。

在欧美关于数据垄断的案例调查与执法中，很多案例也涉及利用反垄断法保护数据隐私的问题。例如，在企业并购的反垄断审查中，一个核心问题是合并后的企业是否会降低数据隐私保护的标准。在 2007 年谷歌与 DoubleClick 并购案中，美国联邦贸易委员会的一名委员指出：“如果拟议的收购完成，合并后的谷歌 /DoubleClick 将发挥变革作用。如果委员会此时结束调查，不对合并施加任何条件，那么竞争和消费者的隐私利益都将得不到充分解决。”[①]2014 年，脸书收购网络信息平台 WhatsApp，一些消费者团体认为，该交易将加强脸书获取数据的能力，使得脸书能够对数据进行商业化使用，违背 WhatsApp 之前的承诺，可能损害消费者的隐私保护。[②]

在涉及滥用市场支配地位的反垄断审查中，核心问题则是企业降低隐私保护标准是否应当被视为滥用市场支配地位。例如，在德国联邦卡特尔局对脸书的调查中，德国联邦卡特尔局认为，脸书从第三方软件收集用户和设备相关数据，并将其与脸书上收集的数据合并，这构成在社交网络市场上的主导地位，违反了《德国竞争法案》第 19（1）节第（g）款所规定的不得从事剥削性商业行为的规定。在德国联邦卡特尔局介入调查之前，用户只有同意脸书的隐私与数据政策才能使用脸书，用户如果不同意脸书对于第三方数据的使用，将无法正常使用脸书。但在德国联邦卡特尔局作出判决之后，用户将有权拒绝脸书对

---

① Dissenting Statement of Commissioner Pamela Jones Harbour in the Matter of Google/DoubleClick F.T.C. File No. 071-0170.

② See Letter from Jessica Rich, Dir., Bureau of Consumer Protection, FTC, to Erin Egan, Chief Privacy Officer, Facebook, Inc., and Anne Hoge, Gen. Counsel, WhatsApp Inc.(20 April 2014), at http://www.ftc.gov/system/files/documents/public_statements/297701/140410facebookwhatappltr.pdf (Last Visited on July 15, 2022).

第三方数据的使用。[①]

（二）数据隐私与企业竞争的关系

隐私保护是企业竞争的一部分，在互联网等企业的产品竞争中，高水平隐私保护对于吸引用户具有重要影响。在当前全球通行的隐私保护框架中，企业主要利用"告知—选择"框架进行保护，这种保护方式既赋予了企业以收集与利用个人信息的机会，又赋予了用户或消费者知情选择的机会。因此，从理论上说，当一款产品的隐私保护水平不足或低于其他产品时，至少一部分用户或消费者可能就会弃用这款产品，转向隐私保护水平更高的产品。

但在现实社会中，多种因素制约了通过市场竞争来提高隐私保护的方案。就用户来说，用户或消费者对于企业隐私保护的认知往往非常有限。当企业将非常复杂专业的隐私保护实践通过隐私政策的方式告知用户时，用户很难有足够的兴趣、时间和专业知识来阅读和理解。此外，即使用户对企业的隐私保护实践有足够的了解，面对高度复杂不确定的隐私风险，用户也未必能够作出理性的选择。

从市场竞争的角度来看，消费者对网络隐私保护选择的匆忙与随意可能促成"功能失调平衡"。在功能失调的市场中，消费者对于企业高度不信任，不相信它们对于个人信息具有真正的控制权。而企业也会因此具有同样的预期，不相信更高程度的隐私保护能吸引更多的用户。特别是在大型企业具有市场力量或支配力量的情况下，小企业就更不会提高产品的隐私保护水准。要想改变功能失调平衡的难点，需要大型企业改变其做法，或者是多个重要企业采取协同行动。[②]

随着大数据的兴起，大数据与隐私保护之间更是形成了反馈循环。随着企业收集数据的增加，企业越来越能够提供个性化的服务，对于个人的支配能力就越强。同时，企业又能进一步收集更多的数据，更进一步增加自身的市场力量与对用户的支配能力，用户对于个人隐私的控制能力就越弱。[③]

（三）数据隐私的反垄断法保护难点

首先，隐私保护水平的降低与其他产品质量的下降并不相同。对于其他一

① See Case Summary, Facebook, Exploitative Business Terms Pursuant to Section 19(1) GWB for Inadequate Data Processing, at https://www.bundeskartellamt.de/SharedDocs/Entscheidung/EN/Fallberichte/Missbrauchsaufsicht/2019/B6-22-16.pdf?blob=publicationFile&v=4.pdf (Last Visited on July 15, 2022).

② See Joseph Farrell, *Can Privacy Be Just Another Good?*, Journal on Telecommunications & High Technology Law, Vol. 2012 (10), p.256-259.

③ See Pamela Jones Harbour & Tara Isa Koslov, *Section 2 in a Web 2.0 World: An Expanded Vision of Relevant Product Markets*, Antitrust Law Journal, Vol. 2010(76), p. 782.

般产品来说，产品质量的下降主要是减少企业的投资，这种质量下降本质上与企业提高产品价格没有区别，都是纯粹获取更多的消费者盈余。在数据收集与隐私保护中，当企业试图收集更多数据、降低隐私保护水准时，企业并不能直接降低其生产成本，也不能直接从消费者那里获得更多的盈余。相反，企业需要为收集、储存与分析数据付出更多的成本。就此而言，企业的数据收集更类似于一种投资。①

其次，企业对于数据隐私的收集与利用不一定会降低产品质量。对于企业的产品而言，更多数据的收集可以为产品提供更为精确的搜索与服务，帮助企业消除信息不对称，促进产品质量的提升。对于用户来说，情形也可能如此，当然，部分隐私敏感型用户除外。但无论如何，隐私保护与产品质量之间的关系是因人而异的，不能简单假定企业对于数据隐私的收集与利用一定会降低产品质量。

最后，用反垄断法保护用户的数据隐私，相关反垄断机构由于缺乏隐私保护的经验，未必能够很好地承担相关任务。② 同时，反垄断法的主要任务是维持市场竞争，保证竞争市场中资源的有效分配，反垄断法的制度也不适合承担隐私保护的任务。③

（四）本书观点：辩证分析

隐私保护水准不但已经成为产品质量和产品竞争的一部分，而且还可能引发市场失灵。用户常常无法有效地对自身隐私进行有效管理，企业也面临着无序竞争甚至是探底竞争的难点。但需要意识到，企业的数据收集与利用并不意味着产品质量的降低，相反，企业的这种行为是一种投资行为，其目的在于更有效地定位用户，为用户提供更为个性化和精准的营销和服务。在这个意义上，不能将企业收集更多的数据等同于企业降低产品质量，企业收集更多数据可能会降低其隐私保护水平，但也可以提升产品质量，促进部分消费者的福利。

此外，应注意不宜将所有的产品质量问题都纳入反垄断的框架。产品质量有很多方面，如产品的安全性、耐用性和环保性，产品的每一种特征都可能影响产品对消费者的吸引力。但传统上这些问题都由相关的监管机构进行监管，反垄断的执法机构一般不涉足此类问题。如果反垄断机构需要考虑此类形形色

---

① See Dina Srinivasan, *The Antitrust Case against Facebook: A Monopolist's Journey towards Pervasive Surveillance in Spite of Consumers' Preference for Privacy*, Berkeley Business Law Journal, Vol. 2019 (16), p.69–80.

② See D. Daniel Sokol, *Antitrust, Institutions, and Merger Control*, George Mason Law Review, Vol. 2010 (17), p.1140–1141.

③ See Maureen K. Ohlhausen & Alexander P. Okuliar, *Competition, Consumer Protection, and the Right [Approach] to Privacy*, Antitrust Law Journal, Vol. 2015(80), p.142.

色的产品质量问题，那么不仅会干涉其他监管机构职能，也会增添反垄断执法机构的压力。①

只有在涉及存在市场力量的情形下，数据与隐私才可能成为一个竞争法问题。在互联网企业竞争中，一个经典的难题是如何判断企业的市场力量或垄断地位。因为互联网企业所提供的产品常常是免费产品，很难判断企业是否有能力提供高于市场竞争价格的产品。作为替代，有的研究者与研究机构指出，可以用反映产品质量变化的 SSNDQ 测试替代产品价格变化的 SSNIP 进行假定垄断测试。② 这是因为，“反垄断实际上是关于消费者的选择，而价格只是一种选择，消费者也希望有一个最佳水平的品种、创新、质量和其他形式的非价格竞争，包括隐私保护”③。从这一角度来看，把隐私保护纳入反垄断的框架，用隐私保护的指标帮助分析企业的市场力量或支配力量，有助于对互联网等行业进行反垄断分析。

---

① See Julie Brill, *The Intersection of Consumer Protection and Competition in the New World of Privacy*, Competition Policy International, Vol. 2011(7), p.10.

② 所谓SSNDQ测试，是指“质量出现小但重大的非暂时性下降”(small but significant non-transitory decrease in quality)。See OECD, The Role and Measurement of Quality in Competition Analysis, at http://www.oecd.org/daf/competition/Quality-in-competition-analysis-2013.pdf(Last Visited on July 13, 2022).

③ Robert H. Lande, The Microsoft-Yahoo Merger: Yes, Privacy Is an Antitrust Concern, University of Baltimore School of Law Legal Studies Research Paper No. 2008-06, at https://ssrn.com/abstract=1121934 (Last Visited on July 13, 2022).

第十八章　数据要素市场法律制度

第一节　数据要素市场概述

一、数据要素市场的政策表述

在数字经济时代，数据经常被比作新石油，可见其是数字经济发展的重要动力。但数据与石油有很大的差别：数据不是一次性的消耗品，数据会越来越多，而石油会越来越少。数据可以被无限次使用，而石油一旦被使用就会彻底消耗掉。更为重要的是，数据不仅仅是数字经济的“能源”。在数字经济中，数据不仅仅是生产资料，数据还是生产力，甚至是一种生产关系。

自从2020年数据被纳入生产要素中，成为继土地、劳动力、资本、技术之后的第五大生产要素，数据要素市场蓬勃发展，但也遇到一系列问题，集中体现为“确权难、定价难、入场难、互信难、监管难”。

什么是数据要素市场？我们先从一些重要的政策文件说起。2020年3月30日，《中共中央、国务院关于构建更加完善的要素市场化配置体制机制的意见》（以下简称《要素市场化配置意见》）发布，数据被正式纳入生产要素中。《要素市场化配置意见》提出“加快培育数据要素市场”，具体要求有：“（二十）推进政府数据开放共享。优化经济治理基础数据库，加快推动各地区各部门间数据共享交换，制定出台新一批数据共享责任清单。研究建立促进企业登记、交通运输、气象等公共数据开放和数据资源有效流动的制度规范。（二十一）提升社会数据资源价值。培育数字经济新产业、新业态和新模式，支持构建农业、工业、交通、教育、安防、城市管理、公共资源交易等领域规范化数据开发利用的场景。发挥行业协会商会作用，推动人工智能、可穿戴设备、车联网、物联网等领域数据采集标准化。”

2020年5月11日，《中共中央、国务院关于新时代加快完善社会主义市场经济体制的意见》发布，其中再次提出：“加快培育发展数据要素市场，建立数据资源清单管理机制，完善数据权属界定、开放共享、交易流通等标准和措施，发挥社会数据资源价值。”

2021年3月12日，《中华人民共和国国民经济和社会发展第十四个五年规划和2035年远景目标纲要》发布，其第十八章“营造良好数字生态”第一节“建立健全数据要素市场规则”提出：“统筹数据开发利用、隐私保护和公共安全，加快建立数据资源产权、交易流通、跨境传输和安全保护等基础制度和标准规范。建立健全数据产权交易和行业自律机制，培育规范的数据交易平台和市场主体，发展数据资产评估、登记结算、交易撮合、争议仲裁等市场运营体系。”

为深入贯彻落实《要素市场化配置意见》，积极稳妥开展要素市场化配置综合改革试点工作，2021年12月21日，国务院办公厅发布《关于印发要素市场化配置综合改革试点总体方案的通知》，提出“探索建立数据要素流通规则”，具体包括：“（十九）完善公共数据开放共享机制。建立健全高效的公共数据共享协调机制，支持打造公共数据基础支撑平台，推进公共数据归集整合、有序流通和共享。探索完善公共数据共享、开放、运营服务、安全保障的管理体制。优先推进企业登记监管、卫生健康、交通运输、气象等高价值数据集向社会开放。探索开展政府数据授权运营。（二十）建立健全数据流通交易规则。探索‘原始数据不出域、数据可用不可见’的交易范式，在保护个人隐私和确保数据安全的前提下，分级分类、分步有序推动部分领域数据流通应用。探索建立数据用途和用量控制制度，实现数据使用‘可控可计量’。规范培育数据交易市场主体，发展数据资产评估、登记结算、交易撮合、争议仲裁等市场运营体系，稳妥探索开展数据资产化服务。”

2022年4月10日，《中共中央、国务院关于加快建设全国统一大市场的意见》发布，提出“加快培育数据要素市场，建立健全数据安全、权利保护、跨境传输管理、交易流通、开放共享、安全认证等基础制度和标准规范，深入开展数据资源调查，推动数据资源开发利用”。

2022年12月2日，《中共中央、国务院关于构建数据基础制度更好发挥数据要素作用的意见》正式发布，提出要建立数据产权制度，推进公共数据、企业数据、个人数据分类分级确权授权使用，建立数据资源持有权、数据加工使用权、数据产品经营权等分置的产权运行机制，健全数据要素权益保护制度；要建立合规高效的数据要素流通和交易制度，完善数据全流程合规和监管规则体系，建设规范的数据交易市场。

以上按照时间顺序梳理了中共中央、国务院发布的涉及数据要素市场的重要政策，这些政策中有关数据要素市场的表述不尽相同，各有侧重，但从中可以提炼出一些核心问题。

首先，数据要素市场的核心是数据交易，之所以要加快培育数据要素市场，就是要使得数据要素的配置市场化，而市场化的核心一定是交易。即便是公共数据的开放共享，如果最终要实现市场化配置，也一定要能够进入数据市场进行交易。

其次，《个人信息保护法》《数据安全法》和《网络安全法》等法律法规为数据要素市场的发展画出了红线。数据要素市场的所有设计都需要满足红线要求，因此所有政策在强调加快培育数据要素市场的同时，都会强调个人信息保护和数据安全等。

再次，数据要素市场的发展需要基础制度和一些外围制度机制的支撑和协同，如数据分级分类、数据确权、安全认证以及数据定价机制等。也就是说，数据要素市场的发展是一个系统性工程，需要基础制度和各种配套制度的完善，也需要综合考量各种制约性因素。

最后，各种政策文件中关于数据分类的表述不尽相同，有政府数据、政务数据、公共数据、社会数据、商业数据、企业数据、个人数据等表述，这些表述的内涵和外延都不是很明确，需要在政策实施过程中逐步明确。但在各种政策文件中，公共数据的共享和开放、企业数据的开发和利用都是核心内容，因此未来数据要素市场的发展，将主要围绕公共数据共享和开放、企业数据的开发和利用展开。

二、以交易为核心的数据要素市场

要理解数据要素市场，就要先从市场这个概念谈起。市场是两方或多方主体参与商品或服务交易的系统。在一个市场中，首先至少存在两方交易主体，单方无法形成市场；其次要有交易的对象和行为，对象可以是资源，也可以是产品或服务，交易的行为意味着资源、产品或服务的转移或利用授权。因此，数据要素市场就是一个两方或多方交易数据资源、产品或服务的市场。为了培育数据要素市场，需要一些前期的和基础性的工作，如数据的确权、个人信息保护和数据安全规则的建立等，但这些只是数据要素市场发展的基础性条件，而非数据要素市场本身。简单来说，数据要素市场一定是以数据交易为核心建立起来的。“要素市场化配置”实际上就是通过交易进行要素配置，如果仅仅是政府数据开放或企业向政府报送数据，并不构成数据要素市场，因为这里不存在市场交易，只有基于行政权产生的责任和义务。

数据要素市场是由数据采集、数据存储、数据加工、数据流通、数据分析五部分组成的。但并不是这五部分全都属于数据要素市场，只有在这五部分中发生数据交易，才属于数据要素市场。比如，一个公司自己采集数据仅供自己使用，并不对外交易数据，那这只是公司内部的经营行为，并不属于数据要素市场的一部分。下面就简单分析一下数据要素市场的五个组成部分。[①]

数据采集。数据采集是数据要素市场发展的基础，只有采集了足够数量的

---

① 详细的讨论参见国家工业信息安全发展研究中心与蚂蚁科技集团股份有限公司、天聚地合（苏州）数据股份有限公司共同编制发布的《中国数据要素市场发展报告（2020~2021）》。

数据，才会有数据要素市场的发展。数据采集可以由企业自己独立完成，也可以委托其他企业完成。从数据要素市场的角度看，数据采集是一方委托另一方进行数据采集工作，受托方按照委托方的采集要求采集数据，并将采集到的数据交付给委托方。比如，一个研究语音识别的企业委托另一个企业采集各种语音数据。受托方可以在自己经营的范围内部进行数据采集，也可以向第三方或公共领域进行数据采集。此种意义上的数据采集的法律关系是一种委托服务关系，同时伴随被采集的数据控制权的转移。

数据存储。在云存储服务发展起来之前，数据存储基本上由数据控制者自己建立本地存储中心进行存储。但随着数据存储量的增加、安全风险的增大以及维护成本的居高不下，很多企业选择专业的云存储服务进行数据存储，如阿里云、华为云、腾讯云等。数据存储服务的法律关系实际上是委托保管关系，数据所有者或控制者委托云存储服务商保管数据，云存储服务商提供存储空间并负责维护数据安全。这个过程虽然涉及数据的流动，但并不涉及数据控制权的转移，仅涉及数据占有的转移，云存储服务商提供的仅仅是数据存储服务以及附带的安全保护义务。

数据加工。数据加工是数据所有者或控制者为了进一步使用数据，对已经采集的数据进行准确性、可用性的处理活动。数据所有者或控制者可以自己加工数据，也可以委托第三方加工数据。数据加工又可进一步分为数据清洗、数据标注和数据融合。数据清洗是对数据校验的过程，删除重复的数据、修改错误的数据、补充不完整的数据等。数据标注是为了人工智能更好地进行深度学习，通过人工的方式为数据打上特定的标签。例如，对各种形状、颜色的椅子打上椅子的标签，以便训练人工智能在不同场景之下对于不同椅子进行准确识别。如百度公司就将大量的数据标注工作委托给第三方公司。随着人工智能的发展，数据标注已经成为人力资源成本低的地区的重点发展产业。数据融合是指将不同来源、不同模态的数据进行统一化的工作，以便提供标准统一的数据集。数据加工涉及的是委托服务的法律关系，受托方提供数据加工服务，这个过程不涉及数据控制权的转移，仅可能涉及数据加工使用权的分离和设立。

数据流通。数据流通是指数据在不同数据主体之间流转，具体又包括数据共享、数据开放、数据交易、数据跨境流动。数据共享是指不同数据主体之间分享数据，如不同的行政机关之间分享数据、企业集团内部不同企业之间分享数据，数据共享可以是免费的，如果数据共享需要收费，那就是数据交易。数据开放一般指政府公共数据对社会公众开放，这个问题在前面章节已经讨论过，此处不再赘述。数据交易是指数据资源持有权、数据加工使用权、数据产品经营权或数据服务的交易，这是狭义的数据要素市场的核心。广义上的数据交易还涉及各种与数据有关的合同法意义上的交易。数据跨境流动强调的是数据跨越国境的流转，数据跨境流动情况多种多样，可能是企业之间数据跨境共享，可能是数据的跨境存储，可能是商品或服务贸易附带的数据跨境流动，也可能是单纯的数据跨境交易。严格来说，数据流通中只有数据交易才属于数据市场的核心组成部分。

数据分析。数据分析是通过数据分析技术挖掘数据价值的过程。企业可以自己进行数据分析，也可以委托专业数据分析企业进行数据分析，当企业委托专业数据分析企业进行数据分析时，就产生数据分析服务法律关系。一个数据分析企业也可以通过对自己占有的数据进行分析，生成数据分析产品，对外销售数据分析产品，但此时涉及的实际上是数据分析产品的交易，而非数据分析服务的交易。

简单总结一下，数据产业链条上的数据采集、数据存储、数据加工、数据流通和数据分析都是数据要素市场的重要组成部分，但并不全是数据要素市场的组成部分。当这些活动由企业自己独立完成，不发生外部交易时，这些活动就不参与数据要素市场。只有这些活动不是由企业自己独立完成的，而是通过与外部企业相互交易来完成时，才构成数据要素市场的组成部分。因此，数据要素市场的核心是交易，即以交易为核心来建构数据要素市场。

第二节　数据交易制度

一、数据交易类型

从数据交易类型来看，数据交易通常可分为数据产权交易与数据服务交易。此外，广义的数据交易还包括数据委托处理。

数据产权交易。数据产权交易，是指数据产权人将数据产权转让给他人或授权许可他人使用。我国《民法典》总则编第五章“民事权利”在列举各项具体的民事权利之后，在第126条中规定，“民事主体享有法律规定的其他民事权利和利益”，第127条中规定，“法律对数据、网络虚拟财产的保护有规定的，依照其规定”。由此可见，数据可以作为民事权益的客体，并且，数据权益属于一种新型民事权益，不同于物权、债权、知识产权等传统民事权利。对于数据权益的性质和具体内容，尚待有关立法予以明确。

数据服务交易。数据产权交易会使数据购买方接触到原始数据，但有时数据控制者并不希望交易相对人接触到原始数据或者交易相对人没有接触原始数据的需求，此时可采取数据服务的方式来实现交易目的。即数据控制者根据交易相对人的需求，提供基于数据的服务，如为交易相对人提供某种数据分析的结果，此时并不涉及数据本身的转移或许可使用，其性质属于服务。

数据委托处理。数据委托处理，是指数据控制者通过购买服务的方式委托其他企业为其提供有偿的数据处理服务，例如，购买数据存储服务、数据加工服务、数据分析服务等。此种数据委托处理与上述数据服务交易的不同之处在于，数据委托处理的目的在于为数据控制者提供服务，而数据服务交易则是数据控制者为他人提供服务。

二、数据交易方式

从交易方式来看，数据交易可分为场外交易和场内交易。就目前情况来看，场外交易比场内交易更活跃。

场外交易，是指在数据交易所之外发生的数据交易，交易双方完全独立通过协商进行交易，或者通过第三方的私下撮合进行交易，这些交易都是在私下进行的，没有利用数据交易所的交易系统，也无须对外公示或进行登记。在数据交易所建立之前，这类数据交易已经广泛大量存在了，只不过因为不是公开的，因此很难详细统计具体的交易量。从交易对象来看，无论是原始数据交易、数据使用权交易，还是数据服务交易，都可以在场外进行，特别是数据服务交易，基本上都是在场外私下进行的。除非数据交易所能够提供更为高效、便捷、经济的数据交易，否则场外交易依然会是未来数据交易的最重要形态。

场内交易，是指在依法设立的数据交易所进行交易。数据交易所是模仿证券交易所以及期货、大宗商品、技术交易所建立的，数据交易所通常是交易信息提供者和交易撮合者，但发展并不顺利。究其原因，一方面是因为数据的本质属性与证券和大宗商品有很大的差别，无法实现完全标准化的高频交易；另一方面是因为场内交易有更高的合规要求，增加了数据交易的成本，体现不出相对于场外交易的优势。目前数据交易所正在积极寻找更好的交易模式，但暂时还没有成熟的模式。“目前数据交易市场整体规模已达数百亿，但交易量基本集中在场外，比如现阶段仅商业银行每年的数据采购金额就超过百亿元。”“数据交易要从场外转向场内，更多地需要数据交易所对一些交易规则、交易模式进行充分验证，以及在数据确权、交易和安全流通方面，构建成熟统一的标准体系，便于市场主体参与。”①

三、数据经纪人

数据的场外交易，需要数据经纪人（data brokers）介入，这是数据交易的重要模式。所谓数据经纪人，是指一些专门收集各类数据并将其分类整理后出售给企业用户的数据公司。大部分人对于数据经纪人的存在一无所知，但据资料显示，这个行业每年产值已经达到两千亿美元，而且还在逐年快速增长。②

---

① 翁榕涛：《广东第四家数据交易公司成立数据交易 2.0 时代下谁主沉浮？》，载 https：//new.qq.com/omn/20220612/20220612A08VD200.html，2023 年 1 月 20 日访问。

② Michal Wlosik, *What Is a Data Broker and How Does It Work?*, at https://clearcode.cc/blog/what-is-data-broker/ (Last Visited on Feb.1, 2023).

数据经纪人以各种方式从各种渠道收集个人信息，如通过数据抓取技术从各种网络平台上收集公开的个人信息，向第三方公司购买个人数据信息，从政府公开的信息中提取个人信息，甚至通过非法的手段盗取个人信息。数据经纪人收集的个人信息通常包括姓名、性别、证件号、电话号码、住址、职业、教育背景、收入、兴趣、购物记录、出行记录等。

这些收集来的信息会被进一步汇集加工，形成各种各样的信息产品，如关于个人身份的信息产品、关于用户偏好的信息产品、关于个人信用的信息产品等。数据经纪人会将这些产品卖给客户，或基于收集到的数据为客户提供定制化服务。比如，一家人脸识别公司从网络上收集个人人脸照片，然后为警方提供人脸识别查询服务。数据经纪人的数据产品五花八门，但大体上可以分为三大类。[①]

第一类是营销产品（Marketing Products），数据经纪人向客户出售消费者个人信息，帮助客户更好地了解消费者的喜好，从而精准地销售商品或推送广告。这是数据经纪人最主要的数据业务。此类产品的主要客户是广告公司和销售公司，数据经纪人可以为其提供个性化的数据产品服务。

第二类是风险缓释产品（Risk Mitigation Products），数据经纪人通过收集的个人数据帮助客户核验信息的真伪，判断风险的高低。这类产品的主要买家是金融机构。例如，银行在发放贷款时，需要核查客户提供信息的真伪以及客户的信用情况，就可以委托数据经纪人利用手中的数据进行核验。又如，保险公司在承保之前，也可以通过数据经纪人核查投保人提供资料的真伪以及投保人的信用和健康等情况。

第三类是人员搜索服务（People Search Products），客户委托数据经纪人搜索查找某个或某些个人的信息，这些个人信息大多数来自个人在不同的网络上公开的信息，只不过数据经纪人能够将所有这些信息汇总起来。

数据经纪人已经形成一个庞大的产业，这个产业目前最大的问题是对个人信息保护和数据安全造成潜在的巨大风险。例如，美国政府和国会一直试图制定法律来规范数据经纪人，但目前为止国会立法还处在提案阶段，最新的提案是 Data Broker Accountability and Transparency Act of 2020，能否最终通过还不得而知。该法案要求数据经纪人确保其收集的个人信息的准确性，并禁止数据经纪人以虚假手段获取个人信息。数据经纪人必须向个人提供访问其个人信息的机会，并提供纠正不准确信息的方法。该法案还要求数据经纪人建立一个网站，该网站上有清晰和明显的指示，说明个人如何审查其个人信息以及个人

① See FTC, Data Brokers: A Call for Transparency and Accountability, at https://www.ftc.gov/system/files/documents/reports/data-brokers-call-transparency-accountability-report-federal-trade-commission-may-2014/140527databrokerreport.pdf (Last Visited on Feb.1, 2023).

能够表达对于为营销目的共享其数据的偏好。如果个人表示不希望自己的信息被用于营销目的，数据经纪人就必须尊重个人的选择。该法案还指示数据经纪人促进对个人信息访问的追溯，并实施消费者隐私和数据安全计划，以防止数据外泄。[①]

我国也存在大量数据经纪人。首先，掌握大量数据的平台公司通过数据挖掘，生成各种数据产品，出售给平台上的商业客户，如阿里巴巴的“生意参谋”，或者平台直接为商业用户开放数据接口，允许商业用户使用一部分数据。其次，一些数据公司独立收集数据，形成数据产品集，出售给企业用户，或者接受企业用户委托，提供定制化的数据产品服务。比如，数据堂（北京）科技股份有限公司“自有版权数据集涵盖20万小时语音识别数据，800TB计算机视觉数据，约20亿条自然语言理解数据”，主要目标客户是人工智能企业。[②] 只不过我们不太用数据经纪人这个概念来描述这些企业。2021年12月，广州市海珠区出台了全国首份“数据经纪人”试点工作方案，探索打造数据要素市场化配置改革“先行地”，首批“数据经纪人”名单分别是广东电网能源投资有限公司、广州金控征信服务有限公司、广州唯品会数据科技有限公司，涉及电力行业、电子商务、金融等领域。其实这里存在个“名实”问题，数据经纪人并非持牌业务，无须特别的审批，因此只要从事数据“经纪”业务，都可以视为数据经纪人。

四、数据交易所

数据的场内交易涉及数据交易所，据统计，全国已经建立39家数据交易所，但交易量非常有限。我国的数据交易所建设分为两个阶段：第一个阶段是2015年至2017年，以贵阳大数据交易所为代表，先后建立近20家数据交易所，基本处于停滞状态；第二个阶段是2020年之后，以北京国际大数据交易所、上海数据交易所为代表，已经建立的和正在筹建的有10多家。

贵阳大数据交易所成立之初曾宣布，“未来3~5年交易所日交易额会达到100亿元，预计将诞生一个万亿元级别的交易市场”。然而，在其后几年发展中，交易所不断更改交易额目标，从“日交易额100亿元”到“全年力争突破亿元”。“2019年，交易所大概只做了500~800万元的项目”，2020年“500万元都没有”。[③] 另据报道，2022年5月27日，贵阳大数据交易所发布了“数据流通交易规则、数据商准入指南、数据交易合规性审查指南、数据交易安全评估

---

① See Data Broker Accountability and Transparency Act of 2020, at https: //www.congress.gov/bill/116th-congress/house-bill/6675 (Last Visited on Feb. 1, 2023).

② 参见数据堂官方网站，https: //www.datatang.com/dataset，2022年7月15日访问。

③ 参见罗曼、田牧：《理想很丰满现实很骨感 贵阳大数据交易所这六年》，载https: //stock.stcn.com/djjd/202107/t20210712_3426536.html，2022年7月15日访问。

指南、数据产品成本指引、数据价值评估指引”。“平台升级上线以来，已集聚数据商 213 家、上架产品 283 个、交易 59 笔、交易额达 4095 万元。”[①] 但这些交易规则都未对外公开，具体的交易情况也无法查询，贵阳大数据交易所能否在升级后做大做强，留待市场检验。

北京国际大数据交易所、上海数据交易所先后于 2021 年 3 月和 11 月设立，是《要素市场化配置意见》以及随后相关政策推动的结果。为了应对数据交易“确权难、定价难、入场难、互信难、监管难”等问题，两家数据交易所都不约而同地采取了一系列新技术和新规则。在技术层面运用了区块链及智能合约、隐私计算、数据确权标识、安全沙盒等最新技术，规则上坚持“数据可用不可见”、“数据可算不可识”、数据使用“可控可计量”。但两家交易所均未公布具体的交易规则和交易数据，新技术能否帮助两家交易所避免重蹈贵阳大数据交易所的覆辙，也只能留待市场检验了。

为了推进数据交易，2022 年 7 月 29 日，北京国际大数据交易所数据资产登记中心正式揭牌，这是全国首个数据资产登记中心。据媒体报道，登记中心将建立数据资产登记相关政策和制度体系，依托区块链等技术搭建数据资产登记平台，发布数据资产凭证和数字交易合约，为数据资产确权，打通数据资产登记平台和数据资产交易平台。目前尚未发布具体的数据资产登记规则。[②]

随着元宇宙概念的兴起，数据交易所也在探索数据资产的交易。2022 年 8 月 24 日，上海数据交易所发布《上海数据交易所数字资产板块管理规范（试行）》，建立数字资产板块，确立数字资产登记、数字资产公告、参与方权利与义务等规则。上海数据交易所定义了数字资产的“四不五可六类”：“四不”即底层商品为金融资产的不上市、无明确经济价值的不上市、数字资产产权不清晰的不上市、不符合国家法律法规的不上市；“五可”即可穿透、可确权、可定价、可流通、可溯源；“六类”即现阶段可交易数字资产主要包括文博衍生、数字文创、消费场景、品牌营销、产业应用、数据知识产权六种类型。[③] 在数据交易推进困难的情况下，数据交易所开始尝试更容易推进的数字资产交易，但数字资产交易显然无法解决数据要素的交易问题。

就目前的情况来看，数据交易所本质上是个交易撮合商，交易所本身并不所有或控制数据，仅仅为交易双方提供交易撮合和交易服务。数据交易所尚待发展出成功的模式有诸多原因。

---

① 高华：《贵阳大数据交易所正式对外发布数据交易规则》，载 https：//baijiahao.baidu.com/s?id=1734054429336127756&wfr=spider&for=pc，2022 年 7 月 15 日访问。

② 参见李博：《北京加快推进数据要素市场化配置 全国首个数据资产登记中心揭牌》，载http：//bj.people.com.cn/BIG5/n2/2022/0729/c14540-40060422.html，2022 年 8 月 10 日访问。

③ 参见沈文敏：《全国首发，上海数据交易所设立数字资产板块》，载https：//wap.peopleapp.com/article/6844817/6711302，2022 年 10 月 20 日访问。

首先，数据虽然是无形的，但与证券、期货合约、知识产权等还是有很大差别的，数据交易的目的是对数据进行开发利用，其间涉及数据存储、使用等一系列的技术问题，这与高度统一并且可以高频交易的证券有很大差别，因此注定数据交易是一对一的撮合交易。

其次，如果数据交易所只能提供交易撮合，数据交易双方就很容易绕过交易所自行交易，这样不仅可以免除一大笔中介费用，还可以免除一系列复杂的交易手续。法律没有规定数据必须在交易所交易，因此除非数据交易所能够创造出比场外交易更有优势的交易模式，否则就无法将数据的场外交易转移到场内交易。

最后，大量有价值的数据掌握在政府、平台公司和数据经纪人手里，而它们都没有通过数据交易所交易数据的迫切需求。对于政府来讲，最重要的是开放和共享数据；对于平台公司来讲，其可以直接向商业用户销售数据产品或提供数据服务，没有经过数据交易所的必要；对于数据经纪人来讲，数据经纪人有自己的渠道来出售数据产品或提供数据服务，数据交易所不是不可或缺的交易渠道。数据交易所不控制数据，没有多少优势能将已经成熟的场外交易转移到场内交易。即便新兴技术能解决一系列交易困境，但如果没有交易的需求，再好的技术也派不上用场。

第三节 公共数据与数据信托

早在 2016 年，李克强同志在讲话中就指出："目前我国信息数据资源 80% 以上掌握在各级政府部门手里，'深藏闺中'是极大浪费。"[①]2020 年《要素市场化配置意见》提出要"推进政府数据开放共享"。但是，当前各地纷纷建立的数据交易所并不是针对"政府数据开放共享"设计的，而是针对"企业数据"或"社会数据"设计的。也就是说，在数据要素市场中占据绝大多数份额的政府数据或公共数据，目前还没有一套成熟的开放共享机制，数据信托或许是一个值得探索的方向。下面主要介绍英国数据信托的实践探索，在此基础上讨论中国公共数据信托的可能性。

一、数据信托实践的兴起

按照英国开放数据研究所（Open Date Institute）的定义："数据信托是一种提供独立数据管理的法律结构。"这个定义中有三个关键词：一是"独立"，意味着数据信托独立于数据控制者和使用者，需要一个独立第三方作为数据受托

① 李克强：《信息数据"深藏闺中"是极大浪费》，载新华网，http://www.xinhuanet.com/politics/2016-05/14/c_128982600.htm，2022 年 10 月 20 日访问。

人，“受托人承担着具有法律约束力的责任，确保数据的共享和使用有利于特定的人群和组织，以及受其使用影响的其他利益相关者”；二是“数据管理”，意味着由受托人依据数据信托章程决定谁可以访问数据，在什么条件下访问数据，以及数据信托是为了谁的利益；三是“法律结构”，这里要特别强调的是，虽然数据信托从信托法意义上的信托中获得灵感并借鉴诸多制度，但数据信托不是信托法意义上的信托，数据信托是一种独立于信托法的单独的法律结构。[①]

2018 年 12 月到 2019 年 3 月，英国开放数据研究所联合英国政府人工智能办公室和创新英国项目（Innovate UK），进行了三个数据信托试点项目。

第一，开放数据研究所与荒野实验室技术中心合作，探索数据信托是否有助于在全球范围内打击非法野生动物贸易。其中涉及两个应用：其一，是否可以建立一个数据信托以协助图像数据的共享，以便训练识别算法，以协助边境管制人员识别非法动物和动物产品；其二，是否可以共享摄像捕捉器（camera traps）拍摄的照片和声传感器数据来训练算法，以帮助创建实时警报。[②]

第二，开放数据研究所与 The Greater London Authority（GLA）和 The Royal Borough of Greenwich（RBG）合作，探索数据信托模式是否支持城市数据共享，同样涉及两个应用案例：其一，移动应用案例（停车）——该应用案例是一项试验技术，使得与客车停车和预留给电动汽车和电动汽车俱乐部的停车位有关的停车数据更容易获得，目的是使低污染的交通选择更具吸引力；其二，能源应用案例——该应用案例是通过安装传感器来监测和控制改造后的公共供暖系统（水源热泵）的运行，来提高市政委员会拥有的社会住房街区的能源效率。[③]

第三，开放数据研究所与 Waste & Resources Action Programme 合作，评估当前英国在供应链中用来跟踪食物浪费的程序，识别各种利益相关方之间共享数据的激励和障碍，最后设计和评估可复制的法律和治理结构模式，可以被全球使用来衡量食物浪费情况。[④]

除了开放数据研究所推动的数据信托试点项目，还有一些数据信托实践可以关注，如谷歌附属公司人行道实验室（Sidewalk Labs）在多伦多城市振

① See ODI，Data Trusts：Lessons from Three Pilots，at http：//theodi.org/article/odi-data-trusts-report (Last Visited on Feb.1, 2023).

② 具体开展情况及试点报告，参见 https：//theodi.org/article/data-trusts-wildlife/，2023 年 2 月 1 日访问。

③ 具体开展情况及试点报告，参见 https：//theodi.org/article/data-trusts-gla/，2023 年 2 月 1 日访问。

④ 具体开展情况及试点报告，参见 https：//theodi.org/article/data-trusts-food-waste，2023 年 2 月 1 日访问。

兴项目中的“公民信托计划”（civic data trust）。[①] 人行道实验室要在多伦多的waterfront建智慧城市，必然会收集大量的城市数据，如何管理和使用这些城市数据，人行道实验室在探索了各种合作治理模式后，包括数据合作社（data cooperatives）和数据公社（data commons），最后选择了“公民信托计划”，这意味着人行道实验室将城市数据视为一种公共资产，并作了非常完备的数据信托计划。但即便如此，公民信托计划仍遭到了各种质疑：人行道实验室是否打算将公众的数据货币化？该项目是否打算作为人行道实验室的母公司的数据来源？如何对在物理环境中收集的数据获得同意？如何保护和管理这些数据？谁将拥有这些数据？出于对隐私和安全的担忧，这个项目在加拿大遭到广泛抵制并最终流产。人行道实验室“公民信托计划”的失败给数据信托实践带来很多启示：例如，在涉及社会公众利益的数据信托的建立过程中，公共对话和公众参与是非常必要的，只有消除公众对于隐私和安全的担心，数据信托计划才有可能建立起来；又如，数据信托的委托人和受托人非常重要，“即使有好的意图——包括负责任的数据使用指南和信托章程——作为数据信托受托人的私人公司，也有可能引起公众的担忧”[②]。如果受托人不是一家外国的私人公司，而是本地的政府或本地的公司，获得民众支持的可能性就会增加。

此外，研究者还经常提及英国生物银行（UK Biobank）。[③] 在GDPR下运营的英国生物银行，管理着由50万人捐赠的用于科学研究的健康数据，这些数据是项目参与者在参加项目时已经同意可被使用的数据。这些数据经过匿名处理，由英国生物银行向世界各地的研究人员广泛提供，他们利用这些数据对常见和威胁生命的疾病，如癌症、心脏病和中风，进行新的科学发现，以改善公共健康。英国生物银行是一家有限公司，并注册为一个慈善机构，其董事会担任慈善受托人。[④] 虽然英国生物银行自己并未将该项目视为一种数据信托，但研究者认为这属于一种数据信托实践，特别是在医疗数据领域，是一个值得关注的成功案例。[⑤]

---

① 该信托计划的具体内容，参见https：//waterfrontoronto.ca/nbe/wcm/connect/waterfront/41979265-8044-442a-9351-e28ef6c76d70/18.10.15_SWT_Draft+Proposals+Regarding+Data+Use+and+Governance.pdf?MOD=AJPERES，2023年2月1日访问。

② Data Trusts：A New Tool for Data Governance，P.21.

③ See Data Trusts Initiative，Data Trusts：International Perspectives on the Development of Data Institutions，P.7.

④ 英国生物银行的具体情况，特别是治理结构，参见https：//www.ukbiobank.ac.uk/learn-more-about-uk-biobank/governance，2023年2月1日访问。

⑤ See Sylvie Delacroix，From Research Data Ethics Principles to Practice：Data Trusts as a Governance Tool，at https：//papers.ssrn.com/sol3/papers.cfm?abstract_id=3736090（Last Visited on Feb.1，2023）.

二、数据信托的全生命周期

前述开放数据研究所三个试点项目结束后，除了每个项目各自的试点报告，2019年4月，试点项目的推动者开放数据研究所发布了一份总报告《数据信托：来自三个试点的经验教训》，重点关注了数据信托的生命周期。[①] 外部合作机构伦敦玛丽女王大学、BPE Solicitors LLP 和 Pinsent Masons LLP 专门就数据信托的法律与治理结构联合发布了研究报告《数据信托：法律和治理思考》，重点关注了基于三个试点项目提炼出的数据信托法律和治理架构问题。[②] 公众参与慈善机构 Involve 和专门从事电信、媒体和技术的咨询公司 Communications Chambers 撰写了一份报告《为数据信托设计决策过程：三个试点的教训》，阐述了数据信托机构需要作出的不同类型的决定以及它可能采用的技术类型。[③] 鉴于第三份报告探讨的决策程序问题过于具体，下面就通过前两份研究报告，分别看看数据信托的生命周期和法律模式。

《数据信托：来自三个试点的经验教训》认为，数据信托是非常情境化的，每个数据信托都有独特性，因此无法从试点项目中总结出一个或几个成熟的数据信托模式，每一个数据信托都需要在具体情境之中确定极其复杂的法律结构，但在数据信托的生命周期中，还是有一些可识别的阶段，以及在每个阶段可能需要采取的工作。报告认为，一个数据信托的生命周期至少包含六个阶段。

第一，范围（Scope）。确定数据信托的范围，首先应围绕一个问题或挑战进行调整，研究解决该问题的现有努力，研究最适合当前需求的不同类型的数据管理模式。这将有助于澄清是否需要一个数据信托。[④] 这应该与以下工作同时进行：相关数据持有者、用户和受益人的参与；开发应用案例以帮助确认激励措施并解释数据信托将试图解决什么问题；努力了解生态系统和潜在的风险；确保共同设计阶段的资金支持。

第二，共同设计（Co-design）。在设计数据信托时，重要的是就下述问题达成共识：首先，数据信托的目的、如何资助或其商业模式、其法律和组织结

---

① See ODI, Data Trusts: Lessons from Three Pilots, at https://theodi.org/article/odi-data-trusts-report (Last Visited on Feb.1, 2023).

② See Reed, C., BPE Solicitors, Pinsent Masons, Data Trusts: Legal and Governance Considerations, at http://theodi.org/article/data-trusts-legal-report/ (Last Visited on Feb.1, 2023).

③ See Bunting, M. and Lansdell, S. (2019), Designing Decision Making Processes for Data Trusts: Lessons from Three Pilots, at http://theodi.org/article/data-trusts-decision-making-report/ (Last Visited on Feb.1, 2023).

④ 数据信托只是数据共享的一种方式，因此，在建立数据信托之前，首先需要确定需要共享的数据是否最适合数据信托，还是更适合其他数据共享方式，关于其他数据共享方式，参见 ODI, Data Access Archipelago: Mapping the Myriad Ways We Share Data，载 https://theodi.org/article/data-access-archipelago-mapping-the-myriad-ways-we-share-data/，2023年2月1日访问。

构、如何配备人员以及利益相关者将发挥的作用；其次，数据信托如何创造和分享利益，谁是可以向信托提供数据的数据持有者，关于新数据持有者加入的任何规则，以及如何决定谁可以访问由信托管理的数据；再次，“变革机制”——数据信托将多久重新评估其运作，以及如何批准对信托的变更；最后，技术架构和相应的标准——例如，数据将如何共享——以及这将需要的技术和支持服务。在这个阶段，起草模板协议也很有用，这些协议将被用来支持已经作出的设计决定。

第三，启动（Launch）。在启动数据信托时，有必要根据商定的目的建立和注册新的组织或更新旧的组织；按照共同设计阶段的商定，透明地发布有关其流程的信息；开发技术以支持数据信托的数据共享、服务和运营；与数据持有者就如何提供数据达成协议；与利益相关者沟通，使他们知道数据信托的存在。

第四，运作（Operate）。为了使数据信托运作起来，其利益相关者需要确保数据得到维护并继续可用。需要接受、处理和回应数据贡献和数据请求，并且可能需要技术服务和报告系统来支持这些运作。数据信托可能需要筹集资金或开展营销和业务发展活动。其利益可能需要按照约定对数据持有人或受益人进行管理，可能需要进行审计或检查，以确保利益相关者符合数据信托的规则。违反数据使用规则的行为需要被发现和处理。利益相关者可能会从培训或指导中受益，并且可以通过沟通或有针对性地参与来促进或支持数据信托，使用数据应用案例研究来保持兴趣和动力。

第五，评估（Evaluate）。在评估数据信托时，重要的是考虑对人们的积极和消极影响，调查利益相关者以了解他们希望看到的改进或完善之处；检查服务使用情况，以评估数据和服务在实践中的使用情况，以及正在作出的决定是否与信托的目的一致。其中一些评估可能需要由外部第三方完成，以确保在数据信托的运作中进行独立评估。监管机构也将评估数据信托。需要对数据信托的财务或商业模式进行审查，以明确数据信托是否可持续，最终需要围绕是否需要重新设计或终止作出决定。

第六，终止（Retire）。如果一个数据信托已经被评估并决定终止，则需要确定其关闭期的时间表并告知利益相关者。服务需要关闭，信息需要归档。与数据提供者和其他相关人员的协议将终止——这可能意味着删除数据或转让知识产权。在关闭相关组织时，可能需要发布通知并更新登记册。

以上只是简单罗列了数据信托各个阶段的基本情况，在每个阶段之下，报告非常详细地列出了需要完成的具体工作，基本上可以作为设立数据信托的操作指南。

三、数据信托的法律架构

每一个数据信托应该采取什么样的法律和治理架构呢?《数据信托：法律和治理思考》分别探讨了当下和未来可能采取的五种数据信托模式及相应的法律架构。

第一，传统的法律信托模式（Traditional legal trust model）。在这种模式下，信托人依据现行的信托法将数据交给受托人管理，受托人持有数据并为受益人的利益管理数据，承担信托受托人的责任。这种模式的优点是，传统的法律信托模式非常成熟，大家容易理解，相关的法律规范成熟完备，容易操作。但这种模式有个致命的缺点，那就是现行法律并不将数据视为传统信托法中的财产。此外，传统信托模式必须要有明确的受益人，但数据信托可能为公共利益而设立，没有具体的受益人。传统信托模式下受托人与受益人一定是分开的，并且受托人不能从信托中获益，但数据信托下，数据持有者可能既是受托人又是受益人或从数据信托中获益，这是违背现行信托法的。这意味着如果数据信托要采取传统信托模式，必须修改现行的信托法。

第二，合同架构模式（Contractual framework model）。在这种模式下，数据信托的建立不是依据信托法，而是依据数据信托各方签署的合同，信托的目的以及各方的权利义务均通过合同约定。这种模式的优点是非常灵活，能适应各种不同场景下的信托，并且只要相关各方同意，可以随时修改合同。合同模式的缺点是合同的形式必须仔细界定，以为每个签署人提供公平的利益，并确保违反数据信托合同安排的责任由有过错的适当方承担。此外，每一个数据使用者都需要根据使用情况签署合同，这意味着大量的协商工作。虽然可以制定一些标准的合同，但仍需要相关方都同意才行。在这种情况下，都需要相关方协商解决。

第三，公司模式（Corporate model）。在这种模式下，将设立具有独立法人资格的公司或合伙组织作为数据受托人管理数据，承担数据受托人责任，信托的目的和各种权利义务关系将通过公司章程及其他制度进行明确，各利益相关方可以通过成为股东或进入董事会等方式参与数据信托管理。这种模式的优点是，公司可以以公司的名义持有数据并进行运作，公司股东代表可以组成董事会，负责日常的运转。此外，有各种成熟的公司治理模式和规则可供使用。这种模式的缺点是公司董事会既需要对股东利益负责，又需要对信托受益人利益负责，两者之间存在潜在的冲突，因此，需要修改公司法或者通过公司章程作特殊处理。

第四，公共模式（Public model）。在这种模式下，由一个公共监管机构制定数据信托的标准和规则，监督数据信托的运行并惩罚违反规则的行为。这个公共监管机构可以是单独设立的，也可以由现有数据监管部门担任。这种模式的好处是，将有一个适用于所有数据信托的一致的规则标准，这些规则将自动适用，必须遵守。此外，通过设立一个公共监管机构，代表数据信托机构执行，具有合规性，使数据信托机构的整体公共利益得到保障，将有可能消除公众对将其数据交给数据信托机构的一些担忧。“政府对数据信托的自上而下的监管可以有助于确保信托条款和条件，尊重人权，促进公共利益。”[①] 这种模式最大的缺点是，目前还没有这样的监管机构存在。如果政府设立这样的监管机构，则涉及监管机构运行的费用问题。此外，由于监管机构不能直接运行数据信托，还需要有辅助运行数据信托的机构。

第五，团体利益公司模式（Community interest companies model）。团体利益公司是英国一种特殊类型的公司，这种公司专注于非慈善的社会事业，但又可以不完全为此目的运作，甚至可以在一定限度内向股东分红。这类公司需要向“团体利益公司监管者办公室”证明其一直朝着设立时的目的运作。这种模式的优点是，有现成的公司治理结构和规则可以直接使用，而且既可以造福于社会公共利益，同时数据提供者还可以从中获得收益。这种模式的缺点是，目前还不清楚“团体利益公司监管者办公室”是否会考虑将数据信托作为一种团体利益公司，这需要向监管机构证明数据信托的特定社会目的符合设立团体利益公司的条件。

基于上述对每种模式优缺点的分析，报告最终认为，没有任何一种法律结构可以适用于所有数据信托，每个数据信托都需要自己的、单独设计的法律结构，因为每个数据信托的数据情况以及潜在的利益相关方都是不同的，利益相关方包括数据的提供者（包括未来的和目前未知的数据提供者）、数据用户（现在的和未来的）、数据权利所有者、数据主体以及更广泛的潜在的公众。一种好的数据信托法律结构，应该是最能平衡利益相关方利益的结构，就目前的情况来看，报告优先推荐合同模式和辅之以合同模式的公司模式。合同模式更适合小型的、简单的数据信托，特别是在利益相关方之间已经有了基本信任的情况下，如医院和研究人员之间就医疗数据建立的信托。公司模式更适合大型的、复杂的数据信托，因为有公司法和成熟的公司治理模式可以援用，但由于数据信托的复杂性，还需要辅之以相关的合同以处理特殊的问题。报告之所以推荐这两种模式，可能是因为这两种模式不需要修改现行的法律或设立新的监管机构，而且两种模式都非常灵活，能应对各种特殊的情况。

---

① Data Trusts：A New Tool for Data Governance，at https：//hello.elementai.com/rs/024-OAQ-547/images/Data_Trusts_EN_201914.pdf(Last Visited on Feb.1，2023).

四、我国公共数据信托的可行性与思路

英国的数据信托试验及其经验总结，对我国的公共数据开放共享有重要的借鉴意义。[①] 从公共数据更加有效开放共享的角度而言，有必要引入公共数据信托方式。

首先，公共数据是一种公共物品，而公共信托制度的起源就是为了管理公共物品。公共信托起源于罗马法上有关“公物”和“共同所有”的公共观念。《法学阶梯》认为，根据自然法，空气、水流、海洋及海岸等对所有人都是共同的，必须是面向所有人开放的“公物”。[②] 英国普通法在具体案件中，吸收了罗马法上的“公共”观念，逐步发展出“公共权利”观念。随着国王公共职能与其个人人格之分离观念的确立，在名义上国王所有的土地、水域、海岸等自然资源上逐步建立起公共信托制度。[③] 美国通过判例将普通法上的公共信托制度运用到环境和自然资源的保护上，并在此基础上将公共信托制度成文法化，一些州的宪法条文中明确规定了公共信托制度。[④] 由此可见，公共信托是一种管理“公物”的法律手段。

其次，公共数据的权属一直存在争议，公共数据来源广泛，其中包含个人数据、企事业单位数据、社会团体数据、自然资源数据等，因此无论数据属于个人还是政府部门都有悖于事实，也不符合基本的法理。有一种主张是公共数据属于国家所有，但“国家所有”过于宽泛，公共数据分散在各行各业行政主管部门和地方各级政府手里，因此所谓“国家所有”其实就是“部门持有”，其结果还是形成各种封闭的数据孤岛。公共数据应该归公共所有，作为一种公共物品，这也符合公共数据开放共享的要求。但为了避免“公地悲剧”，就应该建立一种管理数据公共物品的法律机制，而公共信托正好就是这样一种法律机制。

最后，公共数据是重要资源，公共数据的开放共享并不必然意味着公共数据无偿对外提供，公共数据无偿使用只会让少数企业无偿利用公共资源获益，而公众并不能从中获益。如何使得公共数据开放共享也形成一定的市场化机制，使得公共数据可以进入数据要素市场交易，并且公共数据收益能为公众所享有，公共数据信托提供了一种可能性。国家可以考虑出台公共数据信托相关的法律

---

① 为了行文的方便，下面的讨论不区分政府数据、政务数据、公共数据，统一以“公共数据”代称。

② 参见［罗马］查士丁尼：《法学总论——法学阶梯》，张企泰译，商务印书馆1989年版，第48~49页。

③ See Richard J. Lazarus, *Changing Conceptions of Property and Sovereignty in Natural Resources: Questioning the Public Trust Doctrine*, IOWA L. Rev., Vol. 1986(71), p.635.

④ See Joseph L. Sax, *The Public Trust Doctrine in Natural Resource Law: Effective Judicial Intervention*, Michigan Law Review, Vol. 1970(68), p. 471-566.

法规，授权政府依法设立非营利性的公共信托机构，政府作为委托人将公共数据信托给公共数据信托机构，并指定公众或社保基金、医保基金等社会福利基金作为受益人。公共数据信托机构受托管理公共数据，可以面向数据要素市场开放公共数据有偿使用，利用区块链、隐私计算等新技术手段，确保公共数据“可用不可见”。公共数据信托获取的数据交易收益，除了支付公共数据信托运行经费之外，剩余全部支付给信托受益人。这样既能够保障公共数据开放共享，同时又能够使公共数据进入数据要素市场，还能够从公共数据交易中获得数据收益。只有公共数据开放共享形成市场化机制，数据要素市场才能真正建立并繁荣起来。因此，培育数据要素市场，可以重点考虑培育公共数据信托。数据交易所可以转型为公共数据信托机构，这样也间接支持了数据交易所的发展，创造中国独特的数据要素市场模式。

第四编
人工智能法

第十九章 人工智能法律制度概述

第一节 人工智能的概念与应用现状

一、人工智能的基本概念

人类对仿生或人工智能的想象由来已久。无论是在《墨子》中记载的鲁班曾制作会飞的木鸢，[①] 还是《三国演义》中描述的诸葛亮曾造木牛流马用来运输粮食，[②] 甚至更早的《列子》中所叙述的偃师造人，[③] 都表达了我国人民很早就对于创造模仿生物的行动及智能的物品有了初步的认识和想象。类似地，无论是古希腊传说中的代达罗斯雕像，还是荷马史诗中工匠之神赫菲斯托斯安装着黄金转轮的三足鼎，也都说明对智能工具的向往自古以来就是全世界文明社会的自然追求。亚里士多德在《政治学》中写道："如果所有的工具都能够按照人的意志或者它自身感知到的需求而去自行工作……如果织梭能够自动织布，如果琴拨可以自动拨弦，那么匠师将不需要帮手，奴隶主也将不需要奴隶。"在这两千多年前的文字里，是否存在自动化、智能化工具，就已与社会制度建立起了联系。1764 年，哈格里夫斯制造了珍妮纺纱机，正是这个半自动的纺织机器引发了第一次工业革命。20 世纪 40 年代以来，电子计算机的发明和突飞猛进的发展为人们对人工智能的思考带来了新的启发，奠定了新的物质基础，在自然语言处理、图像识别、智能推送、深度生成等众多技术层面以及自动驾驶、智慧医疗、智能投顾、智慧政务、智慧司法、智能机器人等诸多应用层面取得了有目共睹的飞速进展，也进一步丰富着对人工智能概念的定义和描述。

基于不同理解，研究者们对人工智能进行了具有密切联系但同时存在差异的多种定义。表 19-1 列出了"思考 vs 行动""像人一样地 vs 理性地"这两个维度交叉共四个类别的不同定义。第一行中的定义是从思维过程和推理角度进

---

① 《墨子·鲁问》："公输子削竹木以为鹊，成而飞之，三日不下，公输子自以为至巧。"

② 《三国演义》第一百二十回："司马懿占北原渭桥，诸葛亮造木牛流马。"

③ 《列子·汤问》："……翌日偃师谒见王。王荐之，曰：'若与偕来者何人邪？'对曰：'臣之所造能倡者。'穆王惊视之，趋步俯仰，信人也。巧夫！领其颅，则歌合律；捧其手，则舞应节。千变万化，惟意所适。王以为实人也……"

行的定义；第二行则从行为方式的角度进行定义。左侧一列的定义关注的是和人类相似的程度，右侧一列的定义考虑思考或行动的合理性。这些不同维度的定义既拓宽了人工智能研究的视野，也体现出研究目标、理论基础、研究方法等方面的差异。

表 19–1　不同维度对人工智能的定义

	像人一样地	理性地
思考	【相关技术】认知科学、神经科学 1. 一种使计算机能够思维，使机器具有智力的激动人心的新尝试[①] 2. 那些与人的思维、决策、问题求解和学习等有关活动的自动化[②]	【相关技术】逻辑及自动推理 3. 通过使用计算模型研究智力[③] 4. 那些使感知、推理和行动成为可能的计算的研究[④]
行动	【相关技术】图灵测试 5. 一种能够执行需要人的智能的创造性机器的技术[⑤] 6. 研究如何使计算机能做哪些目前人比计算机更擅长的事情[⑥]	【相关技术】智能体系统 7. 通过计算过程力图理解和模仿智能行为[⑦] 8. 计算智能研究智能体（Agent）的设计[⑧] 9. 计算机科学中与智能行为的自动化有关的一个分支[⑨]

目前比较有代表性的人工智能定义是 Nils J. Nilsson 教授所提出的，人工智能是致力于让机器变得智能的活动，而智能就是使一个实体能够在其环境中有预见性地、适当地运作的能力。[⑩] 人工智能也被认为是解释和模拟人类智能、智能行为及其规律的学科；其主要任务是建立智能信息处理理论，进而设计可展现近似于人类智能行为的计算机系统。[⑪] 在我国《人工智能标准化白皮书

① See Haugeland J., *Artificial Intelligence: The Very Idea*, MIT Press, 1985.

② See Bellman R.E., *An Introduction to Artificial Intelligence: Can Computer Think?*, Boyd & Fraser Publishing Company, 1978.

③ See Charniak E. and McDermott D., *Introduction to Artificial Intelligence*, Addison-Wesley, 1985.

④ See Winston P.H., *Artificial Intelligence(Third Edition)*, Addison-Wesley, 1992.

⑤ See Kruzweil R., *The Age of Intelligence Machines*, MIT Press, 1990.

⑥ See Rich E. & Knight K., *Artificial Intelligence(Second Edition)*, McGraw-Hill, 1991.

⑦ See Robert J. Schalkoff, *Artificial Intelligence: An Engineering Approach*, McGraw-Hill, 1990.

⑧ See Poole D., Mackworth A.K. & Goebel R., *Computational Intelligence: A Logical Approach*, Oxford University Press, 1998.

⑨ See Luger & Stubblefield, *Artificial Intelligence: Structures and Strategies for Complex Problem Solving*, Addison Wesley, 1993.

⑩ See Nils J. Nilsson, *The Quest for Artificial Intelligence: A History of Ideas and Achievements*, Cambridge University Press, 2010.

⑪ 参见《计算机科学技术名词》(第三版)，载 https://termonline.cn/word/549251/1#s1，2023 年 2 月 1 日访问。

（2018）》中，将人工智能定义为利用数字计算机或者数字计算机控制的机器模拟、延伸和扩展人的智能，感知环境、获取知识并使用知识获得最佳结果的技术及应用系统。

二、人工智能技术的主要流派

人工智能技术可以有多种分类方式。这也启示着人工智能法的研究中不能轻易将某一种具体技术理解为人工智能的全部，而应该以更加开放的、动态的视角来观察尚在不断发展之中的人工智能。

在前述四个不同类别的人工智能技术途径上，历史上都有人开展相关研究工作，并由此派生出了不同的流派。

在"像人一样行动"这个研究领域，早期的图灵测试即尝试为智能提供一个可以操作的定义。如果询问者无法分辨出帘子后面的计算机或人到底谁扮演着诚实者或说谎者的角色，那么计算机就通过了图灵测试，[①] 并据此认为其具有智能。虽然图灵在他的论文中对诸多不同意见进行了反驳，但对图灵测试仍然有一些关键的批评意见，因为图灵测试仅从外部进行观察而并不关注系统的内部状态。此外，图灵测试实际上为计算机提出了一些要求，如需要计算机具备自然语言处理、知识表示、自动推理、机器学习，甚至计算机听视觉、机器操作等能力，从而使之可以和人有效地进行交互。这些能力构成了目前人工智能技术的大部分内容。

"理性地行动"则不追求与人的行为的相似性。合理的行动的一种方法是有逻辑地推理出"给定行动将实现目标"的结论并按该结论进行行动。区别于因正确的推理而产生的行为，某些情况下的行为（如下意识的避险反射动作）可能是未经推理的合理行为。多个维度之间可能产生互相的影响。例如，图灵测试可能也需要和允许合理的行动；而知识表示和逻辑推理可以帮助智能系统更好地产生合理行动。从这个角度来看，学习的目标并非积累更多的知识或掌握更多规则，而是提高生成有效行为的能力。

"理性地思考"可以包括各种能够更好解决问题的方式。但在思考"像人一样思考"这个问题时，必须确定人是如何思考的。艾伦·纽厄尔和赫伯特·西蒙所设计的"逻辑理论家"（Logic Theorist）和"通用问题求解器"（General Problem Solver）是最早使用逻辑公理进行推理的计算机程序。他们不仅仅让程序正确地解决问题，更关注程序推理步骤轨迹与人类个体思维轨迹的比较。认知科学将计算机模型和心理学实验技术结合，以构建精确而可测试的人类思维理论。

人工智能的研究也常被分为符号主义、连接主义、行为主义等学派。

---

① See A.M. Turing, *Computing Machinery and Intelligence*, Mind, Vol. 1950(59), p.433-460.

达特茅斯会议驱动的第一次人工智能热潮以符号逻辑为主要出发点，即主要使用符号逻辑作为模拟人类智能的方法，因此被称为人工智能的逻辑主义学派或符号主义学派。该学派将逻辑视为人工智能的基础，其突出成就是结合知识表示研发出了适用于特定领域的专家系统。专家系统的逻辑学理论基础来自亚里士多德的逻辑三段论。早在 1965 年就有程序“原则上”可以求解用逻辑表示法描述的任何可解问题。逻辑学派认为，可以尝试在这样的逻辑推理能力之上建立人工智能机器，并认为这是通向强人工智能的终极道路。但通过这么多年的探索，符号主义仍没有取得非常显著的成功。

连接主义学派又称仿生学派或生理学派，借鉴了大脑中神经元和神经网络的结构，是一种基于神经网络和网络间的连接机制与学习算法的智能模拟方法。连接主义强调智能活动是由大量简单单元通过复杂连接后并行运行的结果，其基本思想是，既然生物智能是由神经网络产生的，那就通过人工方式构造神经网络，再训练人工神经网络产生智能。目前，基于深度神经网络的深度学习算法已经被广泛应用在图像识别、语音识别、深度合成等诸多领域，取得了非常显著的效果，但目前仍存在着通用性不强、缺乏推理能力、可解释性差等问题。一些研究者也在探索如何将符号主义与连接主义更好地结合。

行为主义学派又称进化主义或控制论学派，是一种基于“感知—行动”的行为智能模拟方法，思想来源是进化论和控制论。其原理为控制论以及感知——动作型控制系统。行为主义在一些领域具有较强的实用性，如在机器人的研究中往往通过反馈来调整机器人的行走等动作。

从人工智能能力强弱的分类看，在人工智能的历史上，从麻省理工学院和卡耐基梅隆大学分别衍生出“弱人工智能”和“强人工智能”学派。弱人工智能将表现出智能行为的系统都看作人工智能的实例，并主要关注是否可以得到令人满意的执行结果，无须在意其是否采用了类似人类的行为方式。由于弱人工智能特别关注于解决特定领域的具体问题，其也被称为限制领域人工智能。强人工智能或通用人工智能则通过模拟人类系统的结构等方式来尝试形成在任何方面都能与人类智能相当的人工智能。[①] 人们也在构想在几乎所有领域都能够超越人类智能的“超人工智能”。当前的人工智能应用主要是弱人工智能。

诸多学科都为人工智能的发展贡献了思想、观点或者技术。例如，哲学标注了人工智能的一些基本思想，而数学则在逻辑、计算、博弈和统计上提供了重要基础，确定了逻辑推理的数学理论、计算能力的复杂度界限和不确定推理的统计基础。此外，经济学、神经科学、心理学、计算机技术、控制理论、语言学也都和人工智能产生了大量的交叉影响。

---

① 参见［美］史蒂芬·卢奇、丹尼·科佩克：《人工智能》（第 2 版），林赐译，人民邮电出版社 2018 年版，第 11 页。

三、人工智能技术的发展历程

最早的人工智能工作被认为是沃伦·麦卡洛克和数理逻辑学家沃尔特·皮兹在1943年提出的人工神经元模型，[①] 并证明了任何可计算的函数都可以通过相连神经元的某个网络来计算，而且所有逻辑连接都可以用简单的网络结构实现。唐纳德·赫布于1949年提出了人工神经网络的学习规则，可以修改神经元之间的连接强度。这些工作奠定了神经元网络的基础，并促使马文·明斯基在1950年建造出第一台神经网络计算机。阿兰·图灵在1950年发表的论文《计算机器与智能》中所提出的图灵测试等问题，被认为是和人工智能相关的最具影响力的意见。

一般认为，人工智能的概念正式诞生于1956年夏天举办的达特茅斯研讨会。会议提案第一次使用了“人工智能”（Artificial Intelligence）这个词，并计划开展研究，尝试发现如何让机器使用语言、进行抽象思考和形成概念，让它们求解目前由人类解决的问题。自此之后，人工智能逐渐成为一个独立的领域。

自1952年阿瑟·萨缪尔开始编写了一系列跳棋程序后，不断有新的诸如通用求解器、几何定理证明器、意见接受者等智能程序被创造出来，引发了人们对人工智能的巨大热情。基于“微观世界”的有限域问题求解取得了诸多成果，并能展现逻辑推理和物理行动的完整集成。同时，神经网络和感知机的研究也得到了很大发展——直到1969年，明斯基在其著作《感知机》中表示感知机虽然能解决一些问题，但结构简单且表示能力十分有限。[②] 这直接导致了神经网络研究的倒退。对人工智能更早的质疑可能是1966年美国科学院的自动语言处理咨询委员会的著名报告《语言与机器》，报告全面否定了机器翻译的可行性，并建议停止资金支持。另一个重要批评意见则是来自1973年詹姆斯·莱特希尔提交给英国政府的报告，人工智能求解空间的组合爆炸问题带来的挑战是其中的主要意见，这导致了人工智能研究经费的大幅裁减。

在差不多同一时期，斯坦福大学研制的Dendral系统获得了成功。在引入强有力的领域知识系统之后，人工智能可以应对大量的推理，并更容易处理专门领域的典型情况。专家系统的成功导致大量不同的表示和推理语言的产生，基于知识的智能系统获得了蓬勃发展。1980年，第一家从事人工智能的初创企业Intellicorp在硅谷成立，人工智能从此逐渐开始成为产业。DEC公司的人工智能小组从1982年推出第一个成功的商业专家系统到1988年就部署了40个系统，整个产业快速从数百万美元增长到数十亿美元。但自1981年日本宣布第五

---

① See Mcculloch W. S. & Pitts W. H., *A Logical Calculus of the Ideas Immanent in Nervous Activity*, The Bulletin of Mathematical Biophysics, Vol. 1988（5）, p.115-133.

② See Minsky et al., *Perceptrons: An Introduction to Computational Geometry*, MIT Press, 1969.

代计算机计划以后，很多公司因为无法兑现承诺而倒闭，过度的夸大宣传导致人们产生了恐慌和不安，此后的这段时期被称为“人工智能的寒冬”。

在 20 世纪 80 年代，多个研究组重新发明了反向传播神经网络算法，并用于很多计算机科学和心理学学习问题。这导致了神经网络的回归应用。同时，随着大数据的积聚、理论算法的革新、计算能力的提升，人工智能在很多应用领域取得了突破性进展，迎来了新的繁荣时期。2006 年以来，人工智能技术迎来了又一次发展高潮：以深度学习为代表的机器学习算法在机器视觉和语音识别等领域取得了极大的成功，使人工智能再次受到学术界和产业界的广泛关注。大体而言，人工智能具体的发展历程可以如图 19-1 所示。

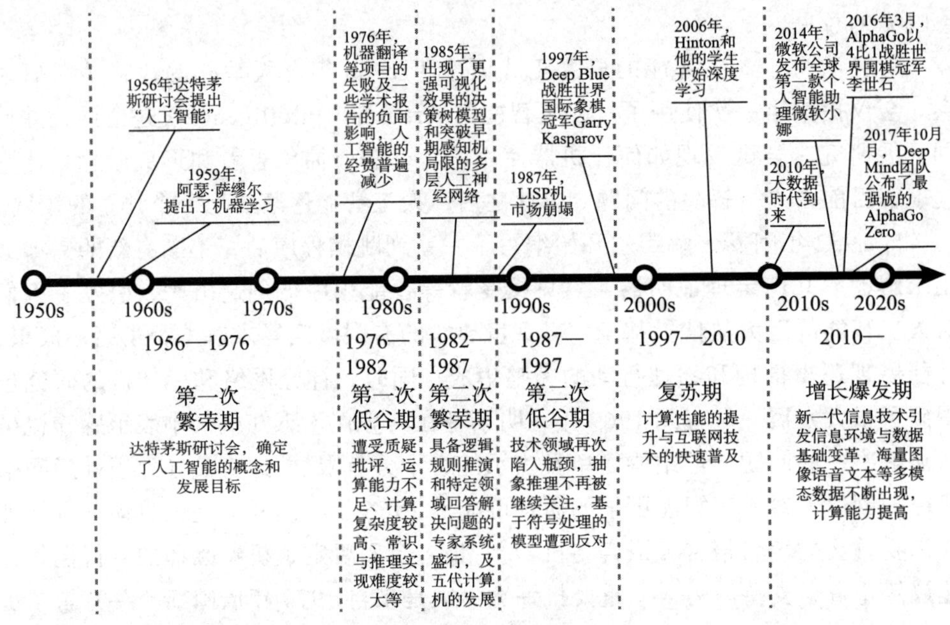

图 19-1　人工智能的发展历程①

四、人工智能技术的应用现状

科学技术的发展水平深刻影响着人们认识世界和改造世界的能力，勾勒着人们生活和社会组织形态的可能边界。人工智能这门独特的科技正在塑造着人类未来生活的更多可能性。在人工智能的发展历史中，涌现出了大量应用场景，显著地改变着人们的生产方式、生活方式、思维方式及交往方式等，而这种趋势必将继续发展并带来新的变化。

无人驾驶和辅助驾驶技术的应用已经展开，其在保证城市通行效率的同时也可以避免出现疲劳驾驶、超速行驶等导致的交通意外。一些企业已经开始使

① 参见《人工智能标准化白皮书（2018）》。

用人工智能技术来优化招聘过程，通过分析数以百万计的社交资料和候选者简历，快速检测出潜在的候选人名单。人工智能可以自动与这些候选人进行互动，以更有效率的方式选择最佳候选人，面部识别目前已成为人力资源部门越来越多地用于评估候选人的技术之一。智能推荐系统是人工智能的一个重要应用分支，通过对大数据的用户偏好行为进行分析和建模，学习目标用户的偏好模式，从而给出精准的个性化物品、内容、用户、广告等推荐。智慧医疗也是人工智能的重要应用场景。将人工智能技术用于辅助诊疗、医学影像诊断、健康管理、药物研发中，可让计算机学习专家的医学、健康、药物等知识，模拟医生和专家的思维和诊断推理，从而给出诊断、治疗、保健、用药等辅助方案。在法治领域，智慧司法将大数据和人工智能技术运用到司法工作之中，如以智能语音设备部分代替书记员角色，发展知识生成、智能计算、辅助决策、证据核验等。这些智能技术的引入可能使司法过程更加精细、科学、透明和高效。此外，随着机器人技术的发展，其智能化程度越来越高，目前也已在工业生产、家庭服务、医学治疗、教育培训等诸多领域发挥着更加重要的作用。

人工智能技术与移动互联网、物联网、区块链、大数据等信息技术的发展正共同塑造着一个迭代升级的全新的信息网络空间，为人类社会带来重大变化。在这个升级的信息网络空间之中，社会经济生活、人们的行动乃至万事万物的信息，均日益被数据化。这些大数据远远超过了人工分析处理的能力界限，越来越多的人工智能算法在信息网络空间运行，分析数据并进行预测或决策。同时，信息网络空间与现实物理空间正在日益深度融合，信息网络空间对现实物理空间的影响日益突出。一方面，信息技术可以通过控制物理装置而对物理世界产生影响，人工智能技术的发展使得更多的智能体出现，如自动驾驶车辆、人脸识别闸机等；另一方面，信息网络空间中的账号与物理世界中的主体也建立起明确的映射关系，如通过身份认证机制或者通过智能分析方法等。大数据技术的发展应用在信息网络空间中逐渐建立起物理世界的镜像或“数字孪生”。这样日益扩大的全景数据结合日益发展的人工智能算法，将为人们生活、商业经营、社会经济发展和国家治理能力提升等方方面面带来强大赋能和变革的可能性，也带来积极塑造智能时代法律秩序的迫切需求。

运用马克思主义的历史唯物论，把生产力、生产关系、经济基础和社会形态作为观察法律秩序演进和变革的标准，人类社会的法律秩序历经以土地为中心的农业社会法律秩序、以市场为中心的工业社会法律秩序、以网络为中心的信息社会法律秩序，而随着智能社会的到来，正在转型为以算法为中心的智能社会法律秩序。[①] 我们要积极科学回答“构建智能时代的法律秩序”这一时代之问，探索人工智能治理的有效路径，充分激发科技潜力，有效控制科技风险，

① 参见张文显：《构建智能社会的法律秩序》，载《东方法学》2020 年第 5 期。

使全体人民能够更好地共享智能科技发展成果，推动智能社会的健康发展。

第二节 人工智能应用风险的规制

一、人工智能应用风险的表现形式

人工智能技术的创新发展改变了传统的社会生产方式，同时也对旧的法律秩序和法律关系产生冲击。单纯依赖技术中立规则已无法应对大多数的人工智能应用风险问题，这是因为人工智能技术应用方式所产生的安全风险难以归咎于技术自身的不成熟，倘若应用在不恰当的场合，又或是以损害个体权益的方式予以应用，则会直接造成权利义务关系的内容变更。人工智能应用的安全风险大致可以分为两个层面。

一方面，人工智能应用存在立法空白，现行法律法规尚未对人工智能设计不当、主体定位、基础数据安全保护等问题之解决提供明确的法律依据。现阶段最被广泛关注的人工智能应用风险则是“人工智能设计不当”导致歧视偏见等法律问题，有学者以“外卖骑手被困系统里”作为人工智能设计偏差的典型代表，这类应用风险的根源在于人工智能的设计者或操作者可能在人工智能产品或服务的设计初期就植入了主观价值的偏见，进而导致最终结果乃至决策程序明显不公正。[①] 也有学者将人工智能多元应用的风险特征总结为“算法决策内嵌安全隐患”“责任分散置险族群永续”“精英趋向引发异化强权”“智能迭代侵害人格权益”四个方面内容，[②] 看似客观严谨的算法决策却存在输出结果的不可知风险，尤其是人工智能应用过程中采用了不合理的权重系数、参考因子时，人工智能所提供的决策结果反而有可能侵害自然人的生命健康权、知情权等权利。在产品责任领域，人工智能产品致损事故的侵权责任主体难以确定，当致损事故单纯是由人工智能产品自身缺陷导致，显然产品生产者和销售者需要承担不真正连带责任，但问题在于，如果是由于系统故障、代码设计不合理等原因导致，有观点认为潜在的责任主体则包括制造商、自主系统的零部件制造商、为产品自主操作编写代码的软件开发商以及辅助产品智能应用系统的设计者。[③]

另一方面，人工智能应用于特定情形、具体场景时存在“行业特殊问题”。例如，人工智能与私法大数据在司法改革中的广泛应用本质上属于一种“技治主义”的改革路径，由于人工智能将司法改革的诸多内容视为紧密的、决定论

① 参见吴雨辉：《人工智能时代的法律规制基本路径研究》，载《中国软科学》2021年第8期。

② 参见蒋洁：《人工智能应用的风险评估与应对策略》，载《图书与情报》2017年第6期。

③ 参见高完成、宁卓名：《人工智能产品致害风险及其侵权责任规制》，载《河南社会科学》2021年第4期。

的、可预测的对象，存在将复杂的司法改革问题进行机械主义的简化现象。[①] 又如，人工智能技术在就业招聘领域的应用则可能存在潜在的就业歧视风险，“用人单位设计的算法依赖看似中立的个人属性信息来投放广告，而这些所谓的中立信息实际上与受保护的个人属性有着紧密联系”，[②] 也就是说，人工智能系统反而有可能会加剧招聘面试过程中存在的性别歧视、地域歧视问题。

二、人工智能应用风险的现有规制模式

（一）以产品责任解决人工智能产品侵权风险

由于人工智能技术应用在主体认定、责任认定、义务履行方式解释等方面存在诸多立法空白，尤其是在人工智能信息系统与物理设备紧密整合的背景下，相当多的学者开始关注如何在产品责任框架下解决诸如自动驾驶等人工智能产品致损的侵权问题。改造说认为，应当在产品质量标准中加入伦理道德规范，对人工智能产品设计缺陷实行举证责任倒置，将设计者增加为独立的产品责任主体。[③] 面对如医疗等国家、行业标准存在空白的应用领域，可以考虑引入“消费者合理期待”这一标准来缓解受害人所承担的举证负担。[④] 解释说则认为，人工智能致损的侵权风险并未超越侵权责任法的分析框架，在智能机器人致人损害的民事责任认定过程中，归根结底依然是判断机器人背后的人的责任，只要是智能机器人存在设计缺陷或制造缺陷，其设计者、生产者或销售者就应当按照产品责任的法律规则，承担侵权损害赔偿责任。[⑤] 并且，应当有限度地放松产品缺陷的判断标准，尤其是自动驾驶交通事故领域，以尽可能减轻受害人的举证难度。[⑥]

（二）特定行业专门立法解决人工智能应用风险

由于人工智能在不同行业、不同领域存在差异显著的应用方式，故而部分学者认为，针对人工智能技术进行各行业统一适用的人工智能应用监管立法并

① 参见王禄生：《司法大数据与人工智能技术应用的风险及伦理规制》，载《法商研究》2019 年第 2 期。

② 参见侯玲玲、王超：《人工智能：就业歧视法律规制的新挑战及其应对》，载《华东理工大学学报（社会科学版）》2021 年第 1 期。

③ 参见张安毅：《人工智能侵权：产品责任制度介入的权宜性及立法改造》，载《深圳大学学报（人文社会科学版）》2020 年第 4 期。

④ 参见王轶晗、王竹：《医疗人工智能侵权责任法律问题研究》，载《云南师范大学学报（哲学社会科学版）》2020 年第 3 期。

⑤ 参见杨立新：《人工类人格：智能机器人的民法地位——兼论智能机器人致人损害的民事责任》，载《求是学刊》2018 年第 4 期。

⑥ 参见殷秋实：《智能汽车的侵权法问题与应对》，载《法律科学（西北政法大学学报）》2018 年第 5 期。

不具有可操作性，专门立法的重心应当回归具体的应用场景中，或是在传统的行业性规范中补充解释人工智能技术应用的合法性边界，或是在既有立法文件中单独增加人工智能相关的特别条款。如有学者主张，在人工智能机动车出行算法层面制定《网约机动车出行信息交互平台监督管理办法》，将实时导航、居间型网约出租车、自营型网约出租车、网约代驾、网约拼车、共享汽车等各类业务全部纳入规制范围，并根据业务模式特征设置特殊规则，以解决网约出租车、网约拼车在现实中的混淆问题。①

三、人工智能应用风险规制的学理探讨

在ChatGPT等生成式人工智能应用实现了功能显著提升之后，数据泄露、网络犯罪加剧等对人工智能应用风险的担忧与质疑再度被推至立法者面前。在学理层面，人工智能应用风险规制的路径主要包括三类：一是采用专门立法、单行立法或特别条款等形式填补现有规则的空白和疏漏；二是主张继续采用《互联网信息服务算法推荐管理规定》《互联网信息服务深度合成管理规定》等规定的算法安全评估和算法备案机制，通过提升算法透明度在事前阶段尽可能化解各类潜在的人工智能应用风险；三是主张将人工智能应用风险置于具体场景之中，因为这些应用风险往往与所谓的数据安全风险、网络安全风险、侵权风险等常见风险类型同时存在，场景化规制逻辑更能贴合实际情况，预防人工智能安全风险。

在此种人工智能应用风险规制思潮下，人工智能规范对象的范围也成为学理讨论的热点议题。以往科技法规范对象指向的通常是专业科技为实现自身固有科技价值的开发和应用的科技活动；但现在人工智能立法规范对象指向的科技活动，基于其双重性特点，除了需要为实现自身专业科技属性而开展的开发和应用活动（可称专业科技活动）之外，同时还包括为了实现其巨大赋能功能而开展的开发和应用活动（可称赋能科技活动）。人工智能科技活动的这种区划性，导致需要面向迥然不同的两类科技活动分别作出规范。遗憾的是，目前国内外对于人工智能立法的研究，对这两类科技活动的区分性似乎意识不足，不少研究往往以列举特定法律问题为路径，但很少深入论证这种区分基础。②

第三节　国内外主要立法情况概述

近年来，世界上一些主要国家和地区从整体的人工智能立法到分领域的人工智能立法，展开了一系列探索。

---

① 参见曹胜亮：《人工智能机动车出行算法的法律规制》，载《上海师范大学学报（哲学社会科学版）》2021年第4期。

② 参见龙卫球：《人工智能立法规范对象与规范策略》，载《政法论丛》2020年第3期。

一、国外立法情况概述

（一）欧盟相关立法情况

欧盟对人工智能相关法律问题关注较早。2015 年 1 月，欧洲议会法律事务委员会专门成立了机器人技术与人工智能工作组，主要目的是反思相关法律问题，为起草机器人技术和人工智能领域的欧洲民法规则奠定基础。2017 年 1 月，法律事务委员会提交了《关于机器人技术民事法律规则向欧盟委员会提出建议的报告草案》。[①] 同年 2 月 16 日，欧洲议会通过了《关于机器人技术的民事法律规则向欧盟委员会提出建议的决议》，即《机器人技术民事法律规则》，[②] 就具体规则对欧盟委员会提出了一系列建议，包括引入综合的先进机器人注册系统，建立欧洲机器人技术和人工智能的实体机构来为相关公共机构提供必要的技术伦理和监管专门知识，以及对无人驾驶汽车、无人机、护理机器人、医疗机器人、人的修复与增强、教育和就业等方面的建议，并着重强调了机器人致害的民事责任问题，并提出了如下意见：（1）欧盟委员会未来的立法文书应以委员会的深入评估为基础来确定是否应采用严格责任或风险管理方法。其中，严格责任仅要求同时证明损害结果且机器人侵害行为和受害人损害之间具有因果关系；风险管理方法并不关注有"过失行为"的责任人本人，而是关注在某些情况下，能够尽量减少风险和处理负面影响的那个人。（2）一旦最终负有责任的主体得到确认，其所应承担责任的大小应与给予机器人的指令级别和机器人的自主性程度相称。因此，机器人的自主性或者学习能力越强，"训练"持续的时间越长，机器人的"训练人"所应承担的责任就越大。特别是当将机器人的侵害行为归咎于特定主体时，不应将通过"训练"机器人产生的技能与严格依赖于其自身学习能力获得的技能相混淆；至少在现阶段，责任必须由人而不是机器人承担。（3）对日益自主智能的机器人致损进行法律责任分配是一个复杂的问题，一个可能的解决方案是建立适用于智能机器人的强制保险制度，类似于机动车上的强制保险；该保险制度与当前机动车上的强制保险不同，因为后者仅涵盖人类的行为和过错，适用于机器人的强制保险制度应将所有环节中的潜在责任考虑在内；与机动车保险的情况一样，可以考虑建立赔偿基金，作为强制保险制度的一个补充，赔偿基金可以确保未被保险覆盖的损害得到弥补，这是设立赔偿基金的首要目的；吁请保险业开发与机器人技术进步

---

① See Report with Recommendations to the Commission on Civil Law Rules on Robotics，at https：//www.europarl.europa.eu/doceo/document/A-8-2017-0005_EN.pdf (Last Visited on Feb.1，2023).

② See European Parliament，Civil Law Rules on Robotics，at https：//www.europarl.europa.eu/doceo/document/TA-8-2017-0051_EN.html (Last Visited on Feb.1，2023).

相适应的新产品与种类。（4）欧盟委员会在对其未来立法文书进行影响评估时，探索、分析和考虑所有可能法律解决方案及其带来的影响。欧洲议会在决议附件中还提供了《机器人技术工程师伦理行为准则》与《研究伦理委员会准则》等。该决议本身并无法律效力，[①] 但推动了欧盟人工智能立法研究工作。2019年4月4日，欧洲议会未来与科学和技术小组（STOA）发布《算法可问责性与透明性治理框架》，提出实现算法公平是算法治理的一个重要目的，并将算法透明和责任治理作为解决算法公平问题的工具；同时强调负责任的研究与创新（Responsible Research and Innovation，RRI）方法在促进实现算法公平中的作用和意义。[②] 该框架提出了一组四个政策选项：（1）提高认识——教育、监督和吹哨人；（2）公共部门使用算法决策的问责制；（3）监管和法律责任；（4）算法治理的全球协调。2019年4月8日，欧盟委员会人工智能高级别专家组发布《可信人工智能伦理指南》，提出一个可信人工智能框架，强调合法性、伦理规范性和技术健壮性，并提出10项可信人工智能的要求和12项用于实现可信人工智能的技术性和非技术性方法，同时设计出一套评估清单，便于企业和监管方进行对照，为人工智能的监管提供了参考。[③]2020年2月19日，欧盟委员会发布《人工智能白皮书——迈向卓越与信任的欧盟方法》，进一步提出规制路径。[④]

2021年4月21日，欧盟委员会发布了《制定关于人工智能的统一规则（人工智能法案）和修改某些工会立法的条例的提案》[以下简称《人工智能法（提案）》]。[⑤] 这是欧盟首次尝试对人工智能进行横向监管。提议的法律框架聚焦于人工智能系统的具体利用和相关风险，建议在欧盟法律中建立一个技术中立的人工智能系统定义，并根据“基于风险的方法”对具有不同要求和义务的人工智能系统进行分类。一些具有“不可接受”风险的人工智能系统将被禁止；

---

① 欧洲议会不能直接起草法案。欧洲议会与欧盟理事会可以依据一般立法程序的要求先要求欧盟委员会依据决议中的建议事项提出具体的立法草案，然后再由两个部门分别通过；如果委员会决定不采纳那些起草法案的建议事项，就必须向理事会及议会提出报告和说明。

② See Panel for the Future of Science and Technology，European Parliament，A Governance Framework for Algorithmic Accountability and Transparency，at https：//www.europarl.europa.eu/stoa/en/document/EPRS_STU（2019）624262 (Last Visited on Feb.1，2023).

③ See High-Level Expert Group on AI，European Commitment，Ethics Guidelines for Trustworthy AI，at https：//digital-strategy.ec.europa.eu/en/library/ethics-guidelines-trustworthy-ai (Last Visited on Feb.1，2023).

④ See European Commitment，White Paper on Artificial Intelligence—A European Approach to Excellence and Trust，at https：//ec.europa.eu/info/sites/default/files/commission-white-paper-artificial-intelligence-feb2020_en.pdf (Last Visited on Feb.1，2023).

⑤ See Proposal for a Regulation of the European Parliament and of the Council Laying Down Harmonised Rules on Artificial Intelligence（Artificial Intelligence Act）and Amending Certain Union Legislative Acts，European Commission，Directorate-General for Communications Networks，Content and Technology（June 4，2022），at https：//eur-lex.europa.eu/legal-content/EN/ALL/?uri=CELEX：52021PC0206 (Last Visited on Feb.1，2023).

广泛的"高风险"人工智能系统要遵守一系列要求和义务才能进入欧盟市场；那些仅呈现"有限风险"的人工智能系统将受到比较轻微的透明度义务的约束；对于"最低风险"的人工智能系统则可以不加特殊限制地使用。在普遍支持委员会的提议的同时，利益相关者和专家呼吁进行一些修正，包括修改人工智能系统的定义、扩大被禁止的人工智能系统清单、加强执法和补救机制以及确保对欧盟人工智能监管的设计和实施进行适当的民主监督。①《人工智能法（提案）》规制的主体主要为AI提供者，而生产者、进口商、分销商等主体的义务都建立在AI提供者的义务之上。同时，法案涉及的范围不限于欧盟内部，为了防止规避该法案，并确保有效保护位于欧盟的自然人，《人工智能法（提案）》规定其还应适用于在第三国建立的AI系统的提供者和用户，只要这些系统产生的输出在欧盟使用，但不包括第三国当局和国际组织。

除上述人工智能领域的立法工作之外，在"欧洲数据战略"的背景下，欧盟还展开了《通用数据保护条例》《非个人数据在欧盟境内自由流动框架条例》《开放数据指令》《数字内容指令》《数字市场法》《数字服务法》《数据法（草案）》等数字领域的多维度系列立法，与人工智能规制有比较密切的联系。欧盟《通用数据保护条例》在立法宗旨中提出，采用人工智能的算法应在一定条件下提供解释，即对算法有一定程度的可解释性要求；并规定数据控制者应当实施适当措施以保护数据主体的权利、自由和合法权益，并至少保证数据主体具有对自动化决策进行人为干预、个人表达自己观点并拒绝该决策的权利。《数字服务法》则旨在进一步加强对大型互联网平台的监管，确保平台对其算法负责。

（二）美国主要相关立法情况

美国在数字科技和数字经济均占据优势的情况下，对人工智能相关伦理和法治问题也较早予以关注，特别是高度注重标准建设。

在自动驾驶方面，美国自2011年内华达州认可自动驾驶的合法性以来，已有29个州和华盛顿特区通过了自动驾驶相关法案，11个州已颁行了自动驾驶相关行政命令（5个州还通过了特别法案）。其中，内华达州和加州要求自动驾驶车辆的驾驶者需要从制造商或者州政府认可的技术认证机构获得特殊的"证书"（Certificate of Compliance）。加州于2014年9月通过了关于自动驾驶车辆（Autonomous Vehicles）测试管理条例，并于2018年2月26日通过了无人驾驶车辆（Driverless Vehicles）测试管理条例，授权加州车辆管理局于2018年4月2日起可发放无人驾驶车辆测试许可。

---

① See Artificial Intelligence Act，at https：//www.europarl.europa.eu/RegData/etudes/BRIE/2021/698792/EPRS_BRI（2021）698792_EN.pdf (Last Visited on Feb.1，2023).

2016年9月20日，美国交通运输部颁布了《联邦自动驾驶汽车政策：加速下一代道路安全革命》。该政策强调安全性为第一准则，针对自动驾驶汽车的设计和研发提出了15项安全规范，包括自动驾驶系统如何检测障碍物、如何将道路信息展示给驾驶人、如何应对技术失灵等紧急情况、如何保证联网系统的网络安全等问题。2017年9月12日，美国交通部发布了《自动驾驶系统2.0：安全愿景》。新版文件将15项"安全评估"标准缩减为12项，并强调这是"自愿性指导"。2018年10月4日，美国交通部发布了《准备迎接未来交通：自动驾驶汽车3.0》并公开征求意见。该指南着重围绕三个重点领域构建规范：提高多模式安全性、减少政策的不确定性、建立企业与交通部协同工作的流程。指南体现出美国尽可能减弱政府在自动驾驶汽车发展中的监管角色，只在必要之处坚守底线，尽可能发挥市场力量和依靠行业自律。

近些年，美国在联邦层面推出了《人工智能增长研究法案》《人工智能政府法案》《算法问责法案》《促进数字隐私技术法案》《数字防御领导法案》《人工智能工作法案》《军事人工智能法案》等多维度的系列提案，但多数仍停留在参议院或众议院内审议阶段。美国白宫在2020年发布了《人工智能应用监管指南》，虽然该指南并没有提出具体且可适用的监管原则，但允许政府机构通过建立合适的公共和私人审查机制实现有效的人工智能应用监管，并列举了行政机关需要在假定人工智能存在固有的技术不足基础上分类和预防人工智能应用安全风险。2022年10月，美国白宫科技政策办公室发布了《人工智能权利法案蓝图：让自动化系统为美国人民服务》，提出了五项原则：（1）建立安全且有效的系统；（2）避免算法歧视，以公平的方式使用和设计系统；（3）保护数据隐私；（4）通知和解释要清晰、及时、可访问；（5）设计自动化系统失败时使用的替代方案、考虑因素和退出机制。该文件也列举了一些具体措施，为落实这些原则提供了参考。

美国在州政府层面也有一些其他与人工智能应用相关的立法活动，如伊利诺伊州颁布了《人工智能视频面试法》，规定在招聘过程中使用人工智能系统的雇主有通知、同意、分享、删除和报告的义务：一是通知申请人其面试视频可能会被人工智能系统进行分析；二是向申请人解释人工智能系统如何运作；三是需要事前获得申请人同意。

美国也格外重视标准建设。2019年2月，时任美国总统特朗普签署了"美国人工智能计划"行政令，并要求白宫科技政策办公室和美国国家标准与技术研究院（NIST）等政府机构制定标准，指导开发可靠、稳健、可信、安全、简洁和可协作的人工智能系统，并呼吁主导国际人工智能标准的制定。2021年，NIST发布了《可解释的人工智能的四个原则》；2023年，NIST发布了《人工智能风险管理框架》。此类工作为推动可信人工智能发展提供了参考。

（三）世界范围内其他主要相关立法

其他一些国家也对人工智能在特定领域的应用开展了立法研究和推动。

1. 自动驾驶相关立法

为了回应新技术对既有法律规则带来的冲击，全球至少有十几个国家出台了相关立法或立法草案，以明确自动驾驶的合法地位，允许并鼓励自动驾驶汽车的道路测试。

除前述美国各州立法实践之外，德国在自动驾驶立法中也具有引领性。2017 年 2 月，德国针对自动驾驶可能面临的技术、法规和社会问题，建立了跨学科、跨部门的自动驾驶圆桌会议制度。2017 年 6 月，德国《道路交通法修正案》正式生效，首次将自动驾驶汽车测试的相关法律纳入其中，规定在特定条件下允许自动驾驶系统代替人类驾驶，以及自动驾驶模式下的责任认定、驾驶员的权利义务、自动驾驶引发交通事故的赔偿金额等。为保障驾驶者的安全，德国出台了有关测试自动驾驶汽车的法案。该法案明确规定，所有自动驾驶汽车内部必须安装类似“黑匣子”的装置，用于记录相关系统运行、要求介入操控和人工驾驶等不同阶段的详细情况，此举也是为了明确交通事故责任。

德国还专门设立了自动驾驶汽车道德委员会，负责设定自动驾驶汽车相关的伦理标准和法律法规。2018 年 5 月，德国公布首份自动驾驶伦理道德标准。德国交通部长向德国内阁提交报告，希望将该份道德伦理标准编入目前自动驾驶软件的开发之中。该准则要求自动驾驶车辆针对事故场景作出优先级判断，并将该判断加入自动驾驶系统的自我学习中，如人类的安全始终优先于动物以及其他财产等。[①]

英国也关注自动驾驶的配套法律制度。英国曾于 2017 年 2 月提出《汽车技术和航空法案》，拟规定在自动驾驶汽车道路测试发生事故时，可通过简化保险流程，帮助保险人和保险公司获得赔偿。[②]2018 年 7 月，英国《自动与电动汽车法案》(The Automated and Electric Vehicles Bill）正式成为法律。法案确立了自动驾驶汽车发生事故的保险和责任规则。根据法案的规定，自动驾驶汽车在“自我驾驶”状态下发生事故的，一般由保险公司先行赔付。但在满足如下条件时，由车辆所有人对自动驾驶汽车发生事故产生的损害承担赔偿责任：（1）自动

---

① 报告中关于自动驾驶道德伦理的 20 条准则中，最关键的部分准则如下：当自动驾驶车辆对于事故无可避免时，不得存在任何基于年龄、性别、种族、身体属性或任何其他区别因素的歧视判断。即使是由自动驾驶系统进行驾驶，也必须遵守已经明确的道路法规。自动驾驶车辆必须配置永续记录和存储行车数据的“黑匣子”，用以划分责任归属。黑匣子所记录的数据的唯一所有权属于自动驾驶汽车，交由第三方保管或转发须获得授权。人类应该在更多道德模棱两可的事件中重新获得车辆的控制权，而不应完全依赖于自动驾驶汽车的反应。

② See Vehicle Technology and Aviation Bill（the bill has been discontinued）, at https：//bills.parliament.uk/bills/1960/publications (Last Visited on Feb.1，2023).

驾驶汽车在道路或其他公共场所进行“自我驾驶”（driving itself）而发生事故；（2）在事故发生时车辆未投保；（3）有人因事故而遭受损失。法案同时规定，在存在“共同过失”（contributory negligence）的情形下可以减免车辆所有人的责任，包括两种情况：（1）车主按照规定对自动驾驶汽车发生的事故承担法律责任，如事故或损害在一定程度上是由受损害方所造成的，可以在相应程度上减免车主的责任数额；（2）当事故的发生完全是由于车辆控制者因疏忽而在不适宜的情况下允许车辆进行“自我驾驶”所导致时，则车主无须向车辆控制者负法律责任。

其他一些典型立法活动还有：荷兰《自动驾驶汽车测试法（草案）》（Law Governing the Experimental Use of Self-driving Vehicles）、新加坡《2017 道路交通法修正案》[The Road Traffic（Amendment）Act 2017]、瑞典《自动驾驶公共道路测试规范》（Automatic Driving Public Road Test Specification）、加拿大《公路交通法修正案》（Highway Traffic Act–O. Reg. 306/15）、阿联酋《自动化运输战略》（Autonomous Transportation Strategy）、《新西兰自动驾驶测试指导方针》（Testing Autonomous Vehicles in New Zealand）、韩国《机动车管理法修订案》（Motor Vehicle Management Act）、日本《自动驾驶汽车道路测试指南》和《澳大利亚自动驾驶汽车测试指南》（Guidelines for Trials of Automated Vehicles in Australia）等。

2. 对政府使用的人工智能或算法决策的治理

对于政府或公共事务领域使用的人工智能应用或算法决策，一些国家和地区建立了以影响评估制度为核心的治理方式。例如，2018 年美国纽约市《与机构使用的自动决策系统有关的地方法律》（《算法问责法》）规定，建立工作组对行政机构等使用的自动化算法决策进行评估，包括算法歧视问题、算法透明度等若干方面。[①] 2019 年 2 月 5 日，加拿大政府颁布《自动化决策指令》，[②] 针对加拿大政府越来越多地利用人工智能来制定或辅助制定行政决策以改善服务的情况和趋势，以透明度、可问责性、合法性和程序正义等核心行政法原则为指引，针对政府使用的决策或辅助决策算法建立影响评估制度。2020 年 7 月 28 日，新西兰颁发《算法宪章》，[③] 旨在为政府机构使用算法提供指导，以期提高政府的透明度和问责制，同时不会扼杀创新或造成不适当的合规负担。截至 2022 年

---

① See A Local Law in Relation to Automated Decision Systems Used by Agencies，New York City，at https：//legistar.council.nyc.gov/LegislationDetail.aspx?ID=3137815&GUID=437A6A6D-62E1-47E2-9C42-461253F9C6D0 (Last Visited on Feb.1，2023).

② See Directive on Automated Decision-Making，Government of Canada，at https：//www.tbs-sct.canada.ca/pol/doc-eng.aspx?id=32592 (Last Visited on Feb.1，2023).

③ See Algorithm Charter for Aotearoa New Zealand，at https：//data.govt.nz/toolkit/data-ethics/government-algorithm-transparency-and-accountability/algorithm-charter/ (Last Visited on Feb.1，2023).

6月，已有28个政府机构签署了该宪章。

二、我国主要立法情况概述

党和国家高度重视人工智能产业的发展。习近平总书记在主持中共中央政治局就人工智能发展现状和趋势举行的集体学习时专门强调，要加强人工智能发展的潜在风险研判和防范，维护人民利益和国家安全，确保人工智能安全、可靠、可控。要整合多学科力量，加强人工智能相关法律、伦理、社会问题研究，建立健全保障人工智能健康发展的法律法规、制度体系、伦理道德。国务院在《新一代人工智能发展规划》中也明确提出，要“加强人工智能相关法律、伦理和社会问题研究，建立保障人工智能健康发展的法律法规和伦理道德框架”，具体如下：（1）制定相关安全管理法规，为新技术的快速应用奠定法律基础；（2）开展与人工智能应用相关的民事与刑事责任确认等法律问题研究；（3）建立追溯和问责制度；（4）加强对人工智能潜在危害与收益的评估等。规划中还作出了分三步走的战略部署：到2020年，部分领域的人工智能伦理规范和政策法规初步建立；到2025年，初步建立人工智能法律法规、伦理规范和政策体系，形成人工智能安全评估和管控能力；到2030年，建成更加完善的人工智能法律法规、伦理规范和政策体系。

人工智能伦理和法治是我国人工智能发展战略中的一项重要内容。我国人工智能相关立法工作呈现出伦理规范先行、多领域立法逐渐推进的特点。

2017年11月15日，在国家科技体制改革和创新体系建设领导小组领导下，在国家科技计划管理部级联席会议框架内成立了新一代人工智能发展规划推进办公室，负责推进新一代人工智能发展规划和重大科技项目的组织实施。2019年，该办公室成立了新一代人工智能治理专业委员会，全面开展人工智能治理方面政策体系、法律法规和伦理规范研究，建设人工智能治理工作网络，并进一步扩大国际交流合作，积极参与全球人工智能治理问题研究，增进国际共识。2019年6月17日，国家新一代人工智能治理专业委员会发布《新一代人工智能治理原则——发展负责任的人工智能》，提出了人工智能治理的框架和行动指南。许多企业和其他组织也制定和发布了人工智能伦理原则。

2019年7月24日，习近平总书记主持召开中央全面深化改革委员会第九次会议并发表重要讲话，会议审议通过了《国家科技伦理委员会组建方案》等文件。会议指出，科技伦理是科技活动必须遵守的价值准则。组建国家科技伦理委员会，目的就是加强统筹规范和指导协调，推动构建覆盖全面、导向明确、规范有序、协调一致的科技伦理治理体系。要抓紧完善制度规范，健全治理机制，强化伦理监管，细化相关法律法规和伦理审查规则，规范各类科学研究活动。2022年3月，中共中央办公厅、国务院办公厅印发了《关于加强科技伦理治理的意见》，提出了伦理先行、依法依规、敏捷治理、立足国情、开放合作五项治理要求，明确了增进人类福祉、尊重生命权利、坚持公平公正、合理控制风险、保持公开透明五项科技伦理原则，并对治理体制、制度保障、科技伦理审查和监管、科技伦理教育和宣传等方面均提出了相应意见。人工智能伦理是科技伦理治理的重要领域。上述伦理治理工作对于推进可信人工智能创新发展具有积极意义。

我国尚未进行专门的人工智能立法，但《民法典》《个人信息保护法》等法律提供了对基于个人信息的自动化决策的规制，同时，一些部委在整体部署下开始研究和制定具体领域的人工智能治理相关规范，在自动驾驶、人工智能辅助医疗、互联网推荐算法、深度合成技术、智能投顾等方面，均开展了不同层次、不同维度的相关立法工作。

个人信息保护进路是保障个人权益、规制智能算法的一项重要方式。我国《电子商务法》第 18 条第 1 款规定："电子商务经营者根据消费者的兴趣爱好、消费习惯等特征向其提供商品或者服务的搜索结果的，应当同时向该消费者提供不针对其个人特征的选项，尊重和平等保护消费者合法权益。"这对电子商务经营者使用的推荐、排序算法提出了要求。《网络安全法》《刑法》《民法典》《个人信息保护法》中提供了不同维度的对个人信息的保护，这对于规制人工智能技术的运用也有间接但非常重要的作用。《个人信息保护法》中还特别建立了对于自动化决策的规制框架。根据《个人信息保护法》中的定义，自动化决策是指通过计算机程序自动分析、评估个人的行为习惯、兴趣爱好或者经济、健康、信用状况等，并进行决策的活动。在当前技术发展情况下，许多自动化决策都是基于人工智能等算法进行的。《个人信息保护法》建立了包括影响评估、要求决策透明和结果公平公正、退出机制、个人获得说明及拒绝自动化决策的权利等在内的多维度规制框架，规定了利用个人信息进行自动化决策，应事前进行个人信息保护影响评估，并对处理情况进行记录；应当保证决策的透明度和结果公平、公正，不得对个人在交易价格等交易条件上实行不合理的差别待遇；通过自动化决策方式向个人进行信息推送、商业营销，应同时提供不针对其个人特征的选项，或者向个人提供便捷的拒绝方式；通过自动化决策方式作出对个人权益有重大影响的决定，个人有权要求个人信息处理者予以说明，并有权拒绝个人信息处理者仅通过自动化决策的方式作出决定。①

对于数据和算法可能引起的垄断问题，我国国务院反垄断委员会于 2021 年 2 月 7 日发布的《关于平台经济领域的反垄断指南》(国反垄发〔2021〕1 号）对于利用数据、算法等达成横向垄断协议、纵向垄断协议和轴辐协议等情况，以及滥用市场支配地位，利用算法排除、限制竞争等情况进行了相关规定。2022 年 6 月 24 日全国人大常委会审议通过的《反垄断法》中特别增加了第 9

① 《个人信息保护法》第 55 条第 2 项及第 24 条。

条，“经营者不得利用数据和算法、技术、资本优势以及平台规则等从事本法禁止的垄断行为”，并在第三章“滥用市场支配地位”中，增加了第 22 条第 2 款，“具有市场支配地位的经营者不得利用数据和算法、技术以及平台规则等从事前款规定的滥用市场支配地位的行为”。

在自动驾驶方面，我国非常重视智能网联汽车的发展路线。工业和信息化部、公安部、交通运输部在 2018 年 4 月出台了《智能网联汽车道路测试管理规范（试行）》，多个地方政府陆续出台了道路测试及示范应用的规范细则。在这些工作的基础上，2021 年 7 月，工业和信息化部、公安部、交通运输部联合发布了《智能网联汽车道路测试与示范应用管理规范（试行）》（工信部联通装〔2021〕97 号），为在全国范围内开展示范应用提供了规范。2021 年 8 月 20 日，国家市场监督管理总局和国家标准化管理委员会针对自动驾驶功能正式出台了国家推荐性标准《汽车驾驶自动化分级》（GB/T 40429—2021），该标准已于 2022 年 3 月 1 日起正式实施，为我国自动驾驶的管理规范提供了分级标准。

在人工智能医疗方面，由于与患者的生命权、健康权息息相关，我国关注较早，主管部门提出了对基本的管理规范的要求，组织制定了一些人工智能医疗相关评审规则，并在当前阶段禁止人工智能完全替代医师，坚持人工智能的辅助地位。比较典型的行动包括：早在 2009 年 11 月 13 日，原卫生部办公厅就发布了《人工智能辅助诊断技术管理规范（试行）》（卫办医政发〔2009〕196 号）和《人工智能辅助治疗技术管理规范（试行）》（卫办医政发〔2009〕197 号），建立了随访、信息留存、人员能力评估及人工智能辅助治疗系统审批、定期检测、维护和使用登记等管理规范。此后，我国继续在人工智能医疗器械监管方面展开研究。2019 年 7 月 3 日，国家药品监督管理局医疗器械技术审评中心在全球范围内率先发布了《深度学习辅助决策医疗器械软件审评要点》。[①]2020 年至今，我国积极参与国际医疗器械监管机构论坛（IMDRF）人工智能医疗器械工作组、国际电信联盟 / 世界卫生组织医学人工智能焦点组（ITU/WHO Focus Group on Artificial Intelligence for Health）等国际监管协调工作；先后制定和发布多项相关指导原则、审评要点和行业标准，陆续批准 20 余项第三类深度学习辅助决策类独立软件产品上市，标志着我国人工智能医疗器械监管研究已取得阶段性成果。[②]2022 年 2 月 8 日，国家卫生健康委和国家中医药局联合发布了《互联网诊疗监管细则（试行）》[国卫办医发（2022）2 号]，其中规定，人工智能软件等不得冒用、替代医师本人提供诊疗服务；医疗机构开展互联网诊疗活动，处方应由接诊医师本人开具，严禁使用人工智能等

---

① 参见《关于发布深度学习辅助决策医疗器械软件审评要点的通告（2019 年第 7 号）》，载 https：//www.cmde.org.cn/xwdt/shpgzgg/gztg/20190703141714991.html，2023 年 2 月 1 日访问。

② 参见彭亮、孙磊：《人工智能医疗器械监管研究进展》，载《中国食品药品监管》2022 年第 2 期。

自动生成处方。[①]

我国也高度重视互联网信息服务算法的治理。2021年9月17日，国家网信办、中央宣传部、教育部、科学技术部、工业和信息化部、公安部、文化和旅游部、国家市场监督管理总局、国家广播电视总局等九部委制定了《关于加强互联网信息服务算法综合治理的指导意见》(国信办发文〔2021〕7号)，提出要利用三年左右时间，逐步建立治理机制健全、监管体系完善、算法生态规范的算法安全综合治理格局。同年11月16日，国家网信办审议通过了《互联网信息服务算法推荐管理规定》(以下简称《算法推荐管理规定》)。《算法推荐管理规定》旨在规范互联网信息服务算法推荐活动，维护国家安全和社会公共利益，保护公民、法人和其他组织的合法权益，促进互联网信息服务健康发展。《算法推荐管理规定》的发布和实施，是对算法推荐这一当下我国网络治理领域具有突出性的、受到广泛关注的问题进行的积极回应，是在世界范围内首次针对互联网信息服务算法推荐建立起来的具体法律规范，是对智能社会的法治秩序体系的有益补充，是“数字中国”与“法治中国”建设深度融合发展中的重要探索。《算法推荐管理规定》中的具体规范措施，体现了我国在科技发展运用之中对于科技法理的探索、发展和落实，特别体现了伦理与法治相结合、多元共治、分级分类治理、安全与发展并重等原则。

在深度合成算法规制方面，首先，我国法律中对公民权利的规定，为深度合成技术的运用设置了必要的法律底线。深度合成技术的运用不能侵害人格权、物权、知识产权等权利，亦不得用于违法的不正当竞争行为。《民法典》第1019条明确规定了不得以丑化、污损，或者利用信息技术手段伪造等方式侵害他人的肖像权；针对声音合成的技术发展，还在第1023条中特别规定了对声音的保护。网络平台则需要遵守《民法典》侵权责任编等法律的规定，在接到侵权通知后及时采取必要措施。其次，国家网信办也出台了一些针对性的管理办法，设置适当的平台责任，推动法律与技术的结合。《网络信息内容生态治理规定》第23条规定：“网络信息内容服务使用者和网络信息内容生产者、网络信息内容服务平台不得利用深度学习、虚拟现实等新技术新应用从事法律、行政法规禁止的活动。”《网络音视频信息服务管理规定》则采用了安全评估—源头控制（标识义务）—风险识别（部署“非真实音视频鉴别技术”)—损害应对（建立健全辟谣机制）的治理框架，[②] 体现了综合运用标识、检测等技术来对深度合成的音视频进行治理的法律与技术结合的路径。2022年11月25日，国家网信办、工业和信息化部、公安部联合发布了《互联网信息服务深度合成管理规定》，将深度合成技术界定为利用以深度学习、虚拟现实为代表的生成合成类算

① 《互联网诊疗监管细则（试行）》第13条、第21条。

② 《网络音视频信息服务管理规定》第10条至第13条。

法制作文本、图像、音频、视频、虚拟场景等网络信息的技术，并对应用深度合成技术提供互联网信息服务以及为深度合成服务提供技术支持的活动进行了规范。

为应对人工智能技术在金融领域的应用风险，中国人民银行、中国银行保险监督管理委员会、中国证券监督管理委员会、国家外汇管理局等四部门于2018年发布的《关于规范金融机构资产管理业务的指导意见》中第23条用大量篇幅明确了对运用人工智能技术开展投资顾问业务的规制框架。[①]

我国也特别重视与人工智能伦理和法治相衔接的标准体系的建设。2018年1月18日，国家人工智能标准化总体组的成立大会上发布了《人工智能标准化白皮书2018》，专门论述了人工智能的安全、伦理和隐私问题，认为设定人工智能技术的伦理要求，要依托于社会和公众对人工智能伦理的深入思考和广泛共识，并提出人类利益原则和责任原则作为人工智能伦理的两个基本原则。全国信息安全标准化技术委员会（TC260）在生物特征识别、汽车电子、智能制造等部分人工智能技术、产品或应用安全方面均开展了标准化工作。例如，在生物特征识别安全方面，TC260已于2019年发布了更新的《信息安全技术 虹膜识别系统技术要求》标准（GB/T 20979—2019）；[②] 在自动驾驶安全方面，2017年TC260立项《信息安全技术 汽车电子系统网络安全指南》标准项目，这是我国在汽车电子领域第一个网络安全国家标准，已于2020年11月1日正式实施；在个人信息保护方面，TC260于2017年发布了GB/T 35273—2017《信息安全技术 个人信息安全规范》，并于2020年发布了修订版；等等。2020年7月27日，国家标准化管理委员会、中央网信办、国家发展改革委、科技部、工业和信息化部等五部门联合发布了《国家新一代人工智能标准体系建设指南》（国标委联〔2020〕35号），指导人工智能标准化工作的有序开展，特别提出要“充分发挥基础共性、伦理、安全隐私等方面标准的引领作用”，“形成标准引领人工智能产业全面规范化发展的新格局”。人工智能标准与法律的良好衔接机制，是人工智能法治中的重要一环，有助于为高速发展的人工智能领域提供具有实操性的法律合规指引。

---

① 《关于规范金融机构资产管理业务的指导意见》（银发〔2018〕106号）第23条中包括以下与智能系统相关的方面：不得借助人工智能业务夸大宣传资产管理产品或者误导投资者；充分提示人工智能算法的固有缺陷和使用风险；强化留痕管理；金融机构因违法违规或者管理不当造成投资者损失的，应当依法承担损害赔偿责任；避免算法同质化加剧投资行为的顺周期性；针对由此可能引发的市场波动风险制定应对预案；因算法同质化、编程设计错误、对数据利用深度不够等人工智能算法模型缺陷或者系统异常，导致羊群效应、影响金融市场稳定运行的，金融机构应当及时采取人工干预措施，强制调整或者终止人工智能业务。

② 替代原标准GB/T 20979—2007。

第二十章　人工智能与算法治理

第一节　人工智能治理与算法治理的逻辑关系

一、人工智能治理与算法治理

（一）算法的概念界定及其内涵

算法最开始仅仅是数学家和程序员手中一种解决问题的方法，主要在数学运算或实验室的场景下发生作用，到了大数据和人工智能时代，随着算法应用的场景逐渐丰富广泛，算法在不同的场景和不同领域中也有了不同的含义。

在数学和逻辑领域，算法一词源于9世纪波斯数学家花拉子模（al-Khwarizmi）的名字。他强调求解问题应当遵循有条理的步骤，条理性后来被视为算法的核心。[①] 该领域的算法更多是一种解决问题的逻辑过程，可以通过数字符号、图表、数学公式等形式来描述。

在计算机领域，算法是一系列解决问题的清晰指令，是"一种有限、确定、有效的并适合用计算机程序来实现的解决问题的方法"[②]。其表现形式主要是以计算机为载体，以二进制为运算机制，具体包括排序算法、数据结构算法、动态规划以及数值分析、检索算法、并行算法等。

在社会科学领域，算法被界定为所有决策程序或步骤，而不仅是与机器相关的自动化决策。有学者认为，算法可被视为一种建构社会秩序的特殊理性形式。还有学者提出，算法可以被界定为"为实现某一目标而明确设定的一系列步骤"[③]。

在算法规制的背景下，算法并非单纯的代码指令，也非纯粹的解决问题的方法，而是为人类和机器交互的决策，即人类通过代码设置、数据运算与机器自动化判断进行决策的一套机制，这一机制中既有人类决策，也有机器的自动

① 参见蒋舸：《作为算法的法律》，载《清华法学》2019年第1期。

② ［美］塞奇威克、韦恩：《算法》，谢路云译，人民邮电出版社2012年版，第1页。

③ 胡小伟：《人工智能时代算法风险的法律规制论纲》，载《湖北大学学报（哲学社会科学版）》2021年第2期。

化判断。[①] 算法的运行过程主要是将一定规范输入，在有限时间内获得所要求的输出，因此算法可以认为是“数据处理活动”。欧盟《通用数据保护条例》将数据“处理”定义为“从数据生成和提取到实际数据的存储和转换的整个动作序列”[②]。数据的产生则依赖于人类在互联网世界中的一举一动，算法对这些数据进行收集、处理，挖掘其中的经济价值，辅助人类决策。由此可见，算法进行规制的对象主要是算法有关主体和行为。

（二）人工智能治理与算法治理的关系

人工智能技术研究范畴与应用场景多样，主要包括自然语言处理、机器学习、组合调度、神经网络、复杂系统、智能推理与规划等，应用于金融、医疗、教育、交通等领域。伴随着人工智能技术的飞速发展，人工智能治理早已脱离单纯的技术视野，上升为集技术、平台、人员于一体，综合法律法规、技术标准、指导意见、行政监管的综合性治理体系。

2019 年，国家新一代人工智能治理专业委员会发布《新一代人工智能治理原则——发展负责任的人工智能》，文中提出，人工智能的治理应当坚持和谐友好、公平公正、包容共享、尊重隐私、安全可控、共担责任、开放协作、敏捷治理的基本原则。该条指导原则体现了人工智能的首要目标是服务于人、用法趋善，在研发与应用中应当消除偏见歧视等因素，建立相关主体的权责体系。算法技术作为驱动人工智能发展的核心技术，其法律治理离不开上述原则的指引与铺垫。作为人工智能发展的重要支撑，数据与算法是人工智能技术发展的核心资源与技术，也是人工智能治理的重要环节，人工智能治理的核心是针对数据与算法领域的治理。

我国早期的立法与行政活动更加注重数据方面的治理，《网络安全法》《数据安全法》《个人信息保护法》等基础性法律针对基础设施、数据处理活动、安全管理制度等方面作出了详细规定。数据是人工智能技术发展的重要基础性资源，而算法则是进行加工生产、令其产生价值的技术活动，数据与算法的治理两者并行不悖。从 2021 年开始，我国开启了算法治理的立法行动。2021 年 9 月，国家网信办等九部门印发《关于加强互联网信息服务算法综合治理的指导意见》，该意见明确要求建立健全算法安全治理机制，构建完善算法安全监管体系，推进算法自主创新，促进算法健康、有序、繁荣发展。2022 年，《算法推荐管理规定》正式施行，众多类型的推荐算法纳入治理范围，算法推荐的使用做到了有法可依。随着专门性法规逐渐触达算法这只“看不见的手”，配合《个人信息保护法》《反垄断法》等基本法律协同发力，算法的设计、使用必将朝向

---

① 参见丁晓东：《论算法的法律规制》，载《中国社会科学》2020 年第 12 期。

② 欧盟《通用数据保护条例》（GDPR）第 4 条第 2 款。

良好的方向发展。

二、算法治理的主要面向

算法的治理活动，立法、行政监管与司法裁判层面均有所涉及。算法的概念在各国法律规范与执法的表述中不尽相同，总体上有如下常见表述与治理方面。

第一，自动化决策。自动化决策又称自动化决策系统（Automated Decision Making），是指算法程序自动分析数据得出决策结果。自动化决策的概念强调其决策是算法自动作出，决策结果对人类决策者起到支持、影响、便利作用，或决策结果直接作用于个体，对个体产生权益影响或直接发生法律效力。我国《个人信息保护法》第 73 条第 2 项中表述，“自动化决策，是指通过计算机程序自动分析、评估个人的行为习惯、兴趣爱好或者经济、健康、信用状况等，并进行决策的活动”。欧盟《通用数据保护条例》第 22 条也有关于自动化决策的条款。欧盟第 29 条工作组在《关于自动化个人决策目的和识别分析目的准则条例 2016/697》中有关于自动化决策的具体解释规定。加拿大《自动化决策指令》（Directive on the Use of Machine Learning for Decision-Making）中表述，自动化决策系统是为客户提供信息、建议或作出行政决定的信息技术。美国华盛顿州和加利福尼亚州的立法则强调了自动化决策与算法的关系。如华盛顿州的立法中表述，自动化决策系统是指任何算法，包括结合机器学习或其他人工智能技术的算法，使用基于数据的分析来作出或支持政府的决策、判断或结论。[①] 加利福尼亚州的立法中则表述“自动化决策系统”或“ADS”系指一种计算过程，包括从机器学习、统计或其他数据处理或人工智能技术中产生的计算过程，它能作出影响到人的决定或便利人作出的决定。[②] 由此可见，由算法作出的决策结果是自动化决策，对自动化决策的相关规制同样适用于算法。

第二，数据处理（data processing）。总体来说，数据处理概念的范围要大于算法，原因在于数据处理不仅限于自动化方式，而算法则是自动化运行的。根据我国《个人信息保护法》的规定，个人信息的“处理”包括个人信息的收集、存储、使用、加工、传输、提供、公开等活动。然而，数据处理所指代的多种活动大多是由算法自动化完成的，如数据的收集、使用、加工等。因此，算法规制的相关条款在收集、使用、加工等层面也应遵守数据处理的相关条款。如在欧盟《通用数据保护条例》中，强调处理行为不仅限于“自动化”，规定“处理是指任何一项或多项针对单一个人数据或系列个人数据所进行的行为，不论该行为是否采取收集、记录、组织、构造、存储、调整、更改、检索、咨

① 美国华盛顿州参议院法案 5527。
② 美国加利福尼亚州《自动决策系统问责法》。

询、使用、通过传输而公开、传播或以其他方式对他人公开、排列或组合、限制、删除或销毁而公开等自动化方式”。同样，美国《加利福尼亚州消费者隐私保护法案》也强调，“处理是指对个人数据或对一组个人数据执行的任何操作或一组操作，不论是否通过自动化手段”。印度《个人数据保护法案》则规定，与个人数据相关的“处理”系指对个人数据执行的一个操作或者一组操作，可能包括收集、记录、组织、结构、存储、改编、更改、检索、使用、排列或者组合、索引、通过传输来披露、传播，或以其他方式提供、限制、删除或销毁等操作。数据处理者使用算法自动化进行的相关处理活动需满足算法规制的相关法律规定。

第三，算法推荐技术。我国2022年修正的《反垄断法》首次在法律层面上使用了“算法”的概念。《反垄断法》第22条明确强调，具有市场支配地位的经营者利用数据和算法、技术以及平台规则等设置障碍，对其他经营者进行不合理限制的，属于滥用市场支配地位的行为。此前，2021年5月国务院反垄断委员会印发的《平台经济领域的反垄断指南》在多处提到禁止平台以技术手段、数据和算法等工具实施垄断行为。这标志着监管部门开始关注平台企业利用算法实施共谋、“大数据杀熟”“搜索降权”“二选一”等行为。在我国2022年3月1日开始实施的《算法推荐管理规定》中，首次明确规定了算法的概念，第1章总则第2条规定，“在中华人民共和国境内应用算法推荐技术提供互联网信息服务（以下简称算法推荐服务），适用本规定……前款所称应用算法推荐技术，是指利用生成合成类、个性化推送类、排序精选类、检索过滤类、调度决策类等算法技术向用户提供信息”。根据《互联网信息服务管理办法》的界定，“互联网信息服务，是指通过互联网向上网用户提供信息的服务活动”。在《算法推荐管理规定》中，首次对算法作出了应用范围的界定，并将适用范围限定到了算法用户提供信息的场景。需要指出的是，调度决策类算法已经超越了“向用户提供信息”的范畴，而是对用户作出了对其产生直接影响的自动化决策。因此，《算法推荐管理规定》中实际上适用的“算法”的范围，是大于“应用算法推荐技术向用户提供互联网信息服务”的范围的。

第四，深度合成技术。根据《互联网信息服务深度合成管理规定》（以下简称《深度合成管理规定》）中对“深度合成技术”的定义，深度合成技术是指利用深度学习、虚拟现实等生成合成类算法制作文本、图像、音频、视频、虚拟场景等网络信息的技术，并且列举了六种典型的技术类型，包括AI文本生成、语音生成、人脸替换生成、三维重建等。该规定出台前，在其他法律规范中也有对生成合成类算法相关技术的零星规定。例如，《网络信息内容生态治理规定》规定，网络信息内容服务平台不得利用深度学习、虚拟现实等新技术新应用从事法律、行政法规禁止的活动。《网络音视频信息服务管理规定》规定，网络音视频信息服务提供者基于深度学习、虚拟现实等新技术新应用上线具有媒体属性或者社会动员功能的音视频信息服务，或者调整增设相关功能的，应当按照国家有关规定开展安全评估。此外，《算法推荐管理规定》对生成合成类算法也有整体性的规范。《深度合成管理规定》则从整体上对该类型的算法技术提出了更为系统、全面、详尽的规制方案。

由此可见，算法已经逐步从一个技术词汇成为法律概念。需要强调的是，在此转化的过程中，算法的内涵发生了巨大的变化：技术上的算法偏重于模型、机制机理等技术要素，而法律中的算法则涵盖了可能影响算法自动化决策结果的诸多要素，包括但不限于数据输入、影响算法运行结果的人为调整（如“搜索降权”）等。法律对算法的调整包括对算法技术开发、运行和结果的调整，法律中的算法概念范畴早已超越了计算机技术中算法的概念范畴。

第二节　算法的作用与应用现状

一、算法在平台中的作用

首先，算法是收集、处理数据，挖掘数据价值的生产工具，也是互联网平台运行、发展的基础。[①] 平台本质上是通过算法将从数据主体身上提取的数据信息进行分类、筛选、组合，并根据平台用户和各利益方的需求在平台上对财力、人力等资源进行跨区域的分配和安排。[②] 这种平台算法也可以看作是一种新的“商业模式”，也是算法由抽象的数学概念走向具体实际应用的过程，这一理论与实践的结合更有利于实现资源、信息最优配置，创造社会福祉。如字节跳动的核心产品今日头条就是以其个性化推荐算法作为其发展的起点，通过海量的信息采集、深度数据挖掘和用户行为分析，为用户精准推送其感兴趣的内容，开创了一种全新的新闻阅读模式，从而在媒体市场站稳脚跟。

其次，算法成为平台内部治理和外部纠纷解决的规则。平台治理是对与平台有关的内容和用户行为进行审查、判断。平台内容审核经历了人工审核到自动化工具协助审核再到算法主导的智能化审核的过程，机器深度学习、自然语言处理等算法技术驱动算法内容审核进入强智能化阶段。[③] 此外，算法以服务协议与平台规则的方式得到商家和用户的授权，广泛运用于平台自治中。

再次，算法是平台在数字经济中取得竞争优势的基础，也是防止其他经营者超越的技术屏障。算法的研发成本在初期主要是算法本身以及采集海量数据的成本，要想建立一个成熟的通用算法，需要大量的时间和资源投入。在算法

---

① 参见张凌寒：《权力之治：人工智能时代的算法规制》，上海人民出版社 2021 年版，第 5~6 页。

② 参见肖红军、商慧辰：《平台算法监管的逻辑起点与思路创新》，载《改革》2022 年第 8 期。

③ 参见李鲤、余威健：《平台“自我治理”：算法内容审核的技术逻辑及其伦理规约》，载《当代传播》2022 年第 3 期。

投入使用后的数据收集、存储、分析、使用以及建设数据中心等也需要不少的费用支出。因此，对于经营者而言，开发有竞争力和高性能算法所需要的巨额投入，限制了大量新进入者和潜在进入者，高性能算法成为难以跨越的市场障碍。[①]

最后，算法重塑了用户的认知与社会关系。社会个体和事物都可以在数字世界中映射出来，使现实事物转变为数据，使人更加依赖于直观的数据，而非人类的感性认识。算法将模糊的对象变得明晰，使不确定的事情变得确定，使人产生安全感，致使有些人认为世界万物、人际关系等一切都可以归结为数据和算法的选择。[②] 过度依靠算法和数据去认识世界，人类对事物的认识会变得单一，人的主观观察、认识、判断的能力会下降，人类更容易跟随算法决策，受到算法设计者或使用者的制约。此外，算法作为构建事物关系的中介，也重新塑造了人与人、人与事物之间的关系。算法通过对数据的分析，可以提高信息匹配度，也可以阻止一些连接的发生。

二、算法应用的基本现状

算法嵌入了社会运行的诸多层次，在新闻议程、数字经济、司法审判、行政部门等领域发挥广泛作用。算法的应用在极大提高社会生产效率、行政执法和司法审判效率的同时，也可能造成一定的风险和危害。算法治理关乎国家安全、政治安全、经济秩序和公民的合法权益，如何防止或减少算法应用的危害是目前算法治理的主要目标。

（一）新闻信息流

算法应用于信息流推动，决定了新闻可见性，主导了网络上的新闻议程。在信息过载的时代，具有庞大用户基数的平台采用算法进行信息的处理和推荐成了必然选择。算法通过选取、把关、定向推送，甚至生成合成新闻信息的方式，实质上控制了网络舆论的新闻议程。正如学者们指出的，“用户生成的平台上的内容规模和与人类节制相关的成本是算法流程吸引平台的原因。然而，考虑到这些平台所发挥的关键功能，算法还会带来新的复杂性”[③]。

---

① 参见殷继国：《人工智能时代算法垄断行为的反垄断法规制》，载《比较法研究》2022 年第 5 期。

② 参见林建武：《数据主义与价值重估：数据化的价值判断》，载《云南社会科学》2020 年第 3 期。

③ See Tufekci et al., The Ethics of Algorithms：From Radical Content to Self-Driving Cars, at https：//cihr.eu/publication-the-ethics-of-algorithms/ (Last Visited on Feb. 1, 2023).

（二）市场竞争行为

算法被应用于平台的排序、定价等，深度影响了市场竞争秩序、消费者权益等。数字经济下，平台连接海量用户与市场资源，算法则支配了用户和资源的分配。如电商平台连接商家与顾客，网约车平台汇聚乘客、司机与车辆，算法居中进行匹配与定价。以网约车平台为例，尽管平台并没有和网约车司机签订劳动合同，但其算法对司机的身份认定、路线追踪、报酬发放的控制远远强于传统出租车行业。

（三）司法审判

算法应用于司法审判部门，开始引导司法权力的行使，一定程度上影响了公民权利。2016 年，美国的"卢米斯诉威斯康星州"（Loomis v. Wisconsin）案引发了广泛关注，卢米斯认为法院使用的 COMPAS 量刑算法对其进行了种族歧视。由于此案，算法深度参与司法审判是否具有正当性和合理性引起热议。[①] 从 20 世纪 90 年代起，算法即已逐步开始应用于域外的司法实践。[②] 算法技术对司法实践的作用可分为三个层次：支持、取代和颠覆。在支持层面，算法技术为司法实践提供信息、便利性支持；在取代层面，算法技术可以取代由人类执行的功能和活动；在颠覆层面，算法技术可以改变法官的工作方式，提供与以往不同的司法形式，颠覆司法的流程、进行预测性分析，甚至重塑法官决策。[③] 就算法在司法实践中的应用而言，算法技术正在逐步超越第一个层次，发展至第二层次，甚至以独特的方式对司法活动产生更深的影响。

（四）行政活动

算法嵌入行政活动，不仅大大提高了行政效率，更通过预测型算法决定了行政资源的配置。自 20 世纪 50 年代起，自动化决策即开始被应用于政府的公共行政。在人工智能时代，自动化决策借助深度学习、大数据等技术，以辅助行政裁量、预测调配资源的方式，嵌入了政府的行政治理中，这从深层撼动了传统行政活动的运行规律和基本范式。一方面，算法自动化决策带来效率优化、流程简化等实益；另一方面，算法自动化决策对传统行政活动的改变及其带来的风险，与数据保护、隐私权产生了紧张关系。传统设定的以声誉机制（如职

---

① 卢米斯案中，被告对再犯风险预测算法（COMPAS）参与量刑裁判是否符合正当程序提出了质疑，州最高法院虽然认可了算法在此案中应用的合理性与正当性，但同时也提出在司法中使用风险评估算法应提供充足的程序性保障措施。

② 如美国华盛顿州从 20 世纪 90 年代开始即使用算法预测评估青少年犯罪风险。

③ See Tania Sourdin, *Judge v. Robot?: Artificial Intelligence and Judicial Decision-Making*, University of New South Wales Law Journal, Vol. 2018(41).

业资格认定）、决策约束程序（如通知、公告、评论、参与、回避、异议、救济）为内核心的，旨在避免决策武断和恣意、保证决策可信和正当的制度架构在算法决策面前均显失灵。

第三节　算法滥用的风险与危害

当今的智能算法已经从单纯的技术化“工具”逐步升级为不透明的复杂自主性体系，并通过嵌入社会权力结构发挥作用。目前，对算法应用风险的认识路径主要是沿着受影响的法益切入，根据受算法应用影响的法益不同，算法应用的风险主要包括三种。

一、安全风险

（一）数据跨境流动威胁国家安全

在经济全球化、交易网络化的趋势下，数据在全球范围内不断转移和流动，促进了经济贸易、技术交流、资源分享等跨国合作，也为国家安全带来了隐患。虽然独立的数据包含的信息有限，但是大规模集合式的信息相互结合，便可能从中总结出国家、政治、军事等各方面的信息。[①] 一旦情报数据流转到国外，容易使国家战略动作提前暴露在外国政府面前，使我国陷入政策被动。在经济层面会削弱国内以数据驱动的新兴技术产业的竞争优势。

（二）内容操纵潜藏政治安全风险

内容平台的算法推荐能够影响用户思想，引导社会舆论。当人们逐渐适应算法推荐的内容后，内容平台能够对特定个人或人群进行有针对性的内容推送，无形中对特定用户思维进行操纵。平台利用信息分发算法偏袒特定的政治候选人、政治观点，或者进行网络伤害，如宣传恐怖组织言论、诱导民主选举、网络恶搞等行为都有可能激化群体矛盾，误导社会舆论，引发公众对政府的信任危机。

二、个人权益保护

（一）强制算法推荐，侵害个人合法权益

滥用数据分析和算法推荐，将会对个人的合法权益造成不利影响。主要有

---

① 参见梅傲、侯之帅：《总体国家安全观视域下企业跨境数据的合规治理》，载《江苏社会科学》2022 年第 6 期。

三种表现形式：一是人工智能算法不断压缩个人意思自治空间，使个人围困“信息茧房”，个人选择权逐渐丧失。智能推荐算法只向用户推送用户感兴趣的相似信息，使用户长期处于同类信息环境中，将不利于个人思想的塑造和观点养成，容易使公众产生极化思维，激化社会矛盾，加剧社会焦虑情绪。二是低质量内容大肆传播，荼毒社会大众。内容信息平台为提高用户关注度和用户黏性，在以效率为价值导向时会偏向于向用户推送博人眼球的虚假信息、标题党或低俗、泛娱乐化等内容。[①] 劣质信息给民众的思维方式、价值观念带来负面影响，不利于社会稳定发展，更有害于未成年人的身心健康。三是价格歧视。第一种是直接价格歧视，即根据用户的消费习惯、地理位置、需求迫切程度等信息进行差别定价，俗称“大数据杀熟”。第二种是间接价格歧视，平台在商品展示时会根据消费者的消费记录优先展示与其消费水平相当的产品或服务，在消费者精力有限的前提下，降低了用户多元化选择的可能性，也提高了以抽取佣金为主要收入的平台推荐高价格商品或服务的意愿。第三种是变相价格歧视，优惠券、补贴等活动的个性化精准推送，也会造成差别定价的结果。

（二）数据大规模聚集，增加隐私泄露风险

数据收集手段的方便、快捷使个人数据聚集于大型互联网平台手中。首先，企业超出权限使用获得的信息，甚至将信息上传到第三方平台，供其他主体任意使用，以及信息管理制度不完善，将会导致数据大规模泄露，甚至对公民权利造成严重侵害。[②] 其次，政务数据、健康医疗数据、生物识别数据等高价值特殊敏感数据成为攻击的重点对象，一旦被窃取或泄露，容易对社会利益造成损害。最后，深度伪造等新技术自动生成的视频数据，为基于生物特征识别的验证系统带来挑战。

（三）算法偏见和不公平决策损害公民基本权利

算法能够重现社会现有的偏见，也有可能产生新的偏见，从而作出不公平决策。在就业领域，招聘平台算法传达给求职者、劳动者的数据信息差异会产生就业机会不平等，造成不公正的后果。算法不断嵌入公权力运行，甚至在某些领域成为决策者，而相关算法的开发方大部分为少数掌握软件开发技术优势的企业，这不免让民众对司法公正产生疑虑。[③]

---

① 参见王建亚、马榕培、周毅：《网络信息内容安全风险：特征、演变及场景要素解构》，载《图书情报工作》2022 年第 5 期。

② 参见王春业、费博：《大数据背景下个人信息收集和使用的行政法规制》，载《中共天津市委党校学报》2021 年第 3 期。

③ 参见李文静、栾群：《人工智能时代算法的法律规制：现实、理论与进路》，载《福建师范大学学报（哲学社会科学版）》2020 年第 4 期。

三、市场竞争秩序

（一）利用算法支配地位，实施自我优待

部分平台作为技术和市场资源的支配者，利用算法对部分商家优待。平台利用自己“参赛选手”和“裁判员”的双重身份，操纵商品展示、排序的优先级以获取竞争优势。例如，优先推荐自营商品、合作企业的商品、商业投资或独家合作协议的商家，使其他商家处于竞争的不利地位。

（二）利用平台市场地位，妨碍市场竞争

部分平台利用自身的市场地位和技术手段，限制其他经营者提供更优质的产品、服务，从而扰乱市场竞争秩序。此种行为可能会损害竞争对手的市场地位或行动，从而损害消费者的合法权益。比较常见的阻碍竞争的方式有平台通过封禁、限流、降低便利性等方式拒绝与其他平台的连接，阻碍竞争对手提供产品或服务。更为严重的，平台经营者可能会通过算法搜索降权、流量限制等惩罚性措施来逼迫商家进行“二选一”。[①]

（三）利用算法技术优势，进行算法共谋

算法共谋行为，是指在特定产业中，多个企业通过协议或暗示，采取共同限制价格、限制产量、控制销售渠道等一致性行为来压制竞争，获得超额垄断利润的策略。[②] 动态定价算法可以根据公司自身的成本、产能或需求情况调整价格，也可以根据竞争对手的价格调整价格，而竞争对手的价格可以使用另一种算法进行监控。可见，平台算法对交易活动的深度介入显著提升了市场透明度和经营者之间的交互频次，扩大了算法共谋的市场范围，更利于垄断协议的达成和维持。

第四节　算法规制的理论演进

算法的广泛运用威胁个人生命健康和隐私，也对公平、安全等社会价值和秩序带来严峻威胁，因此，算法规制的理念和手段也伴随着算法技术的发展而不断更新迭代。

---

① 参见胡坚波：《多措并举推进我国算法治理》，载《人民论坛・学术前沿》2022 年第 10 期。

② 参见金雪涛：《算法治理：体系建构与措施进路》，载《人民论坛・学术前沿》2022 年第 10 期。

一、规制理念：从中立的算法到负责任的算法

为应对移动互联网早期算法引发的网络版权侵权问题，各国通过案例确立了技术中立和间接责任规则，在算法造成不利后果时，如果算法设计者不存在权利侵害的直接故意或侵权结果并非算法直接造成，则网络服务提供者无须承担任何法律责任。即算法技术仅是一种价值中立的工具，无论其是正当还是非法使用，技术服务提供者都不必对用户可能遭受的侵权行为承担责任。因此，当算法在平台部署运行之后，网络服务提供者就只需承担未尽注意义务的间接侵权责任。[①]

互联网行业在技术中立原则的保护之下逐渐发展壮大，互联网企业凭借其技术优势和新的商业模式在经济、社会、政治等领域发挥其影响力。人们逐渐突破技术中立的外衣，认识到技术原理虽然是不带价值判断的工具，但是技术设计与使用过程中包含了技术主体的主观意图，在算法可能造成不利后果时，平台应当承担相应的法律责任。[②]一方面，增强平台对内容的审核义务和注意义务以及平台算法的明示告知义务，明确算法设计者和使用者的责任。比如，我国立法中明确，平台应对自己的故意侵权行为单独承担责任，对怠于制止侵权行为造成的扩大损失承担连带责任。另一方面，通过在特定场景中的个人赋权来增强平台用户对自动化决策的监督和干预。如欧盟《通用数据保护条例》设置了数据主体对个人数据的访问权、更正权、删除权以及数据可携带权等新型数据权利。除此之外，我国还明确要求算法使用平台承担社会责任，将伦理道德嵌入算法，使平台算法成为道德算法和负责任的算法。[③]

二、规制对象：从外部行为到算法技术本身

在算法监管早期，为鼓励互联网行业的创新和发展，加之算法的复杂和黑箱属性，算法设计者和使用者将其主观意图隐藏在自动化算法之中，对经济和社会施加影响而不被察觉。即使平台企业的行为对用户造成不利结果，算法平台也可以技术中立、商业秘密等理由辩护或拒绝算法审查，司法实践中难以认定其侵害的主观过错，从而使其逃避法律的惩罚。这种事后追责的方式导致算法治理的节点滞后，算法侵害救济难以成功，一定程度上放任了不正当竞争行为，为推卸法律责任的企业提供了监管套利空间，为经济竞争环境和民众的合

---

① 参见张凌寒：《算法规制的迭代与革新》，载《法学论坛》2019年第2期。

② 参见张凌寒：《网络平台监管的算法问责制构建》，载《东方法学》2021年第3期。

③ 参见肖红军：《构建负责任的平台算法》，载《西安交通大学学报（社会科学版）》2022年第1期。

法权益带来负面影响。[①]

随着算法规制理念的转变，各国均开始普遍深入算法数据集、标签、逻辑等技术层面进行穿透式监管。一是各国均加强了对算法透明度的信息披露要求。如荷兰要求数据控制者必须提供关于算法的基本逻辑，以及算法处理对数据主体的重要性和对预期后果有用的信息。二是对数据算法的直接审查与监管成为常见的监管手段。欧盟《数字服务法案》规定，委员会可以进驻企业或企业协会现场检查，并解释其组织、功能、IT 系统、算法、数据处理和商业行为要求。三是通过技术标准对算法进行监管。美国出台多个政策和报告，均要求政府提出更多技术标准与合规指南，作为日后政策重点。四是将算法评估和审计作为常规制度。德国伦理委员会报告提出制定算法评估方案，意欲建立数字服务企业使用数据的风险评估制度，对不同风险类型的企业采取不同的监管措施。

三、规制手段：从事后问责到全流程风险预防

算法规制对象由行为转向技术，使算法规制的时间节点提前到算法设计的源头，形成了事前、事中、事后的全流程监管，规制方式也从标准、规范扩充为算法评估、算法审查、算法信息登记、算法认证等多元化结合。

从算法设计到投入使用之前，通过算法评估、自我审核、算法信息登记、算法审批等方式预防算法使用后可能产生的风险，并为可能产生的算法侵害的事后救济提供便利。如欧盟规定高风险的人工智能系统必须登记在公共数据库，才能投入市场使用，以避免算法本身存在缺陷，为广大公众提供有关人工智能系统的应用范围、可能损害其功能的已知缺陷和事件以及供应商为处理和解决这些问题所采取的补救措施的信息。在算法部署、运行过程中，要求对算法进行定期评估和监测记录，规范个人数据使用，保障算法决策的公正、合理和便于事后追责。美国联邦贸易委员会要求定期对算法进行严格测试，以确保它不会对受保护阶层产生不平等的影响。在算法造成侵害后，完善算法责任分配和追究。欧盟《人工智能法案》开始区分算法产品制造方、进口方、分销方、使用者义务。

第五节　算法治理的价值目标与治理格局

一、算法治理的价值目标

算法滥用可能对公民人身权、财产权、政治自由和人格尊严造成损害，也

---

① 参见张凌寒：《平台“穿透式监管”的理据及限度》，载《法律科学（西北政法大学学报）》2022 年第 1 期。

可能危及国家安全、市场秩序、社会稳定及公序良俗等。正如九部委发布的《关于加强互联网信息服务算法综合治理的指导意见》中指出的，“互联网信息服务算法（以下简称‘算法’）在加速互联网信息传播、繁荣数字经济、促进社会发展等方面发挥了重要作用。与此同时，算法不合理应用也影响了正常的传播秩序、市场秩序和社会秩序，给维护意识形态安全、社会公平公正和网民合法权益带来挑战”。算法治理的价值目标需要对算法应用的两方面影响都有充分的考虑，因而必然呈现为价值目标体系的形式，这一价值目标体系主要包括安全、自由、公平及其他与算法的发展和应用密切相关的法律价值。

第一，算法治理的根本价值目标是人的尊严及人类主体性地位。人工智能技术在被人类利用的同时，也一定程度上能够以人类为对象，对人类进行评价、判断甚至处理。[①] 人的数据化消解了人的主体性，将个体的人作为冰冷的数据，将群体的人当作可以被控制、分解、改变、交易、消费的数据库，成为人工智能时代的“物化”（reification）方式。人也在此过程中从决策的主体，沦为被决策的客体。人的尊严位于权利体系的核心位置，无论如何理解权利，它都会跟人的尊严发生直接或者间接的关系。[②]

第二，算法治理的关键价值目标是安全。我国在算法治理实践中，一直将“安全”作为我国算法治理的重要目标，要建立算法安全治理机制，构建算法安全监管体系。自当前的法律实践观之，算法治理的安全目标包括国家安全（涵盖政治安全、经济安全、军事安全、社会安全、科技安全、信息安全等）及公民生命财产安全。算法应用所引致的重大负面影响均可以通过安全之价值外观及话语体系加以概括，而算法治理所追求的安全目标也将发展成为一个层次丰富、内容精致的体系。

第三，算法治理的最终价值目标是公平公正。保护公平价值的必要性主要有：一是算法本身虽然不会主动歧视，但算法可以被设计或训练成为一套具备歧视效果的规则集，在应用时产生严重不公平的结果；二是算法的应用并不具备普惠性，不同主体应用算法及防御算法风险的能力差异巨大，一旦算法应用成为公共服务或公权力活动的一部分，就需要注意对公平价值的保护。

第四，算法治理在确保上述价值目标的同时，应充分保证科学研究与技术发展的自由。我国2021年颁布的《关于加强互联网信息服务算法综合治理的指导意见》强调，算法治理的重要目标是“坚持技术创新，大力推进我国算法创新研究工作，保护算法知识产权，强化自研算法的部署和推广，提升我国算法的核心竞争力”。算法治理必须注意在防范安全风险之同时，对于算法本身的技术发展与无害的业务模式保持足够的宽容，只要算法的发展和传播不至于对安

① 参见陈景辉：《人工智能的法律挑战：应该从哪里开始？》，载《比较法研究》2018年第5期。

② 参见陈景辉：《人工智能的法律挑战：应该从哪里开始？》，载《比较法研究》2018年第5期。

全法益产生迫切且不可挽回的实质性侵害，就不必干预算法本身的发展和演化，对应用此种算法的业务模式也是如此。

需要注意的是，由于“治理”通常同时包含风险规制与引导有序发展之含义，算法治理还需要考虑引导和促进算法研究及应用、推动相关业务良好发展的思路与机制，亦即积极的引导和促进机制，主要包含在科技促进与产业扶持方面的法律与政策之中。对上述目标的实现，积极的引导和促进机制同样不可或缺，部分情形下甚至比消极的干预行政更为有效。

二、算法法律、技术、伦理治理的多元格局

首先，算法的技术优势与人类有限的认知能力决定算法使用者处于弱势地位，需要国家公权力通过法律来规制算法，减少和控制算法风险，救济算法侵害。其次，算法的复杂性、不确定性、不可控性使得算法治理不能仅仅依靠人类自己，还需要借助技术手段来解释、监控算法。再次，算法普遍嵌入社会、经济、政治等领域，成为社会运转的基础，在实质上影响和塑造社会结构的背景下，算法也应当承担公平公正、隐私保护、可解释、可问责、正当程序等社会目标以及道德伦理，承担相应的社会责任。[①] 最后，算法创新提高了社会治理效率，便利了人类生活，激活了市场潜力，成为社会发展的重要推动力。但是，算法歧视、算法公平、算法安全等问题接踵而至。因此，创新与风险、安全与发展之间的张力要求我们不能一味监管算法的使用或相关的平台企业，应当统筹发展，利用法律、技术、伦理等多种治理方式引导算法向上向善，推动算法高质量发展。

算法治理主体多元化。国家从法律和政策层面确立算法规制的法律框架和制度，明确科技、伦理治理的部门或组织，并提供制度支持。企业作为算法的设计者和使用者，可以不断推进技术创新，弥补算法不足，助力算法治理措施的落地。行业或社会组织可以制定行业标准、技术指南、伦理框架等，推进技术治理和伦理审查。公众作为算法应用的获利者和潜在受害者，可以通过投诉、诉讼等方式维护自己的权利，监督算法规范的实施，制约算法权力。科研机构可以助力公众算法素养和数字素养提升，让民众了解算法、化解算法恐惧。

算法治理手段多元化。一是以法律规定算法应用的边界，对侵犯个人隐私、损害国家安全和社会利益、算法歧视等行为，划定底线，明确违法违规高压线。充分利用算法备案、分级分类、算法评估、算法审查和审计等措施构建科学的监管体系，通过增加公民自动推荐算法选择权、退出权和解释权等权利，以及平台告知义务等方式落实平台责任。二是以算法伦理防范算法风险。对算法从

① 参见张吉豫：《构建多元共治的算法治理体系》，载《法律科学（西北政法大学学报）》2022 年第 1 期。

业人员、企业团队成员进行伦理教育与文化建设，对算法设计进行价值引导，对算法进行伦理评估和审查，使算法伦理贯穿算法设计、部署、运行的生命周期，构建可信、负责的算法。三是以技术创新解决技术风险，加强数据集异常检测、训练样本评估、隐私计算、算法解释工具等技术研究，通过改进技术降低算法风险，推进伦理治理。

第六节　算法法律规制的基本现状

我国近年来加强了算法治理研究与立法工作。我国法律中较早关于算法的规定，涉及用户拒绝算法个性化推送的权利。2018 年颁布的《电子商务法》第 18 条第 1 款规定："电子商务经营者根据消费者的兴趣爱好、消费习惯等特征向其提供商品或者服务的搜索结果的，应当同时向该消费者提供不针对其个人特征的选项，尊重和平等保护消费者合法权益。"在大型电子商务平台，经营者可能会根据消费者的浏览或购买记录、地理位置、设备信息、个人偏好等各类数据，推荐个性化的商品或服务，该条要求电子商务经营者在向消费者推荐商品与服务的过程中，应当提供不针对消费者个性化特征的推荐选项，目前各大电商平台基本已经上线个性化推荐的选项开关，供消费者开启或者关闭。

此后我国《个人信息保护法》针对算法另一广泛应用的场景，即算法自动化决策，进行了法律层面的调整。该法第 24 条第 3 款规定："通过自动化决策方式作出对个人权益有重大影响的决定，个人有权要求个人信息处理者予以说明，并有权拒绝个人信息处理者仅通过自动化决策的方式作出决定。"例如，在信贷评分、涉及财产权益的自动限制等场景，在个人提出权利请求时，个人信息处理者有作出解释说明的义务，同时个人也有权拒绝纯自动化决策作出的决定。

2021 年，国家网信办等九部门发布《关于加强互联网信息服务算法综合治理的指导意见》，该意见是我国针对算法开启综合治理的一部标志性文件。2022 年，《算法推荐管理规定》正式生效，该规定针对互联网信息服务领域的算法推荐进行了包含服务规范、用户权益保护、监督管理等方面在内的细化规定，是一部较为详尽的关于算法推荐的部门规章。2022 年 11 月，国家网信办、工信部和公安部联合发布了《深度合成管理规定》，对利用深度合成服务制作、复制、发布、传播违规信息的行为进行规制，聚焦前沿技术，引导技术发展，保障公民权益。

一、法律、司法解释中的算法规范

在《关于加强互联网信息服务算法综合治理的指导意见》与《算法推荐管理规定》出台之前，与算法有关的规定散见于各类法律之中，早期立法侧重于在具体的算法应用场景上进行规范性引导以及在算法所依赖的数据规范方面进行引导。

2018 年颁布的《电子商务法》第 18 条第 1 款规定：“电子商务经营者根据消费者的兴趣爱好、消费习惯等特征向其提供商品或者服务的搜索结果的，应当同时向该消费者提供不针对其个人特征的选项，尊重和平等保护消费者合法权益。”该条针对电子商务领域个性化推荐，赋予用户对算法个性化推荐结果的拒绝权利。

2021 年 1 月 1 日正式施行的《民法典》设有“隐私权和个人信息保护”专章，算法治理不可避免会涉及个人信息保护，尤其是受算法自动化决策影响、权益极其容易遭受侵害的个人。例如，《民法典》第 1035 条明确处理个人信息应当征得个人信息主体同意，公开处理规则，并明示处理信息的目的、方式和范围等；第 1037 条规定了自然人对个人信息的查阅权、复制权与异议更正权；第 1038 条规定了信息处理者对个人信息的收集、存储的保护义务。企业的算法系统在收集、利用个人信息等方面应当遵循上述相应规定。

针对应用广泛的算法自动化决策场景，《个人信息保护法》第 24 条第 2 款规定：“通过自动化决策方式向个人进行信息推送、商业营销，应当同时提供不针对其个人特征的选项，或者向个人提供便捷的拒绝方式。”该条赋予了用户拒绝算法自动化决策的权利，企业应当相应地为用户提供关闭算法自动化决策、关闭个性化定向推送的相关路径。

2021 年 7 月 28 日颁布的《最高人民法院关于审理使用人脸识别技术处理个人信息相关民事案件适用法律若干问题的规定》是我国首部针对使用人脸识别技术处理个人信息相关民事案件审理作出的全面系统规范的司法解释，在应用人脸识别技术，尤其在公共场合中应用人脸识别技术时必须重点关注。

二、行政法规、意见指南和部门规章中的算法规范

我国网络监管部门在出台各类指导意见与规定的活动中动作频繁，尤其是近几年对各类大型互联网信息服务平台、音视频平台、电子商务平台加强了行政指导与行政约谈，涉及算法的相关指导意见与规定逐渐密集。2019 年的《网络信息内容生态治理规定》要求平台“优化个性化算法推荐技术”[①]，并在 2021 年出台了《关于加强互联网信息服务算法综合治理的指导意见》，2022 年实施《算法推荐管理规定》。可以预见，将算法作为平台监管的直接对象是人工智能时代的大势所趋。

---

① 《网络信息内容生态治理规定》第 12 条规定：“网络信息内容服务平台采用个性化算法推荐技术推送信息的，应当设置符合本规定第十条、第十一条规定要求的推荐模型，建立健全人工干预和用户自主选择机制。”

（一）市场秩序维护

算法在公平市场秩序维护上也存在治理空间。2021年2月，国务院反垄断委员会发布了《关于平台经济领域的反垄断指南》，指南要求具有竞争关系的平台经济领域经营者禁止利用数据、算法、平台规则等实现协调一致行为达成横向垄断协议，禁止利用算法对价格进行直接或者间接限定，禁止利用算法等技术手段限定其他交易条件，排除、限制市场竞争。我国《反垄断法》中也首次在法律层面上使用了“算法”的概念。2022年8月1日施行的最新修正的《反垄断法》第22条明确强调，具有市场支配地位的经营者利用数据和算法、技术以及平台规则等设置障碍，对其他经营者进行不合理限制的，属于滥用市场支配地位的行为。上述规定有利于遏制企业利用算法进行“大数据杀熟”“歧视性待遇”“强制二选一”“算法共谋”等扰乱市场竞争的行为。2022年11月发布的《反不正当竞争法（修订草案征求意见稿）》第14条规定，经营者故意通过短期内与其他经营者进行大规模、高频次交易、给予好评等，引发相关惩戒，使其他经营者受到搜索降权、降低信用等级、商品下架、断开链接、停止服务等处置的行为，应被定性为“恶意交易”行为，为对互联网企业利用大数据、算法等实施的不正当竞争行为进行打击提供了明确的法律依据。

（二）人民权益保障

算法在将人的信息进行数据化、“物化”的同时，理应尊重人的主体性与尊严，避免算法“驾驭”人。我国的算法治理同样体现了此类人文关怀，2021年7月，人社部等八部门共同印发《关于维护新就业形态劳动者劳动保障权益的指导意见》，督促企业制定修订平台进入退出、订单分配、计件单价、抽成比例、报酬构成及支付、工作时间、奖惩等直接涉及劳动者权益的制度规则和平台算法，充分听取并积极响应工会或劳动者代表的意见建议，指导企业建立健全劳动者申诉机制，保障劳动者的申诉得到及时回应和客观公正处理。2021年7月，市场监管总局等七部门联合印发《关于落实网络餐饮平台责任切实维护外卖送餐员权益的指导意见》，针对外卖配送员面临的配送时长算法等问题，意见要求不得将“最严算法”作为考核要求，通过“算法取中”等方式，合理确定订单数量、准时率、在线率等考核要素，适当放宽配送时限。针对向未成年人提供算法服务的场景，《算法推荐管理规定》要求平台企业应当依法履行未成年人网络保护义务，通过开发适合未成年人使用的模式、提供适合未成年人特点的服务等方式，便利未成年人获取有益身心健康的信息。算法推送信息不能引发未成年人模仿不安全行为和违反社会公德行为、诱导未成年人养成不良嗜好等不良后果，算法设计也不得诱导未成年人沉迷网络。对于老年人等“数字弱势群体”的特殊照顾，《算法推荐管理规定》也明确规定，算法推荐服务提供者应当提供智能化适老服务，依法开展涉电信网络诈骗信息的监测、识别和处置，便利老年人安全使用算法推荐服务。综上，算法的人文关怀体现为算法的设计应当更具有公平性与普惠性，让公众更公平地接触算法、使用算法以及被算法认识和判断，算法设计及训练时应当避免带入设计者的歧视性偏见或训练数据的明显偏差。

（三）算法综合治理指导意见

2021 年之前，关于算法的各类规定散见于法律、行政法规与指导意见当中，并未有关于算法的专门性文件或法律规定。2021 年是我国开启算法专门法律治理的元年。2021 年 9 月，国家网信办等九部门公布《关于加强互联网信息服务算法综合治理的指导意见》，该意见是算法治理的综合性、全局性指导文件，对未来算法专门性规定的出台具有重要的指导意义。该意见提出，整体上要利用三年左右时间，逐步建立治理机制健全、监管体系完善、算法生态规范的算法安全综合治理格局。算法的安全治理机制与安全监管体系较为系统明确地规定了企业的主体义务与责任。意见要求强化企业主体责任，包括建立算法安全责任制度和科技伦理审查制度，健全算法安全管理组织机构，加强风险防控和隐患排查治理，提升应对算法安全突发事件的能力和水平。[①] 企业还应当强化责任意识，对算法应用产生的结果负主体责任。在算法应用方面，企业还应当保护网民合理权益，秉持公平、公正原则，促进算法公开透明，及时、合理、有效地公开算法基本原理、优化目标、决策标准等信息，做好算法结果解释，畅通投诉通道，消除社会疑虑，推动算法健康发展。[②] 该意见还要求促进算法生态规范发展，算法的应用必须树立正确导向，坚持正确政治方向、舆论导向、价值取向，引导算法应用向上向善。

（四）算法推荐管理规定

2022 年实行的《算法推荐管理规定》是一部规范互联网信息服务算法推荐活动的正式规定。该规定将生成合成类、个性化推送类、排序精选类、检索过滤类、调度决策类等各类算法纳入规制范围。该规定主要涉及主体责任、用户权益、算法备案、分级分类等相关内容。

《算法推荐管理规定》压实了包括大型互联网平台在内的企业主体责任，包括建立健全算法机制机理审核、科技伦理审查、用户注册、信息发布审核、数据安全和个人信息保护、反电信网络诈骗、安全评估监测、安全事件应急处置

---

① 参见《关于加强互联网信息服务算法综合治理的指导意见》第二部分“健全算法安全治理机制”。

② 参见《关于加强互联网信息服务算法综合治理的指导意见》第四部分“促进算法生态规范发展”。

等管理制度和技术措施，制定并公开算法推荐服务相关规则，配备与算法推荐服务规模相适应的专业人员和技术支撑。[①] 该规定同时对用户基本权利、特殊群体关照进行了详细规定，保证用户对抗、质疑、拒绝算法的基本权利。该规定的一大亮点是针对算法的监督管理方面，规定建立了算法备案制度，要求算法推荐服务的提供者填报服务提供者的名称、服务形式、应用领域、算法类型、算法自评估报告、拟公示内容等信息，履行备案手续，算法备案可以作为日后对算法推荐服务提供者主观过错的考量，收集信息、存档备查，以作为后续监管的基础和制定决策的依据。除了成形的算法备案制度，该规定还提出建立算法分级分类的管理制度，网信部门会同有关部门，根据算法推荐服务的舆论属性或者社会动员能力、内容类别、用户规模、算法推荐技术处理的数据重要程度、对用户行为的干预程度等对算法推荐服务提供者实施分级分类管理。

（五）深度合成管理规定

2023 年正式施行的《深度合成管理规定》是一部专门针对深度合成技术与服务活动的规章。该文件要求对深度合成技术的数据和技术行为进行直接管理，是网络内容治理由结果管理转变为行为管理的代表性规范。

《深度合成管理规定》明确了相关主体的责任和义务，引领技术健康有序发展。第一，明确了深度合成技术以及相关主体的定义和服务范围，即利用生成合成类算法制作文本、图像、音频、视频、虚拟场景等网络信息的技术。[②] 第二，对深度合成服务提供者和技术服务支持者在数据处理、算法运行、使用全过程提出了更明确、具体的要求。[③] 第三，对于具有舆论属性和社会动员能力的深度合成服务提供者提出了备案、变更、注销手续和安全评估制度，为企业合规提供了明确的规范指引。[④]

三、与算法相关的重要标准文件

我国有各类国家标准文件规范各类技术的使用，既包括传统的技术型标准，如《信息安全技术 机器学习算法安全评估规范》规定了机器学习算法在生命周期各个阶段的安全要求、证实方法、安全评估实施，也包括类似法律规范意义的操作标准。其中，关于算法使用最为典型的国家标准是 GB/T 35273—2020《信息安全技术 个人信息安全规范》，该标准是全国信息安全标准化技术委员会于 2020 年 3 月正式发布的规范，于 2020 年 10 月 1 日实施，主要规范个人信息在各类信息处理环节中的安全问题，对于涉及算法使用的相关场景，如用户画

① 参见《算法推荐管理规定》第 7 条。
② 参见《深度合成管理规定》第 23 条。
③ 参见《深度合成管理规定》第三章“数据和技术管理规范”。
④ 参见《深度合成管理规定》第四章“监督检查与法律责任”。

像、个性化展示、信息系统自动决策机制等，以及其相关的个人信息主体权利，该标准均作出了细化的规定。

对于用户画像的使用，个人信息控制者应当消除明确身份指向性，避免精确定位到特定个人，尤其是定向推送商业广告时，宜使用间接用户画像。

对于个性化展示，应显著区分个性化展示的内容和非个性化展示的内容，除了上文提到的提供关闭个性化展示选项，个人信息控制者宜建立个人信息主体对个性化展示所依赖的个人信息（如标签、画像维度等）的自主控制机制，保障个人信息主体调控个性化展示相关性程度的能力，该规定一定程度上体现了赋予用户对算法推荐结果拒绝、修正的权利。

对于信息系统自动决策机制的使用，该标准将规制对象限定为具备自动决策机制且能对个人信息主体权益造成显著影响的信息系统。相关的影响评估、用户投诉等规定，也体现了《算法推荐管理规定》的相关立法精神，如在规划设计阶段或首次使用前开展、在使用过程中定期开展个人信息安全影响评估，并依评估结果采取有效的保护个人信息主体的措施；向个人信息主体提供针对自动决策结果的投诉渠道，并支持对自动决策结果的人工复核。

随着我国算法法律规范体系的不断完善，我国未来的算法治理将更加侧重算法分级分类管理制度的构建，体现层级性与系统性的管理，风险等级不同的算法在数据处理、透明度与公示要求、记录与审计等方面的监管要求也不尽相同，实现算法立法从“统一法”到“个别法”的变化。

第二十一章　人工智能与知识产权

随着人工智能技术的发展和应用，人工智能创新的知识产权问题引起了法学研究者和立法机构的关注和讨论。一方面，人工智能生成物在知识产权下的性质界定仍有争议。在当前阶段，人工智能已经能够凭借强大的计算和学习能力在围棋等游戏中完全战胜人类，甚至在诗歌创作、图片创作等领域展示出可以和人类相当的“创造性”，微软“小冰”机器人还出版了一本诗集，OpenAI 的 ChatGPT 则展现了非常强大的“通用性”回答问题的能力，包括生成各类由用户指定主题和体裁的文本内容；人工智能也已经被大量应用在发明创造领域，可以自动生成技术方案和产品外观设计等。由此引发了对人工智能生成内容能否构成著作权法意义上的作品、人工智能能否认定为作者以及著作权人、人工智能能否被认定为专利法意义上的“发明人”等问题的讨论。另一方面，人工智能算法在何种条件下可以受到专利法的保护，关乎产业创新发展，是国家知识产权局在《专利审查指南》修改中的一项重点内容。

针对上述关乎人工智能创新发展的知识产权法律问题，本章首先介绍人工智能“创造”生成的内容在知识产权法中的性质界定问题，之后介绍人工智能算法的专利适格性问题。

第一节　人工智能生成物在知识产权法下的性质界定

一、人工智能生成内容在著作权法下的性质界定

在 20 世纪八九十年代的人工智能发展浪潮中，当时一些发达国家就已针对人工智能产生“作品”在著作权法下的界定及其权利归属问题展开过讨论。但随着技术的发展，当前人工智能凭借云计算、大数据以及深度神经网络等机器学习算法，在作品产生的速度和质量方面有了长足进展，引起了人们的重新重视。国内外许多企业早已应用人工智能来自动撰写新闻稿。例如，2006 年，美国汤姆森公司用机器人记者撰写经济和金融方面的新闻；美联社早在 2014 年就启用 Wordsmith 写作机器人撰写财经报道；2015 年，腾讯公司的机器人 Dreamwriter 也开始撰写股市行情等报道；等等。人工智能也能够生成富有艺术性和美感的美术作品，音乐创作也层出不穷。例如，2015 年，Jukedeck 公司正

式推出了基于人工智能合成技术的在线音乐创作应用 Jukedeck MAKE。在该平台，通过设定音乐类型、心情、乐器、节奏、时间长度等参数，便可以在不到 10 分钟的时间内自动生成一段音乐，用户如果喜欢，可以付费下载。微软公司的创作型机器人“小冰”已经正式出版了一部诗集《阳光失了玻璃窗》。[①] 著名电子商务平台亚马逊上已经有超过 200 本将 ChatGPT 列为共同作者的书籍，并且数量还在不断增加。

面对如此丰富的人工智能生成内容，著作权法中有两个主要问题亟待形成共识：（1）人工智能生产内容是否可以构成著作权法意义上的作品？如果可能的话，判断标准为何？（2）如果人工智能生产内容可以构成作品，那么著作权应归谁所有？

（一）著作权法的基本制度安排

我国《著作权法》第 3 条规定，作品是指“文学、艺术和科学领域内具有独创性并能以一定形式表现的智力成果”。该条规定了作品的四个要件：在文学、艺术和科学领域内；具有独创性；能以一定形式表现；智力成果。通常而言，判断人工智能生成的诗歌、图画、音乐等内容是否满足“文学、艺术和科学领域内”以及“能以一定形式表现”这两个要件并不存在争议，重点集中在是否构成具有独创性的智力成果上。

同时，我国《著作权法》第 11 条规定：“著作权属于作者，本法另有规定的除外。创作作品的自然人是作者。由法人或者非法人组织主持，代表法人或者非法人组织意志创作，并由法人或者非法人组织承担责任的作品，法人或者非法人组织视为作者。”《著作权法实施条例》第 3 条规定：“著作权法所称创作，是指直接产生文学、艺术和科学作品的智力活动。为他人创作进行组织工作，提供咨询意见、物质条件，或者进行其他辅助工作，均不视为创作。”这既为确定作者和著作权人确立了规则，也进一步界定了“创作”概念。

基于对前述著作权法规定的理解，《北京市高级人民法院侵害著作权案件审理指南》第 2.1 条规定，审查是否构成作品时，一般需考虑的因素中包括是否属于“自然人的创作”。这对北京市各级法院的案件审理有指导作用。

（二）人工智能生成内容是否构成作品的理论分歧

人工智能生成内容在表现形式方面如果与人类作品有非常大的差异，如只是完全不通顺的文字堆积，则不能够构成作品。真正有争议之处在于，人工智

① 该诗集中有一些诗篇流传较广，例如，“向着城市的灯守着我 / 咬破了冷静的思想 / 你的眼睛里闪动 / 无人知道的地方”。《青年文学》执行主编张菁读后感慨：“她给我们更多的刺激，给我们更多的冲撞，给我们更多的愿景，让我们觉得，原来语言还可以这样地组合，原来我们的世界还可以这样地走向。它给我们呈现一个让我们觉得特别新奇的世界。”

能目前生成的很多作品，如微软“小冰”的一些诗作，与人类作品的表现形式相同；在不言明创作者身份的情况下，并无法区分其创作者是人类还是机器。关于这部分人工智能产生内容是否构成作品，学界仍存在一些争议。究其核心争议，乃出于对“独创性”要件及其设置目的的不同理解，因而形成了不同的基本判断标准。

1. 主体视角：“人类智能”/“人类独创性”要件说

此种观点认为，只有人的创作才能构成著作权法意义下的作品，受到著作权法的保护。如果从作者权角度去理解独创性，强调作品应该是作者思想、情感、个性的外化表达，可以比较直接地得到这种推断。一些法规、政府规定或法院判决可以在一定程度上体现出这种观点。例如，欧洲议会与欧盟理事会关于计算机程序的法律保护指令第 1 条第 3 款规定，作品只有当“它是作者自己的智力创作”时才能得到保护，“不应采用其他标准来确定其受保护的资格”。[①] 版权法体系的国家也不乏支持这类观点的判决和政府机构意见。美国地区法院法官曾在 Naruto v. Slater 案[②] 中裁定，猴子拍摄的照片不受著作权法保护。美国版权局亦曾作如此陈述：（版权局）“不注册自然、动物或植物产生的作品”，并进行了举例，包括猴子的自拍照、大象创作的壁画等。日本政府设立的知识产权战略本部在 2016 年《知识财产推进计划》中也指出，“一般认为，人工智能自动生成的内容不属于著作权的客体……（因为）人工智能自动产生的创作物（类似作品的信息），并非（日本）《著作权法》第 2 条第 1 项规定的‘表现思想或者情感的作品’，也就根本不存在对其享有的著作权”。

需要说明的是，尽管中国等很多国家和地区的著作权法均规定了法人作品，并将法人作为作品的作者及著作权人，[③] 但有观点认为，虽然在特定情况下，法人可以被视为法人作品的作者，但法人作品在实质上仍然应是自然人创作的。

在著作权法诞生和发展的几百年历程中，著作权法此前一直并未特别深入地探讨受著作权法保护的作品是否必须是由人类的智力创作的。只是近些年我们才遇到了“创作者”可能不是人类的情况。从著作权法的正当性基础上看，如果从自然权利出发论证，维护人格尊严或劳动财产权是重要的正当性基础；或是从功利主义的视角论证，希望促进作品的创作和传播，进而促进人类文化繁荣，增进人类福祉。由于之前人类并未真正深刻地遭遇机器创作作品的挑战，

---

① Directive 2009/24/EC of the European Parliament and of the Council on Legal Protection of Computer Programs (Article 1 Section 3)a work should be protected in “the sense that it is the author’s own intellectual creation. No other criteria shall be applied to determine its eligibility for protection”.

② Naruto v. Slater, No.15 - CV04324 -WHO, 2016WL362231, N. D. Cal., Jan 28, 2016.

③《著作权法》第 9 条规定：“著作权人包括：（一）作者；（二）其他依照本法享有著作权的自然人、法人或者非法人组织。”第 11 条第 2 款、第 3 款规定：“创作作品的自然人是作者。由法人或者非法人组织主持，代表法人或者非法人组织意志创作，并由法人或者非法人组织承担责任的作品，法人或者非法人组织视为作者。”

因此在著作权法理论上对这一方面的研究并不充分。在人工智能时代，如果希望证成由人类创作而成是构成受著作权法保护的作品的必要条件，恐怕不能简单从立法历史和法律文本中开展法教义学分析，而是应首先尝试回答一些基本的问题：第一，人工智能“作品”的创作和传播的增加，是否从整体上无益于人类文化繁荣和福祉的提高；第二，在当前人工智能飞速发展的背景下，是否在著作权法下保护人工智能作品不利于促进人类的作品创作。对于此类问题的回答，需结合哲学、社会学、心理学、法经济学的交叉研究。从制度成本角度考虑，当前最典型的反对这一要件的理由是，区分人工智能创作作品和人类创作作品的制度成本较高，如果希望较好地区分，可能法律有必要对人工智能应用的所有者进行一定的监督。[①] 但有学者认为，这仅“说明人工智能给著作权保护增加了一些复杂性，但尚不足以对著作权制度形成真正的挑战，因为它本质上属于证据规则的范畴，在以往也并不罕见”[②]。

2. 行为视角：生成过程的独创性要件说

此类观点认为，“在对上述内容是否确实构成作品进行判断时，应当在暂不考虑主体的前提下，以相关内容的产生过程为切入点，分析它们是否符合独创性的要求”；当前“人工智能生成的内容只是应用某种算法、规则和模板的结果，与为形成作品所需的智力创作相去甚远”[③]。

这种观点实际上认可“像人一样思考的系统”生成的“作品”可以属于著作权法意义下的作品，受到著作权法的保护；而在一定意义上排斥了其他类型的智能系统研发思路。

如第十八章所述，根据人工智能系统是否模拟人类思维、过程与结果这两个维度，人工智能科研界对于人工智能系统的研发可以大体上分为四种类型：像人一样思考的系统、理性思考的系统、像人一样行动的系统、理性行动的系统。“像人一样思考的系统”可能是多数人对人工智能系统的定义。正如杰弗里·杰斐逊（Geoffrey Jefferson）教授所述：“直至一部机器因思考和情感而不是通过随机排列符号而写出一首十四行诗或谱写一部协奏曲，我们才能认同机器等同于大脑。”[④] 但这只是人工智能的流派之一。如果仅接受此种人工智能的生成内容可构成作品，相当于在著作权法中对于具体人工智能技术路线进行了取舍。这种取舍是否有正当性基础、是否符合著作权法立法目的、有怎样的积极意义，尚缺乏论证。因此，在新的技术背景下，“生成过程的独创性”这一概念本身具有一定的模糊性，也存在概念设置目的的疑问，同时可能在著作权法判断时引入对于技术实现细节的判断需要，可能增大司法负担。

① 参见曹源：《人工智能创作物获得版权保护的合理性》，载《科技与法律》2016 年第 3 期。

② 王迁：《论人工智能生成的内容在著作权法中的定性》，载《法律科学》2017 年第 5 期。

③ 王迁：《论人工智能生成的内容在著作权法中的定性》，载《法律科学》2017 年第 5 期。

④ A. M. Turing, *Computing Machinery and Intelligence*, Vol. 1950(59), p.445.

3. 客体视角：生成作品形式上的独创性要件说

这类观点主张，在判断一件作品是否满足独创性要件时，只需要判断作品在客观上的表达是否满足特定的条件即可，无须考察其创作主体和创作过程。一种典型的判断方式是假定该作品为人类所创作，是否对其受到著作权法保护还持有争议。也有观点提出，如果明确是人工智能创作的作品，可以在表达形式的独创性要求上高于人类创作的作品。

无论是否与人类作品判断标准一致，在这种观点下，目前以及未来的很多人工智能生成内容皆有可能满足该要件，获得著作权法的保护。这一观点大致相当于支持人工智能生成作品可以受到著作权法的保护。支持此观点的理由主要从功利主义进路展开：第一，仔细区分人工智能作品与人类作品的制度成本较高。第二，如果不保护人工智能生成作品，则可能无法很好地激励相关人工智能创作技术和服务产业的发展。第三，亦有多位学者认为，如果著作权法不保护人工智能生成作品，可能导致不断有大量低质量作品进入公有领域。“依赖版权经济效益存续发展的众多产业亦将受到抑制。”① “对于潜在的作品使用者而言，只要公共领域中存在足够多的人工智能创作物，他就没有必要去付费使用版权作品。除了一些具有高度独创性的文字作品或者依赖作者声誉的美术作品尚能附着版权价值之外，其他所有人类创作作品的版权价值都会无限趋向于零，版权许可和转让的交易也基本上不会再发生。人类作品失去市场吸引力和流动性的同时，人类作者创作作品的经济动因也会消失。”② 有趣的是，后两项理由似有相悖之处。如果人工智能作品不能受到著作权法保护，确实会影响人工智能生产内容的科技进步和产业发展，则可能在此情况下，相应的人工智能技术缺少激励、进步缓慢，可能只能产生低质量的内容。这样一来，相比于著作权激励下人工智能生成物产业的蓬勃发展，似乎人工智能内容生成产业没有发展时人类作品会更有市场吸引力。在信息技术飞速发展的同时，人工智能内容生产产业在利益驱动下飞速发展，可能侵占人类创作的空间。这一问题尚未凸显，但需要随着技术发展进行密切观察。

（三）我国人工智能生成物的司法发展

近年来，我国有两件关于人工智能生成物的司法判决，对进一步明确判断标准有积极推动意义。

1. 北京菲林律师事务所诉北京百度网讯科技有限公司著作权侵权纠纷案③

该案中，原告北京菲林律师事务所发布了《影视娱乐行业司法大数据分析

① 易继明：《人工智能创作物是作品吗？》，载《法律科学》2017 年第 5 期。

② 曹源：《人工智能创作物获得版权保护的合理性》，载《科技与法律》2016 年第 3 期。

③ 参见北京互联网法院（2018）京 0491 民初 239 号民事判决书。

报告——电影卷·北京篇》，对电影行业案件数据进行了分析。被告提出，涉案文章是威科先行数据库的算法自动生成的，不具有独创性；原告不是本案的适格主体。

法官在本案中针对数据库自动生成的分析报告是否构成作品进行了论述。主要包括如下要点：（1）涉案报告符合文字作品的形式要求，涉及的内容体现出针对相关数据的选择、判断、分析，具有一定的独创性。（2）该报告不构成作品。自然人创作完成仍应是著作权法上作品的必要条件。威科先行数据库自动生成的分析报告的生成过程有两个环节有自然人作为主体参与：一是软件开发环节；二是软件使用环节。报告未传递软件研发者或软件使用者的思想、感情的独创性表达，不能认定为软件研发者（所有者）或使用者创作完成。

同时，法官在判决中对如何保护和规范人工智能生成内容提出了意见：（1）应从保护公众知情权、维护社会诚实信用和有利于文化传播的角度出发，在分析报告中添加生成软件的标识，标明系软件自动生成。（2）虽然分析报告不构成作品，但不意味着其进入公有领域，可以被公众自由使用。分析报告的产生既凝结了软件研发者（所有者）的投入，也凝结了软件使用者的投入，具备传播价值。如果不赋予投入者一定的权益保护，将不利于对投入成果（分析报告）的传播，无法发挥其效用。对于软件研发者（所有者）来说，其利益可通过收取软件使用费用等方式获得，其开发投入已经得到相应回报；且分析报告系软件使用者根据不同的使用需求、检索设置而产生的，软件研发者（所有者）对其缺乏传播动力。因此，如果将分析报告的相关权益赋予软件研发者（所有者）享有，软件研发者（所有者）并不会积极应用，不利于文化传播和科学事业的发展。

2. 深圳市腾讯计算机系统有限公司诉上海盈讯科技有限公司侵害著作权及不正当竞争纠纷案①

该案涉案文章是一篇题为《午评：沪指小幅上涨 0.11% 报 2671.93 点 通信运营、石油开采等板块领涨》的财经报道，系腾讯 Dreamwriter 智能机器人自动撰写完成。法院在该案中认定涉案文章构成著作权法意义下的作品，系腾讯公司的法人作品。要点如下：（1）涉案文章外在表现符合文字作品的形式要求，其表现的内容体现出对当日上午相关股市信息、数据的选择、分析、判断，具有一定的独创性。（2）对创作过程的界定：涉案文章的生成过程主要经历数据服务、触发和写作、智能校验和智能分发四个环节。在上述环节中，数据类型的输入与数据格式的处理、触发条件的设定、文章框架模板的选择和语料的设定、智能校验算法模型的训练等均由主创团队相关人员选择与安排。涉案文章的创作过程与普通文字作品创作过程的不同之处在于，创作者收集素材，决定

① 参见广东省深圳市南山区人民法院（2019）粤 0305 民初 14010 号民事判决书。

表达的主题、写作的风格以及具体的语句形式的行为，也即原告主创团队为涉案文章生成作出的相关选择与安排和涉案文章的实际撰写之间存在一定时间上的间隔。法院认为，涉案文章这种缺乏同步性的特点是由技术路径或原告所使用的工具本身所具备的特性所决定的。

从整个生成过程来看，如果仅将Dreamwriter软件自动生成涉案文章的这两分钟时间视为创作过程，确实没有人的参与，仅仅是计算机软件运行既定的规则、算法和模板的结果，但Dreamwriter软件的自动运行并非无缘无故或具有自我意识，其自动运行的方式体现了原告的选择，也是由Dreamwriter软件这一技术本身的特性所决定。如果仅将Dreamwriter软件自动运行的过程视为创作过程，这在某种意义上是将计算机软件视为创作的主体，这与客观情况不符，也有失公允。因此，从涉案文章的生成过程来分析，该文章的表现形式是由原告主创团队相关人员个性化的安排与选择所决定的，其表现形式并非唯一，具有一定的独创性。

（四）人工智能生成内容相关著作权制度小结

尽管我国理论界与司法实践中仍然存在一定争议，但也反映出一定的当前阶段的共识。首先，人工智能生成内容如果蕴含了传播的价值，则应该受到一定的保护，以激励其生成和传播。其次，上述两个案件法院的说理分析都反映出，基于我国著作权法，只有涉案内容生成的过程能体现自然人的个性化选择、取舍，才可以解释为该自然人的创作，构成著作权法意义上的作品。

二、人工智能生成技术方案在专利法下的性质界定

（一）人工智能生成技术方案是否可以获得专利授权

人工智能生成的发明也引起了很多关于发明人在专利法中的地位的反思。有欧洲研究者认为，人类发明人身份是发明和创造存在的必要条件，这意味着只有人类发明家的成果才有资格获得专利；只有这样才有可能确保专利保护仅限于真正的发明人，这是欧洲专利局在确定可专利性时所忽视的地方；一个不是由人类的创造性干预与人类的创造性活动而产生的结果，将被排除在专利的范围之外，这不仅仅是因为在这种情况下不存在人类“发明人”，更是因为在这种情况之下根本没有所谓的“发明”，它并没有涉及“创造性”这个主题。因此，判断客体的存在是否可以归功于人类的创造性干预和创造性智力活动，对于判断人工智能生成内容的可专利性就显得十分重要。从专利申请程序的角度来看，为了具体地落实这项要求，判断一项发明的发明人是否为人类，在申请专利的过程中，申请人有义务公开阐述是否以及在多大程度上使用了人工智能系统，并描述其在过程中实施的步骤。如果申请人无法解释人工智能系统所采

取的步骤及其所发挥的重要性时，欧洲专利局应根据《欧洲专利公约》第 90 条拒绝不符合可专利性形式要求的申请。[①]

尽管上述观点也有一定的支持者，但其没有认真地思考专利法的正当性基础与著作权法的差异。对于专利法而言，自然权利的影响相对较弱，专利制度设计更侧重于效益主义的分析路径，希望通过授予一定时间内在市场上的排他性权利，来激励人们从事技术研发以及投资于技术研发之中，并且促进技术信息的尽早公开。专利法上通过专利主题适格性、创造性等一系列制度工具，对专利制度能够取得的制度收益与其制度成本进行调节，使专利制度可以更好地适用于不同的技术领域和技术发展阶段。专利法授权要件之一的创造性判断，不同于著作权法上独创性的判断，并不强调是否来自自然人的编排取舍，而主要判断与现有技术相比，该发明是否具有突出的实质性特点和显著的进步。[②]哪怕对于发明人而言实际是一个偶然的发明，但只要对于本领域普通技术人员而言不是显而易见的，即不是在现有技术的基础上，通过基本的逻辑推演、常规的实验手段等就能容易得到的技术方案，那么对于社会而言，通过授予一定时期内的排他性权利来促进该技术方案的应用和技术信息的传播通常也是具有积极意义的。

因此，在当前阶段，可以将人工智能仅视为一种辅助创新的工具，将由人工智能生成的技术方案在现行专利法下进行与其他技术方案同样的审查；在创造性判断时，要结合人工智能辅助创造在该领域实际应用的情况进行分析，即如果某一领域使用人工智能进行创新活动比较普遍，一些人工智能方法已经成为常规实验手段，并且可以证明从现有技术出发，通过包括人工智能在内的常规实验手段得到该技术方案对于本领域普通技术人员而言是显而易见的，则相关技术方案不能够满足创造性的要求。在理论探讨中，从效益主义出发，也有研究者提出如果支持人工智能生成的技术成果可以被授予专利权，未来专利权是否将仅聚集在拥有强大算法和算力的少数机构手中的担忧。目前还没有证据表明会出现这样的情况，但专利制度研究者应当对未来的发展予以关注。

（二）人工智能是否能成为发明人

尽管世界许多国家和地区的专利法并未排除人工智能生成的技术方案获得专利授权的可能性，但许多专利局和法院拒绝了将人工智能作为发明人的专利申请。美国“想象引擎”（Imagination Engines）公司的创始人斯蒂芬·塞勒（Stephen Thaler）自 2019 年起，在美国、英国、欧洲专利局、南非、澳大利亚

① See Eva Stanková, *Human Inventorship in European Patent Law*, Cambridge Law Journal, Vol. 2021(80).

② 参见《专利法》第 22 条。

等国家和地区发起了专利申请，将人工智能 DABUS 填写为发明人。仅南非通过了申请。[①]

根据申请人斯蒂芬·塞勒的陈述，这一“创造性机器”被编程为一系列神经网络，并且该机器不是为了解决特定领域的问题而创造的，并没有使用发明所在领域的数据进行训练。因而，是机器而非人发现了所发明内容的新颖性和显著性。申请人认为，发明人不能局限于自然人，因此，申请中将 DABUS 作为发明人的名字并无不妥。申请人也提出了许多支持机器可以作为发明人的理由和政策性考虑，主要有以下几点：（1）人工智能系统 DABUS 是发明的实际设计者，专利法一般要求申请时必须指明实际设计了发明的发明人，因而在机器进行发明的情况下，如果将一个自然人指定为发明人是与该要求相悖的，将该人工智能列为发明人则可以减少不适当地将没有进行发明的人认定为发明人的问题；（2）机器不能拥有人身权或财产权并不能阻碍将机器认定为发明人；（3）明确告知公众实际发明人可以支持公告功能，不准确地将一个自然人列为发明人会误导公众；（4）接受人工智能作为发明人与专利法激励创新和促进发明公开的功能是一致的；等等。

各专利局否定人工智能作为发明人的主要理由是法律上规定发明人只能是自然人。例如，美国专利商标局。[②] 欧洲专利局则更具体性地指出：（1）在发明人处指明机器的名字不符合《欧洲专利公约》第 19 条第（1）款的要求，因为自然人的名字不仅仅有识别的功能，也使他们可以行使权利，并且构成了人格的一部分。（2）从立法历史中可见，发明人只能是自然人。这一规范是国际上都接受的标准。对发明是自然人的要求与慕尼黑外交会议中给予发明人清晰且强有力的法律位置的意图是一致的。（3）在《欧洲专利公约》中，发明人的位置是通过给予他们各种权利来保障的，包括发明人权利、在专利申请中的署名权、被通知署名的权利，等等。法律和司法中均未将人工智能系统拟制为人。人工智能系统既不能被雇佣，也不能转让权利。[③]

我国当前《专利法》和《专利法实施细则》中，也均将发明人限定为自然人。这与欧洲专利局的理由基本一致。我国《专利法实施细则》第 13 条规定，发明人是对发明创造的实质性特点作出创造性贡献的人。在当前法律下，可以将使用人工智能作出相应发明创造的自然人解释为发明人。当然，斯蒂芬·塞勒关于应该向公众说明申请专利的发明是人工智能作出的理由也具有道理，但在专利制度上，可以通过要求在专利申请文件中说明这一点来实现，并没有足够的理由将人工智能作为发明人。同时，我国专利法规定，在职务发明的情况下，发明人

---

① Stephen Thaler 在澳大利亚申请了将 DABUS 作为发明人的专利。尽管专利局没有通过，但初审法院认为，人工智能系统可以是发明人。2022 年，上诉法院推翻了初审法院的判决。

② 参见美国专利商标局关于 16/524，350 号专利申请的裁定。

③ 参见欧洲专利局关于 EP 18 275 163 及 EP 18 275 174 号专利申请的裁定。

有权获得奖励和报酬。基于这一制度安排，不宜将人工智能作为发明人。

第二节 人工智能算法的专利适格性问题

在当今社会，大数据、人工智能等信息技术蓬勃发展，已辐射几乎所有的产业领域，对经济发展、社会进步、国家安全乃至人类文明进程有着深刻的影响。在此背景下，我们“要健全大数据、人工智能、基因技术等新领域新业态知识产权保护制度”[①]。作为大数据、人工智能等前沿科技领域创新动能的算法的专利保护，自然成为知识产权保护的重点和前沿。欧洲专利局在《专利与第四次工业革命》中认为，增强产品和方法的创新将越来越多地发生在软件这一虚拟层面。[②] 软件创新的核心在于算法设计。算法是将输入转换成输出的计算步骤的序列，是求解计算问题的工具，[③] 是“各种信息技术有机结合、广泛运用和创造丰富多彩的无限价值的关键”[④]。

算法专利适格性[⑤]是其受到专利法保护最基础的条件。面向新一轮科技和产业革命的需求，国家知识产权局发布了《关于修改〈专利审查指南〉的决定》（以下简称为“343号公告”）[⑥]，专门增加了一节“包含算法特征或商业规则和方法特征的发明专利申请审查相关规定”。该修改有助于进一步明确我国算法相关专利申请的审查规则，激励算法相关创新，但也反映出对于算法创新，特别是通用的共性基础算法创新进行保护的犹疑态度。算法创新的专利权保护仍有待形成理论共识和制度集成。

一、算法专利适格性判断标准

对于算法专利适格性的判断方法，大部分国家和地区是在专利审查实践和司法实践之中通过对相关法律规范予以解释细化而形成的。在此简要分析具有代表性的美国、欧洲和我国的审查实践做法及其理据，从中可以看出算法专利适格性上的争议。

---

① 习近平：《全面加强知识产权保护工作 激发创新活力推动构建新发展格局》，载《求是》2021年第3期。

② See European Patent Office, Patents and the Fourth Industrial Revolution, at http://documents.epo.org/projects/babylon/eponet.nsf/0/06E4D8F7A2D6C2E1C125863900517B88/$File/patents_and_the_fourth_industrial_revolution_study_2020_en.pdf (Last Visited on Feb.1, 2023).

③ 参见［美］Thomas H. Cormen 等：《算法导论》，殷建平、徐云等译，机械工业出版社2012年版，第6页。

④ 张文显：《构建智能社会的法律秩序》，载《东方法学》2020年第5期。

⑤ 专利适格性（patent eligibility）指该发明是否在可以授予专利权的主题范围之内。文献中也常用可专利性（patentability）的表述，但有时可专利性的含义更广。

⑥ 国家知识产权局公告第343号《国家知识产权局关于修改〈专利审查指南〉的决定》于2019年12月31日发布。

（一）美国的“抽象思想”例外和“Mayo/Alice”两步骤判断法

美国的司法判例创设了“自然现象、自然法则和抽象思想”例外规则，而算法相关发明是否应被归入“抽象思想”，即成为需要判断的核心问题。

美国专利商标局在早期审查实践中，一概认定计算机软件不属于专利适格的主题。[①] 美国联邦最高法院于 20 世纪 70 年代至 80 年代初接连审理了三件涉及算法和软件的专利适格性问题的案件，[②] 明确了“整体审查原则”。

1982 年美国联邦巡回上诉法院成立之后，逐渐呈现出对算法及软件专利适格性的开放态度。例如，在 Alappat 案[③] 中，Rich 法官认为，涉案的权利要求将抽象概念（数学算法、公式或者计算）进行了实际应用，因为这个过程产生了“一个有用、具体且有形的结果”——平滑的波纹。在 1998 年的道富银行案[④] 中，Rich 法官进一步解释了“实用、具体且有形结果”判断法，认为实用的结果可以是由数字表示的，如价格、利润、比例、成本、损失等。

该判断法被批评为过于宽松。在 Bilski 案[⑤] 中，美国联邦巡回上诉法院全体法官出庭审理，推翻了“实用、具体且有形结果”判断法，亦拒绝采用“技术领域”标准，希望确立回归“机器或转换”标准。[⑥] 但美国联邦最高法院反对将“机器或转换”作为唯一的判断法，认为该判断法能够为评估类似工业时代的发明提供充分依据，但其不应成为判断信息时代发明的可专利性的唯一标准。[⑦] 在随后的 Mayo 案[⑧]、Alice 案[⑨] 中，美国联邦最高法院建立起了“两步骤判断法”：（1）权利要求是否指向自然法则、自然现象、抽象思想（“司法确定的例外”）；（2）权利要求中记载的要素或要素的组合是否提供了“发明概念”，且足以确保权利要求整体上远远超过“司法确定的例外”本身。

然而，由于两步骤判断法的模糊，引起了很多争议。2019 年，美国专利商标局将该判断法进一步细化。一方面，根据司法先例，将何者构成抽象思想进

① 参见［美］马克·A. 莱姆利：《软件与互联网法》（上），张韬略译，商务印书馆 2014 年版，第 227 页。

② 所述“三部曲”案件即 Gottschalk v. Benson, 409 U.S. 63, 409 U.S. 67（1972）；Parker v. Flook, 437 U.S. 584（1978）；Diamond v. Diehr, 450 U.S. 175（1981）。

③ In re Alappat, 33 F. 3d 1526 (Fed. Cir. 1994).

④ State Street Bank and Trust Company v. Signature Financial Group, Inc., 149 F.3d 1368 (Fed. Cir. 1998).

⑤ In re Bilski, 545 F.3d 943, 88 U.S.P.Q.2d 1385 (Fed. Cir. 2008).

⑥ “机器或转换”标准即如果一项方法与特定的机器或装置结合在一起，或者将特定的物体转换到不同的状态或不同的物，则该方法是《专利法》第 101 条下的可专利对象。联邦巡回上诉法院在本案中认为，对于公共的或私人的法律义务（债）、法律关系或商业风险等抽象事物的转换或操纵，都不能满足该标准。

⑦ Bilski v. Kappos, 561 U.S. 593 (2010).

⑧ Mayo Collaborative Services v. Prometheus Laboratories, Inc., 132 S.Ct. 1289 (2012).

⑨ Alice Corporation Pty. Ltd. v. CLS Bank International, 134 S. Ct. 2347 (2014).

行了分类梳理列举；[①] 另一方面，在前述两步骤判断法的第一步与第二步之间加入了一个判断步骤，即若权利要求包含其他要素，将“司法确定的例外”整合为一项实际应用，则该权利要求满足专利适格性。[②]

可见，在当前美国的判断法中，算法本身属于“抽象思想”，而“实际应用”则是与“抽象思想”相对的一个重要概念。

（二）欧洲专利局的“技术性”要求与“双关卡”判断法

《欧洲专利公约》第52条第2款、第3款排除了数学、商业方法、计算机程序等对象本身，依据是其不属于发明。在2000年《欧洲专利公约》修改前，当时欧洲专利局局长Ingo Kober认为：“迄今为止，所有试图为‘发明’一词建立能获得欧洲乃至国际层面认可的合适定义的尝试均失败了。但是，自专利制度成立以来，专利保护就应该保留给技术领域的发明，这已成为欧洲法律传统的一部分。”[③] 目前欧洲专利局界定一项创新是否构成发明，主要在于判断其是否具有“技术性”。[④]

然而，正如上诉委员会在PBS案中所述，“术语‘技术’或‘技术性’的含义并不特别明确”[⑤]。欧洲专利局在20世纪八九十年代曾采用“技术贡献”判定法。[⑥] 该方法受到的主要质疑在于，“技术贡献”是一个需要与现有技术进行比较的相对概念，但专利适格性应当“无须进行先前技术检索，而是从发明的本质上作判断”[⑦]。上诉委员会后续也认为，确定技术贡献，“更适合于新颖性和创造性的审查目的”[⑧]。此后逐渐转为“技术性”判断，并发展形成了现在的适格性、创造性“双关卡”判断法（two hurdles approach）：先判断权利要求是否包含具有技术性的特征，如不包含则不属于技术领域的发明；如包含，则识别对发明的技术性有贡献的特征集合，[⑨] 该集合中的特征可用于新颖性、创造性审查步骤中。

---

① 修订的指南将抽象思想分为数学概念、组织人类活动的某些方法和心理过程三类。

② See USPTO, Manual of Patent Examining Procedure, 9th Edition, Revised June 2020。参见张韬略：《美国〈专利客体适格性审查指南〉的最新修订及评述》，载《知识产权》2020年第4期。

③ Revision of EPC: Article 52(1)-(3) (Document CA/PL 6/99), p.1, EPO.org (March 3, 1999), at http://documents.epo.org/projects/babylon/eponet.nsf/0/805B6511F69C7071C1257280003E94A8/$File/capl_99006_en.pdf(Last Visited on Feb.1,2023).

④ See Case Law of the Boards of Appeal of the European Patent Office, 9th edition, 2019, Section 1.1, p.3.

⑤ T-931/95 Controlling pension benefits system/PBS PARTNERSHIP, Board of Appeal of EPO, 2001.

⑥ See T-208/84 Computer-related invention/VICOM, Board of Appeal of EPO, 1986.

⑦ 袁建中：《欧洲专利局的软件专利审查变革》，载《电子知识产权》2009年第8期。

⑧ T-1173/97 Computer program product/IBM, Board of Appeal of EPO, 1999, p. 623.

⑨ 既包括技术特征，也包括单独来看属于非技术特征的，但在该发明的语境下为服务于技术目的、产生技术效果有贡献的特征。

计算机程序权利要求的判断有些特殊。欧洲专利局承认了“计算机程序”权利要求，但《欧洲专利公约》条文明确排除计算机程序本身。欧洲专利局上诉委员会认为，排除计算机程序本身的专利适格性应解释为排除那些属于抽象创造、缺乏技术性的程序。关于如何判定技术性，委员会认为，虽然在程序指令执行过程中必然会带来对硬件的物理更改，但这种更改自身不能构成所要求的技术性，否则就会架空《欧洲专利公约》中对计算机程序的排除规则。因此，计算机程序如果想通过适格性审查就需要更进一步的技术效果。这实际上是囿于法律条文而进行的权衡解释，既为计算机程序提供保护，又碍于条文必须予以限制。

2018 年，欧洲专利局针对人工智能技术和产业的发展需要，对《专利审查指南》进行了修改，[①] 体现了对信息技术创新的重视。但仅是对既有规则的细化，并未进行实质改变。

（三）我国的“三关卡”判断法

“343 号公告”中对包含算法特征的发明坚持“整体审查”原则，并确立了“三关卡”判断法：（1）判断权利要求是否属于“智力活动的规则和方法”本身。如果权利要求中还包含技术特征，则整体上不能简单化归属于“智力活动的规则和方法”。（2）判断权利要求是否属于“技术方案”。延续了“技术问题—技术手段—技术效果”三要素判断法，即判断权利要求是否记载了对要解决的技术问题采用了利用自然规律的技术手段，并且由此获得符合自然规律的技术效果。（3）在创造性审查阶段，将权利要求中与技术特征功能上彼此相互支持、存在相互作用关系的算法特征或商业规则和方法特征与所述技术特征作为一个整体考虑。

上述判断法与欧洲专利局的“双关卡”判断法的区别主要在于在专利适格性阶段多设置了一个“技术方案”判断关卡。但由于在专利适格性判断阶段通常不进行现有技术检索，因此，不能完整判断专利申请在客观上解决的问题和取得的效果。“技术方案”判断步骤的功能应限制为仅将明显不满足技术性要求的申请排除到专利适格范围之外，以提高审查效率、促进专利申请撰写质量提升。

上述三种代表性判断标准都在一定程度上回应了算法发明的专利保护诉求，但由于它们都仍拘泥于算法本身不能受到专利保护的“限制性思维”之中，不可避免地引发越来越多的争议，当然也催生了新的探索。[②]

---

① See European Patent Office, Guidelines for Examination in the European Patent Office, November 2018 Edition, Part G, Chapter Ⅱ. 2019 年版本中又进行了一些细节修改。

② 这种限制可归纳为对算法的“层次限制”和“领域限制”两类。

二、算法专利适格性判断的主要原则及其理论基础

欧洲专利局在《专利审查指南》里明确写道："数学方法在所有技术领域的技术问题解决中都起着重要作用。"① 美国联邦最高法院也指出，"在某种程度上，所有发明都体现、使用、反映、依靠或者应用了自然法则、自然现象或抽象思想"，"在解释这些司法例外时需谨慎行事，以免吞噬了整部专利法"。②我们需要透过"算法是不受保护的数学""算法是抽象思想"这些旧时论断，厘清算法发明专利适格性判断问题的主要原则及其理论基础，为该问题提供分析框架。在典型审查规则和审查实践中，主要体现出以下原则和考量。

（一）智力活动方法除外原则

"智力活动的规则和方法是指导人们进行思维、表述、判断和记忆的规则和方法。"③ 智力活动方法在欧洲和我国被明确列为不受保护的对象，理由是其不构成发明、不构成技术方案。美国虽在《专利法》中未明文规定，但在司法实践中发展出"智力活动方法"原则或称智力活动方法除外原则，即如果一项发明创造可以完全通过人脑执行完成，那么该发明创造就与智力活动方法同一，则不属于可以授予专利权的对象。

"智力活动方法"原则在美国联邦最高法院审理的软件专利适格性第一案Benson案中就有所涉及。Douglas大法官专门指出，涉诉专利申请中的数学过程"可以不使用计算机就被执行"，即意指其可涵盖智力活动方法。④Samuelson教授回顾该案时曾梳理"智力活动方法"学说发展的历史，认为该学说是判断计算机程序专利适格性时需考虑的首要原则。⑤ 专利法上排除智力活动方法的理由主要有以下几点：（1）智力活动对物理世界不产生影响；（2）人的智力活动具有不确定性，不具备产业上的可重复性；（3）智力活动是基本的创新工具，对其授权将妨碍创新；（4）不应限制人在头脑中的思维自由。但对于信息技术领域的发明，"智力活动方法"原则的局限性日益明显。⑥ 算法发明人的主要利益诉求通常在于对计算机执行的程序中包含的算法的排他性权利，所以对于计

---

① See European Patent Office, Guidelines for Examination in the European Patent Office, November 2019 Edition, Part G, Chapter II, p.2.

② Alice v. CLS Bank, 134 S.Ct. 2347(2014).

③ 我国《专利审查指南》第二部分第一章4.2节。

④ Gottschalk v. Benson, 409 U.S. 68, 93 S. Ct. 253, 255(1972).

⑤ See Pamela Samuelson, *Benson Revisited: The Case against Patent Protection for Algorithms and Other Computer Program-Related Inventions*, Emory Law Journal, Vol. 1990(39), p.1044.

⑥ 参见崔国斌：《专利法上的抽象思想与具体技术》，载《清华大学学报（哲学社会科学版）》2005年第3期。

算机执行的算法相关发明的审查，“智力活动方法”说的支撑理论逐渐失去对实践的指导意义。而前述第3项理由已被吸纳于对“抽象思想”的判断探讨之中。从对专利适格性判断方法的法理支撑角度上看，“智力活动方法”说对今天算法发明申请和审查的影响，主要在于宣示人在头脑中的思维活动自由具有更高位阶的价值，专利权不能凌驾于思维活动自由之上。

基于“343号公告”，一般认为专利权利要求中只要包含至少一项技术特征，则不再构成“智力活动的规则和方法”本身。因而，对于专利申请者而言，通常只需依据审查指南的要求，在权利要求中加入至少一项技术特征即可。

我国应确立专利保护范围默认排除完全在人脑中进行的智力活动这一基本原则。对当前的审查和司法实践而言，首先，授权阶段应进行严格审查，如权利要求可能指向纯粹的智力活动的规则和方法，则应请申请人进行修改。其次，在侵权判定阶段，基本解释原则应是，无论权利要求是否可能解释为纯粹的智力活动方法，都不应将该权利要求范围解释为可以涵盖人脑中的智力活动的规则和方法，否则与基本法理相违背。在具体解释路径和依据上，一方面，可以以专利权有效为解释原则进行解释，有效的专利权必然不能够涵盖纯粹的人类智力活动方法；[①] 另一方面，可以依据法律不干涉人脑中的思想活动这一基本的法律原则，而明确任何权利要求都不能指向纯粹的人脑中的智力活动本身。最后，基于类似的考虑，在确权阶段，对于已授权但遗漏了计算机等常规技术特征的权利要求，应允许予以修改，加入计算机执行等通常的技术特征，从而在不影响社会公众权益、不扩大保护范围且不会实质性带来权利边界不稳定性的前提下，可以更好地为创新者提供专利保护。因此，智力活动方法除外原则对专利保护范围并无实质影响，不必继续讨论。

（二）基础理论与实际应用界分原则

专利适格性判断中，无论是美国司法判例中创设的“自然现象、自然法则和抽象思想”例外规则，还是欧洲专利局对“技术性”的解释，均透露出在规则背后注重对“基础理论与实际应用”进行界分的原则。然而“基础理论”与“实际应用”之间并非有一条泾渭分明的界线。专利法上进行划分的理论基础主要包括以下几方面。

1. 基础研究缺乏直接商业应用性，不适于用专利制度进行保护和激励

专利制度区别于科研资助或科研奖励制度，其并不直接为发明人提供金钱资助或奖励，而是通过赋予权利人排他性权利，使其有机会在市场上通过对该技术的独占经营或对外许可、转让获得收益。简言之，专利激励创新的制度功

① 例如，北京市高级人民法院《专利侵权判定指南（2017）》中规定：“解释权利要求时……不能把不应纳入保护的内容解释到权利要求的范围当中。”

能需要通过市场来实现。一些学者表示，"专利保护的是潜在的具有巨大商业应用性的思想"，"基础研究与应用研究的区别，主要在于前者缺乏直接的商业应用性"[①]。因此，如果一项专利在其保护期内无法在产业中应用，则专利权人无法从市场获得优势竞争地位或直接收入，即专利制度无法使其获得任何收益。这样的授权只是徒增权利人及整个专利制度的成本，甚至还有可能错误引导一些研发者的努力方向，造成社会研究资源的浪费。

尽管人们认可基础算法在发明中的意义，但传统上通常认为这些主题属于基础理论，距离实际产品、应用往往仍然有较大的距离。基础理论领域的研发往往是高校、研究所的活动，不是产业界主要投资和从事创新的对象，也自然不应成为专利法保护的对象。

然而在算法等一些领域，基础研究与技术应用之间的差距和时间间隔正在逐渐缩短，这条界限正渐渐消弭。在当前智能科技蓬勃发展的情况之下，有必要结合产业实践，理性审视和反思基础算法与实际产品和应用之间的距离。

2. 抽象方法权利覆盖范围可能过宽，需平衡专利权人利益与社会公共利益

一些司法判决和理论文章在分析算法是否属于抽象思想而不属于具体应用时，常常提到对其赋予专利权会对之后创新的影响。"不能垄断数学算法的所有应用"成为一条极具正当性的论断。例如，在 Benson 案中，Douglas 大法官认为："这里的'方法'权利要求过于抽象和概括，以至于覆盖了将 BCD 转换为纯二进制方法的全部已知和未知的使用。"[②]

Lemley 等学者认为，"没有任何类别的发明是天然就对获得专利而言过于抽象的。相反，禁止对抽象概念申请专利的规则是为了防止发明人过于宽泛地提出对其思想的权利要求。通过将专利权利要求限制为某一思想的特定实际应用集合，'抽象思想学说'既使所得专利的范围更加明确，又为随后的发明者改进基于相同基本原理的新应用及为之申请专利留出了空间"。他们主张将抽象思想判断重塑为"过度主张权利测试"（overclaiming test），即法官在分析一项权利要求是否构成抽象思想时，应"关注于真正重要的事情：专利权人的权利要求范围是否与发明在现实世界中的实际贡献相称"[③]。这是比例原则的体现，也表达了在特定情形下对于分配正义的某种担忧。[④]

Merges 教授等提出，专利法领域的"抽象思想"问题与著作权领域的"思想表达二分法"有非常高的相似性，"均旨在防止知识产权过度保护的风险，

---

① ［美］威廉·M. 兰德斯、理查德·A. 波斯纳：《知识产权法的经济结构》，金海军译，北京大学出版社 2016 年版，第 358 页、第 370~371 页。

② Gottschalk v. Benson，409 U.S.63, 409 U.S. 67(1972).

③ Mark A. Lemley et al., *Life after Bilski*, Stanford Law Review, Vol. 2011(63), p.1315.

④ 参见［美］罗伯特·P. 莫杰思：《知识产权正当性解释》，金海军、史兆欢、寇海侠译，商务印书馆 2019 年版，第 358 页。

二者都通过在具体细节和过于广泛的概括之间划定界线来发挥作用”；可借鉴Hand法官在著作权领域提出的“抽象层次法”，考虑在抽象思想到具体发明之间可能具有多重抽象层次，采用“假想抽象权利要求法”，分析权利要求是否在可受保护的层次。[①]Merges教授等对抽象思想判断与“思想表达二分法”建立起来的连接也进一步启示我们去关注“抽象思想例外”的实质性制度功能及其背后的价值衡量。

正如“思想表达二分法”并非真正关心事实层面思想与表达的界限，而是从著作权法的立法目的出发，进行利益衡量与价值取舍，划定共享与独占的范围，为裁判者提供一种富有弹性的、将价值判断正当化的解释工具。[②]对于“抽象思想”或“基础理论”的划定也同样不能持一种教条的观点，简单认定算法属于抽象思想、基础理论，而是应该对其是否缺乏商业应用性、是否要求了过宽的保护等要素进行综合考量和具体判断。

（三）技术领域限制原则

欧洲专利局和我国均一直坚持“技术性”要件，但在对“技术性”的解释方面，随时间发展呈现出一定程度的放宽趋势。相反，美国专利法中并未明确规定“技术性”要件。美国联邦巡回上诉法院在Bilsky案中也表示不采用“技术领域”标准，认为技术或技术领域等概念含义模糊且易于变动，并且联邦最高法院和联邦巡回上诉法院自己都没有确切地适用过此标准。[③]可见，在此问题上仍存在制度和解释上的差异。

从协调不同制度的分工方面，“技术性”限定具有划分所调整的利益关系领域的规范意义。首先，可以用“技术性”限定进行工业产权与著作权之间的制度分工。我国《著作权法》中将著作权保护的对象——作品限定在“文学、艺术、科学领域”。一些学者指出，文学、艺术、科学领域强调作品区别于技术创作，即著作权要跟工业产权区分。[④]著作权法强调的是感知、欣赏层面的价值，而专利法强调的是功能性、实用性方面的价值。其次，“技术性”限定可以在我国专利制度内部将发明、实用新型专利与外观设计专利进行划分。最后，可将实用的技术与单纯的科学发现进行划分，这点实际同“基础研究与实际应用”的划分功能一致。

---

① Robert P. Merges & Renjun Bian, *Software Patents after CLS Bank: US – China Comparison*, at http://www.patentexp.com/wp-content/uploads/2014/12/Software-Patents-after-CLS-Bank-US-and-China-Comparison.pdf (Last Visited on Feb.1, 2023).

② 参见熊文聪：《被误读的“思想/表达二分法”——以法律修辞学为视角的考察》，载《现代法学》2012年第6期。

③ In re Bilski, 545 F.3d 943, 88 U.S.P.Q.2d 1385(Fed. Cir. 2008).

④ 参见李琛：《著作权基本理论批判》，知识产权出版社2013年版，第116页。

在一直强调"技术性"的欧洲和我国，这一概念限定规范意义并不局限于此。虽然欧洲和我国并未对发明所应用的领域进行限制，但对解决的问题、采用的手段、取得的效果有着技术性要求，以及在创造性判断时对没有作出技术贡献的特征不予考虑，实质上坚持着较强的技术领域限制。但对技术性的认识是有发展变化的。例如，德国传统上强调"对可支配的自然力的应用"，这实际上也是遗留自第一次工业革命时期的观念。但德国联邦最高法院在"关于高端集成电路分层逻辑检验方法"一案中指出，专利法中的"技术性"概念随着技术的发展而变化，对"可支配自然力"的直接应用不是具有"技术性"的必要前提。[①] 这体现出对技术性认识的逐渐发展。

现有技术数据库、有相关专业背景的审查人员队伍建设情况及成本是引入技术领域限制的一些考虑因素。例如，美国在20世纪60年代考虑计算机程序专利适格性时，当时的总统专利制度委员会认为，"专利局现在不能审查对程序的申请，因为缺少分类技术以及所需的检索文件。即使这些可以获得，可靠的搜索也不可行或不经济，因为会产生数量庞大的现有技术"。[②] 这些因素不构成绝对化的理由，可以通过建设和制度予以改善。

综上所述，在既有理论框架下，算法专利适格性问题的分析应结合技术创新和产业发展情况，考量算法创新到实际应用之间的距离及是否会造成过宽保护。对"技术领域"的解释则应以"功能性""非美学性"为要件，以发展的眼光看待"技术性"的内涵和外延。

三、智能时代算法专利权保护的发展

（一）从"算法专利适格性"的问题思维转向"算法专利权保护"的法理思维

算法专利适格性，即算法创新应否（能否）受到专利法保护，这一"问题思维"在很大程度上束缚和限制着算法专利权保护的理论研究和实践创新。随着智能科技和产业的发展，"问题思维"正在发生颠覆性变化。

在机械工业时代，算法的专利权保护曾被视为"伪命题"。算法属于抽象的数学，属于基础理论，因而算法本身不受保护，这是专利领域普遍接受的权威命题。该教义建立在信息时代之前的机械时代的技术背景之下。在专利法意义下，其预设前提是，从提出一项算法到产生出可以实用的技术方案，其间存在

---

① 参见刘珊、余翔：《德国对计算机执行的发明的专利保护——从立法、判例与实践的角度解析》，载《电子知识产权》2009年第8期。

② See Report of the President's Commission on the Patent System, "To Promote the Progress of Useful Arts" in the Age of Exploding Technology, Report to the Senate Judiciary Committee, S. Doc. No. 5, 90th Cong., 1st Sess.(Nov. 17, 1966).

着很大的距离。因此，在基础理论与实际应用的界分之中，算法被划分在不受保护的基础理论层面。

对算法专利适格性的真正讨论源自机械时代与信息时代交汇期。信息技术的发展应用，使算法的实用性特征和创新性价值在实践中被感知和确证。算法专利适格性问题逐渐成为一个“真问题”，在大量的审查实践和司法案件中得到讨论，但尚未形成稳定的理论共识。究其根本原因，乃在于人们的思维和认识囿于机械时代的法教义，而对算法创新对产业发展的重要性认识不够，对“算法与实际应用之间有较大距离”这一先验的前提预设的实证性调研和批判性反思不够。

信息时代相比机械时代，从算法到实际应用之间的距离具有显著差异。例如，作为现代电子计算机的代表性机械式前身设计，巴贝奇的差分机非常有代表性。其数学原理和具体算法早已非常清楚，但当时加法运算只能通过齿轮等机械零件来组装实现，从具体算法到具体实现，还需要进行精细设计、制造和组装。并且以当时的技术水平，特制齿轮和机械部件的精密制造非常困难。因此，尽管算法早已完成，但巴贝奇终其一生也未能实现较复杂的第二代差分机。[①] 然而今天，一个受过基本编程教育的学生就可在几分钟内在计算机上使同样的算法变成实际的工具。这非常直观地展示出在信息时代，从具体算法到具体实现的距离和成本极大地缩短和降低了。[②]

在“算法泛在”的智能社会，日益丰富多维的数据和日益普遍存在的信息计算设备为算法的实用提供了坚实的基础。一方面，算法不属于专利法意义下的实际应用的前提预设已被技术发展所颠覆，在专利法意义下审视其适格性不应再固守旧工业时代遗留的结论和问题；另一方面，算法创新是充分利用和发挥数据及硬件资源之价值的关键所在，是智能社会运转的基石，是智能社会最具影响力和标志性的先进生产力，以激励创新为目的的专利法，理应以最积极的态度将算法创新包容在其保护对象之中，并进一步在整个专利制度中系统地探究算法专利保护的理念、技术和制度。在人类社会从信息时代步入智能时代的今天，算法专利适格性不仅不应当是个疑问，而应是具有充分正当性的定论。我们必须正视算法创新在当今社会和各个产业中的作用，将研究重点从“算法专利适格性”的问题思维转向“算法专利权保护”的法理思维，确立算法专利权保护的新观念、新思维，为推动算法创新和算法革命厚植理论基石。

（二）破解算法创新与应用实现的绝对二元论，确立相对一元论

如前所述，信息技术发展到今天，算法到应用实现之间的鸿沟已不复存在。

① 参见吴军：《信息传》，中信出版集团2020年版，第56页。

② 目前从算法描述到特定硬件设计也可以通过工具辅助实现。

此外，在算法产品形态、“新基建”发展、知识生产理论和“政产学研”合作创新实践等方面有大量事实证明，算法创新与应用实现的差距正在缩小，破解了专利法意义下算法创新与应用实现的绝对二元论，为算法专利权保护提供了正当理由；同时，这些实践也向专利制度为算法创新提供保护提出了需求。

首先，知识生产和科研创新相关理论已突破了基础与应用的绝对二元区分。有研究从知识生产角度探讨了抽象概念与具体应用之间的区分，认为Stokes科研模型将科研体系进行了四象限划分，除纯粹的基础研究和纯粹的应用研究之外，还包括“应用驱动的/可转化的基础研究”这一类别，具有科学与技术双重属性。该研究认为，人工智能算法可专利性问题实质为对抽象概念实际应用程度的阈值设置问题，并分析了在当前阶段应当给予人工智能算法专利保护的原因。[①] 同时，大学和企业研究院等机构从事的可转化的基础研究在信息技术等创新活跃的领域具有重要意义。在关于高科技领域创新活动的三螺旋创新模型理论下，大学、产业、政府三者相互作用、协作创新、共同发展，而专利制度在三者协作中发挥着重要的作用。[②] 对于人工智能算法这类创新活跃的领域，专利制度应当对保护可转化的基础研究成果予以高度重视。

其次，在以信息技术为主导的产业实践中，从通用的共性基础算法到最终具体领域的实际应用并不存在很大距离。以人工智能领域为例，有文献将人工智能技术按照“基础设施—算法—技术方向—具体技术—行业解决方案”[③] 进行层次划分，其中“算法”层指机器学习、深度学习等通用的人工智能算法，其上有计算机视觉、语音处理、自然语音处理等不同的技术方向，每一技术方向又包含若干具体技术，最后被整合为行业解决方案。对于当前的人工智能领域，算法层的创新一旦提出，往往可以被迅速替换、应用于具体技术之中。换言之，智能算法的直接实现可称为“信息系统中的组件”(component)，这可类比作信息产品的“零部件”。本领域技术人员通常清楚自己的解决方案如何选择和使用“零部件”。故在这种已有许多解决方案的产业领域，从算法到实际产业应用并不存在很大的距离。

最后，对于通用的共性基础算法在专利法意义下是否属于具体应用的问题，如果考虑到信息产品或服务的现实形态，特别是当前“新基建”的发展规划，其结论将更为清晰。通用算法的直接编程实现本身即可以作为信息产品或服务来对外提供，而并不必须整合到具体的行业解决方案之中。在信息技术产业的

① 参见狄晓斐：《人工智能算法可专利性探析——从知识生产角度区分抽象概念与具体应用》，载《知识产权》2020年第6期。

② 参见孙丽伟：《“三螺旋”理论视野下的创新文化培育》，载《中国发明与专利》2019年第1期。

③ 参见腾讯研究院：《人工智能：国家人工智能战略行动抓手》，中国人民大学出版社2017年版，第23页。

实践中，已有大量通用算法通过商业或非商业的函数库、构件库、开源代码、开放平台等多种形式提供给他人。例如，谷歌的开源机器学习平台 TensorFlow 提供核心开源库，阿里云人工智能平台“机器学习 PAI”、腾讯智能钛机器学习平台等均提供丰富的基础智能算法组件，支持众多具体领域的应用开发。人工智能是我国“新基建”战略部署的七大重点领域之一，可以通过集成先进算法的开源框架或开放平台，对外提供公共普惠的人工智能相关产品及服务。为保障基础算法发明人的利益，激励通用基础算法创新和技术流通，为技术集成提供明晰的权利和交易结构，促进人工智能关键、基础、核心技术的自主安全可控，有必要为之确立有效的知识产权保护制度。

因此，专利法不仅应保护包含算法的具体行业问题解决方案，对于可以作为最终产品对外提供并且其本身的创新非常活跃的基础算法，专利制度应明确承认其专利适格性。这可以为算法创新提供更完善的保护，保障和促进技术流通与合作，为算法模块作为产品在市场流通确立产权制度支持、降低交易成本，助力科研、产业、政府间相互协作和创新发展，为人工智能等领域的关键共性基础技术创新、“新基建”战略部署的实现提供必要的制度支撑。当然，对于过于抽象的、目前还无法在比较明确的领域中具有直接产业应用的算法，基于前述专利法中对于专利适格性判断的基础理论，以及对于专利法保护对象的实用性的要求，不应授予专利权。

（三）破解算法专利保护过度的疑虑，激励基础算法和核心技术的创新

在以往的专利适格性考量中，常发生对基础算法进行保护会不会导致保护范围过宽因而保护过度的质疑。仔细辨析之下，“保护范围过宽”的理由主要包括两类。

其一，认为很多算法或软件相关权利要求过于抽象和笼统，特别是其中经常包含功能性特征，因不够具体而可能覆盖范围过于宽泛。例如，Lemley 教授认为，当时美国软件专利的主要问题在于大量专利权利要求是对功能主张权利，而非对具体实现方式主张权利；如果法院能够认真适用法律，将权利要求限制在披露的实际算法及其等同的范围内，就可以防止过度主张权利的问题，进而解决大量的专利门槛问题并有利于软件创新。[①] 前文所述 Merges 教授等提出的“假想抽象权利要求法”实际上也主要针对此类问题。在此方面，我国司法解释对功能性特征的解释进行了限定，[②] 相关规则同样适用于算法专利。因此，可以首先对基础算法进行保护，再从“功能性特征”的解释层面予以完善，防止保

---

① Mark A. Lemley, *Software Patents and the Return of Functional Claiming*, Wisconsin Law Review, Vol. 2013, p.905-906.

② 《最高人民法院关于审理侵犯专利权纠纷案件应用法律若干问题的解释（二）》第 8 条。

护范围过宽的问题。

其二，认为如果对基础算法主张权利，就会因为已知和未知的具体应用领域较广而使专利权保护范围过宽。这一观点既缺少实际证据支撑，又忽视了我国当前大力促进关键核心技术创新的必要性和迫切性。一方面，目前并没有可靠证据显示对应用领域广的技术授予专利权必然会导致激励技术研发的社会收益必然小于其代价。实际上，在算法之外的许多领域，都可以看到一项技术可能用于很多领域，但并未因此而受到保护范围过宽的质疑。例如，锂电池的最终应用领域非常之多，并且可以推测锂电池技术还将被应用于目前未知的新产品之上，但这并未妨碍其成为专利适格的对象；另一方面，我国当前亟须大力加强在基础算法和核心技术层面的创新。近年来，我国高度重视关键技术的创新。习近平总书记指出，要“通过高效合理配置，深入推进协同创新和开放创新，构建高效强大的共性关键技术供给体系，努力实现关键技术重大突破，把关键技术掌握在自己手里”[①]。此类最终应用领域较广的技术往往可能构成共性关键技术，进而应当成为当前自主创新的重点激励对象。有研究持相近观点，认为相比算法在某领域的具体应用创新，基础算法的创新更为关键；激励关键核心技术创新，提高专利质量，是我国当前知识产权发展的重点。[②]

此外，专利制度是一个整体的系统设计，可提供多重约束机制来防止或缓解过度保护的问题。《专利法》中规定了强制许可等对专利权的限制，并积极对标准必要专利的公平、合理、无歧视许可实践提供支撑，以在保障专利权人利益的同时对公共利益予以平衡。这些机制可以在很大程度上预防或化解保护范围过宽及其衍生问题。同时，在专利制度之外，亦有《反垄断法》等法律进行相应调节，进一步保障市场的良好运行。

综上所述，算法专利权保护是激励基础算法和关键技术层面创新的重要制度。我国在当前阶段理应将基础算法和关键技术层面的创新放在首要地位，对关键技术取得自主权。一项好的制度，应是能够激励创新的制度。我们应当解放思想，破除对基础算法授予专利权可能导致保护过度的疑虑，对特别值得激励的关键核心技术创新予以保护。

（四）算法专利权保护有利于促进算法公开，激励符合伦理的算法创新，造福人类社会

当前人类社会正迈入智能时代，算法在各个领域、各个环节发挥着越来越重要的作用，同时也带来了算法黑箱、算法歧视、信息茧房、隐私泄露等技术

① 《习近平坚定不移创新创新再创新 加快创新型国家建设步伐》，载《人民日报》2014 年 6 月 10 日。

② 参见邱福恩：《人工智能算法创新可专利性问题探讨》，载《人工智能》2020 年第 4 期。

和社会风险。在“公开换保护”的基本理念之上，算法专利权保护应由单纯的技术保护和技术信息传播，迈向对智能时代人类根本利益的观照。算法专利权保护有利于促进算法公开，便利公共监督和算法审查，推动算法研发中加强对社会伦理价值的考量，同时也能更好地激励符合伦理的、可信的算法创新，推进法律与技术有机融合、协同共治，进一步服务于智能社会发展。这是智能时代算法专利保护的一项重要社会价值，更是智能时代专利制度功能发展的必然方向。

专利制度的功能更多需要从社会意义即社会价值进行考量和创新发展。专利制度最基础的功能在于通过授予权利人一段时期的排他性权利来激励创新，进而增进社会福利。此核心功能在威尼斯元老院 1474 法案之中即已确立。随着第一次工业革命的兴起，专利申请人逐渐被要求清楚、完整地描述其发明。[①]1778 年，英国 Mansfield 法官在 Liardet v. Johnson 案中指出，专利申请人要清晰完整地描述其发明，必须足以指导同一行业的其他从业者进行同样的生产或制造。“公开换保护”的理念逐渐形成和规范化。这是专利制度功能的一次重要发展，使其由一种重点为社会带来最终产品的制度，转变为能够带来新的“有价值的信息以促进技术繁荣的工具”。[②] 在智能时代，有必要重视促进算法公开对人类根本利益的影响，并以此作为专利制度的一项新的重要目标，来考量算法专利权保护的社会价值。

在提高算法透明度方面，我国有学者指出，在算法规制的工具箱中，算法透明仍然是最为恰切的手段之一；在不同场景中，对于算法透明度的具体实践要求应存在披露程度上的差异。[③] 抛开人工智能算法本身可解释的难度而言，许多算法本身往往被作为商业秘密来保护。强制性的算法公开要求可能影响其所有者经济价值的实现。这一情况在很大程度上影响了算法透明目标的实现。我国有学者认为，专利法以“公开换保护”的制度“机能”既能够防范“算法权力”的社会风险，也能够激励算法技术的发展。[④] 尽管专利制度不可能在算法透明度方面提供一种根本解决方案，但可以成为有利于促进主动公开、构建利益平衡的制度工具。一般而言，促进更多算法设计的公开对算法透明目标而言是有积极意义的。专利制度对算法发明的合理有效保护，可以促使一部分算法创新提早公开。通过公开的专利信息，可以让社会公众，特别是相关领域技术人

---

① See Robert Patrick Merges & John Fitzgerald Duffy, *Patent Law and Policy: Cases and Materials*, 6th edition, Matthew Bender & Company, Inc., 2013, p.6.

② 参见张韬略：《英美和东亚专利制度历史及其启示》，载《科技与法律》2003 年第 1 期；张南：《英国工业革命中专利法的演进及其对我国的启示》，载《当代法学》2019 年第 6 期。

③ 参见汪庆华：《算法透明的多重维度和算法问责》，载《比较法研究》2020 年第 6 期。

④ 蔡琳：《智能算法专利保护的制度探索》，载《西北工业大学学报（社会科学版）》2019 年第 3 期。

员及监管机构尽早获知更多的算法设计，更好地发挥公共监督的功能，更有利于发现公开的算法中的问题，帮助希望实施算法的主体对其予以改进；也可为监管者提供更多可供分析的对象，从而提高算法规制的能力。

在促进算法符合伦理的创新发展方面，专利制度不能缺席。法律与科技相结合是算法规制的重要范式。尽管当前人工智能等前沿科技发展迅速，但相较之下，从算法安全性、可解释性、公平性、隐私保护等角度开展的符合社会伦理、可信发展的算法研发活动还不够充分，迫切需要激励更广泛的市场主体去开展相关研发活动。专利制度对相关创新的合理有效保护，将能够更好地激励企业在相关领域投入研发。企业在获得专利权之后可以通过直接专利运营或通过将拥有专利权的先进技术纳入标准来实现经济收益。[①] 因此，专利制度需要充分考虑以伦理价值为目标的技术创新的迫切需要，认识到提高算法的公平性、反歧视性也是新型技术问题，避免滥用“技术领域限制”。至于对众多非传统技术领域的实质性审查困难问题，一方面，随着智能检索等技术的发展，跨领域的信息检索能力将不断提升，从而进一步支撑对相关专利申请的有效审查；另一方面，也可通过制度完善，引入业界力量来保障审查质量。

（五）算法专利权保护有利于专利制度大踏步赶上智能时代的创新实践需求

在当今智能时代，透过波澜壮阔的科技竞争的表象可以看到，制度竞争其实是最核心的竞争。正如习近平总书记所言：“当今世界正面临百年未有之大变局，国与国的竞争日益激烈，归根结底是国家制度的竞争。”[②] “法律是人类最伟大的发明。别的发明让人类学会驾驭自然，而法律的发明则令人类学会如何驾驭自己。”[③] 作为科技领域基本制度的知识产权制度应当在“核心竞争力”的意义上重新定位自己的价值功能，以更积极的能动作为引领和保障科技创新和新产业新业态发展。

然而，在当前知识产权制度分工之下，著作权只保护“表达”而不保护“思想”；商业秘密保护无法对已公开的算法进行保护，并可能引起竞业禁止等多种问题和纠纷；专利制度则囿于旧工业时代遗留的结论，对算法，特别是共性基础算法缺乏有力有效保护。由此，为激励作为智能时代重要生产力代表的算法创新，促进算法公开，有必要在专利制度之中明确算法专利权保护，填补

---

① 参见张吉豫：《人工智能良性创新发展的法制构建思考》，载《中国法律评论》2018 年第 2 期。

② 习近平：《坚持、完善和发展中国特色社会主义国家制度与法律制度》，载习近平：《论坚持全面依法治国》，中央文献出版社 2020 年版，第 265 页。

③ Lyndon B. Johnson, Remarks to the Delegates to the Conference on World Peace through Law, September 16, 1965, in Gerhard Peters and John T. Woolley, The American Presidency Project, at https://www.presidency.ucsb.edu/node/240543 (Last Visited on Feb.1, 2023).

对基础算法创新的保护空白。知识产权制度再也不能成为阻碍算法创新的“绊马索”。解决“卡脖子”关键核心技术，首先要解决“卡脖子”的制度弊端，使基础创新领域充满活力，尤其在“卡脖子”的关键技术领域取得自主权，从而在新一轮科技革命之中占据领先地位，掌握主动权，引领这个大时代的发展。

应当清晰地看到，算法专利权保护是对算法创新进行有效和合理保护的起点和基础。对这一问题应当凝聚起更大程度的理论共识，把研究重心转向如何对算法专利权进行有效保护和必要限制之上，对权利要求解释、创造性审查、权利限制、举证责任分配、侵权责任等维度开展系统性研究，在专利制度的各层面予以完善，构建符合时代需要的专利制度；对算法的公众监督也能够更大程度地开展，使算法专利权保护不但对智能时代的重要核心技术创新予以大力激励，亦为智能时代人类根本利益保护提供有力支撑。

我国在新一代产业革命的机遇之中，应在适应时代要求的专利制度的创新发展方面成为领先者，成为国际算法专利权保护标准和规则的制定者。算法专利权保护将推进专利制度大踏步地走向智能时代，实现制度变革，使我国为世界知识产权制度发展作出贡献，实现知识产权领域的良法善治。

第二十二章　信息传播领域的人工智能应用风险规制

人工智能技术的创新发展改变了传统的社会生产方式，同时对旧的法律关系和法律秩序产生了冲击。人工智能本身具有技术中立的特点，但是，人为的偏见设计会破坏原有的技术中立，在现阶段最受广泛关注的人工智能应用风险是因为“人工智能设计不当”而导致的歧视偏见等法律问题。就信息传播领域的人工智能应用而言，人工智能逐渐强化“智”与“能”，将信息传播过程中的信息收集、生产与分发环节融合为一体化的算法传播模式，增强信息传播效果。[①] 对人工智能进行规制，促使人工智能的应用更加符合法理、伦理以及情理，能够帮助人们在享受技术发展红利的同时，减少其风险可能带来的损害，更加健康而全面地发展。

第一节　深度合成技术应用的风险规制

一、深度合成技术的概述

深度合成技术是人工智能发展到一定阶段的产物，通常是用来描述利用人工智能技术和大数据生成的视频、照片和其他文本，容易致使一般人将视频、照片和其他文本误以为真，故也有学者将深度合成技术特征总结为“能够制造超逼真视听作品的技术”[②]。深度合成技术最常见的应用模式是“换脸”，[③] 将原本能够在图片层面进行的人脸替换升级至能够在视频中无缝“嫁接”任何人脸。在技术层面，深度合成技术是使用生成式对抗网络的机器学习模型，结合“机器深度学习”和“伪造”两层含义，将图片或视频合并叠加到源图片或视频上，借助神经网络技术进行大样本学习，将个人的声音、面部表情及身体动作拼接

---

① 参见张爱军：《人工智能：国家治理的契机、挑战与应对》，载《哈尔滨工业大学学报（社会科学版）》2020 年第 1 期。

② 参见刘国柱：《深度伪造与国家安全：基于总体国家安全观的视角》，载《国际安全研究》2022 年第 3 期。

③ 参见孙宇、闫雯静、罗玮琳：《政府规制深度伪造技术应用的系统性综述及批判性反思》，载《电子政务》2022 年第 1 期。

合成虚假内容的人工智能技术。①

我国国家互联网办公室、工业和信息化部、公安部于2023年1月10日实施的《互联网信息服务深度合成管理规定》(以下简称《深度合成管理规定》)是我国第一部专门针对在中华人民共和国境内应用深度合成技术提供互联网信息服务进行规范的部门规章，其中第23条对“深度合成技术”的概念进行界定，深度合成技术是指，“利用深度学习、虚拟现实等生成合成类算法制作文本、图像、音频、视频、虚拟场景等网络信息的技术”，并列举了多种技术类型，包括但不限于:“(一)篇章生成、文本风格转换、问答对话等生成或者编辑文本内容的技术;(二)文本转语音、语音转换、语音属性编辑等生成或者编辑语音内容的技术;(三)音乐生成、场景声编辑等生成或者编辑非语音内容的技术;(四)人脸生成、人脸替换、人物属性编辑、人脸操控、姿态操控等生成或者编辑图像、视频内容中生物特征的技术;(五)图像生成、图像增强、图像修复等生成或者编辑图像、视频内容中非生物特征的技术;(六)三维重建、数字仿真等生成或者编辑数字人物、虚拟场景的技术。”

近年来，深度合成技术应用广泛，在影视、传媒、教育、医疗等领域得到大规模的商业化应用。不仅可以被用来生成和编辑文本、生成音乐、合成人声，如代替人创作诗歌和撰写词曲，自动生成伴奏音乐与合成歌声等，也可实现特效制作、元宇宙场景、虚拟仿真教学、辅助诊断治疗等功能。2021年10月，脸书公司“Facebook”宣布更名为元宇宙“Meta”，即是利用深度合成技术创建虚拟世界，用户可以通过现实头戴设备与其他用户实现互动。

二、深度合成技术的潜在风险

(一)深度合成技术的社会公共治理风险

深度合成技术极大地丰富了虚拟数字空间的信息内容，为更加多样化的传播行为提供了可能性。深度合成技术本身具有中立性，但是，基于该技术“以假乱真”的技术特征，同样存在技术应用的价值取向问题。随着深度合成技术的开源开放，深度合成产品和服务的增多，深度合成内容制作的技术门槛降低，深度合成服务已经实现了公众化，普通人仅需要少量的图像、音频、视频、文本等样本数据，利用简便易用的深度合成工具，就能自行合成图像、音频或者视频等，制造出虚假的信息内容。特别是随着深度合成技术的成熟，基于深度学习等算法模型所实现的文本、图像、音频、视频拼接，其逼真程度、自然度、清晰度、流畅度越来越高，使普通人难以用肉眼或者听力来分辨信息内容的真

① 参见苗争鸣等:《颠覆性技术异化及其治理研究——以“深度伪造”技术的典型化事实为例》，载《科学学与科学技术管理》2020年第12期。

伪，这将可能会挑战我们“眼见为实”的认知底线。因而，深度合成技术的首要应用风险在于，深度合成技术的不当应用，可能造成虚假信息、伪造信息泛滥，进而会带来危害国家安全和利益、损害国家形象、侵害社会公共利益、扰乱经济和社会秩序的社会公共治理风险。

1. 危害国家安全和利益的风险

深度合成技术的应用可能会产生危害国家安全和利益、损害国家形象的社会风险。一些社会公众人物往往容易成为深度合成技术的应用对象，特别是一旦深度合成技术被应用在国家领导人发言等外交场景中，容易在短时间内激化国际冲突和矛盾，甚至诱发国家安全事件，危害国家安全和利益。例如，据2019年初的华尔街日报报道，部分初创企业、美国政府机构和学术界都在与“深度伪造”技术作斗争，他们担心被篡改的视频和照片会被用来扰乱第二年的美国总统选举。

2. 侵害社会公共利益、经济和社会秩序的风险

深度合成技术的应用可能会产生侵害社会公共利益、扰乱经济和社会秩序的社会风险。如果深度合成技术被应用于捏造假新闻或者事件，特别是应用于特殊的时期或者时间节点上，也容易产生传播网络谣言、引导网络舆论、导致社会信任危机、激化社会矛盾等社会公共治理问题。而且，仿冒他人身份实施诈骗、勒索等违法行为也时有发生。

（二）深度合成技术的侵权风险

深度合成技术是应用人工智能技术和大数据的产物，其主要步骤包括数据提取、数据训练和合成。通过技术应用所生成的视频、照片和其他文本，通常是以“人脸”这种面部识别特征信息为基础。因此，深度合成技术与视频、照片或者其他文本中所呈现出来的信息主体的人格权益保护息息相关。以下将以“人脸”为例，分析深度合成技术的不当应用，会对主体造成侵害他人人格权或者财产权的侵权风险。

1. 侵害主体肖像权的风险

“人脸”的内涵首先体现为“肖像”这种“外在形象”，也就是自然人包括面部在内的外部形象的再现。我国立法对“人脸”的保护，最早体现在对自然人的肖像权保护。我国《民法典》第1019条第1款对禁止利用信息技术手段伪造的方式侵害他人的肖像权作出了明确规定，即“任何组织或者个人不得以丑化、污损，或者利用信息技术手段伪造等方式侵害他人的肖像权。未经肖像权人同意，不得制作、使用、公开肖像权人的肖像，但是法律另有规定的除外”。与丑化、污损他人的肖像不同，利用信息技术手段伪造他人肖像，是破坏了肖

像的同一性，属于不正确使用肖像的行为，因而构成肖像权侵权。[①] 同时，《民法典》第 1023 条第 2 款规定，对自然人声音的保护，参照适用肖像权保护的有关规定。

2. 侵害主体个人信息权益的风险

每个人的面部识别特征信息，作为个人生物识别信息的一种，属于敏感个人信息，即“一旦泄露或者非法使用，容易导致自然人的人格尊严受到侵害或者人身、财产安全受到危害的个人信息”。它和人的指纹、虹膜等一样，都是一组能够区别人脸的组合特征，每个人眼睛、鼻子和嘴等面部特征之间的距离、面积和角度等几何关系各不相同，具有唯一性。在禁止在公共场所使用面部识别软件的美国旧金山法令中，就将面部识别形象地称为“等同于要求每个人随时携带和展示带有个人照片的身份证”。因此，通过比对个人的面部识别特征信息，就可以准确认定到具体特定的个人。早在 2014 年，美国卡耐基梅隆大学的一位教授就发现，经过谷歌图片搜索一个匿名婚恋网站上的用户照片，就能轻而易举地“人肉”这些用户的真实信息。随着人工智能、深度学习技术的发展，面部识别技术的精准度越来越高，正是因为个人生物识别信息的唯一性，存在侵害个人隐私乃至危害个人人身和财产的巨大潜在风险。因此，我国《个人信息保护法》第 2 章第 2 节专节规定了“敏感个人信息的处理规则”，对包括生物识别信息在内的敏感个人信息的特殊处理规则进行明确规定。

特别注意的是，“肖像”往往需要通过照片、影像等载体表现出来，但是，信息主体的生物识别信息不等于视频、照片本身。欧盟《通用数据保护条例》对生物识别数据（信息）和照片进行了明确区分。根据《通用数据保护条例》第 4 条第 14 款对“生物识别数据”的定义，生物识别数据明确包括面部图像。但其第 51 条指出：“处理照片并不当然地被认为是处理个人敏感数据。仅在通过特定技术方法对照片进行处理，使其能够识别或认证特定自然人时，照片才被认为是生物识别数据。”

3. 侵害主体名誉权的风险

除了主体的肖像、生物识别信息之外，“人脸”也代表了主体的“身份”“特征”，或者是与之相关的“名誉”，即《民法典》第 1024 条第 1 款所规定的，“名誉是对民事主体的品德、声望、才能、信用等的社会评价”。当深度合成技术通过视频、照片或者其他文本展示或者针对的是某个特定主体时，通常能将视频、照片等中所伪造的人物、行为或者场景与被伪造的主体相关联，如果该行为或者场景对特定的民事主体造成负面评价或者是其社会评价的降低，那么，可能会涉及侵害该民事主体的名誉。不正当使用他人肖像，往往伴随着其他侵权目的，如侮辱他人人格或降低他人名誉，在法律效果上，可以构成请

① 参见陈甦、谢鸿飞主编：《民法典评注：人格权编》，中国法制出版社 2020 年版，第 234 页。

求权聚合[①]。

4. 侵害合法财产权益的风险

此外，除了以上涉及侵害个人人格权益的风险之外，利用信息技术手段伪造他人声音或者肖像也同样会产生侵害他人合法财产权益的风险，深度合成技术被用于非法牟利的案件日益增多。曾有新闻报道，2019 年，一家英国能源公司的首席执行官在电话中被骗，当时他被一名使用音频深度伪造技术冒充该公司母公司首席执行官声音的人命令将 220000 欧元转入匈牙利银行账户。2022 年 5 月，美国太空探索技术公司（SpaceX）CEO 马斯克在 Twitter 上辟谣称，某段鼓动其粉丝购买特定加密代币的视频纯属深度伪造，该视频是诈骗团队通过截取马斯克在 TED 采访的视频，并为其配音制作而成，目的是推出 BitVex 比特币诈骗平台。

三、深度合成技术的法律规制

（一）各国对深度合成技术的立法回应

深度合成技术强大的技术功能使各国政府对此项技术的应用场景和发展趋势抱有较高的警惕性，普遍选择在立法层面对这类技术的应用风险设置特殊规则。

在国外，各国监管机构均在深度合成技术的发展早期，就已经意识到该技术对国家安全、个体权益的巨大冲击，因此，在国家政策以及立法等层面予以限制，避免出现技术滥用。如美国议会先后提出过数个与深度合成技术相关的法案，例如，2018 年美国参议院提出《恶意伪造禁令法案》（Malicious Deep Fake Prohibition Act），明确禁止深度合成技术用于煽动暴力、扰乱政府或选举等伪造内容制作，否则将处以长达 10 年的监禁。2019 年美国众议院提出《深度伪造责任法案》（DEEPFAKES Accountability Act）则要求所有的服务提供都应当通过“不可删除的数字水印以及文本描述”的方式来说明相关视频、文本等内容是利用深度合成技术制作的。弗吉尼亚州、得克萨斯州、加利福尼亚州和纽约州等多个州也出台了有关深度伪造的立法。2022 年 11 月，英国司法部通过《在线安全法》（Online Safety Bill）修订案，废除现行立法并以新的罪行取代现行立法，以简化法律并使起诉案件更加容易。即首次将未经他人同意、分享伪造的亲密图像认定为犯罪行为，在这种情形下，无须证明意图造成困扰；同时规定两项更为严重的犯罪行为，包括意图造成羞辱、恐慌或痛苦以及获得性满足的罪行。

在我国，为了预防深度合成技术对网络信息内容生态和舆情环境的不当影

① 参见陈甦、谢鸿飞主编：《民法典评注：人格权编》，中国法制出版社 2020 年版，第 234 页。

响，除了《民法典》《个人信息保护法》等基本法律中有相关规定以外，2019年以来，我国监管机构陆续出台《网络音视频信息服务管理规定》《网络信息内容生态治理规定》《算法推荐管理规定》《深度合成管理规定》等规范，对利用深度合成技术生成信息内容提出了不同程度的监管要求。

（二）深度合成技术的规制路径

深度合成技术"以假乱真"的技术特征，在社会公共治理和个人权益保护层面带来诸多风险，学者们在设计和建构深度合成技术应用风险规制模式时，往往会采取高于一般人工智能技术应用的监管标准来限制该技术的应用场景。

具体而言，深度合成技术应用的风险规制模式主要是以刑法规制作为主要规制路径。

第一，主流观点普遍赞同将滥用深度合成技术并造成严重后果的行为纳入刑法的调整范畴。或是针对技术滥用的社会风险，单独设置罪名对深度伪造行为进行独立规制，如在网络"换脸诈骗"中，专门提供深度伪造服务的人员不能按照传统的帮助犯罪予以理解，网络犯罪帮助行为具有"一对多"的行为特征，其社会危害性不亚于被帮助的下游违法犯罪行为，应当根据"积量构罪"理念以非法利用信息网络罪、帮助信息网络犯罪活动等独立罪名论处。有的反对以传播数量作为入罪条件，主张只有深度伪造违法信息传播导致现实生活中公民的人身损害或公共场所秩序受到严重破坏之时，并达到相关司法解释规定的传播数量之后，才能将该类行为认定为刑事犯罪。[①] 有的主张将"发布深度伪造信息"行为本身解释为《刑法》第287条之一非法利用信息网络犯罪第1款第2项、第3项提及的"发布信息"更为妥当，不应视为第287条之二规定的帮助信息网络犯罪。[②] 还有学者提出按照"信息保护+应用之+平台监管"模式构建层次化的刑法规制路径，刑法不宜对算法治理领域过多介入，数据治理和应用场景限制是刑法重点规制领域，主张通过增设罪名规制身份冒用行为，并以拒不履行网络安全管理义务罪、非法利用网络罪、帮助信息网络犯罪活动罪三个罪名来追究网络平台的刑事责任。[③] 类似地，在行政监管层面，也有观点认为可以通过"政府+企业+行业"的合作规制模式和"技术+约谈+信用"的复合规制工具来完善我国深度伪造技术应用风险的规制框架。[④]

第二，深度合成技术应用的风险非刑法规制路径，需要更具体地考虑这一

---

① 参见王文娟、马方：《"深度伪造"违法信息算法传播入罪的困境与破解》，载《新闻界》2021年第1期。

② 参见敬力嘉：《作为行为不法类型的犯罪参与——兼论非法发布深度伪造信息的行为不法》，载《华东政法大学学报》2020年第6期。

③ 参见李腾：《"深度伪造"技术的刑法规制体系构建》，载《中州学刊》2020年第10期。

④ 参见张涛：《后真相时代深度伪造的法律风险及其规制》，载《电子政务》2020年第4期。

技术的应用场景，确保在实现应用目的和规制风险之间达到有效平衡。比如，在公权力行为（包括特定主体被授权履行特定社会管理职能时）的应用场景下，需要考虑行为的合法性依据和比例原则，避免人脸识别技术成为现代“刺黥”；在商业行为的应用场景下，应当严格遵循知情同意原则和最小必要原则，并且不得将人脸识别作为唯一的身份认证方式，限制经营者对这一技术的滥用。

（三）我国现行规制的具体措施

我国从2019年开始就高度关注基于深度学习、虚拟现实等深度合成技术应用可能产生的潜在风险，并出台了一系列部门规章等文件，对利用深度学习、虚拟现实等新技术新应用作出了明确规定。就其具体措施而言，需要兼顾以下两个目标：一方面，为了防范深度合成技术的潜在风险，需要提出科学且系统的治理方案；另一方面，在防范潜在风险的同时，更需要有效统筹深度合成的风险管理与技术创新，促进深度合成相关人工智能技术的健康有序发展。具体措施包括以下内容。

1. 深度合成技术应用的禁止性规定

我国在多部部门规章中概括性地明确了深度合成技术应用的禁止性规定。国家网信办、文化和旅游部、国家广播电视总局于2019年11月印发《网络音视频信息服务管理规定》，其中第9条规定：“任何组织和个人不得利用网络音视频信息服务以及相关信息技术从事危害国家安全、破坏社会稳定、扰乱社会秩序、侵犯他人合法权益等法律法规禁止的活动，不得制作、发布、传播煽动颠覆国家政权、危害政治安全和社会稳定、网络谣言、淫秽色情，以及侵害他人名誉权、肖像权、隐私权、知识产权和其他合法权益等法律法规禁止的信息内容。”国家网信办于2020年3月1日起实施的《网络信息内容生态治理规定》第23条明确规定：“网络信息内容服务使用者和网络信息内容生产者、网络信息内容服务平台不得利用深度学习、虚拟现实等新技术新应用从事法律、行政法规禁止的活动。”2023年实施的《深度合成管理规定》第6条再次作出类似规定：“任何组织和个人不得利用深度合成服务制作、复制、发布、传播法律、行政法规禁止的信息，不得利用深度合成服务从事危害国家安全和利益、损害国家形象、侵害社会公共利益、扰乱经济和社会秩序、侵犯他人合法权益等法律、行政法规禁止的活动。”

2. 明确网信部门的统筹协调和监督管理职责

《深度合成管理规定》明确国家网信部门、地方网信部门的统筹协调和监督管理职责。国家网信部门负责统筹协调全国深度合成服务的治理和相关监督管理工作。国务院电信主管部门、公安部门依据各自职责负责深度合成服务的监督管理工作。地方网信部门负责统筹协调本行政区域内的深度合成服务的治理和相关监督管理工作。地方电信主管部门、公安部门依据各自职责负责本行政区域内的深度合成服务的监督管理工作。

3. 明确深度合成服务提供者的主体责任

《深度合成管理规定》明确了深度合成服务提供者、技术支持者和使用者及应用程序分发平台的各方责任，提出建立健全行业标准和自律管理制度。鼓励相关行业组织加强行业自律。其中，最为全面地规定了深度合成服务提供者的主体责任。要求深度合成服务提供者建立健全算法机制机理审核、信息内容管理、从业人员教育培训等管理制度，具备安全可控的技术保障措施。制定并公开管理规则和平台公约，并提示深度合成服务技术支持者和使用者承担信息安全义务。加强深度合成内容管理，采取技术或者人工方式对深度合成服务使用者的输入数据和合成结果进行审核，一旦发现违法和不良信息，应当依法采取处置措施。针对深度合成信息内容的特殊性，深度合成服务提供者应当建立健全辟谣机制，并设置便捷的用户申诉和公众投诉、举报入口。深度合成服务提供者应当履行对服务使用者的管理义务，包括进行真实身份认证，保证用户实名使用深度合成服务，以及提示服务使用者落实个人信息保护要求等。

4. 针对深度合成数据和技术管理的规范要求

《深度合成管理规定》专门利用一章，针对深度合成数据和技术管理提出了更进一步的规范要求。

第一，深度合成服务提供者和技术支持者应当加强训练数据管理。深度合成服务不仅由服务提供者向公众提供，技术支持者也对深度合成服务产生重要影响。因此，二者都需要对深度合成训练数据加强管理，并保障数据安全。第二，深度合成服务提供者提供人脸、人声等生物识别信息编辑功能，还要提示深度合成服务使用者履行个人信息保护义务，征得被编辑个人的单独同意。第三，深度合成服务提供者和技术支持者提供具有能够生成或者编辑人脸、人声等生物识别信息的，或者生成或者编辑可能涉及国家安全、国家形象、国家利益和社会公共利益的特殊物体、场景等非生物识别信息的功能的模型、模板等工具的，应当依法自行或者委托专业机构开展安全评估。前者是因为人脸、声音涉及个人的人格权益保护问题，对个人权益保护意义重大；而后者，如国家标志性场所、历史遗迹等，因为可能涉及国家安全、国家形象、国家利益和社会公共利益，如果经过应用深度合成技术，也可能带来重大的社会公共治理风险。

5. 规定信息内容标识技术管理制度

《深度合成管理规定》创新性地规定了信息内容标识技术管理制度。该制度主要包括以下规定：第一，应用显著标识避免公众的混淆和误认。《深度合成管理规定》第 17 条要求，对生成或者显著改变信息内容的深度合成信息内容，应当使用显著方式进行标识，向社会公众有效提示信息内容的合成情况。对其他深度合成信息内容，应当提供进行显著标识的功能，并提示使用者可以自行标识。这一规定，不仅能够保障公众的知情权，还能够有效防止不法分子利用他人生成的深度合成信息，从事造谣和诈骗等非法行为，有利于保障社会公众的财产安全和社会稳定，防止因为伪造的信息内容而引发的安全风险。第二，通过标识实现深度合成信息内容的可追溯。《深度合成管理规定》第16条规定，深度合成服务提供者对使用其服务生成或者编辑的信息内容，应当采取技术措施添加不影响用户使用的标识，并依照法律、行政法规和国家有关规定保存日志信息。采用上述标识既不影响用户体验，同时，一旦深度合成信息内容被非法使用，上述规定也有利于相关部门迅速溯源，追踪信息流向、阻断信息传播、提高执法效率。第三，强调保障标识的真实性和唯一性。明确提出任何组织和个人不得采用技术手段删除、篡改或隐匿标识。这要求深度合成标识存在于深度合成内容的全生命周期，有利于保证深度合成标识的可查验性，落实相关主体的法律责任。

6.与算法推荐管理相关的规定

国家网信办等部门于2023年3月1日实施的《算法推荐管理规定》与《深度合成管理规定》相辅相成。《算法推荐管理规定》第7条要求算法推荐服务提供者应当落实算法安全主体责任，建立健全算法机制机理审核、科技伦理审查、安全评估检测等管理制度和技术措施。《深度合成管理规定》第19条规定，具有舆论属性或者社会动员能力的深度合成服务提供者，应当按照《算法推荐管理规定》履行备案和变更、注销备案手续。第20条规定，深度合成服务提供者开发上线具有舆论属性或者社会动员能力的新产品、新应用、新功能的，应当按照国家有关规定开展安全评估。

第二节 互联网信息智能推荐的风险规制

一、互联网信息智能推荐的概述

（一）互联网信息智能推荐的定义

互联网信息智能推荐最早起源于美国电商平台亚马逊。[①]随着算法技术的发展，购物、娱乐等多种类型的平台都会使用算法技术对平台上的内容进行信息流推荐，根据每个用户的历史行为以及人物特征，为其推荐较为合适的信息。例如，谷歌、百度等通用搜索引擎采用的自动补足算法可在用户输入关键词后

① 亚马逊在1998年推出了基于项目的协同过滤算法，使推荐系统能够基于上亿的商品目录为数百万用户提供推荐服务。当用户进入亚马逊的商品浏览页面，就如同走进了亚马逊为其在网上量身打造的商店，那些自己感兴趣的商品会被自动移动到前面，而不太感兴趣的商品则被移动到远处。

自动补足搜索内容，提供搜索建议；而淘宝网、YouTube、抖音等垂直搜索引擎，不仅采取自动补足算法，更是在大数据技术的帮助下，采用协同过滤等算法来代替人工推荐，高效地满足网络用户的个性化需求。

智能推荐，又称为个性化推荐，是自动化决策的应用场景之一，即利用个人信息对个人的行为习惯、兴趣爱好或者经济、健康、信用状况等，通过计算机程序自动分析、评估并进行决策的活动。其原理是先识别人群，再对信息进行精准推荐。互联网信息智能推荐的流程主要包括两个步骤：

一是识别人群，即对用户进行个人"画像"，网络服务提供者利用网络追踪技术（如 Cookies）收集整理的用户信息，正是追踪用户行为、投放定向广告中最重要的基础数据。不仅在网络交易中会记录个人消费信息，以及姓名、地址等个人信息，甚至用户不经意间的鼠标或者指尖滑动，都会留下敲击记录。任何访问、搜索、加购、购买、收藏等能体现用户喜好的数据背后，都是一个个鲜活的消费者。大数据分析技术的应用，能将这些信息贴上年龄、性别、兴趣、位置等各种实时用户标签。

二是精准推荐，即根据用户的实时用户标签，通过特定的算法来判断用户需求，从而给予个性化的信息推送。以定向广告为例，多元化的智能推荐算法等推荐技术，以及实时竞价等定向广告商业模式的存在，最终使用户在不同的、可投放广告的网站、App 应用程序中能够看到基于推荐技术而推荐的产品广告。

我国《个人信息保护法》以"自动化决策"为规制对象，进而可分为"推荐行为"和"决策行为"，前者可界定为"推荐型算法"，后者界定为"决策型算法"。推荐型算法借助海量用户数据的分析，为其推荐"猜你喜欢"的商品或服务，成为定向广告的底层算法逻辑。决策型算法通过分析用户的行为习惯、经济水平、健康状况、信用状态等信息进行决策活动。[①]

（二）互联网信息智能推荐的原理

1. 推荐技术应用的发展阶段

推荐技术的应用大致可以分为三个阶段，第一阶段是基于传统的服务，第二阶段是基于目前的社交网络服务，第三阶段是即将到来的物联网。其中产生了很多基础和重要的算法。当前，基于协同过滤的推荐算法已经发展成推荐系统的一个主流分支。该类推荐算法最早由亚马逊提出并应用，目前已成为主流推荐系统的核心技术。[②] 甚至在很多场景下过滤算法和推荐系统相提并论。

① 参见林洹民：《个性化推荐算法的多维治理》，载《法制与社会发展》2022 年第 4 期。

② 参见黄昕等：《推荐系统与深度学习：新时代·技术新未来》，清华大学出版社 2018 年版，第 3 页。

2. 协同过滤算法的应用原理

协同过滤技术是推荐系统中最为成功的技术之一，被广泛用于预测用户兴趣偏好的应用领域。协同过滤正是把“物以类聚、人以群分”的思想运用到个性化推荐中来，即基于兴趣爱好相似的用户对某些项目的评价来向目标用户推荐合适的项目。基于邻域的推荐算法可以分为两大类：基于物品的协同过滤以及基于用户的协同过滤。[①]

基于物品的协同过滤算法（Item CF）核心原理在于“物以类聚”，向用户推荐和他们之前喜欢的物品相似的物品。基于物品的协同过滤中的相似主要是利用了用户行为的集体智慧。计算相似度的方法有：基于共同喜欢物品的用户列表计算，就是直接使用同时购买这两个物品的人数。[②]

基于用户的协同过滤算法（User CF）的原理，通俗来讲就是“人以群分”，即相似的用户可能喜欢相同物品。如加了好友的两个用户，或者点击行为类似的用户被视为相似用户。

协同过滤是基于不同用户与用户之间的关联和预测，基于的假设是相似的用户会喜欢相似的项目，预测该用户对特定物品的可能喜好，与具体物品本身的特征没有必然联系。从产业的实践来看，这种协同过滤算法也更多地被应用于娱乐、社交等音频、视频内容平台的推荐场景中。例如，国内知名视频网站爱奇艺，它的推荐引擎主要就是采用协同过滤算法和个性化推荐技术，通过收集网站用户群的观影习惯、收藏和下载视频记录建立用户兴趣模型，根据用户的爱好进行个性化视频推荐，实现视频的“猜你喜欢”。[③]

概括而言，“跟你爱好相似的用户喜欢的东西你可能也会喜欢”，这就是协同过滤的基本思想，利用群体智慧以“协作”的方式进行推荐。该种算法推荐的优点在于：其一，适用于复杂的非结构化的数据，例如，针对电影、音乐等多媒体资源，这些资源的内容特征分析难度较大，而采用协同过滤技术所需要利用的数据，包括用户评分、购买记录、浏览记录等在内，易于提取；其二，善于发现用户新的兴趣点，推荐过程中相似用户的“建议”能够拓宽推荐关注点，可以推荐和用户以往喜欢的项目完全不同的事物，即发现用户可能喜欢但未曾察觉的事物，不需要专业领域的知识。[④]

---

① 参见黄昕等：《推荐系统与深度学习：新时代·技术新未来》，清华大学出版社2018年版，第47页。

② 参见黄昕等：《推荐系统与深度学习：新时代·技术新未来》，清华大学出版社2018年版，第49~51页。

③ 参见牛温佳、刘吉强、石川等：《用户网络行为画像：大数据中的用户网络行为画像分析与内容推荐应用》，中国工信出版集团、电子工业出版社2016年版，第75页。

④ 参见清华大学人工智能研究院、北京智源人工智能研究院、清华大学—中国工程院知识智能联合研究中心2019年9月发布的《人工智能之信息检索与推荐》第20页。

二、互联网信息智能推荐的潜在风险

（一）个人信息安全和隐私保护隐患

互联网门户时代，包括互联网广告在内的信息推荐主要是面对社会大众的单向传播，因此很少涉及个人信息安全和个人隐私问题。然而，在互联网迅速发展的数字时代，信息通过各种媒介精准投放，与个人匹配，用户在互联网中留下了各种信息，如手机号、设备识别码等，使得广告商能追踪至个人并将其信息纳入数据库中，对其进行标签化处理，客观上会产生个人信息安全和隐私保护的问题。例如，用户的Cookie信息被广泛应用于定向广告领域，2013年被称为“Cookie隐私第一案”而引起热议的“北京百度网讯科技公司与朱某隐私权纠纷案”也是反映了网络用户对个人信息甚至个人隐私泄露的担忧。①

随着智能手机的普及，用户移动端消费的习惯养成，个人信息保护的问题更为突出。相较于互联网广告时代的定向广告推送靠Cookie技术完成识别环节，移动广告时代主要是依赖智能手机的身份识别符（例如苹果手机的广告标识符IDFA），如果没有身份识别符，每个App只能基于自己的账号体系来识别用户，并记录用户的在线行为。但是通过统一的身份识别符，可以将用户在包括购物平台、社交平台在内的不同App平台上的行为关联至与此身份识别符对应的手机用户；而且用户使用手机的行为更为私密，能够用于用户画像、塑造数字人格的数据，其质量更高、数量更多。

（二）智能推荐中的“价格歧视”

在传统的交易模式中，经营者对商品或者服务进行明码标价，价格对所有潜在消费者公开，其意义在于提高市场透明度，解决经营者与消费者之间信息不对称的弊端，促使消费者准确估价和比价，进而理性、自愿地作出交易选择。如果相同商品或服务对不同消费者存在价格差异，消费者有权通过包括行使知情权在内的消费者权益保护路径，要求经营者释明该商品或者服务的定价机制，消费者更容易发现价格差异，并且更容易获得相应的救济。

但是，随着算法广泛运用于电子商务领域，它为商家带来便利的同时，也为平台滥用算法权力提供可能。比起传统“杀熟”，利用算法对用户实施价格歧视准确度更高，隐蔽性更强，因而规制难度更大。用户基于传统交易方式的惯性，默认商品或服务的定价公正且千人一价，难以想到平台会根据所收集、分

---

① 参见朱芸阳：《定向广告中个人信息的法律保护研究——兼评“Cookie隐私第一案”两审判决》，载《社会科学》2016年第1期。

析的个人交易习惯、购买能力等信息实施差异化定价。[①] 智能推荐中的歧视问题会面临以下困境。

1. 侵害用户知情权

个人信息处理者未经用户同意处理个人信息，进而侵犯用户知情同意权，由此导致的侵权结果显而易见。平台收集用户个人信息时，会按照法律规定，征得信息主体授权同意，但本质为格式条款的服务条款除语言晦涩难懂、累牍连篇外，也并未给用户实质选择的机会。[②]

2. 过度收集用户信息

平台提供服务时所提供的用户协议或者隐私政策条款对其通过何种途径、目的来保存、处理、利用个人信息往往避重就轻，存在过度获取用户个人信息的风险。在双方信息不对等的情况下，平台对用户个人信息进行收集、使用、加工、处理的行为限制乃至剥夺了信息主体对个人信息的自主自决权，必然会违背法律所保护的终极价值即公平。[③]

3. 难以获得救济

如果用户下单前便发现平台存在差别定价，由于此时特定的交易仍未完成甚至尚未发生，即使其本质是对用户消费偏好、购买记录等信息进行分析、处理用以向用户实施价格歧视，但是用户无法通过《民法典》《消费者权益保护法》等法律寻求救济。

（三）信息推送下的“信息茧房”与儿童特殊风险

智能推荐算法究其本质是信息的自动过滤与分发工具，将海量的信息依照用户的喜好分门别类地进行推送。一方面，此类智能推荐会为用户带来更为便捷流畅的使用体验，避免信息过载；另一方面，长期推送相似的内容信息，可能也会产生“信息茧房”，使人们处于自身喜好的“桎梏”内，无法接触多元化的信息与新的价值观。

尤其是未成年人的心智尚未健全，缺少智能推荐利弊的辨认能力与拒绝能力，“信息茧房”更容易影响未成年人良好的价值观念和健全人格的形成。简单易操作的点击、滑动和点赞方式，降低了未成年人使用网络的技术壁垒，扩大了互联网的使用范围，降低了未成年人使用互联网的年龄下限。随着未成年人

---

① 参见郑智航、徐昭曦：《大数据时代算法歧视的法律规制与司法审查——以美国法律实践为例》，载《比较法研究》2019 年第 4 期。

② 参见郭春镇：《对“数据治理”的治理——从“文明码”治理现象谈起》，载《法律科学（西北政法大学学报）》2021 年第 1 期。

③ 参见朱芸阳、安楠：《卡—梅框架下知情同意规则对价格歧视的规制范式与规则配置》，载《经贸法律评论》2021 年第 6 期。

使用网络的低龄化，[①] 如果未成年人无法接触多元化尤其是有利于其身心健康的积极信息，可能将使其长期处于自己的“回音”内越发难以自拔，最终影响健康人格的形成，因此，如何规制对未成年人的信息推荐成为重要的法律问题。

三、互联网信息智能推荐的法律规制

智能推荐算法的规范设计离不开对个性化推荐机制的风险识别和对规制框架的体系性思考。在我国现有的立法中，通过自动化决策方式进行商业营销、信息推送的规定已经存在。我国《个人信息保护法》第 24 条第 1 款与第 3 款明确提出利用个人信息进行自动化决策，应当保证决策的透明度和结果公平、公正。同时，特别是个人认为自动化决策对其权益造成重大影响时，有权要求个人信息处理者予以说明，并有权拒绝个人信息处理者仅通过自动化决策的方式作出决定。第 2 款更是单独规定，通过自动化决策方式进行商业营销、信息推送，应当同时提供不针对其个人特征的选项。此外，在我国《电子商务法》第 18 条、《个人信息安全规范》第 7.5 条、《数据安全管理办法（征求意见稿）》第 23 条、《App 违法违规收集使用个人信息行为认定方法》第 3 点中均有相似规定。国家网信办、工业和信息化部、公安部以及国家市场监督管理总局联合发布的《算法推荐管理规定》于 2022 年 3 月 1 日开始施行，其中对算法推荐服务提供者的义务与责任、算法推荐服务的监督管理等进行了明确的规定。

（一）智能推荐场景下的知情权实现

根据《全国人民代表大会常务委员会关于加强网络信息保护的决定》与《网络安全法》构筑的“通知—同意”规则，网络运营者收集、使用个人信息时，必须事先征得被收集者同意，信息处理者只能收集完成服务目的所必要的数据。根据《个人信息保护法》第 13 条，个人信息处理者处理个人信息的合法性基础包括取得个人的同意、为订立或者履行个人作为一方当事人的合同所必需、为履行法定职责或者法定义务所必需、为应对突发公共卫生事件或紧急情况下为保护自然人的生命健康和财产安全所必需、为公共利益实施新闻报道或舆论监督等行为、在合理的范围内处理个人信息等。其中，互联网信息智能推荐并不属于第 13 条规定“个人同意”之外的其他信息处理情形，因此，“个人明确同意”是以互联网信息智能推荐为目的的信息收集活动的唯一合法性基础。

---

① 共青团中央维护青少年权益部与中国互联网络信息中心 2021 年 7 月发布的《2020 年全国未成年人互联网使用情况研究报告》显示，2020 年我国未成年网民规模达到 1.83 亿，未成年人的互联网普及率达到 94.9%，其中上网玩游戏的未成年网民比例为 62.5%，看短视频的未成年网民比例为 49.3%，并且较之 2019 年都有所上升。

1. 信息处理者的告知义务

基于自动化决策涉及处理基础信息和产生衍生信息两个不同的环节，尤其是考虑到自动化决策技术及其算法难以规制的先天缺陷，自动化决策带来的不利影响是否构成对人格权益或者财产权益的侵害也存在争议，[①] 因此，在自动化决策处理个人信息之前适用《个人信息保护法》第 17 条规定，由个人信息处理者履行事先告知义务更为妥当。信息处理者应当以清晰、易懂的方式明确向信息主体告知与处理个人信息相关的内容，特别是可能影响信息主体是否通过自动化决策方式处理其个人信息的其他实质性信息，包括特定的自动化决策技术的基本原理和应用逻辑，自动化决策决定的后果尤其是应用缺陷，以及信息主体应当如何行使《个人信息保护法》中载明的权利。

2. 算法推荐服务提供者的告知义务

《算法推荐管理规定》将信息处理者的推荐算法告知义务进行具体化，其中第 16 条规定算法推荐服务提供者应当以显著方式告知用户其提供算法推荐服务的情况，并以适当方式公示算法推荐服务的基本原理、目的意图和主要运行机制等。

推荐算法告知义务不仅仅限于所列举的范围，还应当告知算法的运用对用户可能造成的影响。《算法推荐管理规定》第 17 条第 3 款规定，算法推荐服务提供者应用算法对用户权益造成重大影响的，应当依法予以说明并承担相应责任。域外立法中，欧盟《通用数据保护条例》第 13 条第 2 款第 f 项、第 14 条第 2 款第 g 项和第 15 条第 1 款第 h 项都规定，数据控制者在使用自动化决策机制时应当向数据主体告知数据分析过程所涉及的逻辑程序以及对数据主体的重要意义和设想后果。

3. 算法推荐服务提供者的备案义务

为弥补用户与使用自动化决策技术的信息处理者之间的信息鸿沟，切实履行信息处理者公开透明的义务，国家网信办根据《算法推荐管理规定》发布公告，要求具有舆论属性或者社会动员能力的算法推荐服务提供者在互联网信息服务算法备案系统上履行备案手续，填报的信息包括服务提供者的名称、服务形式、应用领域、算法类型、算法自评估报告、拟公示内容等。网易传媒信息推送算法、一点资讯个性化内容推荐算法、凤凰网个性化推荐算法、微博个性化推送算法等 17 个个性化推送类算法都被列入国家网信办互联网信息服务算法备案系统公布的《境内互联网信息服务算法备案清单（2022 年 8 月）》内。

（二）智能推荐场景下的个人信息保护

根据《个人信息保护法》第 24 条的规定，平台实施差别化定价必须具备合

① 参见姚佳：《论个人信息处理者的民事责任》，载《清华法学》2021 年第 3 期。

理前提：平台是否基于成本、正当营销策略，或符合正当交易习惯、行业惯例的条件下，对交易条件相同的相对人实施差别待遇，为强化知情同意规则提供法律依据。平台根据大数据分析技术，向用户实施不同程度优惠的让利行为是可行的；但若在用户不知情下，向价格不敏感但有一定经济实力的用户提供高价，以及利用用户个人信息开展价值判断以实施差别待遇的行为明显违反公平原则。

1. 信息收集遵循最小化原则

《个人信息保护法》对处理用户个人信息的基本原则也作出规定，例如处理个人信息应当遵循“最小目的”原则。针对实践中应用程序违规过度收集个人信息屡禁不止这一问题，《个人信息保护法》第 6 条延续《民法典》有关不得过度处理个人信息的规定，明确收集个人信息应限于实现处理目的的最小范围，不得过度收集个人信息。

2. 用户享有撤回同意的权利

针对用户在平台上的交易记录等信息，虽属于电商平台在正常交易过程中获得的用户个人信息，但这部分个人信息并不属于电商平台所有，用户有权自由选择该部分信息仅用于合同交易或市场营销，并且有权撤回同意。[①]《个人信息保护法》第 15 条规定用户有权撤回其同意，个人信息处理者应当提供便捷的撤回同意的方式。用户撤回同意，不影响撤回前基于个人同意已进行的个人信息处理活动的效力。这意味着我国在立法层面充分尊重用户对个人信息的自决权，严格控制平台利用算法抓取及使用用户个人信息，即使用户曾授权于平台，事后仍有撤回的权利。以往服务条款通常会列“同意”与“不同意”两个选项，若用户拒绝同意平台收集、使用自己个人信息，就无法接受该平台的服务。[②] 虽在信息时代提供电商服务的平台很多，但是，许多电商巨头都有其不可替代的优势，例如，淘宝种类齐全、拼多多价格低廉、京东物流迅速等，用户针对自身使用需求，对不同电商平台具有极强的依赖性，因此，过往宁愿囫囵同意各平台的服务条款，也不愿更换平台，[③] 并非代表用户真实知情同意。[④] 故名义上双方虽为平等主体，但用户考虑是否与平台一同进入隐私契约关系的过程并不公平。此条规定意味用户不再因依赖电商平台而被迫选择接受服务条款，可在意志自由下选择是否与平台就收集、使用个人信息达成合意。

---

① 参见冯恺：《个人信息“选择退出”机制的检视和反思》，载《环球法律评论》2020 年第 4 期。

② See Carl E. Schneider & Omri Ben-Shahar, *The Failure of Mandated Disclosures*, University of Pennsylvania Law Review, p.167-207.

③ Helen Nissenbaum, *Privacy in Context: Technology, Policy, and the Integrity of Social Life*, Stanford University Press, 2019, p.141.

④ 参见万方：《隐私政策中的告知同意原则及其异化》，载《法律科学（西北政法大学学报）》2019 年第 2 期。

3. 用户享有拒绝自动化决策的权利

根据《个人信息保护法》第16条规定，平台不得以用户不同意处理其个人信息为由，拒绝向用户提供服务；第24条第2款规定，通过自动化决策方式向个人进行信息推送、商业营销，应当同时提供不针对其个人特征的选项，或者向个人提供便捷的拒绝方式。《算法推荐管理规定》第17条第1款规定，算法推荐服务提供者应当向用户提供不针对其个人特征的选项，或者向用户提供便捷的关闭算法推荐服务的选项。用户选择关闭算法推荐服务的，算法推荐服务提供者应当立即停止提供相关服务。这意味着用户将拥有真正拒绝平台收集、加工、使用个人信息以及拒绝算法使用人对其使用自动化决策的权利。在知情同意规则作为信息处理合法依据的情况下，用户可以通过撤回同意的方式阻止个性化推荐发挥作用，但《个人信息保护法》第13条第2项至第7项规定了6种无须取得个人同意即可收集处理信息的情形，在此情况下，个性化推荐算法在符合其他信息处理合法事由时，无须征得个人同意，同意撤回规制也无法发挥效用，因此用户个性化推荐拒绝权的规则可以弥补同意撤回规则的空白。

（三）智能推荐下的消费者保护

算法推荐服务提供者在开展调度决策、互联网信息智能推荐等活动时，存在大数据杀熟等侵害用户权益的乱象。“大数据杀熟”实质上是经营者滥用数据优势和算法权力的结果。

第一，从传统消费者权利保护路径，运用《民法典》《消费者权益保护法》《价格法》《反垄断法》等规制“大数据杀熟”面临着诸多困难，需对此进行专门的立法规制。我国《算法推荐管理规定》明确算法推荐服务公正公平的原则，引导算法应用遵守社会公德和伦理，遵守商业道德和职业道德。

第二，《算法推荐管理规定》较为笼统，应设计更具有操作指导性的算法推荐管理规定，由各个领域或者行业结合自身特点落实具体的监管规则。例如针对“大数据杀熟”备受关注的旅游行业，我国文化和旅游部于2020年出台了《在线旅游经营服务管理暂行规定》，旨在规范在线旅游市场秩序，促进在线旅游行业可持续发展。其中，第15条也规定，在线旅游经营者不得滥用大数据分析等技术手段，基于旅游者消费记录、旅游偏好等设置不公平的交易条件，侵犯旅游者合法权益。

第三，引入内外协同监督机制，推动算法合规的内部自律审查，适当要求经营者提高算法透明度。相对应地，也要完善《消费者权益保护法》和《价格法》中有关消费者权利及其救济的条款，进一步完善智能推荐下的消费者保护。

（四）智能推荐场景下的儿童特殊保护

算法推荐服务提供者应当在《个人信息保护法》《未成年人保护法》《儿童

个人信息网络保护规定》《网络信息内容生态治理规定》等未成年人网络权益保护的制度框架法下，建立对未成年人友好的网络使用环境，原则上，会对儿童进行信息推送的内容进行相应的限制，并且规定不得以自动化决策方式对儿童（未满 14 周岁）个人信息进行处理，除非获得儿童监护人单独同意，或者证明该个人信息处理活动有利于促进儿童利益最大化。

1. 对儿童进行信息推送的内容作出相应的限制

我国《算法推荐管理规定》第 18 条第 2 款规定了算法推荐服务提供者的禁止性义务，即算法推荐服务提供者不得向未成年人推送可能引发未成年人模仿的不安全行为和违反社会公德行为、诱导未成年人不良嗜好等可能影响未成年人身心健康的信息，不得利用算法推荐服务诱导未成年人沉迷网络。

2. 禁止使用自动化决策处理儿童个人信息

综观国内外立法，欧盟各国、英国、美国等域外立法，我国对儿童分析画像以及自动化决策方式的应用，均规定了更多限制。究其原因，未成年人的人格发展具有特殊性和成长性，正如欧洲数据保护委员会（EDPB）在针对社交媒体用户的指导方针中指出，"画像可以影响儿童个人偏好和兴趣的形成，最终影响他们的自主权和发展权"。

我国《个人信息保护法》第 24 条第 2 款规定，通过自动化决策方式向个人进行信息推送、商业营销，应当同时提供不针对其个人特征的选项，或者向个人提供便捷的拒绝方式。我国《深圳经济特区数据条例》对基于用户画像向儿童进行个性化推荐采取绝对禁止的方式，即第 30 条规定，数据处理者不得基于用户画像向未满十四周岁的未成年人推荐个性化产品或者服务。

欧盟《通用数据保护条例》在其"序言"中规定禁止对儿童进行数字画像，即"儿童值得特殊保护，以避免营销和数字画像等数据处理活动；基于数字画像的自动决策不应包括儿童"。此外，欧盟在 2018 年《关于在数字环境中尊重、保护和实现儿童权利的第 CM/Rec（2018）7 号指导方针建议》中规定："禁止对儿童的信息进行自动化处理，包括将'画像'应用于儿童，特别是为了作出有关儿童的决定或分析或预测他或她的个人偏好、行为和态度，该行为应该被法律禁止。在特殊情况下，如果符合儿童的最大利益或有压倒一切的公共利益，国家可以取消这一限制，条件是法律规定了适当的保障措施。"

3. 禁止对儿童进行在线营销或者定向广告

域外立法通常针对儿童进行在线营销或者投放定向广告作出相应的禁止性规定。而且，由于定向广告通常与信息主体的个人信息有关，因此，也同样明确个人信息处理者不得基于商业营销或者广告的目的，未经儿童监护人单独同意，公开或者向第三人提供儿童个人信息。

例如，美国 2022 年《数据保护和隐私法》草案在"消费者权利"一章中涉及儿童和未成年人的数据保护问题，包括：一是禁止运营商对 17 岁以下未成年人投放定向广告；二是在未取得17岁以下未成年人及未成年人父母或其监护人的明确同意前，不得将未成年人的数据传输给第三方。美国2022年提出的《儿童在线安全法案》也规定了与此相关的三项措施：一是为未成年人提供保护措施，给予未成年人退出算法推荐系统、删除账户并要求删除个人数据的权利；二是规定"默认安全设置"，即当平台知道或者应当知道某位用户是未成年人时，必须设置最强的默认安全设置；三是平台应至少每年发布一次公开报告，根据独立第三方审计确定对未成年人造成伤害的可预见风险、评估算法推荐系统和定向广告系统如何对未成年人造成伤害，以及为应对此类风险而采取的预防和缓解措施。

德国于2021年通过的《电信媒体数据保护法》（TTDSG）第20条规定，禁止出于商业目的使用未成年人个人数据。德国联邦参议院于2021年3月批准通过了《青年保护法》修正案，在该法律草案的《解释性备忘录》中指出，考虑到儿童和青少年使用媒体的变化，同时为了应对与在线互动有关的风险，提出该修正案是有必要的。诸如不适当地收集和使用个人数据、过早且全面地建立儿童和青少年的在线形象（用户画像）、促进过度使用以及利用儿童和青少年的商业经验不足（例如通过成本陷阱）等商业行为，也是真正的危险所在。因此，规定禁止未经同意向第三方披露用户数据，以及劝告未成年人不要不符合年龄地购买产品或服务（特别是第三方服务）的广告等。

此外，域外的监管部门通常也会通过建议性文件或者指导性规则，来限制公开或者向第三方提供儿童个人信息。例如，法国的数据监管部门即国家信息技术和自由委员会（CNIL）于2021年发布了8条建议，其中要求儿童使用的在线平台和服务的负责人，在默认情况下停用任何针对儿童的分析系统，尤其是用于定向广告；不得出于商业或广告目的，重复使用或将儿童的数据传递给第三方。英国于2020年推出了一份名为《适龄设计：在线服务实践守则》（Age Appropriate Design: A Code of Practice for Online Services）的实践指引，其中标准9要求除非有令人信服的理由，并考虑到儿童的最佳利益，否则从儿童那里收集的任何个人数据都不应披露或让第三方看到。

（五）智能推荐场景下的救济途径

1. 较为完备的民事救济途径

我国《个人信息保护法》为信息主体提供了较为完备的民事救济途径。信息主体因主张权利遭受拒绝时提起诉讼的权利。《个人信息保护法》为信息权益受侵的用户设立民事赔偿、刑事责任、公益诉讼等救济途径，并加大违法行为惩处力度，设置了严格的法律责任，将处罚额度提高至五千万元以下或者上一年度营业额百分之五以下罚款，并可责令暂停相关业务或者停业整顿、吊销相关业务许可或者营业执照。相较《民法典》《网络安全法》等相关规定，《个人信息保护法》的处罚力度更大。认定平台行为侵犯用户信息权益，需同时满足四个要件：其一，平台存在侵害用户信息权益的行为，包括非法收集、加工、使用用户个人信息等行为；其二，造成个人信息权益受损的客观结果；其三，平台的侵权行为与用户信息权益受损存在因果关系；其四，平台存在主观过错，过错包含平台对用户个人信息的非法收集、加工等存在主观上的故意或过失。

2. 过错推定的归责原则

为了减轻用户维权成本，督促平台充分履行告知义务，《个人信息保护法》第 69 条已明确规定平台作为信息处理者采过错推定归责原则，当平台不能证明自己行为没有过错时，推定其有过错。法院在审理平台侵权过程中依照过错推定责任以及“非必要不收集、非必要不保存”的原则，充分利用平台的信息与技术优势，由平台举证其对用户信息的收集、保存及处理过程不存在过错[①]，以降低用户的维权门槛。

3. 损害赔偿数额的确定

关于如何确定平台承担损害性赔偿数额的问题，原则上，被侵权人主张损害赔偿需要证明自身遭受法律可补救的损害以及损害的具体数额[②]，否则可能难以得到救济。《个人信息保护法》第 69 条规定，当个人因此受到的损失和个人信息处理者因此获得的利益难以确定时，可根据实际情况确定赔偿数额，进一步加大法院确定赔偿数额的裁判范围，降低用户索赔门槛。

另外，平台侵犯个人信息权益但没有造成直接经济损失的情形下，例如用户未授权平台处理个人信息，用户于购买商品或者服务前发现平台存在价格歧视，仍可向法院主张平台侵犯其知情同意权并造成个人信息权益受损的损害结果。若平台无法证明其处理个人信息行为的合法性，便应依自身获利情况对用户承担损害性赔偿责任。

① 参见张新宝：《“普遍免费＋个别付费”：个人信息保护的一个新思维》，载《比较法研究》2018 年第 5 期。

② 参见叶金强：《论侵权损害赔偿范围的确定》，载《中外法学》2012 年第 1 期。

第二十三章　劳动场景下人工智能应用的法律规制

第一节　人工智能在劳动场所应用的概述

一、人工智能在劳动场所应用的类型

（一）劳动方式的转型

人类的手工劳动开创了人类文明的先河。依据马克思劳动理论，人对事物的改造需借助工具（体外器官）来实现。马克思指出："劳动资料取得机器这种物质存在方式，要求以自然力来代替人力，以自觉应用自然科学来代替从经验中得出的成规。"[①] 继而人类又通过不断改进生产力，借助大机器动力引发工业革命，"机器劳动"成为工业文明与进步最直接和主要的支撑。

人工智能在劳动场所应用的最基本类型是改变了人类的劳动方式。随着大数据、物联网、云计算等新兴技术的发展，人工智能在劳动场所的普遍应用，相较于大机器时代，人类的劳动方式再次发生了实质性的变革。人工智能改变了以往手工劳动和机器劳动的传统劳动方式，"数字劳动"成为人工智能时代最鲜明的特点。[②]

不同于在传统劳动模式中，人类对事物的观念改造过程依靠人类的大脑来完成，人工智能在劳动场所的应用领域下，更多运用人工智能等机器来完成劳动生产过程。"人工智能'劳动'的本质就在于通过对人类思维和行为的模拟，构建超越现实的理想图式，从而以自然力来代替人的脑力，实现对事物'观念改造'过程的自动化。"[③] 人类劳动方式的转型是人类劳动历史上的又一次巨大进步，人工智能够进一步优化人类的劳动生产过程，节约劳动时间成本，提升单位时间的生产效率。

---

① ［德］卡尔·马克思：《资本论》，何小禾编译，重庆出版社 2014 年版，第 35 页。

② 参见付秀荣：《劳动方式转型与人类文明形态变革》，载《人民论坛》2021 年第 34 期。

③ 张建云：《马克思劳动理论视域下人工智能的本质及价值分析》，载《学术交流》2021 年第 10 期。

人工智能促进劳动方式的转型体现为以下类型：一是数字劳动的方式。例如，通过数字劳动处理原始数据，通过算法、深度学习等人工智能技术对互联网平台等产生的数据进行聚合、分析及挖掘，借助实体机器和数字设备，产生出短视频、自媒体产品等虚拟数字产品。在这种场景下，虽然劳动方式、劳动资料和劳动对象都发生变化，算法程序、深度学习等人工智能技术等参与到劳动过程中，但是人类仍然是劳动主体。二是人工智能劳动方式。由人工智能主导数据收集、加工、生产全过程，作为机器设备控制的劳动者完全被人工智能所取代，生产过程完全虚拟化。[①]

与以往“手工劳动”“机器劳动”不同的是，劳动与生产资料的结合部分或全部发生在虚拟空间而非线下实体，呈现虚拟化的劳动方式，而劳动方式的转型也形成了劳动关系的新特征。

（二）控制管理机制的迭代

人工智能在劳动场所的应用场景还包括，用工单位应用算法模型、自动化决策、大数据等人工智能技术来支持、替代、强化对劳动者的筛选和控制管理，使其区别于传统劳动关系下的管理机制。这种控制管理机制的迭代体现在以下方面。

1. 实现供需双方的匹配

通过算法等人工智能技术，能够快速高效地实现劳动领域中供需双方的匹配。零工经济的出现和发展，在很大程度上依赖算法等人工智能技术的广泛应用。“只有通过新技术，才有可能实现这种众包和按需雇用的模式”[②]，算法正是支撑零工经济中新兴劳动形态和管理措施的技术基础，通过推荐、评价机制等规则的设定，使劳务提供者通过“接单”等方式自愿、自主地提供劳务或者服务。

2. 实现服务全流程的控制

平台可以通过算法评分机制和收集信息的方式对劳动者提供服务的整个过程进行控制。企业可以使用算法的限制和推荐机制来指导平台劳务提供者，使用记录和评价机制来评估他们，以及使用替换和奖励机制来规训他们。[③] 以网约车平台的调度为例，匹配选择司机、乘客服务评价等不同环节都可能涉及算法

---

① 参见李韵：《数字经济劳动方式的变化特征及其作用因素分析》，载《教学与研究》2022 年第 3 期。

② Daren Brabham, *Crowdsourcing*, MIT Press，2013，p.11-12. 转引自王天玉：《平台用工劳动基准的建构路径》，载《政治与法律》2022 年第 8 期。

③ 参见［英］罗毕·瓦林等：《数字经济中的权力和责任：数据、算法与劳动监控》，姚建华等译，载《国外社会科学前沿》2021 年第 9 期。

管理。“司机完成工作的方式与工作环境受到评分机制的管控。”[①] 例如，在意大利户户送有限责任公司算法歧视案[②] 中，被告户户送公司通过“弗兰克（Frank）算法”在自助预定系统上为骑手提供工作流程的分配和管理。自助预定系统根据骑手的可靠性、参与度对骑手进行评分，高评分的骑手优先预定工作时段（班次或时段），优先级较低的骑手将失去选择的机会。

3. 实现更为精细化、严密的管理控制

用人单位依托大数据、人工智能和算法等新技术，形成了对劳动者更为精细化、严密的管理控制。例如，2019 年亚马逊使用自动化系统来识别员工的工作效率，计算工人的“休工时间”（time off task），如果工人长时间停止扫描包裹，系统会自动生成警告，最终可能会解雇该员工。[③]

4. 渗透到传统劳动领域的全环节

算法管理机制的更迭，也渗透到传统劳动领域的就业招聘、员工表现、绩效考核、劳动人事决策甚至申领失业保险金等各个环节。例如，增值模型（Value-added Modeling）在美国自 2010 年开始推广使用至今已十余年，是算法在美国公立学校教师评价体系的应用的集中体现，从增值模型深刻决定教师们的命运开始，围绕它的讨论、争议乃至诉讼从未停息。在奥巴马执政期间，“增值模型”曾经被认为是评价教师表现、提升教学质量的有效工具，[④] 因此，美国联邦政府规定，将增值模型评分和教师的绩效工资、劳动关系存续挂钩的州，越激进地使用增值模型，越可以获得更多的补贴。[⑤] 在政策驱动之下，增值模型在美国公立教育系统中得以快速推广，全美几乎所有的学区采用了增值模型系统，并以此为依据作出如涨薪、续约或解除劳动合同等影响教师重大利益的决策。

又如，鲍瑟曼诉失业保险局案是算法管理机制应用于申请失业救济环节的

---

① 吴清军、李贞：《分享经济下的劳动控制与工作自主性——关于网约车司机工作的混合研究》，载《社会学研究》2018 年第 4 期。

② 被告 Deliveroo Italia S .R .L 是意大利一家经营外卖业务的公司，2019 年博洛尼亚的运输业劳动者工会联合商业、旅游与服务业劳动者工会以及非典型劳动者工会将该公司诉至法院，诉请理由在于该公司通过其编制的算法阻碍 85% 的员工在固定时间进入平台预订工作。Filcams Cgil Bologna and others v. Deliveroo ITALIA S.R.L，Case N.R.G. 2949/2019（2020）.

③ Colin Lecher，How Amazon Automatically Tracks and Fires Warehouse Workers for “Productivity”，https：//www.theverge.com/2019/4/25/18516004/amazon-warehouse-fulfillment-centers-productivity-firing-terminations (Last Visited on Feb.8，2021).

④ 根据维基百科的介绍，增值模型是一种评价教师的方法，通过对学生的考试成绩进行（与其他学生的）横向对比和（与同一学生在上一学年成绩的）纵向对比来衡量教师在该学年的教学质量。Value-added Modeling，Wikipedia，at https：//en.wikipedia.org/wiki/Value-added_modeling（Last Visited on Feb.8，2021）.

⑤ Rashida Richardson，Jason M. Schultz，& Vincent M. Southerland，Litigating Algorithms 2019 US Report：New Challenges to Government Use of Algorithmic Decision Systems，AI Now Institute，at https：//ainowinstitute.org/litigatingalgorithms-2019-us.html (Last Visited on Feb.8，2021).

典型案例。原告格兰特·鲍瑟曼（Grant Bauserman）等人向被告失业保险局（UIA）申请失业救济而对被告提起了集体诉讼。原告主张，被告采用“密歇根综合数据自动化系统”（MiDAS）来检测和处罚涉嫌欺诈申请失业救济金的行为。在2013年10月至2015年8月间，该系统对超过4000名密歇根州居民作出了其涉嫌欺诈的错误认定。[①]

二、人工智能在劳动场所应用的特征

（一）去边界化

在传统劳动模式下，劳动者通常具有固定的工作时间、工作场所，但随着通信技术和人工智能技术的发展和普及，远程工作、平台工作越来越成为流行的工作方式。远程办公等劳动方式，具有灵活用工的优势，并且有利于提高雇员工作自主性尤其是工作时间自主性。[②] 与传统的企业劳动形式相比，通过平台实现劳务供需匹配，减少了对中介机构的需求，也可能消除限制农村居民、残疾人或承担照顾义务的人参与劳动的障碍，具有降低交易成本、促进弱势群体就业的优势。但是，客观而言，劳动者也可能会承担平台调整费率、增加控制带来的不确定风险。并且，人工智能介入了劳动者的劳动空间，消除了劳动者针对工作与生活两种状态的阻隔，使劳动者工作和生活区域的边界模糊。

（二）去实体化

人工智能技术的高速发展造就了数字化的虚拟劳动关系，各种数字经济关系可以在人工智能镜像生成的虚拟世界中远程并且非接触地交互。人工智能超越现实经济劳动方式重构出虚拟生产关系，乃至各种虚拟关系的载体。不仅企业、市场呈现虚拟化，作为生产要素的劳动关系主体及客体也呈虚拟化状态，人工智能在整个虚拟重构的逻辑关系中主导整个生产劳动关系的运行。劳动者通过虚拟线上控制线下实体设备的生产运作，实现传统实体经济与人工智能下虚拟经济的协调统一，实体与虚拟的交叉重合缩短了生产环节的劳动时间，较之传统劳动生产模式具有先进性的特点。[③]

（三）去集体化

人工智能带来的多形式雇佣关系、管理结构和劳动条件，物联网的便捷沟通协作方式瓦解了以往面对面的雇用方式，基于平台的就业与其同行之间缺乏

---

① 参见详见Bauserman v. Unemployment Insurance Agency，2017 WL 3044120。

② 参见谢增毅：《平台用工劳动权益保护的立法进路》，载《中国法学》2022年第1期。

③ 参见李韵：《数字经济劳动方式的变化特征及其作用因素分析》，载《教学与研究》2022年第3期。

工作场所的社交互动，劳动者无须相互协作、共同办公。外卖行业即为典型场景，新兴的平台中介物流链将平台、餐馆与劳动者之间的关系变得错综复杂，劳动过程的算法控制及脆弱的虚拟沟通方式不断重构用人单位与劳动者的主体性。平台劳工处于一个分散化和个性化的劳动场景下，线下物理工作交往已经从其劳动过程中消蚀。“社会关系和社区支持被证明是工人能动性的重要指标”，而对于以外卖员为代表的平台劳动者来说，平台工作的社会关系结构是分散、脆弱且易于解散的，同事之间相对长期稳定的社会关系难以维持。①

（四）去技能化

人工智能不断改变着劳动场景下的工作形态，通过技术工具强化创意劳动者对平台的依赖性和附属性，使其“去技能化”。这主要体现在以创造性为核心竞争力的创意劳动者场景。以视频创意为例，高效的硬件设施和智能化的数字信息程序等人工智能技术，能够将复杂且具技能性的视频拍摄简化为单一的一键操作系统。随着人工智能在劳动场景中的广泛应用，创意劳动者的主动性与创造性也可能被不断侵蚀，最终客观上造成创意劳动者的“去技能化”。使“原本追求‘创造性’的创意劳动者演变为讲求‘熟练性’‘操作性’的流水线工人”②。

第二节　人工智能在劳动场所应用的风险

一、对传统劳动关系的冲击

劳动关系的认定是劳动者享有劳动法保护的前提条件，是否被认定为存在劳动关系是工人享有劳动者权益的关键性因素。新兴的“零工经济”带来多元化的用工方式，对传统的劳动关系认定标准造成了冲击。

（一）传统的劳动关系认定标准

世界各国的劳动关系判断标准有“从属说”和“控制说”两种。大陆法系国家强调劳动关系双方的不平等性，多数采取“从属说”的认定标准，而以美国为代表的英美法系国家通常采取“控制说”的认定标准，强调雇主对雇员的控制。如果一方享有对另一方的控制，则双方存在雇主和雇员的劳动关系，如果缺乏控制的存在，劳务提供方则是独立承包人（independent contractor）。

---

① Ping Sun, Julie Yujie Chen, *Platform Labour and Contingent Agency in China*, China Perspectives, Vol. 2021(1). p.22.

② 刘战伟、李媛媛、刘蒙之：《平台化、数字零工与短视频创意劳动者：一项劳动控制研究》，载《新闻与传播研究》2021 年第 7 期。

1.“从属性”认定标准

我国通说认为：“从属性是劳动法调整的劳动关系的本质性特征。”[①] 我国现行劳动关系“从属性”的认定标准是以2005年原劳动和社会保障部颁布的《关于确立劳动关系有关事项的通知》(以下简称《通知》)确立的认定标准为核心，无论是各行各业相继出台的实施细则，抑或法院颁行的相关裁判指导文件，均未脱离该认定标准。[②] 从属性包括人格上的从属性与经济上的从属性。[③] 人格从属性强调劳动者需融入用人单位，其工作时间、工作场所、工作内容以及具体工作方式都需在用人单位的指挥下进行。[④] 经济从属性表现在劳动者通过向用人单位提供劳务的方式求得生存，对于用人单位来说，劳动者的劳务是其业务的不可分割的组成部分。[⑤]

2.“控制权”认定标准

控制权是在1989年博雷洛诉劳工部一案中确立的“博雷洛标准”(Borello Test)，亦被称为“控制权标准”，是判断存在劳动关系的重要判断标准。“博雷洛标准”具体包括以下内容：(1)根据协议，雇主可能对工作细节进行控制的程度；(2)受雇人是否从事不同的职业或业务；(3)参照当地情况，该类型的职业通常在雇主指导下完成，还是由专业人员独立完成；(4)特定职业需要的技能；(5)由谁提供设备、工具和工作场所；(6)关系的持续时间；(7)支付方式；(8)工作是否为雇主日常经营的组成部分；(9)当事人对关系性质的看法；(10)受雇人是否从事管理。博雷洛标准通过识别雇员的身份来确定雇主是否需要对第三人因劳动者不法行为而遭受的损害承担赔偿责任。[⑥] 但是，没有任何一个要素发挥决定性作用，劳动关系的认定须综合考虑所有要素，但雇主的控制程度是最重要的要素，其并非指实际的控制，而是指有权控制的程度。[⑦]

总体来说，无论是大陆法系的“从属性”标准，还是英美法系认定标准中的“控制”因素，两者并没有本质性区别，传统的劳动关系具有持续性、控制性和稳定性的特点。[⑧]

---

① 参见《劳动与社会保障法学》编写组：《劳动与社会保障法学》，高等教育出版社2017年版，第21页；王全兴：《劳动法》(第四版)，法律出版社2017年版，第34页。

②《通知》以构成要件的形式规定劳动关系从属性的构成需符合“劳动者受用人单位的劳动管理”“劳动者从事用人单位安排的有报酬的劳动”“劳动者提供的劳动是用人单位业务的组成部分”。

③ 参见谢增毅：《互联网平台用工劳动关系认定》，载《中外法学》2018年第6期。

④ 参见王倩：《德国法中劳动关系的认定》，载《暨南学报(哲学社会科学版)》2017年第6期。

⑤ 参见谢增毅：《互联网平台用工劳动关系认定》，载《中外法学》2018年第6期。

⑥ S.G. Borello & Sons, Inc. v. Department of Industrial Relations, 48 Cal. 3d 341 (1989).

⑦ See Mark A. Rothstein, Charles B. Craver, Elinor P. Schroeder, Elaine W. Shoben & Camille L. Hebert, *Employment Law*, 5th ed., West Academic Publishing, 2015, p.70, p.338.

⑧ 国际劳工大会2019年6月21日通过的《关于劳动世界的未来百年宣言》提到，应“强化劳动制度，确保充分保护所有工人，并重申雇佣关系的持续相关性，以此作为向工人提供确定性和法律保护的方式，同时认识到非正规性的程度以及有必要确保采取有效行动，实现向正规性转型”。

（二）新就业形态的产生及其影响

1. 新就业形态的特征

随着人工智能和移动互联时代的发展，零工经济规模的不断扩大，灵活用工的形式不断涌现。数字经济新业态催生了新兴的劳动方式，专车司机、外卖骑士、网络主播等为代表的新就业形态人员具有工作时间弹性化、工作场所自由化、用工关系零散化等特征。劳动者不再长期受雇于某一组织，而是通过在网络平台注册，根据平台提供的信息直接与雇主对接。平台成为介入雇主与劳动者之间的第三人，分担了雇主的部分职能，使传统劳动关系的二元结构演变为非典型劳动关系的三角结构。①

2. 新就业形态人员的保护困境

随着我国平台经济的飞速发展，与互联网平台有关的劳动争议案件也相应增多，随之而来的首要问题是，传统的劳动关系认定标准似乎难以界定平台和灵活就业人员之间的关系。

在传统劳动关系中，用人单位与劳动者依照《劳动合同法》的相关规定，签订合同建立劳动关系。劳动关系认定相对简单，双方依法确定权利义务，劳动者的合法权利更易于受到法律保障。通常情况下，外卖骑手等灵活就业人员与平台之间也会存在合同关系，但是双方通过签订《服务合作协议》等约定双方的权利义务，具有相当的灵活性和自主性。新就业形态人员和平台之间是否存在劳动关系难以认定，甚至双方会通过自主协商规避劳动法领域的强制性规定，可能会游离于劳动法的保护范围之外。

2021 年 1 月，《人力资源社会保障部对政协十三届全国委员会第三次会议第 3391 号提案的答复》指出："新就业形态人员大多通过平台自主接单承接工作任务，准入和退出门槛低，工作时间相对自由，劳动所得从消费者支付的费用中直接分成，其与平台的关系有别于传统的'企业 + 雇员'模式，导致新就业形态人员难以纳入现行的劳动法律法规保障范围。"

3. 劳动关系认定的司法实践争议

从典型案例看，由于平台用工的具体方式并不相同，加上劳动关系判断标准较为弹性，司法实践对平台用工劳动关系的认定并不统一。灵活就业人员是否属于劳动者身份的界定不明确，灵活就业人员与平台之间是否存在劳动关系也存在争议。

在我国司法实践中，有个案认定为灵活就业人员与平台之间存在雇佣关系。在 2015 年全国首例涉及手机代驾软件的交通事故责任损害赔偿案件中，法院

---

① 参见董成惠：《零工劳动对传统劳动关系的解构以及应对措施》，载《湖南社会科学》2020 年第 5 期。

判决代驾软件运营商北京亿心宜行汽车技术开发服务有限公司与代驾司机之间成立雇佣关系。[①] 但是，我国现行立法中并没有采用“雇佣关系”的概念，雇佣关系当事人之间的权利义务并不清晰。“雇佣”的概念只出现在最高人民法院2003年出台的《关于审理人身损害赔偿案件适用法律若干问题的解释》第9条第2款中，即前款所称“从事雇佣活动”，是指从事雇主授权或者指示范围内的生产经营活动或者其他劳务活动。雇员的行为超出授权范围，但其表现形式是履行职务或者与履行职务有内在联系的，应当认定为“从事雇佣活动”。

在不同案件中，不同法院在认定灵活就业人员与平台之间是否存在劳动关系，存在争议。在李某国与北京同城必应科技有限公司劳动争议案中，法院认定闪送平台与原告闪送员之间存在劳动关系。被告北京同城必应科技有限公司为“闪送”平台的运营方，原告李某国自主下载“闪送”App并注册成为闪送员。2016年7月24日，原告在进行闪送业务时发生交通事故，诉请法院确认与被告存在劳动关系。海淀法院判决，被告与原告之间具有从属性，双方间属于劳动关系。但是法院论证颇为勉强，并且花了较大篇幅论证“对李某国适用劳动法保护之必要性”，提出李某国需要工伤保险保障也是认定劳动关系的理由之一。[②] 但是，在其他涉及外卖骑手、快递员等新就业形态人员相类似的案件，又有法院认定此类人员与平台之间不属于劳动关系。[③] 特别是新就业形态人员在就业选择中所体现出的灵活性、自主性，似乎是对传统劳动关系中“从属性”或“控制”因素的强有力否定，传统以“从属性”或“控制”因素为基础的劳动关系评判标准受到一定的挑战。

二、劳动者的个人信息安全风险

算法等人工智能技术往往是与个人信息的处理相关联。在这种情况下，算法使用可用数据，如人们的个人信息，对他们未来的表现和工作适合度产生预测，无论是新申请人还是现有员工。通过用准确的个人层面预测来告知上层人力资源决策，AI系统有望提高组织的劳动生产率，因为候选人更有可能匹配到

---

① 北京亿心宜行汽车技术开发服务有限公司诉陶某国等机动车交通事故责任纠纷案，参见上海市第一中级人民法院（2015）沪一中民一（民）终字第1373号民事裁定书。

② 参见北京市海淀区人民法院（2017）京0108民初53634号民事判决书。对该案的分析可参见阎天：《劳动关系概念：危机、坚守与重生》，载《中国法律评论》2018年第6期。

③ 在美团外卖南通地区的配送服务商与王某确认劳动关系纠纷案中，法院裁判外卖骑手与配送服务商之间不属于劳动关系（参见江苏省南通市崇川区人民法院发布的2016年至2019年劳动争议典型案例之一）；在某快递股份有限公司与王某某劳动争议案中，法院认为原告与某快递公司签署《合作协议》为其提供取送货物服务，但不符合劳动关系的本质属性和重要特征，故认定不存在劳动关系（参见成都市中级人民法院发布的2019年劳动争议十大典型案例之一）；在郭某与某外卖配送平台确认劳动关系纠纷案中，法院认为原告为兼职配送员，平台没有强制工作任务要求，也没有强制在线时间要求，从业者对于平台缺乏足够的人身依附性，不认为具有劳动关系（参见2020年北京市朝阳区人民法院发布的民营企业劳动争议典型案例之一）。

合适的工作。在劳动过程中，信息主体的个人信息安全风险存在以下特点。

（一）个人信息安全风险持续时间长

信息主体的个人信息安全风险存在于从求职、工作至离职的全部阶段。例如，2021年央视“3·15晚会”点名部分公司泄露求职者简历信息。以我国滴滴出行公司为例，在部分业务线，根据GPS信息，滴滴在每段行程中，从疲劳驾驶、超速、急加速、急转弯、急刹车五个维度来监测车主的驾驶行为。[①]

（二）处理个人信息的信息类型广泛

即使各国法律法规都尽量限制用人单位信息收集的范围，但算法、大数据、人工智能使企业人力资源管理方式脱离传统法律规制，逐渐模糊了工作与私人生活的界分。在德国，一家名为Humanyze的数据分析公司通过让其员工佩戴特殊设备对其进行监控，包括截取对话的麦克风、追踪位置的蓝牙和红外传感器，以及记录运动的加速计等，以充分获取员工数据对其进行精准管理，这些数据与员工的日历、电子邮件和其他个人信息相互参照，通过数据分析可以揭示哪些员工更容易生病、哪些员工更有可能休产假、哪些员工在家承受压力的可能性更大，以此对员工进行评估决定其薪资和去留。[②]

（三）存在侵害信息主体隐私的风险

企业通过人工智能系统来更新人力资源管理方式，加大了用人单位对劳动者的控制程度，通过处理分析监控所记录的大量数据以评估劳动者的生产力和工作适应性，甚至将评级管理运作方式扩展到工作范围之外。例如，2020年10月1日，Hennes & Mauritz公司因违反数据保护相关规定收集、使用、处理员工的个人信息，被德国数据监管部门即汉堡数据保护及信息自由委员会（Hamburg Commissioner for Data Protection and Freedom of Information）处以3526万欧元的巨额罚款。该公司从2014年起将部分员工的私人信息永久存储在网络驱动器上，包括员工假期、病假、缺勤记录、谈话记录等内容，在某些场合下，还记录了员工的疾病和诊断症状。通过该种方式收集的数据使得主管广泛了解员工的私人生活，用于决定员工就业和其他措施。对此，德国汉堡数据保护及信息自由委员会表示，“收集员工的私人生活细节和记录他们的生活轨迹造成对员工基本权利的严重侵犯”。

因此，人工智能在劳动场所的应用，虽然可能有助于提升劳动管理的效率，

---

① 参见张车伟主编：《中国人口与劳动问题报告No.18》，社会科学文献出版社2017年版，第127页。

② See Bradley Areheart，Jessica L.Roberts，GINA，*Big Data，and the Future of Employee Privacy*，the Yale Law Journal Vol. 2019 (128), p.173.

但会对劳动者的个人信息安全造成威胁。

三、算法歧视加剧了传统的劳动歧视

在算法大规模使用的过程中，区别于传统歧视领域的算法歧视形式也在逐渐成型，正在以隐蔽化、系统化和规模化的方式对特定群体的正当权益造成不可忽视的损害。算法的中立性、客观性和自动化决策等特征，往往会模糊算法歧视背后人类主观因素所施加的真正影响。但是，无论算法本身具有怎样的合理性、客观性与中立性，都无法否认算法技术的应用，仍然是由人类为了实现某一特定的目的而设计的。算法歧视加剧了传统的劳动歧视，体现在以下方面。

（一）扩大职场偏见的负面效应

用人单位通常会采用算法模型来完成简历筛选等基本环节，以提高决策效率。企业在算法的编制以及通过算法技术对劳动者进行筛选时则具有主观意志，即非中立性及法律可规制性。[①] 基于决策目的而编写的算法程序本身，可能会对劳动者的筛选方式产生负面影响，例如，以更加苛刻，甚至带有歧视性的标准筛查劳动者以满足企业用工需求，或者可能直接将女性、种族、年龄等具有某种分类特征的特定群体排除在岗位聘用之外。即使企业并未明示处理劳动者的性别、生育、婚姻状况等信息，但通过特定的信息处理技术和数据融合，可以通过其他信息推定出劳动者的性别、生育等特征信息。另外，在薪酬标准方面，美国学者以百万多名 Uber 司机为样本的一项实证研究发现，男性 Uber 司机的单位小时平均收入比女性司机高出 7%。[②] 因此，算法等人工智能技术的应用客观上也会进一步扩大职场偏见的负面效应。

（二）算法歧视更加隐蔽化

算法歧视可能更加隐蔽化，包括构成间接歧视，即表面中立的规定将特定人群置于与其他人相比特定的劣势之中。相比基于性别、年龄、种族等特征实施的直接歧视而言，间接歧视更为隐蔽，受歧视的主体更难以获得有效救济。意大利户户送有限责任公司算法歧视案就是间接歧视的典型性案件，意大利法院确认被告采用的算法构成对骑手的间接歧视，将特定类别的骑手置于潜在的

---

① 丁晓东：《论算法的法律规制》，载《中国社会科学》2020 年第 12 期。

② See Cody Cook, et al., *The Gender Earnings Gap in the Gig Economy: Evidence from over a Million Rideshare Drivers*, The Review of Economic Studies, Vol. 2020(5), p.2210.

特别不利的地位。[①]

在该案中，被告采用“弗兰克算法”的底层逻辑并不是为了歧视某种特定群体的骑手，而是基于商业目的的考量。被告采用的算法系统中，每个骑手的“分数”取决于骑手的可靠性和参与度这两个参数，再根据骑手的“分数”对骑手开放进入预定系统的时间段。其中，在分析骑手工作参与度时，采用的指标是认为最重要的时间段内（周五至周日 20：00~22：00）骑手的配送次数，骑手的配送次数越多，公司的收益也会随之增加。案涉算法筛选出有利于企业实现利益的骑手，给予这类骑手更高的评分，获得更多工作机会的可能性。骑手可预定的工作时段会随着时间的推移而逐渐减少，因“分数”较低只能在靠后时间段进入系统的骑手可以获得的工作机会越来越少。但是，此种算法并没有为骑手的正当理由预留余地，因为一旦骑手因生病、照顾患病未成年人、罢工等合理原因无法提前取消或参加未取消的预定，骑手的统计数据都会受到影响。换言之，无论骑手的行为是否存在正当理由，都将会面对“分数”降低、遭受歧视性待遇的风险。“分数”较低的骑手则不可避免逐渐地被边缘化，而且被边缘化所带来的长期影响会在骑手每次接单时叠加。从表面来看，尽管所有骑手都使用相同的系统，延迟取消或未取消且未赴约的惩罚后果也是相同的；然而正是由于该算法规则呈现的表面中立性，更易让人忽略算法本身的歧视性。

四、人工智能是否具有劳动者身份

随着人工智能进入劳动领域，人工智能能否具有劳动者身份的法律地位日益引发关注。美国国家公路交通安全管理局（NHTSA）将谷歌采用人工智能系统的无人驾驶汽车视为“司机”[②]；欧盟委员会为弥补机器人可能造成的损害，对机器人创造特定的法律地位。[③] 有学者认为，人工智能具有有限的法律人格[④]；还有的学者提出人工智能具有区别于人类的权利，如法律拟制性、功能性等。[⑤] 多数学者对该问题持否定态度，认为机器人无论是从智性、心性、人性，乃至

---

① 意大利第 216/2003 号法令第 2 条将歧视分为直接歧视与间接歧视两种不同形式。前者的定义为：“由于宗教、个人信念、残疾、年龄或性取向，一个人的待遇不如他 / 她曾经或另一个人将在类似情况下受到的待遇。”间接歧视是指：“表面中立的规定、标准、实践、行为、契约或措施，可能会将信奉特定宗教或另一种性质意识形态的人、残疾人、特定年龄或性取向的人置于与其他人相比特定的劣势。” Filcams Cgil Bologna and Others v. Deliveroo ITALIA S.R.L，Case N.R.G. 2949/2019（2020）.

② David Shepardson，Paul Lienert，In Boost to Self-driving Cars，U.S. Tells Google Computers Can qualify as Drivers，at https：//www.reuters.com/article/alphabet-autos-selfdriving-idUSL2N15P043 (Last Visited on Feb.8，2021).

③ See Motion for a European Parliament Resolution with Recommendations to the Commission on Civil Law Rules on Robotics，(2015/2103(INL))，at https：//www.europarl.europa.eu/doceo/document/A-8-2017-0005_EN.html (Last Visited on Feb.8，2021).

④ 参见袁曾：《人工智能有限法律人格审视》，载《东方法学》2017 年第 5 期。

⑤ 参见张玉洁：《论人工智能时代的机器人权利及其风险规制》，载《东方法学》2017 年第 6 期。

责任承担的能力或方式，都不足以使人工智能具备法律人格。[①] 人工智能在更多的行业逐渐取代劳动者并像人一样具有智慧地处理事物，假设人工智能具有主体身份或许更有利于法律调整社会生活，对其身份的认定各方也在进行尝试。对人工智能的主体身份认定仍有争议之处。

第三节 人工智能应用于劳动场景的法律规制重点

一、劳动者权益保护

（一）劳动者权益保护的必要性

人工智能在劳动场景应用所带来的最核心的法律问题是，如何保护劳动者的合法权益，特别是新业态就业人员的合法权益。合法权益保护的必要性体现在以下方面。

1. 新业态就业人员的权益保障问题突出

新业态就业人员的劳动强度与薪酬水平问题，已经受到了社会广泛关注。有关网约车司机工作时间过长、平台抽成比例过高、外卖骑手配送时间过严等热点事件频出，由此导致过度劳动并增加了交通事故风险，甚至出现了网约车司机和外卖骑手猝死的严重后果。[②]

2. 新业态就业人员普遍缺乏议价能力

平台与新业态就业人员之间客观上存在不平等的关系。虽然从表面来看，新业态就业人员通过平台为用户提供服务具有自主性、灵活性，但是平台企业在平台内市场拥有绝对的定价权，可以借助算法工具制定每单价格、订单完成时限、积分排名和奖惩规则，其他市场参与者没有与平台进行议价的能力。而且，平台对其具有事实上的控制能力，可以利用数字技术将工作场所规则编码到劳务提供者完成工作必须使用的数字工具当中，以此降低劳务提供者抵制、逃避或挑战平台建立的规则和期望的能力。[③] 因而，零工经济被认为代表了一种“顺从”式的劳动。[④]

---

① 参见吴汉东：《人工智能时代的制度安排与法律规制》，载《法律科学》2017 年第 12 期；郑戈：《人工智能与法律的未来》，载《探索与争鸣》2017 年第 10 期；田野：《劳动法遭遇人工智能：挑战与因应》，载《苏州大学学报（哲学社会科学版）》2018 年第 6 期。

② 参见王天玉：《平台用工劳动基准的建构路径》，载《政治与法律》2022 年第 8 期。

③ Vallas Steven & Juliet B. Schor, *What Do Platforms Do? Understanding the Gig Economy*, Annual Review of Sociology, Vol. 2020(46), p.273-294.

④ Gandini Alessandro, *Labour Process Theory and the Gig Economy*, Human Relations, Vol. 2019(72), p.1039-1056.

3. 现有立法和司法实践难以提供有效保护

现有劳动法以及司法实践难以为新就业形态人员提供有效保护。平台和新业态就业人员之间是否存在劳动关系不明确，甚至双方会通过合同约定等自主协商的形式来规避劳动法领域的强制性规定。正如2020年《人力资源社会保障部对政协十三届全国委员会第三次会议第3391号提案的答复》中指出："依据现行《工伤保险条例》，我国境内的企业、事业单位、社会团体、民办非企业单位、基金会、律师事务所、会计师事务所等组织和有雇工的个体工商户（以下简称用人单位）应当参加工伤保险。由于平台用工方式的特殊性，难以按照现行确立劳动关系的有关标准认定双方为劳动关系，导致包括外卖骑手在内的新就业形态人员无法纳入现行工伤保险制度。"

（二）劳动者权益保护的规制路径

针对如何保护新业态就业人员的合法权益这一问题，劳动者权益保护的规制路径和基本思路应当是，扩大劳动法的保护范围，创新劳动法的调整方式，平衡平台用工的灵活性和工人的安全性，加强平台工人权益保护。①

1. 优化劳动关系的认定标准

随着时代的发展，认定劳动关系的判断标准也在不断演进，确保符合劳动者标准的工人得到劳动法保护。特别是在零工经济发展较快的美国，法院在司法实践中不断优化劳动关系的认定标准，总体而言，对劳动者的法律保护程度在不断扩大。

以美国加利福尼亚州为例，该州有着优步（Uber）等多家新兴平台企业。法院在司法实践中需要对零工劳动者的身份进行明确界定，判断零工劳动者是独立承包人或是企业雇员，从而决定是否将零工劳动者的权益纳入法律的保护范围。加利福尼亚州法院长期以来一直采用博雷洛标准来确定零工劳动者是独立承包人或企业雇员。根据美国1983年颁布的《公平劳动标准法》（Fair Labor Standards Act of 1938，FLSA），联邦法院将经济因素和经济风险纳入考量，逐渐采用"经济现实标准"（Economic Realities Test）作为"雇员"的认定标准，来确定工人是否有权享受最低和加班工资保护。

根据"经济现实标准"，法院在判断是否构成雇佣关系时，除考虑雇主对工作内容的控制程度之外，还应当考量工作安排的持久性、工作所需技能的级别、工作要素的投资以及雇员因工作获利的机会。美国1983年《公平劳动标准法案》的目的在于向雇员提供保护，避免雇员因收入过低而遭受生活窘迫之苦以及因过度工作而可能造成的健康减损。但是，随着网约车平台与司机等新型劳动关系的出现，传统的博雷洛标准已不能够完全适用。

① 参见谢增毅：《平台用工劳动权益保护的立法进路》，载《中外法学》2022年第1期。

因此，在2015年美国伯威克诉优步公司案中，对雇佣关系认定的博雷洛标准增加新的考量因素，重新界定了雇主对劳动者的“控制”应达到的程度。在该案中，原告伯威克因其未经通知即取消其代驾资格而将优步公司诉至法院。加州劳工委员会认为，委托人不需要对劳动者的活动进行完全的控制，在某些情况下，对其进行最低限度的控制就足以将劳动者认定为雇员。虽然司机工作所用车辆并非公司提供而是归司机个人所有，但这并非决定因素，其他事实要素均表明公司已经对司机的运营活动构成了必要控制，具体包括：没有优步公司的手机应用程序，司机就不可能搭载乘客；定价权在公司；司机在工作中不需要发挥其管理技能等。此外，加州劳工委员会认为，司机的业务一直处于优步公司的监督之下，包括司机的准入核查制度、乘客打分制度等。优步公司还为司机提供运营所需的知识产权和除车辆以外的工作所需工具。因此，加利福尼亚州劳工委员会作出了对伯威克有利的裁决，认为她是优步公司的雇员。[①]

随后，在2018年戴纳梅克斯公司诉洛杉矶高等法院案中，美国加利福尼亚州最高法院废除了一直采用的博雷洛标准，确立了关于劳动关系的最新认定标准，即对待雇员更为友好的ABC检验标准。ABC检验标准是指，（A）被雇方在工作绩效方面不受雇佣方指挥和控制，（B）被雇方完成的工作不是雇佣方的主营业务，（C）被雇方通常以独立的形态参与交易、经营或者执业——否则该劳动者将被加州认定为雇员。法院明确指出，下级法院可以按任何顺序考虑ABC检验标准，但雇佣方必须符合这三项检验标准，才能成功将劳动者归类为独立承包人。[②]2019年加州立法机关通过了《加州议会第5号法案》（Assembly Bill No.5），ABC标准在加州取代了普通法下的博雷洛标准，成为加州区分独立承包人和雇员的法定认定标准。

总体来说，美国的司法实践中，从博雷洛标准、经济现实标准，到添加了新要素的博雷洛标准，再到最新的ABC标准，对劳动关系的认定标准发生了巨大的变化，对零工从业人员的保护力度也在增加。

同样，我国也在不断作出有益的尝试，其基本思路是不必将各种保护手段都不加选择地适用于非典型劳动关系。例如，2021年我国人社部等八部门联合印发《关于维护新就业形态劳动者劳动保障权益的指导意见》（人社部发〔2021〕56号），正是采取了相同的保护思路，就目前新就业形态劳动者的从业性质及相应的保障措施作了区分：第一，符合确立劳动关系情形的，企业应当依法与劳动者订立劳动合同；第二，个人依托平台自主开展经营活动、从事自由职业等，按照民事法律调整双方的权利义务；第三，不完全符合确立劳动关系情形但企业对劳动者进行劳动管理（以下简称不完全符合确立劳动关系情形）

---

① Barbra Berwick v. Uber Technologies, Inc., Case No. 11-46739 EK(2015).

② Dynamex v. Superior Court, 416 P.3d 1(Cal. 2018).

的，指导企业与劳动者订立书面协议，合理确定企业与劳动者的权利义务。

虽然中美两国的劳动法与平台经济的形态并不一致，但两国劳动法的改革和实践方向，特别是在不断完善劳动者权益保护方面具有相似性。

2. 为新就业形态人员提供基本劳动权益保障

针对平台工人的保护方式是赋予工人部分而不是全部劳动法权益，这对传统的劳动法理论和实践产生巨大冲击。我国《关于维护新就业形态劳动者劳动保障权益的指导意见》比照了劳动关系，建构了新就业形态下“不完全符合确立劳动关系情形”的保障制度和措施，明确规定了多项劳动权益保障措施，包括公平就业制度、最低工资和支付保障制度、休息和劳动定额制度、劳动安全卫生责任制度、社会保险制度、集体协商和申诉制度等。

3. 明确新就业形态人员的具体权益

新就业形态人员应当享有的具体权益包括：第一，平等就业的权利。反就业歧视和平等就业涉及公民平等权的基本权利，是国际劳工组织确立的工人基本权利之一，也是许多国家赋予所有工人的权利。第二，劳动安全卫生的权利。安全卫生关涉工人的健康权和生命权，应为包括平台工人在内的所有工人享有。第三，工时和工资的权利。工时和工资涉及工人的健康权和基本生活保障，这些权利属于劳动者的基本保障。第四，职业伤害保障和其他社会保险权益。职业伤害保障是工人安全卫生权利的延伸，也是社会保险制度的重要内容。职业伤害也是当前外卖骑手和网约车司机等面临的突出职业风险。第五，与平台算法相关的权利。算法虽然是运用现代技术和人工智能运行的结果，但其制定和实施均处于平台的控制之下，和传统的单位规章制度以及雇主决策并无本质区别，只是算法“隐藏”了平台的意志和决策，但并不能否认算法背后的主体是平台。①

二、限制人工智能对劳动者个人信息的处理

（一）处理劳动者个人信息的合法性基础

我国《劳动合同法》第 8 条规定用人单位有权了解的劳动者信息为“与劳动合同直接相关的基本情况”。《个人信息保护法》第 13 条第 1 款第 2 项也规定，用人单位基于其管理权可以收集“实施人力资源管理所必需”的个人信息，这为用人单位处理劳动者个人信息提供了合法性基础。

在司法实践中，法院通常认可用人单位以管理权为事由抗辩劳动者提出的监控侵权主张。在广东省某案中，原告张某认为公司在从事劳动的工作区域内安装的摄像头能够拍摄的内容涉及其个人隐私而撑伞遮挡摄像头，经公司领导

① 参见谢增毅：《平台用工劳动权益保护的立法进路》，载《中外法学》2022 年第 1 期。

与工会劝阻仍遮挡摄像头，公司以其行为违背公司章程和劳动纪律，对其他员工造成负面影响为由向其送达《解除劳务通知书》。该案的争议焦点虽然在公司接触劳动关系的行为定性上，但本质是如何协调劳动者信息保护与公司管理权的关系，对劳动者的监控行为是否是用人单位管理权实现之必要。法院认为，从收集劳动者在工作场所的行为信息的目的上看，用人单位的行为不仅是对劳动者的监督，更是为保障单位内人员的人身安全和财产安全，预防单位内犯罪行为的有效措施之一，具有目的上的合理性及必要性。从手段和范围上看，监控位置为办公室的公共区域，监控的时间维度和空间范围并不违反法律的明确规定，监控内容的提取与使用未有证据证明超出用人单位行使合法管理权的范围。[①] 同时，劳动者身为法律关系的主体应当享有个人信息保护的权利，由于劳动关系的从属性、劳动者工作空间与时间的特殊性，用人单位的管理权必定会对劳动者的隐私造成一定的限制，但包括人格权在内的民事权利，并不因劳动关系的存在而消灭，用人单位仍需尊重劳动者享有的个人信息权利。[②]

总体而言，用人单位借助人工智能系统对劳动者信息的收集必须具有明确、合理的目的，并且应当限于实现该目的的最小范围收集信息。用人单位信息处理行为应以目的原则所设定的边界作为管理权的边界，超出合法目的的信息处理行为需承担相应的法律责任。

（二）以知情同意原则明确信息处理依据

个人信息的收集处理须得到信息主体有效的同意，已成为国内外数据保护法的普遍做法。我国《民法典》第 1035 条第 1 款将同意作为信息处理的合法性基础。《个人信息保护法》第 13 条规定："符合下列情形之一的，个人信息处理者方可处理个人信息：（一）取得个人的同意……"

在劳动关系领域，用人单位为维持生产经营秩序而收集处理劳动者个人信息的，同样可以依据《个人信息保护法》第 13 条第 2 项的规定，"为订立、履行个人作为一方当事人的合同所必需，或者按照依法制定的劳动规章制度和依法签订的集体合同实施人力资源管理所必需"。可见在"履行合同所必需"以及"实施人力资源管理所必需"的范围内，用人单位可以在同意规则的框架外获取劳动者信息。超出第 13 条第 2 款规定的范围收集劳动者信息，需要在信息主体的同意下才可进行。

《个人信息保护法》第 14 条规定："基于个人同意处理个人信息的，该同意应当由个人在充分知情的前提下自愿、明确作出。法律、行政法规规定处理个人信息应当取得个人单独同意或者书面同意的，从其规定。"用人单位应当清楚

① 参见广东省高级人民法院（2020）粤民申 8843 号民事裁定书。

② 参见田野：《雇员基因信息保护的私法进路》，载《法商研究》2021 年第 1 期。

明确地告知劳动者信息处理事由，劳动者在充分知情的前提下，自愿同意并授权用人单位在其同意的范围内收集、处理个人信息，此时的数据处理行为才为合法有效。

（三）以最小必要原则限制信息收集范围

最小必要原则包括三个方面的内容：相关性、最小化以及合比例性。[①]《个人信息保护法》第 6 条第 1 款规定："处理个人信息应当具有明确、合理的目的，并应当与处理目的直接相关，采取对个人权益影响最小的方式。"即个人信息处理与处理目的之间要有直接相关性。最小化意味着雇主应当采取对个人权益影响最小的方式收集处理个人信息，最少收集数量、最少收集类型、最短存储时间、最小共享范围等都在最小化的考量因素内。《个人信息保护法》第 6 条第 2 款规定："收集个人信息，应当限于实现处理目的的最小范围，不得过度收集个人信息。"合比例性则是从相关性和最小化原则中推导出来的，即信息处理的风险与达到特定目的的收益之间符合比例。雇主对雇员的个人信息收集、处理和存储应当与用工管理的目的直接相关，收集和处理的个人信息范围也需限制在最小的范围内，并且信息收集的手段、雇员信息面临的安全风险都要与收集信息能够获取的利益之间符合比例。

（四）以公开透明原则限制信息处理方式

劳动者与用人单位之间的信息差阻碍劳动者对其信息处理手段与目的的理解，运用人工智能技术进行的人力资源管理，不可避免会出现"算法黑箱"等现象。《个人信息保护法》第 7 条规定："处理个人信息应当遵循公开、透明原则，公开个人信息处理规则，明示处理的目的、方式和范围。"信息处理透明是劳动者作出有效"同意"授权的前提，当劳动者对个人信息处理规则、处理方式、处理目的及范围有清晰的认知后，自愿明确地同意信息处理才视为有效授权。在无须征得劳动者同意的信息处理场景下，公开透明原则的适用就成为劳动者、社会公众及监督机关实施监督行为的必要途径，旨在对具有强制性地位的信息处理者形成有效制约。用人单位在收集或者处理劳动者信息之前，应当向劳动者说明信息收集的范围与用途、使用通俗易懂的词语解释信息处理的内在逻辑及处理目的，并提示该处理行为可能造成的风险，使劳动者能够清楚地认知和预期信息处理结果。

---

① 参见武腾：《最小必要原则在平台处理个人信息实践中的适用》，载《法学研究》2021 年第 6 期。

三、算法等人工智能技术的法律规制

当人工智能应用于劳动关系场所，原有的劳动法体系展现出的不适应性越来越显著，人机协作的新型劳动模式规制路径需要劳动法进行全面的调整。工人的算法管理是平台业务模式的核心。因算法对工人权利的损害在于算法通过技术手段由平台单方设定，平台工人缺乏话语权，由此可能导致算法规则和算法结果对工人不公平。算法的使用危及平台工人程序上的参与权，以及劳动保障的实体权利。因此，必须对算法加以规制。①

（一）各国立法对算法规制的回应

针对人工智能技术在劳动领域的应用带来的潜在的算法风险，不同国家对此作出了立法上的应对措施。

针对广受关注的外卖行业中存在的“最严算法”和极限竞争的问题，我国监管部门也作出了明确回应。2021 年 7 月 7 日，国家市场监管总局等七部门联合印发《关于落实网络餐饮平台责任切实维护外卖送餐员权益的指导意见》，提出不得将“最严算法”作为考核要求，通过“算法取中”等方式，合理确定订单数量、准时率、在线率等考核要素，适当放宽配送时限。2022 年 3 月 1 日实施的《算法推荐管理规定》第 20 条规定，算法推荐服务提供者向劳动者提供工作调度服务的，应当保护劳动者取得劳动报酬、休息休假等合法权益，建立完善平台订单分配、报酬构成及支付、工作时间、奖惩等相关算法。

针对人工智能在人事招聘环节可能存在歧视风险，美国伊利诺伊州于 2020 年 1 月实施了《人工智能视频面试法》（Artificial Intelligence Video Interview Act），是美国首个实施的此类法案。该法案规定在招聘过程中使用人工智能系统的雇主有通知、同意、分享、删除和报告的义务：一是通知申请人其面试视频可能会被人工智能系统进行分析；二是向申请人解释人工智能系统如何运作；三是需要事前获得申请人同意。

欧盟委员会更是于 2021 年 4 月 21 日提出《人工智能法案》，② 针对“数字”工作相关主题的探索正在不断深化。《人工智能法案》与欧盟《通用数据保护条例》将共同应对某些人工智能系统的不透明性、复杂性、偏见、一定程度的不可预测性等问题。其中，《人工智能法案》将用于就业、工人管理和自营职业的人工智能系统归类为高风险，因为这些系统可能会明显影响这些人未来的职业前景和生计。该法案对高风险系统提出了相应的透明度要求：“高风险人工智能

---

① 参见谢增毅：《平台用工劳动权益保护的立法进路》，载《中外法学》2022 年第 1 期。

② See European Commission, Laying Down Harmonised Rules on Artificial Intelligence (Artificial Intelligence Act) and Amending Certain Union Legislative Acts (Apr. 21, 2021).

系统应附有相关文档和使用说明，并包括简明清晰的信息，包括与基本权利和歧视可能面临的风险有关的信息。”与此同时，《人工智能法案》引入人工监督，要求高风险人工智能系统的设计和开发方式应使自然人可以监督其运行。对于数字平台的劳务提供者而言，《人工智能法案》有效实施能够使其权利免受人工智能系统偏见可能导致的歧视。

（二）赋予工人算法相关的权益保护

为规制平台算法并保障工人权益，可赋予平台工人以下权益。一是工人对平台规则和算法的知情权。工人应有权事先了解平台有关进入退出、工作分配、工作时间、工作报酬、工作标准和奖惩的规则以及相应的算法结果，平台应以通俗易懂的方式使工人知悉。二是工人有权参与算法规则的制定。平台规则与平台工人利益密切相关，这些规则和传统的雇主规章制度并无本质区别，工人应以适当方式参与制定，这也是平台工人行使集体权利的重要体现。三是个人信息权益。平台为了算法实施，需要大量收集平台工人的个人信息，包括对工人工作过程的监控，因此平台应遵守《民法典》和《个人信息保护法》等信息保护的一般规则，确保数据安全，保护平台工人相应的个人信息权益，包括与自动决策相关的权利。此外，要求用工平台切实履行算法透明原则，向工人披露所使用的算法机制，减少双方信息不对称带来的歧视行为。四是内部申诉和获得救济的权利。平台大多通过算法进行决策并据此对平台工人进行奖惩，双方容易发生纠纷。因此，应畅通平台工人权利救济渠道，要求平台建立内部争议和纠纷解决机制，妥善处理平台和工人的争议，避免平台工人遭受不公平不合理的待遇和惩戒。①

① 参见谢增毅：《平台用工劳动权益保护的立法进路》，载《中外法学》2022 年第 1 期。

第二十四章　无人驾驶机动车责任制度

第一节　无人驾驶机动车原理概述

一、无人驾驶机动车的发展历程

随着人工智能科技革命中自动驾驶技术的演进，人类社会的交通图景已经发生深刻的变革。“自主驾驶”“自动驾驶”“无人驾驶”等概念日渐成为公众关注的焦点，也成为世界各国立法机构议事日程的热门关键词。自动驾驶在20世纪中叶只是未来主义者和科幻小说狂热分子所幻想的画面。1958年，美国迪士尼公司的电视片《美国神奇高速公路》展现了在仅输入目的地的情况下，自动驾驶汽车即可在高速公路彩色标线指引下行驶的未来科技画面。[①] 直至20世纪80年代，电脑技术的迅速发展使自动驾驶逐渐成为可触摸的现实。自动驾驶技术主要经历了基础研究、挑战项目、商业开发三个发展阶段。

基础研究阶段的标志性突破是卡内基梅隆大学的Nav-Lab实验室在1986年推出了第一辆现代意义上的自动驾驶汽车。[②] 在挑战项目阶段，以2004年至2007年美国国防高级研究计划局（DARPA）举办的三届DARPA大挑战赛（Grand Challenges）为契机，自动驾驶感知系统与算法技术获得长足进展。这些技术使得自动驾驶汽车探测路面其他交通参与人、障碍物以及遵守交通规则成为可能。商业开发阶段始于2009年第三届DARPA“城市挑战赛”冠军Thrun与谷歌合作建立的自动驾驶汽车项目。该项目使自动驾驶技术从大学实验室被带到商业领域。

二、无人驾驶机动车的概念和特征

目前处于商业开发阶段的自动驾驶汽车是指智能网联汽车（intelligent and connected vehicle，ICV），即搭载先进的车载传感器、控制器、执行器等装

---

① See James M. Anderson, et. al., *Autonomous Vehicle Technology: A Guide for Policymakers*, Rand Corporation, 2016, p.55.

② 参见李开复、王咏刚：《人工智能》，文化发展出版社2017年版，第168页。

置，融合现代通信与网络技术，实现车与X（车、路、人、云等）进行智能信息交换、共享，具备复杂环境感知、智能决策、协同控制等功能，能够安全、高效、舒适、节能行驶，并最终实现替代人为操作的新一代汽车。[①]智能网联汽车在国外监管机构对分级式自动驾驶的概念界定模式中属于高度自动化或全自动化驾驶汽车。例如，国际自动机工程师学会（SAE）的SAE International J3016标准包括L3至L5级别，德国联邦道路工程研究所的分级标准包括部分自动化（teilautoma-tisiert）、高度自动化（hochautomatisiert）以及全自动化（vollautomatisiert）级别。[②]自动驾驶汽车的特征是利用自动驾驶系统对路况环境的感知监控，自动实现纵向、横向操纵，可以在必要时切换为驾驶员控制模式或完全不依赖驾驶员控制模式。

为了实现上述功能，自动驾驶汽车需要综合运用感知技术、信息与通信技术以及算法决策技术等，自动驾驶在这种意义上是一系列融合的技术框架。2017年中国汽车工程学年会发布的《节能与新能源汽车技术路线图》明确指出，智能网联汽车技术路线的重点在于，开展以环境感知技术、高精度定位与地图、车载终端机人机接口（HMI）产品、集成控制及执行系统为代表的关键零部件技术研究，以多源信息融合技术、车辆协同控制技术、通信与信息交互平台技术、电子电气架构、信息安全技术、人机交互与共驾驶技术、道路基础设施、标准法规等为代表的共性关键技术研究。[③]

自动驾驶融合的技术主要包括如下类型：[④]第一，环境感知技术，包括利用机器视觉的图像识别技术，利用雷达（激光、毫米波、超声波）的周边障碍物检测技术，多源信息融合技术，传感器冗余设计技术等。第二，智能决策技术，包括危险事态建模技术，危险预警与控制优先级划分，群体决策和协同技术，局部轨迹规划，驾驶员多样性影响分析等；传感信息采集包括冲突避让、路径导航与规划的算法决策。第三，控制执行技术，包括面向驱动/制动的纵向运动控制，面向转向的横向运动控制，基于驱动/制动/转向/悬架的底盘一体化控制，融合车联网（V2X）通信及车载传感器的多车队列协同和车路协同控制等。第四，V2X通信技术，包括车辆专用通信系统，实现车辆信息共享与协同控制的通信保障机制，移动自组织网络技术，多模式通信融合技术等。信息通信技术能够使得车辆与车辆、车辆与基础设施进行信息交流，补充传感器的信

---

① 参见节能与新能源汽车技术路线图战略咨询委员会、中国汽车业工程协会编著：《中国汽车工程学会节能与新能源汽车技术路线图》，机械工业出版社2016年版，第189页。

② 参见［德］埃里克·希尔根多夫：《自动化驾驶与法律》，黄笑岩译，载易继明主编：《私法》，法律出版社2016年版，第86页。

③ 参见《我国今日发布〈节能与新能源汽车技术路线图〉》，载易图通网，http://www.emapgo.com.cn/，2019年9月22日访问。

④ 参见戴一凡：《智能网联汽车（ICV）技术的发展现状及趋势》，载《汽车安全节能学报》2017年第1期；李力、王飞跃：《智能汽车：先进传感与控制》，机械工业出版社2016年版，第5页。

息缺漏并对地理信息进行更新。

德国维尔兹堡大学机器人法研究所所长埃里克·希尔根多夫教授对自动驾驶技术的特征进行了如下概括："自动化驾驶技术的发展不能脱离其他技术领域特别是机器人、自动化和传感器技术领域的发展，整体而言不能脱离信息与通信技术的发展而独立存在。因此，这些领域的法律分析与评价在得到必要的修正后，都可以用来解决自动化驾驶的问题。主题融合意味着技术融合：涉及自动系统及其法律问题的讨论通常也包含了自动化交通工具的法律问题……这场即将到来的道路交通领域技术变革的核心特征可以概括为如下四个概念：自动化（Automatisierung）（对人为掌控的进一步脱离）、网络化（Vernetzung）（整体网络中畅通的信息交流）、关怀性（Fuersorglichkeit）（技术系统了解用户的优先选择并且对此主动积极反应）以及普适性（Ubiquitat）（相应的技术几乎到处可供使用）。由此，道路交通也被纳入'物联网'（Internetder Dinge）的一部分。"①

自动驾驶技术融合也带来了参与主体与行为主体（汽车整车生产商、自动驾驶系统不同模块与功能的制造商与提供商、驾驶员、智能网联服务提供者等）的多元化、因果链条的延长与责任界限的模糊等问题。自动驾驶技术的应用将导致交通事故的风险场景变迁。自动驾驶汽车作为"轮子上的电脑"，具有高速运转的特性，因此，其兼具传统工业时代的机械性物理性风险与信息时代的风险融合的特征。自动驾驶技术的风险融合带来了不同的交通风险场景，现阶段主要的技术风险在这些场景中被更直观地呈现。

第二节　无人驾驶机动车的准入及监管制度

随着物联网、定位导航等技术的持续推进，自动驾驶技术也获得了长足发展。国内外产业界积极投身自动驾驶技术研发，探索自动驾驶商业运营模式。各国政府也积极提供产业战略及立法政策层面的支持，力图把握自动驾驶技术带来的交通革命与产业升级契机，占领智能网联汽车这一全球汽车产业发展的战略制高点。后疫情时代，我国自动驾驶技术迎来关键发展机遇期。在产业发展方面，自2020年6月滴滴出行面向公众开放自动驾驶服务以来，众多车企纷纷加入自动驾驶出租车赛道，自动驾驶出租车服务在上海市、北京市、广州市、长沙市等地相继出现。在行业标准方面，2021年9月，国家市场监管总局（标准委）针对自动驾驶功能正式出台《汽车驾驶自动化分级》国家推荐标准（GB/T 40429—2021），为我国自动驾驶技术大规模产业落地提供了统一的

① 参见［德］埃里克·希尔根多夫：《自动化驾驶与法律》，黄笑岩译，载易继明主编：《私法》，法律出版社2016年版，第87页。

国家分级标准。在政策支持层面，国家发改委、中央网信办、科技部等 11 个部门于 2020 年 2 月联合发布了《智能汽车创新发展战略》，将健全自动驾驶法律法规确立为主要任务之一，提出“开展智能汽车‘机器驾驶人’认定、责任确认、网络安全、数据管理等法律问题及伦理规范研究，明确相关主体的法律权利、义务和责任等，推动出台规范智能汽车测试、准入、使用、监管等方面的法律法规，促进《道路交通安全法》等法律法规的修订完善，完善测绘地理信息法律法规”。

与自动驾驶技术和政策的积极进取相比，我国自动驾驶立法仍保持足够的审慎。美国大多数州及德国、日本、韩国等国都已针对 L3 至 L4 级别的自动驾驶进行立法，[①] 最近联合国欧洲经济委员会世界车辆法规协调论坛自动驾驶与网联车辆工作组也为 L3 级别自动驾驶技术法律设定了细化的准入标准。[②] 目前我国自动驾驶立法主要停留在自动驾驶道路测试阶段，商业部署与应用也处于初级探索阶段。

一、自动驾驶法律准入路线：从道路测试到商业应用

自动驾驶融合环境感知技术、智能决策技术与控制执行技术，通过传感器采集数据及车联网（V2X）通信传输将环境数据、地理信息输入自动驾驶算法模型，由算法模型进行冲突避让、路径导航与规划的算法决策，并基于驱动 / 制动 / 转向 / 悬架的底盘一体化控制完成驾驶操作。[③] 自动驾驶算法模型测试调优需要大量数据，除了虚拟驾驶平台模拟场景，更需要真实道路行驶的数据进行技术更新，因而道路测试对于自动驾驶技术发展至关重要，是自动驾驶研发与实现商业应用不可或缺的前置环节。

自动驾驶功能完善则需要大量驾驶场景输入进行持续演进和迭代升级，为保障车辆在复杂的道路交通环境中安全、可靠行驶，需要通过模拟仿真测试、测试区（场）测试和实际道路测试等综合手段进行大量测试、验证。将具备自动驾驶功能的智能网联汽车置于实际交通环境中，通过道路环境和交通参与者等元素随机组合的场景输入，可以更好地实现智能网联汽车与道路、设施及其他交通参与者的相互适应与协调，验证并不断完善车辆面对真实复杂道路场景

---

① 参见中国信息通信研究院、人工智能与经济社会研究中心：《全球自动驾驶战略与政策观察（2020）》，载中国信通院网，http：//www.caict.ac.cn/kxyj/qwfb/ztbg/202012/t20201229_367256.htm，2022 年 9 月 22 日访问。

② Uniform Provisions concerning the Approval of Vehicles with Regards to Automated Lane Keping System，ECE/TRANS/WP.29/2020/81，at https：//undocs.org/ECE/TRANS/WP.29/2020/81(Last Visited on Feb.8，2022).

③ 参见李力、王飞跃：《智能汽车：先进传感与控制》，机械工业出版社 2016 年版，第 5 页。

的行驶能力。[①] 鉴于道路测试是自动驾驶技术从研发到产业应用的前置环节，其也相应成为自动驾驶技术规制的前沿阵地与试验田。

综观我国及世界各国自动驾驶法律规制的经验，一般遵循从道路测试到示范应用、再到未来商业应用的路径。所谓道路测试，是较高级别的自动驾驶汽车在上路前已完成车辆性能、可靠性、耐久性等试验之后，对实际交通状况进行适应性匹配的过程，是一种用实际路况完善自动驾驶系统标定的过程。示范应用是在充分道路测试后对于即将进入产品化车辆的进一步验证。道路测试是智能网联汽车发展的重要环节，是自动驾驶系统从设计、开发到功能完善，直至产品化的关键一步。相较道路测试规定路径、时间与测试内容的验证方案，示范应用可与社会活动紧密结合，基于公众出行和货物运输需求提供服务并实施驾驶任务，验证车辆在限定区域范围内的实际运行能力。面向公众的示范应用不仅可以充分验证车辆的人机交互能力，还可提升公众对于自动驾驶技术的认知度和信赖感，为即将到来的智能网联汽车自动驾驶功能规模化、商业化应用奠定基础。[②]

世界范围内，美国和德国在自动驾驶立法方面积累了初步经验，我国对自动驾驶的规制相对滞后。因此，有必要把握自动驾驶技术的发展脉搏，紧跟全球智能交通革命浪潮，对自动驾驶先行立法国家的自动驾驶法律准入经验进行比较法研究，梳理我国自动驾驶商业化部署与应用的法律路线，探讨自动驾驶法律准入的具体方案，为自动驾驶立法提供理论支撑与经验借鉴。

（一）道路测试与示范应用阶段

1. 美国

美国是启动自动驾驶技术研发和规制最早的国家，早在2012年，佛罗里达州与加利福尼亚州即已通过法案允许自动驾驶道路测试，随后哥伦比亚特区及内华达、密歇根等州相继通过相关立法。[③] 早期这些州的立法主要针对自动驾驶道路测试，规定在何种条件下可以进行自动驾驶的道路测试或操作以及向测试

① 参见《〈智能网联汽车道路测试与示范应用管理规范（试行）〉（征求意见稿）编制说明》，载中国政府网，http：//www.gov.cn/zhengce/zhengceku/2021-08/03/content_5629199.htm，2022年9月22日访问。

② 参见《〈智能网联汽车道路测试与示范应用管理规范（试行）〉（征求意见稿）编制说明》，载中国政府网，http：//www.gov.cn/zhengce/zhengceku/2021-08/03/content_5629199.htm，2022年9月22日访问。

③ Autonomous Vehicles/ Self-Driving Vehicles Enacted Legislation(ncsl.org), at https：//www.ncsl.org/research/transportation/autonomous-vehicles-self-driving-vehicles-enacted-legislation.aspx (Last Visited on Feb.8, 2022).

车辆和驾驶员颁发许可证等。[①]

2. 德国

德国虽在自动驾驶技术研发方面稍逊于美国，但其政府与立法机构一直努力引领自动驾驶法律规制。德国联邦交通和数字基础设施委员会于2013年组建由政府、产业界、协会及学术界专家组成的自动驾驶圆桌会议作为自动驾驶政策咨询机构，并在该咨询机构工作基础上于2015年9月发布了《自动和联网驾驶战略》，旨在保持德国作为领先供应商、世界领先市场、规则建立者的地位，积极推动自动驾驶等工业4.0关键技术在德国的研发、测试与投入生产。[②]作为该战略实施贯彻的结果，德国政府近年修订了国内法律框架，推进自动驾驶道路测试，发布了针对自动驾驶的伦理准则《自动化和网联化车辆交通伦理准则》，并积极参与构建自动驾驶的欧盟及国际标准规范，在该领域创设自动驾驶框架前提条件方面处于国际领先地位。德国原则上允许所有德国区域和道路开放自动驾驶测试，道路测试主要由《德国道路许可规定》规范，自动驾驶牌照发放及测试属于州权限范围，在开放道路测试的车辆必须由人类驾驶员可以随时介入，自动驾驶系统须随时能够开启或关闭。如果自动驾驶车辆无法满足一般的车辆生产许可要求，可以根据《德国道路许可规定》第21条申请单独生产许可或根据该规定第70条、第71条获取例外批准。

3. 中国

我国交通运输部、工信部与公安部在2018年4月出台了《智能网联汽车道路测试管理规范（试行）》，各地方政府相继出台地方性实施细则，对自动驾驶道路测试主体、测试驾驶人及测试车辆应具备的测试条件与义务、测试车辆事故数据管理、交通事故处理等予以规范。自动驾驶车辆道路测试划分为通用技术测试、专项技术测试与试运营测试三大类型。[③]在自动驾驶发展初期部署试点示范项目，能够在可控范围内促进产业链创新，完成自动驾驶的技术验证、功能测试、性能检测等任务，并将自动驾驶安全可靠地引入交通系统。[④]在自动驾驶由研发测试转向示范应用的发展趋势下，我国各地政府也开始出台指导自动驾驶示范应用的规定。2019年9月，上海出台了《上海市智能网联汽车道路测试和示范应用管理办法（试行）》（沪经信规范〔2019〕7号），成为全国首个

---

① 早在2015年年底，美国加利福尼亚州、哥伦比亚州、佛罗里达州、内华达州四个州或特区已通过自动驾驶测试方面的立法，11个州正在制定自动驾驶测试立法，11个州未通过相关立法。See Automated and Autonomous Driving Regulation under Uncertainty, Corporate Partnership Board Report, at https://cyberlaw.stanford.edu/files/publication/files/15CPB_AutonomousDriving.pdf(Last Visited on Feb.8, 2022).

② BMVI. Strategie automatisiertes und vernetztes Fahren, S. 3-4, https://www.bmvi.de/SharedDocs/DE/Publikationen/DG/broschuere-strategie-automatisiertes-vernetztes-fahren.pdf?__blob=publicationFile.

③ 参见《〈北京市自动驾驶车辆道路测试管理实施细则（试行）〉政策解读》。

④ 参见中国信息通信研究院、人工智能与经济社会研究中心发布的《全球自动驾驶战略与政策观察（2020）》。

颁发智能网联汽车示范应用牌照的城市。2020 年 8 月，深圳市交通运输局、深圳市发改委、深圳市工业和信息化局、深圳市公安交通警察局发布了《深圳市关于推进智能网联汽车应用示范的指导意见》（深交规〔2020〕6 号），推进智能网联汽车技术细分场景的应用示范工作，允许在制订应用示范方案和应急预案、统一安装车载终端等条件下申请开展载人应用示范、城市环卫作业应用示范、载货及其他专项作业。在各地智能网联汽车道路测试及示范应用规定基础上，2021 年 7 月，工信部、交通运输部、公安部发布了《智能网联汽车道路测试与示范应用管理规范（试行）》（工信部联通装〔2021〕97 号）[①]，以推动汽车智能化、网联化技术应用和产业发展，规范智能网联汽车道路测试与示范应用，这表明我国自动驾驶从道路测试到示范应用、再到商业应用的路径已日渐清晰。

（二）商业应用探索阶段

随着自动驾驶技术的进步及技术安全性在道路测试中逐步得到验证，自动驾驶技术在公共道路上商业化应用的呼声越来越强烈。

1. 美国

为在联邦政策层面协调各州自动驾驶立法与行政命令，2016 年 9 月，美国交通部通过国家高速公路管理局发布了《自动驾驶政策》，规定自动驾驶技术级别及适用于自动驾驶车辆开发测试与生产阶段的实践指引，目前已相继发布了四版《自动驾驶政策》指引文件。[②] 据美国国家立法机构会议的统计，2012 年至 2021 年，美国至少有 41 个州和哥伦比亚特区审议了自动驾驶相关立法，29 个州和哥伦比亚特区颁布了自动驾驶相关立法，11 个州颁布了州长行政命令[③]；2017 年至 2019 年，有 22 个州的自动驾驶立法涉及商业化应用。[④]

2. 德国

德国 2017 年 5 月通过了《道路交通法（第八修正案）》，以修法方式对高度或完全自动驾驶技术进行概括性准入，以突破现有行政监管与法律框架对自动驾驶的桎梏，明确允许使用高度或完全自动驾驶功能操作车辆，只要该自动驾驶功能“按规定使用”（第 1a 条第 1 款），成为世界上首个对自动驾驶技术进行法律准入的国家。2021 年 7 月，德国通过了《道路交通法和强制保险法修正案——自主驾驶法》，标志着德国已跨越自动驾驶公共道路的自动驾驶、无人驾

---

① 参见《智能网联汽车道路测试与示范应用管理规范（试行）》。

② USDOT Automated Vehicles 2.0 Activities, at https://www.transportation.gov (Last Visited on Feb.8, 2022).

③ Autonomous Vehicles Self-Driving Vehicles Enacted Legislation (ncsl.org), at https://www.ncsl.org/research/transporta-tion/autonomous-vehicles-self-driving-vehicles-enacted-legislation.aspx (Last Visited on Feb.8, 2022).

④ Congresional Research Service, Issues in Autonomous Vehicle Testing and Deployment, at https://crsreports.congres.gov/product/pdf/R/R45985 (Last Visited on Feb.8, 2022).

驶车辆测试阶段，开启公共道路商业应用，并根据自动驾驶技术级别的演化与发展引入L4级别自动驾驶。①

3. 中国

我国目前自动驾驶的法律文件主要局限于道路测试领域，自动驾驶技术商业应用的法律基础阙如，自动驾驶技术产业发展面临较大的不确定性与合规瓶颈，现行的《道路交通安全法》的机动车概念及相关汽车产品标准仍然拘泥于机械驾驶时代的技术框架，未引入自动驾驶汽车或智能网联汽车概念并根据该概念作出弹性标准规定。现行《道路交通安全法》框架下的《道路交通安全法实施条例》第62条禁止驾驶员在驾驶机动车时有拨打接听手持电话、观看电视等妨碍安全驾驶的行为，以及禁止连续驾驶机动车超过4小时未停车休息或者停车休息时间少于20分钟。上述规定在L3及以上级别自动驾驶技术条件下不仅不合时宜，而且成为后者商业落地之路上的法律路障。2021年3月，深圳市人大常委会公布了《深圳经济特区智能网联汽车管理条例（征求意见稿）》，对道路测试和示范应用、准入和登记、使用管理、网络安全和数据保护、车路协同基础设施、道路运输、交通事故及违章处理、法律责任等问题进行规定，突破自动驾驶道路测试和示范应用阶段，扩展至自动驾驶车辆准入、应用、事故处理等阶段，是我国第一部规制自动驾驶商业应用的地方性立法。若获通过，该条例即成为国内第一部针对智能网联汽车的地方专门性立法，标志着我国自动驾驶立法正式扩展到商业应用领域。2021年3月，公安部公布了《道路交通安全法（修订建议稿）》，对具有自动驾驶功能的汽车进行道路测试和通行、违法和事故责任分担作了规定。该修订建议稿的公布意味着在国家法律层面自动驾驶立法正式提上议事日程。

二、自动驾驶准入法的制定

自动驾驶汽车的商业应用首先面临自动驾驶汽车上市与使用准入法方面的障碍，故应在《道路交通安全法》机动车概念中引入自动驾驶或智能网联汽车概念，允许自动驾驶汽车在道路上通行，并尽快建立自动驾驶汽车产品准入制度标准，推动自动驾驶技术产业化发展与大规模商业应用。

（一）自动驾驶的应用准入：自动驾驶概念的技术功能性界定

我国现行《道路交通安全法》第119条第3项将机动车界定为："以动力装置驱动或者牵引，上道路行驶的供人员乘用或者用于运送物品以及进行工程专

① Straßenverkehrsgesetz in der Fassung der Bekanntmachung vom5. März2003(BGBl.IS.310，919), das zuletzt durch Artikel 1 desGesetzes vom12. Juli 2021（ BGBl.IS.3108 ）geändert worden ist, at http：//www.gesetze-im-internet.de/stvg/BJNR004370909.html#BJNR004370909BJNG000101308 (Last Visited on Feb.8，2022).

项作业的轮式车辆。”该机动车概念仍然停留于机械驾驶技术时代，在智能驾驶技术条件下已显得不合时宜，应根据最新自动驾驶技术发展在我国法律中引入自动驾驶概念，对其进行技术功能性界定。公安部《道路交通安全法（修订建议稿）》第155条引入了自动驾驶汽车相关规定，但并未对自动驾驶汽车予以定义，仅在第150条将机动车概念修改为：“‘机动车’，是指以动力装置驱动或者牵引，上道路通行的供人员乘用或者用于运送物品以及进行工程专项作业的、符合机动车国家标准的轮式车辆。”试图通过增加“符合机动车国家标准的轮式车辆”的表述来涵盖智能网联汽车，但这种仅仅通过标准扩容而舍弃法律界定的方式过于含糊、简略。我国于2021年7月最新发布的《智能网联汽车道路测试与示范应用管理规范（试行）》(附则第37条第1款)，关于自动驾驶汽车的定义采用了产业界通行的智能网联汽车的概念：“本规范所称智能网联汽车是指搭载先进的车载传感器、控制器、执行器等装置，并融合现代通信与网络技术，实现车与X（人、车、路、云端等）智能信息交换、共享，具备复杂环境感知、智能决策、协同控制等功能，可实现安全、高效、舒适、节能行驶，并最终可实现替代人来操作的新一代汽车。智能网联汽车通常也被称为智能汽车、自动驾驶汽车等。”该概念也被《深圳经济特区智能网联汽车管理条例（征求意见稿）》第3条采纳。该规定侧重描绘自动驾驶的技术融合性特征与效益愿景，是一种技术描述性概念，未指明自动驾驶应达到的技术功能，也未能反映自动驾驶系统与人之间的互动关系，因而并非规范的、功能性的法律概念。这种概念规定缺乏法律上的明确性与可操作性，无法为行为人提供行为指引及界定注意义务，也无法为损害事故发生后的归责与追责提供依据。

德国2017年修改的《道路交通法》引入第1a条第2款对高度或完全自动驾驶技术进行法律界定，规定高度或完全自动驾驶汽车是拥有技术设备以实现下述功能的车辆：“(1）为完成驾驶任务（包括纵向和横向导轨)，能在车辆启动后控制车辆；(2）在高度或完全自动驾驶功能控制车辆的过程中，能够遵守指引车辆行驶的交通法规；(3）可以随时被驾驶员手动接管或关停；(4）可以识别由驾驶员亲自控制车辆的必要性；(5）可以以听觉、视觉、触觉或者其他可被感知的方式向驾驶员提出由驾驶员亲自控制车辆的要求，并给驾驶员预留接管车辆的充足时间；(6）指出违背系统说明的使用。自动驾驶汽车的制造商必须在系统说明中作出有约束力的声明，表明其汽车符合前述条件。”①

德国《道路交通法》最新修正案引入L4级别自动驾驶技术规定，允许在特定运行区间具备相应技术条件的车辆在保障技术监督员能够及时介入的情况下

① Straßenverkehrsgesetz in der Fassung der Bekanntmachung vom 5. März 2003(BGBl.IS.310, 919), das zuletzt durch Artikel 1 des Gesetzes vom12.Juli 2021 (BGBl.IS.3108)geändert worden ist, at http://www.gesetze-im-internet.de/stvg/BJNR004370909.html#BJNR004370909BJNG000101308 (Last Visited on Feb.8, 2022).

进行无人驾驶。笔者根据其第 1e 条规定将车辆配备的技术设施应达到的功能梳理如下：（1）在指定运行区域内独立完成驾驶任务，无须驾驶员进行干预，也无须技术监督员持续监控车辆行驶状况；（2）在只有违反交通法规才能继续行驶时主动进入最低风险状态（减速或在安全地带停车），并及时通知技术监督员；（3）配备避免碰撞系统，在损害发生不可避免（道德困境）时应分析不同法益的重要性，优先保护人类生命，在对人类生命安全的威胁无法避免时，不将个人特征作为判断权重；（4）应能识别出系统极限、技术故障，并能够向技术监督员及时发出通知；（5）可以随时由技术监督员停止运行，当技术监督员停止车辆运行时，车辆主动进入最低风险状态。只有具备上述技术条件的生产商，才可以向联邦机动车管理局申请获得自主驾驶功能的车辆的运营许可。①

上述规定在法律层面界定了高度或完全自动驾驶技术需达到的自主驾驶控制、人车切换等安全攸关的功能条件，为不同级别的自动驾驶技术设定了法律要求，以确保道路安全、生命健康、财产等重大法益不受侵害。我国立法者可以考虑借鉴德国交通法自动驾驶车辆的功能定义，将自动驾驶技术应达到的最低技术功能条件作为法律概念界定的依据，引入我国《道路交通安全法》附则第 119 条第 3 项关于“机动车”的规定之中，增加自动驾驶汽车或智能网联汽车作为机动车的新技术类型。这种从技术功能角度界定自动驾驶汽车概念的模式实际上也框定了其产品技术准入门槛，即规定自动驾驶汽车上路应用需达到何种技术功能要求。这种概念规定也界定了生产商（包括整车制造商及自动驾驶系统提供商）设计、制造自动驾驶汽车整车、配件及自动驾驶系统的注意义务类型，例如自动驾驶控制功能、系统无法胜任时的识别及提醒功能、人车切换功能、最小风险管理功能等分别对应厂商或系统提供商保证交付车辆具备相应功能的注意义务，是事故发生后追责的法律依据，为责任制度这一事后规制工具与准入制度这一事前规制工具提供了有机衔接。

（二）自动驾驶车辆产品准入

根据我国《标准化法》第 10 条的规定，汽车标准属于涉及人身健康和生命财产安全的强制性国家标准。强制性产品准入成为目前自动驾驶汽车量产的桎梏，例如，我国《防止汽车转向机构对驾驶员伤害的规定》（GB 11557—2011）中要求转向必须由驾驶员通过转向盘直接操作的规定，以及现阶段自动驾驶系统、人机交互、数据记录等技术标准，都滞后于智能网联汽车产业商用化（产

---

① Straßenverkehrsgesetz in der Fassung der Bekanntmachung vom 5. März 2003(BGBl.IS.310，919), das zuletzt durch Artikel 1 des Gesetzes vom12.Juli 2021（ BGBl.IS.3108 ）geändert worden ist，at http：//www.gesetze-im-internet.de/stvg/BJNR004370909.html#BJNR004370909BJNG000101308 (Last Visited on Feb.8，2022).

品准入）需求，阻碍自动驾驶技术创新及商用化步伐。[①] 公安部《道路交通安全法（修订建议稿）》第 155 条规定："具有自动驾驶功能的汽车开展道路测试应当在封闭道路、场地内测试合格，取得临时行驶车号牌，并按规定在指定的时间、区域、路线进行。经测试合格的，依照相关法律规定准予生产、进口、销售，需要上道路通行的，应当申领机动车号牌。"但该修订建议稿并未对自动驾驶产品准入作规定。《深圳经济特区智能网联汽车管理条例（征求意见稿）》第 14 条虽引入了智能网联汽车的产品准入制度，规定"符合智能网联汽车产品地方标准或者团体标准的产品，列入深圳市智能网联汽车产品目录。在智能网联汽车产品地方标准和团体标准制定公布前，智能网联汽车生产企业可以向市工业和信息化部门提出产品相关准入条件豁免申请，经评估同意，列入深圳市智能网联汽车产品目录"，但该规定一方面缺乏上位法基础，另一方面在相应地方标准与团体标准暂付阙如的情况下易陷入依赖豁免程序的死循环，阻碍常态化的产品准入制度的建立，故有必要尽快构建我国自动驾驶产品准入制度与标准。

为构建我国自动驾驶产品准入制度，推动自动驾驶汽车产业健康有序发展，工信部于 2021 年 4 月发布了《智能网联汽车生产企业及产品准入管理指南（试行）（征求意见稿）》，就智能网联汽车应达到的技术功能、生产企业安全保障能力、产品准入过程保障、产品准入测试等作了规定。智能网联汽车产品准入过程保障要求包括整车尤其是驾驶自动化系统的功能安全过程保障要求、驾驶自动化系统预期功能安全过程保障要求和网络安全过程保障要求（附件 2），体现了自动驾驶等人工智能产品准入的动态性特征，即不仅要求产品出厂时符合安全标准，也要求生产者对自动驾驶系统运行中的安全风险能够识别、防御（包括对系统无法胜任驾驶任务的识别及对网络攻击等风险的识别、防御），也符合美国学者 Smith 绘制的系统技术标准规定、过程性监管规定、准入门槛规定图谱。2021 年 8 月，工信部印发《关于加强智能网联汽车生产企业及产品准入管理的意见》（工信部通装〔2021〕103 号），要求企业履行产品性能告知义务、加强组合驾驶辅助及自动驾驶功能产品安全管理，确保汽车能自动识别自动驾驶系统失效及是否持续满足设计运行条件、采取风险减缓措施以达到最小风险状态、进行人机交互切换、事件数据记录系统和自动驾驶数据记录系统，以及满足功能安全、预期功能安全、网络安全等过程保障要求。

因此，自动驾驶技术产品准入法层面不仅要求自动驾驶车辆及系统设计、制造须达到传统汽车的安全技术标准，而且须达到自动驾驶所要求的环境感知

① 参见刘宇、申杨柳、贾宁：《智能网联汽车商用化的市场准入路径》，载《汽车纵横》2020 年第 11 期。

监控、动态驾驶任务、人机协作共驾等技术标准。[①] 如果说传统工业时代汽车等产品的准入标准是单向的、静态的标准，即产品在投入市场时应达到的功能水准相对确定、封闭，那么人工智能时代的自动驾驶汽车等智能产品的准入标准就相对具有不确定性与开放性，多变的交通场景、开放的网络与数据环境以及算法自动决策因素决定了智能网联汽车的技术标准呈现动态的、过程性的特点。传统工业产品的生产商只需将产品投入市场即完成任务，不再参与产品的使用环节，而智能产品尤其是智能网联汽车的生产商则需继续参与汽车的使用（交通驾驶过程），需要对自动驾驶系统进行持续的监督、更新，否则可能因驾驶系统的训练数据缺陷或软件安全漏洞引发严重的交通事故。例如，2020 年 6 月，联合国欧洲经济委员会下属的联合国世界车辆法规协调论坛（简称 UN/WP29）通过了《联合国统一车辆信息安全与信息安全管理系统审批规定》[②] 与《联合国统一软件升级与软件升级管理系统审批规定》[③]，规定生产商须履行持续的网络安全管理义务与算法、软件更新义务。上述工信部《关于加强智能网联汽车生产企业及产品准入管理的意见》也要求企业应加强数据和网络安全管理、规范软件在线升级等，确保在线升级安全、保证技术参数变更不影响产品一致性等。

（三）自动驾驶技术级别准入

自动驾驶技术尚未完全发展成熟，仍处于不断的技术升级过程中，在进行立法概括准入时，应在立法中妥当解决法律的安定性与技术快速迭代之间的张力，立法与最新技术发展保持同步的同时预留未来技术发展空间。

SAE 自动驾驶国际通行标准于 2021 年 4 月进行了更新，文件引入了远程协助与远程驾驶等概念。远程协助是指在无人驾驶情形下，当自动驾驶系统遇到未知的交通形势而不知如何继续行驶或完成驾驶任务时，由在车外的人员向车辆发出指令，协助其继续完成驾驶任务，使得 L4、L5 级别更具有可操作性。如上所述，德国最新《道路交通法》修订草案也新增 L4 自动驾驶技术级别并引入自动驾驶远程监督的技术方案。相比之下，我国《道路交通安全法（修订建议稿）》规定的自动驾驶技术级别相对保守，其第 155 条第 3 款规定："具有自动驾驶功能但不具备人工直接操作模式的汽车上道路通行的，由国务院有关部门另行规定。"由此可见，目前我国的修订建议稿主要针对 L3（有条件自动驾

---

① Uniform Provisions Concerning the Approval of Vehicles with Regards to Automated Lane Keeping System, ECE/TRANS/WP.29/2020/81, at https: //undocs.org/ECE/TRANS/WP.29/2020/81(Last Visited on Feb.8, 2022).

② 该文件英文名称为Proposal for a New UN Regulation on Uniform Provisions concerning the Approval of Vehicles with Regards to Cyber Security and Cyber Security Management System。

③ 该文件英文名称为Proposal for a New UN Regulation on Uniform Provisions concerning the Approval of Vehicles with Regards to Software Update and Software Updates Management System。

驶）技术级别，技术上较为滞后。《深圳经济特区智能网联汽车管理条例（征求意见稿）》第3条第2款规定："智能网联汽车自动驾驶包括有条件自动驾驶、高度自动驾驶、完全自动驾驶三个技术等级。"由此可见，该条例虽涵盖L3、L4甚至L5技术级别的自动驾驶车辆，但对具体技术实现路径未作规定，更未涉及远程驾驶辅助等规定。不过，得益于我国5G通信技术居世界领先地位，且采取车路协同技术路线，百度等车企在车路协同、5G云代驾技术、自动驾驶平台等方面进行了大量研发探索，未来我国自动驾驶立法应在自动驾驶技术级别方面与国际最新技术保持同步，不局限于《道路交通安全法（修订建议稿）》限定的L3级别的自动驾驶车辆，要对L4、L5级别进行概括性的立法准入，树立符合世界一流自动驾驶技术水平的最先进自动驾驶立法典范。

三、交通行为法规范调整：以人机协作为中心

由于自动驾驶技术应用于开放的公共交通场景，其法律准入不仅涉及技术与产品准入，也涉及上述场景下技术应用的许可性与适应性问题，因而需要在交通法上赋予自动驾驶车辆合法地位并对其使用行为进行规范，根据自动驾驶技术特征构建驾驶人与生产商的行为法规范。机械驾驶时代对使用或驾驶车辆的人类驾驶员行为通过交通法进行规制即可，而智能驾驶时代自动驾驶车辆生产商或供应商也通过对自动驾驶系统的控制参与到道路交通之中，因而在行为法层面除规制传统的人类驾驶行为之外，也需对自动驾驶车辆生产商或系统供应商的行为进行规制。

（一）自动驾驶模式"驾驶人"的定义与定位

自动驾驶融合了电子控制、人工智能、网络通信及互联网技术等，对原有以人类驾驶员为核心的车辆功能、作用的重新定位，不仅改变了人类驾驶员在环境感知、分析决策及车辆控制等驾驶任务中的作用和职责，逐步分担驾驶任务并最终完全替代人类驾驶车辆，而且将由此改变自汽车问世以来人类以汽车为交通工具形成的生活、工作方式以及经济、社会和法律环境与秩序。[①] 传统道路交通法对交通参与人的行为法规范是根据机械驾驶时代的车辆技术、道路设施条件以人类驾驶员为中心设定的，应根据自动驾驶时代驾驶操作从以人类为中心逐渐到以自动驾驶系统为中心的过渡规律，修改《道路交通安全法》《道路交通安全法实施条例》等法律法规中不符合上述转变的技术规范与行为规范，以适应L3以上级别自动驾驶技术条件发展的要求。在L3以上的高级别自动驾驶技术模式下，自动驾驶系统进行环境感知、路径规划，与人类驾驶员协作甚至主导驾驶操作，机械驾驶时代的人机关系发生改变，使得传统的"驾驶人"

① 参见《〈智能网联汽车道路测试与示范应用管理规范（试行）〉（征求意见稿）编制说明》。

的角色功能也发生改变，人类虽然坐在车内，但并不必须亲自完成驾驶操作，而是可以从事阅读、接听电话等非驾驶活动，形成自动驾驶时代所谓“没有马车夫的马车”这一新的交通风景线。因此，对于L3以上级别的自动驾驶而言，到底是谁在“驾驶”飞驰在道路上的汽车，如何在法律上界定车内的人类角色，是智能交通法律首先必须思考的问题。

1. 人类驾驶员作为驾驶人方案

德国《道路交通法》也对自动驾驶模式下的人类驾驶员作出了明确的“驾驶人”（Fahrzeug-fuehrer）法律定位，规定驾驶员也包括“启动该法定义的高度或完全自动驾驶功能、利用其控制汽车驾驶的人，即使其在按规定使用该功能的时候不亲自驾驶车辆”（第1a条第3款），赋予驾驶人借助高度或完全自动驾驶功能不亲自进行驾驶操作的权利（第1b条第1款）。德国《道路交通法》通过上述驾驶人定义将操作高级别自动驾驶功能的人等同于驾驶人，这一驾驶人定位意味着其法律地位与机械驾驶时代的驾驶员的地位并无根本差异，具有以下两重含义。

其一，该法将自动驾驶系统视为帮助人类完成驾驶操纵的技术手段或工具，仍维持了人类驾驶员的核心角色定位。该法第1a条第2款第3项规定，只有在驾驶员能够随时接管或关停自动驾驶功能时，使用高度或完全自动驾驶功能才是法律许可的。这意味着驾驶员随时可能重新亲自操纵驾驶，仍然对车辆控制有自由决定的空间，只要其亲自控制或者随时能够重新控制车辆，就对车辆驾驶具有事实上的支配力，就属于德国《道路交通法》第18条第1款意义上的驾驶人。[①] 虽然该法第1b条对高级别自动驾驶的驾驶人新增了警觉义务与接管义务，但仍保留了人类驾驶员或操作员的驾驶人主体地位，在责任制度方面也维持以车主责任为主导的交通事故责任分配结构。[②] 这表明该部交通法仍然承袭了机械驾驶时代的技术底色，采取渐进式的立法路线，并未改变驾驶人、车主、汽车制造商之间的基本权利义务格局。

其二，赋予操作自动驾驶系统的人以驾驶人地位，也暗含着否定自动驾驶系统主体地位之意。这一立法决定追随欧盟学界的主流意见，未采纳《就机器人民事法律规则向欧盟委员会的立法建议［2015/2103（INL）］》赋予具有深度学习能力和自主性的最复杂的智能机器人以“电子人格”（electronic person）的法律地位和责任主体地位的倡议。虽然自动驾驶具有算法决策功能，能够根据行车目标、车辆状态及环境信息等，通过状态机、决策树、深度学习、增强

① Vgl. Buck-Heeb, Dieckmann. Die Fahrerhaftung nach§18 I StVG bei (teil-)automatisiertem Fah-ren, NZV, 2019: 113.

② Vgl. Greger, Haftungsfragen beim automatisierten Fahren. NZV, 2018: 1, 5.

学习等决策方法进行路径规划与驾驶操纵[1]，但这种决策机制不同于人类大脑的决策，依赖算法模型、训练数据，不能视为意志自由基础上的自主决策及意思表示。[2]

2. 自动驾驶车辆生产商或者供应商作为驾驶人方案

关于谁是自动驾驶车辆处于自动驾驶模式的“驾驶人”，美国联邦交通管理局曾将 WaymoL4 级别以上的自动驾驶系统解释为驾驶者。[3] 美国州自动驾驶相关立法或者并未对该问题明确规定，或者作出不相一致的规定。美国《车辆自动驾驶操作法案》建议将自动驾驶供应商定义为车辆在自动驾驶模式下的“驾驶人”：一个有资格的实体（Entity）可以向州声明它愿意成为特定自动驾驶车辆的法律意义上的驾驶人（legal driver）。[4] 自动驾驶供应商可能是自动驾驶系统开发商、车辆制造商、配件供应商、数据供应商、车队运营人、保险公司，隶属于上述主体的公司或者可能出现的任何一个市场参与主体，重要的不是其在供应链或商业模式中的特殊角色，而是其是否愿意被识别为驾驶人以及是否有能力满足该法案所规定的技术及法律要求。

该法案将自动驾驶供应商规定为自动驾驶车辆处于自动驾驶模式的驾驶人的构想，超出了对驾驶人概念的传统理解，颇具创见。Bryant Walker Smith 教授倡导对“驾驶”进行符合自动驾驶技术进步与驾驶安全性宗旨的目的理性的解释，认为驾驶并不局限于传统交通法概念上的理解，即从驾驶座位上对车辆进行直接操纵或对车辆移动进行物理上的控制支配，而是可以包括自动驾驶系统算法的智能操纵。[5] 其作为上述法案报告的主撰写人，将自己的上述学术观点应用于法案的驾驶人定位方案，将参与自动驾驶研发或系统运营并能保证满足自动驾驶技术与法律要求的机构或个人界定为自动驾驶模式的驾驶人。

将自动驾驶供应商规定为自动驾驶车辆处于自动驾驶模式的驾驶人，不仅是法律概念选择或解释路径的问题，更重要的是该概念带来的交通法上的法律主体地位、相关交通参与人的行为规范、权利义务及责任分配等一系列法律问

---

① 参见戴一凡：《智能网联汽车（ICV）技术的发展现状及趋势》，载《汽车安全节能学报》2017 年第 1 期。

② 参见王莹：《法律如何可能？——自动驾驶技术风险场景之法律透视》，载《法制与社会发展》2019 年第 6 期。

③ 谷歌在 2015 年向美国联邦交通管理局提交无须人类驾驶员的无人驾驶汽车计划，交通管理局在其问询答复中声称，可以将其设计的自动驾驶系统视为驾驶员，认为其设计的汽车将没有过去一百多年历史意义上的驾驶员。但接下来的问题是谷歌是否能够证明及如何证明其自动驾驶系统能够满足带有驾驶员的汽车的标准。

④ Automated Operation of Vehicles Act, at https: //www.uniformlaws.org/HigherLogic/System/DownloadDocumentFile.ashx? DocumentFileKey=f535c03-32e1-7cd8-4f6b-f48a12017c41&forceDialog=0 (Last Visited on Feb.8, 2022).

⑤ Bryant Walker Smith, *Automated Vehicles Are Probably Legal in the United States*, Tex.A&ML. Review, Vol. 2014(1), p. 433-439.

题。显然，将自动驾驶供应商定义为驾驶人，也就将自动驾驶供应商纳入交通法的规制对象范围，成为道路交通参与主体，赋予其与传统驾驶人相同的权利及施加相同的义务，例如关注路况、遵守交通规则、谨慎驾驶等。如若违反交通法上的注意义务，也应如同传统驾驶人一样承担相应的法律责任。

我国现行交通法将驾驶主体界定为经过培训持有驾驶执照的人。我国《道路交通安全法》第19条第1款规定："驾驶机动车，应当依法取得机动车驾驶证。"《道路交通安全法实施条例》第19条第1款规定："符合国务院公安部门规定的驾驶许可条件的人，可以向公安机关交通管理部门申请机动车驾驶证。"《智能网联汽车道路测试管理规范（试行）》将经测试主体授权负责测试并在出现紧急情况时对测试车辆实施应急措施的驾驶人称为"测试驾驶人"（第6条），而《智能网联汽车道路测试与示范应用管理规范（试行）（征求意见稿）》为了涵盖示范应用情形，又将"测试驾驶人"改为"驾驶人"。上述自动驾驶路测及示范应用阶段的部门法规章均使用"驾驶人"概念，以与道路交通法机动车驾驶人的概念及内容相衔接。公安部《道路交通安全法（修订建议稿）》未对上述机动车驾驶人的规定进行修改，第155条第2款规定："具有自动驾驶功能且具备人工直接操作模式的汽车开展道路测试或者上道路通行时，应当实时记录行驶数据；驾驶人应当处于车辆驾驶座位上，监控车辆运行状态及周围环境，随时准备接管车辆……"这一修订也延续了上述测试规定的规制经验，将利用自动驾驶系统完成驾驶任务的人赋予等同于驾驶人的法律地位，从而形成对德国《道路交通法》修订经验的路径依赖。

在L3级别自动驾驶技术条件下采取这种渐进式立法路线，可以避免对驾驶员、汽车制造商及其他交通参与人间的权利义务格局造成冲击，有利于降低立法成本及维护法的安定性。但由此会产生自动驾驶模式下人类驾驶员与自动驾驶系统驾驶权重叠与权限界分问题。

（二）驾驶行为规范调整：警觉义务、接管义务、最小风险管理义务

我国《道路交通安全法实施条例》第62条规定，驾驶机动车不得有拨打接听手持电话、观看电视等妨碍安全驾驶的行为，不得连续驾驶机动车超过4小时未停车休息或者停车休息时间少于20分钟等。鉴于L3以上级别自动驾驶技术能够代替人类进行部分环境感知、路径规划与驾驶操纵，从而允许驾驶员抽离或短暂抽离驾驶行为，上述规定在技术进步面前已经不合时宜。如何根据L3、L4级别的技术特点进行自动驾驶系统与人类驾驶员的权限分配，实现交通风险的最优化管理，是当前自动驾驶法律准入的核心内容。

1. 人机协作的驾驶权限分配与风险分担

德国《道路交通法》虽然将启动并利用自动驾驶功能完成驾驶任务的人定义为驾驶人，以赋权或扩权的方式（赋予驾驶员借助高度或完全自动驾驶功能

不亲自进行驾驶操作的权利）为自动驾驶技术的使用予以法律准入，但也根据L3级别自动驾驶的人机协作技术要求引入新的驾驶人义务，即施加其对驾驶环境保持警觉的义务和在自动驾驶系统不能胜任时的接管义务（第1b条第2款）。警觉义务是指在不亲自驾驶的期间，必须保持警觉，以便能随时履行法定的接管义务。接管义务是指，当高度或完全自动系统向驾驶员发出接管请求、驾驶员意识到或者基于明显状况应当意识到车辆不再具有高度或完全自动驾驶功能所预设的使用条件时，有义务立即接管汽车驾驶。

《智能网联汽车道路测试与示范应用管理规范（试行）》第26条规定："道路测试、示范应用驾驶人应在车内始终监控车辆运行状态及周围环境，当发现车辆处于不适合自动驾驶的状态或系统提示需要人工操作时及时采取相应措施。"公安部《道路交通安全法（修订建议稿）》第155条第2款也规定了驾驶人保持警觉的义务及接管车辆的义务。上述规定是否妥当，值得深思。

其一，L3级别自动驾驶技术条件下驾驶人究竟具有多大的抽离驾驶行为的行动范围，以及仍然保留多大程度的驾驶行为约束，在法律上制定确定的行为规范并非易事。在这一点上，德国的立法经验似乎也未尽如人意。德国学界有观点批判2017年修订的德国《道路交通法》赋予驾驶员更加严格的义务违背了自动驾驶技术发展的初衷，设置全程警觉与接管义务实际上并不符合L3级别以上的自动驾驶技术的设定，因为L3级别自动驾驶感知技术能够通过算法决策完成主要驾驶功能并感知与监控交通状况，且能够在自动驾驶系统无法处理的情况下提醒驾驶员对车辆进行控制。如果要求驾驶员全程保持警觉并随时准备接管车辆，则极大削弱了自动驾驶系统的技术应用优势。[①] 自动驾驶允许人类驾驶员从驾驶任务中抽离，不需要始终监控环境，需要的仅是最低限度的注意以能够重新接管车辆。因此，开启自动驾驶功能而不对环境进行监控本身并不违反注意义务，只有违反了最低警觉要求才违反注意义务。但最低警觉的注意义务的类型及具体内容并不明确，哪些驾驶以外的行为是法律完全许可的也并不确定。法律规定的逻辑结论只能是，开启自动驾驶功能的驾驶人应确保事实上在有必要时立即控制车辆。[②] 所谓最低警觉的义务实际上很难界定，相当于施加了一般性的注意义务，妥当的做法是根据L3级别及以上的自动驾驶技术特点，将环境监控的义务完全转移给车辆，取消所谓警觉义务的规定。当车辆处于L3级别以上的自动驾驶模式时，系统就有义务在该运行区间内对环境进行监控并在发生无法胜任的突发交通形势下及时通知人类驾驶员，驾驶员有义务在接收信息通知后立即接管车辆；如未及时接管而导致交通事故的，由驾驶员承担交通

① Vgl. Koenig, Die gesetzlichen Neuregelungen zum automatisierten Fahren, NZV, 2017: 123, 124.

② Vgl. Lüdemann, Sutter, Vogelpohl, Neue Pflichten für Fahrzeugführer beim automatisierten Fahren–eine Analyse aus rechtlicher und verkehrspsychologischer Sicht, NZV, 2018: 411, 414.

过失的责任；若车辆未发出通知信息或发出通知信息不及时未给驾驶员预留适当最低反应时间的，由汽车生产商承担产品缺陷的质量责任。

德国最新立法修订仍保留了上述 L3 级别驾驶员的权利义务规定，未对学界批判作出回应，而是直接增加 L4 级别规定，允许车辆在特定运行区域取消驾驶员但设置技术监督员行驶。技术监督员无须对驾驶环境保持警觉，但当系统发出通知或在系统无法胜任、面临系统极限时，须从外部停止车辆运行，采取启动车辆的替代机动措施，或者在车辆进入最低风险状态时，立即与车内乘员建立联系，并启动必要的措施确保道路安全（第 1f 条第 1 款）。[①]

其二，既然 L3 级别下人类驾驶员的警觉义务、接管义务范围都存在争议，就更不宜将上述义务延续至 L4 级别。根据我国工信部《汽车驾驶自动化分级》标准及 SAE 自动驾驶级别国际标准，L4 级别是在特定运行区间及条件下自动驾驶系统负责全部环境监管与动态驾驶任务，虽然可能在罕见情况下需要人类接管，但人类驾驶员接管并非实现交通安全所必须——人类驾驶员未及时接管时车辆可以进入最低风险状态，即减速或在安全地带停车。因此，上述《智能网联汽车道路测试与示范应用管理规范（试行）》与公安部《道路交通安全法（修订建议稿）》的规定不符合 L4 自动驾驶技术级别的要求，也为人类驾驶员设定了过高的注意义务。根据该规定，若车辆未进行最低风险管理因而发生交通事故的，驾驶员因未履行警觉和接管义务须承担交通过失责任（可能是侵权责任甚或《刑法》第 133 条规定的交通肇事罪的刑事责任），未免过于严苛。而《深圳经济特区智能网联汽车管理条例（征求意见稿）》第 26 条规定："驾驶人应当按照道路交通规则及智能网联汽车使用手册的要求，掌握并规范使用自动驾驶功能。驾驶人应当在车辆发出接管请求或者车辆处于不适合自动驾驶的状态时立即接管智能网联汽车。"该条例未规定驾驶人的警觉义务，将监管环境的警觉义务全部转移给智能网联汽车或自动驾驶系统，从比较法的立法经验与教训上来看，更符合 L3 级别以上自动驾驶的技术特点，因而值得肯定。但该条例仍保留了接管义务的规定而未具体区分技术级别，值得进一步讨论。如果说 L3 级别设定驾驶员的接管义务是妥当的，但 L4 级别下人类驾驶员的接管并非驾驶安全所必须，在人类未及时接管时系统应进入最小风险状态避免事故发生，即条例第 27 条规定的最小风险运行原则："车辆发生故障、不适合自动驾驶或者有其他影响交通安全的异常情况时，不配备驾驶人的智能网联汽车应当立即开启危险报警闪光灯，移动至不妨碍交通的地方停放或者采取降低速度、远程接管等其他降低运行风险的有效措施。"也就是说，此时未及时接管引发交通事故的，应当归责给系统未及时采取最小风险运行措施，而不应归责给驾驶员，才符合该技术级别的特征与风险分担模式。因此，应取消 L4 级别人类驾驶员的接

① Vgl. Haupt, Auf dem Weg zum autonomen Fahren, NZV, 2021: 172, 175.

管义务，代之以车辆生产商的最小风险管理义务，既能防范因放松驾驶员义务权责衔接空白导致的交通安全危险升高，又可以避免权限重叠导致动态任务接管时发生互相推诿、无人负责的局面。可见，在L4级别下自动驾驶车辆生产商（包括系统提供商）应当承担更重的注意义务与责任，对其技术质量安全提出了更高的要求。而上述条例虽然引入了L4级别自动驾驶技术，但驾驶员行为规范及权利义务模式仍然停留在L3级别，导致技术与法律某种程度上的脱节。

2. 可供选择的法律方案

在我国未来的《道路交通安全法》修订中，应根据不同技术级别的特征进行驾驶行为规范的妥适规定，可以考虑如下三种方案。

第一，分别针对L3、L4级别规定不同的行为规范和权利义务类型。针对L3级别设定生产商的环境监控义务与驾驶员的接管义务，针对L4级别设定生产商的环境监控义务与最小风险管理义务，此种安排的核心原理是根据不同技术级别的特征确定谁能最有效地控制交通安全风险，一旦确定后就排除其他主体的风险管控责任，以免出现因多个风险管控主体导致权限重叠和责任空档。此种方案区分不同技术级别进行清晰的权责界定，但有两点缺陷：一是要求清晰界定不同技术级别，因而对于处于技术级别过渡阶段的车辆可能存在解释适用上的困难；二是自动驾驶技术处于不断升级革新之中，如果自动驾驶商业应用跳跃L3级别进入L4级别，则L3级别的规定就面临过时与虚置。

第二，鉴于技术上对L3级别人机切换的安全性存疑，可以考虑在立法上直接跳跃或淡化对L3技术级别的规制，直接规定L4技术级别的交通行为规范与权利义务，对标最先进自动驾驶技术与法律解决方案。此种方案显然以L4级别自动驾驶技术的安全性与适用性得到产业验证为前提，但技术发展仍然面临一定的开放性与不确定性。

第三，参考上述美国《车辆自动驾驶操作法案》，建议采用将自动驾驶车辆或系统生产商、供应商作为驾驶人的立法方案，将人机协作切换问题纳入既有的法律框架内解决。既然自动驾驶模式下自动驾驶供应商是交通法上的驾驶人，那么其必须承担交通法上的注意义务，直至驾驶模式状态结束，切换为人类驾驶员驾驶模式。因此，人类驾驶员在自动驾驶模式下不需要保持警觉义务，只需在系统提示或自动驾驶模式结束时及时介入接管即可。即使人类驾驶员未及时接管也无须就因此引发的交通事故承担交通法上的责任，但不影响其交通法以外的其他法律责任的承担。由于此时仍是自动驾驶供应商在驾驶，为了避免事故发生，其应在技术上采取最小风险管理措施，例如减速、驶离道路或在安全地带停车。这就在自动驾驶技术上提出了更高的要求，须趋向L4、L5级别的技术水平。此种方案基于不同的事前规制思路，也将提供不同的事后规制与责任模式选择：将生产商（包括供应商）纳入交通行为法规制范围，不仅可以追究其产品责任，也可以追究其交通过失责任，显然对其施加了更重的注意义务与责任，须考量保障交通安全与促进产业技术革新之间的平衡。

我国究竟采取何种自动驾驶模式的驾驶人定位及交通行为法规范方案，是自动驾驶商业应用法律准入面临的具有挑战性的路径选择问题，需要在综合平衡自动驾驶技术创新与交通参与人法益保护的基础上，根据立法时机与自动驾驶技术的发展水平作出妥当的立法决策。若L4级别自动驾驶成熟度在更广泛的测试与示范应用中得到进一步提升与验证，则第二种方案对标最先进自动驾驶技术与法律解决方案，直接规定L4技术级别的交通行为规范与权利义务，有利于维护法的安定性，在立法上更具科学性、前沿性。

第三节 无人驾驶机动车的法律责任制度

一、自动驾驶技术的风险场景及法律困境

（一）“没有马车夫的马车”与责任真空

汽车作为“没有马的马车”在过去一个世纪给我们的道路景象与个人的自我流动性带来了革命性改变，它在改变了我们的城市、景观的同时也改变了我们的经济与法律。如今，“没有马车夫的马车”成为新的版本，由此引发了关于风险与法律责任的思考。发生这一变化的背景是，驾驶过程的自动化不断促使驾驶的控制权由驾驶员转向汽车。① 有条件自动化的L3级自动驾驶系统能在某些条件下同时进行部分驾驶操作与驾驶环境监控，但驾驶员必须能够请求自动驾驶系统重新获得对车辆的控制。而高度自动化的L4级自动驾驶系统可以进行驾驶操作和环境监控，人类驾驶员不需要获得车辆控制权，但自动驾驶系统仅能在特定环境和特定条件下操作。② 高级别自动驾驶技术几乎完全不依赖驾驶员的介入与操作，由此引发了关于自动驾驶系统是否具有法律主体地位及谁是自动驾驶的责任主体的思考。

1. 自动驾驶系统的民事法律主体地位

2017年2月16日，欧洲议会通过的《就机器人民事法律规则向欧盟委员会的立法建议［2015/2103（INL）］》认为，现今具备深度学习能力与自主性的机器人能够从经验中学习并作出“准独立”的决策。该能力使其越来越接近于能够与环境发生交互并且作出重大改变的智能体（agents），从而考虑赋予具有深度学习能力和自主性的最复杂的智能机器人以“电子人格”的法律地位和

① Vgl. Gleis/Jener, Hochautomatisiertes und autonomes Autofahren-Risiko und rechtliche Verantwortung, JR2016, 561.

② See Federal Automated Vehicles Policy at https: // www.transportation.gov/AV/federal-automated-vehicles-policy-september-2016(Last Visited on Sep.23, 2019).

责任主体地位。[①]其主要原因在于，在“感知—思考—行动”基础上的智能机器人具有技术上的“自主性”，即可被界定为在外部世界作出独立于外在控制或影响的决定并予以实施的能力，这一自主性具有纯技术本质，且这种自主性程度取决于机器人被设计成可与环境进行交互的复杂程度。[②]而这种技术上的自主性在可见的未来都不过是高度自动化的机器对人类亲自掌控的逐步脱离，与规范意义上的自主性不可同日而语。规范意义上的自主性是指行为或责任主体认识、理解并控制自己行为的能力。而机器学习与深度学习技术虽然被赋予了强大的环境感知能力（感知技术）与决策能力（决策与控制技术），但并不具有类似于人的自主性与自决权。

（1）感知技术。在自动驾驶感知模块中，较为常用的是深度学习的卷积神经网络方法。该方法模拟人类的眼睛，采用空间结构和算法模仿人类观察事物的过程。尤其是在模式分类领域中，运用该技术可以直接输入原始图像，不需对原始图像数据进行复杂的特征提取和数据重建，该技术解决了在传统方法中需要人为地对图像进行特征设置的问题，因而被广泛应用。[③]但是，这种感知仅是物理意义上的感知或察觉，不同于人类视觉的社会感知，即并不能在感知的同时进行物理与社会意义的理解与预测。例如，Uber 自动驾驶测试车辆轧死骑自行车的人这一事故的原因是，车辆的摄像头与激光雷达感知器虽然感知到骑自行车的人的存在，却无法根据其表情、动作等预测其下一步的行动，误以为骑车人会停留而继续行驶。[④]

（2）决策与控制技术。虽然自动驾驶具有算法决策功能，能够根据行车目标、车辆状态及环境信息等，通过状态机、决策树、深度学习、增强学习等决策方法决定采用哪种驾驶行为，[⑤]但这种“感知—思考—行动”功能是独立或分布式的功能模块，而非像人类那样由视觉信息经过视觉神经元传递到大脑皮层，大脑皮层迅速作出分析与理解并发出对运动神经的信息，进而作出动作的整体而流畅的反应过程。即使以神经网络为代表的机器学习算法被越来越多地应用在无人驾驶自主决策，例如，Bojarski 以高性能 GPU 和并行计算工具 CUDA 作为基础，基于驾驶模拟器，利用卷积神经网络（CNN）对前置摄像头获取的

---

① See European Parliament Resolution of 16 February 2017 with Recommendations to the Commis-sion on Civil Law Rules on Robotics (2015/2103(INL))], at http://www.europarl.europa.eu/doceo/document/A-8-2017-0005_EN.html?redirect(Last Visited on Sep.23, 2019).

② 冯珏教授曾指出，自主性仅局限于技术层面，参见冯珏：《自动驾驶汽车致损的民事侵权责任》，载《中国法学》2018 年第 6 期。

③ 参见《中国汽车工程学术研究综述 · 2017》，载《中国公路学报》2017 年第 6 期。

④ 参见《详解事故视频，Uber 无人车为什么会撞死人？》，载新浪科技网，https://tech.sina.com.cn/roll/2018-03-22/doc-ifys-numn6934171.shtml，2019 年 9 月 29 日访问。

⑤ 参见戴一凡：《智能网联汽车（ICV）技术的发展现状及趋势》，载《汽车安全节能学报》2017 年第 1 期；李力、王飞跃：《智能汽车：先进传感与控制》，机械工业出版社 2016 年版，第 6、7 页。

图像进行训练，构建直接输出方向盘转角的端到端的决策系统，改变了传统的“环境感知—信息融合—自主决策”的分布式流程，使得中间过程的人为分解行为和指标制定被略去，从而提升决策系统的性能，[①] 但由于人工智能缺乏对社会环境的情绪感知能力，因而在可见的未来很难使其感知社会。

虽然自动驾驶系统通过高度复杂的电脑运算整合分析内部车辆操作数据与传感器收集的外部环境数据，在此基础上进行决策并激活相应自动化的操作，但是这似乎也无法被视为自动驾驶系统的意思表达与行为；一方面，传统的意思表达概念以人的意识能力为基础。另一方面，虽然在新兴人工智能技术环境下社会减少了对意思表示的上述前提条件要求，但究竟智能机器的行为或动作属于谁的意思表示也值得探讨。例如，基于风险理念，意思表示应该归属对智能机器具有控制能力的人。[②] 虽然智能机器程序的设计者由于机器学习技术的运用对其不再具有完全的控制，但智能机器显然对其自身也没有这种完全的控制能力。因此，自动驾驶算法的路径规划与纵、横向操纵、变道也不应被视为其意思表示或者法律上的行为。欧盟的最新发展动向也表明了上述观点：2018 年 12 月，欧盟委员会任命的人工智能高级别专家组提交的可信赖人工智能伦理准则草案放弃了《欧洲议会就机器人民事法律规则向欧盟委员会的立法建议》赋予人工智能电子人格的做法，认为人工智能就其开发与使用来说都不具有自我目的，人工智能仅仅是提升人类福祉的工具，其并非法律主体，而是法律客体。[③]

2. 自动驾驶系统的刑事责任主体地位

是否被作为刑事责任主体归责，涉及自动驾驶系统或者更广泛意义上的智能系统是否具有罪责能力，而罪责能力的基础是意志自由。根据关于罪责的传统观点，只有当行为人具有负责任的、道德的自我决定能力，依据应然的法律规范调整自己行为时，才能够具有罪责能力。[④] 如上所述，虽然高级别自动驾驶系统借助大数据与深度学习等技术感知模块与决策模块能够感知环境信息并进行路径规划，但其无法理解这些信息的社会意义并进行合法行为与非法行为的决断。其有限的自主学习不过是程序与算法的预先设定，并不是意志自由的体现。即使绕过存在学意义上的意志自由争论，自动驾驶系统也不具有刑事责任主体地位。根据规范责任论，责任是实施合法行为的他行为可能性，[⑤] 自动驾驶系统的“感知—决策—控制”任一模块发生问题都可能导致碰撞而引发刑事责

① 参见《中国公路学报》编辑部：《中国汽车工程学术研究综述·2017》，载《中国公路学报》2017 年第 6 期。

② Vgl. Wieber, Die elektronische Willenserklaerung, 2002, 214 ff.

③ Vgl. Dettling/Krueger: Erste Schritte im Recht der KünstlichenIntelligenz, MMR2019, 211, 212.

④ Vgl. BGHSt 2, 194, 200 f., Eisele in Schönke/Schröder Strafgesetzbuch, 30. Auflage2019, Vorbemerkungen zu den § §13 ff, Rn.109.

⑤ Vgl. Radtke in Münchener Kommentar zum StGB, 3. Auflage 2016, Vorbemerkung zu § 38, Rn22.

任。硬件的技术故障（如摄像头的镜头故障、控制模块的传感功能故障）原则上是可以避免的，可以认为上述事故发生时具有他行为可能性。但在这些情形下，与其认定自动驾驶系统的他行为可能性与罪责，不如直接认定各相关参与人（如摄像头或者刹车系统的生产商）的他行为可能性与罪责。更加棘手的是，自主学习系统在运作过程中的错误是否能够被避免或排除往往很难确定。"主动式制动系统以内部逻辑芯片组与汽车摄像镜头采集的实时图像数据为基础作出自主决策判断，但基于非结构化环境的复杂性，图像数据以多样化和不可预测的形式呈现，同时预先确保每一种状态都包含在系统内部也是不可能的，无可避免地，智能汽车的主动式制动功能时常超脱出工程师预期。"[①] 因此，自动驾驶汽车行驶环境的开放性、复杂性及信息数据的非结构化使偶发的事故错误更无法避免，使自动驾驶系统的他行为可能性及罪责问题更值得怀疑。

（二）人机共驾与掌控悖论

大数据、自主学习、深度学习、神经网络算法为传统车辆、医疗器械等机械赋能，它们改变了车辆、医疗器械的纯工具与客体地位，也将传统机械时代人与车辆简单的"控制与被控制"的关系过渡到分享控制权的互动情境。正如马长山教授指出的，"在可见的未来，服务机器人、医疗机器人、投顾机器人、陪伴机器人、情侣机器人将会大量涌现，并承担起劳动替代、任务合作、智能决策、'情感'互动等角色，人机共处随之成为生产生活关系的常态"[②]。由于自动驾驶呈现出传统工业时代的机械性物理性风险，信息网络时代的信息风险与物联网时代的机械、信息风险叠加的特性，而上述风险又具有场景的开放性特征，这使得自动驾驶的人机互动成为一个攸关个人甚至公共安全的问题。与上述物联网时代的其他人机互动情境相比，自动驾驶的人机互动显然更加复杂而敏感。

根据国际自动机工程师学会的分级标准（SAEJ3016 标准），自动驾驶技术的等级分为无自动化（Level 0）、驾驶员辅助（Level 1）、部分自动化（Level 2）、有条件自动化（Level 3）、高度自动化（Level 4），以及完全自动化（Level 5）。目前，市场上绝大部分量产汽车都处于 L0 或 L1 级，特斯拉的 Model S/X、沃尔沃的 XC90 等仍介于 L2 与 L3 级之间。[③] 谷歌公司近年来申请专利的情况也表明了人机共驾技术是自动驾驶汽车产业化过程的重要一环。由于人机共驾在可见的未来将以自动驾驶技术的形式表现，如何在自动驾驶系统

① 翁岳暄、［德］多尼米克·希伦布兰德：《汽车智能化的道路：智能汽车、自动驾驶汽车安全监管研究》，载《科技与法律》2014 年第 4 期。

② 马长山：《智能互联网时代的法律变革》，载《法学研究》2018 年第 4 期。

③ 参见《中国公路学报》编辑部：《中国汽车工程学术研究综述·2017》，载《中国公路学报》2017 年第 6 期。

与人类驾驶员之间进行驾驶权的界分，并在此基础上进行妥当的责任分配，就成了自动驾驶法律规制的重要议题。

1. 人机共驾驾驶权分配的基础框架

自动驾驶技术的进化为人机共驾提供了技术基础，因此，自动驾驶技术等级是探讨人机共驾驾驶权分配的基础。在L0级驾驶技术条件下，驾驶员全程掌控汽车，在行驶过程中可以得到警告和保护系统的辅助，具有全权的驾驶权。在L1级自动驾驶技术条件下的自动化包括一个或多个特定的控制系统（多个控制功能独立发挥作用），在这些控制系统的辅助下，驾驶员可以让渡一些驾驶权，或者自动化系统可以在某些常规驾驶情景下或汽车发生碰撞时为驾驶员提供额外的控制能力（如动力控制器在紧急情况下的辅助功能），但驾驶员始终处于驾驶的中心位置，仍牢牢掌控着驾驶权。在L2级驾驶技术条件下，驾驶员可以在特定驾驶环境下放弃汽车控制操作，但驾驶员仍对道路交通情况监控和驾驶控制负责，系统可以在没有提前警告的情况下将车辆控制权转移给驾驶员，因此，驾驶员仍然掌控驾驶权。例如，L2级驾驶技术的典型情形是，驾驶员利用自适应巡航控制与车道保持系统的功能组合暂时放弃亲自操作驾驶，但仍需时刻保持警觉。L3级自动驾驶技术使得驾驶员能够高度依赖自动驾驶系统进行环境感知与监测，在某些路况或环境下可以不用完全掌控所有攸关安全的功能，在发生自动驾驶系统无法胜任的情况时，该系统能够提醒驾驶员对车辆进行控制。L4级自动驾驶技术在特定条件下能够感知、监测环境并完全掌控所有与安全有关的驾驶功能，但在该特定驾驶环境改变时仍需进行人与车的驾驶权移转。

可见，随着自动驾驶技术级别的增加，自动驾驶系统的控制权逐渐增加而人类驾驶员的控制权逐渐减少，甚至人类驾驶员的控制权在完全自动驾驶环境下被完全排除。严格说来，L3级别及L3级别以上才产生驾驶权分配问题，L3级别以下并没有自动驾驶系统与人类驾驶员驾驶权分配的问题，人类驾驶员始终绝对掌握驾驶权。自动驾驶技术的分级划定了人机共驾驾驶权分配的框架基础，同时也带来了驾驶权分配的冲突与困惑。L3级别的感知技术、决策与控制技术赋予了自动驾驶系统自主性，提供了脱离人力掌控的物质基础，但一方面由于自动驾驶系统本身存在系统边界（如在雨雪极端天气下传感器失灵），另一方面基于上述自动驾驶风险叠加及道路交通带来的风险开放性特征，其无法排除突然出现交通障碍的可能性（如飞来的石块）。自动驾驶系统可能会存在无法胜任的情况，故仍需人类驾驶员及时介入取得驾驶权。但这种驾驶权的切换必须在理想的状态下完成，其一方面要求自动驾驶系统总是能够及时识别其无法胜任的情况并及时发出控制请求，另一方面要求人类驾驶员总是能够迅速对控制请求进行回应并重新取得驾驶控制。只要欠缺任一要件，驾驶权就无法被成功切换。而由于驾驶权切换的时刻往往是千钧一发的危险情境，不成功切换极易引发严重的交通事故。

目前，由于L3级别的自动驾驶技术并不成熟，仍处于路测和大规模产业化的前夜，因此，上述第一个理想状态仍未实现，目前的路测数据仍然不能解决系统边界的问题。第二个理想状态也违反心理学的反应时间与人类的本性。就反应时间而言，美国弗吉尼亚理工大学交通学院研究显示，L3级自动驾驶汽车司机回应接管车辆请求的平均时间是17秒，在此时间段内，一辆时速105千米的车辆已经开出494米的距离。[①] 就人类的本性而言，当人们看到技术有效时会倾向于信任技术，并在心理上抽离技术运作的过程从而无法再及时介入，即使人们仍然在场，也属于典型的管理学上的责任分散（split responsibility）或工程学上的自动化偏见（automation bias）现象。[②]

2. 掌控悖论

2017年6月，德国颁布的《道路交通法（第八修正案）》试图通过对高度或完全自动驾驶汽车的性质及驾驶员权利义务进行界定为人机共驾问题提供解答。《道路交通法（第八修正案）》新增的第1a条第2款规定：“高度或完全自动驾驶汽车是拥有技术设备以实现下述功能的车辆：（1）为完成驾驶任务（包括纵向和横向导轨），能在车辆启动后控制车辆；（2）在高度或完全自动驾驶功能控制车辆的过程中，能够遵循规范车辆行驶的交通法规；（3）可以随时被驾驶员手动接管或关停；（4）可以识别由驾驶员亲自控制驾驶的必要性；（5）能够以听觉、视觉、触觉等可被感知的方式向驾驶员提出由驾驶员亲自控制驾驶的要求，并给驾驶员预留接管车辆的充足时间；（6）指出违背系统说明的使用。自动驾驶汽车的制造商必须在系统说明中作出有约束力的声明，表明其汽车符合前述条件。”[③]

该修正案第1b条还规定了启用自动驾驶系统时驾驶员的权利和义务：“驾驶员可以在驾驶期间借助高度或全自动驾驶功能抽离对交通状况的关注和对车辆的控制，但必须时刻保持警觉，以便能够履行下述义务：（1）当高度或全自动驾驶系统提出要求时；（2）当他必须认识到或者基于明显的情况（offensichtliche Umstände）必须认识到高度或全自动驾驶系统不再具备符合功能的使用条件时。”[④]

上述立法规定一方面允许应用符合功能条件的自动驾驶系统，另一方面又较为谨慎地对该系统的技术成熟度与安全性予以保留，并引入了高度或全自动化自动驾驶汽车驾驶员的全程警觉义务和在系统发出驾驶控制请求时的接管义务。这一规定受到德国学者与公众的质疑，他们认为，让驾驶员承担更加严格

① 参见刘少山等：《第一本无人驾驶技术书》，电子工业出版社2017年版，第7页。

② 参见［美］胡迪·利普森、梅尔芭·库曼：《无人驾驶》，林露茵、金阳译，文汇出版社2017年版，第72、73页。

③ §1a StVG(Strassenverkehrsgesetz).

④ §1b StVG(Strassenverkehrsgesetz).

的义务违背自动驾驶技术发展的初衷。[①] 全程警觉与接管义务的设置实际上并不符合 L3 级以上的自动驾驶技术的设定，因为 L3 级自动驾驶感知技术能够通过算法决策完成主要驾驶功能并感知与监控交通状况，且能够在自动驾驶系统无法处理的情况下提醒驾驶员对车辆进行控制。如果要求驾驶员全程保持警觉并随时准备接管车辆，则极大削弱了自动驾驶系统的技术应用优势。对自动驾驶系统正常运营的怀疑也违反了交通领域所通行的信赖原则，即一方交通参与人在自觉遵守注意义务的情况下可以信赖其他交通参与人也会遵守注意义务。

另外，在上述规定中接管驾驶权的具体时点与方式并不明确。虽然法条规定了在特定的条件下驾驶员必须接管，但如何理解“明显的情况”与“必须认识”的意义？“目前尚不清楚是否需要驾驶员始终监控系统——那么如未及时识别交通标识，就视为明显情形，或者只需要驾驶员偶尔监控系统——那么仅如突发的降雪情形，就视为明显情形。最终若驾驶员在高度或者全自动驾驶期间完全不用监控，那么‘如车内所有警示灯闪烁’才为明显情形。”[②]

人机交互、驾驶权共享的风险场景让我们看到，面对新兴技术的风险，法律可能会显得犹豫不决与自相矛盾。技术的发展实现了人类身体操作的部分解放，驾驶员得以向自动驾驶汽车交出部分驾驶权，但法律仍从公共政策决策角度基于风险厌恶而未立即拥抱这种解放，而是仍然一般性地规定严格的注意义务。只有当自动化车辆在较长时间无差错行驶以后，足够多的判例能够支持对自动驾驶技术的信赖时，才有可能通过个案的方式降低对驾驶员注意义务的要求。德国的埃里克·希尔根多夫教授将这种技术与法律之间的冲突称为“掌控悖论”(Kontrolledilemma)，[③] 即虽然机器技术上脱离掌控是可能的，但法律仍然不放松人类对机器掌控的要求。

（三）两难困境与编程迷局

自动驾驶领域最受学界与媒体关注的一个话题是所谓自动驾驶汽车的两难困境问题：自动驾驶汽车高速行驶至某事故路段时发现两名事故受害者倒在道

---

① Vgl. Koenig，Diegesetzlichen Neuregelungen zum automatisierten Fahren，NZV2017，123，124，m.w.N. 此外，2018 年 3 月 31 日，德国自动驾驶伦理委员会委员、德国维尔兹堡大学埃里克·希尔根多夫教授（Prof. Eric Hilgendorf）在中国人民大学未来法治研究院“自动驾驶与法律高峰论坛”进行报告时，也对该质疑进行了分析与回应。参见［德］埃里克·希尔根多夫：《自动驾驶的规制之路——对于〈德国道路交通法〉最新修订的说明》，载中国法学网，https：//www.chinalaw.org.cn/Column/Column_View.aspx?ColumnID=956&InfoID=27186，2019 年 9 月 30 日访问。

② ［德］埃里克·希尔根多夫：《自动驾驶的规制之路——对于〈德国道路交通法〉最新修订的说明》，载中国法学网，https：//www.chinalaw.org.cn/Column/Column_View.aspx?ColumnID=956&InfoID=27186，2019 年 9 月 30 日访问。

③ 参见［德］埃里克·希尔根多夫：《自动化驾驶与法律》，黄笑岩译，载易继明主编：《私法》，法律出版社 2016 年版，第 93 页。

路中央，自动驾驶系统来不及刹车停止，唯一可以避免碾过两名受害者的选择就是向左前方转向，但将撞上左前方的第三名行人并致其重伤或死亡。这种困境不仅存在于经典的刑法教科书案例中（如《德国刑法》中的扳道工案和有轨电车案[①]），也存在于传统的道路交通环境中。而自动驾驶汽车所面临的问题相较于传统车辆更加尖锐与棘手，其原因有两点：第一，人类驾驶员的反应时间较长，从发现道路中央的受害者到采取行动几乎没有思考的时间，因而往往不存在违反注意义务的情形，即使撞死了两名行人也属于意外事件。第二，即使存在足够的反应时间，人类驾驶员为了保全自己决定直行撞死两名受害者或左转撞死一名行人，也可能因为属于《德国刑法》第 35 条第 1 款第 1 句规定的紧急避险情况而被免责。[②] 但自动驾驶系统则不同，自动驾驶系统用 0.2 秒即可通过传感器感知紧急情况，且这种反应不依赖直觉，而是通过事先编程来决定价值优先次序。如此一来，在生命与生命之间的取舍取决于两难困境中编写自动驾驶碰撞回避的算法程序。这种编程成为极端敏感的问题，也引发了公众对自动驾驶技术的争议甚至恐惧，因此，自动驾驶技术被污名化处理，自动驾驶碰撞回避的算法程序被视为"死亡算法"。[③] 这种编程迷局主要体现在对以下三种程序类型的选择。

1. 功利主义程序

功利主义者会基于利益最大化的考虑选择撞向损害较小的一方，也就是允许汽车左转撞伤或撞死一名行人。[④] 这种单纯衡量受害人数量的所谓最优化模式违反了宪法的人格尊严至上与生命权绝对保护原则，与现行法律理论框架无法兼容。

自动驾驶系统的生产商在自动驾驶系统中设置碰撞回避程序致人重伤或死亡的行为不仅不能被免责，甚至还有可能以故意杀人罪与故意毁坏财物罪被追责。在具体危境下发生事故时，撞伤他人或毁坏财物是优先选择程序的实现，驾驶员对此并没有行为控制和意思支配。因此，驾驶员并不能被追责，责任就转移到自动驾驶系统中碰撞回避程序的提供者身上。虽然自动驾驶系统的生产商在事故发生时并不在场，也对具体的碰撞情形及具体的事故受害者一无所知，但这并不影响其被追究刑事责任。此时也不适用紧急避险，因为紧急避险适用

---

① Vgl.Hilgendorf, Delimma-Probleme beim automatisierten Fahren, ZStW2018, 674, 683.

② Vgl. § 35Abs.1S.1StGB（Strafgestzbuch）.《德国刑法》第 35 条第 1 款第 1 句规定："面临急迫的、用其他方式无法躲避的对生命、身体健康或自由的危险，为了防止自己、亲属或者其他关系紧密之人免遭这种危险而实施违法行为者，没有罪责。"

③ See Vgl. Hilgendorf, Delimma-Probleme beim automatisierten Fahren, ZStW 2018, 674, 683. Vgl. Hilgendorf, Recht und autonome Maschinen-ein Problemaufrisß, in：Das Recht vorden Herausforderungen der modernen Technik, Robotik und Recht Band 4, Baden-Baden2015, S.11ff.(20ff.).

④ See Foot, *Killing and Letting Die*, in Foot(ed.), Moral Dilemmas and Other Topics in Moral Philosophy, Clarendon Press, 2002, p.78.

的前提条件之一是拯救的利益必须要大于牺牲的利益，而基于宪法人格尊严至上与生命权绝对保护原则，生命的价值无法被量化比较大小。

2. 自我牺牲程序

该程序将自动驾驶汽车的驾驶员或乘客视为风险创设者而要求其承担风险，因此，算法程序被设置为优先牺牲驾驶员或乘客。[①] 由于自动驾驶汽车的驾驶员或乘客已经从自动驾驶中获利，所以其不应在危急形势下利用技术优势以牺牲无关第三人的生命为代价而保全自己的生命，因而优先选择保护路面上的行人。该程序设置显然也经不起推敲：第一，引入自动驾驶技术的首先是自动驾驶系统或车辆的生产商，创立风险者并不是使用自动驾驶技术的驾驶员或者乘客；第二，该程序设置不利于自动驾驶技术的推广，这种自我牺牲程序的设置将大大降低车辆销量及大众对自动驾驶技术的消费兴趣。

3. 掷骰子程序

在两难困境中，无论算法程序如何选择都不能免除责任，因此，只能放弃编写程序任由事态发展，即在自动驾驶汽车直行撞向两名行人，或者在两边人数相同的情况下设置掷骰子程序进行随机选择。[②] 但这种逃避主义的方案显然违背人类理性的要求，并且即使设置这种程序似乎也无法免于刑法上不作为的可罚性。在宪法人格尊严至上与生命权绝对保护原则的指导下，且在刑法上牺牲少数人的生命以拯救多数人不能被排除违法性的犯罪论体系内，如何对自动驾驶系统的碰撞回避程序进行正当化说明，是自动驾驶技术对现行法律理论框架提出的挑战。两难困境使得在其他领域同样存在的数字化生活世界的基本问题变得更加尖锐：利益冲突在个人利益与整体社会福利之间的抉择被预先程序化，在某些情况下，预先估算好的行为准则剥夺了实现个人利益甚至生存利益的机会。[③] 迎接这场挑战的学者尝试提出免责事由说、[④] 义务冲突说[⑤] 等理论，但这些理论似乎在为传统的刑法教义学开辟新战场，而无法为新兴自动驾驶技术提供真正可行的法律解决方案。

鉴于自动驾驶两难困境引发的法律困境与公众的关注，该问题成为德国自动驾驶伦理委员会讨论的主要议题之一。该委员会于 2017 年 6 月发布的《自动

① Vgl. Gleis/Jener, Hochautomatisiertes und autonomes Autofahren-Risiko und rechtliche Verantwortung, JR2016, 561, 575.

② Vgl. Weigend, Notstandrecht fuer selbstfahrende Autos? ZIS2017, 603.

③ Vgl. Gleis / Jener, Hochautomatisiertes und autonomes Autofahren-Risiko und rechtliche Verantwortung, JR 2016, 561, 575.

④ Vgl.Englaender, Das selbstfahrende Kraftfahrzeug und die Bewältigung dilemmatischer Situationen, ZIS2016, 608, 616.

⑤ Vgl.Greco, Autonome Kraftfahrzeuge und Kollisionslagen in: FS fuer Kindhaeuser, 2019, S.173ff.

网联驾驶伦理委员会报告》确立了自动驾驶的20条伦理准则。[①]该准则区分了真正与不真正的两难困境。在不真正的两难困境中，即两个方向的碰撞对象都为财物（财物—财物）或者一个方向的碰撞对象是财物而另一个方向的碰撞对象是人（财物—人身）的情形，倡导损害最小化原则：在两个方向的碰撞对象均为财物时，优先保护价值较高的财物；在一个方向的碰撞对象为财物另一个方向的碰撞对象为人身时，优先保护人身。在真正的两难困境中，即两个方向的碰撞对象都是人员（生命—生命）的情形，禁止根据人员特征（年龄、性别、身体或精神状况）进行量化选择（第8条），一般性地编写选择保护人员数量较多的一方的程序是可以接受的，但不应牺牲未参与创设自动驾驶风险的人员（第9条）。该伦理准则一方面一般性地许可选择碰撞人数较少一方的算法程序，另一方面禁止算法程序选择牺牲自动驾驶的非参与方，这似乎是功利主义程序与自我牺牲程序的综合路线。但一般性地以受害人数量进行衡量的功利主义程序如何在现行法律理论框架下被证立，似乎并非该伦理准则关心的问题。

二、自动驾驶法律责任制度思考

与自动驾驶技术融合特性相伴而生的是传统的工业时代的机械性物理性风险与信息时代的风险融合，这形成了上述典型的自动驾驶技术的风险场景。面对这些风险场景，法律如何可能？本书将尝试拓展现有法律理论框架，并对风险场景中的法律困境进行基础性思考。

（一）自动驾驶事故责任重心的转移：自动驾驶系统掌控者

在高级别自动驾驶的环境下，究竟谁是自动驾驶系统的责任主体，谁应当对自动驾驶技术发生的交通事故负责？由于自动驾驶系统并不具有自我目的，仅是具有自我学习能力的算法程序，因此不具有法律主体地位，不能成为民事法律主体与刑事责任主体。但不容忽视的是，自动驾驶的技术融合特性使其成为一个具有统一功能的整体，能够协调感知、决策、控制功能，在与乘驾人员及行人或其他交通参与人的交往中以一个整体的形态出现。这或许是电子人格说及刑事责任主体说的理据。此外，我们的社会与法律文化倾向于在冲突或纠纷中寻找一个独立的主体或者相对方以对其进行权利主张。随着自动驾驶技术的进一步融合及自动技术级别的提高，可以想象自动驾驶系统作为整体参与到交通法律关系之中。鉴于自动驾驶系统本身在可见的未来都不可能具有法律主体地位，可以考虑将自动驾驶系统背后的人，即对自动驾驶系统数据及数据处

① 参见德国联邦交通与数字基础设施部网站，https://www.bmvi.de/SharedDocs/DE/Publikationen/DG/bericht-der-ethik-kommission.html，2019年9月30日访问。

理具有控制能力的人[①]（此处被称为自动驾驶系统的掌控者）作为核心的主体，统一对外承担责任。自动驾驶系统的掌控者可能是自动驾驶系统的开发者及使用维护者。当事故发生时，事故受害人首先向其追责，然后再根据不同功能模块提供者的过错（即违反注意义务）在内部进行追责。这种解决方案并非赋予自动驾驶系统电子人格法律主体地位，而是将责任归属给一个功能整体，其背后是一系列相关人员的行为和义务。这种方案可以绕过电子人格的争论，便于受害者追责并减轻其举证责任。

确立自动驾驶系统的掌控者在归责与追责中具有中心地位，能够缓和人机共驾之间的矛盾。由于自动驾驶系统在驾驶任务与风险控制中占据越来越重要的地位，应当被分配更大的权限与责任。而对于人类驾驶员，仅需要在传统的过错责任框架下追究其违反注意义务或错误操作自动驾驶系统的过错责任，原则上不再额外增加其在自动驾驶系统监控方面的注意义务。此外，在无法清晰界定哪一方违反注意义务的情况下，采取有利于人类驾驶员的原则，推定自动驾驶系统违反注意义务，由其运营者承担责任。这种方案一方面更符合自动驾驶技术，尤其是L3级别以上的高级别自动驾驶技术的设定与宗旨，另一方面有利于督促自动驾驶系统开发者与运营者履行技术安全方面的谨慎义务并鼓励其不断进行技术革新。

（二）衡平风险与创新的理论工具：可允许的风险理论

笔者虽然提倡自动驾驶系统的掌控者处于被归责的核心地位，但这并不等于要求其承担过于严格的责任或过重的注意义务。追究过错责任与产品责任，需要考虑自动驾驶技术的现实。对于在开发或使用自动驾驶系统时无法具体预见的，自动驾驶系统自主学习过程中产生的风险，不能要求自动驾驶系统的掌控者承担过错责任或者产品责任。如上所述，人工智能系统具有技术自主性，这是人工智能系统与传统软件最本质的区别。[②]传统软件执行软件程序指令的过程是“条件输入—结论输出”的过程，即机械性、直线性的“条件—结论选择过程”，而人工智能系统作为“条件—结论算法”运用推理—统计方法与数学概率公式（概率学逻辑）进行学习与决策。这就使得人工智能系统成为非线性的随机复合体，不能排除偶然性结论。算法编程人员无法完全理解自动驾驶自主学习与决策的过程，也无法预见算法所有的结论。因此，在事先不能完全排除自动驾驶系统算法的偶然性结论的情况下，不能要求算法编程人员或系统开发

① 德国学者将其称为自动驾驶系统的运营者，主张由其承担主要责任，但该观点将运营者与制造商等其他主体作为具有同等地位的责任主体。可见，该观点实际上仍未解决归责和追责问题。See Vgl. Gleis/Je-ner，Hochautomatisiertes und autonomes Autofahren-Risiko und rechtliche Verantwortung，JR2016，561.

② Vgl. Dettling/Krueger：Erste Schritte im Recht der Künstlichen Intelligenz, MMR2019, 213.

人员具有注意义务。即使该偶然的算法结论引发事故并造成损害，只要算法程序系统符合一般的技术安全要求，就不应将罕见的偶然性损害归责给上述人员。

在现代风险社会中，由于自然科学的未知因素与不透明性，每个社会主体不得不作出充满风险的决定。① 这意味着，要求个人在行为时作出完全没有风险的决定和行为往往是不可能的，程序员在编写自动驾驶算法或者开发自动驾驶系统时，无法排除系统自我学习和决策的所有风险。现代社会的法律也无法绝对排除风险，只能将风险限制在可允许的范围内。因此，应当引入德国学者倡导的可允许的风险理论，② 衡平自动驾驶技术风险与科技创新之间的紧张关系。现代科技发展不断提高生产效率，也不断开启新的风险源。由于任何技术革新都蕴含着风险，正如没有完美的人，也不存在完美的系统。在享受自动驾驶技术带来的技术优势的同时，不能将该技术无法避免的罕见风险转嫁给该技术的研发者、提供者。因此，有必要引入可允许的风险理论限制技术开发人员的注意义务范围，基于自动驾驶整体在安全性与社会利益方面的巨大技术优势而容忍极端情况下的低概率的技术边界问题及两难困境下的无法避免的损害。前述德国《自动网联驾驶伦理委员会报告》第3条指出："防止事故是指导原则，但考虑到基本的风险利益收支平衡，在技术上无法避免的剩余风险并不妨碍自动驾驶的推行。"而这种风险范围可以被允许到何种限度，或者说可允许的风险的具体适用性条件是什么，则需要在自动驾驶技术发展过程中"技术性"地予以解答，需要在积累路测数据、改进深度学习算法的过程中探索制定自动驾驶系统的稳定性技术标准，将该标准作为判断可允许风险的技术性依据。

自动驾驶法律事前规制的对象是技术风险，事后归责的对象是技术风险的实现，即（民法意义上的）损害或（刑法意义上的）法益侵害，因此，自动驾驶技术的原理与本质是自动驾驶法律的法现实。"代码即法律"③ 的理论在网络法学中已成为至理名言，在人工智能法学中，人们对于"算法即法律"的思想也逐步达成共识。除了事后的矫正正义，即从责任角度预防技术风险带来的损害，行业技术标准作为事前的规制工具也发挥着不可忽视的风险规制作用。④ 在

① Vgl. Duttge, Zur Bestimmtheit des Handlungsunwerts bei Fahrlaessigkeitsdelikten, 2001, S.489.

② Vgl.Hilgendorf，Delimma-Probleme beim automatisierten Fahren，ZStW2018，674，700；Vgl. Gleis/ Jener，Hochautomatisiertes und autonomes Autofahren-Risiko und rechtliche Verantwortung，JR2016，561，566；Vgl.Greco，Autonome Kraftfahrzeuge und Kollisionslagenin：FS fuer Kindhaeuser，2019，S.173ff. 该概念也逐渐被中国学者接受。参见江溯：《自动驾驶汽车对法律的挑战》，载《中国法律评论》2018年第2期；储陈城：《自动汽车程序设计中解决"电车难题"的刑法正当性》，载《环球法律评论》2018年第3期。

③ ［美］劳伦斯·莱斯格：《代码2.0：网络空间中的法律》，李旭等译，清华大学出版社2009年版，第6页。

④ See F.Patrick Hubbard, *Sophisticated Robots*: *Balancing Liability*, *Regulation*, *and Innovation*, Florida Law Review, Vol. 2014(66), p.1834.

自动驾驶领域，美国国家高速公路安全管理局（NHTSA）推行的自动驾驶技术分级标准、联邦机动车安全标准（Federal Motor Vehicle Safety Standards, FMVSS）和国际自动机工程师学会制定的自动驾驶技术分级标准（SAEJ3016）等行业技术标准对自动驾驶技术风险的定义及描述具有指导意义。

自动驾驶法律研究与法律制定需要以理解技术为前提，在对自动驾驶两难困境场景的探讨中，完全陶醉于传统刑法教义学的修辞而脱离自动驾驶技术原理与语境，或者在对责任的探讨中拘泥于现行法律侵权责任、产品责任等的语词边界而不敢逾越雷池半步，不啻在传统法律的舒适区内刻舟求剑。对技术的观照不仅需要在一般性的可允许的风险理论中被考虑，也需要在多方参与主体的具体权利、义务安排中被贯彻。因此，法律不能罔顾自动驾驶技术现实，一厢情愿地进行理想化的权限界分。理解自动驾驶技术的原理与风险特征，理性应对自动驾驶汽车的风险场景，探讨衡平风险与科技创新的中庸之道，这是人工智能科技革命与自动驾驶技术进步为法学提出的划时代任务。

第二十五章 医疗人工智能法律制度

第一节 医疗人工智能概述

一、医疗人工智能的概念与分类

（一）医疗人工智能的概念

通常而言，人工智能（AI）是研究、开发用于模拟、延伸和扩展人的理论、方法、技术及应用系统的一门新的技术科学，[①] 而医疗人工智能，就是指人工智能在医疗领域的具体应用，主要涵盖医学图像识别、辅助诊断、健康管理、疾病预测等领域，并随着人工智能技术的发展不断横向拓展和纵向延伸。医疗人工智能是一个动态发展的概念，目前尚未在学界形成共识。

医疗人工智能极大提高了手术精度、灵活性，扩大医生的术野，使更高的可视性与可达性成为可能。[②] 它不仅有效缓解了医疗人才的短缺，而且大大提高了医疗服务的质量和效率，并在疾病预防层面也显示出其独特的价值。[③] 医疗人工智能起源于美国，最早可以追溯至20世纪60年代尝试创建模拟医生进行决策的临床知识库。之后，医疗人工智能在欧盟、英国、日本等发达国家或地区得到了发展与应用。我国医疗人工智能起步较晚，北京中医医院于1978年研发出第一个医学专家系统——关幼波肝病诊疗程序。伴随着互联网的迅速发展、算法和算力的显著提升以及具有病例优势的大数据积累，我国医疗人工智能在21世纪获得突飞猛进的发展，并在现实中呈现出较为强劲的增长趋势，尤其是在2020年初暴发新冠疫情以来，医疗人工智能在应用的广度和深度上都实现了大幅提升，不仅提高了诊疗效率，而且在疾病趋势预测等方面也发挥了十分重

① 参见腾讯研究院、中国信通院互联网法律研究中心等：《人工智能》，中国人民大学出版社2017年版，第23页。

② 参见王轶晗、王竹：《医疗人工智能侵权责任法律问题研究》，载《云南示范大学学报（哲学社会科学版）》2020年第3期。

③ See Daniel Schönberger, *Artificial Intelligence in Healthcare: A Critical Analysis of the Legal and Ethical Implications*, International Journal of Law and Information Technology, Vol. 2019(27), p.171–203.

要的功用。

（二）医疗人工智能的分类

按照不同的标准，可以对医疗人工智能进行不同的分类。2021年7月1日，国家药监局根据《医疗器械监督管理条例》《医疗器械分类规则》《医疗器械分类目录》等出台了《人工智能医用软件产品分类界定指导原则》，旨在指导人工智能医用软件产品管理属性和管理类别判定。该指导原则将医疗人工智能产品从处理对象、核心功能、预期用途等因素进行考量，分为医疗器械和非医疗器械，二者的核心区分在于其处理对象是否为医疗器械数据、预期用途是否为医疗用途，核心功能是否是对医疗器械数据进行测量、处理、模型计算、构建、分析等。

按照我国于2020年12月21日修订的《医疗器械监督管理条例》第6条的规定，国家对医疗器械按照风险程度实行分类管理，具体包括：第一类是风险程度低，实行常规管理可以保证其安全、有效的医疗器械；第二类是具有中度风险，需要严格控制管理以保证其安全、有效的医疗器械；第三类是具有较高风险，需要采取特别措施严格控制管理以保证其安全、有效的医疗器械。根据风险的不同，我国人工智能医疗器械管理类别和管理模式亦可分为三类（见表25-1）。在比较法上，美国根据风险等级的不同，亦将医疗器械分为三类进行管理，分别为Ⅰ类（拐杖、绷带等）、Ⅱ类（轮椅等）、Ⅲ类（心脏瓣膜等），其中Ⅲ类风险等级最高。欧盟将医疗器械分为四类进行管理，分别是Ⅰ类、Ⅱa类、Ⅱb类、Ⅲ类，其与非侵袭性器械、侵袭性器械、有源器械的分类既存在重叠，又存在一定的交叉。

表25-1　人工智能医疗器械分类

算法成熟度	医疗预期用途	管理类别	管理模式
高成熟度	非辅助或辅助决策	根据《医疗器械分类目录》进行分类	常规管理
中成熟度	非辅助决策	第二类医疗器械	严格管理
中低成熟度	辅助决策	第三类医疗器械	特别严格管理

二、医疗人工智能的风险特点

由于医疗人工智能“脱胎”于人工智能，因此其具备人工智能的全部属性和风险特点，但最为重要的风险体现在以下三个方面，即自主性、不透明性和算法的偏差性。

（一）自主性

机器学习是指在数据模型与参与调校的协助下，通过分析数据从而达到预测目的。深度学习则是在机器学习的基础上，通过解释数据以获得内在的规律和理论。[①] 这意味着，医疗人工智能除了进行前期的初始学习，还可以（客观上也需要）不断进行自主学习，尤其是通过深度学习之后，达到超越初始范围和实现自动化处理的目标。可以预见，随着科学技术的发展与进步，医疗人工智能的自主性将会越来越高。2022 年，来自约翰·霍普金斯大学的一个研究团队设计出一款智能组织自主机器人 Smart Tissue Autonomous Robot（STAR），该机器人在没有人类指导的情况下，成功完成对一只动物的软组织腹腔镜手术，而且 STAR 在四只动物身上进行了手术，明显比医生进行同样的手术效果要好，这标志着机器人技术向人类全自动手术迈出的重要一步。当前，我国医疗人工智能仍处于半自动化的状态，绝大部分仍需在医务人员的操作参与下完成，但是全自动化的未来发展趋势已经非常明显，在这个过程中，人类自主性和参与性无疑会逐步减少，医疗人工智能的主体性渐进凸显，对人类提出一定的挑战。

（二）不透明性

随着医疗人工智能的发展，作为其关键要素之一的医疗数据将变得愈加重要。但是作为终端的使用者（主要是患者），通常无法知晓数据的来源与数据的选择，也难以认定作为人工智能学习重要基础的数据是否全面，这将综合导致医疗人工智能决策过程的不透明性。现实中，医疗人工智能在上市审批前需要经历大量的临床试验，而临床试验是否科学主要取决于试验机构及研究者研究方案是否科学，其产生的试验数据是严格保密的，除政府主管部门、伦理委员会等法定主体之外，其他主体无权查阅原始数据。此外，医疗人工智能算法的复杂性和黑箱性，作为终端的使用者实际上难以认识其运行逻辑和学习路径，尤其是医疗人工智能的数字迭代和产品迭代极为迅速的情况下，更是加剧了这种不透明性。由于医疗行为往往伴有侵袭性、探索性、风险性等特点，因此医疗人工智能的不透明性，不仅增加了现实损害的风险，而且增加了责任认定和分配的难度。

（三）算法的偏差性

现实中，受制于多种条件的影响，医疗人工智能的数据选择会面临诸多困境。例如，数据库的建立是否有足够数量的数据支撑，搜集、整理的数据是否

① 参见周文康、费艳颖：《医疗人工智能前沿研究：特征、趋势以及规制》，载《医学与哲学》2021 年第 19 期。

全面考虑人群（老人、儿童、孕妇、精神障碍者等）、人种、性别等代表性，数据本身的质量如何，以及临床试验过程中若部分受试者脱落是否影响了数据偏移等，可以说每一个因素都将影响医疗人工智能决策的准确性。换言之，即便在算法相同的情况下，因为数据数量和质量的不同，也将会产生不同的效果，这将直接影响其临床的应用实效。例如，有的学者曾讨论了人工智能进行皮肤癌检测的实例，该模型的训练数据是患有皮肤癌的患者图像，这其中只有不到5%的患者为深色皮肤，而皮肤颜色的深浅是皮肤癌诊疗的相关因素之一。因此，在该实验中，对深色皮肤人群的数据采样量远低于其他肤色人群，那么在检测时对深色皮肤人群的检测结果准确率也会低于其他肤色人群，该结果对于深色皮肤人群而言就是不公平、有偏差的。[①]

三、医疗人工智能的应用领域

当前，医疗人工智能的应用领域在世界范围内已经呈现出“面广点深”的趋势，尤其在疾病预测或筛查、辅助诊断、医学图像识别、临床手术、健康管理、药物研发六大领域，已经取得了实质性进展。

（一）疾病预测或筛查

医疗人工智能借助医疗健康大数据不仅可以对患者个体进行疾病预测，还可以就群体可能出现的流行性疾病或者公共卫生事件等作出预测，旨在实现提前预警或者提前诊治的目的。例如，英国利兹大学的科研团队研究了使用视网膜图像以及相关的患者元数据，来估计左心室质量和左心室舒张末期容积，然后预测心肌梗死的发生。另外一项研究表明，将基于AI的风险模型与敏捷的AI设计的筛查策略相结合，可以通过促进早期检测和减少过度筛查来改进筛查计划。[②]

（二）辅助诊断

通过对患者医疗健康信息的采集，医疗人工智能可以生成一定的图表，也可以采取文字描述方式提示检查、化验、诊断等建议，从而提升诊断的准确性和安全性。国际商业机器公司（IBM）研发的基于深度学习的医疗机器人沃森（Watson）于2016年被引进我国，成为首个进入中国的人工智能解决方案助手，尽管一部分用户认为其精确性还没有达到预期，但是其在慢性病管理、肿瘤治疗等临床实践中所提出的一些解决方案，包括风险评估及个性化干预、患

---

① See James Zou & Londa Schiebinger, *AI Can Be Sexist and Racist — It's Time to Make It Fair*, Nature 324, Vol. 2018(559), p.324-326.

② See Adam Yala, Peter G. Mikhael, Constance, et al., Optimizing Risk-based Breast Cancer Screening Policies with Reinforcement Learning, Nature Medicine, Vol. 2022(28), p.136-143.

者管理和用药推荐等，有效辅助了医务人员进行诊断和决策，有助于寻求一种更佳甚至最佳的治疗方案。医疗人工智能的优势之一就是从大数据中总结和发现规律，并分析出带有规律性的差异，辅助医务人员作出相关诊断。

（三）医学图像识别

医疗人工智能可以对多种医学图像进行识别，并可以作出一定的分析或者解释。在医学图像识别领域，医疗人工智能显示出十分强劲的优越性，亦发展较为成熟，它可以有效克服人工读片定量分析难度大、知识经验传承困难、信息利用“程度低、耗时长、成本高”等局限，大大提高数据分析的效率和准确性，减轻医生的压力，同时提高诊疗的效率和准确率。[①] 通过初步的图像识别和递进的深度学习，利用大量的影响数据和诊断数据，可以有效促进医疗人工智能的诊断能力，以便更好地服务患者。

（四）临床手术

通过3D成像系统、医生操作平台、床旁机械臂系统等可以系统完成病灶部分的识别、画面处理以及远程操作。人工智能应用于外科手术的历史已近40年，典型例证就是美国于1985年由洛杉矶医院研制的脑组织活检定位机器人Puma560，自2000年直觉外科公司（Intuitive Surgical）推出的达芬奇（Da Vinci）手术机器人之后，我国人工智能与临床手术的结合也获得重要发展。目前，包括北京协和医院、上海华山医院等在内的几十家医疗机构都在使用达芬奇手术机器人，每年完成手术数万例，广泛应用于泌尿外科、心脏外科、肠胃外科、血管外科、小儿外科、肝胆外科等已被国家药监局批准的领域，手术精度和手术效果得到大幅提升，患者接受手术机器人做手术的比例已经越来越高。

（五）健康管理

医疗人工智能通过数据分析，不仅可以为使用者提供一份科学严谨的健康管理方案，而且可以为患者的个性化疾病提供积极有效的预防措施。具体而言，人工智能通过可穿戴设备监测患者的活动水平、药房数据、服药依从性、呼吸和脉搏率状况、所处环境的污染程度等动态信息。结合使用者的年龄、病史、健康状况、临检报告、医学影像资料以及DNA基因编码等医疗信息，通过计算机的超算和学习模型来筛选和解析患者数字化信息，从而为用户提供健康预警，并在饮食、起居等各方面提供健康建议，帮助用户规避患病风险。[②] 当前，

① 例如，天医智（BioMind）是中国国家神经疾病人工智能研究中心研发的全球首款头部疾病MRI、CT影像人工智能辅助诊断的整体应用产品，在2018年6月30日举行的全球首场神经影像“人机大赛”中全面胜出。

② 参见刘建利：《医疗人工智能临床应用的法律挑战及应对》，载《东方法学》2019年第5期。

我国医疗健康行业正在加速数字化转型，利用人工智能技术进行赋能，有望实现全生命周期健康管理。

（六）药物研发

传统的新药研发不仅成本昂贵，而且周期较长，因此充满了许多未知，最终能够通过药监部门审批实现上市销售的仍凤毛麟角。将人工智能应用于药物研发不仅可以大幅提高其研发效率，而且可以有效降低研发费用。例如，《纽约时报》报道称，人工智能可以针对一个靶标一次性测试近乎无限数量的化合物，并迅速分析测试结果。它可以预测药物与蛋白质的相互作用、干预的有效性、可能的副作用，还可以优化分子对药物的生物反应。算法可以不断进行学习和迭代，提高效率和准确性。它还可以筛选针对特定靶标的特定化合物，同时监测对其他靶标的影响。这个过程的试验数量，是传统的人力研发难以应对的。算法还可以帮助研究人员筛选出最有希望的化合物。[①] 我国人工智能已经应用于药物研发领域，并获得快速发展。[②]

四、医疗人工智能的主要政策与立法

医疗人工智能的应用，在很大程度上重塑了医疗生态和服务模式，对传统法律制度提出一定的挑战。近年来，国内外陆续出台了一些政策和立法支持并规范医疗人工智能的发展；我国也较为典型，一方面在“健康中国”的背景下支持了医疗人工智能的发展，另一方面在“法治中国”的背景下引导医疗人工智能在法治轨道上运行，保障了终端使用者的生命安全和身体健康。换言之，无论是国内还是域外，其对医疗人工智能的发展在支持鼓励的基础上均保持了一定的审慎，开始从法律、政策、伦理等多角度对其进行必要的规范。

（一）主要政策

1. 国际层面

2021 年 6 月 28 日，世界卫生组织（WHO）首次发布了《医疗卫生中人工智能的伦理治理》指南（Ethics and Governance of Artificial Intelligence for Health：WHO Guidance），旨在对临床实践中部署人工智能提供伦理指导框架。[③] 该指南指出，人类不能高估人工智能对健康的益处，因为在发展人工智能的过程中，人类面临着机会与挑战、风险并存。这些挑战、风险包括不符合伦

① 参见顾海波：《人工智能使药物研发更快更高效》，载《中国青年报》2021 年 10 月 5 日。

② 例如，2020 年 7 月，腾讯推出了自己的人工智能驱动药物设计平台 iDrug，并已经启动了十多个项目，包括寻找对抗冠状病毒的药物。

③ 参见隗冰芮、薛鹏、江宇等：《世界卫生组织〈医疗卫生中人工智能的伦理治理〉指南及对中国的启示》，载《中华医学杂志》2022 年第 12 期。

理地收集和使用健康数据、算法中的偏见、患者安全的风险、网络安全以及对环境产生的负面影响等。该指南提出了“保护人类自主性”“促进人类福祉、安全以及公共利益”“确保透明度、可解释性和可理解性”“促进责任和问责”“确保包容性和公平性”“促进可响应和可持续的人工智能”六项原则。我国是WHO的创始国，而且派员直接参与了这一指南的制定，这将对我国的医学人工智能发展与规范起到重要的指导作用。

2. 比较法层面

（1）美国。尽管美国的人工智能发展较早，但是作为产业政策出台主要始于2016年之后，且从文件发布的部门考察，其不仅限于美国政府及其相关部门，还包括一些非政府组织和权威智库等。概括起来，主要包括《为人工智能的未来做好准备》（Preparing for the Future of Artificial Intelligence，2016年）、《国家人工智能研发战略报告》（The National Artificial Intelligence Research and Development Strategic Plan，2016年）、《维护美国人工智能领域领导力的行政命令》（Executive Order on Maintaining American Leadership in Artificial Intelligence，2018年）、《人工智能与国家安全，人工智能生态系统的重要性》（Artificial Intelligence and National Security，the Importance of the AI Ecosystem，2018年）、《2019年国家人工智能研发战略规划》（The National Artificial Intelligence Research and Development Strategic Plan：2019 Update）、《美国2020年人工智能与国家安全报告》（Artificial Intelligence and National Security Updated November 10，2020）、《保持人工智能和机器学习的竞争优势》（Maintaining the Competitive Advantage in Artificial Intelligence and Machine Learning，2020年）等。此外，2021年，美国人工智能安全委员会发布最终报告，该报告结合人工智能发展现状，指出需调整人工智能发展方向，以抵御人工智能带来的竞争和冲突。[①] 从这些政策文件来看，美国十分重视人工智能在伦理法律、技术安全、人才培养等方面的担忧，强调和支持人工智能在医疗健康领域中的应用与发展，通过电子化病历对医疗大数据进行分析挖掘，加强利用人工智能对疾病并发症进行预测和预防的能力，[②] 并十分重视问责。

（2）欧盟。欧盟主要通过“地平线”计划支持医疗人工智能的发展。在“地平线2020”（Horizon 2020）计划支持下，欧盟向包括大数据、健康、交通和空间研究在内的人工智能相关研究和创新投入约11亿欧元。2018年4月，欧盟发布了《欧洲人工智能战略》（Artificial Intelligence for Europe），这是欧

① 参见明均仁、马玉婕、张曦等：《美国人工智能政策文本分析及启示》，载《数字图书馆论坛》2022年第3期。

② 参见李思晔、王强：《健康医疗与疾病防控领域人工智能应用国外实践研究》，载《互联网天地》2022年6期。

盟人工智能发展的纲领性政策。[①]2018 年 6 月，欧盟委员会发布“地平线欧洲”（Horizon Europe）计划（第九框架计划）提案，在卫生、健康领域的投资达约 77 亿欧元，希望通过人工智能技术在个性化医疗、卫生保健信息系统、临床决策辅助诊断等方面实现突破性发展。2020 年，欧盟发布了《人工智能白皮书：通往卓越与信任的欧洲之路》（White Paper on Artificial Intelligence：European Approach to Excellence and Trust），从促进科技进步和化解相关风险的角度细化了欧盟人工智能的实现路径。从路径看，欧盟委员会致力于打造服务于各成员国的统一数据平台，积极推进数字基础设施建设，为欧盟成员国开展新冠疫情 AI 科研任务提供基础，而包括德国、法国在内的不少国家重视智能辅助诊断产品发展，强调面向民众的普惠化服务。从政策看，欧盟重点关注基础数据集、个性化医疗、卫生保健信息系统以及临床决策辅助诊断等内容，对医疗设备等在数据安全方面“高风险”行业的人工智能企业提出监管及审核要求。[②]

（3）日本。日本内阁于 2014 年制定了“健康医疗战略”及“医疗领域研究开发推进计划”，并于 2017 年进行修订。2017 年的《人工智能技术战略》同时确立了日本人工智能技术研发与产业化实施路径。2018 年 6 月，日本政府在人工智能技术战略会议上制订一系列措施，极大地推动了医疗人工智能发展，提出了建立医疗人工智能医院的计划，致力于在 2022 年前建立 10 家人工智能医院，利用人工智能技术进行识片、阅片、诊断，最后给出治疗建议，完成构建世界一流先进医疗护理保健系统的目标。[③]《人工智能战略 2019》与《人工智能战略 2021》则更进一步关注人工智能产业化的社会实装应用，提出日本人工智能产业化的社会应用要在健康—医疗—护理、农业、国土强韧化、交通基础设施和物流、区域发展、制造业及金融等重点领域优先实施。2021 年 4 月，日本发布了《医疗领域研发促进计划》，提出将综合运用人工智能、物联网等技术，促进高级诊断及治疗的医疗设备与系统的研发，促进需求量大或提升老年人生活质量、预防疾病的医疗器械研发等。[④]2021 年 6 月，日本内阁府提出《AI 战略 2021》，其中明确指出将构建数字孪生（Digital Twin）作为可对防灾、减灾、救援和重建等一系列流程提供综合支援的基础。整体而言，日本重点关注医疗保健领域的人工智能应用。医疗保健是医疗人工智能的重要组成部分，日本政府将建设医疗人工智能和医疗护理的大数据系统，以应对迅速老龄化的社会。

① 参见代栓平、邹瑜：《负责任的人工智能：欧盟创新政策组合分析》，载《复旦公共行政评论》2022 年第 1 期。

② 参见李思晔、王强：《健康医疗与疾病防控领域人工智能应用国外实践研究》，载《互联网天地》2022 年 6 期。

③ 参见李思晔、王强：《健康医疗与疾病防控领域人工智能应用国外实践研究》，载《互联网天地》2022 年 6 期。

④ 参见邓美薇：《日本人工智能的战略演进和发展愿景及其启示》，载《日本问题研究》2022 年第 2 期。

3. 中国的主要政策

（1）中央层面。2016年5月18日，国家发展改革委、科技部、工业和信息化部、中央网信办联合印发了《“互联网+”人工智能三年行动实施方案》，该方案指出要“加强人工智能应用创新，引导产业集聚发展，促进人工智能在国民经济社会重点领域的推广。”其中，重点领域就包括医疗健康。2016年6月21日，国务院办公厅发布了《国务院办公厅关于促进和规范健康医疗大数据应用发展的指导意见》(国办发〔2016〕47号)，该指导意见明确提出要“支持研发健康医疗相关的人工智能技术、生物三维（3D）打印技术、医用机器人、大型医疗设备、健康和康复辅助器械、可穿戴设备以及相关微型传感器件”。2017年7月8日，国务院印发了《新一代人工智能发展规划》，该规划明确指出，要“推广应用人工智能治疗新模式新手段，建立快速精准的智能医疗体系。探索智慧医院建设，开发人机协同的手术机器人、智能诊疗助手，研发柔性可穿戴、生物兼容的生理监测系统，研发人机协同临床智能诊疗方案，实现智能影像识别、病理分型和智能多学科会诊。基于人工智能开展大规模基因组识别、蛋白组学、代谢组学等研究和新药研发，推进医药监管智能化。加强流行病智能监测和防控”。2017年12月14日，工业和信息化部印发了《促进新一代人工智能产业发展三年行动计划（2018—2020年）》，该计划明确指出将人工智能重点产品规模化发展，医疗影像辅助诊断系统等扩大临床应用，视频图像识别、智能语音、智能翻译等产品达到国际先进水平，推动手术机器人在临床医疗中的应用，并加快人才培养。2021年9月25日，国家新一代人工智能治理专业委员会发布了《新一代人工智能伦理规范》，该规范要求将伦理融入人工智能全生命周期，为从事人工智能相关活动的自然人、法人和其他相关机构等提供伦理指引，促进人工智能健康发展。2022年3月，中共中央办公厅、国务院办公厅印发《关于加强科技伦理治理的意见》，该意见明确指出，“十四五”期间，重点加强生命科学、医学、人工智能等领域的科技伦理立法研究，及时推动将重要的科技伦理规范上升为国家法律法规。对法律已有明确规定的，要坚持严格执法、违法必究。

（2）地方层面。伴随着国家将人工智能作为国家战略，同时为了进一步落实落细国家医疗人工智能政策，各省市也结合自身实际出台了相关政策，一些发达城市走在时代前列，下面以北京、上海两个城市为例进行说明。2020年12月30日，北京市卫生健康委员会、北京市教育委员会、北京市科学技术委员会、北京市经济和信息化局、北京市财政局、北京市人力资源和社会保障局、北京市商务局、北京市医疗保障局、北京市中医管理局、北京市药品监督管理局联合下发了《北京市关于加强医疗卫生机构研究创新功能的实施方案（2020—2022年）》，其明确指出：“大力发展医学人工智能技术、信息网络技术、生物医药技术，推广云计算、物联网、大数据、移动互联应用，通过政府统筹推动，以医疗机构为主体、以企业技术为支撑，建立北京市互联网诊疗服务监管平台，形成‘1个互联网诊疗服务监管总平台+N个互联网医疗子平台+1个互联网医院公共服务平台’的格局，支持通过互联网医院平台为患者在网上看病买药用药提供便利。发展智慧医疗、智慧管理和智慧服务，建设智慧医院。”2021年6月4日，上海市卫生健康委员会、上海市医疗保障局、上海市财政局、上海市发展和改革委员会、上海市经济和信息化委员会、上海申康医院发展中心、上海市大数据中心联合印发了《上海市“便捷就医服务”数字化转型工作方案》，其明确指出，以实施“健康上海2030”规划为契机，以全面数字化转型推动医疗健康服务体系流程再造、规则重构、功能塑造、生态新建，运用5G、大数据、人工智能等数字化技术，优化就医服务流程，构建智慧医院新模式，加快“便捷就医服务”应用场景建设，扎实推进普惠性、基础性、兜底性民心工程和民生实事建设，全面提升市民就医体验，开创上海市“便捷就医服务”数字化转型与数字医疗创新发展新局面。

（二）主要立法

1. 比较法层面

（1）美国。美国食品药品监督管理局（FDA）负责人工智能医疗设备的监管。美国于2019年提起的《算法问责法案》（Algorithmic Accountability Act）是专门针对自动决策影响评估和数据保护影响评估而出台的法案，其指出自动决策系统影响评估是指对自动化决策系统和自动决策系统开发过程（包括自动化决策系统的设计和培训数据）进行评估的研究，以评估对准确性、公平性、偏见、歧视、隐私和安全的影响；美国《算法公平法案》（Algorithmic Fairness Act）对算法审计体制予以了规定，并强调增加可审计性。[①]《人工智能政府法案》（Artificial Intelligence Government Act）旨在通过增加人工智能在医疗等领域的投资实现其快速发展。《2019美国国家安全与个人数据保护法案》（National Security and Personal Data Protection Act of 2019）的出台，旨在保护美国个人和企业的数据安全，限制数据的跨境流动。《个人健康数据保护法案》（Protecting Personal Health Data Act）将成立一个国家健康数据保护工作组，并要求卫生和公共服务部颁布有关健康信息的法规，这些信息目前不包括在《健康保险可携带性和责任法案》（Health Insurance Portability and Accountability Act，简称HIPAA）中，但可以根据疾病流行情况收集，并由实施人工智能技术的企业使用。

（2）欧盟。2021年4月21日，欧盟发布了《人工智能法案》（Artificial

---

① 参见张永忠、张宝山：《算法规制的路径创新：论我国算法审计制度的构建》，载《电子政务》2022年第10期。

Intelligence Act），为人工智能治理提供“硬法”支持。2022 年 12 月 6 日，欧盟理事会通过了关于《人工智能法案》的共同立场，旨在确保投放到欧盟市场并在欧盟范围内使用的人工智能系统是安全的。该法案对不同人工智能的风险程度进行分类，分为不可接受的风险、高风险、有限风险、最小风险，并对不同风险程度采取不同的监管措施。业界对《人工智能法案》也存在广泛争议，有的人认为此类法规对于禁止有风险的不当行为是必要的，但严格限制通用开源人工智能的使用、共享可能被视为一种倒退，不利于科技发展。而另一方则坚称，加强对公司使用人工智能系统的审查十分必要。《人工智能法案》提案需要获得欧洲理事会和欧洲议会的批准才能成为正式法律，整个过程可能需要数年时间。[①]

（3）日本。2019 年 3 月，日本内阁府发布了名为《以人为中心的人工智能社会原则》的文件，直接提出以人为中心、教育应用、隐私保护、安全保障、公平竞争、公平、问责和透明以及创新等七项原则。日本厚生劳动省对人工智能医疗设备属性进行明确界定，归类为辅助医生诊断的设备，并基于《医师法》规定“作出最终诊断和决定治疗方针的责任由医生承担”。通过明确责任范围，推动人工智能医疗设备的合规合法应用。另外，日本政府还完善了关于人工智能医疗设备的一系列规则，涉及研究开发、临床试验、认证审查、制造品控和流通售后各环节。[②]

2. 中国的主要立法

在医疗人工智能政策先行的背景下，我国有关医疗人工智能的立法也在不断加速并完善，主要包括以下三个层面：一是法律层面；二是法规和部门规章层面；三是地方立法层面。

（1）法律层面。有关医疗人工智能在法律层面的立法主要有：《网络安全法》（2016 年）、《基本医疗卫生与健康促进法》（2019 年）、《个人信息保护法》（2021 年）、《数据安全法》（2021 年）等。需要注意的是，我国于 2020 年通过的《民法典》尽管不直接与医疗人工智能相关，但其建立的规则，尤其是合同编和侵权责任编的一些规则，可以为解决医疗人工智能致害的民事责任问题提供重要的请求权基础。尽管这些立法的层级较高，内容相对粗疏，绝大部分并不直接针对医疗人工智能，但是其相关规定解决了许多医疗人工智能的基础性法律问题，例如隐私和个人信息保护、数据安全以及责任承担等，同时为出台更具操作性的低位阶法律规范提供了权威依据。

（2）行政法规、部门规章层面。行政法规、部门规章层面有关医疗人工智

① 参见曾雄、梁正、张辉：《欧盟人工智能的规制路径及其对我国的启示——以〈人工智能法案〉为分析对象》，载《电子政务》2022 年第 9 期。

② 参见李思晔、王强：《健康医疗与疾病防控领域人工智能应用国外实践研究》，载《互联网天地》2022 年第 6 期。

能的法律规范以时间为序主要包括:《医疗器械分类规则》(2016 年)、《医疗器械分类目录》(2017 年)、《人工智能辅助诊断技术管理规范(试行)》(2017 年)、《人工智能辅助诊断技术临床应用质量控制指标》(2017 年)、《人工智能辅助治疗技术管理规范》(2017 年)、《人工智能辅助治疗技术临床应用质量控制指标》(2017 年)、《互联网诊疗管理办法(试行)》(2018 年)、《远程医疗服务管理规范(试行)》(2018 年)、《医疗器械监督管理条例》(2020 年修订)、《医疗器械注册与备案管理办法》(2021 年)、《人工智能医疗器械注册审查指导原则》(2022 年)、《互联网诊疗监管细则(试行)》(2022 年)等。虽然绝大部分属于部门规章,法律位阶较低,但对医疗人工智能的规制却起到了至关重要的作用,基本实现了从主体、行为、监管、责任等全周期管制的基本框架,其在具体规则的完善方面,仍任重道远。

(3)地方立法。近年来,有些省市开始对人工智能进行地方立法,其中就将医疗人工智能作为一个重点领域予以支持和规范。例如,2020 年 12 月 24 日,浙江省第十三届人民代表大会常务委员会第二十六次会议通过了《浙江省数字经济促进条例》,2021 年 3 月 1 日起施行。该条例的施行,为医疗人工智能的发展提供了必要的规范。2021 年 7 月 14 日,深圳市为了贯彻《深圳建设中国特色社会主义先行示范区综合改革试点实施方案(2020—2025 年)》,促进该市人工智能产业高质量发展,推动人工智能与实体经济深度融合,由深圳市人大常委会组织起草的《深圳经济特区人工智能产业促进条例(草案)》面向全社会广泛征求意见。2021 年 8 月 29 日,《深圳经济特区人工智能产业促进条例(草案)》提请深圳市七届人大常委会第三次会议“二审”。与“一审”相比,一个重要的变化的就是增加了鼓励本市医疗机构使用决策支持、影像或数据处理、医疗数据分析挖掘、医疗助理等人工智能产品与服务的内容,进一步推动智能技术与医疗行业的结合。2022 年 8 月 30 日,深圳市第七届人民代表大会常务委员会第十一次会议通过《深圳经济特区人工智能产业促进条例》,自 2022 年 11 月 1 日起施行,这是我国首部人工智能产业的地方立法,其将医疗作为人工智能技术推进的重要领域,[①] 并鼓励医疗机构使用辅助决策、影像或数据处理、医疗数据分析挖掘、医疗助理等人工智能产品与服务。2022 年 9 月 22 日,上海市十五届人大常委会第四十四次会议表决通过了《上海市促进人工智能产业发展条例》,自 2022 年 10 月 1 日起施行。该条例明确规定要推动人工智能在医疗领域的应用创新,构建智能医疗基础设施,建立人工智能医疗服务新模式,提升医疗技术创新能力,促进医疗领域智能化转型。

---

① 《深圳经济特区人工智能产业促进条例》第 39 条规定,推进人工智能技术在医疗、教育、就业、养老、文化、交通、住房保障等民生服务领域的应用,推动公共资源向基层延伸,构建优质、均衡、智能的民生服务体系。

第二节　医疗人工智能致害的责任认定

任何事物均具有两面性，医疗人工智能亦不例外。一方面医疗人工智能优化了医疗健康服务，另一方面其在应用的过程中可能产生损害风险。医疗人工智能作为一项产品，其缺陷如何认定，哪些主体应当承担民事赔偿责任以及根据何种归责原则承担民事赔偿责任，这不仅是理论界需要关注和研究的重点，也是实务界当前面临的难点，亟须解决。

一、医疗人工智能的法律地位与产品“缺陷”认定

（一）医疗人工智能的法律地位

1. 比较法层面

欧盟对人工智能法律地位的界定，整体上说具有前瞻性和探索性，其主张为人工智能创设“电子人”的人格，用于确定人工智能的权利和责任；美国在其《统一电子交易法》(Uniform Electronic Transaction Act）中将电子交易系统直接界定为“电子人”，并对人工智能生成物提供必要的法律保护，但是并不将其作为主体看待，尤其是结合当前的美国实践，主流观点认为赋予其独立的法律主体地位为时尚早；沙特则赋予其“交往沟通能力”较强的“索菲娅”智能机器人以公民身份，2018 年 8 月 24 日，索菲娅被聘请担任人类历史上的首位 AI 教师，开创了在线教育的新纪元；2017 年，俄罗斯联邦颁布的《格里申法案》，其明确机器人具有代理人的资格，具有准民事主体的地位，但需要经过机器所有权人的声明和国家登记等程序；英国相对保守，其不承认人工智能具有独立的法律主体地位，仍将其作为客体对待；日本曾经想对人工智能赋予一定的主体地位来解决责任承担问题，但是在法律上却难以获得明确支持，因此在实践中仍保持较为保守和审慎的态度。

2. 中国的认知与实践

我国理论界的通说认为，鉴于医疗人工智能尚处于弱人工智能阶段，医疗人工智能不具有独立的民事主体地位。是否构成民事主体的人格，必须综合人的生物学、心理学以及社会学的基本要素进行判断。虽然医疗人工智能（含智能机器人）具有一定程度的独立意志的心理学要素，也具有一定程度的独立社会角色的社会学要素，但其并不具有人体和人脑的生理学要素，因此不具有民事主体的人格。[①] 因此，医疗人工智能的本质仍然属于客体，具体而言就是产

① 参见杨立新：《人工类人格：智能机器人的民法地位——兼论智能机器人致人损害的民事责任》，载《求是学刊》2018 年第 4 期。

品，基本符合“经过加工、制作并用于销售”的要求（详见《产品质量法》第2条第2款），尚未从根本上冲击到我国民事主体关于“自然人、法人和非法人组织”的三元体系框架。需要注意的是，亦有观点认为医疗人工智能是一项服务，但从医疗人工智能未来的发展趋势考察，将其作为产品更为适合，并且逐步获得立法的认可。从医学人工智能的实践来看，尽管其具有一定的自主性，但其主要是辅助医务人员进行诊断和治疗，即便是医学人工智能出具了一份诊断报告，仍然需要医务人员的复核、确认，可以采纳，也可以不采纳，还可以进行适度修正，因此医疗人工智能处于辅助性地位，暂不具备独立的主体资格，出于医疗安全的考虑，医疗人工智能亦难以成为权利、义务的集合体，暂不具备独立承担责任的条件。

（二）医疗人工智能产品“缺陷”认定

1. 比较法层面

从比较法上来看，对于缺陷的概念界定有两种方式：一是“消费者合理期待”模式。欧盟国家都采这一模式。例如，依据法国《民法典》第1386-4条第1款的规定，产品“不能提供人们可以合理期待之安全时”，就认定为存在缺陷。德国《产品责任法》第3条也有类似规定。二是“不合理的危险”模式。美国法一般使用“缺陷状态的产品”这一术语，并强调缺陷状态的产品对使用者、消费者的人身及财产具有不合理的危险。[①] 美国对产品缺陷的认识非常完善，其对产品缺陷进行了制造缺陷、设计缺陷、警示缺陷的类型化处理，并建立了不同的缺陷认定标准。具体而言，如果产品背离了其设计意图，即便是在制造和销售该产品的过程中已经尽到所有的谨慎，该产品仍存在制造缺陷；当产品之可预见的损害风险能够通过销售者或者其他分销者，或者他们在商业批发销售链中的前手的更为合理的产品设计加以减少或者避免，而没有进行这样的合理设计使得产品不具有合理的安全性能，该产品则存在设计缺陷；当产品之可预见的损害风险能够通过销售者或者其他分销者，或者他们在商业批发销售链中的前手提供合理的使用说明或者警示而加以减少或者避免，而没有提供这样的使用说明或者警示使得产品不具有合理的安全性能，则该产品存在缺乏使用说明或警示的缺陷。[②]

2. 中国

我国《民法典》和《产品质量法》均未对缺陷进行分类，且《民法典》没有对产品缺陷概念进行定义。按照我国《产品质量法》第46条的规定：“本法

① 参见周友军：《民法典编纂中产品责任制度的完善》，载《法学评论》2018年第2期。

② 参见美国法律研究院：《侵权法重述第三版：产品责任》，肖永平、龚乐凡、汪雪飞等译，法律出版社2006年版，第15~16页。

所称缺陷，是指产品存在危及人身、他人财产安全的不合理的危险；产品有保障人体健康和人身、财产安全的国家标准、行业标准的，是指不符合该标准。"在理论上，一般将缺陷分为设计缺陷、制造缺陷、营销缺陷和跟踪缺陷。[①] 产品缺陷因为举证难度较大而成为产品责任中最为棘手的问题。[②] 由于医疗人工智能具有显著的自主性、不透明性和算法的偏差性，因此其产品是否存在缺陷，作为终端的使用者往往难以自行举证，而要通过专业鉴定进行举证，则又面临着鉴定启动难、受理难（甚至遭遇有的鉴定机构直接退鉴）等问题。由此可见，缺陷标准的确立至关重要。对产品缺陷进行认定，主要存在两项标准：一是考察该产品是否满足或者符合国家标准或者行业标准，可以将其概括为"法定标准说"；二是考察该产品是否存在不合理危险，可以将其概括为"不合理危险说"。面对医疗人工智能，无论是"法定标准说"还是"不合理危险说"，实际上均存在一定的困境。这是因为，一项产品是否满足国家标准或者行业标准，只能证明该产品是否合格，难以从本质上判断该产品是否存在缺陷。换言之，尽管某一医疗人工智能产品满足国家标准或者行业标准，并不能必然得出其不存在缺陷的结论。实践中，更为棘手的问题是，有一部分产品实际上不存在国家标准和行业标准，这将导致产品是否存在缺陷的判断非常困难。采用"不合理危险说"作为判断产品是否存在缺陷的标准，虽然在一定程度上克服了"国家标准""行业标准"等缺位带来的困惑，但由于自身过于抽象而需要进一步具体化和解释，同样难度不小。未来，应当结合这两个维度对医疗人工智能产品的"缺陷"进行综合认定。

二、医疗人工智能致害的责任主体

按照患者的损害是否因医学人工智能产品的缺陷所致，大致可以分为医疗损害责任和（医疗）产品责任，不同的责任类型，也对应着不同的责任主体。

（一）医疗损害责任主体

所谓医疗损害责任是指医疗机构及医务人员在诊疗过程中因过失造成患者损害时应当承担的以损害赔偿为主要方式的侵权责任。[③] 我国《民法典》第1218条规定："患者在诊疗活动中受到损害，医疗机构或者其医务人员有过错的，由医疗机构承担赔偿责任。"关于如何认定"过错"，我国《民法典》第1221条作出明确规定："医务人员在诊疗活动中未尽到与当时的医疗水平相应的诊疗义务，造成患者损害的，医疗机构应当承担赔偿责任。"关于"与当时的医疗水平

---

① 参见王利明主编：《民法》（第八版），中国人民大学出版社2020年版，第581页。

② 参见冉克平：《论产品设计缺陷及其判定》，载《东方法学》2016年第2期。

③ 参见张新宝：《侵权责任法》（第五版），中国人民大学出版社2020年版，第194页。

相应”的诊疗义务，立法与司法尚存在一定的分歧，即是坚持相对统一的标准进行认定还是结合不同的影响因素综合认定。立法机关认为，“诚然，我国幅员辽阔、各地区之间的医疗资源分布不平均，各地区之间的医疗水平存在差异，这一点应当承认。医务人员的诊疗行为有行政法规、规章和医疗行业的操作规程，这些应当普遍遵守，全国皆准。诊疗行为是否有过错，不因医疗机构处在何地、医疗机构资质如何而不同”[①]。《最高人民法院关于审理医疗损害责任纠纷案件适用法律若干问题的解释》(2020年修正)第16条规定，对医疗机构或者其医务人员的过错，应当依据法律、行政法规、规章以及其他有关诊疗规范进行认定，可以综合考虑患者病情的紧急程度、患者个体差异、当地的医疗水平、医疗机构与医务人员资质等因素。由此可见，与立法机关相比，司法机关采取的是一种更为宽泛、综合的过错认定模式。

当前，医学人工智能正处于弱人工智能阶段，其只是作为医务人员的助手参与到诊疗服务之中，因此不具有独立性，从本质上讲，其属于智能增强而非智能替代，是医疗机构及其医务人员诊疗行为的延伸，因此在责任主体上不具有独立性，医疗损害责任的本质是由于医疗机构或者医务人员的过错导致的，与医疗人工智能本身是否存在缺陷并不存在直接关联，因为当医疗人工智能存在缺陷时，将成为后文要探讨的产品责任问题。因此，在医疗人工智能本身并不存在缺陷而导致患者损害时，需要区分以下几种情形。

1. 医疗机构存在过错时的责任主体

按照我国《民法典》第1218条的规定，医疗机构存在过错时，例如在组织和使用医疗人工智能进行治疗时违反了管理制度，导致患者发生了损害，从侵权责任形态上考察，其应当承担自己的责任，即医疗机构是责任主体。

2. 医务人员存在过错时的责任主体

按照我国《民法典》第1218条的规定，当医疗机构不存在过错，但是作为执行职务行为的医务人员存在过错导致患者发生损害时，从侵权责任形态上考察，医疗机构应当承担替代责任。至于医疗机构承担替代责任之后，能否向有过错的医务人员追偿，目前法律没有明确规定，实践中普遍的做法是不支持追偿，但用人单位可以基于劳动法上的惩戒权规制医务人员的行为，进而达到相似的法律效果。

3. 患者存在过错时的责任主体

如果医疗人工智能产品本身不存在缺陷，医疗机构或者医务人员也不存在过错，其损害是因为患者自身所致，无论是因患者的特殊体质所致，还是因患者的过错行为所致，此时均应按照《民法典》第1224条、第1173条、第1174

---

① 黄薇主编：《中华人民共和国民法典释义及适用指南》，中国民主法制出版社2020年版，第1864页。

条等规定进行处理。现实中，比较复杂的情形是医疗机构或者医务人员存在过错（如没有尽到合理的培训义务等），患者也存在一定的过错，二者的共同作用产生了患者最终的损害结果，此时需要按照我国《民法典》第1173条的规定进行责任分配，医疗机构和患者本人将成为责任主体进行合理分担。

从比较法的角度考察，由于国外的医师采取的"社会人"的行医模式，其不同于我国"单位人"的行医模式，因此医务人员可以成为独立的侵权责任主体，无须医疗机构承担替代责任。至于其损害赔偿的法律风险，其主要是通过商业保险等机制进行分解。

（二）产品责任主体

1.产品责任主体的规定

在我国现行的法律与政策框架下，医疗人工智能有时是作为医疗器械加以注册的，此时它在民事法律上可以定性为医疗器械，因此适用的法律依据为我国《民法典》第1223条的规定，即"因药品、消毒产品、医疗器械的缺陷，或者输入不合格的血液造成患者损害的，患者可以向药品上市许可持有人、生产者、血液提供机构请求赔偿，也可以向医疗机构请求赔偿。患者向医疗机构请求赔偿的，医疗机构赔偿后，有权向负有责任的药品上市许可持有人、生产者、血液提供机构追偿"。如果医疗人工智能尚未被注册为医疗器械，此时其在民事法律上的定性为（一般）产品，应当适用我国《民法典》侵权责任编第四章（产品责任）的规定，尤其是第1202条至第1204条的规定。具体而言，我国《民法典》第1203条第1款规定："因产品存在缺陷造成他人损害的，被侵权人可以向产品的生产者请求赔偿，也可以向产品的销售者请求赔偿。"该条实际上确立了生产者与销售者承担不真正连带责任的主体地位。《民法典》第1203条第2款规定："产品缺陷由生产者造成的，销售者赔偿后，有权向生产者追偿。因销售者的过错使产品存在缺陷的，生产者赔偿后，有权向销售者追偿。"该条确立了生产者、销售者在产品责任内部的主体地位，以及各自的追偿主体地位，归根结底是最终责任人的确定问题。《民法典》第1204条规定："因运输者、仓储者等第三人的过错使产品存在缺陷，造成他人损害的，产品的生产者、销售者赔偿后，有权向第三人追偿。"该条确立了运输者、仓储者等在产品责任内部的主体地位。

2.产品责任主体与不足

对我国《民法典》第1223条、第1202条至第1204条的规定进行综合考察后可知，产品责任主体主要包括生产者、医疗机构、销售者、运输者和仓储者。之所以在《民法典》第1223条中使用"医疗机构"而非"销售者"，主要是因为我国医疗机构的主体部分是公立性质，国家颁发的是"非营利性的医疗机构执业许可证"，在药品实行零差价政策之后，作为主体部分的公立医疗机构普遍不再通过药品进行营利，药品甚至成为医疗机构需要“自补”的对象，因为对于超过保质期的药品需要依法依规进行销毁，自然会使医疗机构产生一定的损失。鉴于我国医疗卫生事业的主体性质是公益性，因此不适合将多为事业单位属性的“医疗机构”等同于商事主体的“销售者”，而是在立法上进行了一定的精细化区分，符合我国的实际情况。医疗人工智能不仅所涉链条较长、环节较多，而且各种民事法律关系错综复杂，这就决定了主体法律责任的复杂性问题，即是否应当承担责任，按照何种归责原则承担责任，以及在不同的情形下承担多大的责任等。综合来看，医疗人工智能作为一项产品，有其开发者。同时，作为开发的重要因素之一是数据，因此也会有数据的提供者加入这一法律关系主体之中。我国《民法典》尽管考虑到了生产者、医疗机构、销售者、运输者和仓储者等责任主体，但是对产品开发者和数据提供者的考虑并不周全，这是医疗人工智能致害后在判定责任主体时会出现的争议焦点。

美国《侵权法重述（第三版）》明确规定，处方药品或医疗设备的制造商出售或者以其他方式分销有缺陷的处方药品或医疗设备，应对该缺陷造成的人身伤害承担责任。处方药或医疗设备属于只有根据医护人员的处方才能合法地销售或者分销的产品。由此确立了医学人工智能存在缺陷时制造商或者销售者的责任主体地位，而对于产品的开发者或者设计者，其往往与制造商重合，因此被制造商所应承担的产品责任所吸收。医疗人工智能不同于一般的产品，其研发过程相对复杂，我国未来的立法不应完全照搬国外的立法模式，需要适度凸显开发者和数据提供者的法律主体地位，以促进医疗人工智能的安全。

三、医疗人工智能致害的归责原则

（一）侵权责任的归责原则体系

1. 比较法层面

从世界范围内来看，过错责任和无过错责任、过错推定责任已经成为一种共识，共同组成了侵权责任的归责体系。例如，英国的过失责任原则最初是从特殊免责事由中发展出来的，不存在事先就作为单一一般原则的法律设计，所以，日后严格责任原则随着社会发展而确立之后，与过失责任原则只是在适用范围上有别，而没有一般与特殊的地位差异。① 需要说明的是，过错推定责任在大陆法系属于过错责任的范畴，而在英美法系，其又属于严格责任的一部分。② 因此，过错责任和无过错责任是大部分国家侵权法均承认的归责原则。

① 参见李培锋：《现代英国侵权归责原则的历史研究》，载《中南民族大学学报（人文社会科学版）》2013 年第 3 期。

② 参见张新宝：《侵权责任法》（第五版），中国人民大学出版社 2020 年版，第 14 页。

2. 中国

侵权责任法上的“归责”是指确认和追究行为人（通常是侵权人）的侵权责任。归责原则是指依何种根据或基础来确认和追究行为人的侵权责任，它解决的是侵权责任的伦理和正义性基础问题。关于归责原则，我国理论界主要存在三种学说：一是单一过错责任归责原则说，这种观点否认在过错责任之外确认任何其他的归责原则，主张通过扩大过错责任来解决侵权责任法领域所遇到的新问题。二是二元归责原则说，主要包括过错责任和无过错责任。三是多元归责原则说，但是在该种学说内部，仍然存在一定的争议：有的学者认为包括过错责任、危险责任和公平责任。有的学者则主张包括过错责任、过错推定责任和无过错责任。通说认为，我国侵权责任法采取了过错责任和无过错责任的二元归责原则。[①] 由此可见，我国侵权法上的归责原则与世界许多国家的立法并无实质性差异。

（二）医疗人工智能致害的归责适用

1. 比较法层面

美国法对产品责任对外责任的归责原则从严格责任向过错推定责任转变，只不过其过错判断的环节被隐性地置于缺陷的认定之中。[②] 具体而言，美国《侵权法重述（第三版）》关于产品设计缺陷和警示缺陷的规定其实是一种过错责任，在这种情况下，有观点认为在美国产品责任中严格责任的适用领域仅剩制造缺陷这一种类型。[③] 为了贯彻执行欧盟《欧共体产品责任指令》，德国在适用德国《民法典》第 823 条第 1 款之外，又制定了专门的德国《产品责任法》。为了与欧盟指令保持一致，该法并未采用德国司法实践中所通行的规则，而是在其第 1 条第 1 款规定：“因产品缺陷对他人造成的损害，生产者应当承担赔偿责任。”仅从字面含义来看，这一规定好像将产品责任确立为一种无过错责任，但该法又在其第 3 条对产品责任进行了限定，将其限定为以生产者未注意到当时可预见的产品风险并疏于采用相关的安全技术措施为前提，因此应当理解为过错推定原则。[④]

2. 中国

按照我国《民法典》第 1223 条和第 1202 条至第 1204 条的规定，其分为对外责任和对内责任两个层面。

---

① 参见张新宝：《侵权责任法》（第五版），中国人民大学出版社 2020 年版，第 13~14 页。

② 参见沈向华：《产品责任归责原则之反思与确立》，载《首都师范大学学报（社会科学版）》2015 年第 5 期。

③ 参见梁亚：《美国产品责任法中归责原则变迁之解析》，载《环球法律评论》2008 年第 1 期。

④ 沈向华：《产品责任归责原则之反思与确立》，载《首都师范大学学报（社会科学版）》2015 年第 5 期。

（1）对外责任。在对外责任上，产品的生产者和销售者承担的是无过错责任。换言之，当医疗人工智能被注册为医疗器械，按照我国《民法典》第1223条的规定，生产者和医疗机构应当承担无过错责任。尽管医疗机构不属于销售者，但是从归责原则的角度考察，与一般的产品责任中销售者所对外承担的无过错责任基本一致。让医疗机构对外承担无过错责任，有效缓解了当人工智能医疗器械因为缺陷造成他人损害而生产者和医疗机构相互推诿的难题，而且有些医疗人工智能产品是通过境外进口的，让消费者直接或者只能寻求向生产者索赔，难度很大，[①]而选择向存在"近因"关系的医疗机构索赔，成为一种更好的现实选择，因为二者之间存在医疗（服务）合同关系。《民法典》的这一制度安排，实际上有利于患者维权，保障其能够在其生命健康权益受到侵害之后，及时获得有效的充分的救济。

（2）对内责任。首先，由于生产者与销售者（或者医疗机构）之间属于不真正连带责任，其向患者赔偿只是解决了对外如何承担责任的问题，它无法解决的是生产者与销售者（或者医疗机构）的最终责任问题，这就涉及对内责任的认定和分配。在对内责任上，销售者承担的是过错责任，即如果是因为销售者的过错（如必要的警示说明义务没有履行或者不适当履行）导致医疗人工智能产品存在缺陷，就应当承担过错责任，也是最终责任。同时，按照我国《产品质量法》《消费者权益保护法》的相关规定，当销售者不能指明缺陷产品的生产者也不能指明缺陷产品的供货者的，销售者亦需承担赔偿责任。此外，如果销售者先行对外承担了赔偿责任，但是根据相关证据证实产品缺陷是由生产者造成的，销售者可以向生产者追偿。追偿权的目的在于让最终的责任人承担责任，实现公平和正义的价值。其次，医疗人工智能产品的运输者和仓储者对外（即向受害者）无须承担赔偿责任，在对内责任分配中，其承担的是过错责任。因为按照合同相对性原理，医疗人工智能产品的终端使用者受到损害之后，其往往难以知晓具体的运输者和仓储者，而由生产者或者销售者承担对外赔偿责任之后，再依据相关合同处理最终责任承担问题，显然更为顺畅可行。因此，实践中较少出现患者直接向运输者或者仓储者索赔的情况。再次，实践中，有些生产者同时是开发者，所以当医疗人工智能致害时，二者的责任主体合一。但在有些情况下，开发者与生产者并非合一，而是彼此分离，这就需要考虑开发者的民事责任问题。美国《侵权法重述（第三版）》将开发者纳入责任主体，并承担过错责任。我国应当结合医疗人工智能的发展实际，并借鉴美国经验，将产品的开发者纳入责任主体。关于开发者的归责原则，有的学者主张适用无过错责任，主要理由是开发者作为对风险的最具控制力主体，从代码源头上进

① 黄薇主编:《中华人民共和国民法典释义及适用指南》，中国民主法制出版社2020年版，第1867页。

行风险防范是最有可能的，也是最有效的，且开发者属于受益主体，应当与所产生的风险相一致。[①] 尽管这一观点具有一定的道理，但是从平衡科技发展和保护公民合法权益的角度考察，不宜让开发者承担过重的责任，综合考虑应当适用过错责任较为妥适。况且，适用无过错责任需要法律的明确规定，当前对开发者的归责原则尚无明确规定。最后，医疗人工智能产品的研发离不开数据，尤其是海量数据，在合法、正当、必要和诚信原则的指导下，初始搜集的数据无论在内容上还是在结构上，都需要做相应的处理，其中一个很重要的环节就是去标签化和建立标准化。数据提供者需要对数据的真实性、无偏见性负责，如果其违反了相关注意义务，就需要承担过错责任。不过，在实践中，如果数据的提供者与设计者、生产者系同一主体，其承担侵权责任的规则就较为简单，直接适用无过错责任即可；如果数据提供者与设计者、生产者等系独立的不同的主体，那么其将独立承担过错责任。

除对外责任外，关于对内责任的分配还可以通过协议进行具体约定，使相关责任主体在签订合同伊始便明确自身的权利、义务和责任。当各主体之间不存在协议，或者虽然存在协议，但是对责任分配没有具体约定时，仍然可以适用侵权法的相关规则进行处理，最终将实现各主体之间的利益平衡。

第三节　我国医疗人工智能监管与制度完善

医疗人工智能的良性健康发展，离不开标准体系的建立和政府部门的监管，其产生的损害风险不仅可以通过完善相关主体的义务实现预防，而且可以通过建立责任保险和设立赔偿基金实现分解。具体而言，就是在监管中不断鼓励创新和优化营商环境，在终端使用者出现损害时，能够获得便捷充分的救济。

一、建立健全标准体系并强化政府监管

（一）建立健全医疗人工智能产品标准体系

2020 年 7 月 27 日，国家标准化管理委员会、中央网信办、国家发展改革委、科技部、工业和信息化部联合印发了《国家新一代人工智能标准体系建设指南》，明确提出：“到 2021 年，明确人工智能标准化顶层设计，研究标准体系建设和标准研制的总体规则，明确标准之间的关系，指导人工智能标准化工作的有序开展，完成关键通用技术、关键领域技术、伦理等 20 项以上重点标准的预研工作。到 2023 年，初步建立人工智能标准体系，重点研制数据、算法、系

① 参见李润生、史飚：《人工智能视野下医疗损害责任规则的适用和嬗变》，载《深圳大学学报（人文社会科学版）》2019 年第 6 期。

统、服务等重点急需标准，并率先在制造、交通、金融、安防、家居、养老、环保、教育、医疗健康、司法等重点行业和领域进行推进。建设人工智能标准试验验证平台，提供公共服务能力。”建立健全医疗人工智能产品的标准体系，离不开政府的监管，也只有建立健全了产品的标准体系，才能使得产品具有统一性和核心竞争力，最大限度地做到安全有效，这对于更好地促进医疗健康产业发展、公民健康权的保障以及“健康中国”建设的全面推进均大有裨益。

（二）加强监管研究，实现分级分类的精细化、全周期管理

人工智能医疗器械具有自身特性，特别是当前代表产品所用深度学习技术具有黑盒特性，存在可解释性差等问题，其监管问题已成为国际医疗器械监管领域的研究焦点之一，亟须加强监管研究。人工智能医疗器械作为医疗器械软件的子集，亦属于数字医疗（Digital Health）范畴，其监管思路遵循数字医疗监管的框架和原则，同样采用基于风险的全生命周期管理方法进行监管，同时兼顾国际监管经验和技术发展趋势。此外，需要将国际监管经验和中国国情相结合，综合考虑人工智能医疗器械的监管要求。不同国家的国情不同，医疗器械监管的范围、模式、资源、条件等方面均有所不同，因此国际监管经验可以参考与借鉴，但不能简单照搬照抄，需要在人工智能医疗器械的分级分类界定、技术审评、体系核查等方面进行重点监管，才能及时有效地应对人工智能新技术带来的监管挑战。[①]

二、完善相关主体的义务体系

医疗人工智能产品致害案件中，有两项内容经常成为当事人的争议焦点：一是相关主体的主观状态，究竟有无过错，还是在有过错的情况下存在故意、重大过失或者一般过失。二是因果关系，是医疗人工智能产品单一引起的损害，还是包含医疗人工智能产品在内的多种因素引起的损害。无论是“一因一果”，还是“多因一果”，抑或“一因多果”“多因多果”，实际上均难以作出精准判断。因此，将主观状态和因果关系进行适当客观化的认定，是一种现实的需要与选择，进而在一定程度上预防损害的发生。换言之，在科技发展和受害人权益保护方面，应当将受害人权益保护放在首位。

（一）主观状态认定的适度客观化

有的学者认为，应当以各个参与主体自身的注意义务为依据，以注意义务

---

① 参见彭亮、孙磊：《人工智能医疗器械监管研究进展》，载《中国食品药品监管》2022年第2期。

的履行情况作为过错或者免责事由成立的判断因素，进行责任的分配。[①] 由于开发者的专家身份和所处的专业优势地位，应当赋予其对医疗人工智能产品的解释义务。当医疗人工智能产品在市场上流通时，作为开发者还应当负有跟踪观察义务，这一点同样适用于医疗人工智能产品的生产者和销售者，并将警示义务贯穿始终。同时，无论医疗人工智能产品是否流入市场，或者已经流入市场但不清楚是否造成了他人损害，作为开发者、生产者和销售者都应当及时进行召回，以避免损害或者更大损害的发生。由于医疗机构常常是医疗人工智能的使用者，医务人员是其具体执行者和服务提供者，因此医疗机构除合理使用、维修该产品之外，还应对执行职务行为的医务人员负有培训和风险告知的义务。当有关责任主体的注意义务没有履行或者没有适当履行，则可通过这种客观表象推定其存在过错，然后由其进行反证，如果不能提出有力的证据，就倾向于认定其存在过错。

（二）因果关系认定的适度客观化

因果关系是指侵权行为与损害之间引起与被引起的关系，是侵权责任成立一个必不可少的要件。在有些情况下，受害者的损害是否因医疗人工智能引起，并不十分清晰和确定。如果按照传统侵权责任法的要求，受害者通常需要提供充分的证据证明损害系医疗人工智能产品的何种缺陷所致，以充分揭示侵权行为与损害之间的内在关联。如果坚持严格的因果关系证明责任，对受害者的救济将十分不利，因为此时其举证能力较弱。未来，关于医疗人工智能产品致害的因果关系证明，可以考虑适度客观化。具体而言，仍由受害人完成因果关系的初步举证，然后将举证责任转移到相关的责任主体，如果相关主体不能证明医疗人工智能的缺陷会造成此种损害，而客观上又有一定的证据证明确实会出现这样的损害，根据“盖然性原则”可认定因果关系成立。这意味着，有些主体可能面临不能证明因果关系不成立（举证不能）而承担赔偿责任的风险。

三、建立赔偿责任的分解机制

（一）鼓励医疗人工智能致害的责任保险

德国社会学家乌尔里希·贝克（Ulrich Beck）指出：“风险概念与自反性现代化概念密切相关。风险可被定义为以系统的方式应对由现代化自身引发的危险和不安。风险有别于传统的危险，它是现代化的威胁力量和令人怀疑的全球

---

① 参见张童：《人工智能产品致人损害民事责任研究》，载《社会科学》2018 年第 4 期。

化所引发的后果。”[①] 人工智能在与人的生命健康密切相关的医疗领域深度结合和广泛应用，有别于传统的风险，它是一种高新科学技术带来的现代化、系统性风险，因为临床实践的发展，已经离不开医疗人工智能的参与，但由此也开启了医疗人工智能致害风险。这种风险既可以通过侵权责任的分配解决，也可以通过责任保险（具体而言就是产品责任保险或医疗责任保险）的方式进行适当或者完全转移，使受害者得到及时有效的救济，一方面可以缓解司法审判的压力，另一方面也克服了诉讼救济周期较长、非诉讼救济不够权威的问题。

（二）设立医疗人工智能致害的赔偿基金

尽管产品责任保险弥补了一些其他救济方式上的不足，其自身也有一定的局限性。主要体现在以下几个方面：一是产品责任保险的前提是保险公司愿意承保，由于保险公司属于典型的商事主体，很有可能出现没有保险公司愿意承保或者并无对应保险产品的情况，此时通过责任保险分解赔偿责任的目的落空；二是虽然保险公司推出相应的产品责任保险，但是其为了控制自身的风险，其一般会设定相应的免赔额或者限额赔偿，这将使受害人难以获得充分的救济，影响社会公众对医疗人工智能产品的信任，不利于医疗健康产业的发展。三是保险公司理赔标准严格，亦有可能产生医疗人工智能致害后不能获得或者不能充分获得赔偿的问题。为了克服产品责任保险的上述不足，建立政府主导、行业参与和全社会监督的赔偿基金也是化解损害赔偿问题的一种思路。这种基金除了来源于医疗人工智能产品的生产企业之外，还可以通过募集社会资金或者接受社会捐赠的方式，使赔偿基金的赔付能力不断提升，与产品责任保险形成“保险先行、基金兜底”的双层救济机制。2021 年 8 月 20 日，第十三届全国人大常委会第三十次会议表决通过了《医师法》，自 2022 年 3 月 1 日起施行。该法第 52 条规定：“国家建立完善医疗风险分担机制。医疗机构应当参加医疗责任保险或者建立、参加医疗风险基金。鼓励患者参加医疗意外保险。”这一规定为医疗人工智能致害建立赔偿基金提供了法律依据，能够更好地保障患者的生命健康权益和支持医疗人工智能的健康有序发展。

---

① ［德］乌尔里希·贝克：《风险社会：新的现代性之路》，张文杰、何博闻译，译林出版社 2018 年版，第 7 页。

第二十六章　智能投顾法律制度

第一节　智能投顾概述

一、智能投顾行业的发展情况

人工智能与投资顾问相结合，就产生了智能投顾。国务院在《新一代人工智能发展规划》中明确指出，要推动人工智能与金融等行业融合创新，创新智能金融产品和服务，发展金融新业态。智能投顾作为一种基于自动化的数字投资顾问程序的金融服务业态，[①] 不仅是当今世界金融科技发展的重要方向之一，更是人工智能与金融业相结合的典范。与主要面向金融机构的程序化交易系统不同，作为理财业务率先拥抱金融科技的创新模式，智能投顾体现了普惠金融的基本精神，通过低费率、低门槛的独特优势在金融行业中异军突起，较好地解决了大量个人投资者的理财需求与人类投资顾问数量有限之间的矛盾，在世界范围内迅速发展。[②] 据估计，2020 年仅美国智能投顾管理的资产就达到了 2.2 万亿美元，使美国成为全球最大的智能投顾市场。紧随其后的是中国，其智能投顾产业规模超过 800 亿美元。[③]2022 年中国智能投顾管理的资产总额将超过 6600 亿美元，用户数量超过 1 亿。[④]

总体而言，智能投顾公司提供了门槛更低也更为便捷的投资顾问服务，因而受到了广泛的欢迎和关注。与传统投资顾问相比，智能投顾的行业特点主要体现在四个方面：第一，在人力规模方面，典型的智能投顾公司规模小，员工精简，通常只专注于一种服务。例如，著名的智能投顾公司 Betterment 只有不到 200 名员工，而且只专注于投资咨询服务，避开了其他创收手段。相比之下，

---

① See SEC，Investor Bulletin：Robo-Advisers，at https：//www.sec.gov/oiea/investor-alerts-bulletins/ib_robo-advisers.html (Last Visited on Feb.8,2022).

② 对传统的人类投资顾问行业而言，每位投资顾问所能服务的客户数量是有限的，因此员工数量决定了其业务规模的大小，而且服务成本较高。而智能投顾通过对人工智能的使用替代了传统人类投资顾问提供的服务，因此其业务规模的扩张通常并不伴随着员工数量和人力资源成本的大幅增长。

③ See Li Guo，*Regulating Investment Robo-Advisors in China*：*Problems and Prospects*，European Business Organization Law Review Vol. 2020(21)，p.71.

④ 参见王倩、徐亚钊：《智能投顾是否智能？》，载《金融市场研究》2019 年第 10 期。

前五大传统咨询公司都有超过 2 万名员工。第二，在投资产品范围方面，智能投顾主要依赖被动指数和多样化策略，通常会为投资者提供比传统投资顾问更狭窄的投资选择范围，主要投资于跟踪市场宽基指数的低成本的 ETF 等基金产品。第三，在费用与账户最低限额方面，智能投顾收取的费用更低，而且通常比传统金融机构允许更低的最低投资账户金额。第四，在便利性和投资理性方面，智能投顾能够让投资者每周 7 天、每天 24 小时很方便地在线访问其投资组合，且投资更为理性，较少受到个人情绪影响。[①]

二、智能投顾的概念及类型

在世界范围内，对智能投顾的典型定义来自美国证券交易委员会针对智能投顾的监管指南。根据该指南，智能投顾是指运用创新技术，通过在线算法程序为客户提供全权委托的资产管理服务的投资工具。具体而言，希望利用智能投顾的客户需要将个人信息和其他数据输入一个交互式的数字平台（例如网站或移动应用程序）。基于这些信息，智能投顾为客户生成一个投资组合，并为客户提供后续的账户管理服务。[②] 此外，与智能投顾相关的一个上位概念是数字化投资咨询工具（digital investment advice tools）。美国金融业监管局关于数字投资顾问的报告从这一上位概念入手，对有关智能投顾的要素进行了分解。根据该报告，数字化投资咨询工具这一概念是指在管理投资者的投资组合中支持包括客户画像、资产配置、投资组合选择、交易执行、投资组合再平衡、税金损失收割和投资组合分析在内的一个或多个核心活动的投资咨询工具。其中，包含前六项活动（从客户分析到税金损失收割）的面向客户的工具，通常就被称为智能投顾。[③] 通过该报告的界定，我们基本上可以了解智能投顾的构成要素和运作模式。上述七步中，第一步至第六步构成了一个最为完整的智能投顾流程，其中第六步的税金损失收割功能主要是针对美国市场的一项增值服务，前五步则是一般的智能投顾共同的特征。第七步的投资组合分析是为客户提供的较专业的分析工具，可大致理解为“投资复盘”功能。一般包括业绩展示、业绩归因、风险因子分析、组合描述性统计分析以及回测和模拟等。[④] 其他金融市场相对发达国家的智能投顾的服务流程也与之类似，一般而言是一种全流程的自动化投资服务。因此，典型的智能投顾至少应当包含客户画像、资产配置、投资

---

① See Andrea L. Seidt, Noula Zaharis & Charles Jarrett, *Paying Attention to That Man behind the Curtain: State Securities Regulators' Early Conversations with Robo-Advisers*, University of Toledo Law Review Vol. 2019(50), pp.505-510.

② See SEC, Guidance Update: Robo-Advisers, at https://www.sec.gov/files/2017-03/im-guidance-2017-02.pdf (Last Visited on Feb.8, 2022).

③ See FINRA, Report on Digital Investment Advice, at http://www.finra.org/sites/default/files/digital-investment-advice-report.pdf (Last Visited on Feb.8,2022).

④ 参见崔传刚：《智能投资：机器交易时代的崛起》，机械工业出版社 2018 年版，第 114~115 页。

组合选择、交易执行、投资组合再平衡等功能。

在具体的操作流程上，一个典型的智能投顾首先需要通过在线调查问卷的方式收集与客户理财目标、投资范围、收入和其他资产信息、风险承受能力等方面相关的信息，来完成对客户的画像。然后基于对客户的画像，运用人工智能算法给出投资组合建议。对于该建议，客户可以事先给出一定的限制条件。在智能投顾提出建议后，客户也可以选择采纳或不采纳。如不采纳，可以加入新的限制条件，并要求智能投顾给出新的投资组合建议。在客户确认投资组合方案后，由智能投顾根据其全权委托来执行交易。此外，客户全权委托的范围还包括，在初步的投资组合建立后，允许智能投顾根据市场及客户个人情况的变化，重新对投资组合进行再平衡。投资组合再平衡的目的一方面在于修正投资组合的实际资产类别权重、收益率等与客户预期之间的偏差，另一方面在于使修正后的投资组合能够与最新的市场及客户情况匹配。此外，客户也可以根据自身的情况和偏好，随时要求智能投顾对投资组合进行再调整。

我国金融服务市场的语境中被称为“智能投顾”的服务可以归纳为两种类型。一种是投资建议型智能投顾，即运用人工智能对市场状况和客户个人情况进行分析，根据客户的个人特质和偏好，提供个性化的投资建议，但不代客户执行交易。另一种是全权委托型智能投顾，即在提供第一种类型服务的基础上，同时根据客户的全权委托，还为客户提供交易代执行和资产再平衡等服务。不管从其定义还是功能要素都可以看出，前述的典型智能投顾就是国内所谓的全权委托型智能投顾。从实践需求来看，智能投顾最重要和最具特色的功能就体现在基于算法的自动交易和投资组合再平衡的账户管理功能。投资建议型智能投顾虽然也运用了人工智能，但只用在了投资决策分析中，仍然属于在客户要求下提供一次性的咨询建议的范畴。客户无法将自己从交易执行和对自己账户资产的持续监控中解放出来，并未真正实现理财全流程的自动化。不允许智能投顾基于全权委托实施账户监控和再平衡，就等于放弃了其在这方面的功能优势。只有允许全权委托型智能投顾，客户才能享受基于人工智能的全流程理财和账户管理服务，但也伴随着更大的风险。

第二节　智能投顾的业务形态及异化

一、智能投顾的应然形态：买方投顾

虽然金融机构很早就开始运用智能工具来帮助自己提供相关服务，但是直到此种智能工具直接为作为买方的客户使用时，才产生了所谓的智能投顾。在世界范围内诸多监管组织或机构的官方文件中，均对面向投资顾问与面向客户的投资工具进行区分。他们认为，只有面向客户的投资工具才能被称为严格意

义上的智能投顾。例如，欧洲监管机构联合委员会指出，当运用自动化的金融咨询工具时，客户是通过对自动化程序的直接使用来取代人工介入。智能投顾作为一种自动化的金融咨询工具，其主要特征之一就是直接由客户使用，客户将其用于获取买卖金融产品或服务的建议，在这一过程中，不需要或只需要非常有限的人工介入。当使用智能投顾时，人工介入被客户直接访问的自动化过程所取代。因此，智能投顾是面向客户的工具（consumer-facing tools），而不是面向投资顾问的工具（advisor-facing tools），后者例如人类投资顾问在提供咨询过程中运用的信息技术工具。①

在现实当中，智能投顾直接面向作为资产买方的客户提供投资顾问服务并收取费用。其从诞生之日起便将服务对象定位于广大中低端投资者群体，属于以低投资门槛和低投资顾问费为核心价值的一类买方投顾。这样的运营模式是投资服务行业步入成熟发展阶段，以及相关法律能很好支撑此类业务的产物。买方投顾和卖方投顾在法律上的重大区别在于其承担信义义务的对象。在买方投顾的情形下，智能投顾直接服务于个人投资者，向其承担信义义务，根据个人投资者的财务状况和投资目标提供投资组合方案和再平衡服务。而在卖方投顾的情形下，智能投顾实际上是服务于基金公司，并向其承担信义义务，以基金公司的利润最大化来提供投资建议，而购买产品的投资者的具体情况和个人要求并不是其首要考虑。

投资顾问行业由卖方投顾模式发展到买方投顾模式往往需要一个过程，对美国投资顾问市场发展历史的考察则可以让我们对这个转变过程有一个直观的认识。自1940年至1980年，美国的投资顾问业务较为传统，从业者主要赚取客户交易的佣金与客户购买产品的提成，因此行业内多方利益并不完全一致。市场上主流的基金销售模式还是卖方投顾模式，这是一种投资顾问通过销售基金从而向基金公司收取固定佣金的通道业务模式。投资者向基金公司支付基金申购费、管理费等费用，基金公司则从中抽出部分费用作为销售佣金给投资顾问。当时的大多数投资顾问事实上充当了基金销售的推介人，与基金公司构成了利益共同体。在传统模式下，银行等金融机构为了销售更多产品以赚取佣金，将推销的压力施加于理财顾问，使许多资深的理财顾问倍感煎熬。于是，在1980年之后，大量资深的理财顾问纷纷创办自己的理财工作室，他们不再赚取产品的代销费用，而是根据客户的资产规模直接向客户收取咨询服务费——买方投资顾问就此诞生。② 投资顾问通过深化投资建议服务内容，延伸到各类金融产品选择、理财规划以及全方位的资产配置建议，从而逐渐摆脱了对

① See ESAs, Joint Committee Discussion Paper on Automation in Financial Advice, at http: //www.eba.europa.eu/documents/10180/1299866/JC+2015+080+Discussion+Paper+on+automation+in+financial+advice.pdf (Last Visited on Feb.8, 2022).

② 参见钟宁桦、钱一蕾、解咪主编：《智能投顾前瞻》，北京大学出版社2020年版，第5页。

经纪佣金的依赖。[①] 在这种买方投顾模式下，投资者直接向投资顾问支付投资顾问费，投资顾问也直接为投资者的最大利益提供相关服务。随着财富管理行业的兴起，买方投顾进而成为美国家庭财富管理最重要的金融服务渠道之一。从卖方投顾模式向买方投顾模式的转变，使财富管理公司、投资顾问和投资者三者利益达成统一。[②]2006 年，时任美国总统布什签署发布了《养老金保护法案》，该法案规定雇员自动加入 401（K）退休储蓄计划账户。401（K）账户资金是以追求长期投资为主的免税资金，这产生了大量中低端的投资顾问服务需求。2008 年，Betterment 公司在美国成立，并将自己宣传为提供普惠型投资顾问服务的金融科技公司，随后一大批智能投顾公司如雨后春笋般发展起来。以 Betterment 公司为例，其业务模式是通过为投资者个性化配置 ETF 指数基金的方式进行投资理财，并收取 0.25% 到 0.40% 不等的投资顾问费。相比提供类似服务的传统资产管理公司而言，智能投顾公司不再单独收取除投资顾问费之外的其他费用，例如 ETF 基金的申购和赎回费。这些智能投顾公司通过在线化、程序化的投资顾问模式极大降低了业务成本，这也是其得以蓬勃发展的重要原因。

此外，还有必要将智能投顾区别于资产管理产品管理人使用的智能工具。此种智能工具实际上是以资产管理公司对产品的设想来提供投资方案，甚至有可能由于资产管理公司产品销售或刚兑的要求，而设计符合其利益但不符合投资者利益的人工智能程序。比如将人工智能程序设定为，如果该公司某个资产管理产品的收益率不达预期，则在该产品兑付期前，让该公司管理的收益较好的其他产品与这只产品进行内部交易，从而互相调节收益到预期收益的水平。[③] 由于此种投顾并非面向客户的投顾，不对客户承担信义义务，因此其投资逻辑事实上会损害客户的利益，且客户对此种投顾的决策过程没有任何干预权。

二、智能投顾形态的异化：卖方投顾

买方投顾与卖方投顾最直观的差别，就是在买方投顾的情况下，客户直接支付投资顾问咨询费，就像支付律师咨询费一样；而在卖方投顾的情况下，客户做任何投资咨询，都无须付费，投资顾问主要靠从理财产品供应方（发行方）返佣获取报酬。我国投资顾问服务市场起步较晚，目前主要体现为卖方投顾市

① 参见孟繁永：《美国证券投资顾问服务市场发展及借鉴》，载《证券市场导报》2012 年第 10 期。

② 参见戴叙贤：《美国投资顾问模式对国内财富管理的启示及建议——以美国〈投资顾问法〉为视角》，载《银行家》2020 年第 12 期。

③ 参见钟维：《资金池理财产品的法律规制》，载《银行家》2018 年第 4 期。

场。[①] 这种卖方投顾是以推荐购买基金公司产品赚取销售提成而非收取投资顾问费为经营模式的投资顾问，以基金公司的利益而非投资者的利益为导向。卖方投顾关心基金产品的销量而较少关心投资者的投资收益，很大程度上充当了基金公司的产品推介和销售渠道。作为一种金融创新与人工智能技术发展相结合的产物，智能投顾在我国往往也呈现出卖方投顾的形态，具体就表现为实践中运行的作为基金销售渠道的卖方投顾。

例如，国内某款智能投顾（简称“X 理财”）是一款定位智能投顾应用场景的线上理财工具，运营模式在国内的第三方智能投顾中非常具有典型性。其线上运营公司为一家从事电子交易自助前台系统设计与开发工作的程序运营公司。投资者在“X 理财”开设账户时，是与某保险代理公司在线签订《基金电子交易远程服务协议》《委托支付协议》等协议。两份协议中，前者允许投资者使用其提供的电子交易自助前台系统从第三方基金公司处申购基金产品，后者则授权保险代理公司在投资者的申购指令下向银行等支付机构发出划款指令。保险代理公司持有中国证监会颁发的《经营证券期货业务许可证》，批准从事业务范围为“基金销售”。从业务来看，“X 理财”并未取得中国证监会关于从事证券、期货投资咨询业务的相关行政许可，而是属于持牌基金销售机构。在其提供的《基金电子交易远程服务协议》格式合同中被定义为电子交易自助前台系统，应属于具备基金销售渠道功能的计算机程序。从收费模式来看，受限于中国证监会批准的业务范围，“X 理财”也并未采用收取投资顾问费的买方投顾模式。此外，根据“X 理财”与投资者签订的《委托支付协议》格式合同，“X 理财”仅获得了代投资者向银行发出划款指令的授权，但并未获得下达基金产品申购指令的授权。实践中“X 理财”是通过后期不断提醒投资者手动确认调仓的方式来间接达到“投资组合再平衡”功能，这不仅抑制了智能投顾的自动化特性，也给投资者带来了较大的人工成本。

可见，我国现有的智能投顾的盈利模式容易引发利益冲突，不少智能投顾表面上是中立性的买方的投资顾问，事实上是衔接基金的卖方投顾。[②] 在卖方投顾的情况下，投资者与智能投顾公司之间形成了基金产品购买销售关系，而智能投顾公司与基金产品发行方则形成了委托代理法律关系。[③] 在作为智能投顾公司客户的投资者与智能投顾之间，反而没有真正的投资顾问关系。有学者指出，我国的智能投顾经常打着“量身订制”投资咨询的品牌，实际上大多数投资工具网页上给出的问题，都是为了保障顺利签署投资咨询合同。这些签署的

---

① 参见李劲松、刘勇：《智能投顾：开启财富管理新时代》，机械工业出版社 2018 年版，第 116 页。

② 参见高丝敏：《智能投资顾问模式中的主体识别和义务设定》，载《法学研究》2018 年第 5 期。

③ 参见李瑞雪、李可萃：《智能投顾投资者适当性管理问题研究——从销售导向走向客户导向》，载《价格理论与实践》2019 年第 11 期。

自动化投资咨询产品，未必都是为消费者量身订制或是最合适的，它们大多是以产品价格作为评估结果的标准。[①] 此外，甚至还有一些伪智能投顾平台打着金融科技的旗号推荐自己的理财产品。[②] 这些伪智能投顾平台并没有真正运用人工智能，实际就是欺诈金融消费者。而且，如果这些平台不具备基金销售业务资格，甚至还会涉嫌违规销售基金。例如，中国证监会网站投资者保护栏目曾发布《智能投顾销售基金涉嫌违规，证监会严查》的投资者警示文章指出，现实中市场上存在一种智能投顾销售基金模式，一些以智能投顾为名的理财公司在从事基金销售活动，但并未取得基金销售业务资格。[③]

智能投顾异化为卖方投顾形态，进而出现利益冲突，并非我国所独有的问题。在世界范围内，不正当激励的问题一直是公众对银行和金融投资部门愤怒和不信任的根源。在 Green v. Morningstar，Inc. 案中，原告对晨星公司（Morningstar）和保诚集团（Prudential）提起了一项集体诉讼，指控两家公司使用名为“目标制造者”（GoalMaker）的智能投顾工具。起诉书称，“目标制造者”表面上是向储户提供“公正的资产配置建模”，然而它其实是系统地影响投资者将资金投入各种高成本的退休基金，并将过高的费用支付给被告保诚集团。[④] 虽然智能投顾在将投资者与大众市场金融产品相匹配方面有超越人类的潜力，但它们并非天生就不受激励机制失调的影响，这种失调在历史上就曾影响金融机构。智能投顾可以被设计成忽略这些激励因素，但许多开发或购买智能投顾的金融机构都会受到这些激励因素的影响。如果简单地假设金融机构总是会选择对客户最有利的算法和选择架构，而不是对其自身最有利的算法和选择架构，那就太天真了。[⑤] 这也就是为什么智能投顾公司应该为其可能提供给客户的投资组合建立治理和监督机制的原因。

三、实践中智能投顾异化的原因

在既有的市场实践中，智能投顾通常被认为属于投资顾问业务。但是在投资顾问的规制路径之下，智能投顾在我国实践中最大的问题，就是其卖方投顾的经营模式，这是市场体系、法律制度以及牌照管制等多方面原因共同造成的。

一是不成熟的市场体系。我国投资顾问服务行业起步较晚。从供给侧来看，投资顾问市场仍然处于赚取销售费等佣金而非投资顾问费的早期发展阶段。从

---

① 参见王倩、许勤：《从问题导向探索智能投顾监管思路》，载《金融市场研究》2020 年第 5 期。

② 参见李晴：《互联网证券智能化方向：智能投顾的法律关系、风险与监管》，载《上海金融》2016 年第 11 期。

③ 参见山西证监局：《智能投顾销售基金涉嫌违规，证监会严查》，载中国证监会网站，http://www.csrc.gov.cn/shanxi/xxfw/tzzsyd/jczs/201704/t20170413_315054.htm，2022 年 9 月 20 日访问。

④ Green v. Morningstar，Inc.，No. 1：17-cv-05652（N.D. Ill. Aug. 3，2017）.

⑤ See Tom Baker & Benedict Dellaert，*Regulating Robo Advice across the Financial Services Industry*，Iowa Law Review Vol. 2018（103），p.732.

需求侧来看，追求长期收益的资金能够为智能投顾的发展创造巨大的市场需求，[①] 而我国早期中小投资者的主要资产配置仍是以房地产和现金为主，对于追求长期收益资产配置的需求不足。但当中小投资者的投资顾问服务需求产生以后，传统人类投资顾问服务的较高门槛，以及法规对买方智能投顾模式的限制，又限制了中小投资者对投资顾问服务的获取。

二是法律制度的限制。我国《证券法》第 161 条第 1 款禁止证券投资咨询机构及其从业人员代理委托人从事证券投资。《证券、期货投资咨询管理暂行办法》第 24 条禁止证券、期货投资咨询机构及其投资咨询人员代理投资人从事证券、期货买卖。《证券投资顾问业务暂行规定》第 12 条第 1 款要求证券投资顾问不得代客户作出投资决策。这对投资顾问规制路径下智能投顾的交易代执行和投资组合再平衡的核心功能形成了制度障碍。部分智能投顾公司为规避国内监管规则对于账户全权委托的禁止性规定，采取在境外第三方证券公司开设海外账户的商业模式，这种商业模式也具有较大的合规风险。这迫使证券投资顾问行业出于生存压力向卖方靠拢从而异化为销售渠道，并进一步限制了真正的智能投顾在我国的发展。

三是不开放的牌照制度。在我国从事证券投资咨询业务需要取得中国证监会颁发的执业牌照。但在 2014 年之后，中国证监会并未再新增单独核发的证券投资咨询牌照。截至 2021 年 2 月，全行业的牌照数量仅为 83 张，[②] 这导致市场上持有证券投资咨询牌照的空壳公司价值极高。希望开展相关业务的公司只能通过高价从市场上收购已有的牌照，这实际上抬高了经营成本，并且会通过服务费形式转嫁给客户，导致客户更加不愿意购买此种服务。可见，证券、期货投资咨询的牌照管制与停发也在一定程度上抑制了真正的智能投顾在我国的发展。

第三节 智能投顾业务中的信义关系与责任配置

通常认为，信义义务是规制智能投顾的基础性工具。注意义务要求投资顾问根据客户的需求、目标，并在适当研究的基础上作出谨慎的建议，并要求投资顾问在客户协议范围内提供持续监控。忠实义务要求投资顾问以客户的最佳利益行事，将客户利益置于投资顾问自身利益之上，通过“全面、公平”披露重要信息，避免或减轻利益冲突，避免误导客户。以信义义务来规制智能投顾的核心问题在于，是否应当赋予智能投顾信义义务，以及应当由谁来最终承担

① 参见李劲松、刘涌：《智能投顾：开启财富管理新时代》，机械工业出版社 2018 年版，第 122 页。

② 参见《证券投资咨询机构名录（2021 年 2 月）》，载中国证监会网，http：//www.csrc.gov.cn/pub/zjhpublic/G00306205/201510/t20151028_285725.htm，2021 年 3 月 16 日访问。

信义义务。这方面的争论非常激烈，从正反两方面的观点中，也可以看到智能投顾存在的风险和需要解决的一些问题。

一、智能投顾无法履行信义义务的观点

在学术界，一些学者认为智能投顾无法履行信义义务。我们按照信义义务的两项主要内容，即注意义务和忠实义务，来考察一下那些认为智能投顾无法履行信义义务的观点。

（一）关于注意义务

有关注意义务的争论围绕着智能投顾是否有能力满足谨慎推荐的要求展开。认为智能投顾无法履行注意义务的观点主要体现在以下方面：第一，智能投顾使用问卷来提取客户信息具有局限性。如果问卷未能收集到足够或准确的资料，则所提供的建议极有可能不符合注意义务。问卷通常不会收集客户账户以外的资产信息，而客户账户之外持有的资产会直接影响客户的整体财务状况，相应地，投资顾问个性化建议和作出适当投资决策的能力也会受到影响。第二，智能投顾仅依赖通过问卷收集的信息，而无法确认客户提供的信息是否准确。许多智能投顾问卷的范围太过有限，且不允许客户提问。然而，客户可能对问卷中的部分问题不理解，也可能自以为理解了这些问题却并未真正理解，导致他们有可能作出错误的回应，进而导致建议的质量降低或不恰当，从而无法达到谨慎推荐的要求。第三，智能投顾的问卷没有普遍接受的标准，可能是无效的问卷。智能投顾的问卷在长度、问题类型、问题主题等方面差异很大。[①] 没有一致性或行业范围内的最佳实践来区分一个好的问卷和一个糟糕的问卷。第四，智能投顾提出的建议并不是针对每个客户的个性化建议。智能投顾产生的建议是基于预先确定的客户画像，而客户画像是由客户通过回答有限的问卷生成的。一项研究发现，智能投顾平均只有五种到八种不同的客户画像，其将数量众多的客户分类为这些类型。[②] 很难想象这些有限的画像是真正代表了每个客户的个性化需求和目标。第五，智能投顾缺乏人类的判断力。试着比较一下一对夫妻共同使用智能投顾或人类顾问建立经纪投资账户的不同情形。当人类顾问注意到妻子在会议中显得不舒服或生气，他可能会更深入地探查这种不适的根源，并可能了解到丈夫有重大的债务问题和赌博问题。然后，投资顾问可以建议如何保护账户上的资产不受丈夫债权人的影响，这显然符合双方的最佳利益。然而，智能投顾是无法理解这些迹象的。第六，智能投顾不具备解决市场失灵的

① See FINRA，Report on Digital Investment Advice，at http：//www.finra.org/sites/default/files/digital-investment-advice-report.pdf(Last Visited on Feb.8, 2022).

② See FINRA，Report on Digital Investment Advice，at http：//www.finra.org/sites/default/files/digital-investment-advice-report.pdf(Last Visited on Feb.8, 2022).

能力。在市场崩盘等危机时刻，在疯狂的市场抛售中，一位人类投资顾问可以让他的客户冷静下来，这样他们就不会采取有损自身长期利益的鲁莽行动。而智能投顾则做不到这一点。[①]

（二）关于忠实义务

认为智能投顾无法履行忠实义务的观点主要体现在以下方面：第一，智能投顾并不一定没有利益冲突。很多人支持智能投顾是因为其不受人类偏见和动机的影响，从而消除利益冲突。但这只处理了投资顾问和客户之间直接产生的利益冲突。企业层面的利益冲突是由于机构的实践、政策或程序而产生的冲突，而智能投顾的使用并不能消除这些利益冲突。事实上，智能投顾可以而且经常是故意设定为通过推荐有利于机构的产品，或频繁重新平衡客户的投资组合使机构获得更多的费用，或提出其他有利于公司的建议。第二，智能投顾披露的信息可能过于复杂，而使客户无法理解。首先，客户没有机会追问问题，智能投顾也没有机会通过面部表情或上下文语境来判断客户是否真正理解了所披露的信息。其次，通过披露向客户提供的实质上很复杂的信息并没有伴随任何测试来确定其是否被理解或被恰当使用。研究表明，大多数客户无论如何都无法理解复杂的信息披露。[②] 对于客户来说，有关软件程序设计和算法的信息披露就更不容易理解了，因此这些信息披露可能毫无意义。[③]

二、智能投顾能够履行信义义务的观点

（一）关于注意义务

关于智能投顾是否有能力达到注意义务标准的问题，支持者提出的论点有以下方面：第一，智能投顾可以在有限范围内提出谨慎的建议，甚至有可能超过人类投资顾问的能力。智能投顾可以履行注意义务，只要它参与的服务范围受到限制。在有限的参与中，智能投顾可以制作一份更有效的问卷，该问卷能

---

① See Sophia Duffy & Steve Parrish, *You Say Fiduciary, I Say Binary: A Review and Recommendation of Robo-Advisors and the Fiduciary and Best Interest Standards*, Hastings Business Law Journal Vol. 2021(17), p.20-24; Megan Ji, *Are Robots Good Fiduciaries? Regulating Robo-Advisors under the Investment Advisers Act of 1940*, Columbia Law Review Vol. 2017(117), p.1565-1568; Bret E. Strzelczyk, *Rise of the Machines: The Legal Implications for Investor Protection with the Rise of Robo-Advisors*, DePaul Business & Commercial Law Journal Vol. 2017(16), p.62.

② See Nicole G. Iannarone, *Rethinking Automated Investment Adviser Disclosure*, University of Toledo Law Review Vol. 2019(50), p.440.

③ See Sophia Duffy & Steve Parrish, *You Say Fiduciary, I Say Binary: A Review and Recommendation of Robo-Advisors and the Fiduciary and Best Interest Standards*, Hastings Business Law Journal Vol. 2021(17), p.26-29.

够涉及并处理好所有相关数据。第二，智能投顾在提出谨慎建议方面可能比人类投资顾问更有效。计算机技术的进步使得计算工具的处理速度越来越快。智能投顾最明显的好处是，它具有评估无限数据和风险场景的复杂能力，可以给出理想、高效的最新投资组合。第三，注意义务要求投资顾问定期更新信息，以使其建议可以根据不断变化的情况进行调整。从理论上讲，一个智能投顾可以通过程序从可能无限多的来源收集数据，包括全球市场、监管变化、与客户业务相关的行业新闻、当地经济，甚至是关于客户竞争对手的新闻等，并立即对客户的投资组合或风险画像进行调整。而人类投资顾问不太可能有时间或能力跟上所有这些数据源的进度。[①]

（二）关于忠实义务

支持智能投顾能够达到忠实义务标准的论点主要体现在以下方面：第一，虽然在智能投顾的环境中也可能会发生利益冲突，但这些利益冲突更容易被检测到。智能投顾中的利益冲突源自不适当的程序设计，不管是出于无意还是恶意制造的，这种利益冲突都体现在智能投顾的推荐中。一旦被发现，就可以揭露出来并予以制止。智能投顾并不能防止疏忽或欺诈设计，但它使其更容易被发现。第二，在某些情况下，智能投顾可以比人类顾问更有效地提供信息。智能投顾的披露被认为具有一致性和完整性，不会“忘记”或故意不披露重要事实，也不会对某些客户披露的信息给出与其他客户不同的解释。事实上，智能投顾甚至可以利用技术来强调披露信息中的特定信息，比如把一些信息放在弹出框中，要求客户点击“我同意”，或者突出关键文本。第三，就像人类有能力充当受托人一样，智能投顾也能在适当的情况下达到受托人的标准。首先，当参与的范围有限时，比如投资建议，智能投顾的设计和监控能力往往优于人类的能力。其次，当创建者自身不存在利益冲突时，智能投顾就会提供一种系统的方式来提供无利益冲突的建议。最后，与一味地依赖于披露和免责声明相比，智能投顾的信息传送更加着眼于清晰和简单。[②]

（三）能力、忠诚与适当性

也有学者从能力、忠诚与适当性的角度，认为至少就大众市场的金融产品和消费者而言，一个设计良好的智能投顾能够比大多数人类投资顾问要更加胜

① See Sophia Duffy & Steve Parrish, *You Say Fiduciary, I Say Binary: A Review and Recommendation of Robo-Advisors and the Fiduciary and Best Interest Standards*, Hastings Business Law Journal Vol. 2021(17), p.24-26.

② See Sophia Duffy & Steve Parrish, *You Say Fiduciary, I Say Binary: A Review and Recommendation of Robo-Advisors and the Fiduciary and Best Interest Standards*, Hastings Business Law Journal Vol. 2021(17), p.27-29.

任与合适，并且至少与大多数人类投资顾问一样忠诚。[①] 因此，通过各种制度性的约束，保证智能投顾能够“设计良好”，是规制智能投顾的关键。

三、信义关系的确立与责任承担主体

虽然智能投顾模式下金融从业者与投资者之间的关系因智能投顾平台的存在而发生了一定程度的改变，但这并未从根本上改变金融从业者与投资者之间的信义关系本质。投资者在线上智能投顾平台填写调查问卷的过程替代了传统投资顾问与投资者之间的线下访谈过程，从而使得智能投顾平台得以分析出投资者的投资偏好与风险承受能力等个人信息以供后台进行自动化决策参考。智能投顾平台最终形成资产配置方案是一个依据投资者提供的个人信息与金融从业者前置输入的多种资产配置方案匹配的过程，从而使得该资产配置方案同样具有个性化的特征。处在智能投顾平台背后的金融从业者与投资者之间的法律关系仍具有个性化特征，尤其体现在客户画像以及提供资产配置方案的过程。更重要的是，投资者对智能投顾服务提供者的信赖是双方之间建立法律关系的基础。因此，应将智能投顾中金融从业者与投资者之间的关系认定为信义关系。

在现实中，一些智能投顾会通过其服务合同的免责声明来尽力免除自己的信义义务，例如这样的声明：“客户理解并同意……客户尚未聘请智能投顾提供任何个人理财规划服务”；“客户负责确定投资符合客户的财务需求的最佳利益”；“所有的经纪交易……将被送往智能投顾的经纪人关联公司执行，这可能并不总能获得与其他经纪自营商一样有利的价格”。[②] 可见，相比传统投资顾问而言，智能投顾模式中更需要确立信义关系。从立法目的来看，投资顾问凭借其掌握的专业信息以及客户的个人信息从而处于优势的信息地位，在这种信息不对称背景下存在投资顾问滥用客户合理信赖的潜在风险。因此，需要在法律上将双方之间的关系定义为信义关系，并认定投资顾问对客户负有信义义务。此外，由于智能投顾平台“算法黑箱”[③] 的存在，也增大了投资顾问滥用客户信赖的道德风险，因此更加需要法律的介入。因此，从金融法律关系来看，作为买方投顾的智能投顾，应当以客户利益最大化为导向，并且向客户承担信义义务。

智能投顾机器人不具有法律上的主体资格，实质上是智能投顾运营者为投

---

① See Tom Baker & Benedict Dellaert, *Regulating Robo Advice across the Financial Services Industry*, Iowa Law Review Vol. 2018(103), p.724-731.

② 参见［美］约翰·莱特伯恩：《算法与受托人：对人工智能理财规划师现有和拟议的监管方法》，李诗鸿译，缪因知校，载彭冰主编：《金融法苑》第 99 辑，中国金融出版社 2019 年版，第 253 页。

③ 在智能投顾业务中，在各利益博弈主体之间由于技术不对称而存在技术黑箱。具体而言，在研发者与使用者之间，智能投顾机构与投资者之间，市场与监管之间都存在着黑箱。参见李瑞雪：《技术伦理下智能投顾算法治理问题研究》，载《大连理工大学学报（社会科学版）》2020 年第 5 期。

资者提供投资顾问服务的辅助工具，在智能投顾过程中产生的民事责任应当由智能投顾运营者来承担。[①] 由运营者承担信义义务，这与人工智能在其他领域的责任体系相契合：建立运营者问责制度，由运营者建立相应的机制来确保算法符合运营者的意图，并且确保运营者能及时识别并纠正有害结果的发生。在侵权法的过失责任原则下，人工智能设计者的责任仅限于设计者可以控制的算法的输入和输出，即机器的“监督学习”。如果人工智能超出设计者预想的模式，则由人工智能的运营者来承担责任，这能够更好地促进运营者谨慎经营，采取有效的监督模式。[②]

第四节　智能投顾的特殊规制框架

除了作为基础规制工具的信义义务以外，我国专门针对智能投顾的规则，是 2018 年发布的《中国人民银行、中国银行保险监督管理委员会、中国证券监督管理委员会、国家外汇管理局关于规范金融机构资产管理业务的指导意见》（银发〔2018〕106 号，以下简称《资管意见》）。针对投资顾问路径难以适用于全权委托型智能投顾的现实，《资管意见》对智能投顾的规制框架作出了较为特殊的安排。

一、两类智能投顾的不同规制框架

《资管意见》第 23 条第 1 款规定：“运用人工智能技术开展投资顾问业务应当取得投资顾问资质，非金融机构不得借助智能投资顾问超范围经营或者变相开展资产管理业务。”该款实际上是对投资建议型智能投顾作出了规定，并将其纳入投资顾问的规制框架，具备投资顾问资质的金融机构和非金融机构都可以开展此项业务。第 2 款“金融机构运用人工智能技术开展资产管理业务”的表述实际上是对全权委托型智能投顾作出了规定，并将其纳入资产管理的规制框架，只有具备资产管理资质的金融机构才能开展此项业务。对于投资建议型智能投顾，由于其本身属于不包含全权委托投资功能的狭义投资顾问范畴，因此除了《资管意见》外，还可以适用《证券法》《证券、期货投资咨询管理暂行办法》《证券投资顾问业务暂行规定》等法律法规中的相关规则。对于全权委托型智能投顾，则主要依靠《资管意见》中的特别规定来进行调整。针对这类智能投顾，《资管意见》第 23 条第 2 款规定，“金融机构运用人工智能技术开展资产管理业务应当严格遵守本意见有关投资者适当性、投资范围、信息披露、风险

① 参见郑佳宁：《论智能投顾运营者的民事责任——以信义义务为中心的展开》，载《法学杂志》2018 年第 10 期。

② 参见高丝敏：《智能投资顾问模式中的主体识别和义务设定》，载《法学研究》2018 年第 5 期。

隔离等一般性规定”。

二、全权委托型智能投顾的规范方案

针对全权委托型智能投顾，《资管意见》第23条第2款采用了全权委托账户管理的规范方案，要求金融机构“为投资者单独设立智能管理账户”。全权委托账户管理的运行逻辑，实际上是由智能投顾直接对每个客户的账户进行管理和操作。就账户产生的投资交易行为而言，法律关系是委托代理，这区别于一般资产管理的信托关系。例如在美国，智能投顾的服务对象主要就是个人投资者，管理的账户类别包括个人一般账户（Individual Accounts）、退休账户（Retirement Accounts）、连接账户（Rollovers Accounts）、信托账户（Trust Accounts）、传统联合账户（Traditional Joint Accounts）、有限责任公司应税账户（LLC Taxable Accounts）。其中可连接账户包括传统个人退休金账户（Traditional IRA）、罗斯退休金账户（Roth IRA）、应税投资账户（Taxable Investment Accounts）、401（k）账户、简化的雇员养老金退休账户（SEP-IRA）。[①] 智能投顾能够获得3a-4规则对注册为投资公司的豁免，[②] 正是因为其服务的每个投资账户都是在真正意义上分开的，而非像投资公司那样将客户资产集中起来管理。[③] 在全权委托账户管理中，每个客户仍然都是账户的直接持有者，并对账户中持有的证券和基金等资产享有直接的权利；客户不仅对初始投资方案有选择权，在后续账户投资过程中也随时可以介入，享有要求改变投资方案的权利。然而，在信托型资产管理中，客户资金转移并形成独立的信托财产后，其对信托财产所投资的资产不享有任何直接权利，管理人根据信托目的独立行使投资决策权，客户对管理人的投资决定无权干涉。

---

① 参见姜海燕、吴长凤：《智能投顾的发展现状及监管建议》，载《证券市场导报》2016年第12期。

② 3a-4规则主要是针对向客户提供全权委托投资咨询服务的方案，提供投资公司定义的安全港规定。也就是说，如果符合该规则的要求，投资顾问所提供的全权委托账户管理服务就不需要被注册为投资公司。二者的区别主要体现在：首先，全权委托账户管理是以客户个人的财务状况和投资目标为基础的，不仅开设账户时需要从客户处取得客户的个人信息，而且在管理的全过程需要持续监控客户个人情况的变化；而投资公司则是向所有的投资者提供统一的投资方案，投资者个人情况并不构成投资决策的依据。其次，在全权委托账户管理方案中，客户自始至终具有向账户管理人提出合理限制条件的权利，也就是说，客户保留有对账户投资策略和投资方案的干预权和最终决定权；而投资公司本身享有投资的最终决定权，投资者无权影响投资公司的投资决定。最后，在全权委托账户管理方案中，客户实际上是直接持有账户中的证券和基金，并就这些证券和基金享有直接的权利；而投资公司的投资者已将资金所有权转移给投资公司，并持有投资公司发行的代表投资份额的证券，但其对投资公司所持有的证券和基金不享有任何直接权利。

③ See John Lightbourne, Algorithms & Fiduciaries: *Existing and Proposed Regulatory Approaches to Artificially Intelligent Financial Planners*, Duke Law Journal Vol. 2017(67), p.669-670.

三、智能投顾的信息披露

（一）对商业模式的披露

针对智能投顾的信息披露问题，最基本的是对其商业模式存在风险的特别说明。《资管意见》第 23 条第 2 款在该问题上要求“充分提示人工智能算法的固有缺陷和使用风险”，以及“不得借助人工智能业务夸大宣传资产管理产品或者误导投资者”。然而，这实际上是不够的。从域外经验来看，智能投顾公司应考虑提供的信息包括：（1）使用算法管理客户个人账户的声明；（2）对用于管理客户账户的算法函数的说明；（3）对用于管理客户账户的算法的假设和限制的说明；（4）对使用算法管理客户账户所固有的特定风险的说明；（5）对任何可能导致智能投顾推翻用于管理客户账户的算法的情况的说明；（6）对任何第三方参与对用于管理客户账户的算法的开发、管理或共有，以及如此安排会产生的任何利益冲突的说明；（7）对智能投顾将会直接向客户收取的任何费用，以及客户将会直接或间接承担的其他费用的说明；（8）对人类参与客户个人账户监督和管理的程度的说明；（9）对智能投顾如何使用从客户收集到的信息来生成推荐的投资组合，以及存在的局限性；（10）对客户应该如何以及何时更新其提供给智能投顾的信息的说明。[①]

（二）对利益冲突的披露

智能投顾信息披露最重要的内容就是对利益冲突情形的披露。《资管意见》第 24 条第 2 款规定：“金融机构的资产管理产品投资本机构、托管机构及其控股股东、实际控制人或者与其有其他重大利害关系的公司发行或者承销的证券，或者从事其他重大关联交易的，应当建立健全内部审批机制和评估机制，并向投资者充分披露信息。”该款是从资产管理产品投资关联证券的角度所作的规定。由于智能投顾采用的是全权委托账户管理规范方案，不同于资产管理产品通常所采用的以信托为基础法律关系的规范方案，因此该规定并不能直接适用于智能投顾。智能投顾应当适用更加类似于投资顾问的利益冲突披露规则。

投资顾问需向客户披露所有重大信息，以消除或暴露所有可能在投资顾问和客户之间产生利益冲突的情形。[②] 虽然智能投顾基于其可视界面的设计，在信

① See SEC，Guidance Update：Robo-Advisers (2017), at https：//www.sec.gov/files/2017-03/im-guidance-2017-02.pdf (Last Visited on Feb.8, 2022).

② See SEC v. Capital Gains Research Bureau，Inc.，375 U.S. 180 (1963).

息披露的方式上可能比人工投顾更加清晰，[①] 但是金融从业人员将自己隐蔽在算法背后，这使得利益冲突问题可能更加隐蔽。买方投顾应以投资者容易理解的方式披露其业务模式信息，除披露投资顾问的一般信息外，还需披露智能投顾的特殊商业习惯和关联风险信息，包括算法功能描述、算法模型的假设及限制、算法固有风险、算法失控风险、算法程序外包商、收费标准、投资顾问人员对算法的权限等可能影响投资者利益的信息。特别需要关注的是，在卖方智能投顾模式下，智能投顾平台的利益来源于基金公司的销售提成，这种营利模式严重偏离了投资者利益最大化原则，并引发了智能投顾与投资者之间的潜在利益冲突，因此智能投顾还需对外重点披露其收费模式、合作基金公司（如有）、算法是否对关联基金公司产品具有偏向性等信息。由于卖方投顾是以赚取交易佣金为收费模式，存在不正当增加交易次数和交易量的风险，这可能与投资者追求长期收益的投资策略产生利益冲突，因此还需要卖方以投资者容易理解的方式充分披露其算法设置的调仓频率参数。如果一个智能投顾平台采取的是卖方投顾的经营模式，却对客户声称提供的是买方投顾的理财服务，这样事实上就构成了对客户的欺诈。

四、智能投顾的算法规制

智能投顾的算法风险主要体现在以下几个方面。第一，算法错误的风险。与任何算法一样，不恰当的设计或编程本身的错误都可能导致意想不到的结果。如果不能理解嵌入在算法中的逻辑，以及该算法是否符合公司所期望的路径，可能会直接导致系统性地将不适当的资产销售给客户，也可能会导致作出投资决策的算法中体现的不是客户的最大利益。第二，算法过于复杂的风险。复杂的算法或许能够产生更适合个人客户具体情况的差异化的金融建议。然而，这些算法也可能会出错。此外，随着建议变得更加多样化和复杂，对投资者来说，产生建议的过程可能会变得更难理解。第三，算法过于简单的风险。如果驱动智能投顾的算法不能捕捉到足够的数据来反映客户的整体和独特的财务状况，那么智能建议可能就是不合适的。一个通用的投资策略，尽管似乎保证了对不同客户的一视同仁，但可能不符合某个特定客户的最大利益。第四，客户信息静态化的风险。客户独特的财务状况，以及整体宏观经济状况都可能会发生变化，有时变化会非常迅速或剧烈。如果算法没有在适当的时间和频率上收集足够的客户数据，智能建议就有可能无法考虑到并体现这些变化。[②]

我国对智能投顾的算法作出规制，首先，在算法风险的提示方面，《资管意

---

① See John Lightbourne, Algorithms & Fiduciaries: *Existing and Proposed Regulatory Approaches to Artificially Intelligent Financial Planners*, Duke Law Journal Vol. 2017(67), p.669.

② See IOSCO, IOSCO Research Report on Financial Technologies (Fintech)(2017), at http://www.iosco.org/library/pubdocs/pdf/IOSCOPD554.pdf (Last Visited on Feb.8, 2022).

见》第 23 条第 2 款要求“充分提示人工智能算法的固有缺陷和使用风险”。其次，在算法的开发与利用方面，《资管意见》第 23 条第 3 款针对智能投顾的算法程序开发避免同质化，以及算法失灵情况下的人工介入作出了规定，要求金融机构应当根据不同产品投资策略研发对应的人工智能算法或者程序化交易，避免算法同质化加剧投资行为的顺周期性，并针对由此可能引发的市场波动风险制订应对预案。因算法同质化、编程设计错误、对数据利用深度不够等人工智能算法模型缺陷或者系统异常，导致羊群效应、影响金融市场稳定运行的，金融机构应当及时采取人工干预措施，强制调整或者终止人工智能业务。第 23 条第 2 款则要求“不得借助人工智能业务夸大宣传资产管理产品或者误导投资者”。再次，在智能投顾的运营控制上，《资管意见》第 23 条第 2 款要求金融机构“为投资者单独设立智能管理账户，充分提示人工智能算法的固有缺陷和使用风险，明晰交易流程，强化留痕管理，严格监控智能管理账户的交易头寸、风险限额、交易种类、价格权限等。金融机构因违法违规或者管理不当造成投资者损失的，应当依法承担损害赔偿责任”。最后，在算法的报备与披露方面，《资管意见》第 23 条第 2 款要求“金融机构应当向金融监督管理部门报备人工智能模型的主要参数以及资产配置的主要逻辑”。

关于算法程序开发者的责任，有观点认为，算法程序开发者应当承担产品责任，即严格的无过错责任。[①] 但无过错责任对于开发者而言未免过于严苛，仅仅提供智能投顾平台程序开发服务的程序设计者，由于不具备参与投资顾问服务的专业能力，也并未实质性参与投资顾问服务，在金融决策模型算法设计上是严格按照金融从业者的指示来完成的，因此不应承担信义义务。据此，《资管意见》第 23 条仅规定，“金融机构因违法违规或者管理不当造成投资者损失的，应当依法承担损害赔偿责任”，而未规定算法开发机构的责任。

---

① 参见王灏：《智能投资顾问服务之法律风险承担》，载《暨南学报（哲学社会科学版）》2019 年第 8 期。

第二十七章 司法人工智能的创新发展与法律问题

第一节 我国司法人工智能的发展历程

一、20 世纪 80 年代至 20 世纪末：理念萌芽与工具主义时期

我国关于司法人工智能的研究最早可追溯到 20 世纪 80 年代，集中关注计算机信息技术在法律咨询、司法行政管理、辅助司法决策等领域，① 众多学者围绕计算机与法院裁判开展了一系列探索性研究，试图将电脑运算引入要素相对明确且易于数值化的法院量刑活动。② 同时，本阶段相关研究也对国外特别是美国法院系统对计算机信息技术的运用进行了引介。③ 实践层面，这一时期已经可以观察到一些司法人工智能的初步探索，例如 1985 年北京大学学者牵头开发的涉外法规查询系统，1986 年全国哲学社会科学“七五”研究项目“量刑综合平衡与电脑辅助量刑专家系统”等。④ 这一时期的发展特点是，主要集中于域外观察和理论设想阶段，其中前者为探索我国司法人工智能建设提供了可行性依据和参照；而后者尚未进入实践层面，相关研究探讨的事项较为广泛且理想化。

进入 20 世纪 90 年代之后，运用计算机技术辅助司法活动的研究开始大量涌现，以计算机信息技术辅助法院信息管理为重点，集中关注司法行政管理、

① 参见吴世宦等：《电子计算机法律咨询的设想与前景》，载《科技管理研究》1983 年第 2 期；邢文贵、孙占茂：《专家系统在司法工作中的应用》，载《当代法学》1987 年第 2 期；史浩林：《略论电子计算机在我国法制工作中的应用》，载《当代法学》1987 年第 3 期。

② 参见龚祥瑞等：《法律工作的计算机化》，载《法学杂志》1983 年第 3 期；苏惠渔等：《未来的“电脑法官”——电脑辅助量刑专家系统论》，载《中国法学》1988 年第 4 期；张力行：《电脑革命对法律界的冲击》，载《北京大学学报（哲学社会科学版）》1986 年第 3 期；郑昌济、郑楚光：《刑罚量化的决策分析》，载《中南政法学院学报》1989 年第 1 期（提出将人工智能中的专家决策系统引入量刑）。

③ 参见［美］诺埃尔·V. 拉蒂夫：《美国联邦法院系统中的自动化管理》，刘慈忠译，载《环球法律评论》1984 年第 4 期；何玉：《计算机技术在国外法院中的运用》，载《政治与法律》1985 年第 2 期；张力行：《电脑革命对法律界的冲击》，载《北京大学学报（哲学社会科学版）》1986 年第 3 期。

④ 参见季卫东：《人工智能时代的司法权之变》，载《东方法学》2018 年第 1 期。

法律信息检索、系统安全与保密性控制等领域，[①] 同时相关研究成果也开始转化落地，例如武汉大学学者于1990年主持开发并通过鉴定的“中国刑法专家系统”，其中包含“知识检索系统”和“推理判断系统”两个组成部分。[②] 随着1994年中国全功能接入国际互联网，司法信息化建设在地方展开，例如江苏省南京市中级人民法院于1994年率先尝试建设计算机网络；[③] 同年上海市长宁区研制开发了“法院诉讼信息管理系统”软件等。[④]

伴随理论研究和实践应用深化拓展而生的是国家政策层面的宏观政策指引。法院系统中，最高人民法院于1996年召开“全国法院通信及计算机工作会议”，确定北京市、上海市等八家高级人民法院作为计算机网络建设试点，同年发布《全国法院计算机信息网络建设规划》《全国法院计算机信息网络建设管理暂行规定（试行）》，该年又被称为“法院信息化建设元年”。在政策引导下，上海市高级人民法院、若干中级人民法院及基层人民法院在1997年底完成网络建设；[⑤] 北京高级人民法院于1998年与清华大学、清华紫光公司合作开发“北京市法院计算机信息网络系统”；[⑥] 等等。在“九五”期间，八家试点单位均顺利完成计算机局域网络建设；到20世纪末，信息处理和交换、办公自动化水平开始初步达到支持决策的阶段，并面向全国法院系统提供服务。[⑦] 检察院系统中，最高人民检察院办公厅于1991年成立自动化办公室，1999年开通互联网门户网站。1999年最高人民法院制定的《人民法院五年改革纲要》正式把采用信息技术、梳理在线审判体制作为司法改革的重点之一。2000年，最高人民检察院召开全国检察机关科技强检工作会议，全面启动全国检察机关信息化建设。公安机关作为刑事司法的重要组成部分，同样强势推进自身信息化建设。1998年，公安部正式成立公共信息网络安全监察局，其中一项重要职能是打击网络犯罪活动。

这一时期司法人工智能的发展特点是，全国信息化建设全面铺开，司法人工智能由20世纪80年代较为发散和理想化的应用设想开始进入实践应用层面；同时受限于技术发展程度并基于实用主义的考量，相关理论和实践探索主要聚

---

① 参见张荣根：《电脑管理法院科技促进审判》，载《人民司法》1997年第2期；赵广利：《法院微机网络管理信息系统的设计》，载《计算机工程》1998年第9期。

② 参见田天：《〈中国刑法专家系统〉在汉通过鉴定》，载《法商研究》1990年第4期。

③ 参见孙航：《智慧法院：助推司法事业驶入“信息高速路”》，载《人民法院报》2021年6月18日，第4版。

④ 参见张明明：《转变观念、抓住机遇、实现办公自动化——长宁区法院院长丁年保谈法院现代化管理建设》，载《上海微型计算机》1997年第30期。

⑤ 参见程文：《司法踏上网络快车——最高人民法院信息化建设侧记》，载《中国经济和信息化》1999年第15期。

⑥ 参见《北京启动法院计算机信息网络系统建设》，载《互联网周刊》1998年第13期。

⑦ 参见陈健：《司法公正与法院信息化》，载《中国中国经济和信息化》1999年第22期。

焦司法系统信息建设领域，[①] 并着重于计算机信息技术的工具化特征。

二、21世纪初期至2016年：理念转型时期

伴随着社会的网络化和数字化转型不断深入，以及多年来相关技术在司法领域的碎片化探索，21世纪初，相关研究开始初步关注人工智能与法律的深层关系问题；[②] 同时，技术应用也逐步从单纯的信息工具层面进入综合性程度更高的实质判断与价值塑造层面；在上一阶段信息化建设的基础上，关于司法透明化、[③] 司法论证与推理、[④] 辅助裁判[⑤] 等方面的技术应用和开发大量涌现，司法信息化建设的顶层设计也不断系统化。

法院系统方面，在1999年《人民法院五年改革纲要》的指导下，最高人民法院于2002年制定《人民法院计算机信息网络系统建设管理规定》《人民法院计算机信息网络系统建设规划》《人民法院信息网络系统建设技术规范》，并召开全国法院信息化建设工作会议，启动"国家司法审判信息系统工程"。最高人民法院于2003年进一步发布《人民法院信息网络系统建设实施方案》，"中国审判法律应用支持系统"在全国推广应用，2004年，最高人民法院设置了全国首个电子化、智能化法庭。经过5年建设，2007年最高人民法院出台《关于全面加强人民法院信息化工作的决定》，在宏观政策的引导下，全国法院网络及硬件建设成绩明显，软件及应用水平整体提升，信息化标准及安全体系初具规模。在此基础上，2013年最高人民法院发布《关于推进司法公开三大平台建设的若干意见》，统筹规划全国审判流程公开平台、裁判文书公开平台以及执行信息公开平台建设，依托网络信息技术推动阳光司法建设。2015年召开的全国高级法院院长座谈会明确提出建设智慧法院，司法改革和信息化建设是人民司法事业的车之两轮、鸟之双翼。

检察系统方面，最高人民检察院在这一时期推动了全国各级检察院之间的数据传输、专线电话和视频会议"三网合一"，并于2002年、2003年分别实施了基础网络建设的"213工程"和"151工程"。2009年最高人民检察院发布《2009—2013年全国检察信息化发展规划纲要》，提出统一规划、规范、设计、

---

① 参见秦涛：《法"网"恢恢——我国司法系统信息化建设扫描》，载《每周电脑报》1997年第48期。

② 参见张保生：《人工智能法律系统的法理学思考》，载《法学评论》2001年第5期；唐昊涞、舒心：《人工智能与法律问题初探》，载《哈尔滨学院学报》2007年第1期。

③ 参加白龙：《互联网助推司法透明》，载《人民日报》2009年4月29日。

④ 参见梁庆寅、魏斌：《法律论证适用的人工智能模型》，载《中山大学学报（社会科学版）》2013年第5期。

⑤ 参见熊永明：《电脑量刑的效用研究》，载《湖北警官学院学报》2008年第3期；黎其武：《浅析电脑量刑的技术实现——以〈计算机辅助量刑系统〉的研发为例》，载《湖北警官学院学报》2008年第4期。

实施检察系统信息化建设，开始推动检察信息化工作由基本应用向全方位、深层次应用转型。2014 年，检察业务应用系统 1.0 上线运行。

智慧警务在这一时期也有较大发展。2003 年第十二次全国公安会议中提出建设“金盾工程”，全面推进公安信息化建设。2010 年公安部发布《关于进一步规范和加强公安机关执法信息化建设的指导意见》，针对智慧警务建设的重点层面提出了明确要求。在整体政策的引导下，这一时期地方公安系统也开始探索智慧警务建设路径，例如浙江省公安自 2010 年开启“智慧浙江公安”建设，打造“一朵云”智慧警务系统。

本阶段司法人工智能的发展具有以下特征：第一是在全国范围内广泛开展，其力度和广泛程度远超上一阶段；第二是底层基础设施建设逐步完善和打通，促进了数据和技术的全国联动；三是人工智能与司法的互动开始超越工具阶段，进入顶层统筹的制度建设时期。2011 年 5 月，国家网信办成立。2014 年 2 月，中央网络安全和信息化领导小组成立，统筹指导中国迈向网络强国的制度战略。2015 年，国务院在系统总结历年发展经验的基础上，印发《促进大数据发展行动纲要》，提出要用 5 年到 10 年时间以大数据应用为抓手打造精准社会治理新模式，司法作为社会治理的重要手段，也即将进入高速数字化阶段。

三、2016 年至今：智能化全方位深入时期

2016 年，中共中央办公厅、国务院办公厅印发《国家信息化发展战略纲要》和《“十三五”国家信息化规划》，将建设智慧法院列入国家信息化发展战略。国务院于 2017 年印发的《新一代人工智能发展规划》再次强调智慧法院建设，2018 年进一步下发《“数字法治、智慧司法”信息化体系建设指导意见》和配套实施方案，打造“大平台共享、大系统共治、大数据慧治”的信息化新格局。在此基础上，司法人工智能无论在宏观政策层面、中观制度层面还是微观机制层面开始全面进入快车道，新型数字技术在司法领域的应用全面展开和持续升级，相关制度建设也开始逐步体系化、综合化、全流程化。

法院系统中，2016 年，最高人民法院在法院工作报告中提出建设“智慧法院”，同年制定的《人民法院信息化建设五年发展规划（2016—2020）》中提出“加快建设人民法院信息化 3.0 版和‘智慧法院’”，中国法院建设由信息化迈入智慧化时代。基于该规划，我国分别于 2017 年和 2018 年在杭州、广州和北京相继建立三家互联网法院，最高人民法院在 2018 年也制定了《关于互联网法院审理案件若干问题的规定》(以下简称《互联网法院规定》)，明确互联网法院的管辖、审理机制和诉讼规则。中国建设互联网法院是世界司法史上的一大创举，对特定类型的涉网民商事和行政案件具有管辖权。一方面，互联网法院的设置全面整合以往司法人工智能理论和实践成果，将网络信息技术与审判制度、程序、机制进行全方位深度融合；另一方面，互联网法院的设置也进一

步形成了诸如异步审理、在线诉讼、电子送达、区块链存证等一系列司法创新。在刑事司法领域，上海市高级人民法院牵头开发并于2017年上线了“上海刑事案件智能辅助办案系统”(“206系统”)，将图文识别、自然语言理解、智能语音识别、司法实体识别、实体关系分析、司法要素自动提取等人工智能技术全流程嵌入公检法三机关刑事办案系统中。① 在总结法院信息化、智慧化建设的经验基础上，最高人民法院于2021年出台《人民法院在线诉讼规则》，明确了在线诉讼的法律效力、基本原则、适用条件，内容涵盖在线立案、调解、证据交换、庭审、宣判、送达等诉讼环节，首次从司法解释层面构建形成系统完备、指向清晰、务实管用的在线诉讼规则体系。2019年《最高人民法院关于深化人民法院司法体制综合配套改革的意见——人民法院第五个五年改革纲要（2019—2023）》明确指出，要加强智能辅助办案系统建设，建设智能辅助审判系统，完善类案推送、结果比对、数据分析、瑕疵提示等功能，促进裁判尺度的统一，提高审判的质效。②

检察系统方面，自2015年起检察信息化建设迈入互联互通、全面应用阶段，司法人工智能由工具性向智慧化转型。2015年最高人民检察院的《电子检务工程可行性研究报告》获批，电子检务工程进入正式实施阶段。2016年，最高人民检察院发布《“十三五”时期科技强检规划纲要》和《人民法院信息化建设五年发展规划（2016—2020）》，明确提出依托大数据、人工智能等前沿科技，构建“感、传、知、用、管”五位一体的智慧检务应用体系，实现科技强检工作向“智慧检务”的跃升。2018年最高人民检察院进一步印发《关于深化智慧检务建设的意见》和《全国检察机关智慧检务行动指南（2018—2020年）》，进一步完善智慧检务建设顶层设计工作，统筹研发智能辅助办案系统，推进大数据、人工智能等前沿科技在刑事、民事、行政、公益诉讼等检察工作中的应用，持续提升检察办案质效，指明检察信息化工作发展方向。为适应司法体制改革和“四大检察”“十大业务”的检察工作新格局，2018年，最高人民检察院作出研发全国检察机关统一业务系统2.0版的决策部署，该系统于2020年上线试点运行，从辅助阅卷、文书纠错、量刑辅助、出庭辅助、案例推送等方面为检察官提供办案辅助。③2021年，最高人民检察院发布《“十四五”时期检察工作发展规划》，要求推进智慧检务工程建设，加强大数据、人工智能、区块链等新技术应用；全面应用统一业务应用系统2.0，持续优化流程办案、辅

① 参见严剑漪：《揭秘“206”：法院未来的人工智能图景——上海刑事案件智能辅助办案系统154天研发实录》，载《人民法院报》2017年7月10日，第1版。

② 参见孙道萃：《人工智能辅助精准预测量刑的中国境遇——以认罪认罚案件为适用场域》，载《暨南学报（哲学社会科学版）》2020年第12期。

③ 参见《更科学、更智能、更人性化：检察业务应用步入2.0时代》，载最高人民检察院网，https://www.spp.gov.cn/zdgz/202001/t20200104_451960.shtml，2022年5月24日访问。

助办案、数据应用和知识服务功能；加快推进智慧检务创新平台、视频云平台、融媒体平台等建设，提升检察工作智能化水平。

智慧警务方面，这一时期同样进入高速发展期。在2017年国务院发布的《新一代人工智能发展规划》中，明确提到“人工智能技术可准确感知、预测、预警基础设施和社会安全运行的重大态势”，这为社会治理带来了新机遇。公安部在2017年印发的《关于推进公安信息化发展若干问题的意见》中，要求全面贯彻创新机制、更新理念，加强对云计算、大数据等前沿科技的应用。智慧警务在地方的拓展亦在不断继续，例如贵州省公安系统于2017年建立起“万物互联智慧警务”体系，形成“一尺办案”“数据铁笼”“共享平台”为主的贵州经验；[①]2018年南京市启用“智慧警务Mall”（智慧警务综合审批服务中心），包含网证申领认证、综合窗口审批服务、自助设备服务、“微警务”线下推广应用、智慧公安产品展示等五大功能。[②]

本阶段司法人工智能的发展特点是，技术与司法的关系由单向工具主义进入双向互动层面，技术不仅辅助司法，同时也开始重塑司法的理念、价值、范式、模型和路径，关于技术伦理与技术理性的探讨不断涌现和拓展。2021年，最高人民法院负责人提出“以数字正义推动实现更高水平的公平正义”，将司法的数字化转型推进到价值高度。

2022年，最高人民法院发布《关于规范和加强人工智能司法应用的意见》，明确提出两个阶段的总体目标，即到2025年，基本建成较为完备的司法人工智能技术应用体系，为司法为民、公正司法提供全方位智能辅助支持，显著减轻法官事务性工作负担，有效保障廉洁司法，提高司法管理水平，创新服务社会治理。到2030年，建成具有规则引领和应用示范效应的司法人工智能技术应用和理论体系，为司法为民、公正司法提供全流程高水平智能辅助支持，应用规范原则得到社会普遍认可，大幅减轻法官事务性工作负担，高效保障廉洁司法，精准服务社会治理，应用效能充分彰显。

第二节　司法人工智能的具体应用

人工智能依其发展程度可以大致划分为强人工智能和弱人工智能，不同发展等级的人工智能对应不同的司法运用。其中，强人工智能运用于司法领域的终极图景是机器裁判，目前这一阶段尚未达到。弱人工智能在司法领域的运用主要以辅助功能为主，又可以进一步区分为司法行政辅助类技术和司法裁判辅

① 参见《用大数据破解社会治理难题，贵阳警方打造“万物互联”智慧警务模式》，载环球网，https://society.huanqiu.com/article/9CaKrnK3TtP，2022年5月24日访问。

② 参见《南京市启用“智慧警务Mall”，创建智能化警务服务中心》，载中央人民政府网，http://www.gov.cn/zhuanti/2019-03/11/content_5372917.htm，2022年5月24日访问。

助类技术：前者体现为检索、智能阅读、文书自动生成、语音识别等管理控制类，主要是为了提高行政工作效率和业务管理水平；后者则以证据校验、量刑建议为主要运用场景。[①] 具体而言，人工智能在程序和实体两个应用层面关涉司法体系和数字正义。

一、程序上的应用：程序正义视角下的过程优化

人工智能与司法融合的最直接体现是推动"看得见的正义"和"可接近的正义"。前者在于提升司法流程和决策过程的透明度、公开性与可视化，后者则集中体现于司法流程与参与的便利性。

（一）司法人工智能与"看得见的正义"

在"看得见的正义"层面，司法人工智能的具体应用场景主要体现在以下三个方面。

一是面向社会公众的可视化平台建设，例如最高人民法院自 2013 年起推动的三大平台，不仅极大提升了司法过程的普遍公开性，同时引发了相应的理论研究对象与研究方法的变革。自 2013 年起，以大量裁判文书进行特定主题量化分析的研究文献数量骤然上升，在进一步揭示司法运行和决策过程特征与逻辑的同时，也促进了司法体系的深层次公开。

二是面向当事人的司法区块链技术应用，该技术以"不可复制性、不可篡改性、去中心化、去信任、非对称加密以及时间戳"为主要特征，其应用有助于链上行为的全链条可见，进而降低信任成本和信用保障。[②] 互联网法院作为新兴数字技术的探索先驱，分别就区块链在司法中的应用进行了探索，杭州互联网法院于 2017 年推出"联盟链"，北京互联网法院于 2018 年推出"天平链"，广州互联网法院于 2018 年推出"网通法链"。2018 年，杭州互联网法院整合智慧庭审、调解平台、执行平台和证据平台的司法区块链平台上线，以突出其全流程自动记录、多节点司法见证、记录不可篡改等功能。目前司法对于区块链技术的应用主要体现在电子证据存证和智能合约履行两个方面。就电子存证而言，2018 年《互联网法院规定》明确区块链可以作为证据收集、固定和防篡改手段（第 11 条第 2 款），这一规定在 2021 年的《人民法院在线诉讼规则》中被进一步确认（第 16 条）。就智能合约而言，2019 年北京互联网法院开展了全国首例采用区块链智能合约技术的执行中的"一键立案"，推动司法执行的智能

① 参见胡铭、张传玺：《人工智能裁判与审判中心主义的冲突及其消解》，载《东南学术》2020 年第 1 期。

② 参见张玉洁：《区块链技术的司法适用、体系难题与证据法革新》，载《东方法学》2019 年第 3 期。

化与公开透明化。[①]2022 年最高人民法院出台《关于加强区块链司法应用的意见》，进一步明确了该项技术在司法应用中的总体要求、平台建设、应用前景和保障措施。

三是面向司法机关的流程管理系统建设，一方面提升司法流程的运行效率，另一方面也通过前后流程的系统控制来强化程序规范性。例如上海市“206 系统”涵盖了从立案、侦查、审查起诉、庭审、判决到刑罚执行、减刑假释、刑满释放、回归社会等多个环节，依托证据标准、规则和办案指引，系统在运行过程中会自动标识和提示程序及证据材料问题，促进证据材料收集提取等司法活动的可见性和可审查性，提升司法透明度，降低司法活动的违法违规风险。

（二）司法人工智能与“可接近的正义”

在“可接近的正义”层面，依托网络空间的去地域性特征并借由人工智能等新型技术，司法活动的地域限制被逐步化解，司法机关的时空围墙被打破，司法服务的能动性逐步体现，由此衍生出一系列新型制度探索，主要体现在以下两个方面。

一是在空间维度上的诉讼远程化、网络化和虚拟化。司法人工智能的应用不断提升社会公众特别是诉讼参与人参与司法过程的自主性，通过优化司法行政流程、提升各环节的智能联动来提升司法效率、降低司法参与成本。近年来司法实践中提出的“让数据多跑路、让当事人少跑路”正是典型体现。2007 年，福建省沙县高桥法庭首次利用 QQ 视频语音进行跨国离婚诉讼案件审理，是线上诉讼的早期雏形。到 2021 年初，全国 3000 多家法院基本实现网上立案、庭审直播、远程开庭、远程调解。[②] 三大互联网法院作为新型技术的试验田，各自打造多功能、全流程、一体化的电子诉讼平台，运用人脸识别技术支持线上身份认证与诉讼活动参与，运用云视频、语音自动识别以及虚拟现实等技术打造虚拟法庭，减少、简化诉讼流程。除诉讼活动虚拟化以外，硬件提升也成为司法人工智能便民性服务建设的重要组成部分，例如 2019 年广州互联网法院布设“E 法亭”，为当事人提供案件查询、立案、存证、送达、调解、庭审等自助服务。[③]2020 年 12 月，由最高人民法院开发建设的“智慧执行 App（当事人公众端）”正式上线，开启了人民法院智慧执行办案新模式。自 2021 年 2 月 1 日起，跨域立案服务在全国四级法院实现全覆盖。当事人可就近选择一家中级人民法院、基层人民法院或者人民法庭，申请对四级法院管辖的案件提供跨域立

① 参见《全国首例！北京互联网法院采用区块链智能合约技术实现执行“一键立案”》，载最高人民法院网，https：//www.court.gov.cn/zixun-xiangqing-194591.html，2022 年 5 月 22 日访问。

② 参见马长山：《迈向数字社会的法律》，法律出版社 2021 年版，第 190 页。

③ 参见《“家门口的法亭”，让司法服务伸手可及》，载人民网，http：//opinion.people.com.cn/n1/2019/0530/c1003-31110822.html，2022 年 5 月 23 日访问。

案服务。

二是在时间维度上的诉讼能动化、差异化和高效化。传统物理空间的诉讼活动以司法机关为核心和主导，其资源调配、日程计划、诉讼阶段均体现了这一特征，诉讼参与人在其中所处的是被动配合的地位。司法人工智能的不断深化在时间维度上改变着上述现象，具体体现在两个方面。首先是整体效率的提升，特别是通过线上诉讼等方式节约了大量的在途时间，单个案件中司法机关与诉讼参与人的时间成本整体降低。其次是诉讼活动时差性的容许度提升，允许法官与当事人分别在不同时间开展诉讼活动，例如杭州互联网法院的“异步审理”、北京互联网法院的“非同时庭审”、广州互联网法院的“在线交互式审理”等。[①] 在司法实践的基础上，2021 年《人民法院在线诉讼规则》第 20 条正式确认非同步诉讼制度，在各方当事人同意的前提下，法院可以指定当事人在一定期限内，分别登录诉讼平台，以非同步的方式开展调解、证据交换、调查询问、庭审等诉讼活动。

二、实体上的应用：实体正义视角下的决策优化

司法人工智能的终极图景在于推动人工智能在实体层面模拟逻辑推理和论证说理，辅助乃至替代人工作出决策。在弱人工智能的技术背景下，这一图景尚未实现，但是理论研究和实践应用中均已出现一些先驱性的探索，主要体现在三个方面：一是知识生成与智能推送；二是风险评估与预测预警；三是决策参考与辅助量刑。

（一）知识生成与智能推送

同案同判是司法裁判的基本原则之一，是评价实体正义并制约司法自由裁量权的重要制度设计。司法人工智能为推进同案同判提供了新的机制和工具，诸如类案快速查询、智能推送等类案推送系统成为近年来各地智能法院办案系统的常见模块。[②]2018 年，最高人民法院正式上线运行“类案智能推送系统”，辅助法官进行量刑决策、规范裁判尺度、统一法律适用。该系统从案件性质、案情特征、争议焦点、法律适用四个方面建设，通过机器学习构建出超过 10 万个维度的特征体系。2020 年，最高人民法院在原“法信”平台的基础上推出“法信 2.0 智推系统”，融合中国裁判文书网、法院大数据管理和服务平台，专门针对法院进行电子卷宗智能化知识服务推送。该系统主要包括七项功能：自动识别卷宗案情、分级智推类案裁判、法条依据全维超链、关联串案分析提示、

---

① 参见谢登科、赵航：《论互联网法院在线诉讼“异步审理”模式》，载《上海交通大学学报（哲学社会科学版）》2022 年第 2 期。

② 参见王禄生：《司法大数据与人工智能开发的技术障碍》，载《中国法律评论》2018 年第 2 期。

权威观点智能匹配、快捷生成检索报告、识别学习《民法典》。[①]

在实践探索的基础上，最高人民法院也出台了一系列规范性文件引导、规范智能推送工作。例如，2019 年《进一步加强最高人民法院审判监督管理工作的意见（试行）》中要求法院依托各类检索工具，对本院已审结或正在审理的类案与关联案件进行全面检索，并制作检索报告；2020 年《关于统一法律适用加强类案检索的指导意见（试行）》强调各级法院应当积极推进类案检索工作，加强技术研发和应用培训，提升类案推送的智能化、精准化水平；2020 年《关于完善统一法律适用标准工作机制的意见》再次要求各级法院利用检索平台加强案例分析与应用，提高法官熟练运用信息化手段开展类案检索和案例研究的能力。

（二）风险评估与预测预警

司法人工智能在实体维度的第二方面的主要应用场景为风险评估和预测预警，背后的基本逻辑是通过数据挖掘以发现范式，通过范式提纯以形成预判，运用预判以提前干预行为。[②] 司法实践中，此类场景多见于刑事司法领域，典型的是两类具体应用：一是预测警务；二是社会危险性评估。

预测警务主要包括预测犯罪活动、预测潜在犯罪人、预测犯罪人身份、预测犯罪被害人四种类型，[③] 其核心理念在于基于历史性大数据收集并采用量化分析等技术，协助警察识别犯罪风险并进行犯罪预防或犯罪治理等活动。[④] 2015 年，中共中央办公厅和国务院办公厅联合印发了《关于加强社会治安防控体系建设的意见》，强调通过“强化信息资源深度整合应用，充分运用现代信息技术，增强主动预防和打击犯罪的能力”。在这一工作思路的指引下，各地纷纷开始建立或强化预测警务系统，例如北京市怀柔区的犯罪数据分析和趋势预测系统、江苏省苏州市的犯罪警情预测系统、四川省推动的“雪亮工程”公共安全视频监控建设联网应用、江西特殊人群大数据平台等。[⑤]

预测警务系统使当地公安机关可以在犯罪高危地区提前布控，从而实现针对犯罪活动的有效精准打击。目前国内通过大数据进行侦查主要集中在两种模

---

① 参见《“法信 2.0 智推系统”上线！全面对接全国法院电子卷宗办案系统》，载澎湃网，https://m.thepaper.cn/baijiahao_9823349，2022 年 5 月 23 日访问。

② See Julie E. Cohen, What Privacy Is for, Harvard Law Review.Vol. 2013(126), p. 1920-1921.

③ See Walter L., Perry et al., Predictive Policing, *The Role of Crime Forecasting in Law Enforcement Operations*, RAND Corporation：2013, p.14-17。

④ 该定义结合了 Walter L., Perry 等人和 Rutger Rienks 的论述。See Walter L., Perry et al., *Predictive Policing*: *The Role of Crime Forecasting in Law Enforcement Operations*, RAND Corporation，2013, p. 13; Rutger Rienks, *Predictive Policing*: *Taking a Chance for a Safer Future*, Korpsmedia：2015, p. 19.

⑤ 相关报道参见《互联网技术带给中国社会治安“全新可能性”》，载公安部网，http://www.mps.gov.cn/n2255079/n5137689/n5512386/n5512398/c5520647/content.html，2017 年 1 月 3 日访问。

式上。第一种模式是预测犯罪高发区，例如江苏省苏州市自2013年起推行的犯罪警情预测系统，该系统收录了十年来苏州市1300余万条的警情数据和7.8亿条的商铺信息，为科学配置警力、提速应急反应奠定了技术基础。[①]第二种模式是数据比对预测犯罪嫌疑人，例如自20世纪初我国开始研发并逐步推广的全国公安机关DNA数据库应用系统，至2015年9月该数据库已经收录近4000万条DNA信息，[②]成为个人信息比对和案件侦破的强大助力。

司法人工智能之于风险评估和预测预警的第二方面应用体现在社会危险性评估之上。在刑事诉讼程序中，社会危险性在审前阶段对于是否采取羁押措施具有重要影响，在执行阶段则作为再犯风险等要素影响着刑罚的执行方式。

针对审前羁押，自2004年起，上海市闵行区人民检察院就未成年人犯罪嫌疑人、被告人建立非羁押措施可行性评估机制，较早启动了风险评估的量化机制探索。[③]近年来，围绕审前羁押社会危险性量化评估的机制不断在地方扩展。例如，2019年广东省广州市南沙区检察院研发“社会危险性量化评估系统”，以提升审查逮捕决策的客观性和适用逮捕的精准性；[④]又如，2020年，浙江省杭州市司法机关联合开发使用了“非羁押强制措施数字监管系统”，即“非羁码”，运用人工智能、大数据、区块链、云计算等技术，通过外出提醒、违规预警、定时打卡、客观评分、不定时抽检等多重功能，可以时刻评估相对人的社会危险性，同时确保被监管人能够在必要的监管下回归日常生活。[⑤]就量刑评估而言，社会危险性的评估主要集中于再犯风险方面。

针对执行阶段，近些年社会危险性评估与刑罚执行方式紧密联系在一起。以智慧社区矫正为例，该探索旨在精准研判相对人情况，在此基础上优化矫正资源配置，并推动相对人的规范化管理，实现全程动态监管。[⑥]2017年，司法部发布行业标准《社区矫正管理信息系统技术规范（修订版）》，为社区矫正的数字化转型建设打造信息化基础。2018年，广州市司法局启动“智慧司法”项目建设，“智慧社区矫正”是其中的重要组成部分；2020年，河南省首批建立15

---

① 相关报道参见《互联网技术带给中国社会治安“全新可能性”》，载公安部网，http：//www.mps.gov.cn/n2255079/n5137689/n5512386/n5512398/c5520647/content.html，2017年1月3日访问。

② 刘烁：《全面深化公安机关DNA数据库建设发展应用，切实提升精确打击犯罪能力和服务实战水平》，载《刑事技术》2016年第1期。

③ 参见《上海闵行区检察院建立未成年犯罪嫌疑人非羁押措施可行性评估机制》，载《法制日报》2008年8月19日。

④ 参见《审查逮捕如何做到更客观精准——广州南沙：探索建立社会危险性量化评估机制》，载最高人民检察院网，https：//www.spp.gov.cn/spp/zdgz/202010/t20201010_481455.shtml，2022年5月23日访问。

⑤ 参见姜涛、王藤儒：《数字化非羁押监管运用前瞻》，载最高人民检察院网，https：//www.spp.gov.cn/spp/llyj/202012/t20201216_489121.shtml，2022年5月23日访问。

⑥ 参见周升慧：《探索大数据时代背景下智慧社区矫正的建设》，载澎湃网，https：//m.thepaper.cn/baijiahao_15902335，2022年5月23日访问。

个县级“智慧社区矫正中心”，推动社区矫正工作规范化、信息化向纵深发展。在各项探索中，针对再犯风险的评估技术开发应用不断涌现，例如江西赣州监狱与中央司法警官学院联合开发的“狱内危险性评估系统”、司法预防犯罪研究所与上海青浦监狱等合作开发的“再犯风险评估智能平台”、中国政法大学与北京心法科技有限公司等联合开发的“非接触式服刑人员风险动态实施评估系统”等，均试图利用新型数字技术以预先预测和评估。[①]

（三）决策参考与辅助量刑

司法领域早期关于人工智能的设想首先源于刑事司法的量刑环节，是人们对于人工智能协助乃至替代法官进行裁判的初步设想。目前对于人工智能运用司法决策的探索主要处于辅助层面，但是人工智能与司法决策之间的融合度在不断加深，最为典型的应用是量刑辅助系统的建设和应用。

区别于早期计算机量刑的设想，当前量刑辅助应用呈现出两方面的特征。一方面，量刑辅助应用的开发利用受到法院和检察院的双向关注和推动，这与近些年司法体制改革重点相关，特别是伴随着认罪认罚从宽制度的发展，量刑建议的精准化成为检察系统的改革方向之一。在其影响下，运用人工智能技术提升检察建议质量和接受度成为促进相关领域技术探索的重要动因。在全国检察机关统一业务应用系统 2.0 中，辅助量刑是其中的重要板块，而通过量刑辅助工具提出量刑建议的法院采纳率也有明显提升。[②] 另一方面，与其他领域人工智能应用相类似，量刑辅助系统的开发应用呈现公私合作的趋势，企业研发与司法应用紧密结合，例如由广东博维创远科技有限公司研发的“小包公”智能定罪与量刑系统在全国 200 多个法院、检察院使用。[③]

与前述的智能推送相结合，量刑辅助主要从两个方面提升司法决策。一是基于专家经验、模型算法和大数据建立量刑要素模型，在此基础上规范量刑标准并优化量刑过程。二是基于类案分析对案件的量刑合理性进行评估，提升法律适用标准的一致性和法院裁判结果的可预测性。

第三节　人工智能司法的法律问题

人工智能是一把“双刃剑”。司法人工智能的发展在不断优化司法运行的同时，也存在一系列需要克服的理论、技术和规则障碍。一方面，鉴于人工智能

① 参见狄小华：《智能化再犯风险评估司法应用的法律风险及其防范》，载《学术界》2020 年第 5 期。

② 参见《今年前 9 个月检察量刑辅助工具提出建议，法院采纳率近 97%》，载澎湃网，https：//www.thepaper.cn/newsDetail_forward_15204214，2022 年 5 月 24 日访问。

③ 参见《量刑何以精准，全凭有理有据——小包公量刑密码》，载搜狐网，https：//www.sohu.com/a/403180792_120058306，2022 年 5 月 24 日访问。

发展应用本身具有一个过程，现阶段的应用程度与理想图景之间仍然具有较大差距，新型技术依赖的技术逻辑尚未发生革命性变化，这就需要我们理性地看待和评价司法人工智能的地位和功能。另一方面，即便在弱人工智能阶段，新兴数字技术的运用也已经超出单纯的工具主义视角，而是对司法的基本理念、范式和规则形成了深远影响，亟待数字法治予以积极回应。

一、人工智能与司法客观中立

以数据和算法为基础的人工智能在理想图景上呈现出超脱人类控制与偏见的客观性表象，但是该表象存在三个方面的缺陷：一是人工智能背后“决定论”的缺陷；二是算法自身中立性的缺陷；三是技术平等性的缺陷。

（一）智能决定论的缺陷

人工智能引发认知范式转化基于一个基本前提，即假设特定主体的行为或偏好存在相对稳定的模式或轨道。从该假设出发，人工智能所做的是通过积累和分析海量的“数据足迹”以求发现目标对象的运行趋势，并以此为基础激活相应的解释、监控、预测、规划等机制。[①] 这种假定存在某种行为模式并试图通过大量数据计算以发现该模式的思维方式，意味着传统意义上通过预先设定问题再进行数据分析的思路难以为继，取而代之的是将数据分析前置并在分析中逐渐发现问题的思维过程。[②]

在该模式下，司法人工智能实际上遵循的是一种“决定论”的思维模式：未来行为人的选择已经由过去的多种因素共同决定。但是就当前发展阶段的人工智能而言，其分析结果仅能揭示事物之间、现象之间的相关性，这种相关性并不能从逻辑推演的角度取代法律关系中的因果联系要素，过去行为与特定人格之间的相关性，并不能在因果关系层面推导出前者必然导致与符合该人格特征的特定行为的发生；相反地，这种基于过往行为评价和以此作为决定依据的做法本身便足以构成后续司法活动的前置歧视。更深一步分析，这种基于决定论的行为模式推理也与作为司法基石的人的自由意志之间存在张力。也正是在这个意义上，在多项研究中，数字决定论往往与“歧视”一词紧密联系在一起，更由此形成了“数据专断”（data dictatorship）的表述。[③]

---

① 参见孟小峰、慈祥：《大数据管理：概念、技术与挑战》，载《计算机研究与发展》2013年第1期。

② Elizabeth E. Joh在其研究中将这种由问题导向转化为数据导向的发展趋势列为大数据的重要特征之一。See Elizabeth E. Joh, *Policing by Numbers: Big Data and the Fourth Amendment*, Washington Law Review Vol. 2014(89), p. 40.

③ See Joseph Jerome, Big Data: Catalyst for a Privacy Conversation, Indiana Law Review Vol. 2015(48), p. 221; International Working Group on Data Protection in Telecommunications, Working Paper on Big Data and Privacy, at https://dzlp.mk/sites/default/files/u972/WP_Big_Data_final_clean_675.48.12%20(1).pdf (Last Visited on Feb.7, 2018).

（二）算法中立性的缺陷

算法并非中立的，而是反映出人们为实现特定目标，对于数据、联系、推论、解释、标准等要素的选择和组合。① 人工智能的学习方式需要先通过大规模的人工数据标注学习如何抓取信息，而后进行自动识别，逐渐提升准确性。但在人工标注数据的过程中，系统将不可避免地引入标注者的价值主张。② 以预测警务为例，不同模型基于的原始数据和要素变量、权重等均存在差异，进而会形成全然不同的犯罪风险预测结论。③ 针对不同分析对象，不同理论模型之间本身就存在着优劣差异。例如同样采用的是风险区域模型理论，在 Eric Piza 等人针对枪击类犯罪的研究中，仍然首先需要在与犯罪学上确定的枪击犯罪七个关键风险要素中进行筛选，以此为基础形成四个具体的风险地域模型，进而根据犯罪预测目的的具体指标在四种模型间进行优劣评价。④

由此，所谓行为模式的发现很大程度上取决于算法的选取，而算法的选取又进一步取决于人们主观采信的理论和所欲实现的具体目标。如果说传统司法中难以完全避免司法人员的主观偏见，那么在人工智能的语境下，这种偏见实际上可以通过算法背后模型、理论、要素的选择而传导至数据分析过程之中，进而体现在分析结果上。某种程度上讲，算法不仅不会消除现实存在的主观歧视，还会为这种歧视披上所谓“技术中立”的外衣，进而使得相对人等外部监督更加难以察觉并寻求救济。⑤ 这种以算法的外衣包装主观偏见的现象有一个形象的称谓：“数学漂洗”（math washing），即仅因为数学运算参与其中就认为算法模型客观中立的观点。

此外，在社会分工高度细化的背景下，司法机关自身并非技术研发机构，因此在人工智能领域，司法机关与其他政府部门或商业组织一样，其身份是人工智能技术产品的应用客户。在市场模式下，针对同一司法活动的算法模型并非全然一致，各技术产品的开发和应用存在市场层面的竞争关系。基于竞争关系寻求的预测模型差异并不必然与预测的准确程度正相关，更何况所谓“准确预测”这一概念自身即存在歧义和标准模糊的问题。

---

① See Bart van der Sloot & Sascha van Schendel, *International and Comparative Legal Study on Big Data*, WRR, 2016, p. 33.

② 参见帅奕男：《人工智能辅助司法裁判的现实可能与必要限度》，载《山东大学学报（哲学社会科学版）》2020 年第 4 期。

③ 参见裴炜：《数据侦查的程序法规制——基于侦查行为相关性的考察》，载《法律科学（西北政法大学学报）》2019 年第 6 期。

④ See Eric L. Piza, et al., Risk Clusters, Hotspots, and Spatial Intelligence: Risk Terrain Modeling as an Algorithm for Police Resource Allocation Stragtegies, Quantitative Criminology Vol. 2011(27), p. 342-343.

⑤ Antoinette Rouvroy, “Of Data and Men”: Fundamental Rights and Freedoms in a World of Big Data, at https://works.bepress.com/antoinette_rouvroy/64/ (Last Visited on Jan.29, 2018).

（三）技术平等性的缺陷

司法的客观中立一定程度上依托于两造的平等对抗，这是司法运行的基本构造。在强人工智能的图景中，技术的广泛应用、基础设施与知识技能的普及、新型规则的建立均可能达到化解技术鸿沟的效果。但是在弱人工智能的当下，社会距离技术平权仍然存在较大差距，也一定程度上打破了两造间的平等关系。司法实践中，利用数据庞大体量所进行的审前证据交换容易演变成一种通过“数据倾倒”以抬高诉讼成本并增强己方谈判筹码的诉讼策略。[①]

技术平等性的缺陷在控辩实力原本就存在巨大不平等的刑事司法中越发明显，影响双方实质参与诉讼活动进而平等对抗的能力，并损及司法的中立客观性。可以预见的是，随着以大数据、算法为核心要素的人工智能不断深化介入刑事司法，数据本身的质量以及算法的可靠性将成为大数据应用的关键。如何赋予辩方挑战控方分析方法与结论的能力，以及如何在控辩双方形成的解读之间以相对中立的方式进行评价，是人工智能带给刑事司法的新挑战。

二、人工智能与司法透明性

正义不仅应当实现，并且应当以看得见的方式实现。人工智能介入司法一定程度上提升了司法过程的可见度，但是这种可见度更多的是从流程的外在形式角度评价，并不必然从实质层面提升司法的透明性。相反地，由于算法黑箱等因素的介入，司法人工智能可能导致以形式上的可见性消解实质上的可见性，从而形成司法透明性的异化效果。具体而言，这种异化主要体现在以下两个方面：一是算法黑箱中推理过程的异化；二是公私合作模式对于算法解释的阻碍。

（一）算法黑箱中的推理过程异化

作为人工智能中枢神经的算法模型，其运行过程呈现出难以从外部进行观察、评估和控制的“黑箱”效果，这也是人工智能应用过程中一直受到质疑的方面。具体到司法人工智能领域，算法运行过程的不透明性与司法公开之间形成了明显的张力，特别是在人工智能介入实体性的司法决策时，这种张力可能进一步减损司法的公信力。在算法黑箱的影响下，司法推理过程面临着两方面的异化风险：一是以相关性取代因果关系；二是挤压反驳空间。

就相关性取代因果关系而言，在传统法律推理中，因果关系是认定法律责任的构成要件之一，其承担着将损害结果与行为人的行为连接起来的桥梁功能。如前所述，当前阶段的人工智能应用尚处于相关性的判断阶段，算法决策的技

---

① See Leah M. Wolfe, *The Perfect Is the Enemy of the Good: the Case for Proportionality Rules Instead of Guidelines in Civil E-discovery*, Capital University Law Review Vol. 2015(43), p. 153-200.

术本质是利用大数据发现统计学意义上的相关性，其与作为法律责任认定基础的因果关系仍然存在较大距离。

就挤压反驳空间而言，随着算法变量的不断多样化、模型设计不断复杂化，通过外部审查其分析过程并评价分析结论的难度亦同步提升，与其可解释性呈现出反向相关的关系。[①] 作为反驳方，即便想要挑战司法人工智能的相关决策，也会首先面临着无的放矢的困境，不仅难以充分和准确了解算法的运行逻辑，而且难以有效举证证明存在算法的不当使用。

（二）公私合作模式对算法解释的阻碍

司法人工智能伴随着公私合作的不断加深得到发展，数字企业在相关技术研发、应用过程中扮演着重要角色，例如上海“206系统”由上海市高院与科大讯飞公司联合开发，北京“睿法官”由北京市高级人民法院与华宇元典公司联合开发，浙江“智慧法院”由浙江省高级人民法院与阿里巴巴公司联合开发，等等。[②] 私主体的介入在强化国家机关的数字赋能的同时，也带来了市场与商业逻辑对司法传统理念和制度的影响，一定程度上在不同维度降低了司法公开，集中体现在以下两个方面。

第一，基于商业秘密对算法解释的阻碍。在商业主体作为司法人工智能应用开发的技术主体时，相关应用背后所依托的算法往往构成该商业主体的市场核心竞争力，背后的统计模型或源代码的专有性特征受到商业秘密的保护。此时可能进一步引发算法解释上的三重障碍：第一重是考虑到商业利益与社会公共利益并非全然一致，商业主体在算法开发过程中可能基于市场竞争等自身利益考量而忽略算法准确性；第二重是商业秘密保护使得开发者得以据此拒绝向外深层次披露算法模型或源代码；[③] 第三重是即便可以披露，司法人员对于私主体开发的算法模型仍然存在知识壁垒的问题。

第二，基于国家安全或个人信息保护等考量对算法解释的阻碍。这一点在刑事司法领域对司法透明性的影响更为明显。商业主体在参与司法人工智能开发应用过程中提供的技术或数据支持，往往仅能向国家机关予以说明或解释，而辩方则无机会亦无能力要求商业主体或国家机关对算法进行深层解释，一定程度上加重了控辩双方的信息不对称。[④]

---

① 参见王莹：《算法侵害责任框架刍议》，载《中国法学》2022年第3期。

② 参见卫晨曙：《刑事审判人工智能的权力逻辑》，载《西安交通大学学报（社会科学版）》2021年第3期。

③ 参见江溯：《自动化决策、刑事司法与算法规制——由卢米斯案引发的思考》，载《东方法学》2020年第3期。

④ 参见裴炜：《论刑事数字辩护：以有效辩护为视角》，载《法治现代化研究》2020年第4期。

三、人工智能与司法权威性

人工智能通过信息化、虚拟化、数字化赋能司法的同时，也对传统司法所依赖的权威性基础产生了消解的效果。这种效果一方面源于上述关于司法客观中立性和透明性的挑战，另一方面也源于外部场域转换过程中对于司法机关主导性的冲击。就后者而言，具体体现在以下两个方面：一是司法的去中心化；二是司法的去责任化。

（一）司法的去中心化

物理场域下，传统司法运行的中心是国家机关，这不仅体现在司法运行在空间维度上向司法机关的汇集，也体现在司法运行在时间维度上以司法机关的活动为基准。司法人工智能的发展一定程度上呈现出了去中心化的趋势。

首先，基于地域而形成的空间中心被打破，司法活动的集中式地理聚集转变为分散式的虚拟聚集。这一转变产生了一系列司法制度层面的后果。一是基于特定场所而形成的仪式性规则被打破，例如法官进入虚拟法庭不再需要参与庭审人员起立，参与人的着装、仪表等要求也难以实际规范。同时，场所的分散化也弱化了司法环境的符号性功能，仪式性规则的打破一定程度上降低了司法活动的严肃性，进而损及司法权威性。二是基于物理场所形成的诉讼规则受到挑战，例如询问证人时的个别询问规则在虚拟空间中难以进行远程监督，从而减损诉讼实体审查的公正性。三是基于物理场所形成的权利保障基础设施难以适应虚拟场域的要求，例如辩护律师远程会见羁押中的犯罪嫌疑人、被告人，时常会面临看守所远程设备稀缺、网络连接不稳定、在线时间有限等条件限制，严重影响辩方获得有效辩护，减损司法过程与结果的公信力。

其次，基于诉讼程序而形成的时间中心被打破，诉讼活动由同步性转变为异步性，司法日程的安排开始由机关主导向诉讼参与人方向转移，并呈现出多主体诉讼行为参差推进的发展趋势。这种转变虽然可以节约各个诉讼参与主体的时间成本，但也与司法理念和制度存在张力。一方面，时间中心的打破使得司法的集中审理原则和直接言词原则面临较大的冲击，对于法庭查明案情可能产生消极的影响；另一方面，时间中心的打破也使司法日程和诉讼流程的安排更为紧凑，能够留给特定案件的空余时间面临压缩的风险，进而可能降低诉讼主体的参与感与获得感。

（二）司法的去责任化

司法人工智能对司法权威的消解不仅体现在去中心化方面，还体现在去责任化之上。司法去责任化趋势的形成主要源于两方面的因素：一是公私合作与责任分散；二是技术迷信与责任转移。

第一方面的去责任化要素源自公私合作过程中的责任分散。司法人工智能开发应用过程中的多主体参与，使单一诉讼结果可能源于多个环节、多个主体的协同运作，而伴随着主体和行为多元化的结果是责任的分散化。特别是在人工智能参与、辅助或矫正司法决策的情形中，不可避免地会形成司法主体的“双重结构”，“事实上将出现程序员、软件工程师、数据处理商、信息技术公司与法官共同作出决定的局面”，进而导致权力边界不明、司法问责制流于形式、责任推卸可能性被扩充的风险。[①]

第二方面的去责任化要素源自技术迷信下的责任转移。人工智能在消解司法人员道德责任感的同时，也成为其“理想的卸责对象”。[②]一方面，人工智能基于技术理性呈现出的中立客观的外观可能促使司法活动与司法决策更易倾向于与其趋同，不仅弱化司法人员在具体案件裁判中的主观能动性，也会逆向鼓励其避免对人工智能运行结果进行主动审查；另一方面，对于人工智能在司法过程中角色和功能的扩大亦有可能促使司法人员将责任向算法转移，以算法权威替代司法权威，从而以算法责任替代司法责任。

① 参见季卫东：《人工智能时代的司法权之变》，载《东方法学》2018年第1期。

② 参见高童非：《数字时代司法责任伦理之守正》，载《法制与社会发展》2022年第1期。

后 记

数字法学是一门新兴学科，本书尝试从数字法学的基本原理出发，构建一套数字法学学科体系。鉴于数字法学所涉及的领域非常宽广，许多问题非常前沿，本书在编写时秉持专业、敬业的学术精神，组织国内数字法学界二十位中青年学者，按照其擅长的专业领域进行分工，分别撰写。初稿汇总后，先由周学峰教授、张吉豫副教授按照分工分别统稿，最后由姜伟会长和龙卫球教授审改定稿。

《数字法学原理》共包括四编，撰写的具体分工如下：

第一编数字法学基础理论：第一章由姜伟和周学峰共同撰写；第二章第一节、第四节由周学峰撰写；第二章第二节、第三节由裴炜撰写；第三章第一至三节由裴炜撰写；第三章第四节由龙卫球和周学峰共同撰写；第四章由裴炜撰写。

第二编网络法：第五章和第七章由魏露露撰写；第六章第一节由龙卫球和赵精武共同撰写；第六章第二至四节和第八章由赵精武撰写；第九章第一至三节由王天凡撰写；第九章第四节由李游撰写；第十章由裴炜撰写；第十一章由彭小龙撰写；第十二章第一至二节由张文亮撰写；第十二章第三节由徐实撰写；第十二章第四节由裴炜撰写。

第三编数据法：第十三章、第十五章和第十七章由丁晓东撰写；第十四章由赵精武撰写；第十六章由张健撰写；第十八章由翟志勇撰写。

第四编人工智能法：第十九章第一节、第三节和第二十一章由张吉豫撰写；第十九章第二节由赵精武撰写；第二十章由张凌寒撰写；第二十二章和第二十三章由朱芸阳撰写；第二十四章由王莹撰写；第二十五章由刘炫麟撰写；第二十六章由钟维撰写；第二十七章由裴炜撰写。

本书初稿完成于2022年7月，后经近一年的时间进行多次修改，希望能够充分反映当前数字法治的最新进展和数字法学的研究状况，但仍感力有不逮，若有不当之处，敬请方家指正。

受姜伟会长和全体作者的委托，如实记录本书的编写过程和写作分工，是为后记。

龙卫球　周学峰

2023年6月于北京航空航天大学如心楼